BULLETIN CRITIQUE

DE LITTÉRATURE, D'HISTOIRE ET DE THÉOLOGIE

PREMIÈRE ANNÉE

(15 MAI 1880 — 1ᵉʳ MAI 1881)

Tome I

Tours, imp. Rouillé-Ladevèze, rue Chaude, 6

BULLETIN CRITIQUE

DE LITTÉRATURE

D'HISTOIRE ET DE THÉOLOGIE

PREMIÈRE ANNÉE

15 MAI 1880 — 1ᵉʳ MAI 1881

TOME I

PARIS
ERNEST THORIN, ÉDITEUR
Libraire du Collège de France, de l'École normale supérieure,
des Écoles françaises d'Athènes et de Rome

7, RUE DE MÉDICIS, 7

1882

BULLETIN CRITIQUE

DE LITTÉRATURE, D'HISTOIRE ET DE THÉOLOGIE

PREMIÈRE ANNÉE

Tome 1er

Tours. Imp. Rouillé-Ladevèze, rue Chaudé, 6.

BULLETIN CRITIQUE

DE LITTÉRATURE

D'HISTOIRE ET DE THÉOLOGIE

PREMIÈRE ANNÉE

Tome Ier

PARIS
A. SAUTON, ÉDITEUR
41, RUE DU BAC, 41

1881

BULLETIN CRITIQUE

DE LITTÉRATURE, D'HISTOIRE ET DE THÉOLOGIE

SOMMAIRE. — Avis aux lecteurs. — 1. FRIEDRICH, les Origines historiques du primat dans l'Eglise. — 2. WILLEMS, le Droit public romain. — 3. HALLBERG, histoire des littératures étrangères. — 4. Bibliothèque oratorienne, I Généralats du cardinal de Bérulle et du P. de Condren, par le P. Cloyseault p. p. le P. INGOLD. — 5. VAPEREAU, Dictionnaire universel des contemporains. — 6. SAROT. De l'organisation des pouvoirs publics dans le département de la Manche, pendant la première Révolution. — 7. HUE. Aperçu de la géographie militaire de l'Europe. — 8. Revue des principales publications littéraires de l'Allemagne pendant l'année 1879. — Principales publications de la quinzaine. — Variétés : Lettres inédites du P. de Condren.

AVIS AUX LECTEURS

Nous avons annoncé aux lecteurs de l'*Echo* de nombreuses et immédiates améliorations. Ce numéro nous paraît justifier notre promesse. Le titre indique maintenant à la fois et le but que nous poursuivons et le cadre dans lequel nous voulons nous maintenir. Rappelons brièvement l'esprit qui anime cette publication : impartialité absolue, haine du livre insignifiant, critique sérieuse des ouvrages utiles, renseignements nombreux pour le travailleur éloigné des centres littéraires; variétés curieuses et inédites, voilà notre programme. Et si court qu'il soit, il est néanmoins difficile à remplir. Il faudra et la conscience de nos collaborateurs et le soutien du public intelligent pour le justifier de manière à prendre la place laissée vide jusqu'ici dans les revues catholiques de notre pays.

Mais les hommes de bonne volonté ne manquent pas, et les encouragements que nous recevons chaque jour nous prouvent que notre entreprise est utile et nécessaire.

Le *Bulletin critique* contient deux fois plus de matières que l'ancien *Echo*. Cette transformation oblige l'éditeur à une légère augmentation de prix. L'abonnement est désormais fixé à 8 francs. Toutefois, nos abonnés recevront la revue dans les conditions anciennes jusqu'au renouvellement.

Toutes les communications destinées à l'amélioration du recueil seront accueillies avec reconnaissance.

1. — Zur ältesten Geschichte des Primates in der Kirche, par J. Friedrich, Bonn, Neusser, 1879, vi-207 pages in-8°.

Quand on s'attelle à la démonstration d'un paradoxe, on devrait bien se dire que le premier devoir alors est d'écrire agréablement. Ainsi n'a point fait M. le docteur Friedrich, fort connu dans l'histoire du vieux-catholicisme, mais non moins lourd de style que bizarre en ses conceptions.

Pour le fond, l'intention de son livre est de donner une base historique, solide, aux revendications des vieux-catholiques contre le concile du Vatican. Plusieurs des membres de la nouvelle Église trouveront sans doute qu'il a dépassé la mesure, et j'espère que tel sera le sentiment de Döllinger, à qui pourtant l'ouvrage est dédié.

Voici la thèse :

« Sans doute, il y a eu, dès l'origine et de droit divin, une primatie dans l'Église; mais cette primatie n'a pas été conférée aux évêques de Rome. Les apôtres l'attachèrent au siège de Jérusalem. Après la ruine de la chrétienté hiérosolymitaine, les papes romains, par un adroit usage des apocryphes clémentins, ressuscitèrent l'idée de primatie, momentanément éclipsée, puis s'en attribuèrent le bénéfice. A l'origine du pontificat, il y a donc une supercherie littéraire au service de desseins ambitieux. Cultivé avec soin, tant avant qu'après le concile de Nicée, ce germe primordial s'est peu à peu développé, malgré l'esprit ébionite et la fausseté manifeste de ses documents originaires : l'Église, au moins en Occident, a fini par en tirer toute son organisation hiérarchique, et finalement le dogme de l'infaillibilité. »

On ne peut nier que le docteur Friedrich n'ait mis au service de ce singulier système, sinon une exégèse correcte et naturelle, au moins une érudition assez vaste. Cependant, je regrette de constater que la plupart du temps il lit et cite en latin des documents dont les originaux grecs existent bel et bien. Est-ce que les vieux-catholiques n'entendent pas le grec? C'est une ancienne habitude que sans doute ils n'ont pas encore dépouillée : *Græcum est, non legitur;* ce principe, en vigueur au moyen âge, devrait être répudié dans une école aussi ouverte aux idées nouvelles. — Si j'avais été chargé de démontrer la thèse du docteur Friedrich, je n'aurais pas oublié un texte de saint Épiphane (*Haer.*, LXX, 10) où les anciens évêques de Jérusalem sont présentés comme l'autorité définitive dans les questions relatives à la Pâque. Il y avait là, je crois, un meilleur argument pour lui que celui qu'il tire du VIIe canon de Nicée. Sans doute, saint Épiphane lisait beaucoup d'apocryphes et les croyait quelquefois un peu plus que de raison; mais M. Friedrich, lui aussi, donne beaucoup et même beaucoup trop d'importance aux documents apocryphes; il n'avait donc pas à faire le difficile.

A ce propos, je voudrais bien voir démontrer par lui ou quelque autre que les fameux apocryphes clémentins ont été connus à Rome avant l'année 400, date probable de leur traduction en latin par Rufin d'Aquilée. Tant que cette preuve ne sera pas faite, et elle ne l'est pas, des savants peu suspects de « romanisme » l'ont déjà remarqué en Allemagne, il y aura une forte lacune, non seulement dans la démonstration de M. Friedrich, mais dans certaines autres plus célèbres et plus scientifiques.

Il était naturel qu'il ressassât les histoires de Polycrate et de Firmilien. Quant à la première, je me propose de démontrer prochainement, dans la *Revue des Questions historiques*, que l'opposition de l'Asie chrétienne, aux réclamations du pape Victor, ne survécut pas longtemps à Polycrate, si même elle lui survécut. Ce sera une flèche de moins dans le carquois du docteur. On conçoit d'ailleurs que je ne puisse lui consacrer ici une réfutation en règle. Les questions que soulève son livre sont depuis longtemps l'objet de mes études ; je crains bien, quand le moment viendra de les traiter devant le public, de n'être pas souvent d'accord avec M. Friedrich.

L. DUCHESNE.

---

2. — **Le Droit public romain,** depuis la fondation de Rome jusqu'à Justinien, par P. WILLEMS, professeur à l'université de Louvain. Quatrième édition. Louvain, Willems, 1880. Grand in-8º de 666 pages.

« L'étude raisonnée et systématique des institutions politiques du monde romain est une science moderne », dit M. Willems. En effet, avant le premier tiers de notre siècle, il n'existait encore, sur les institutions romaines, que des compilations plus ou moins exactes et non des études scientifiques fondées sur l'examen critique des sources. Le manuel le plus accessible était le livre d'Adam : *Les Antiquités romaines*, publiées en anglais en 1791, traduites en allemand, puis en français, en 1828, avec les additions du traducteur allemand.

Niebuhr, appliquant la méthode de Wolf à l'étude de l'histoire romaine, fonda la science des institutions politiques. Depuis cette époque, Mommsen et d'autres marchèrent sur ses traces. Parmi les nombreux ouvrages allemands, écrits sur cette matière, nous signalerons, en première ligne, le *Manuel d'antiquités*, de Becker-Marquardt, modifié considérablement dans la deuxième édition, par M. Mommsen, qui a pris la place de Becker, et a fait de cet ouvrage un livre nouveau. Citons encore le livre de Hirschfeld, *les Fonctionnaires impériaux jusqu'à Dioclétien*.

Les Anglais ont le manuel du professeur Ramsay. En France, *L'Histoire des Romains*, de M. Duruy, contient plus d'un chapitre où sont résumées les institutions de Rome, mais le seul manuel qui existe est le livre de M. Albert Dupond : *De la Constitution et des magistratures romaines sous la République*. Heureusement la Belgique est venue à notre secours, et M. Willems nous a donné *Le Droit public romain*, excellent résumé des connaissances acquises aujourd'hui. Dans une introduction divisée en trois chapitres, l'auteur nous donne un aperçu général des institutions politiques de Rome. Nous y apprenons ce qu'est un citoyen romain, quels sont les degrés divers du *status capitis* et les diverses formes de gouvernement qui ont successivement régi l'État romain, depuis son origine jusqu'à la constitution définitive de la monarchie impériale. L'histoire des institutions de Rome peut se diviser en trois périodes : la première de formation, qui comprend la royauté et la république ; la seconde, pendant laquelle les institutions républicaines disparaissent peu à peu, est celle de la *dyarchie impériale*, selon l'expression que M. Willems emprunte à Mommsen ; dans la troisième, qui commence à Dioclétien, la monarchie est devenue absolue, et il ne reste des institutions d'autrefois que quelques titres et quelques souvenirs.

A l'origine, trois tribus, les Ramnes, les Tities et les Luceres forment l'assemblée des Quirites, c'est-à-dire le peuple romain. Les chefs de famille ou *Patres* sont le conseil suprême de la nation, c'est-à-dire le sénat. Plus tard, les familles deviennent plus nombreuses, tous les pères ne peuvent entrer dans le conseil, le roi choisit alors les plus éclairés ou les plus influents d'entre eux, qui prennent le nom de *Patres conscripti*, qui sera désormais le titre des sénateurs. Le roi lui-même n'a pas un pouvoir héréditaire, il est nommé par l'assemblée du peuple après ratification du sénat.

Servius Tullius introduisit l'aristocratie de la fortune à côté de celle de la naissance, divisa le peuple en tribus locales et d'après le cens le rangea en centuries. Plus tard, les rois sont chassés, leur pouvoir passe à des consuls annuels; au fond, la constitution reste la même, les seules modifications sont le démembrement successif des fonctions consulaires et l'établissement de différents magistrats destinés à les remplir. Seuls, les patriciens étaient d'abord admis aux fonctions publiques, mais peu à peu la plèbe, par une lutte acharnée, obtint l'accès au consulat, à la préture, même au sacerdoce. Ainsi est constituée la République romaine lorsque commencent les guerres civiles.

C'est alors qu'il convient de jeter un coup d'œil sur l'ensemble de l'édifice, et d'en voir les éléments constitutifs. Les citoyens romains forment le peuple. Par droit de naissance, par naturalisation ou par affranchissement, ils ont acquis les droits de cité, c'est-à-dire des *droits publics et privés*. D'autres n'ont qu'une partie de ces droits; ce sont les prisonniers pour dettes, les affranchis, etc., ils ont, pour une cause ou pour une autre, subi la *diminutio capitis*; d'autres, au contraire, tiennent un rang plus distingué dans la cité : ce sont les *Nobiles*. A côté des citoyens viennent les étrangers (*Peregrini*), alliés ou sujets de Rome; parmi eux, les Latins ont conquis, grâce à leurs armes, un rang privilégié. Au-dessous, les esclaves, protégés dans une certaine mesure par la loi, mais qui demeurent en somme la chose du maître.

Le pouvoir souverain appartient à l'assemblée du peuple, aux comices, qui sont à la fois le corps électoral, le juge suprême et le législateur. Cependant la direction des affaires publiques est entre les mains du Sénat et des magistrats, qui ont, outre leurs pouvoirs, la plus grande influence sur les assemblées populaires.

M. Willems étudie successivement, dans le détail, les pouvoirs du Sénat, l'ordre de ses séances et ses rapports avec les magistrats. Il n'est pas besoin de dire avec quel soin cette partie est traitée. C'est en ce point surtout que la quatrième édition du *Droit Public* surpasse les précédentes. L'auteur du *Sénat de la république romaine* nous a donné là un résumé court, mais complet, de son grand ouvrage. Chacune des magistratures de la République est ensuite le sujet d'un chapitre spécial depuis le Consulat jusqu'au vigintisexvirat. La section quatrième est consacrée au culte dans ses rapports avec les pouvoirs publics. Le collège des Pontifes et celui des Duoviri, puis des Decem et enfin des Quindecimviri, sont chargés d'offrir les sacrifices au nom du peuple. Le collège des Augures consulte les auspices. Ajoutons à cela un aperçu sur les principales branches de l'administration : justice civile et criminelle, dépenses et revenus de l'État, gouvernement d'Italie, des provinces, des colonies, des municipes, et nous aurons une idée complète de l'État romain jusqu'au siècle d'Auguste.

Les guerres civiles ruinèrent le grand édifice de la constitution romaine, et déjà la dictature de César fit présager un ordre de choses nouveau. Enfin, Auguste, l'an 27 av. J.-C., abdique tous les pouvoirs extraordinaires qui lui ont été conférés et le gouvernement de l'empire sera divisé désormais entre le Sénat et l'empereur. On pouvait prévoir facilement que la puissance du

Sénat serait peu de chose à côté de celle de César. L'Etat civil des Romains se modifie peu à peu, l'acquisition du droit de cité devient plus facile, la condition des esclaves s'adoucit, l'ordre équestre et l'ordre sénatorial, après avoir été nettement séparés, se rapprochent l'un de l'autre. Le pouvoir impérial n'est pas héréditaire; le sénat désigne l'empereur, mais le choix est presque toujours dicté d'avance par la volonté de l'empereur précédent ou par le glaive des légionnaires. Le Sénat se contentera d'accorder les honneurs de l'apothéose à l'empereur mort, ou d'abolir sa mémoire, selon le désir de l'empereur vivant. Près de César est le préfet du prétoire, qui commande la garde impériale; le préfet de la ville, dont la juridiction s'étend sur Rome et les environs; le préfet des Vigiles, chargé de la police intérieure. Le Sénat remplace les comices abolis, il nomme aux magistratures, mais l'empereur a le droit de présenter des candidats. La carrière des honneurs est régularisée, et c'est par degrés qu'on monte du Vigintivirat à la Questure, de la Questure à l'édilité ou au Tribunat, puis à la Préture, enfin au Consulat.

C'est surtout dans l'administration des provinces que l'établissement de l'empire apporta de sensibles modifications. Le territoire romain fut divisé en deux parties : les provinces de l'intérieur, les plus riches, et en même temps les plus tranquilles relevèrent du Sénat et furent gouvernées par des proconsuls. Les provinces frontières et toutes celles dont la situation troublée exige la présence d'une armée, ressortirent à l'empereur et furent gouvernées par ses lieutenants, sous le nom de Légats-Propréteurs. L'empereur et le Sénat se partagèrent de même l'administration des finances; mais la plupart des grands services publics, comme les postes, relevèrent de l'empereur seul. C'est lui qui est le commandant en chef des armées de terre et de mer.

Le pouvoir du Sénat diminuait à chaque règne, tandis que grandissait le pouvoir impérial. Dioclétien établit définitivement la monarchie; dès lors les hauts fonctionnaires de l'empire et le consistoire du prince remplacèrent en réalité le Sénat.

L'empire tout entier fut divisé en deux grandes parties : l'Orient et l'Occident; en quatre préfectures du prétoire, dont chacune est divisée à son tour en plusieurs diocèses comprenant un certain nombre de provinces.

L'administration fiscale devient chaque jour plus odieuse, et les curies, rendues responsables des impôts, sont désertées. Tel est en quelques traits rapides l'état administratif de l'empire jusqu'à Justinien.

On voit par cet exposé sommaire combien sont importantes, pour l'étude de l'histoire, les notions que contient le livre de M. Willems. Comment, en effet, avoir une idée juste de l'état de Rome à une époque quelconque de son histoire, si on ignore sa situation politique, à ce moment. Comment comprendre la situation de l'Église, si on ignore le monde au milieu duquel elle vit, en ce temps surtout où la chrétienté avait pour limites celles de l'empire romain. On ne le constate que trop quand on voit les confusions que font trop souvent les historiens, transportant à une époque les divisions administratives qui appartiennent à une autre, donnant à un magistrat des titres qu'il n'a jamais eus, etc. Pour ne citer qu'un exemple, qui ne comprend de quelle importance sont, pour l'histoire de la fondation des circonscriptions ecclésiastiques, les sens divers donnés au mot diocèse qui désigne, avant Dioclétien, une division de province, depuis Dioclétien, un groupe de provinces? Le littérateur ne pourra, de son côté, que tirer profit de la lecture du livre de M. Willems, car il y trouvera l'explication de termes qui se rencontrent fréquemment dans les auteurs, et n'offrent à l'esprit qu'un sens vague, si on ne connaît les institutions ou les fonctions qu'ils désignent.

En finissant, nous exprimerons quelques désirs au sujet du livre de M. Willems. En certains endroits, par exemple dans l'étude des *quæstiones perpetuæ*, nous aurions voulu un peu plus de netteté chronologique; nous aurions voulu trouver, comme dans le résumé de M. A. Dupond, par exemple, l'indication du nombre des *quæstiones* existantes à telle ou telle époque. De même les chapitres qui traitent des grands services publics gagneraient, nous semble-t-il, à être un peu plus développés; en particulier les chapitres relatifs aux postes et à l'armée. On ne se rend pas suffisamment compte, après la lecture du *Droit public*, de l'organisation de la légion romaine, de la situation des officiers inférieurs, des soldats, des vétérans, des services auxiliaires. Tous ces points sont importants et rentrent dans le sujet que traite M. Willems, car il s'agit bien là de droit public. Nous souhaiterions enfin un index alphabétique des termes latins et grecs expliqués dans l'ouvrage. Cet index serait de la plus grande utilité pour les épigraphistes et pour ceux qui voudraient consulter le *Droit public* afin d'y trouver l'éclaircissement d'un passage obscur dans quelque auteur latin.

L'abbé BEURLIER, *professeur au Petit Séminaire de Paris.*

---

3. — **Histoire des littératures étrangères**, par Eugène HALLBERG, professeur à la Faculté des Lettres de Toulouse. Premier volume : Littératures scandinave, allemande, hollandaise. Deuxième volume : Littératures anglaise, slave. Paris, Alph. Lemerre, 1879-1880, 2 vol. in-12.

Nous sommes heureux de recommander au public lettré les deux premiers volumes de l'Histoire des littératures étrangères de M. E. Hallberg. Le savant auteur n'en est pas à ses débuts, et le cours de littérature qu'il professe depuis huit ans l'avait déjà fait connaître. Ces deux petits volumes en disent beaucoup plus que les lourdes compilations que l'on intitule souvent : Histoire de la littérature. M. E. H. veut bien nous dire que son livre ne pouvait être qu'un ouvrage de seconde main, à cause de la diversité des sujets qui devaient y être traités. C'est possible : mais son histoire n'en est pas moins une œuvre forte, sérieuse, remplie de faits et aussi instructive qu'agréable à lire. L'histoire de la littérature allemande nous a paru traitée avec un soin particulier. Après avoir glissé rapidement sur le moyen âge, M. E. H. donne toute son attention à l'âge classique de cette littérature : il nous en montre les précurseurs : Klopstock et Wieland, Lessing et Herder; les coryphées, Schiller et Gœthe; enfin les écrivains secondaires, dont les rangs pressés font cortège à ces deux grands génies. Toutes les particularités de la vie des écrivains illlustres sont relatées ; en quelques pages, M. E. H. résume nettement les ouvrages qui ont été faits sur cette matière. Peut-être même n'a-t-il pas assez élagué certains détails qui n'ont pas d'importance pour le lecteur : l'histoire minutieuse des mariages et des infortunes domestiques de ses héros nous semble devoir intéresser médiocrement le public. Nous avons lu avec plaisir les pages consacrées à l'histoire de l'école romantique de la jeune Allemagne, de l'école souabe et de l'école autrichienne, qui se partagent les écrivains du dix-neuvième siècle. Il y a bien quelques poètes, qui, toute leur, vie ont voulu rester indépendants d'un système ou d'une théorie littéraire : mais ils sont peu connus, si l'on en excepte *Jean-Paul*, que les Allemands ont appelé, non sans raison, *l'Unique*, tant il s'est montré original et libre de toute convention. Le volume se termine par un court résumé de la littérature hollandaise, où nous avons remarqué les noms du poète J. Van der Vondel, de Jacob Cats, le La Fontaine des Néerlandais, et de J. Van Lennep, leur Walter Scott. La littérature scandinave est traitée au commencement du volume. On y trouve des détails savants sur la mythologie du Nord et sur les Eddas.

Le second volume est consacré à la littérature anglaise. M. E. H. donne un soin tout spécial au siècle d'Élisabeth, et avec beaucoup de justice, car c'est le siècle d'or de la littérature anglaise : Shakspeare (et non pas Shakespeare, comme on l'a souvent écrit à tort) le domine de toute la hauteur de son génie. Puis vient le temps de la chute et de la restauration des Stuarts, où nous voyons briller les grandes figures de Dryden et de Milton ; enfin, l'époque moderne, dont nous ne pouvons, faute d'espace, passer en revue tous les écrivains. M. E. H. fait remarquer, — et nous pouvons, d'après son livre, vérifier la justesse de son observation, — que les Anglais, qui semblent si positifs et si prosaïques, ont la littérature peut-être la plus riche de toute l'Europe : il attribue ce fait à la constitution même de leur langue, qui a conservé, au milieu de toutes les invasions et de tous les changements politiques, sa force et sa vertu originelles. Un chapitre est donné à l'histoire des lettres chez les Anglo-Américains, qui peuvent citer avec orgueil des noms tels que ceux de Fenimore Cooper, Washington Irving, Prescott, Emerson, Longfellow et Harriett Beecher Stowe. M. E. H. a aussi réservé dans ce volume une place pour l'histoire des littératures slaves, si peu connues jusqu'à présent chez nous.

Chacun des deux volumes présente un tableau chronologique de l'histoire littéraire racontée dans le corps de l'ouvrage. Nous félicitons l'auteur de l'heureuse pensée qu'il a eue en dressant ces tableaux : on a ainsi une idée plus nette du temps où les ouvrages ont paru et des événements historiques dont ils ont été la cause ou le résultat. Mais en même temps nous lui soumettrons quelques réflexions qui nous sont venues à la lecture de ses deux volumes. Nous eussions voulu voir un résumé des ouvrages les plus importants de chaque auteur, avec une ou deux citations caractéristiques qui auraient donné une idée de l'œuvre entière. Pour le *Guillaume Tell* de Schiller, par exemple, nous aurions aimé à avoir le canevas de cette pièce, avec le magnifique début que l'auteur lui a donné. Or M. E. H. fait ces résumés très rarement : il suppose trop volontiers que ses lecteurs connaissent déjà les chefs-d'œuvre auxquels il fait allusion.

Il eût été bon aussi de résumer les idées que Lessing développe dans son *Laocoon*, et qui ont eu une telle influence sur l'esthétique et la critique littéraires. Certains auteurs semblent un peu négligés ou dédaignés par M. E. H ; citons Werner, Voss, Frédéric-Léopold Stolberg, que la publication du Dr Janssen, de Fribourg en Brisgau, nous a rendus si sympathiques. La vie de certains autres est peut-être développée plus que ne le comporte l'influence qu'ils ont eue sur leurs contemporains : Lamothe-Fouqué, par exemple, et Chamisso demandaient-ils à être étudiés si longuement ?

L'esprit de l'ouvrage est bon, quoique l'auteur ait fait de trop fréquentes allusions aux partis politiques. Républicain décidé, M. E. H. est en même temps un libéral sincère ; son livre nous le dit à chaque page. Quant aux appréciations morales, nous aurions voulu voir flageller plus énergiquement les productions immorales et les désordres qui souillent trop souvent la vie de certains écrivains. Gœthe, ce grand égoïste, méritait d'être censuré plus vivement pour ce que nous appellerons, sans précaution oratoire, ses dérèglements; la douce mélancolie de Burns n'atténue en rien le reproche de sensualisme que l'on peut faire à ses écrits.

En somme, nous croyons que le livre de M. E. H. est appelé à un légitime succès, et nous attendons avec impatience les deux volumes qui doivent compléter son histoire des littératures.

Henry Nadalet.

4. — **Bibliothèque oratorienne.** I. Généralats du cardinal de Bérulle et du P. de Condren. Première partie du recueil des vies de quelques prêtres de l'Oratoire du P. Cloyseault, publié par le R. P. Ingold. Paris, Sauton, 1880, in-12 de XXI-458 pages. 4 fr.

Le P. Cloyseault (1645-1738) avait laissé manuscrit un recueil de vies de quelques membres de sa congrégation, qui a été souvent mis à profit par les auteurs qui se sont occupés de l'histoire ecclésiastique du dix-septième siècle. Entre autres, M. Faillon s'en est beaucoup servi pour sa *Vie de M. Olier*. Depuis longtemps on réclamait la publication de ce recueil. L'Oratoire mérite en effet d'être mieux connu qu'il ne l'a été jusqu'ici. Les ouvrages de Tabaraud et de M. Houssaye sur le cardinal de Bérulle sont bien connus, et la période qu'ils traitent est à peu près définitivement étudiée aujourd'hui. Mais l'histoire intime de l'Oratoire, de ses plus grands et de ses plus vertueux membres, était restée dans une ombre, d'où ne l'avait pas assez complètement tirée le travail de Mgr Perraud. L'œuvre du P. Cloyseault remédie à cet inconvénient.

Le premier volume paru contient une notice sur le P. Cloyseault fort intéressante. Le P. Ingold y a réuni tous les détails concernant l'auteur de ce recueil. Viennent ensuite les vies du cardinal de Bérulle, d'Odet de Saint-Gilles, de Romillion, de Gibieuf, de Lefèvre, de Guillaume Dodo, du P. de Condren, des deux Gault, tous deux évêques de Marseille, d'Issautier, de Romans, de Vignier, de Gondy. C'est sur ce personnage, illustre de son temps, père du cardinal de Retz et devenu oratorien vers la fin de sa vie, que se termine le volume.

L'éditeur y a mis des notes courtes et intéressantes, qui éclaircissent tous les points un peu obscurs du texte. Il y fait preuve d'une érudition réelle et sûre. Il nous procure ainsi l'occasion, toujours désirée et souvent trop rare, d'une lecture pleine d'intérêt et aussi d'édification. Car ce recueil ouvre une bibliothèque où la piété et la spiritualité occuperont une grande place.

Je ne trouve pas le P. Cloyseault aussi prolixe que le dit le P. Ingold. La phrase du vieil oratorien est peut-être un peu longue et traînante, mais elle se lit volontiers et on arrive sans fatigue à la fin de ses pages. C'est toujours du très bon français du dix-septième siècle, et on le lit avec plaisir. Quand l'éditeur aura fait disparaître quelques fautes d'impression, nous n'aurons plus qu'à louer ce volume et à lui souhaiter le succès qu'il mérite.

C. Trochon.

5. — **Dictionnaire universel des contemporains**, par G. Vapereau. Cinquième édition, premier et deuxième faciscules. Paris, Hachette, 1880, grand in-8°.

Le Dictionnaire de M. Vapereau a obtenu le succès auquel a droit aujourd'hui un livre qui a la prétention de ne donner que des renseignements utiles. Parfois le sentiment politique de l'auteur et de ses collaborateurs y apparaît trop. Il y aurait quelques curieux rapprochements à faire. Lisez, parallèlement pour ainsi dire, *Buffet* et *Calmon*, *Barthélemy-Saint-Hilaire* et *de Broglie*, et le contraste vous édifiera sur l'esprit de ce vaste répertoire qui, à mon humble avis, ne devrait pas faire de politique ; car il est nécessaire à tout le monde, et cette seule qualité lui doit suffire.

Au point de vue de détail, il y aurait bien des rectifications ou des additions à faire. Pour beaucoup de personnages, l'indication du lieu d'origine manque ; ainsi : Albert (Paul), André (E.-A.), Anethan (d'), Aremberg (d'), Arèse, Arnold (Ed. et Ar.), Aron, Ascoli, Assi, Babington (Ch.), Balfour, Baragnon (P.), Bazaine, Boissieu (A. de), Bonnet-Duverdier, etc.

Puis l'œuvre n'est pas assez au courant de la bibliographie. Quelques exemples. : *Acton*. On ne cite pas son *Histoire de la liberté*, traduite en français avec préface d'Em. de Laveleye. Paris, 1878, in-12. — *Albert* (Paul) a donné une édition des *Œuvres choisies* de Diderot, chez Jouaust, qui est fort intéressante. — Les notes d'*Allioli* sur la Bible ont été traduites en français par l'abbé Gimarey, Paris, Vivès, 6 vol. in-8° et ont eu déjà plusieurs éditions dans notre langue. — *Baillès* (Mgr) est l'auteur d'un livre déjà ancien et fort curieux, *La congrégation de l'Index mieux connue*. Paris, Poussielgue, grand in-8°. — *Bareille* (l'abbé) continue l'histoire générale de l'Église entreprise par M. Darras. — *Boisgobey* (A. de) a publié, à la fin de 1879, un roman, *Le crime de l'Opéra*. Paris, Plon, 2 volumes in-18. — *Assolant* se voit supprimer un de ses livres les plus amusants, *le Tigre*. Plon, in-18.

Sur certains personnages les notices laissent aussi à désirer. Le second mariage d'*Alphonse XII* n'est pas mentionné. — *Auvray* (Louis) est mort au moins depuis cinq ou six ans. — *Mgr Bataille* est mort depuis plus d'un an. — L'abbé *Baunard* est professeur à Lille depuis la fondation de l'Université dans cette ville. — *Brialmont* (L.) est mort depuis longtemps.

La nomenclature est assez complète. Je citerai seulement quelques omissions regrettables : *Baudissin*, l'érudit allemand si connu par ses études sur les religions sémitiques, le bollandiste *De Buck*, l'oratorien italien *Cappecelatro*, etc.

Mais le supplément promis pourra réparer ces négligences ou omissions. D'ailleurs M. Vapereau sollicite les rectifications et les renseignements. Nos lecteurs ne seraient pas embarrassés pour lui fournir et les uns et les autres.

C.-T. Millet.

---

6. — **De l'organisation des pouvoirs publics dans le département de la Manche pendant la première Révolution**, par E. Sarot. Coutances, Salettes, 1880, in-8° de 260 pages.

L'auteur de ce curieux travail continue de suivre consciencieusement ses études sur la Révolution dans la Manche. Nous avons déjà rendu compte de ses ouvrages antérieurs. Celui-ci mérite l'attention. Une partie générale, en effet, intéressera tous ceux qui s'occupent de l'histoire de la Révolution : c'est celle où l'auteur décrit les divers mécanismes gouvernementaux par lesquels un département a passé à cette époque. Administration, justice, culte, sont successivement étudiés et dans tous les détails nécessaires pour comprendre une histoire assez compliquée. Puis une seconde partie donne la nomenclature des fonctionnaires divers du département de la Manche. Au point de vue local, cette seconde partie offre beaucoup d'intérêt, et il a fallu bien des recherches pour arriver à donner des listes si précises et si complètes. L'auteur n'a épargné dans ce but ni son temps ni son travail. Nous croyons qu'il a pleinement atteint son but. Les seules critiques que nous ayons à faire s'adressent au style. Il est le même que dans les précédents travaux. Il rend la lecture du livre un peu pénible. Il est vrai que l'auteur s'adresse à des travailleurs, et que ceux-ci ne se laisseront pas arrêter par un si faible obstacle. Ils trouveront une foule de renseignements très précis et très curieux.

C. TROCHON.

---

7. — **Aperçu de la géographie militaire de l'Europe** (moins la France), par Gustave Hue, capitaine d'état-major, professeur à l'École spéciale militaire de Saint-Cyr. 1 vol., in-12. Paris, Furne, Jouvet et Cⁱᵉ, 45, rue Saint-André-des-Arts.

Ce livre manquait. Quand on l'aura un peu pratiqué, on nous saura gré de l'avoir fait connaître. Nous sommes dans un siècle où le fameux : « *Si vis pacem, para bellum* » s'applique tous les jours, et où le canon est, plus qu'au temps de Richelieu, « *l'ultima ratio regum.* » D'un pays nous viennent des menaces de guerre : vous voudriez savoir quelles sont les chances de victoire de nos ennemis, les ressources dont ils peuvent disposer, le plan d'attaque qu'ils prendront peut-être, les lignes de défense derrière lesquelles ils se retrancheraient en cas de retraite. Le journal ne le dira pas, mais ce volume vous le dira. Ou bien encore vous suivez avec curiosité une lutte engagée entre deux nations rivales. M. Hue vous transporte sur le théâtre de la guerre, et vous initie à la connaissance des lieux et des positions les plus importantes. De nombreuses gravures, intercalées dans le texte, donnent le plan des villes fortes et des ouvrages avancés qui les défendent. On peut donc suivre les opérations de la guerre dans sa chambre, et du coin de son feu.

Une introduction donne le sommaire des connaissances nécessaires ou au moins très utiles à un général qui entre en campagne : des notions de géologies y trouvent leur place naturelle; elles sont suivies de quelques mots sur l'hydrologie; puis l'auteur passe aux moyens de communication intellectuelle et de communication matérielle (routes de terre, routes de fer, routes d'eau), de transmission et d'échange.

Ces notions sommaires tiennent quarante pages. Dans le corps de l'ouvrage, on lit d'abord la description physique et politique de l'Europe en général, et un court et substantiel résumé nous apprend ce que nous n'avions pas encore vu dans aucun traité de géographie. Puis vient une étude sur le massif des Alpes, et sur le théâtre de la guerre dans les différents pays de l'Europe ; c'est la partie du livre que nous croyons le plus remarquable. Nous avons lu avec un intérêt mêlé de douleur, hélas ! les trois chapitres qui concernent le pays du Rhin. Rien d'ailleurs n'est oublié, et les contrées les plus dépourvues de défense ont leurs pages dans ce livre, ainsi la Suède et le Danemarck.

L'auteur termine par un aperçu de la statistique militaire de l'Europe, où il donne l'effectif de l'armée de terre et de la marine de chaque pays. M. Hue n'avait pas parlé de nos lignes de défense et de nos places fortes, déterminé en cela par un sentiment que nos lecteurs comprendront. Il n'avait pas le même motif de taire notre effectif de guerre, que nos ennemis connaissent aussi bien que nous, c'est pourquoi il l'a donné. Tout en faisant de larges réserves sur les idées que l'auteur ne fait qu'indiquer aux pages 36 et 37, — nous croyons que M. Hue aurait mieux fait de ne pas faire cette excursion dans le domaine politique, — nous recommandons vivement ce livre à nos lecteurs qui étudient l'histoire contemporaine.

Henry NADALET.

8. — **Revue des principales publications littéraires de l'Allemagne,** pendant l'année 1879.

Pendant l'année qui vient de s'écouler, comme pendant toutes les années qui se sont succédé depuis 1871, l'Allemagne a produit surtout un nombre considérable de publications concernant l'art militaire. Les auteurs ont traité canons et autres engins de guerre, stratégie, fortifications, etc. Le lecteur comprendra qu'il ne peut entrer dans le cadre de notre revue de traiter de ces matières-là. Heureusement que ce ne sont pas là les seules publications de l'Allemagne pendant l'année 1879. De bons livres, et en grand nombre, ont paru dans le domaine de la théologie, de la philosophie, de l'histoire, de la géographie, de la littérature, de la pédagogie, ainsi que de nombreux ouvrages traitant des arts et de la musique.

I. — THÉOLOGIE

Passons d'abord en revue la THÉOLOGIE DOGMATIQUE et signalons la publication du premier volume d'un ouvrage important et très sérieux, intitulé : *Le christianisme et les grandes questions des temps actuels sur le domaine de la vie spirituelle, morale et sociale* (1), par Stockl. François Hettinger, le savant professeur de l'université de Würzbourg, a publié la cinquième édition de son *Apologie du christianisme* (2). L'auteur se plaçant au point de vue d'un lecteur ordinaire, y traite de la façon la plus populaire, la plus claire et la plus simple, les grandes questions de la foi chrétienne. Il ne s'est pas arrêté à ce travail, il vient de faire éditer pour le monde savant, dans la bibliothèque de Herder, un *Manuel de la théologie fondamentale*, qu'il intitule aussi *Apologétique* (3). Dans le premier volume, il prouve la vérité de la religion chrétienne; dans le second, il s'attache à faire ressortir la vérité du catholicisme, appuyant ses preuves sur les données les plus sérieuses de la science. « L'a-

---

(1) Das Christenthum und die groszen Fragen der Gegenwart auf dem Gebiete der geistigen, sittl. und socialen Lebens.
(2) Apologie des Christenthums.
(3) Lehrbuch der Fundamentaltheologie oder Apologetik.

pologétique, dit-il (ɪ, 20) (demonstratio christiana et catholica), est cette science théologique qui fournit la preuve scientifique que le christianisme, qui est la religion révélée de Dieu et absolument nécessaire, est conservée, prêchée et gardée dans l'Église catholique, la seule vraie Église, chargée de la communiquer au genre humain. » A côté de cette importante publication, citons une petite brochure fort intéressante, intitulée : *Description de la vraie Église* (1), par Deby. Heinrich, chanoine de Mayence, a fait paraître la troisième partie du troisième volume de sa savante étude sur le dogme catholique, tandis que le professeur Simar livrait à la publicité la première partie du *Manuel de la dogmatique* (2), et le docteur Essen une nouvelle édition du *Compendium theologicum Thomæ ex Charmis*. En même temps le P. Hugo Hürter faisait paraître le troisième volume de son *Compendium*, ainsi qu'un extrait en deux volumes de ce volumineux et savant travail qu'il intitulait : *Medulla theol. dogmat.* Un homonyme de ce dernier auteur, Henri de Hürter, publiait le neuvième et dernier volume de ses remarquables sermons sur *la beauté et la vérité de l'Église catholique* (3). Citons ensuite les ouvrages suivants : une édition nouvelle des *Trésors du chrétien catholique* (4) et *le Voyage dans l'éternité* (5), par le prince-évêque Zwerger, l'*Exposé succinct de la foi catholique*, par Mgr Brinkmann, évêque de Munster, et une instruction sur *le saint sacrifice de la messe*, par Mgr Melchers, l'illustre archevêque de Cologne. Un autre auteur, l'abbé Mesme, a traité aussi du sacrement de l'Eucharistie dans un ouvrage en trois parties : le sacrement, le sacrifice et la communion. Loretz a écrit la *Doctrine catholique de la cène élucidée par les quatre premiers siècles* (6).

Il a paru aussi une nouvelle édition de la *Mystique* de Görres, le grand écrivain catholique, mort en 1848. Voici venir un ancien antagoniste de Marie, qui s'est converti et qui fait amende honorable. Il se nomme Prensz, et fut longtemps un adversaire acharné de l'Immaculée Conception. Il publie une délicieuse brochure : *A la louange de l'Immaculée Conception de Marie* (7). Nous regrettons seulement que l'auteur ait gardé l'anonyme dans sa publication. Mentionnons encore une traduction d'un ouvrage français de Bougaud, écrite par la gracieuse et spirituelle comtesse Görtz et qu'elle intitule : *Jésus-Christ comme homme est une preuve de sa divinité* (8). N'oublions pas enfin cinq autres brochures qui se rattachent à l'histoire du dogme catholique : 1º *L'origine de la controverse entre les thomistes et les molinistes* (9), par Schneemann ; 2º *Le dogme du Verbe de saint Athanase* (10), par Atzberger ; et 3º du même auteur : *Dieu, son Verbe et son action d'après saint Athanase* (11). On sait la place importante que saint Athanase occupa au quatrième siècle, pour défendre la doctrine catholique concernant le mystère de la sainte Trinité. C'est cette doctrine du grand évêque d'Alexandrie que l'auteur expose avec science, talent et originalité. Le premier de ces deux opuscules

---

(1) Schilderung der wahren Kirche.
(2) Lehrbuch der dogmatik.
(3) Schoenheit und Wahrheit der Kathol. Kirche.
(4) Schaetze des Kath. Christen.
(5) Reise in die Ewigkeit.
(6) Dei kath. Abendmahlslehre in Lichte der vier ersten Iahrhundert.
(7) Zum Lobe der unbefleck. Empfængnisz Mariæ.
(8) Jesus Christus als Mensch ein Beweis seiner Gottheit.
(9) Die Enstehung der thomist-molinist. Controverse.
(10) Die Logoslehre des Heiligen Athanasius.
(11) Gott, das Wort und sein Walten nach dem H. Athanasius.

a même été couronné en 1878 par la faculté de théologie de Münster. La rédaction du travail trahit cependant, dans certains détails, l'esprit peu exercé d'un écrivain qui fait ses débuts ; 4° *La grâce et la liberté* (1), par Rohling ; 5° enfin : *La Confession dans les premiers siècles du christianisme* (2), par Kinkel. Ce dernier travail est un exposé succinct de la doctrine des Pères concernant le sacrement de Pénitence. L'auteur, évidemment, s'est proposé d'écrire non seulement pour les simples fidèles, mais pour tous ceux qui veulent étudier à fond ce vaste et important sujet. Il cite en effet en faveur de sa thèse les témoignages très nombreux des organes les plus autorisés de la tradition chrétienne. Nous croyons que la critique lui a reproché d'avoir publié un travail difficile à lire et fatigant à étudier, à cause des longues et interminables citations placées avec des guillemets les unes à côté des autres. Ces citations, d'ailleurs, ne sont pas toujours exactes. Ainsi, par exemple, nous rencontrons un texte tiré d'un prétendu livre de saint Cyprien « sur le lavement des pieds » ; or le saint évêque de Carthage n'a rien écrit de semblable. Les critiques contestent aussi un texte d'Origène et un autre de saint Basile. Plusieurs passages de cette brochure, plusieurs déductions faites par l'auteur ont été fortement incriminés par des adversaires, et il faut convenir que le travail parfois défectueux justifiait souvent ces attaques. Dans cette situation, le livre de Kinkel perd bien de sa valeur.

Dans la THÉOLOGIE MORALE, nous citerons la publication de la troisième édition du *Manuel de morale*, écrit en latin par C. Müller. L'infatigable et savant cardinal Philippe Hergenröther nous a donné un très intéressant opuscule sur la sanctification du dimanche. Mentionnons enfin la publication du second volume d'un ouvrage très important du P. Weisz, intitulé : *Apologie du christianisme au point de vue de sa morale* (3), et nous aurons fait le résumé de ce qui a paru dans le cours d'une année dans cette branche de la science sacrée.

Arrivons à l'ÉCRITURE SAINTE. Les productions y ont été importantes. Un savant professeur de l'Université catholique de Tubingue, le Dr Paul Schanz, nous a donné un travail fort remarquable sur l'évangile de saint Matthieu. L'écrivain fait précéder son commentaire d'une longue préface critique dans laquelle il résout alternativement toutes les nombreuses difficultés qui se sont élevées concernant l'auteur, le texte original, le but de l'évangéliste, l'époque de la rédaction du livre, ainsi que ses rapports avec les évangiles de saint Marc et de saint Luc. Tout cela est traité de main de maître, avec une sûreté de jugement, un discernement, une lucidité et un talent incontestables. Schanz prend à partie tous ces exégètes modernes qui, méprisant les preuves traditionnelles apportées par l'Église, veulent faire prévaloir leurs opinions personnelles qu'ils échafaudent sur de prétendues preuves scientifiques, se lançant ainsi sur des voies nouvelles, souvent hétérodoxes et toujours dangereuses. « N'oublions pas, dit-il, que tous ces vaillants athlètes à qui fut confié le dépôt de la tradition chrétienne vivaient dans des temps bien plus proches que les nôtres de l'origine des Livres saints, et qu'ils étaient bien plus familiarisés avec l'Écriture sainte que nous ne le sommes avec tous nos riches auxiliaires scientifiques... ». « Une critique du texte sacré, » ajoute-t-il, « qui négligerait ces antiques témoignages de la tradition catholique ne pourrait vraiment pas prétendre à la moindre valeur

---

(1) Gnade und Freiheit.
(2) Die Beicht in den ersten christlichen Jahrh.
(3) Apologie des Christenthums vom Standpuncte der Sittenlehre.

historique. » C'est sur ces principes que l'auteur s'appuie pour réfuter l'opinion des commentateurs protestants et rationalistes qui prétendent établir que l'évangile selon saint Matthieu se compose de plusieurs parties écrites par des auteurs différents et à des époques diverses. L'exégète catholique affirme au contraire et il prouve que l'évangile de saint Matthieu est une conception unique qui a dû couler d'un seul jet de la plume de l'évangéliste. Il combat aussi victorieusement l'opinion d'Erasme, de Cajetan, de Calvin, etc., qui est devenue aussi celle des commentateurs modernes protestants et rationalistes, savoir que le premier des évangiles fut rédigé en langue grecque. D'accord en cela avec le savant commentaire sur saint Matthieu que M. Fillion, de la compagnie de Saint-Sulpice, vient de publier dans la Bible de Lethielleux, le professeur Schanz établit d'une façon indiscutable que l'hébreu, ou plutôt le syro-chaldéen, est la langue originale du premier des évangiles. Quant au but que saint Matthieu se proposait en écrivant, l'auteur indique par les mots suivants que nous traduisons de son travail : « Saint Matthieu écrivit son évangile pour consoler et pour encourager les Juifs convertis de la Palestine qui étaient exposés à la persécution et par conséquent au danger de l'apostasie; l'évangéliste fait ressortir que Jésus, le Messie, et la réprobation des Juifs ne sont pas une contradiction; mais qu'ils sont l'accomplissement des prédictions des prophètes. Les seuls coupables sont les Juifs qui ont crucifié leur Messie et qui doivent maintenant attendre du Ciel leur châtiment. » Cette courte analyse donne une idée suffisante du travail du professeur Schanz.

Deux autres savants, le docteur Neteler et Rohling, fort connus l'un et l'autre et fort appréciés par leurs publications antérieures sur l'Écriture sainte, ont écrit de nouveaux ouvrages. Neteler a publié trois brochures dans le cours de l'année 1879 : *Traits principaux de la prosodie hébraïque* (1); *Abrégé de l'histoire de la littérature de l'Ancien Testament* (2) et *Concordance de la chronologie de l'Ancien Testament avec l'histoire profane* (3). Rohling a écrit sur les *proverbes de Salomon* un commentaire considérable.

Le docteur Laurent Fischer nous a donné une étude catholique fort réussie, intitulée : *L'histoire primitive de l'homme et la Bible* (4). C'est une réputation absolue et victorieuse du darwinisme. L'auteur puise toutes ses preuves aux sources les plus incontestées de l'érudition moderne; il cite, il fait parler, pour ainsi dire, les représentants les plus éminents, les plus autorisés de la science, et il établit, par une logique serrée et impitoyable pour ses adversaires, la véracité du récit de la Genèse.

Citons encore, parmi les ouvrages parus, la seconde partie de l'*influence des prophètes juifs* (5), par Keel; et les *Recherches sur le dernier motif de certitude de la révélation* (6), par Al. Schmid; joignons à ces indications une production oratoire, les sermons de Breiteneicher sur l'*Ancien Testament et les fondements de la doctrine chrétienne* (7) et nous aurons mis le lecteur au courant de tout ce que l'Allemagne vient de produire de plus remarquable dans le domaine de l'Écriture sainte.

HISTOIRE ECCLÉSIASTIQUE. Citons d'abord l'éminent cardinal Hergenröther,

---

(1) Grundzüge der hebraischen Metrik.
(2) Abrisz der altrestam. Literatur-Geschichte.
(3) Zusammenhang der altestam. Zeitrechnung mit der Profanengeschiste.
(4) Die Urgeschichte des Menschen und die Bibel.
(5) Die Wirksamkeit der juden Propheten.
(6) Untersuchungen über den letzten Gewiszheitsgrund des Offenbahrungsglauben.
(7) Das alte Testament und die christliche Grundlehre.

qui se trouve ici dans ses études spéciales et qui a publié une seconde édition de son savant manuel, sur l'histoire ecclésiastique (1) ainsi qu'une étude fort intéressante sur le *cardinal Maury*. Ne séparons pas de Hergenröther le nom d'un autre prélat, Mgr Hefelé, qui s'est illustré lui aussi par ses études sur l'histoire de l'Église et qui nous a donné une seconde édition du quatrième volume de son *Histoire des Conciles*. A côté de ces deux illustrations, plaçons le nom de Janssen et son remarquable travail intitulée : *Histoire du peuple allemand depuis le commencement du moyen âge* (2), dont il vient de publier le second volume. Le premier volume s'est vendu à 12,000 exemplaires et il a eu un retentissement immense non seulement chez les catholiques, mais auprès des protestants. Le second volume aura un effet plus considérable encore, nous pouvons certainement le lui assurer. Tous les protestants qui sont de bonne foi, et, grâce à Dieu, leur nombre est fort considérable, se trouvent profondément remués, troublés, nous dirons même parfois convaincus et entraînés par cet intéressant et savant ouvrage. Une revue allemande (3) citait à ce sujet le trait suivant : Un jeune étudiant, après avoir lu ce second volume qui vient de paraître, écrivait à son père, pasteur protestant : « Si tu ne parviens pas à réfuter ce que Janssen expose dans son travail, il ne m'est plus possible à moi de faire partie à l'avenir d'une Église qui a une origine aussi honteuse. » Voilà un noble et sincère langage et cet aveu doit être, pour l'auteur qui l'a provoqué, bien plus précieux que tous les éloges.

Un écrivain allemand, qui traduit *les Moines de l'Occident* de Montalembert, vient de livrer à la publicité les sixième et septième volumes de son travail.

Citons encore quelques ouvrages qui se rapportent à l'histoire ecclésiastique, qui ont eu un retentissement moins considérable que ceux que nous venons de nommer, mais qui ont pourtant leur importance relative : *L'Église catholique en Roumanie et en Bulgarie* (4), par Abt; *La petite imitation des saints* (5), par Bellesheim; *Sainte Marcelline* (6), par Biraghi; la troisième édition de *la Vie et les actions des saints* (7), par Douin; *Sur les évêques suffragants de Paderborn*, par Evelt; *Saint Jean Népomucène*, par Frind; *l'Histoire de l'Église d'Espagne*, par Ganes, ainsi que *l'Hierarchia catholica Pio IX Pont.*, du même auteur; la sixième édition de *la Vie de la Très Sainte Vierge*, par Hirscher; *la Biographie de saint Pierre*, de Janvier, traduite en allemand; *les Lettres adressées à Mgr de Ketteler et les réponses de ce prélat*; *la Vie des saints*, par Kniep; *le Discours sur Alzog*, par Kraus; *le Cardinal Jean de Torquemada*, par Lederer; *les Portraits contemporains* (8), de Mgr Martin; *la Biographie de saint Vincent de Paul*, par le P. Meier; *les Efforts de conciliation en faveur des Églises dissidentes sous Charles V* (9), par Pastor; *l'Histoire de la réconciliation de l'Église ruthénienne avec Rome* (10), par Pelesz; *Ludgerus*, par Pingsmann; *Histoire de l'archidiocèse de Cologne*, par Podlech; *l'Église catholique chez les Cafres*, par Ricard; *les Couvents du Würtemberg*, par Sauter; *saint Fidèle*, par Schnel; la *Passavia sacra*, de Schrödl; *l'abbé Henri III de*

---

(1) Handbuch der allgemeinen Kirchengeschichte.
(2) Geschichte des deutschen Volkes seit dem Anfange des Mittelalters.
(3) Literaricher Handweiser, année 1879. p. 389.
(4) Die Kathol. Kirche in Rumanien u. Bulgarien.
(5) Kleine Nachfolge der Heiligen.
(6) Heilige Marcellina.
(7) Leben und Thaten der Heiligen Gottes.
(8) Zeitbilder.
(9) Kirchl. Reunionsbestrebungen unter Karl V.
(10) Geschichte der Union der ruthen. Kirche mit Rom.

Notre-Dame des Ermites (1), par Schubiger, les deuxième, troisième et quatrième livraisons de la *Franconia*, de Stamminger, le cinquième volume du *Dictionnaire hagiographique*, de Stadler-Ginal; les monographies critiques sur *sainte Ursule*, de Stein; *Thibault de Provence*, par Weicherding, et *la Réformation et la contre-réformation dans les pays au-dessous de l'Ems*, par Wiedemann. Arrêtons là cette longue nomenclature de travaux sur l'histoire ecclésiastique qui tous sont dignes de fixer l'attention.

Dans la PATROLOGIE, nous citerons d'abord deux ouvrages. La bibliothèque allemande des Pères de l'Église qui se publie à Kempten, s'est accrue de vingt-huit volumes nouveaux, et le P. Hurter a édité deux nouveaux volumes de ses *Opuscula Patrum*. Nous mentionnerons ensuite un travail de Joseph Schmid, professeur à Dillingen en Bavière, intitulé : *Traits principaux de la patrologie* (2). C'est un excellent ouvrage, divisé en deux parties et très propre à initier le lecteur à l'étude de la patrologie. La première partie considère la patrologie en général : 1° Les témoins et les dépositaires de la patrologie, 2° l'autorité des Pères de l'Église, 3° la critique de la patrologie, 4° l'usage des citations de la patrologie, et 5° les moyens auxiliaires pour bien comprendre les travaux des Pères. La seconde partie est intitulée : De la patrologie en particulier, et elle est divisée en quatre époques : 1° Les Pères apostoliques jusqu'en l'année 150, 2° progrès de la patrologie de 150 à 325, 3° la patrologie dans tout son éclat, de 325 à 461, et enfin 4° sa décadence jusqu'en l'année 700.

A côté de ces publications, nous indiquerons encore une édition des *Œuvres de Sédulius*, prêtre du cinquième siècle, par Looshorn; l'*Explication de la règle de saint Benoît*, par le P. Aug. Schneider; enfin une traduction nouvelle avec commentaires, par Seb. Brunner, de la *Vie de saint Séverin* d'Eugippius, son disciple. Cette biographie se trouve dans Surius, mais incomplète; Baronius en avait introduit plusieurs fragments dans ses Annales; Marcus Welser en donna en 1682 une édition falsifiée. Elle existe encore dans les Bollandistes et dans les Bénédictins de Molk.

LE DROIT CANONIQUE, à son tour, s'est enrichi de plusieurs ouvrages. Silbernagel a écrit un *Manuel du droit canonique*; un autre auteur, Weber, a édité un *petit catéchisme* sur le même sujet. Laubis a retracé dans un volume les droits de l'Église dans les examens théologiques en Bavière; Schulte s'est occupé de la lutte engagée entre le gouvernement prussien et les droits de l'Église dans la question de l'instruction primaire; enfin Fink a écrit une dissertation sur les concordats.

Parmi les publications LITURGIQUES, citons d'abord la continuation de l'*Année ecclésiastique* de dom Guéranger, traduite en allemand; une nouvelle édition de l'opuscule de Benoît XIV, *De sacrificio missæ*; enfin un traité populaire de Stahl sur les cérémonies de la consécration des évêques.

Comme œuvres oratoires et SERMONNAIRES, mentionnons le premier volume du sermonnaire de Schuen, intitulé : le *Catéchisme en chaire* (3). Il nous est impossible de citer ici le nombre considérable de sermons qui ont été publiés. Parmi les plus importants, nommons cependant ceux de NN. SS. le prince évêque Forster, Eberland, Ehsler, cardinal Maning, ainsi que les stations de carême de Bierbaum, Hopp, Neumann, etc.

Dans le domaine de la PASTORALE, ont paru la deuxième édition de la tra-

---

(1) Abt Henrich III von Einsiedeln.
(2) Grundlinien der Patrologie.
(3) Der Katechismus auf der Kanzel.

duction des instructions de saint Léonard de Port-Maurice, sur l'*Administration du sacrement de pénitence*; la seconde édition de l'*Ami des malades* (1), par Feller, ainsi que son *Manuel sur la conduite à tenir au lit des malades* (2); la seconde édition de l'*Administration du sacrement de pénitence*, par Tappenhorn; un questionnaire de N. J. Hoffmann pour une confession générale, enfin de nombreuses publications sur la première communion, émanant de différents auteurs.

Impossible d'indiquer, même dans un aperçu, les innombrables livres de prières et de piété qui ont paru dans le courant de l'année dernière.

G. GILLET.

(*La fin au prochain numéro.*)

PRINCIPALES PUBLICATIONS DE LA QUINZAINE

1. Les *Épopées françaises*, étude sur les origines et l'histoire de la littérature nationale, par Léon Gautier, édition entièrement refondue. Paris, Palmé, t. III, xvi-808 pages, gr. in-8°.

2. *Histoire de la littérature française*, au dix-neuvième siècle, par Frédéric Godefroy. Paris, Gaume, un vol. in-8. Prix : 6 francs.

3. La *Métaphysique et ses rapports avec les autres sciences*, par Th. Desdouits, professeur agrégé de philosophie au lycée de Versailles. In-18, jésus, 236 p. Toulouse, imprimerie Chauvin et fils. Paris, lib. Thorin.

4. L'*Année pastorale*, recueil d'analyses et de plans de sermons et d'homélies, par D. Bonnefon, pasteur de l'église réformée d'Alais, suivi d'analyses et notes pour sermons de A. Vinet. Première année. In-12, vii-388. Alais, imprimerie Brugueirolle et Cᵉ. Paris, librairie Fischbacher, 5 francs.

5. *Religion et Religions*, par Victor Hugo. Paris, Calmann Lévy, un volume grand in-octavo, prix : 4 francs.

6. *Anatole Feugère*, professeur de rhétorique au collège Stanislas, suppléant au collège de France. Sa vie, ses œuvres, son enseignement, par Paul Blanchemain avec une eau-forte de Lalauze. Paris, Putois-Cretté, un volume in-12. Prix : 3 francs.

7. *Mélanges de paléographie et de bibliographie*, par L. Delisle, membre de l'Institut, administrateur général de la Bibliothèque nationale. Paris, Champion in-8, avec atlas comprenant 8 fac-similés en héliogravure. — Le volume 10 fr. L'atlas 5 fr. — Se vend séparément.

8. *Bibliographie générale des Gaules*, répertoire systématique et alphabétique des ouvrages, mémoires et notices concernant l'histoire, la topographie, la religion, les antiquités et le langage de la Gaule jusqu'à la fin du cinquième siècle. Première période : Publications faites depuis l'origine de l'imprimerie jusqu'en 1870 inclusivement, par Ch. Emile Ruelle, bibliothécaire à la bibliothèque Sainte-Geneviève. Première livraison. Avertissement; Bibliographie. Feuille 1 à 13. In-8° à deux col., xviii p. et p. 1 à 415. Paris, imp. Chamerot; libr. de la Société bibliographique; Dumoulin; Firmin-Didot et Cᵉ; Champion; l'auteur, 1, rue de Lille. (16 av.)

9. *Storia della arte christiana*, nei primo otto secoli della chiesa, scritta dal

---

(1) Krankenfreund.
(2) Manuale des Krankenseelsorge.

P. Raffaele Garruci, D. C. D. G. E corredata della Collezione di tutti i monumenti di pittura e scultura Incisi in rame su cinquecinto tavole ed illustrati. Paris, Durand. Grand in-folio, texte et planches, publié par livraisons. Les livraisons 1 à 104 sont en vente. Prix de chaque livraison : 5 francs. L'ouvrage formera environ 110 livraisons.

10. *Inscriptions doliaires latines*, marques de briques relatives à une partie de la gens Domitia; recueillies et classées par M. Ch. Descemet. In-8°, xxvii-230 p. avec figures, Toulouse, imprimerie Chauvin et fils; Paris, librairie Thorin, 12 fr. 50.

11. *Inventaire général des richesses d'art de la France.* Paris Monuments civils. T. 1. Grand in-8°, xxiv-485 p. Paris, imprimerie et librairie Plon et C°.

12. *Papiers inédits du duc de Saint-Simon*, lettres et dépêches sur l'ambassade d'Espagne. Tableau de la cour d'Espagne en 1721. Introduction par Edouard Drumont. 1 volume in-8. Quantin. Prix : 7 fr. 50.

13. *Etude sur Préneste*, ville du Latium, par M. Emmanuel Fernique, professeur d'histoire au collège Stanislas. In-8°, 226 p. et 4 planches. Toulouse, imp. Chauvin et fils; Paris, lib. Thorin, 7 fr. 50.

14. *Histoire de Lorraine*, par A. Digot, de l'Académie de Stanislas. 2° édition. T. 4. In-8°, 404 p. et carte. Nancy, imp. et librairie Crépin-Leblond.

15. *Archives historiques du Poitou.* T. 8. Grand in-8°, vii-456 pages. Poitiers, imp. Oudin frères. (1879.) [3715]

16. *Cartulaire de Louviers.* Documents historiques originaux du dixième au dix-huitième siècle, la plupart inédits, extraits des chroniques et des manuscrits des bibliothèques et des archives publiques de la France et de l'Angleterre; recueillis et publiés par Th. Bonnin, de la société des antiquaires de Normandie Documents. T. 4 (xvii° et xviii° siècles). In-4°, 260 p. Evreux, imp. Hérissey; Rouen, libr. Métérie; Paris, Pedone-Lauriel.

17. *Histoire municipale de Paris depuis les origines jusqu'à l'avènement de Henri III*, par Paul Robiquet, avocat au conseil d'Etat. In-8°, xi-676 p. Paris, imp. Martinet; lib. Reinwald. 10 fr. (27 avril.)

18. *La vie municipale au xv° siècle dans le nord de la France*, par le baron A. de Caloune, vice-président de la société des antiquaires de Picardie. In-8°, viii-340 p. Paris, imp. Lahure; lib. Didier et C°. (13 avril.)

19. *Les États provinciaux de la France centrale sous Charles VII*, par A. Thomas, archiviste paléographe. Paris, Champion, 1880. 2 vol. in-8 avec carte : 12 francs.

20. *La noblesse française sous l'ancienne monarchie*, ses origines, ses titres, ses privilèges, son rôle politique et social, sa décadence, par Ch. Louandre. In-18 jésus, 316 p. Corbeil, imprimerie Crété; Paris, librairie Charpentier. 3 fr. 50.

VARIÉTÉS

Nous reprenons la publication de lettres inédites de personnages illustres de l'Église de France aux dix-septième et dix-huitième siècles.

XVIII. — LETTRES INÉDITES DU P. DE CONDREN
DEUXIÈME SUPÉRIEUR GÉNÉRAL DE L'ORATOIRE

Le P. de Condren est assez connu pour qu'il soit nécessaire de faire autre chose ici que de rappeler les principales dates de sa vie. Né à Vaubuin, près Soissons, le 15 décembre 1588, il entra à l'Oratoire en 1617. Devenu supérieur général à la mort du P. de Bérulle (1629), il exerça ces hautes fonctions jusqu'à la fin de sa vie, qui arriva le 7 janvier 1641.

Le P. de Bérulle disait de lui « qu'il avait eu l'esprit de l'Oratoire dès son berceau »; et sainte Jeanne de Chantal, « que si Dieu avait donné saint François de Sales à l'Église pour instruire les hommes, il semblait qu'il avait rendu le P. de Condren capable d'instruire les Anges. »

Les lettres du P. de Condren furent publiées pour la première fois en 1642. Cette édition ne contenait que soixante-dix lettres. La seconde de 1643 en contint quatre-vingt-neuf. La troisième (1648) et la quatrième (1664) furent augmentées chacune de deux lettres. Les éditions suivantes (1668, 1681, etc.) sont la reproduction de celle de 1664. Enfin l'édition de l'abbé Pin (1857) contient dix-sept lettres nouvelles, dont sept publiées d'après les autographes de la bibliothèque de Saint-Sulpice. Celles que nous publions se trouvent aux archives nationales, carton M. 235.

Jesus † Maria

« Mon Reverend Père,

« La grace de Nostre-Seigneur Jesus-Christ vous soit donnee pour jamais. Je vous escris celle cy en grand haste par loccasion de ce courrier, pour vous supplier de considerer si vous ne mettez point la congregation en peril de schisme faysant l'eslection (1) sans le consentement des aultres maysons particulierement de celles de provence du compté (2) et de flandres qui sont moins disposees a se soumettre et ausquelles il me semble quil ne faut pas donner sujet de division pour celles de flandres elles sont si nouvelles quil ny a que le P. Bourgouin (3) a considerer ce sera a luy de fayre voir aux aultres que la congregation de France les respecte et les estime et veut unire en unite desprit et de conduite avec eux sans pretendre pourtant de les obliger a aucune soumission ou dependance, ni de prendre part a leurs affaires que celle quil leur plaira, mais bien de la leur donner aux nostres. Je ne sçay pas lestat des maisons de flandres, vous jugerez si cela est a propos. Lunite dans un ordre est une grace qui honore lunite de Dieu et celle de son eglise et lon rend plus participant et en cela plus agreable a sa divine majeste. Il na pas faict a plusieurs ordres cette misericorde de la leur conserver, nous le devons prier quil la fasse a la congregation et de nostre part il ne faut point donner de sujet a son jugement sur nous. Je ne me voit pas dempeschement de vous aller ueoir apres ceste feste de tous les saincts, si vous le voulez absolument, ou si vous le croyez utile a quelque chose pour moy j'ayme mieux m'occuper a prier Dieu icy qu'il soit vostre conseil que den estre, et me disposer a me soumettre a celuy qu'il plaira a

---

(1) L'élection d'un général à la mort du P. de Bérulle. Les Pères de la maison de Paris avaient résolu de précipiter cette élection, et ne convoquèrent que les plus anciens des Pères qui se trouvaient assez à portée de Paris pour s'y rendre dans un court espace de temps. Ils redoutaient une intervention de la cour, c'est-à dire de Richelieu. Batterel va jusqu'à dire « qu'il n'est meme hors de vraisemblance que le cardinal songeoit à se faire nommer lui-même pour général. » (*Mémoires domestiques*, deuxième époque, 1629, n° 3.)

(2) De Franche-Comté Cette province, on se le rappelle, ne faisait pas encore partie de la France à ce moment.

(3) Le P. François Bourgoing (1585-1662), qui fut troisième supérieur général de l'Oratoire, et dont Bossuet prononça l'oraison funèbre.

Dieu de nous donner pour pere, que den deliberer avec vous. Jespere que Nostre-Seigneur men fera la grace. Mon conseil nest rien et quand je serais a Paris jaurois peine a vous le donner. Je nay pas vescu en sorte dans la congregation quon y doyve avoir confiance ou que je doyve pretendre estre escoute, je desire de nescouter pas moy mesme si je puis. Nous aurons besoin ce me semble cette fois icy que Nostre-Seigneur luy mesme soit superieur de la congregation car il n'est pas seulement quaestion de la conduire puisque quasi tout y est a faire. Nostre honore pere defunct monseigneur le cardinal de Berulle y a este comme Nostre-Seigneur en la terre pendant sa vie voyagere au regard de son eglise meritant et demandant a son pere la grace, l'annonceant et la donnant aux siens mais leur laissant a former cette siene eglise apres son decets. C'est a vous ainsi de former la congregation que N. H. pere vous a laissee, aussi sa principale deuotion et application desprit estoit ce me semble, et si jose penser et porter jugement dune ame de Dieu singuliere et excellente en sa voye, a la vie voyagere du fils de Dieu quil a honoree en ce point et passé ses jours dans sa vertu et conduite. Jespere que maintenant Dieu laura mis tout de mesme dans lefficace de sa vie ressuscitee pour vous communiquer son esprit et pour, par la vertu de cet esprit, accomplir avec vous en la conduite de Nostre-Seigneur et de sa saincte mere l'œuvre quil a tant desiré pendant sa vie de donner a Dieu et a son eglise et pour lequel il a tant prié et travaillé et auquel a la verité il desiroit beaucoup de graces comme a un chascun de nous qui ny sont pas encores, mais nous les devons desirer avec luy et cooperer a son esprit. Je nay point este d'advis que le P. Charles Doron (1) allat a Paris quand il ma eu dict ce quil avoit a nous dire. Jay pensé qu'il y penseroit davantage et quil nous pourroit escrire ses sentiments sil leur trouvoit a propos, il vaut mieux ce me semble donner a nos maisons exemple de retenue a aller sur ce sujet cy que de precipitation il est un de nos enciens sil ne va pas plusieurs nauront pas sujet de se plaindre. Je me recommande a vos prieres. Je suis pour toute ma vie en Nostre-Seigneur et en sa sainte mere

« Mon Reverend Pere, vostre tres humble et tres obeissant serviteur,

« Charles DE CONDREN, *prestre de l'Oratoire de Jésus*.

« Ce 28e d'octobre 1629. »

Pendant que le courier de Nancy apportait à Paris cette lettre, le 30 du même mois, vingt-huit prêtres de l'Oratoire donnaient au P. de Bérulle pour successeur, le P. de Condren; dans sa profonde humilité, il avait été bien loin de s'attendre à voir le choix des Pères de Paris tomber sur lui, la lettre qu'on vient de lire en témoigne.

A. M. P. INGOLD, *prêtre de l'Oratoire*.

(*A suivre.*)

---

(1) Le P. Charles Doron, « le premier de tous nos sujets qui avait été reçu (en 1612) confrère » (c'est-à-dire n'étant pas encore prêtre), était à ce moment supérieur de la maison de Nancy, où se trouvait le P. de Condren. Non seulement il n'alla pas à Paris pour cette élection qu'il jugeait irrégulière, mais cette élection terminée il en fit avec sa maison une autre où ils donnèrent tous leur voix au P. de Condren, comme s'il n'eût point encore été élu. » (Batterel, *Vie*, III, 129.) Le P. Doron mourut en 1666, « étant le plus ancien prêtre de la congrégation, et se trouvant alors assistant et supérieur de la maison de Saint-Honoré. » (Batterel, *ibid.*)

Le gérant : A. SAUTON.

BULLETIN CRITIQUE

DE LITTÉRATURE, D'HISTOIRE ET DE THÉOLOGIE

SOMMAIRE.. — 9. REINHARD DE LIECHTY, Albert le Grand et saint Thomas d'Aquin, *Duchesne*. — 10. MÉRIC, L'autre vie, *L. L.* — 11. (D. L.) Prières pour le mois de Marie, *A.-J. de Saint-Antoine*. — 12. JOURDAN DE LA PASSARDIÈRE, L'oratoire de Saint-Philippe de Néri, *Richard*. — 13. GODEFROY, Histoire de la littérature, seizième siècle, *Lallemand*. — 14. Biographie et hagiographie, *Trochon*. — 15. Revue des principales publications littéraires de l'Allemagne, pendant l'année 1879, *Gillet*. — Variétés : Lettres inédites du P. de Condren. — Principales publications de la quinzaine.

9. — **Albert le Grand et saint Thomas d'Aquin**, par l'abbé REINHARD DE LIECHTY; docteur en théologie, etc. Paris, Palmé, 1880. 1 vol. in-12.

« Il y a bien des rapprochements entre notre temps et celui de saint Thomas : peut-être *que* les moyens qui ont fait du treizième siècle un siècle de saints, opéreront-*ils* le même effet, et obtiendront-*ils* le même résultat dans le nôtre. *Utinam!* »

Ces paroles sont tirées de l'avant-propos du présent livre : comme il y est question de scolastique, on peut poser ici un syllogisme. Au treizième siècle, on donnait le fouet aux écoliers qui faisaient des solécismes. Peut-être *que* les moyens, etc... Ce serait à voir; mais M. Reinhard ne dirait plus : *Utinam!* car les phrases comme celle-ci se rencontrent souvent dans son étonnant volume. Si encore il ne se permettait ces libertés qu'avec la syntaxe! Mais que dire du pathos que voici? « On a longtemps placé les grands travaux des scolastiques à côté des domes gothiques. (Autrement pour le français : On a souvent comparé, etc.) Des deux côtés on a trouvé des témoins puissants et d'une ardeur incomparable, d'un courant intellectuel tel qu'on n'en avait jamais vu en Europe; ces témoins s'élèvent de part et d'autre sur un fondement, habilement raisonné, en articulations rythmiques et donnent à chaque partie du tout, entrelacé avec la plus parfaite méthode, son caractère propre » (p. 62). Autres agréments : page 66, un tronc qui mûrit; page 67, un commerce alimenté par des buts; page 69, un matériel dénué de vitalité; page 70, des aperçus qui rejaillissent; page 72, la scolastique enclavée dans un ordre d'idées; page 231, un monde scient; page 214, des hérétiques dont le cou a trop engraissé; page 208, une mur qui amène l'unité; page 181, un plan qui souffle; page 154, des mystères que l'on étripe! (*sic*).

Cette figure énergique me ramène au sujet de M. Reinhard. Il veut nous dire qu'Albert le Grand et saint Thomas ont dans leur temps protégé les mystères contre le terrible danger sus-mentionné, et que les mystères étant toujours menacés d'être é......, il faut appeler Albert le Grand et saint Thomas à leur secours. C'est une idée que M. Reinhard peut faire valoir sans craindre d'être décrété d'hérésie. Cependant l'exagération est toujours regrettable; il n'est pas exact de faire du treizième siècle un siècle plus impie que le nôtre, et les meilleurs amis de saint Thomas seront étonnés de lui voir attribuer une infaillibilité de fait : « Par une grâce propre de Dieu, il n'a pas erré de fait. » Il est vrai que les canonistes sont encore logés à meilleure enseigne : « *Peut-il y avoir*, si nous exceptons les canonistes, un docteur dans la doctrine duquel *on puisse avoir* plus de confiance, etc. (p. 201). Heureux canonistes! Tous canonisés en bloc! Mais peut-être *que* M. Reinhard entend-*il* parler des auteurs canoniques de l'Écriture sainte. » Alors? — Eh bien, alors, M. Reinhard ne connaît pas le sens de tous les mots de la langue française, de même qu'il paraît ignorer quelques-unes des règles de la syntaxe et brouiller un peu les figures de rhétorique.

S'il écrivait en vers, on pourrait lui conseiller de s'adonner à la prose; mais comme il écrit en prose..., je m'arrête, ne voulant pas désobliger un homme qui veut tant de bien à la théologie scolastique.

L. DUCHESNE.

---

10. — **L'autre vie**, par l'abbé Élie MÉRIC, professeur de théologie morale à la Sorbonne. 2 vol. in-12, XIII-491 et 402 pages. Paris, Palmé.

Le sujet traité par M. Méric est de ceux qui s'imposent d'eux-mêmes à l'attention du lecteur, parce qu'il est et sera toujours d'une actualité incontestable : l'autre vie restera toujours ici-bas un éternel mystère, provoquant une éternelle curiosité; mais aussi, pour tout homme sensé (il est vrai que le nombre semble en diminuer de nos jours) un mystère dont la solution est d'une souveraine importance.

Ce n'est pas seulement le caractère spécial de la question traitée par M. Méric, qui donne du prix à son ouvrage; c'est aussi et c'est surtout, nous nous plaisons à le reconnaître, la manière savante et profonde dont il l'étudie. Exposer tous les systèmes philosophiques qui repoussent l'immortalité de l'âme ou lui donnent une base fausse, incomplète ou funeste; puis étudier toutes les hypothèses faites par la raison séparée de la foi ou hostile à la foi, sur la vie de l'âme après la mort; enfin établir solidement l'enseignement de la foi catholique et le venger des calomnies ou des interprétations erronées dont il est l'objet, telle est la vaste matière développée par M. Méric, dans ces deux volumes. On pourrait dire que l'auteur n'a vraiment rien oublié. Depuis les problèmes les plus anciennement traités par la théologie catholique, comme le traducianisme et la transmission du péché originel, jusqu'aux rêveries récentes de MM. J. Reynaud et Figuier, sur la préexistence des âmes, et aux révélations des esprits frappeurs et des tables tournantes ; depuis les brutalités navrantes du positivisme, et les inconséquences et insuffisances de la religion naturelle, jusqu'aux intéressantes hypothèses relatives à la pluralité, si probable, des mondes habités, rien ne manque à ce livre de ce qui peut piquer la curiosité du lecteur, mais surtout satisfaire aux légitimes exigences de la raison. Nous signalerons en particulier deux Appendices qui terminent, l'un le premier, et l'autre le second volume.

Le premier de ces Appendices contient l'argumentation de plusieurs savants; un Français, qui n'est autre que le grand Cauchy ; un Anglais, Tyndall ; un Italien et un Belge, pour démontrer d'un côté la non-éternité de la matière et la nécessité de la création, et de l'autre la nécessité de la fin du monde présent.

Le second Appendice est plus important encore : il n'est autre que la reproduction intégrale de la dissertation de M. Emery sur la mitigation des peines des damnés. Bien peu de chrétiens savent ce qu'ont pensé sur ce point nombre de docteurs, parmi lesquels il faut compter saint Augustin et saint Chrysostome. Le temps de foi si faible où nous vivons donne peut-être une opportunité véritable à la publication de ce travail si remarquable, et si peu connu en dehors du monde des théologiens.

Nous ne terminerons pas ce compte rendu sans témoigner, par quelques chicanes à l'auteur, l'estime que nous faisons de son ouvrage.

D'abord pourquoi nous parle-t-il de l'Université de *Conimbre*? Il s'agit évidemment de Coïmbre.

« Il y a longtemps, nous dit M. Méric, que l'esprit humain a reconnu la nécessité d'une intervention divine et d'une parole de Dieu pour répondre à ses nobles inquiétudes sur la vie future. *Aristote* et Platon ont exprimé ce sentiment au sein du paganisme... »

Le sentiment de Platon sur ce point est en effet très connu ; et, en le citant une fois de plus, M. Méric ne m'apprend rien de nouveau. Mais ce qui m'intéresserait, c'est de connaître le passage où Aristote parle de même. Or M. Méric ne le cite pas, et, de fait, jusqu'ici je ne l'ai vu nulle part, et jusqu'à nouvel ordre j'estime qu'il n'existe pas.

Si M. Méric fait à Aristote un honneur qu'il ne mérite pas, il fait à Montaigne une injure qui ne lui est pas due. Il est vrai que bien des auteurs catholiques lui ont donné l'exemple de parler du sceptique Montaigne et de son fameux oreiller. C'est pourtant faire gratuitement tort à la vérité historique que d'assimiler l'auteur des *Essais*, coupable tout au plus d'avoir raillé, avec force gaillardises peu philosophiques, l'impuissance de la raison humaine, mais au demeurant chrétien de foi et de pratique, avec les sceptiques comme Jouffroy qui, partis de la négation de la vérité religieuse, sont arrivés, comme conséquence, au scepticisme universel. Si M. Jouffroy, comme Montaigne, avait soutenu la réalité des miracles, tout en se moquant des vaines superstitions, qui ne le classerait aujourd'hui, non parmi les incrédules, mais parmi les chrétiens illustres?

Nous aurions bien aussi quelques remarques à faire sur le style, quelquefois un peu négligé, de l'auteur. Mais ce serait abuser de la permission d'assaisonner de critiques insignifiantes un éloge si largement mérité. Ces critiques, qui n'empêcheront pas ce livre d'être lu, porteront peut-être l'auteur à l'améliorer encore et c'est là notre unique ambition.

L. L.

11. — **Prières pour le mois de Marie.** Paris, Sauton, 1880. In-32 de 111 pages. Prix : 1 fr.

Dans un remarquable article, publié récemment par les *Annales de philosophie*, M. l'abbé Güthlin, consulteur canoniste de France à Rome, se plaint avec raison de « l'insignifiance et de la fadeur de notre littérature ascétique et spirituelle, notamment de la petite presse de piété et de dévotion ».

Les *Prières pour le mois de Marie* font exception à la règle, hélas! si générale. On les doit à la plume élégante d'un homme du monde qui occupait récemment encore une haute situation officielle. Ces méditations sont empreintes d'une piété sage, forte et pratique. Ajoutons qu'elles sont très courtes, — ce qui peut-être est aussi une des raisons de leur succès, — et qu'une approbation d'évêque les recommande, — ce qui malheureusement n'est pas toujours une preuve suffisante de la valeur d'un livre, mais ici le public peut s'y fier absolument.

A. I. de St-A.

12. — **L'Oratoire de saint Philippe de Néri**, *ses origines, son esprit, sa mission, avec une étude sur les religieuses Oratoriennes et leurs constitutions*, par le P. Jourdan de la Passardière, supérieur des PP. de l'Oratoire de Saint-Philippe. Draguignan, Latil, 1880. In-12 de 374 et 176 pages.

Le titre de cet ouvrage est trompeur : il fait espérer une étude originale sur l'Oratoire de Saint-Philippe de Néri, son esprit, sa mission, etc. Ce n'est en réalité qu'un recueil assez mal conçu de réflexions sur la vie et les œuvres de saint Philippe, fait sans ordre et sans suite ; un travail écrit à la hâte, sans plan bien arrêté.

L'auteur a composé ce livre pour faire connaître les *religieuses Oratoriennes*, leurs règles, leur genre de vie et annoncer leur apparition sur le sol français, qui jusqu'ici les avait complètement ignorées. Il a donc traduit pour la première fois les constitutions de ces religieuses, et c'est la seule partie vraiment neuve de son livre. Toute la première moitié du volume est, comme nous le disions, un véritable fouilli de récits historiques, entremêlé de réflexions pieuses sur saint Philippe et ses œuvres, divisé en quatre chapitres qui n'ont aucun lien logique les uns avec les autres et subdivisés en une infinité de paragraphes groupés dans le plus grand désordre. Un ou deux exemples : dans le chapitre II, l'auteur, au § 3, énumère les principales fondations d'Oratoriennes; il interrompt, § 4, cet exposé historique pour parler du tiers-ordre philippin et le reprend plus loin page 78; — au chapitre III, il est question des rapports de saint Philippe avec saint Ignace et les saints contemporains. Tout à coup ce récit est coupé par une série d'alinéas sur le culte divin, la musique, etc., puis repris 18 pages plus loin (page 144).

Nous pourrions multiplier ces indications; mais relevons plutôt quelques inexactitudes historiques. Page 32, l'auteur semble croire que les Oratoriens de Saint-Philippe de Provence et de Flandre ne s'unirent pas tous à l'Oratoire de France; — même page, il attribue au cardinal Tarugy, la fondation de l'Oratoire de Provence, qui fut faite par le P. Romillion; — page 53, le P. Hanart, qualifié de Philippin, fut, en 1669, l'instrument le plus actif de l'union des Oratoriens de Douai avec ceux de France; — page 300, l'œuvre du P. de Bérulle, fondant une congrégation essentiellement française, comme firent plus tard M. Olier et saint Vincent de Paul, est mise sur le compte d'un *préjugé*, etc.

En rapprochant les passages du livre du P. Jourdan, où il parle des rapports de l'Oratoire philippin avec les autres congrégations ou communautés d'hommes ou de femmes, on arrive à cette conclusion étonnante, qu'elles ont toutes le même esprit, les mêmes règles, le même but. Voyez, par exemple, à la page 203 : l'Oratoire de Saint-Philippe est dit être « sorti du moule *bénédictin*, avec ses notes caractéristiques »; — page 109, c'est la règle *dominicaine* qui a été imitée par l'Oratoire; — page 122, saint Philippe « prend modèle sur saint Ignace et il suffit d'*un coup d'œil* sur la règle des deux instituts (*Jésuites* et *Philippins*), pour y trouver le même caractère (1); — p. 153, ce sont les *Disciples de saint Liguori*, dont « il suffit de lire les constitutions et les ouvrages pour y trouver les traces les plus frappantes de ressemblance avec l'Oratoire »; — page 146, saint Charles Borromée, fondant les *Oblats de saint Ambroise*, « leur donne presque intégralement les constitutions de l'Oratoire »; — p. 148, c'est la *Visitation*; page 153, les *Franciscains* eux-mêmes, « dont les constitutions ont avec l'Oratoire la plus remarquable affinité. »

Le P. Jourdan a fait là une singulière découverte. Pour assimiler ainsi tous les ordres religieux, toutes les congrégations, toutes les communautés, suffit-il donc que toutes leurs règles prescrivent l'oraison, la récitation de l'office divin, la pratique des conseils évangéliques? A ce compte-là, évi-

---

(1) A la page 264, au contraire « tout est différent » entre l'Oratoire philippin et les Jésuites. Comment concilier ces grandes ressemblances et ces grandes différences?

demment, tous les saints fondateurs ont fait la même œuvre. Mais la vérité est que, à côté de ces traits généraux, — si communs à tous, qu'il est naïf de le constater, car ils sont le fond de toute vie religieuse, — que de différences fondamentales et essentielles entre toutes ces associations, et c'est ce qui justifie leur existence parallèle. Il n'y aurait guère, d'après le P. Jourdan, qu'une seule différence notable entre les diverses familles religieuses, et elle est assez curieuse pour que nous la fassions connaître à nos lecteurs : c'est que l'Oratoire philippin seul permet et aime la musique. Aussi l'auteur conclut-il hardiment que « une âme appelée à la vocation religieuse, et « douée par Dieu d'un sens musical développé et du désir de le perfectionner « encore, trouve plus que partout ailleurs sa véritable place dans la famille « de saint Philippe. » Et il ajoute : « Un *simple coup d'œil*, jeté sur l'esprit « des autres sociétés religieuses, à cet égard, nous le montrera jusqu'à « l'évidence. » Comment le P. Jourdan ne voit-il pas, aussi d'un *simple coup d'œil*, que si sa théorie était exacte, il serait préférable de fondre toutes les diverses associations religieuses en une seule, divisée en deux grandes catégories : d'une part, les artistes, les musiciens ; de l'autre, les moins privilégiés, placés à un rang très inférieur, que le bon Dieu n'a pas doués d'une oreille musicale et d'une voix juste ?

Ce qui confirme encore ce que nous disions sur la trop grande précipitation qui a dû présider à la composition de cet ouvrage, ce sont de nombreuses négligences de style ; ce sont encore des expressions obscures, des phrases incompréhensibles, comme celle-ci, page 181 : « regardons la longue série des saints *en dehors* de saint Philippe » ; — à la page 182, il est question de la dévotion de Notre-Seigneur à l'Esprit-Saint, etc., etc.

Souhaitons, en terminant, que la pieuse entreprise du P. Jourdan réussisse, quoiqu'il l'ait fort peu agréablement présentée dans son ouvrage. Nous nous permettons cependant d'exprimer une certaine crainte, au sujet du *costume* de ces nouvelles religieuses. Nous savons bien qu'une tradition respectable rapporte que ce costume a été indiqué par saint Philippe lui-même dans une apparition. Malgré cela, nous avons quelque doute que le goût français s'accommode facilement de ces religieuses *à surplis*; nous craignons que la chose ne paraisse d'autant plus singulière que les Pères philippins, si nous ne nous trompons, prêchent *sans surplis*, simplement dans leur costume romain.

Finissons sans faire plus d'éloge à l'éditeur qu'à l'auteur ; l'ouvrage est d'une exécution typographique qui ne saurait plaire, et deux photographies fort laides, qui devraient *orner* le volume, achèvent de le déparer.

H. RICHARD.

Histoire de la littérature française, depuis le seizième siècle jusqu'à nos jours, par Frédéric Godefroy, 2ᵉ édition, 10 volumes in-8º. Paris, Gaume et Cᵒ.

Dira-t-on que l'*Histoire de la littérature française* de M. Godefroy est définitive et classique? Je ne le pense pas. L'heure n'est pas venue d'ailleurs, d'élever un tel monument à notre littérature nationale : les matériaux manquent encore. La critique moderne a renouvelé plus d'un genre littéraire. Si elle a remis à leur place les auteurs trop négligés, en revanche elle a fait descendre de leur piédestal bon nombre d'écrivains, que l'on s'était trop pressé de présenter aux hommages de la postérité. Ne les isolant plus du temps où ils ont vécu, elle les voit dans leur vrai jour : elle les juge dès lors avec une sûreté plus consciencieuse et après de plus exactes informations. Le sens littéraire s'est purifié, le goût s'est affiné. C'est de nos jours seulement, qu'on a bien compris *Cinna*, *Britannicus*, par exemple. L'histoire générale a modifié les opinions reçues. Or, le progrès des études historiques n'est point encore arrêté : chaque jour apporte sa découverte, et elle réagit sur le jugement du public. Peut-on nier, de plus, que les préoccupations du moment n'exercent aussi leur influence sur les décisions d'un critique? En présence d'une œuvre de l'esprit la conscience artistique sait-elle toujours se soustraire aux préjugés et aux passions de l'heure présente? Nous sommes plus ou moins les fils de notre siècle, et c'est à sa mesure que nous estimons les âges précédents; ce qui amène, dans notre appréciation, quelque chose de mobile et de discutable.

L'ouvrage de M. Godefroy répond, par plus d'un côté, aux exigences de la critique actuelle : beaucoup d'érudition, des recherches personnelles, du bon sens, une certaine sévérité inspirée par sa conscience de chrétien, et cependant de l'impartialité. Mais on aurait de graves reproches à faire à M. Godefroy. Pourquoi donne-t-il à son livre le titre d'*Histoire de la littérature française*? On n'y trouve aucune doctrine; l'unité manque. Ce sont des tableaux détachés, que l'on peut séparer les uns des autres, sans nuire à l'œuvre totale. Je dois en outre signaler à M. Godefroy des omissions et même des erreurs.

Le volume est consacré au seizième siècle. Il s'ouvre par une *Idée générale de la prose française au seizième siècle*. Si l'art est l'expression des idées d'une époque et d'un pays, et en traduit les passions et les aspirations, cela est surtout vrai de la littérature. Or, pour bien connaître et caractériser le mouvement littéraire du seizième siècle, n'aurait-il pas fallu tracer, à grands traits, je le veux bien, la physionomie si originale de cette époque où la Renaissance ranime l'amour de l'antiquité, et où la Réforme bouleverse les âmes, en divisant l'Europe et le monde? Car telles sont les deux grandes influences qui dominent non seulement la littérature d'alors, mais encore tous les arts : peinture, sculpture, architecture et musique. M. Godefroy n'y a pas pensé, ou du moins n'y a pas assez pensé. Au lieu de disperser çà et là quelques aperçus sur le réveil des études philosophiques, sur les **causes** de la déchéance d'Aristote dans les écoles, n'eût-il pas mieux valu les grouper de manière à donner une impression de ce qu'a été cette explosion bruyante, téméraire, féconde, malgré tout, des théories littéraires du seizième siècle ? Philosophie, histoire, critique savante, philologie, éloquence se réveillent hardies, pleines d'audace et de jeunesse. La langue se transforme, elle s'enrichit, dédaigneuse parfois, je l'avoue, du patrimoine légué par le moyen âge, mais ayant pour elle la nécessité de créer des mots nouveaux au service d'idées nouvelles.

Dans cette sorte d'introduction, M. Godefroy a formé, autant que possible, des groupes d'auteurs d'après les genres dans lesquels ils se sont exercés. Il énumère d'abord les érudits. Le plus souvent il les juge à leur juste valeur; parfois il a des omissions qu'il me permettra de lui signaler. Lefèvre d'Etaples a donné une traduction française de la Bible ; ce n'est pas un chef-d'œuvre ; je crois cependant ce détail intéressant à noter. M. Godefroy passe sous silence Pierre Saliat, dont la traduction d'Hérodote a été rééditée ces années dernières, par un professeur de l'Université. Peut-être, par son style coulant et naïf, n'annonce-t-elle pas de trop loin les œuvres d'Amyot ; en tout cas, elle se lit avec plaisir. Etienne Dolet méritait aussi une mention. Sans parler des traductions qu'il fit de quelques dialogues de Platon et des Tusculanes de Cicéron, aujourd'hui bien oubliées, M. Godefroy aurait dû rappeler que Dolet composa plusieurs traités relatifs à la ponctuation et à l'accentuation de la langue française ; dans ces écrits en prose, on retrouve beaucoup des qualités de ses poésies. Pierre de la Ramée doit sa gloire plutôt à ses réformes philosophiques qu'à sa grammaire ; pourquoi l'avoir rattaché au groupe des érudits ?

M. Godefroy fixe à l'année 1595 l'apparition du *Traité de la sagesse*, de Charron, qui ne fut publié qu'en 1601. Je regrette également que M. Godefroy n'ait rien dit d'Ambroise Paré, ni d'Olivier de Serres ; l'*Apologie* du premier avait droit à être citée pour ses rares qualités d'élégance et de précision. Le second a écrit son *Théâtre d'agriculture*, dont la dédicace fut acceptée par Henri IV, qui le fit imprimer par l'imprimeur de la cour (1600). Guillaume du Vair est un peu maltraité par M. Godefroy : magistrat, orateur, moraliste, il mourut évêque de Lisieux. Charron lui a emprunté plus d'une pensée ; G. du Vair méritait qu'on donnât quelques extraits de ses œuvres. Autant que Lanoue et Monluc, Carloix a sa place, pour ses mémoires si curieux, parmi les écrivains militaires du seizième siècle. M. Godefroy l'a passé sous silence. Il ne suffisait pas non plus de nommer négligemment le président Jeannin. Sainte-Beuve n'a pas craint de lui consacrer plusieurs *Causeries du lundi* (t. X). Ces lacunes indiquent une certaine précipitation dans la mise en œuvre des notes recueillies par M. Godefroy. Je ne saurais non plus être de son avis, quand il juge le style des *Essais* de Montaigne : il est par trop sévère. Dans la deuxième partie de ce premier volume, M. Godefroy a analysé les principaux poètes du seizième siècle. Tout en constatant des omissions de détail, des inexactitudes peu essentielles, — qui reparaissent ici encore, — je suis heureux de rendre à

M. Godefroy le témoignage que son travail plaît et est animé ; le tableau de la poésie française est fidèlement saisi et rendu. Plus d'ordre dans cette étude eût pourtant été nécessaire. Le progrès qui va de Guillaume Meschinot à Malherbe, par Marot, Ronsard, Régnier, n'est pas assez nettement indiqué : progrès dans la forme qui devient plus souple, plus grave, plus française d'allure et d'accent ; progrès dans les idées, où l'union se fait peu à peu entre l'antiquité, plus sincèrement connue et l'inspiration chrétienne, plus sérieusement acceptée.

Dans l'Histoire du théâtre du seizième siècle, M. Godefroy a habilement résumé les travaux nombreux relatifs à la littérature dramatique de cette époque. Toutefois, il a oublié un poète, digne émule de Garnier ; c'est Antoine de Montchrestien. Son originalité est que tout en composant des drames bibliques, il demande pourtant d'autres sujets à l'histoire contemporaine ; il publia en 1605 l'*Ecossaise* ou *Marie Stuart*. Rien de plus pathétique que les adieux à la France, mis par lui sur les lèvres de la reine condamnée. Dans son *Esther*, Racine lui doit plus d'une situation, notamment la prière d'Esther. M. Godefroy aurait pu s'en souvenir.

Je continuerai cette analyse d'une œuvre importante, disant avec la même simplicité l'éloge et le blâme. Les hommes de la valeur de M. Godefroy sont trop épris du devoir pour ne pas savoir entendre la vérité.

Paul LALLEMAND, *prêtre de l'Oratoire,*
agrégé de l'Université.

(*La suite au prochain numéro.*)

14. — Biographie et hagiographie.

1. *Sainte Catherine de Sienne*, par la comtesse de Flavigny. Paris, Sauton, 1880, in-12 de 442 pages. — 2. *Vieira*, sa vie et ses œuvres, par l'abbé E. Carel, docteur ès lettres. Paris, Gaume, 1879, in-12 de XII-460 pages. — 3. *La vénérable Louise de France, fille de Louis XV*, en religion Marie-Thérèse de Saint-Augustin, avec portrait et fac-simile, par l'abbé Cyrille Gillet, docteur en théologie. Paris, Gervais, 1880, in-8° de XX-565 pages. — 4. *Vie de M. Hamon*, curé de Saint Sulpice, par L. Branchereau, deuxième édition. Paris, Vic, 1879, in-12 de XI-422 pages. — 5. *La fondatrice de la propagation de la foi et du rosaire vivant, Pauline-Marie Jaricot*. Paris, Palmé, 1879, in-12 de 414 pages. — 6. *Vie de F. Ozanam*, par C.-A. Ozanam, son frère. Paris, Poussielgue, 1879, in-8° de XVI-644 pages. — 7. Mme *de Witt, née Guizot, Monsieur Guizot dans sa famille et avec ses amis (1787-1874)*. Paris, Hachette, 1880, in-12 de 364 pages. — 8. *Adolphe Thiers*, simple histoire du libérateur. Nancy, Crépin-Leblond, 1879, in-8° de IV-48 pages. — 9. *Léon XIII*, sa biographie, première année de son pontificat, par M. l'abbé Charles Sylvain. Poitiers, Oudin, 1880, in-8° de XII-280 pages. — 10. *M. le comte de Chambord*, correspondance de 1841 à 1879, cinquième édition. Paris, Palmé, 1880, in-12 de VII-402 pages. — 11. *Le comte de Chambord étudié dans ses voyages et sa correspondance*. Poitiers, Oudin, in-18 de II-179 pages.

La nouvelle *Vie de sainte Catherine de Sienne*, que publie Mme de Flavigny, n'a pas la prétention d'apporter du nouveau sur un sujet si souvent traité. Son mérite est ailleurs. A une grande clarté d'exposition, cet ouvrage joint une qualité réelle : c'est d'abord franchement le côté extraordinaire et miraculeux de la vie de la sainte, et de raconter avec simplicité les prodiges dont Catherine fut l'objet ou l'instrument. Entrer ainsi dans le surnaturel à une époque où on le chasse de partout et où l'extase n'est pour certains médecins que de l'hystérie, est faire une œuvre utile. Car ici nous avons des témoins sérieux et en grand nombre, dont le témoignage nous semble difficile à écarter *à priori*. A ce titre, ce livre est à lire. En même temps les efforts de la sainte pour amener la pacification de l'Église sont exposés avec détail, mais aussi sans cette stérile abondance que ne savent pas éviter tant de contemporains. L'auteur sait juger les personnages amenés à figurer dans son récit et il ne craint pas de les blâmer, lorsque la vérité l'exige, quelle que soit leur dignité. Çà et là, des rectifications, aux dates données par les auteurs précédents (p. 19, 27, 39, 352, etc.), indiquent des études approfondies. Enfin, page 395-440, on trouve une bibliographie très étendue de tout ce qui concerne sainte Catherine. Toutefois, nous n'y avons pas trouvé le *Liber conventus S. Catherinæ Senensis*. Londres, 1841, in-4°.

L'étude de M. l'abbé Carel sur *Vieira* est consciencieuse et solide. On ne connaît guère chez nous la littérature portugaise, et, comme le dit l'auteur tout n'est pas dit quand on a nommé Camoëns. Le célèbre orateur jésuite Vieira (1608-1694) méritait le travail qui vient de lui être consacré. Il n'est guère connu en France, malgré une traduction de ses sermons, faite il y a une trentaine d'années. C'est pourtant un grand homme dans toute l'acception de ce mot. Sa préparation à la vie sacerdotale et religieuse, sa participation aux affaires sous le roi Jean IV, ses ambassades à Paris, à la Haye, à Rome, ses missions au Brésil, ses efforts en faveur des Indiens, ses démêlés avec l'inquisition, ses rapports avec la reine Christine de Suède, ses nombreux sermons, tout cela a été réuni par M. Carel dans un tableau très animé et très vivant, dont on examine chaque détail avec intérêt, sans oublier les grandes lignes de sa composition. L'auteur est parfois, à notre avis trop élogieux pour son héros, et en particulier pour sa *Clavis prophetarum* (p. 218 et suiv.)! Puis son style, à la suite d'un contact prolongé avec la pompe portugaise, a pris parfois un peu d'enflure. Nous n'en tenons pas moins cette vie de Vieira pour un livre de grande valeur; le jugement de la Faculté des lettres de Paris, auquel elle a été présentée comme thèse de doctorat, appuie suffisamment notre impression.

On a écrit plusieurs fois la vie de cette sainte fille de Louis XV, Madame Louise, qui mourut à Saint-Denis sous l'habit de carmélite (1737-1787). M. l'abbé Gillet nous offre de nouveau l'histoire de la pieuse princesse. Il a eu la bonne fortune de pouvoir consulter la correspondance de Madame Louise avec le cardinal de Bernis, et il en cite de nombreux passages. Son livre est intéressant, quoiqu'il ne contienne presque rien qui ne se trouve déjà dans la vie publiée il y a une quinzaine d'années par une carmélite de Saint-Denis, et qui est remarquablement faite. La description de la vie de Madame Louise et de ses sœurs à la cour est une des meilleures parties de la nouvelle vie. Mais où l'auteur a-t-il trouvé que Loménie de Brienne fut archevêque de Paris (p. 526)?

Inutile de s'étendre sur la vie de M. Hamon, curé de Saint-Sulpice, qui vient d'atteindre la seconde édition et dont le succès ne s'arrêtera pas là. Rien de plus instructif et de plus attrayant que cette vie. Aux vertus que nous avons admirées et signalées dans les vies de MM. Mollevant, Faillon et de Courson (1), M. Hamon en ajoute d'autres, qu'il a cultivées dans son fécond ministère paroissial. Sa douceur, sa charité inépuisable, qui laisse dans sa paroisse un ineffaçable souvenir, son dévouement à la jeunesse sont mises en relief par M. Branchereau avec un grand talent. Voilà un bon livre, de toutes manières, et qui sera apprécié de tout le monde.

Les souvenirs sur la vie de Pauline-Marie Jaricourt sont intéressants surtout par les détails qu'on y trouve sur la part prise par cette pieuse femme à la fondation de l'œuvre de la Propagation de la foi. Ce livre intéressera surtout les religieuses et les personnes pieuses. La religion ardente et le zèle, quelquefois peu tempéré de la fondatrice du Rosaire vivant éclatent surtout dans l'opuscule qui termine ce volume, et qui a pour titre : *L'amour infini dans la divine Eucharistie*. L'auteur nous apprend, du reste, que ces pensées avaient déjà été publiées à Lyon en 1822.

Ozanam a consacré sa vie à l'étude et à la charité. Il a toujours animé ses travaux par la pensée de Dieu et par le désir d'être utile. On sait combien il y a réussi, aux dépens de sa vie prodiguée sans regret. Les notices du P. Lacordaire et de J.-J. Ampère n'ont pas semblé, au frère du célèbre historien, un hommage suffisant ; Mgr Ozanam a voulu dresser à cette mémoire bénie un monument plus considérable. L'ouvrage qu'il a publié est plein d'intérêt. L'auteur a su mettre en lumière la part prépondérante prise par Ozanam à la fondation de la Société de Saint-Vincent-de-Paul ; et nous insistons sur ce point parce qu'on a voulu plusieurs fois, peut-être par esprit de parti, lui ravir cet honneur. Les chapitres cinquième et sixième sont à lire, ils rendent impossible une nouvelle contestation sur ce point qui est définitivement acquis à l'histoire. Mais si l'auteur veut bien nous permettre d'exprimer un vœu, qu'il allége son livre de ce qui concerne les aïeux d'Ozanam, et surtout qu'il supprime cette extraordinaire généalogie (v. 623), qu'il ne donne d'ailleurs que sous toutes réserves, ce dont nous ne le blâmons pas. Peut-être a-t-il trop donné de place aussi aux premiers essais littéraires d'Ozanam. Malgré ces critiques, le livre est, en somme, utile et sérieux. Il rappelle à des générations trop oublieuses le souvenir d'un grand chrétien et d'un grand savant, mort trop tôt pour son pays.

La vie intime de M. Guizot est d'un vif intérêt. On n'a connu, comme le dit fort bien Mme de Witt, que l'extérieur de sa vie et de son âme, et on l'a trop uniquement jugé par là. M. Guizot fut à sa manière aussi un grand chrétien. Il y a dans sa vie une unité étonnante. Son enfance, sa jeunesse, n'ont rien qu'il ait dû effacer ou corriger dans l'âge mûr ou la vieillesse. Ses premières lettres ont une fermeté de ton et de style qui indique bien la

---

(1) V. L'*Echo bibliographique*, 5 juill. 1877, p. 56 ; 20 octobre 1877, p. 122 ; 10 déc. 1879, p. 403.

nature de son caractère et de son tempéramment sérieux. Lisez la lettre qu'il écrit à sa mère, le 4 janvier 1809, sur Jésus-Christ modèle de la perfection humaine. C'est une page pleine de beauté et de calme et digne d'être relue. Et on en trouve un grand nombre de ce genre dans ce volume, tout plein de souvenirs intimes, qui aident à mieux comprendre le célèbre orateur. Malgré qu'on en ait cependant, on finit par trouver un peu trop prononcée cette inaltérable confiance en soi-même, qui a sans doute été pour M. Guizot une cause de force, mais qui aussi l'a amené à ne plus avoir la même rectitude de vue. Et ce n'est pas au point de vue politique que nous parlons ici seulement, mais aussi au point de vue religieux. M. Guizot n'acceptait pas l'objection, parce qu'il était trop décidé dans ses pensées. Ses longues études, ses méditations profondes ne pouvaient ébranler une conviction d'enfance; il lisait toujours, comme on le disait spirituellement d'un théologien du dix-septième siècle, avec les lunettes de Calvin sur le nez. Aussi en politique il n'a rien fondé et a été vaincu; en religion il n'a eu de valeur que lorsqu'il a défendu la foi commune à toutes les Églises chrétiennes. Mais il n'a pu, malgré une lutte vigoureuse, empêcher la libre-pensée de pénétrer dans son église; et ses efforts, si courageux et si puissants qu'ils aient été, n'ont pas même ralenti l'invasion. Sa figure n'en reste pas moins une des plus belles de notre temps. Et cette rigidité, qui a fait sa faiblesse définitive, parce qu'il l'a poussée à l'excès, aurait été une force pour beaucoup de nos contemporains trop faciles à tourner au gré de tous les vents. L'œuvre de Mme de Witt est des plus remarquables et depuis longtemps il ne nous avait pas été donné de faire une lecture aussi attachante.

Signalons rapidement une biographie politique de M. Thiers. C'est ce qu'on appelait, au temps de P.-L. Courrier, un pamphlet; pamphlet, disons-le, très alerte, très intéressant, mais où l'impartialité ne peut pas se rencontrer, parce que l'auteur tenait surtout à ne pas l'y mettre.

La vie de Léon XIII que publie M. l'abbé Charles Sylvain, porte l'approbation du Cardinal Pie qui vient de mourir d'une manière si inattendue. Nous ne l'analyserons pas. Les tendances de l'auteur ne nous paraissent pas acceptables, et nous aimons mieux, sans faire un parallèle impossible, dire, avec l'éminent évêque de Poitiers, « que la Providence a donné au monde chrétien, dans Léon XIII, le chef spirituel que réclamaient les besoins de l'heure présente ». Il est juste d'ajouter que M. Sylvain a fait entrer dans son travail beaucoup de documents importants qu'il fallait chercher non sans peine dans les journaux ou les revues. A ce titre, son livre mérite d'être conservé.

Les deux volumes suivants contiennent la correspondance de M. le comte de Chambord. Le premier est précédé d'une étude intéressante sur le caractère et les actes de Henri V; il est complété par une excellente table analytique qui rend les recherches très faciles. Le second débute par un récit succinct, mais bien fait, des voyages entrepris par M. le comte de Chambord, en Italie, en Allemagne et dans les États autrichiens. L'auteur anonyme reconnaît qu'il a emprunté son récit à un ouvrage de M. le comte de

Lamaria, publié en 1872. Ces deux ouvrages sortent un peu de notre cadre; ils sont cependant assez intéressants pour que nous ne voulions pas les passer sous silence.

C. TROCHON.

---

15. — Revue des principales publications littéraires de l'Allemagne, pendant l'année 1879. (*Suite.*)

II. — PHILOSOPHIE.

Mentionnons d'abord les travaux du savant docteur Gutberlet. Après avoir fait antérieurement un remarquable travail sur « le livre de Tobie » et une brochure sur « l'Infini », l'auteur a entrepris, il y a deux ans, la publication d'un manuel de philosophie. La première partie parut alors sous le titre : *La Théodicée* (1). Le premier volume a de suite été fort remarqué par sa clarté, sa précision, et l'intéressante variété des matières, à tel point que des critiques non catholiques ont rendu un hommage éclatant aux grandes aptitudes philosophiques de l'auteur. Ce premier travail est divisé en cinq chapitres intitulés : l'existence de Dieu, sa nature, sa vie, ses perfections et son action extérieure. Pour les preuves de l'existence de Dieu, Gutberlet suit pas à pas les divisions données par saint Thomas. Ce premier volume de philosophie vient d'être suivi d'un second qui a pour titre : *La Métaphysique* (2), et qui comprend l'anthologie, car l'écrivain se propose de traiter la cosmologie et la psychologie dans des volumes séparés.

Un autre auteur, Petz, qui avait publié « la Philosophie de la religion », donne comme corollaire à ce travail : *Les preuves philosophiques de l'immortalité de l'âme humaine* (3) et une autre brochure intitulée : *Kosmos et Psyché*, qui est, comme il la définit lui-même, « une dissertation philosophique sur le monde et sur l'âme ». Mentionnons encore une publication de Schneid, qui est un exposé de la doctrine de Duns Scot (4), ainsi qu'une *introduction à la philosophie* (5), par L. Schütz et une critique de la doctrine de Platon sur les facultés de l'âme, par Funke; enfin une seconde édition du savant travail du P. Joseph Kleugen : *La philosophie d'autrefois* (6).

III. — L'HISTOIRE.

Dans notre premier article, nous avons passé en revue les principales publications qui se rattachent à l'histoire ecclésiastique. Nous n'avons à

---

(1) Die Theodicée von Dr Const. Gutberlet, Münster, Theissing, 8°.
(2) Die Metaphysik von Dr Const. Gutberlet, Münster, Theissing, 8°.
(3) Philosophische Erœrterungen über die Unsterblichkeit der menschlichen seele.
(4) Die Kœrperlehre des Duns-Scotus.
(5) Einleitung in die Philosophie.
(6) Philosophie der Vorzeit. 2 B. 8° Rauch, Innsbruck.

nous occuper ici que des principaux travaux publiés dans le domaine de l'histoire profane. Citons d'abord la seconde édition du troisième volume du *Manuel de l'histoire universelle* (1), par J.-B. Weiss; puis la publication de onze fascicules nouveaux formant la continuation de *l'Histoire universelle* (2), de Holwarth, et nous aurons parcouru toutes les productions sur l'histoire universelle.

Les volumes d'histoires particulières ont été en nombre plus considérable. Un missionnaire de l'Amérique septentrionale, le P. Oswald Moosmüller, a publié : *les Européens en Amérique avant Christophe Colomb* (3). C'est un travail fort intéressant, très consciencieux, auquel l'auteur a consacré près de deux années de labeurs et de recherches, collectionnant ses matières dans toutes les bibliothèques d'Europe et d'Amérique. Il démontre péremptoirement que les Bénédictins, bien avant Christophe Colomb, ont évangélisé l'Amérique du Nord et qu'ils y avaient pénétré jusqu'aux régions voisines du cercle polaire Arctique. Le savant missionnaire déclare dans sa préface que le but de son travail n'est pas de s'attaquer à la gloire de l'illustre navigateur, encore moins de chercher à justifier l'inqualifiable procès que lui intenta dans la suite le gouvernement espagnol. Il veut simplement exposer les faits qu'il a découverts et rendre hommage au grand saint Benoît dont on va, dit-il, célébrer prochainement la fête jubilaire. L'auteur montre les Bénédictins évangélisant au dixième siècle l'Islande, passant au Groënland, puis dans l'Amérique du Nord, dans la Nouvelle-Bretagne et pénétrant jusqu'aux États-Unis. De l'histoire religieuse passant à l'histoire profane, Moosmüller prouve par des monuments et par des fac-similé que, bien avant les Espagnols, l'Amérique fut découverte et habitée par les Normands.

Après ce travail, donnons une mention spéciale à *l'Histoire de l'Europe occidentale dans la seconde moitié du dix-septième siècle*, par O. Klopp, et dont le septième et huitième volume viennent de paraître. Nommons encore *les Suédois en Bohême et en Moravie de 1640 à 1650*, par Dudik; le *Manuel de l'histoire de l'Autriche* (4), par Kones, et un autre ouvrage du même auteur; *l'Histoire de l'Autriche dans les temps modernes, depuis le dix-huitième siècle jusqu'à nos jours* (5); les dix premiers fascicules du cinquième volume de *l'Histoire de la ville de Cologne*, par Ennen, ainsi qu'une nouvelle livraison de *l'Histoire du Tyrol*, par Egger.

Parmi les biographies, nous avons une dissertation de Rubsan sur *Henri de Weilnau* et une autre de Huyskent sur *Albert de Montreuil*, puis les deux derniers volumes, le neuvième et le dixième, de *l'Histoire de l'impératrice Marie-Thérèse*, par Arneth. Nemec a écrit la vie du *Pape Alexandre VI*; Mgr Stepischnegg et le docteur Zardetti ont publié celle de *Pie IX*. Enfin

---

(1) Lehrbuch der Weltgeschichte.
(2) Weltgeschichte.
(3) Europäer in Amerika vor Colombus von P. O. Moosmüller, Regensburg, 8°.
(4) Handbuch der Geschichte Oesterreichs.
(5) Geschichte der Neuzeit Oesterreichs von 18. Jahrh bis auf die Gegenwarth.

le docteur Raich, secrétaire de l'évêché de Mayence, a fait éditer : *les Lettres adressées à W. Em., baron de Ketteler, évêque de Mayence et les réponses du prélat* (1). Ce volume se compose de deux cent quarante-quatre lettres, toutes d'un extrême intérêt et d'une grande importance, et traitant de toutes les questions politiques et religieuses qui ont agité l'Allemagne dans ces derniers temps et auxquelles l'illustre évêque de Mayence a pris une si large part.

IV. — La géographie.

En septembre 1877, l'assemblée générale des catholiques, réunie à Wurzbourg, exprimait le regret que le touriste catholique ne possédât aucun guide compétent pour le diriger dans ses voyages. C'est pour combler cette lacune que Woerl a publié *ses Manuels du voyageur* (2). Il a fait paraître successivement *l'Italie, la Suisse, Rome, Paris, l'Amérique septentrionale, les Bords du Rhin*. Tous ces volumes sont des in-18. Le but de l'auteur, comme il le dit lui-même, est « de faire ressortir tout ce qui peut intéresser un catholique croyant et érudit et de le prémunir contre certaines insinuations perfides et hostiles à l'Église, que renferment trop souvent les guides des voyageurs ». C'est une noble tentative, et l'écrivain a su vraiment se montrer à la hauteur de cette tâche.

Herchenbach a continué la publication de son ouvrage : *Le Monde* (3) ; le dixième et le onzième volume de ce travail viennent de paraître. Sickinger a écrit : *Voyages en Italie* (4) ; Zschokke : *Souvenirs de voyage* (5) ; dans le midi de la France et en Espagne.

Les pèlerinages ont fourni quelques opuscules qui rentrent dans le domaine de la géographie. Citons : les *Descriptions des Pèlerinages* (6) de Hofele, en France et en Suisse ; les *Notes* (7) de Locher, concernant son voyage à Rome et à Jérusalem ; et le *Pèlerin à La Salette, à Lourdes et à Paray-le-Monial* (8), par Zimmermann.

V. — La littérature.

L'histoire de la littérature et les études littéraires ont produit un certain nombre de bons ouvrages parmi lesquels nous citerons d'abord la réimpression *de l'Histoire de la littérature allemande* (9) de Lindemann, qui, parue

---

(1) Briefe von und an Wilh. Emmanuel Freiherrn von Ketteler, Bischof von Mainz Kirchheim, gr. 8º.
(2) Woerls Reisehandbücher. Wurzburg in-12.
(3) Die Welt.
(4) Reisebilder aus Italien.
(5) Zschokke's Reise-Erinnerungen.
(6) Pilgerreisebilder, von Hofele.
(7) Notizen von Locher.
(8) Pilger nach La Salette, Lourdes und Paray le Monial von Zimmermann.
(9) Geschichte der deutschen Literatur von Lindemann.

depuis treize ans, en est à sa cinquième édition. L'auteur, qui a écrit précédemment d'autres travaux littéraires fort remarqués, vient de mourir au mois de décembre dernier, âgé à peine de 50 ans. H. Keiter, dans son *Historien catholique des temps modernes* (1), passe en revue, avec un talent incontestable, la personne et les productions de vingt auteurs contemporains ; *Hulskamp*, l'intéressant et savant brochuriste, a continué la publication annotée des *Chefs-d'œuvre de notre poésie* (2), qui en est aujourd'hui à son huitième volume. Keiten a écrit une *Étude sur Voltaire*, tandis que Baumgarten en publiait une sur *La jeunesse de Gœthe*. Mentionnons encore la réédition de : *Schiller historien* (3), par J. Janssen. C'est une production unique en son genre, dans laquelle l'auteur juge le mérite de Schiller comme historien, et il tire de son étude cette conclusion que quelques esprits avaient bien pressentie, mais que personne n'avait osé avouer, savoir que le grand poète allemand était un historien fantaisiste, non pas seulement dans ses drames où il modifiait l'histoire selon les besoins de ses pièces, ce qui est permis parfois à l'auteur dans une certaine mesure, mais il se permettait même ses fantaisies dans ses œuvres purement historiques, telles que l'Histoire de l'insurrection des Pays-Bas et l'histoire de la guerre de Trente-Ans.

De ces études générales, passons à la poésie et signalons d'abord une œuvre hors ligne, c'est le poème épique de F. W. Weber, intitulé : *Dreizehnlinden* (4), c'est-à-dire « les Treize tilleuls ». La première édition est de 1878, et la sixième est actuellement sous presse ; ce travail est bien réellement la plus merveilleuse production poétique de l'Allemagne depuis l'époque de ses grands poètes. L'auteur, né en décembre 1813, fait partie depuis 1861 de la chambre des députés à Berlin. C'est un fier chrétien qui appartient à cette courageuse fraction du centre dont feu Mgr de Ketteler fut un des fondateurs, et qui tant de fois défendit le drapeau catholique contre les exigences du grand-chancelier prussien. Travailleur infatigable et consciencieux, ce poète ne ressemble pas à ces écrivains qui estiment irréprochable leur production première. Continuellement, il retouche et il repolit son ouvrage, et chacune des éditions en fournit la preuve irrécusable. La scène du poème se passe à Dreizehnlinden, c'est-à-dire à Corvey, cette célèbre abbaye de bénédictins que Louis le Débonnaire fonda en Westphalie, sur les bords du Weser. Nous assistons au contraste des mœurs et de la religion de la Germanie païenne avec la foi catholique, ainsi qu'aux luttes qui s'engagent entre les Saxons et les Francs et nous saluons, avec le poète, dans le vingt-cinquième chant, qui est le dernier, le triomphe du christianisme et son établissement en Allemagne. Les évènements se passent au neuvième siècle ; mais, par sa forme et sa diction, le poème se rattache à tout ce que le dix-neuvième siècle a pu produire de plus beau et

---

(1) Katholischer Erzähler der Neuzeit von H. Keiter.
(2) Meisterwerke unserer Dichtung von Hülskamp.
(3) Schiller als Historiker von J. Jansen. Freiburg, Herder, 8°.
(4) Dreizehnlinden von F. W. Weber. Paderborn. Schoningh. in-12.

de plus élégant. Il y a là des scènes charmantes, tel que le monologue d'Elmar dans le jardin du couvent, des digressions délicieuses ; le quatrième chant contient une paraphrase incomparable du « Benédicite », et tout cela est dit dans un langage bref, coulant, brillant, original. Ce livre occupe incontestablement la première place parmi les productions littéraires de l'Allemagne.

La librairie de Sohoningh à Paderborn a fait paraître une édition nouvelle de *l'Année ecclésiastique* et des *Poésies* de Annette de Droste-Hulshoff, cette reine des poètes allemands, ainsi que l'appelle un spirituel critique (Hulskamp.) Les *Poésies* peuvent prendre place auprès des meilleures productions de la littérature allemande, et *l'Année ecclésiastique* est un incomparable chef-d'œuvre, tout plein de cœur et de foi religieuse.

Mentionnons encore, pour terminer la liste de poètes : *la Harpe de l'amour au Très Saint Sacrement de l'Autel* (1), par Heitemeger, et *Sur la route de là-haut* (2), par Auffenberg, et passons aux auteurs qui ont écrit en prose.

Un feuilletoniste bien connu, Ferdinand de Brackel, a réuni en un volume *Daniella*, ce délicieux roman qu'il avait publié en feuilletons dans la « Gazette du peuple » de Cologne. Citons encore : *Pardonne et oublie* (3) de E. Lingen ; *Vie de jeune Fille* (4) de A. de Haxthausen ; *Souvenir d'une époque orageuse* (5) de M. Hohler ; *Le Rhin et la Moselle* (6) de E. Leonhart ; *La Nuit de la Saint-Barthélemy* (7) de E. de Bolanden ; enfin deux productions de Marie Lenzen intitulées ; l'une : *Sunchild* ; l'autre, *le Péché caché* (8).

G. GILLET.

(*A suivre.*)

PRINCIPALES PUBLICATIONS DE LA QUINZAINE

21. *La réforme de l'enseignement secondaire devant le conseil supérieur*, par Th. Ferneuil, une brochure in-18. Prix 75 cent. Paris, Colin.

22. *Le petit élève de Lhomond*, petit cours de thèmes, rédigé sur les règles du rudiment à l'usage des élèves de huitième, septième et sixième, par J. Blanchin. *Nouvelle édition*, in-12, 342 p. Prix : 3 fr. Paris, Delalain.

23. *Pensées, essais et maximes*, par X. Doudan, avec un portrait sur acier, gravé par Flameng, in-8. Prix : 7 fr. 50. Paris, Calman-Lévy.

---

(1) Harfe der Liebe zum allerheiligen Altars-Sacrament.
(2) Auf dem Wege nach Oben.
(3) Vergib und vergiss.
(4) Mædchenleben.
(5) Aus sturmbewegter Zeit.
(6) Rhein und Mosel.
(7) Bartholomausnacht.
(8) Geheime Schuld.

24. *Éléments d'éducation civique et morale*, par Gabriel Compayré, 1 vol. in-12. Prix : 1 fr. 25. Paris, Garcet.

25. *Pape et concile au XIX° siècle*, par F. Bungener, *nouvelle édition*. 1 vol. in-18. Prix : 3 fr. 50. Paris, Lévy.

26. *Les elzéviers, histoires et annales typographiques*, par Alphonse Willems, 1880, grand in-8. Prix : 30 fr. Paris, Labitte.

27. *La reliure française, depuis l'invention de l'imprimerie jusqu'à la fin du XVIII° siècle*, par MM. Marius Michel, relieurs-doreurs, magnifique vol., grand in-18 colombier. Prix : 50 fr. Paris, Morgand et Fatout.

28. *Les graveurs du XVIII° siècle, estampes, vignettes et portraits*, par MM. le baron Roger Portalis et Henri Beraldi. 3 vol. in-8 carré, formant chacun environ 800 pages Prix de chaque volume : 30 fr. Paris, Morgand et Fatou.

29. *Guillaume d'Auvergne, évêque de Paris, sa vie et ses ouvrages*, par Noël Valois, docteur ès lettres, archiviste paléographe. In-8°. Paris, Picard.

30. *Document relatif à Urbain Grandier*, publié par Ph. Tamyzey de Larroques, correspondant de l'Institut. In-8°, Paris, Picard.

31. *Paris pendant la Révolution, d'après les rapports de la police secrète (1789 1800)*, par Schmidt, traduction française accompagnée d'une préface, par P. Viollet. Tome I, affaires politiques, in-8. Prix : 7 fr. 50. Paris, Champion.

32. *L'état militaire des principales puisssances étrangères, au printemps de 1880. Allemagne, Angleterre, Autriche-Hongrie, Italie, Russie*, par S. Rau, capitaine d'état-major, in-12. Prix : 4 fr. 50. Paris, Berger-Levrault.

33. *Le livre de la France, ou l'exaltation au patriotisme*, par A. Ralud-Martynic, 1 vol. in-18 jésus. Prix : 2 fr. 50. Paris, Boursin.

34. *Remarques sur la langue françoise*, par Vaugelas, nouvelle édition par A. Chassang, 2 vol. in-8. Prix : 15 fr. Paris, Baudry.

35. *Les contes populaires en Italie*, par Marc Monnier, 1 vol. in-18. Prix : 3 fr. 50. Paris, Charpentier.

VARIÉTÉS

XIX. — LETTRES INÉDITES DU P. DE CONDREN II.

La seconde lettre inédite que nous publions, également d'après l'autographe, est sans date et sans indication de lieu. Nous croyons qu'elle fut écrite en mars 1630; en effet le P. de Condren y parle de la maladie de la sœur Angélique-Marie de Jésus (Mlle Gadagne) et d'une supériorité dont elle venait d'être chargée. Or nous savons, par les *Chroniques de l'ordre des Carmélites*

(t. IV, p. 206), que cette religieuse fut très malade à la fin du Carême de 1630, peu après avoir été élue supérieure du monastère de Saint-Denis. De plus, le P. de Condren annonce dans cette lettre son départ pour Troyes, et Batterel (*Mémoires domestiques*, deuxième époque, II) nous apprend que le P. de Condren se trouva en effet dans cette ville, en mars 1630, pour assister à la réconciliation du duc d'Orléans, dont il était le confesseur, avec Louis XIII.

Au Reverend Pere, le P. Gibieuf,
superieur des prestres de l'Oratoire de Jesus de Paris, à Paris.

JESUS MARIA

« Mon pere, la grace de Notre-Seigneur Jesus-Christ vous soit donnee pour jamais. Le P. Eustache (1) vous ecrira deux ou trois choses de nostre part je ne les repeteray pas. Le P. de Rets (2) et un autre de prouence desirent de venir visiter le tombeau de N. H. P. Apres ces pasques il leur faut mender qu'ils seront les tres bien venus. On leur offre la cure de sainte Magdelaine de la ville d'Aix, le parlement et le chapitre le desirent. Il faut leur mender que cela est fort a propos. Je serois d'aduis puisque la ville l'offre a leur choix qu'ils la prissent ad unionem et cependant la fissent seruir par un particulier. Il est bon dans une ville comme celle-la dauoir une cure. J'espere de leur escrire mais en attendant vous leur menderez cela. Ils nous prient fort de rendre tous les tesmoignages de bienveuillance que nous pourrons a M. Marchier preuost de l'eglise metropolitaine d'Aix, chef du clergé du diocese et leur special bienfaiteur il faut senquerir ou il est logé et le faire visiter par quelquun et laccueillir auec soing quand il viendra à la maison. Ils se louent fort aussi de laduocat de la chambre des comptes auquel ils escriuent, il faut luy faire rendre la lettre soigneusement et sil vient à la maison luy tesmoigner gratitude. Je pars ce matin pour aller a Troye j'y pourray estre cinq ou six jours et a Paris a quinze jours d'icy s'il plait a Dieu. Si Dieu appelle seur Angelicque (3) retirez mes lettres que je lui ay escrittes il ni en a que trois ou quatre, attendez pourtant apres son decets a les demender elle saduisera peut-estre delle mesme de me les renuoyer. Quand bien elle eschappera cette fois elle n'est pas pour vivre longtemps (4).

(1) Le P. Eustache Gault (1591-1639), qui mourut évêque de Marseille. Voir Cloyseault, I, p. 317.
(2) Le P. Jacques de Retz (1577-1666) fut un des deux Oratoriens de Provence qui vinrent à Paris négocier l'union avec le P. de Bérulle. Sa vie se trouve dans le second volume du P. Cloyseault, qui est sous presse.
(3) Cette sainte religieuse (1602-1643) était depuis longtemps sous la direction du P. de Condren.
(4) Elle devait au contraire être guérie miraculeusement et survivre de deux ans au P. de Condren.

Ne la faictes point assister à la mort par le P. du Chesne (1) il ne luy est pas propre en son extremité ni en la maladie, en santé il la peut voir. Si vous la voulez assister, vous luy ferez grande charité et j'en seray bien ayse, au moins je vous prie de la voir une fois. Le P. Lambert (2) fera le reste que vous ne pourrez pas faire. Aduertissez-le de le faire. Si sa maladie tombe en langueur je seray de retour. Elle a eu l'esprit fort peiné de cette superiorité et comme elle reçoit ses peines trop vivement cela luy a faict tort et luy faict peut estre encores ; il faut luy dire pour la mettre en repos qu'on verra quand je seray de retour si Dieu luy rend sa santé a la delivrer de cela. Monsieur (3) se confessera à Pasques au P. Eustache. Je croy que nous ne pouuons plus lenuoyer à la mission, si le P. Morin (4) ne va, il faut se resoudre a faire le P. Jean-Baptiste Gault (5) superieur ou quelquun des aultres. Je vous envoye une procuration pour terminer les affaires de la congregation avec Monseigneur larcheuesque. Je me recommande a vos prieres.

« Vostre tres humble serviteur en Notre-Seigneur Jesus-Christ.

« Charles DE CONDREN, *prestre de l'Orat. de Jesus.*

« Je ne voy pas que nous puissions assubjettir le P. Eustache à cette maison, c'est pourquoy je prie le P. Thiersault (6) de vouloir essayer si santé luy permettra den prendre la conduite. Vous pouuez attendre mon retour pour luy en parler si vous le jugez a propos. Si non le plustôt est le meilleur. »

---

(1) Le P. Jacques Duchesne, de Chartres, exerça presque toute sa vie la charge de visiteur des Carmélites, même après la décision de la seconde assemblée de l'Oratoire qui régla qu'aucun des nôtres ne pourrait plus remplir ces fonctions. Il mourut à Saintes en 1650.
(2) Nous ne savons rien de ce Père.
(3) Gaston d'Orléans, frère du roi.
(4) Le célèbre P. Jean Morin (1591-1659).
(5) Frère d'Eustache (1593-1643), et mort comme lui évêque de Marseille. Cloyseault, t. I, p. 341.
(6) Le P. Pierre Thiersault, entré à l'Oratoire en 1617, y mourut en 1663. Ce fut un insigne bienfaiteur de l'Oratoire.

Le gérant : A. SAUTON.

BULLETIN CRITIQUE

DE LITTÉRATURE, D'HISTOIRE ET DE THÉOLOGIE

SOMMAIRE. — 16. Méric, La Morale et l'Athéisme contemporain, *P. M.* — 17. Boissier, Promenades archéologiques, *Duchesne*. — 18. Reinach, Manuel de philologie classique, *Beurlier*. — 19. Bibliothèque orléanaise : Jeanne d'Arc, par N. de Vernulz, par A. de Latour, *M. J.* — 20. Godefroy, Histoire de la littérature française, dix-septième siècle (*suite*), *Lallemand*. — 21. Lenormant. Les Origines de l'histoire d'après la Bible, *Trochon*. — 22. Revue des principales publications littéraires de l'Allemagne en 1879 (*fin*), *Gillet*. — Variétés : Le Cardinal Pie, *A. L.* — Principales publications de la quinzaine. — Correspondance.

16. **La Morale et l'Athéisme contemporain**, par l'abbé Élie Méric, docteur en théologie, professeur de théologie morale à la Sorbonne. 3ᵉ édition, 1 volume in-12 de ix-458 pages. Paris, Victor Palmé. Prix : 3 francs 50.

L'exposition et la réfutation d'un système de philosophie sont toujours choses délicates : il est si facile de prêter à un adversaire une pensée qui n'est pas la sienne, et de se donner ensuite le commode mérite de renverser une théorie dont on connaît bien les endroits faibles ! M. l'abbé Méric est trop consciencieux pour recourir à ces petits moyens. Il a étudié sérieusement les doctrines qu'il expose toujours avec clarté, qu'il réfute souvent avec habileté et parfois d'une manière victorieuse. Nous disons *parfois*, car, en certains cas, la démonstration ne nous a pas semblé décisive. La réfutation de Kant est faible. Kant est un rude jouteur, et nous ne croyons pas qu'il eût admis, sans protester, la transformation de sa formule : « Agis comme si la maxime de ton action devait être érigée par ta volonté en une loi universelle de la nature », en cet autre axiome : « Fais ce que tu voudrais voir faire par ton prochain. » — A l'objection positiviste vous accusant « d'enseigner une doctrine égoïste et relâchée », on peut répliquer autrement que le fait l'auteur. Le panthéisme humanitaire, la théorie de l'utilité publique, les idées de M. Vacherot, ce sont là des points imparfaitement traités, à différents titres. L'exposition du darwinisme est un peu longue, quoique intéressante. Il nous a paru aussi que M. M., en répondant aux positivistes, s'oublie quelquefois et raisonne contre eux comme s'ils partaient de l'idée de Dieu : plus d'attention à suivre le procédé psychologique ne serait pas inutile. Enfin on s'étonne, à bon droit, de trouver la morale d'Épicure confondue, à peu près sans explications, avec la théorie de la *jouissance*. Bien des choses peuvent se dire, dans une leçon orale, qui doivent être sérieusement examinées avant d'être confiées à un livre. — A côté de ces défauts, il faut reconnaître des qualités solides. Dans le chapitre VIII, nous avons vu avec un grand plaisir le rapprochement établi entre Schopenhauer, Moleschott et Büchner. Les pages consacrées à Hartmann sont bonnes. M. M. possède, à un degré peu commun, un talent trop rare chez les auteurs qui traitent de questions philosophiques; il sait être toujours intéressant. Il nous pardonnera d'avoir signalé avec quelque insistance les points où il a été moins heureux. La franchise que nous avons mise à les lui indiquer, sous toutes réserves, est une garantie de la sincérité de nos éloges.

P. M., *de l'Oratoire.*

---

17. **Promenades archéologiques.** *Rome et Pompéi*, par G. BOISSIER, de l'Académie française. Paris, Hachette, 1880. 1 volume in-12, 384 pages.

Je n'ai jamais envié à Énée son voyage aux enfers en compagnie de la sibylle de Cumes; les sibylles, tant bonnes personnes qu'on les suppose, sont toujours d'un naturel grave, taciturne, capricieux; leur conversation doit être peu divertissante. Dante, plus heureux, a visité le triste royaume avec un compagnon aimable, sinon gai. Mais les enfers sont toujours les enfers, même quand c'est Virgile qui vous les fait voir. En fait de royaume des morts, parlez-moi de celui où M. B. promène son monde : le Forum, le Palatin, les Catacombes, la villa d'Hadrien, Ostie, Pompéi. Et puis quel agréable guide! Savant comme plusieurs sibylles, aimable comme le compagnon de Dante, spirituel et enjoué comme Horace, il a bientôt fait, en vous conduisant à travers les ruines, de reconstruire palais, temples, forums, d'y rappeler les anciens habitants et d'engager conversation avec eux. Il les connaît si bien, et non seulement ceux que tout le monde connaît un peu, Cicéron, Ovide, Auguste, Horace, Hadrien, Marc-Aurèle, saint Augustin, mais les autres, les petites gens, les abonnés de l'annone impériale, les membres des confréries funéraires, les corporations, les gens de métier et d'affaires, le peuple des boutiques, des quais et des thermes, tous ces *humiliores* que l'histoire a négligés et dont le souvenir doit tant à l'archéologie.

Sept plans dont un, celui d'Ostie, est entièrement inédit, aident à suivre les explications. Celles-ci, tirées des ouvrages de première main, sont au courant des plus récents travaux. Les relations de l'auteur dans le monde archéologique officiel, tant en France qu'en Italie, une étude personnelle des monuments, une familiarité de longue date avec l'antiquité romaine, out contribué à l'exactitude des informations et à la perfection de la mise en œuvre.

Mais ce n'est pas là ce qui fait l'attrait du livre. A Ostie, M. B. ne manque pas de rappeler l'*Octavius*, de Minucius Félix, ce dialogue charmant dont l'auteur a « mis aux prises non pas des théologiens qui dissertent, mais d'honnêtes gens qui s'entretiennent un jour de loisir (p. 282) ». Voilà un joli trait, et, quoique un peu théologien, je n'ai garde de m'en effaroucher. Eh bien, dans les *Promenades archéologiques*, c'est comme dans l'*Octavius*. On n'y entend pas disputer des archéologues poudreux, verbeux, pédants et dogmatiques. M. Boissier n'a pas même le léger accent pontifical qui fatigue chez M. Renan. C'est toujours et partout un honnête homme, aimable, gracieux, spirituel, sachant tout, mais ne disant que ce que vous avez envie de savoir, affirmatif avec mesure, poli pour les systèmes et les hypothèses des savants, sans cependant être trop facile à les canoniser.

Je dis toujours et partout : c'est le seul reproche. Toujours agréable ! Aristide était toujours juste. Certains Athéniens reprochent à M. B. l'esprit continu. A leur place, je m'apercevrais que des livres comme celui-ci ne sont pas faits pour être dévorés, mais pour être savourés. Qui les prie de tout lire et de faire tous les voyages dans la même journée ? A chaque jour son excursion. Le jour du voyage d'Ostie, ne descendez pas aux Catacombes ; mettez un temps raisonnable entre la promenade au Palatin et l'expédition de Pompéi. Ainsi faisant, cher lecteur, vous aurez grand plaisir et bonne compagnie, soit que vous ne connaissiez l'antiquité que pour avoir flâné mentalement derrière Horace, le long de la voie Sacrée ; soit qu'ayant pèleriné outre-monts, vous ayez des souvenirs dans les yeux ; soit que, vous disposant à partir pour le beau voyage, vous soyez en quête d'un guide moins... utile que Joanne, Murray ou Baedeker.

L. Duchesne.

P. S. En relisant mon compte rendu du livre de M. Reinhard de Liechty sur Albert le Grand et saint Thomas, je m'aperçois que j'ai surtout parlé de la forme, tellement extraordinaire, il faut l'avouer, qu'elle fait un peu oublier le fond. Pour être complet, je crois devoir dire que dans l'ouvrage de M. R. il y a de bonnes choses ; d'abord une traduction de l'encyclique *Æterni Patris*, puis deux monographies, sur Albert le Grand et sur saint Thomas. Par ce temps de résurrection scolastique, il est utile de connaître la vie des princes de la théologie du moyen âge. A ce point de vue, le livre de M. R. me paraît opportun. L'auteur aurait rendu un plus grand service à la cause qu'il veut défendre, s'il s'était abstenu de certaines exagérations propres à éveiller la défiance du lecteur, et surtout s'il avait un peu plus soigné la forme.

L. D.

18. **Manuel de Philologie classique**, d'après le Triennium philologicum de W. Freund et les derniers travaux de l'érudition, par Salomon Reinach, ancien élève de l'École normale supérieure, agrégé de l'Université. Paris, Hachette, 1880. In-8, xiii-405 pages.

Voici le premier livre de ce genre qui ait été publié en France. L'auteur l'a écrit par dévouement pour ces « jeunes gens laborieux qui, leurs années scolaires terminées, sont arrêtés, au seuil d'études nouvelles, moins par le manque de connaissances premières que par l'ignorance des sources où la science se puise, et des recueils où ses résultats s'accumulent ». M. Reinach « ne prétend pas leur apporter la science », mais leur « dire où elle est et où elle en est ».

Dire où est la science, c'est faire œuvre de bibliographe; dire où elle en est, c'est déjà faire œuvre de savant. M. R. a voulu essayer l'entreprise : elle est difficile. En effet, la philologie, au sens où l'entend l'auteur, n'est point la science des mots, c'est la science de la vie intellectuelle des anciens, et, pour la philologie classique, de la vie intellectuelle des Grecs et des Romains. Ainsi entendue, la philologie n'est plus, à proprement parler, une science unique, mais un groupe de sciences. M. Reinach les parcourt successivement. Il s'arrête plus longtemps à celles qui n'ont point encore été en France, du moins, l'objet de manuels spéciaux. Aussi laisse-t-il à peu près de côté l'histoire littéraire proprement dite et l'histoire politique. Restreint par l'espace, il ne pouvait les étudier avec quelque étendue.

Les deux premiers livres sont consacrés à une revue rapide de l'histoire de la philologie antique et de la philologie moderne. Suit une étude sur les musées et les bibliothèques. Le livre III contient les éléments de l'Épigraphie (histoire de l'alphabet grec, méthode pour dater les inscriptions, classification des textes épigraphiques latins et grecs), une étude sur la paléographie, (matériaux employés dans les manuscrits : papyrus, parchemin, papier de chiffe et de coton), les différentes sortes d'écriture, la méthode pour reconstituer les textes, faire une édition, etc.

Le livre IV est consacré à l'art antique (Architecture grecque et romaine, Sculpture, Céramique, Glyptique et Toreutique).

Le livre V traite de la numismatique (origine, valeur et légendes des monnaies).

Le livre VI contient l'histoire des grammairiens grecs et latins, les principes de la grammaire comparée, leur application au sanscrit, au grec et au latin. Très étendue sur la partie phonétique, cette étude est plus restreinte en ce qui touche à la syntaxe.

Après le livre VII, qui n'est guère qu'un catalogue bibliographique, M. R. étudie, dans les livres VIII et IX, la musique, l'orchestique et la métrique des anciens.

Le livre X est consacré aux antiquités religieuses, politiques et privées de la Grèce; le livre XI, aux antiquités romaines; le XII à la mythologie. Ces trois derniers sont de beaucoup les plus développés. — Le champ est immense. Il embrasse un grand nombre de sciences, dont chacune fait d'ordinaire l'objet des études d'un savant, pendant sa vie entière. Aussi l'auteur s'expose-t-il à ce que chaque spécialiste étudie d'une manière plus particulière la partie vers laquelle le portera le cours ordinaire de ses études, et la juge plus sévèrement. De là, naîtront des jugements divers qui, vrais sur un point, ne le sont pas pour le livre entier.

En effet, tous les chapitres n'ont point la même valeur dans le *Manuel de Philologie*. A côté de parties plus légèrement traitées et véritablement insuffisantes, d'autres sont dignes de grands éloges. Aussi ceux qui jugeraient du livre par le chapitre qui traite de l'épigraphie grecque, n'en auraient pas une idée très avantageuse. L'auteur ne donne là que des notions très incomplètes des différents alphabets. Il oublie souvent les lettres caractéristiques pour s'attacher à d'autres qui ont moins d'importance. Pour ne donner qu'un exemple, qui se douterait, d'après ces indications, que, dans un certain nombre d'alphabets, le χ a la forme +. M. R. ne mentionne nulle part la forme du lambda caractéristique des inscriptions d'origine Argienne.

De même le paragraphe qui est intitulé : *Manière de dater une inscription*, est absolument insuffisant. Avec les renseignements du *Manuel*, on ne peut arriver qu'à une date très approximative, tandis qu'il y a une série de formes de lettres, pour les inscriptions attiques, par exemple, qui permettent de dater une inscription à dix ans près, surtout depuis l'archontat d'Euclide jusqu'à l'ère chrétienne. La forme qu'il donne du σ n'est pas particulière à cette lettre ; nous pourrions citer l'inscription du bronze de Policastro, citée par Freund (p. 230), où la forme indiquée par M. R. est celle de l'ι, tandis que le σ a la forme M.

Voilà bien des causes de confusion. A côté de cela d'excellentes pages : ainsi le résumé des observations de M. Tournier, sur la manière de faire une édition ; des études de M. Weil, sur la métrique ; de la *Cité antique* de M. Fustel de Coulanges. Nous avons lu avec le plus grand intérêt les chapitres relatifs à la grammaire comparée, aux antiquités grecques et romaines. Voilà, à notre avis, les parties qui seront le plus utiles à ceux qui n'ont pas la faculté d'assister aux cours si intéressants des maîtres de la science philologique. Ajoutons que les notes complètent le texte et groupent autour de chaque point, non seulement l'indication des livres où le sujet est traité, mais, ce qui est plus précieux encore, l'indication des articles des différentes revues. Que de recherches souvent très difficiles à faire seront par là facilitées !

Ces renseignements seront utiles, mais à condition que le lecteur, prenant pour maxime le mot d'Horace :

Nullius addictus jurare in verba magistri,

vérifie lui-même les citations. Sans cela il s'exposera à plus d'un mécompte. Parfois, en effet, M. R. renvoie à des livres qui n'existent pas encore, ou qui ne sont publiés qu'en partie. Ainsi, la continuation d'Otfried Müller, par Heitz, le catalogue des manuscrits espagnols de Graux n'existent pas ;

l'édition de Tacite, de Jacob, sont loin d'être achevés ; le catalogue de Miller ne mentionne que les manuscrits grecs. Parfois aussi les appréciations faites en quelques mots sont trop absolues. Ainsi la Paléographie grecque de Gardthausen, qui est indiquée comme très bonne, doit cependant être controlée plus d'une fois. M. R. met sur le même rang la grammaire de Bailly et celle de Chassang qui lui est bien supérieure ; nous aurions voulu qu'il ne négligeât pas d'indiquer la grammaire latine complète de Gantrelle et l'opuscule de cet auteur : *De la grammaire et du style de Tacite.*

Ajoutons quelques observations de détail : P. 28. *La Revue des Revues* n'est point une publication à part, c'est une partie de la *Revue Philologique*. — P. 31. Pour la publication des inscriptions du British museum, le texte de Newton doit toujours être préféré à celui de Kirchhoff. — P. 40. Pour s'exercer au déchiffrement des manuscrits, il y a deux livres très utiles : 1° Les *Schrifttafeln zur Geschichte d. griech. Schrift. u zum Studium d. griech. Palaeographie*, 2 parties in-4, Berlin, 1876-77, de Wattenbach, et mieux encore les *Exempla codicum graecorum*, in-fol. Heidelberg, 1878. — P. 274. Nous aurions voulu une plus longue explication de l'opinion de Willems sur l'expression : « *Patres Conscripti* ». — P. 291. Comment a eu lieu la suppression des provinces sénatoriales, et à quelle date ? — P. 294. Avant même le temps de Trajan, les curies n'étaient pas en faveur, puisque les lois de *Salpensa* prévoient le cas où il n'y aurait pas de candidats aux fonctions municipales. — P. 321. Outre les tablettes de cire on se servait, pour apprendre à écrire aux enfants, de vieux papyrus ou de vieux parchemins, provenant des volumes de rebut. Ainsi s'expliquent les vers d'Horace, adressés à son livre :

> Hoc quoque te manet ut pueris elementa docentem
> Occupet extremis in vicis balba senectos. — (Ep. I. 20.)

P. 344. L'hypothèse de la formation des mythes par la transmission des monuments figurés mal compris n'a pas été découverte par Clermont Ganneau. Le P. Cahier, dans ses études d'Iconographie du moyen âge, a démontré que les statues de saints décapités, tenant leur tête entre leurs mains pour montrer le supplice qu'ils avaient souffert, avait donné naissance à la tradition populaire des saints, marchant, après leur supplice, en portant leur tête. — P. 346. Il faut faire observer que l'explication des mythes par les phénomènes de la nature doit toujours s'appuyer sur des preuves. Il ne suffit pas que l'explication soit ingénieuse, il faut qu'elle soit établie par des documents ; sans cela, on serait livré à toutes les fantaisies de l'imagination. — P. 355. L'indication du *Bulletin* de De Rossi est inexacte, c'est 1865 et non 1868.

Ces observations de détail prouvent l'intérêt que nous avons pris à la lecture de ce livre. Une seconde édition, nous l'espérons, corrigera et complètera les endroits plus faibles, et alors nous aurons un manuel qui sera de la plus grande utilité aux jeunes professeurs. Tel qu'il est, il peut déjà leur rendre de grands services. Grâce à un style facile, élégant, et toujours intéressant, ils pourront lire ce manuel sans fatigue, et voir combien sont vastes, et en partie inexplorés, les champs de la science philologique. Puisse le manuel de M. Reinach donner à un certain nombre le goût d'études sérieuses, dont beaucoup ne comprennent peut-être pas assez l'intérêt. Mais les lecteurs, nous le répétons, devront le consulter, s'aider de lui, sans le consulter comme un oracle. L'auteur serait d'ailleurs désolé qu'il en fût ainsi. C'est un guide et non un docteur qui prétend à la science complète et infaillible.

Nous rendons enfin hommage à l'impartialité respectueuse avec laquelle l'auteur touche aux questions religieuses. Nous ne pouvons accepter de tout point ses assertions, mais nous nous plaisons à reconnaître qu'il a su toujours rendre hommage à ce qui est digne de respect et qu'il ne tombe jamais dans une critique mesquine. Il montre une fois de plus que la science élève les âmes, élargit les idées, et apprend à saluer partout où on les rencontre la grandeur et la beauté.

E. Beurlier.

---

19. — **Jeanne d'Arc**, tragédie latine par Nicolas de Vernulz, accompagnée d'une traduction française et d'une dédicace, introduction par M. Antoine de Latour. Orléans, Herluison, 1880, petit in-12 de xv-248 p. Biblioth. Orléanaise.

Depuis dix ans, et pour cause, la France s'est vouée avec une ardeur nouvelle au culte de l'héroïne dont le nom reste pour elle le gage magnifique d'une divine prédilection. Bon nombre de Français et aussi de Françaises recherchent partout les traces de Jeanne d'Arc, et recueillent pieusement les hommages qu'elle a reçus des historiens, des poètes et des orateurs. A ceux-là, M. Antoine de Latour vient d'offrir une bonne fortune, en publiant avec tout le luxe d'un bibliophile la traduction du drame latin de Nicolas de Vernulz, professeur, il y a deux siècles, d'une université de Belgique.

« Au premier abord, dit le traducteur dans son intéressante préface, ce latin dans cette bouche qui, si clairement et mieux que nul des contemporains, parlait notre vieux français, m'avait un peu déconcerté, disons le mot, rebuté, et j'avais quelque peine à en prendre mon parti. Peu à peu, cependant, et à mesure que j'avançais laborieusement dans la lecture du texte, venait à moi et pénétrait jusqu'à mon cœur, des pages jaunies du doux volume, je ne sais quel parfum oublié du quinzième siècle, je ne sais quel écho lointain de cette parole héroïque qui vibre dans les vieilles chroniques du temps, je ne sais quel souffle enivrant de la passion qui avait été la vie de toute une époque de notre histoire, et je me demandais s'il fallait que cela fût perdu pour ceux qui ne lisent pas le latin, à supposer que ceux qui le lisent aillent chercher le volume dans la poudre des bibliothèques publiques, et, l'y ayant trouvé, prennent le soin de recueillir la sève qui circule encore sous l'écorce surannée, et l'émotion souvent sincère du poète, derrière le masque artificiel sous lequel il se dérobe. »

On regrette, en effet, le tour déclamatoire et un peu uniforme du style ; on n'entend pas assez le bruit des armes. Dans cette lutte suprême d'un peuple, on voudrait moins de rhétorique et plus de mouvement. L'œuvre du poète belge offre pourtant un intérêt véritable. Lui, du moins, n'a pas, comme d'autres poètes étrangers, profané cette sainte histoire en y mêlant de romanesques fictions. Jeanne apparait dans son œuvre avec la pureté de la vierge et la majesté de l'inspirée.

Le caractère de Charles VII, si étrangement travesti par quelques historiens, conserve dans la défaite une grandeur vraiment royale. Tous ces guerriers un peu solennels, et qui semblent mieux faits pour parler que pour agir, expriment les sentiments d'un patriotisme élevé.

A ces personnages historiques, le poète a mêlé un être mystérieux, *le vieillard*, qui se retrouve dans tous les camps et qui parle sans qu'on paraisse tenir grand compte de ses réflexions. C'est la voix de la sagesse et de la justice, mieux entendue peut-être des descendants que des contemporains.

L'arrivée de Jeanne à la cour, sa défense devant ses juges sont de nobles scènes. On remarquera le chant des soldats français après la délivrance d'Orléans, chant dont l'accent triomphal se retrouve, hélas! sur les lèvres des soldats anglais à la prise de la Pucelle. Le dernier monologue est un chant enthousiaste et prophétique que les siècles ont réalisé !

Il n'a été tiré de cette jolie édition que deux cent soixante exemplaires, dont quelques-uns sur papier Whatman, sur papier de Chine et papier du Japon.

M. J.

---

20. — **Histoire de la littérature française** depuis le seizième siècle jusqu'à nos jours, par M. Frédéric Godefroy. Paris, chez Gaume. *Le dix-septième siècle* : 3 volumes in-8°.

Nous sommes arrivés, sous la conduite de M. Godefroy, au grand siècle littéraire de la France. Il y a longtemps déjà qu'il a été jugé. Voltaire, dans son *Siècle de Louis XIV*, — où, par une sorte de flatterie, il exagère l'influence du roi à cette époque, — a porté sur les maitres d'alors des arrêts que le temps a peu modifiés. La Harpe a écrit ses plus belles pages au sujet du dix-septième siècle : elles n'ont rien perdu de leur jeunesse ni de leur vigueur. Cousin, Villemain, Sainte-Beuve ont exercé sur ces génies leur esprit sagace, et leur plume fine et élégante. Même après ces maitres de la critique, M. Godefroy a su trouver des choses intéressantes à dire. Sans tomber ni dans le dogmatisme un peu trop rigide de M. Nisard, ni dans le fougueux radicalisme littéraire de M. Paul Albert, il se montre neuf en plus d'un endroit, creuse ce qui n'avait été qu'effleuré, apprécie avec justesse et netteté des auteurs que l'on croit bien connaître et qu'il met dans une lumière plus vive et plus saisissante. Où j'ai le plus appris avec M. Godefroy, c'est à l'occasion de Fléchier et de Mme de Maintenon. Dans Fléchier, M. Godefroy a curieusement analysé l'homme du monde, le prêtre, l'évêque, l'orateur, — que Rollin osait mettre en parallèle avec Bossuet, — et enfin l'historien. Je loue aussi les pages consacrées à Racine et à Boileau. Mais M. Godefroy me permettra de lui soumettre encore quelques observations.

Il me semble être trop impitoyable à l'égard de Saint-Evremond. Que l'on flétrisse sa conduite et son scepticisme immoral d'accord ; pourtant, s'il fut exilé, c'était pour sa fidélité à Fouquet, après sa condamnation. — Mais son style est des plus délicats, sa langue est saine, originale, pleine de sève et de franchise. M. Godefroy eût pu, sans déparer son livre, citer un fragment de Saint-Evremond, son parallèle de Salluste et de Tacite, par exemple. C'est précisément de nos jours, que l'on revient à lui ; M. Godefroy ne connaît-il pas l'étude de M. G. Merlet sur cet écrivain ?

Les indications bibliographiques font trop souvent défaut, surtout pour certains auteurs. L'histoire des éditions des *Pensées* de Pascal n'est pas complète ; il eût été bon, dans une note peut-être, de faire connaître, avec les dates, les différentes phases de cette histoire. En parlant du seizième siècle, il eût été facile déjà de faire la même remarque pour les Œuvres de *Montaigne*. — Pourquoi M. Godefroy dédouble-t-il le même écrivain ? Racine, Corneille, Molière, Racan, nous sont présentés deux fois : ici, comme prosateurs ; là, comme poètes. Dans le volume où M. Godefroy étudie la poésie au dix-neuvième siècle, on voit reparaître V. Hugo trois fois : à la poésie lyrique, dramatique et épique. Ces catégories par *genre* ont beaucoup vieilli ; elles sont, en tout cas, factices. Car les genres sont une affaire de convention. Le *Faust* de Gœthe est une tragédie pour les Allemands ; nous autres, Français, nous l'appelons plutôt une épopée. Mieux aurait valu, ce me semble, donner de Corneille ou de Racine une impression unique, en ne séparant pas, chez eux, le poète du prosateur. M. Godefroy a pour Mézeray, — malgré les critiques qu'il lui fait, — une certaine tendresse que je ne partage pas. L'exactitude historique était le moindre de ses soucis, et il écrivait : « La peine que je me donnerai pour connaître la vérité ne vaudrait pas le fruit que j'en retirerais. » Est-ce pour cela que M. Godefroy l'appelle « un grand historien ? » (P. 210, t. Ier.) J'ai vainement cherché les noms de saint Vincent de Paul et de Mme de Motteville parmi les écrivains du dix-septième siècle ; je les cite ensemble, en songeant à Bossuet qu'il ont connu l'un et l'autre. Le discours de saint Vincent aux Dames de charité est un modèle d'éloquence pathétique ; il méritait un souvenir. Les *Mémoires* de Mme de Motteville ont aussi leur charme et leur intérêt. M. Godefroy, en parlant de d'Urfé et de la poésie pastorale, n'a-t-il donc pas été tenté d'expliquer la brusque apparition du roman champêtre à l'aurore de ce dix-septième siècle, qui laissa la nature de côté pour se renfermer uniquement dans l'étude de l'homme et de la société ? Nous y aurions certainement gagné quelques pages piquantes.

Pour juge de Corneille, M. Godefroy prend Corneille lui-même. Il oublie que, trompé par les clameurs de ses contemporains, Corneille prononce ses décisions avec quelque peu d'étroitesse et son esprit de légiste attaché à la lettre. Je reproche donc à M. Godefroy de voir dans la tragédie d'*Horace* une double action. En somme, Corneille a divisé l'intérêt sur tous les membres de la famille des Horaces ; mais c'est le vieil Horace qui donne l'unité à l'action, parce qu'il est l'âme de cette famille. C'est en lui que doit se faire la conciliation des sentiments opposés ; aimant comme les femmes, Romain comme son fils, il soutient jusqu'à la fin l'intérêt tragique, et quand il plaide devant le roi pour son fils vainqueur et coupable, c'est l'éternelle plaidoirie du pardon contre la justice qu'il fait entendre. Si l'on voit dans le vieil Horace le véritable héros du drame, l'unité d'intérêt et d'action est indiscutable.

Ces légères observations n'enlèvent rien au mérite du livre de M. Godefroy sur le dix-septième siècle. A le lire, on trouve plaisir et profit.

Paul LALLEMAND.

---

21. — **Les origines de l'histoire**, d'après la Bible et les traditions des peuples orientaux, par François LENORMANT. De la création de l'homme au déluge. Paris, Maisonneuve, 1880, in-8° de xxii-630 pages.

Cet ouvrage est un livre de bonne foi, dit l'auteur. Personne n'a le droit d'en douter et sa déclaration semblera superflue. Il est vrai que certains d'entre nous ont contre la science une antipathie peu explicable, et c'est sans doute à eux que l'auteur s'adresse. Mais il nous permettra de n'examiner que le côté scientifique de son œuvre.

La traduction des premiers chapitres de la Genèse, qui ouvre le livre, est exacte, encore que pesante. Moins que jamais nous admettons la distinction entre les fragments élohistes et les fragments jéhovistes. M. L. est obligé lui-même de faire entrer des fragments mixtes dans la rédaction jéhoviste, page 8, de faire une différence entre *Elohim* et *ha Elohim*, page 16 (différence à laquelle il renonce p. 315), et de reconnaître que le nom d'*Elohim* se rencontre dans un document d'origine jéhoviste, page 22. Il doit encore supposer qu'un rédacteur définitif a supprimé ce qui lui paraissait superflu, page 21. Ses aveux suffisent pour détruire, au moins pour ébranler sa théorie. D'ailleurs les rationalistes les plus récents, avec lesquels nous nous gardons bien de confondre M. L. sont arrivés à reconnaître que la distinction des noms divins n'offre pas une base suffisante à la critique.

Les *Origines de l'histoire* vont dans ce volume de la création au déluge ; elles contiennent huit chapitres, dont voici le sommaire : 1. La création de

l'homme. 2. Le premier péché. 3. Les kéroubim et le glaive tournoyant.
4. Le fratricide et la fondation de la première ville. 5. Les Schethites et les
Qaïnites. 6. Les dix patriarches antédiluviens. 7. Les enfants de Dieu et les
filles des hommes. 8. Le déluge.

Dans la pensée de l'auteur, telle qu'elle ressort de son développement, la tradition relative aux origines du monde et de l'homme conservée dans la Bible, est purement humaine et n'appartient pas en propre au peuple choisi (préface, p. xvii et p. 107, note 1re, etc., etc.). Cette tradition a été apportée de la Chaldée par la famille d'Abraham ; mais l'esprit, qui lui a été communiqué par le peuple de Dieu et qui anime le récit biblique, est infiniment plus élevé et plus noble. L'inspiration a porté sur cet esprit nouveau, tout en respectant la forme empruntée par l'écrivain aux peuples d'alentour. Voilà la thèse de M. Lenormant. Elle est nouvelle, elle est intéressante, est-elle vraie ?

Le chemin qu'il trace à la tradition ne devrait-il pas être un peu modifié ? Cette tradition ne s'était-elle pas répandue de la famille de Noé parmi les peuples de l'Asie ? Son existence, chez tant de nations diverses, si défigurée qu'elle y apparaisse, nous semble plus favorable à notre thèse qu'à celle de l'éminent auteur. L'accumulation d'exemples qui se trouve dans le chapitre ive est surtout contraire à sa théorie. Que prouvent, en effet, tous ces faits, sinon que l'humanité dispersée avait gardé un souvenir, vague il est vrai, mais persistant, des graves événements qui s'étaient produits à son berceau ? Du reste, nous pensons qu'au fond telle est la pensée de l'auteur, quoiqu'elle se dissimule un peu sous un amas de détails. Il borne, d'ailleurs, aux traditions chaldéo-babyloniennes les emprunts bibliques (p. 266).

Passons sur ce qui concerne le serpent : la question est fort délicate, et il faudrait à ce sujet entrer dans de trop longues considérations dogmatiques. Sa description des kéroubim, d'après Ezéchiel (p. 172 et suiv.), ne nous paraît pas très exacte, et nous doutons fort que les êtres qui gardaient l'entrée de l'Eden aient jamais ressemblé aux taureaux à face humaine que l'on admire dans la salle assyrienne du Louvre (p. 129).

Le chapitre relatif aux dix patriarches antédiluviens est plus curieux. Cette répétition constante du nombre dix chez tant de peuples différents est remarquable ; elle avait déjà appelé l'attention de M. Lenormant dans son *Manuel d'histoire ancienne de l'Orient*, et M. Vigouroux s'y était lui aussi arrêté dans *la Bible et les découvertes modernes* (I, 210). Comme ce chiffre se retrouve plus bas dans la Bible (Gen. xi), on ne peut se défendre de penser qu' « il s'agit ici d'un nombre rond et systématiquement choisi. » (p. 227.) Mais de là, à conclure à « une énorme antiquité dans le passé primitif de l'humanité » (p. 229), il y a bien loin.

L'auteur est plus digne d'attention lorsqu'il conteste un caractère historique aux chiffres d'années des patriarches antédiluviens (p. 272 et suiv.). L'Eglise a toujours laissé sur ce point une grande liberté aux recherches, et ce serait aller contre ses intentions bien certaines que de reprendre les savants qui essayent d'allonger l'intervalle qui sépare la création de l'homme de sa rédemption. On lira volontiers les recherches de M. Lenormant sur cette chronologie. Nous engagerons cependant le lecteur à ne pas faire trop attention aux mots « mythes, mythiques », qui reviennent si fréquemment dans ses pages, et qui ne nous paraissent pas d'une grande justesse.

Je ne m'étendrai pas sur le chapitre vii⁰. Le nom de Molina (p. 293) m'étonne bien un peu dans l'énumération qu'on y lit. Mais j'insiste surtout sur la démonstration frappante de l'inanité des fantaisies préadamites, qui n'ont aucun fondement dans la littérature chaldéenne (p. 308-314). Ce qu'ajoute l'auteur sur l'antiquité de l'angélologie est aussi fort important (p. 318 et suiv.). Mais à côté revient la théorie fort nouvelle sur les emprunts faits aux légendes populaires et insérés dans les livres saints par un auteur qui leur a donné une vie et un esprit différents. Lisons plutôt les sages réflexions de la page 354. Enfin, l'auteur se trompe complètement sur le caractère des documents dont il prétend que le rédacteur de la Genèse s'est servi (p. 377 et 404). Ces documents n'ont par eux-mêmes aucun titre à un caractère saint et inspiré. Ils n'ont acquis ce titre que par leur insertion dans l'œuvre de l'auteur sacré. Là-dessus pas d'hésitation possible.

Dans le chapitre viii⁰, il faut noter le renseignement très positif donné par M. L. sur le silence absolu de la race *noire* par rapport au déluge, puis ce qui concerne le récit chaldéen du déluge dont la traduction est, sur plusieurs points, préférable aux traductions antérieures (p. 393). Les différences entre le récit chaldéen et le récit biblique sont assez nombreuses; mais encore une fois elles ne justifient pas la distinction élohiste et jéhoviste sur laquelle l'auteur s'acharne à revenir (voy. p. 406 et suiv.). Est-il absolument prouvé que les Indiens aient emprunté la forme chaldéenne de la tradition du déluge (p. 429)? Nous préférons la discussion sur l'existence de la tradition du déluge en Égypte (p. 448 et suiv.), où l'auteur se trouve d'accord dans ses conclusions avec M. Vigouroux. De cette longue et intéressante accumulation de textes, M. L. conclut avec raison que le déluge biblique, loin d'être un mythe, a été un fait historique et réel (p. 491).

Cinq appendices très curieux complètent ce premier volume.

Le lecteur a pu voir les points sur lesquels nous n'acceptons pas les idées de M. Lenormant. Malgré ces réserves, son livre est des plus importants. Dans bien des endroits sans doute il ne renferme que des hypothèses, hypothèses que de nouvelles découvertes pourront seules ou justifier ou détruire. Nous les attendons avec une véritable impatience. Mais, quelle que puisse avoir été la part de l'imagination dans ce travail, nous n'en félicitons pas moins l'auteur; il a compris que dans l'Église la foi du chrétien est très conciliable avec la recherche du savant. Il s'est trompé quelquefois, sans doute, et il sera amené à se rectifier; mais ce qu'il sait et ce que nous savons aussi, c'est que l'Église n'arrêtera pas ses travaux et qu'au besoin elle les encouragerait, parce qu'en définitive, tout ce qui fait progresser la science est avantageux à la foi.

Nous espérons que M. Lenormant ne nous fera pas trop attendre son second volume.

C. Trochon.

---

22. — **Revue des principales publications littéraires de l'Allemagne,** pendant l'année 1879.

VI. — Pédagogie.

Le lecteur connaît le soin que l'on prend en Allemagne pour instruire la jeunesse. Outre plusieurs traductions d'œuvres pédagogiques d'auteurs étrangers, la presse allemande a produit des travaux remarquables. Un savant jésuite, le P. G. M. Pachtler a écrit : *le Droit divin de la famille et de l'Église sur l'école* (1). Précédemment déjà l'auteur avait publié une brochure qui fut fort remarquée. Elle était intitulée : *l'Asservissement spirituel des peuples par le monopole des écoles dans les États modernes* (2), et qu'il signa d'un pseudonyme. Dans ce nouveau travail, l'écrivain établit le droit des parents sur l'école et sur l'instruction de leurs enfants ainsi que le droit inaliénable de l'Église, et il appuie ses arguments sur le droit divin, sur les faits de l'histoire et sur le droit positif. Il établit aussi les droits et les devoirs de l'État sur l'instruction de la jeunesse et il fait ressortir les tristes effets qu'engendreront pour l'avenir les écoles sans Dieu. Il y a là de belles pages que feraient bien de lire et de méditer les réformateurs modernes de l'instruction publique en France. A côté de ce travail, qui considère l'instruction au point de vue moral et religieux, nous citerons un ouvrage qui traite le côté matériel de la question, c'est *l'Histoire de la théorie des punitions dans l'éducation*, par Sachse.

Les livres scolaires concernant l'instruction religieuse, tant pour les classes élémentaires que pour les cours supérieurs, ont paru en grand nombre, et parmi eux nous trouvons des travaux fort remarquables. La place nous manque pour les énumérer tous. Mentionnons cependant le cinquième volume du *Manuel du catéchiste* (3), par le prince-évêque Gruber ; *l'Apologétique* de Dreher ; *la Bible*, de Specht ; *l'Histoire de la religion*, à l'usage des écoles supérieures, par C. Barthel ; *les Histoires de l'Église*, à l'usage des classes élémentaires, par Essen, Enjeln, Bucker et Schulte ; *l'Histoire de l'Église*, de Mach ; *l'Abrégé de l'histoire de l'Église*, de Wedewer ; enfin *la Géographie de la Palestine*, par Koriot.

---

(1) Das göttliche Recht der Familie und der Kirche auf die Schule, von G. M. Pachtler, Mainz. 8°.
(2) Die geistige Knechtung der Völker durch das Schulmonopol des modernen Staates.
(3) Handbuch der Katechetik.

VII. — Beaux-Arts.

Depuis plusieurs années, le professeur F.-H. Kraus, à Fribourg, travaille à *l'Encyclopédie des antiquités chrétiennes* (1).

L'association de Düsseldorf, pour la propagation de l'art religieux, qui a son dépôt à Paris, rue Saint-Sulpice, a, comme tous les ans, fourni son contingent de belles gravures religieuses.

Terminons cette revue bibliographique en nous arrêtant un instant aux productions musicales. Nous ne parlerons, bien entendu, que de la musique religieuse; car les productions sur le domaine de la musique profane sont sans nombre. Depuis quelques années la musique religieuse a fait en Allemagne de sérieux et incontestables progrès; les éditions des livres de chant se succèdent, et chacune est marquée par de sérieuses améliorations. Les compositeurs de musique religieuse n'ont pas fait défaut, et parmi leurs productions, il en est de très remarquables. Citons : Bischoff, Kœnen, Habert, Hiel, Hisz, Schweitzer, Renner, Riegel, etc. Un savant évêque, qui est aussi un artiste, Mgr Greith, a écrit une brochure dans laquelle il signale les réformes à apporter dans la musique religieuse.

G. Gillet.

VARIÉTÉS

LE CARDINAL PIE

La soudaine disparition du Cardinal Pie a causé partout une stupeur douloureuse, elle laisse dans l'Église de France un vide que nous n'essayerons pas de mesurer. Depuis trente ans et plus, nous étions accoutumés à écouter cette grande parole; dans toutes les épreuves qui se multipliaient sous nos pas et qui entravaient notre marche, nous nous demandions ce que pensait, ce qu'allait dire l'Évêque de Poitiers. Désormais, nous ne nous le demanderons plus. Une pierre, non la moins solide et la moins brillante, se détache du vieil édifice qui avait abrité notre jeunesse et notre âge mûr. Le Cardinal Giraud, d'un si grand cœur et d'un si noble langage; Mgr Baudry, qui fut un *maître* dans un temps où l'on compte si peu de disciples; Mgr Parisis, le controversiste habile; Mgr Gerbet, à la plume de cygne; Mgr Darboy, l'écrivain consommé; Mgr Ginoulhiac, également rompu à la théologie des Pères et aux analyses de la scolastique; l'Évêque d'Orléans, enfin, non le dernier venu, mais le dernier parti de cette mémorable élite, ont été rejoints par l'Évêque de Poitiers dans l'éternité et dans la gloire.

---

(1) Realencyclopedie der Christ. Alterthümer, Freiburg, Herder, 8°. Un de nos collaborateurs rendra prochainement compte des premiers fascicules de cette publication.

Mgr Pie a été éminemment un Évêque docteur; il l'a été autant, sinon plus, qu'aucun évêque de notre génération. Sa controverse même, comme celle de l'immortel auteur de l'*Histoire des Variations*, était essentiellement doctrinale. Les points qu'il a tenu surtout à mettre en lumière et à venger sont ceux sur lesquels portent les négations ou les doutes de nos contemporains, les droits souverains de Dieu et de l'autorité qui parle au nom de Dieu, dans tous les ordres, dans l'ordre philosophique et dans l'ordre social, dans l'ordre de la vie publique comme dans l'ordre de la vie privée. Son œuvre si volumineuse est marquée au coin d'une forte unité; et par là, l'Évêque de Poitiers se rattache à la tradition de ces Pères du quatrième siècle, dont la vie s'est consumée presque toute entière dans la défense d'une seule vérité, de cet Athanase et de cet Hilaire, qui défendirent, avec un indomptable courage, le dogme de la divinité du Verbe.

Aux Pères, Mgr Pie avait emprunté aussi cette ampleur doctrinale, ces larges développements qui se déroulent comme les eaux d'un beau fleuve, cette passion et cette vie qui éclatent dans les œuvres et dans la vie des glorieux adversaires d'Arius et de Constance. Parfois aussi, l'Évêque de Poitiers a emprunté à quelques-uns des Pères ces allusions subtiles, ces jeux sur les nombres, que n'avouerait pas toujours le goût sévère de Bossuet.

Les *Instructions synodales*, depuis celle qui, en juillet 1855, signalait les principales erreurs des temps présents, jusqu'à celle qui, en juillet 1871, commentait avec une précision lumineuse la constitution dogmatique *de Fide catholica*, occupent, dans l'œuvre de Mgr Pie, la place d'honneur; je ne voudrais pas cependant qu'elles laissassent dans l'ombre ses *Oraisons funèbres*. Faire des *Oraisons funèbres* après Bossuet; peut-on l'oser? L'Évêque de Poitiers a dû s'adresser lui aussi cette question, mais des devoirs sacrés, d'impérieuses convenances le pressaient, et il a composé l'éloge funèbre de Mgr Clausel de Montals et celui de Mme la marquise de Larochejaquelein; j'omets les autres.

L'Évêque de Chartres avait été le bienfaiteur et l'ami de Mgr Pie; dans le lévite, le vieux pontife avait pressenti l'évêque et salué une gloire future de l'Église de France. L'Évêque de Poitiers devait au guide de sa jeunesse un public témoignage de reconnaissance; l'*Oraison funèbre* qu'il prononça dans la cathédrale de Chartres a payé cette dette. Dans l'éloge funèbre de la marquise de Larochejaquelein, Mgr Pie a raconté, avec une verve éloquente, d'autres luttes que celles auxquelles Mgr de Montals avait pris part; néanmoins, c'est sur des tableaux plus tranquilles que je veux appeler l'attention du lecteur. « Tandis qu'elle dictait ses longues et charmantes lettres, dont sa chère « Vendée était toujours l'objet, » a dit de son héroïne, l'Évêque de Poitiers, « ses doigts travaillaient encore. Durant ces délicieux récits qui tenaient « autour d'elle toute la famille attentive, elle n'abandonnait pas son tissu de « laine; tout au plus, dans le feu de la narration, quittait-elle un instant « l'aiguille qu'elle enfonçait dans la blanche et abondante chevelure qui cou- « vrait son vénérable front; mais, un moment après, elle reprenait son cher « instrument, et poursuivait sa trame avec ses discours. » *Ces détails si simples et si naïfs*, s'est demandé un délicat esprit, *ne dirait-on pas qu'ils sont empruntés à l'Odyssée?*

Durant son long épiscopat, comme le maître qui l'avait formé, Mgr Pie a été un combattant; il l'a été avec une majesté particulière; son intrépidité même et ses hardiesses gardaient un je ne sais quoi, qui rappelait le pontife. Certaines de ses apostrophes, certains de ses mouvements sont demeurés célèbres. On se rappelle encore le *lave tes mains, Pilate*, qu'à mon grand étonnement j'ai trouvé depuis, dans un ouvrage bien antérieur au mandement de 1861, dans *l'examen juridique du procès de Jésus-Christ*, par M. Dupin. Assurément, nul ne soupçonnera l'Évêque de Poitiers, riche de son fonds, riche de ses souvenirs bibliques et patristiques, d'avoir pillé l'auteur de tant de mots heureux et de tant de phrases incorrectes; l'évêque et l'avocat se sont rencontrés, voilà tout, et cela ne leur est point arrivé souvent.

Dirai-je, pour être sincère, que cette majesté, où se complait le style de Mgr Pie, manque parfois de naturel et d'aisance? Dirai-je que dans ses tours et ses images, tout n'a pas été frappé d'une originale et vigoureuse empreinte? Dirai-je, enfin, qu'à la solennité de cette polémique, j'ai préféré quelquefois les soudainetés, les coups de foudre d'une autre polémique? Tel autre a écrit avec moins d'art que l'Évêque de Poitiers; dans ses œuvres dont la forme semble improvisée, lors même que le fond en a été médité longtemps, bien des pages ont péri déjà; pourtant, à certains endroits, l'éclair jaillit, on entend les battements d'un cœur, les larmes viennent aux yeux du lecteur, comme elles étaient peut-être venues aux yeux de l'écrivain; et cela suffit à assurer l'impérissable gloire de Mgr Dupanloup.

Toute l'Église sait la haute place que l'Évêque de Poitiers a tenue au concile du Vatican; elle a vu dans le chapeau cardinalice qui lui fut accordé par Léon XIII, le juste couronnement de ses travaux et de ses mérites. A la doctrine, à l'éloquence, Mgr Pie unissait la finesse, et cette finesse était parfois railleuse. Je me rappelle encore les traits qu'un matin, à une table amie, il décochait contre ces prophéties, sans auteur connu et sans date précise, qui, pendant près de dix ans, ont affolé l'imagination française. Dans son esprit, la justesse et la justice allaient de pair avec la fermeté et la vigueur. En 1869, au palais épiscopal d'Orléans, où les fêtes annuelles de Jeanne d'Arc l'avaient appelé, Mgr Pie racontait qu'il avait signalé au Pape Pie IX la lettre pastorale de Mgr Darboy, sur l'encyclique *Quanta cura*, comme l'un des écrits les plus *topiques* que cet acte solennel eût inspirés. Des biographes recueilleront sans doute tous les faits de cette laborieuse vie, tous les aperçus, tous les traits ingénieux et profonds qu'a semés cet infatigable apôtre, qui était aussi un causeur intarissable. En attendant, honorons la tombe qui s'est ouverte; pour relever nos courages, rappelons-nous que l'influence des évêques et des docteurs illustres n'est pas emprisonnée dans les étroites limites de leur existence terrestre, et qu'elle s'exerce sur le long avenir.

Aug. L.

PRINCIPALES PUBLICATIONS DE LA QUINZAINE

36. Le *Roman d'un brave homme*, par About. 1 vol. in-16, broché. Prix : 3 fr. 50. Paris, Hachette.

37. Le *Procès de l'absent*, par S. Blandy. 1 vol. in-18 jésus. Prix : 3 fr. Paris, Didot.

38. *Notice biographique sur Guillaume-Louis Du Tillet*, dernier évêque d'Orange, par l'abbé S. Bonnel. In-8°, 113 pages et gravure. Meaux, Cochet.

39. *Lettres de Eugène Delacroix*, par Burty. 2 vol. in-18. Prix 7 fr., Charpentier.

40. *Éloges des citoyens de la ville de Caen*. Première centurie, par Jacques de Cahaignes. Traduction d'un curieux. In-8° carré, VI-121 pages avec portraits et armoiries. Prix 15 fr. Caen, Le Blanc-Hardel.

41. *Histoire de la caricature*, sous la Réforme et la Ligue, par Champfleury. 1 vol. illustré. Prix : 5 fr. Paris, Dentu.

42. *Corneille ; la Critique idéale et catholique*, par M. Auguste Charaux. In-18 de 352 pages. Lille, Lefort.

43. Le *Concordat*, les *Congrégations religieuses* (textes), arrêts, lois et décrets sur les congrégations, depuis 1716 jusqu'à 1834. 1 vol. in-8°. Prix : 2 fr. Paris, Dupont.

44. Le *Mari*, par Daudet. 1 vol. in-18. Prix : 3 fr. 50. Paris, Plon.

45. *Napoléon Ier*, par Edmond-Blanc, ses institutions civiles et administratives. 1 vol. in-8°. Prix : 6 fr. Paris, Plon.

46. *Écrits inédits de Saint-Simon*, publiés par Faugère, sur les manuscrits conservés au dépôt des affaires étrangères. Tome Ier, Parallèle des trois premiers rois bourbons. 1 vol. in-8°, broché. Prix : 7 fr. 50. Paris, Hachette.

47. *Traité théorique et pratique de la naturalisation*, par de Folleville : études de droit international privé. 1 très fort vol. in-8°. Prix : 10 fr. Maresq.

48. Les *Anciens plans de Paris*, par A. Franklin ; notices historiques et topographiques. 2 beaux vol. in-4°. Prix : 30 fr. Willem.

49. Les *Bienfaits de la Révolution française*, par Garet. 1 beau vol. in-8°. Prix : 6 fr. Maresq.

50. *Catalogue analytique des évêques de Nîmes*, par M. l'abbé Goiffon. In-8°, 75 pages. Nîmes, Jouve.

51. *L'Avesta, Zoroastre et le mazdéisme*, par Hovelacque. 1 vol. in-8° de 521 pages. Prix : 10 fr. Maisonneuve.

52. *Manuel du voyageur*, par Kaltbrunner. 1 vol. grand in-8° de plus de 800 pages, avec 280 fig. et 24 planches hors texte. — Prix, relié : 15 fr. Reinwald.

53. *Introduction à l'histoire du nihilisme russe*, par Ernest Lavigne. 1 vol. in-16. Prix : 3 fr. 50. Charpentier.

54. *Monseigneur E. Dubar et la Mission du Tché-ly-sud-est*, par Leboucq. 1 vol. grand in-8° de 500 pages. Prix : 7 fr. 50. Wattelier.

55. *Voyage du Kamchatka à Paris*, par J.-B. de Lesseps, raconté par lui-même avec une préface, par Ferdinand de Lesseps. 1 vol. Prix : 2 fr. Dreyfous.

56. *Catalogue des figurines en terre cuite*, par Martha, du musée de la société archéologique d'Athènes. 1 vol. grand in-8°, avec 8 planches en héliogravure. Prix : 12 fr. 50. Thorin.

57. *Vie du R. P. Jean Eudes*, par J. Martine. Manuscrit inédit, publié et annoté par l'abbé Le Cointe. 2 vol. in-8°, 958 pages et 2 portraits. Caen, Le Blanc-Hardel.

58. *Bibliographie picarde*, par le comte de Marsy. In-8°, 20 pages. Amiens, Delattre-Lenoël.

59. *Histoire des participes français*, par A. Mercier. 1 vol. in-8°. Prix : 5 fr. Vieweg.

60. *De neutrali genere quid factum sit in Gallica lingua*, du même. In-8°. Prix : 2 fr. Vieweg.

61. *Conférences de Notre Dame*, par le P. Monsabré; carême 1880, Vie de Jésus-Christ. 1 vol. in-8°. Prix : 4 fr. Baltenweck.

62. *Les Voyages de Camoens*, par R. de Navery. 1 vol. in-18. Prix : 3 fr. 50. Hennuyer.

63. *Chansonnier historique du dix-huitième siècle*, par E. Raunié, publié avec introduction, commentaire, notes et index : Première partie : la Régence. T. 3. Orné de trois portraits gravés à l'eau-forte par Rousselle. In-18 jésus, 297 pages. Prix : 10 fr. Paris, Quantin.

64. *Conférences d'Angleterre*, par Renan. Rome et le christianisme, Marc-Aurèle. In-8°. Prix : 3 fr. 50. Calman-Lévy.

65. *Mer Rouge et Abyssinie*, par Denys de Rivoyre. In-18 jésus, 312 pages. Plon.

66. *C. Corot*, par Robaut. Sa vie racontée, son œuvre décrit et reproduit. Charavay.

67. *Les Deux masques*, par Paul de Saint-Victor. 1re série. — *Les Antiques* : Eschyle. 1 beau vol. in-8°. Prix 7 fr. 50. Calman-Lévy.

68. *L'Espagne*, par Simons et Lemercier, avec illustrations de Waguer. La livraison 2 fr. Ebhardt.

69. *Les Bases de la morale évolutionniste*, par Herbert Spencer. 1 vol. in-8°. Prix : 6 fr. Germer Baillière.

70. *Histoire de la vie et de la mort du baron Gros, le grand peintre*, par Tripier le Franc, rédigée sur de nouveaux documents et d'après des souvenirs inédits. 1 beau vol. grand in-8° de plus de 700 pages, illustré de neuf planches. Martin.

CORRESPONDANCE

I. Dans le dernier numéro du *Bulletin*, notre savant collaborateur G. Gillet a fait, non sans raison, l'éloge d'un ouvrage allemand du P. Oswald Moosmüller. Ce que cet auteur a dit des premières missions bénédictines en Amérique, est sans doute plus complet que ce que nous en savions déjà; mais, pour être juste envers tout le monde, surtout pour ne pas abaisser trop facilement la science française vis-à-vis de la science allemande, M. G. eût peut-être bien fait de rappeler que l'ouvrage du P. Moosmüller avait été précédé, dès 1874, de celui de M. Gabriel Gravier, intitulé : *Découverte de l'Amérique par les Normands, au dixième siècle*. Au congrès des Américanistes de Luxembourg, en 1877, où nous nous trouvions, Français et Allemands, réunis, les conclusions du savant Rouennais étaient déjà considérées comme acquises à la science.

A. DE MEISSAS.

II. *Voulez-vous aller au ciel? Indications pour les voyageurs se dirigeant vers le paradis.*

On s'est demandé d'où pouvait provenir cette étrange composition, signalée immédiatement par des membres éminents du clergé à l'attention de plusieurs évêques. Nombre de personnes avaient cru que ces cartes bizarres étaient l'œuvre d'adversaires désireux de donner un aliment nouveau aux railleries des journaux hostiles. Seuls, en effet, les ennemis de l'Église ont intérêt à multiplier des productions qui n'ont d'autre effet que celui de jeter le ridicule sur la piété chrétienne.

Une annonce, insérée dans la *Semaine religieuse* (n° du 5 juin 1880), nous donne la clef du mystère. L'auteur de cette ineptie serait, dit-on, non pas un journaliste radical, « mais un saint religieux que tout Paris catholique connaît ». Si c'était vrai, cet homme respectable eût été, à coup sûr, bien mal inspiré le jour où il a livré à l'impression un factum destiné à exciter le rire de tous, depuis le dernier des ouvriers imprimeurs chargés de le reproduire, jusqu'au destinataire inconnu auquel on l'adresse imprudemment. En se prêtant ainsi à une mauvaise spéculation de librairie, il a fait grand tort à la cause qu'il a sans doute voulu défendre, et que compromettent déjà trop d'œuvres médiocres et de productions mesquines.

J. LENOIR.

MM. les abonnés qui n'ont pas encore versé le montant de leur abonnement, sont *instamment* priés de le faire.

Le mode le plus simple est d'envoyer ce montant par un mandat-poste, dont le talon sert de quittance.

Par décision en date du 20 mai, les bureaux de poste sont autorisés à recevoir les abonnements au *Bulletin critique*. Nous prenons à notre charge les 3 pour 100 imposés par la loi ; nos abonnés n'auront donc aucun frais supplémentaire en souscrivant par cette voie.

Nous rappelons que le prix de 8 francs est uniforme pour la France et l'étranger.

Les abonnements payés avant la transformation du journal seront servis sans augmentation jusqu'au 1er mai 1881.

Le gérant : A. SAUTON.

BULLETIN CRITIQUE

DE LITTÉRATURE, D'HISTOIRE ET DE THÉOLOGIE

SOMMAIRE. — 23. RAMBOUILLET, L'orthodoxie du livre du Pasteur d'Hermas, *Duchesne*. — 24. LENOIR, Esquisse d'une théologie du cœur, *G. N.* — 25. BELLET, Dissertation historique sur la mission de saint Crescent, *A. de Meissas*. — 26. SMITH ET KRAUS, Dictionnaires d'antiquités chrétiennes, *L. Duchesne*. — 27. BRUNETIÈRE, Études critiques sur l'histoire et la littérature, *R. de Presles*. — 28. BEURLIER, Histoire abrégée de la littérature latine, *Lallemand*. — 29. BLANCHEMAIN, Anatole Feugère, *Millet*. — 30. GALLET, Recherches historiques sur Sarcelles, *A. I. de S. A.* — Variétés : Lettres inédites du P. de Condren, III. — Revue des principales publications de la quinzaine.

---

23. — **L'Orthodoxie du livre du pasteur d'Hermas**, par M. l'abbé RAMBOUILLET. Paris, Palmé, 1880. Brochure.

Dans un article de la *Revue du Monde catholique* (15 avril 1880), où je me suis occupé du *Pasteur* d'Hermas, j'ai eu occasion d'y relever quelques conceptions théologiques assez étranges. M. l'abbé Rambouillet pense au contraire qu'Hermas est aussi orthodoxe que l'auteur du symbole de saint Athanase. Rien de mieux ; mais tandis que, pour apprécier la doctrine du *Pasteur*, je me suis servi des textes récemment découverts, notamment du texte grec original, M. R. s'est borné à consulter la vieille version latine où justement plusieurs des passages qui font difficulté sont en fort mauvais état. On conçoit que nous ne soyons pas toujours d'accord.

Pourtant, ceci est peu de chose. M. R. peut croire qu'Hermas n'a pas confondu le Saint-Esprit avec le Christ préexistant et que sa conception de l'union hypostatique est entièrement exacte. C'est une affaire d'appréciation. Mais M. R., qui a des interprétations si bénignes pour les auteurs du second siècle, aurait dû me traiter avec autant de charité qu'Hermas et ne pas m'attribuer de grosses absurdités. D'après lui, je renverrais « au troisième siècle les origines de deux dogmes fondamentaux », la Trinité et l'Incarnation. Les *origines* de ces deux dogmes sont, je me figure, dans la croyance simultanée : 1º à l'unité divine, 2º à la divinité de Jésus-Christ, 3º à la divinité du Saint-Esprit. Ces trois points, avec quelques nuances de clarté cependant, ont été, depuis le commencement, dans la foi des chrétiens et dans la prédication ecclésiastique. Le nier, c'est admettre que le fond doctrinal du christianisme est d'invention humaine. M. R. est surpris et affligé de me voir penser ainsi. Comme je pense tout le contraire, il y a lieu d'espérer qu'il se consolera. Un auteur du siècle dernier disait que si on l'accusait d'avoir volé les tours de Notre-Dame, il commencerait par s'enfuir, n'y ayant pas d'énormité qu'on ne puisse faire croire aux gens. Moi, je ne m'enfuis pas, mais je proteste que les tours de Notre-Dame ne sont pas dans mes poches.

L. DUCHESNE.

---

24. — **Esquisse d'une théologie du cœur**, par l'abbé F. LENOIR, Paris, Palmé. 1880, 1 vol. in-12 de 508 pages.

En parcourant cet ouvrage, la première pensée qui vient à l'esprit, c'est que M. Bougaud fait école; ce sont en effet les mêmes pensées sous une forme un peu différente. L'auteur cherche à montrer les harmonies de la doctrine catholique avec le cœur de l'homme, c'est bien; mais aller jusqu'à dire que le cœur a un rôle *scientifique* dans la théologie! M. Lenoir, malgré des efforts héroïques et un style agréable, n'a pas réussi à le démontrer. On est en outre ébloui par les citations répétées de soixante-quinze auteurs différents, c'est beaucoup pour un volume de 500 pages, et la liste en serait curieuse à publier. A leur tête, figure M. Bougaud avec son *Christianisme et les temps présents*. Après lui Chateaubriand, Victor Hugo, Lamartine, Alfred de Musset, tiennent le premier rang. Assurément, cette manière de prouver la Religion par des extraits a un certain succès auprès d'un auditoire de jeunes gens, par exemple, qui s'attachent au côté superficiel d'un raisonnement. Un discours, parsemé de vers charmants et sonores de Lamartine et autres, a dans ce cas un succès assuré; mais dans un livre tombant entre les mains d'un théologien qui le lira à tête reposée, l'effet sera tout contraire. Un livre de théologie, même à l'usage des gens du monde, ne perdrait rien à citer quelques passages des Écritures et des Pères. L'auteur dit dans sa préface : « Si je professais la théologie, je dirais à mon élève, prenez ces volumes de théologie classique, mais je dois vous avertir qu'ils ne contiennent que la moitié de la théologie et c'est la partie la plus sévère et la plus montagneuse », etc., etc.; malgré la piété et l'érudition de l'auteur, je doute fort qu'il réussit à former un théologien sérieux; ce serait un théologien dans le genre des femmes du monde qui ont lu les quatre volumes français de Gousset.

Que veut dire M. l'abbé Lenoir, quand il nous recommande d'approcher des dogmes chrétiens l'œil du cœur ? voilà un langage bien imagé, digne de certains mystiques nuageux ; cet œil, si bien ouvert qu'il soit, ne pourra jamais à lui seul découvrir toutes les beautés de la théologie, encore moins les comprendre. Que l'auteur nous permette une dernière réflexion ou plutôt un conseil inspiré par la plus sincère amitié : cette théologie du cœur a pu faire du bien, développée dans un sermon, mais elle ne supporte pas la lecture de la part d'un homme sérieux qui veut des preuves, s'adressant non seulemement à son cœur, mais aussi à son intelligence. Que M. l'abbé Lenoir se serve de son talent, de son bon cœur, pour livrer au public des études sérieuses, comme l'ont fait pour l'Écriture sainte, dans ces derniers temps, MM. Vigouroux et Ancessi, études qu'on relit dix fois avec plaisir parce qu'on y trouve une mine toujours féconde, la théologie et les théologiens lui en sauront bon gré.

G. N.

---

25. — **Dissertation historique sur la mission de S. Crescent**, disciple de l'apôtre saint Paul, évêque et fondateur de l'Église de Vienne dans les Gaules, au premier siècle de l'ère chrétienne, par M. l'abbé Bellet, de Tain (Drôme), in-8° de xvi-43p., à Lyon, chez Brun.

Le P. Daniel Papebrock, Tillemont et autres critiques qui ne passent pas pour médiocres, avaient depuis longtemps remarqué que ni en 417, quand le pape Zosime donna à l'Église d'Arles la suprématie sur celle de Vienne, ni en 450, quand l'assemblée des évêques des Gaules confirma le témoignage rendu par ce pontife à la priorité de saint Trophime, il n'était encore question d'identifier saint Crescent, premier évêque de Vienne, avec le Crescent, disciple de saint Paul, mentionné dans la deuxième épître à Timothée, IV, 9. M. l'abbé Bellet appartient à une école qui, comme les médecins de Molière, a changé tout cela. Au mois de septembre dernier, les membres de la Société française d'archéologie, tenant à Vienne leur congrès annuel, reçurent de lui communication d'un travail où, sans tenir le moindre compte ni de Tillemont ni de Papebrock, ni des évêques de 450, ni du pape Zosime, il prétendait établir que la Patrologie tout entière, tant grecque que latine, se prononçait pour la venue de saint Crescent en Gaule, et non pas en Galatie. On sait que le texte de saint Paul, dans l'énumération des personnages nommés au chapitre IV de la deuxième à Timothée, porte Κρήσκης εἰς Γαλατίαν, et qu'en grec le mot Γαλατία prête à l'ambiguïté (1).

---

(1) Deux anciens manuscrits portent, il est vrai, la leçon εἰς Γαλλίαν ; mais cette variante, qui paraît provenir d'un accident de transcription, ne saurait prévaloir contre le témoignage contraire des autres manuscrits grecs et des versions.

Les membres du congrès, dont quelques-uns étaient très versés dans les questions relatives à nos origines ecclésiastiques, accablèrent M. l'abbé Bellet d'objections; ses réponses ne semblèrent pas heureuses, et le *Dauphiné*, journal de Grenoble, publia de la séance un compte rendu trop fidèle pour avoir pu lui plaire. De là la présente publication.

Passons sur seize pages d'introduction, consacrées à gourmander le correspondant du *Dauphiné*. Celles qui suivent, en mettant sous les yeux du lecteur la pièce capitale du débat, le placent dans cette alternative, ou de refuser à la Société d'archéologie le droit de s'intituler société savante, ou de reconnaître que les choses ont dû se passer en séance, comme le correspondant les a racontées. C'est que non seulement M. l'abbé Bellet ne tient aucun compte des arguments les plus considérables de l'école historique, mais encore il fait preuve, dans la production de ceux de l'école légendaire, d'une insouciance complète de l'exactitude. Dom Chamard paraît être son évangéliste; les *Églises du monde romain*, son évangile; et je le soupçonne très fort de n'avoir pas puisé ses connaissances sur la question ailleurs que dans cet étonnant volume. Quoi qu'il en soit, ses procédés sont absolument les mêmes que ceux du bénédictin de Ligugé : tout plier au programme arrêté d'avance, supprimer tout ce qui est contraire, forcer le sens de ce qui semble favorable, suppléer à l'inanité des arguments par l'énergie des affirmations.

Sur ce dernier point, M. l'abbé Bellet pousse les choses au *nec plus ultra*. Le ton ordinaire de sa voix n'ayant pas suffi pour courber le congrès de Vienne sous ses assertions erronées, il les imprime en majuscules. C'est ainsi qu'il prétend faire passer la patrologie pour unanime à traduire Κρήσκης εἰς Γαλατίαν par *Crescent en Gaule*. Or, cette interprétation n'a guère eu, que nous sachions, avant le moyen âge, d'autres adhérents qu'Eusèbe, saint Épiphane et Théodoret, qui probablement se la sont empruntée l'un à l'autre. Leur opinion n'influençait encore, ni Rome, ni la Gaule, en 417 non plus qu'en 450, comme on a pu le remarquer plus haut. Saint Jérôme, qui connaissait fort bien la Gaule où il avait séjourné, se prononça contre elle en traduisant Κρήσκης εἰς Γαλατίαν, par *Crescens in Galatiam*, et non pas *in Galliam*. L'ancienne Italique portait avant lui la même chose, ainsi que la version Peschito, qui est certainement du deuxième siècle au plus tard. Notez que le syriaque ne se prête pas plus que le latin à l'ambiguïté qui est dans le grec.

M. l'abbé Bellet n'aurait peut-être pas mal fait d'apprendre tout cela, avant de faire part au public du résultat de ses recherches. Il ne lui eût pas été non plus inutile de savoir que l'appendice du catalogue des hommes illustres n'est pas de saint Jérôme : cela lui eût évité de citer cet illustre docteur comme favorable à une opinion contre laquelle il se prononce formellement dans sa *Vulgate*. Quelques autres lectures ne lui eussent pas nui davantage, par exemple, celles de saint Irénée et de saint Jean Chrysostôme. Il eût appris que le premier de ces deux Pères, citant dans son livre contre les hérésies, III, iv, le passage de saint Paul relatif à saint Crescent, paraissait ignorer absolument que ce texte pût avoir quelque rapport avec l'Église de Vienne sa voisine; que son traducteur latin interprétait sa pensée, de son vivant et probablement sous ses yeux, en se prononçant comme l'Italique, comme la Peschito, comme toutes les autorités antérieures à Eusèbe, pour la Galatie, non pour la Gaule. M. l'abbé Bellet eût pu remarquer aussi, dans le commentaire de saint Jean Chrysostome sur la deuxième épître à Timothée, que ce Père n'avait jamais connu ou pris au sérieux les récits qui faisaient venir saint Crescent en Gaule, puisqu'il n'en dit rien dans un long chapitre où il s'attache pourtant à rapporter tout ce qu'il sait des personnages énumérés par saint Paul dans le même endroit.

Mais M. l'abbé Bellet s'embarrasse bien de cela! Ne désigne-t-il pas saint Jean Chrysostome, comme favorable à la Gaule? Quant à la preuve, il vous envoie la chercher dans les fragments publiés par le cardinal Maï: on compte, il est vrai, que vous ne les avez pas sous la main, ou bien que vous n'aurez pas la patience de les lire en entier. Vous pourrez donc rester convaincu, sur la foi d'un renvoi très vague, que la venue de saint Crescent à Vienne, dès le premier siècle, paraissait démontrée à saint Jean Chrysostôme.

Les sociétés qui prennent l'histoire au sérieux se montrent plus difficiles. Nous estimons qu'elles font très bien. Si M. l'abbé Bellet tient à leurs suffrages, il ne reparaîtra devant elles que muni de textes qui appuient clairement sa thèse et que chacun puisse vérifier. Et même, là où il aura des textes à produire, comme pour saint Épiphane, il sera sage à lui de ne pas travestir en *voisin de la Galatie*, un homme né en Palestine, puis confiné dans les déserts de l'Égypte, finalement fixé dans l'île de Chypre : à défaut d'une grande science, un bon sens médiocre suffirait pour lui répondre qu'il y avait de la Palestine, surtout des déserts de l'Égypte et de l'île de Chypre à la Galatie des distances et des difficultés de communications plus que suffisantes pour que saint Épiphane pût ne connaître aucunement cette dernière province. Qu'il se garde surtout d'aller présenter les Églises d'Orient comme pourvues de *grandes traditions* relatives à tous les personnages mentionnés dans le nouveau Testament, traditions que saint Épiphane devait nécessairement connaître. Quelque laïque, que ses études ou sa piété auraient amené à lire le premier sermon de saint Épiphane sur l'Assomption, suffirait pour lui représenter que la sainte Vierge était de beaucoup le plus important de ces personnages, que les *grandes traditions* faisaient pourtant défaut sur son compte, au point que l'évêque de Salamine déclarait ignorer si elle avait subi la loi commune de la mort, qu'en conséquence on ne peut admettre sans une démonstration spéciale que les *grandes traditions* eussent pu lui fournir quelque chose qui l'autorisât à entendre saint Paul sur saint Crescent, autrement que n'avaient fait les auteurs de l'ancienne Italique et de la Peschito, saint Irénée, saint Jérôme et tant d'autres.

Il est vrai que si, après avoir retiré à l'auteur de la *Dissertation historique sur la mission de saint Crescent*, et le droit de passer sous silence les arguments de ses adversaires, et celui de ne tenir aucun compte des plus anciennes versions du Nouveau Testament, et celui d'affirmer en majuscules qu'Eusèbe, saint Épiphane et Théodoret composent à eux seuls toute la Patrologie, on vient encore le chicaner sur l'espèce d'infaillibilité qu'il leur attribue, il ne reste absolument rien de sa thèse. Nous le regrettons bien pour lui ; mais c'est ce qu'on a pensé au congrès de Vienne et c'est ce que nous pensons à notre tour.

A. DE MEISSAS.

---

26. — I. **A Dictionary of christian antiquities**. Edited by William Smith and Samuel Cheetham. Londres, Murray, 1876-1880. 2 vol. grand in-8°.

II. **Real-Encyclopædie der christlichen Alterthümer**, von F. X. KRAUS. Fribourg en Brisgau, Herder, 1880, in-8°, 1re et 2e livraison.

J'ai sous les yeux deux dictionnaires d'antiquités chrétiennes, l'un en anglais, l'autre en allemand. L'anglais est terminé en deux gros volumes qui comprennent entre eux 2,060 pages à double colonne, d'une écriture menue et serrée, quoique toujours facile à lire. L'allemand n'en est encore qu'à son second fascicule : quand il sera terminé, il sera deux fois moins considérable que son frère de Grande-Bretagne, tout en représentant environ une fois et demie le contenu de leur commun ancêtre, le dictionnaire de notre excellent et savant chanoine Martigny. Je dis leur ancêtre. En effet, ce n'est pas seulement l'exemple que l'abbé Martigny a donné à nos voisins d'outre-Vosges et d'outre-Manche : ils lui sont redevables d'une bonne partie de son texte, traduit en l'une et l'autre langue, y compris les citations. Le dictionnaire allemand lui a, de plus, emprunté — par contrat, en tout bien et tout honneur — toutes ses gravures sur bois ; et ce n'est pas une mince supériorité qu'il s'est acquise ainsi sur l'ouvrage de MM. Smith et Cheetham, assez mal partagé sous le rapport des figures.

Celui-ci, comme tous les dictionnaires Smith, est une œuvre de collaboration. La liste des auteurs, placée en tête, ne contient pas moins de cent trente noms. Sauf M. Lipsius, d'Iéna, et notre M. de Pressensé que j'ai été un peu étonné de trouver là, on n'y voit que des membres du clergé anglican et des universités britanniques. L'esprit est généralement *high church* et même ritualiste ; c'est assez dire que le sentiment catholique y est rarement blessé. Cependant il y a çà et là quelques articles, et des plus importants, où l'on sent bien que l'on n'est pas à Rome, mais à Oxford. Un livre qui est l'œuvre de tant de gens ne peut manquer d'offrir quelque bigarrure. Certains articles représentent des recherches personnelles et marquent un progrès de la science. Le plus souvent, on s'est contenté de résumer les travaux antérieurs ; en particulier, les meilleurs ouvrages allemands ont été mis à contribution, avec ce bon sens anglais qui fait aisément le départ entre les fantaisies et les résultats sérieux.

Le champ de l'ouvrage s'étend, chronologiquement, jusqu'à Charlemagne. L'archéologie proprement dite, surtout l'archéologie figurée, y tient relativement moins de place que dans le dictionnaire Martigny. La discipline et la liturgie sont traitées, au contraire, avec des développements considérables. Certains articles, *Évêque, Pape, Baptême, Ordre, Pénitence, Liturgie, Musique, Monnaie, Monastère, Canons et Constitutions apostoliques*, etc., sont de petits traités sur la matière. On a eu la bonne idée d'indiquer par ordre alphabétique le nom, la date et le jour anniversaire de tous les saints anciens; en ceci, le martyrologe d'Usuard a été pris pour base, mais on l'a complété par l'adjonction des saints celtiques et anglo-saxons. A l'article *Monastère*, on trouve une liste de toutes les fondations monastiques antérieures à 814; sous la rubrique *Pape*, les plus anciennes listes pontificales, d'après l'ouvrage de M. Lipsius; on aurait bien fait d'y joindre une table des papes jusqu'au neuvième siècle. Les Conciles sont classés par villes, avec une courte notice sur la date et l'objet de leur réunion. Mais c'est dans les articles relatifs à la liturgie, aux fêtes, aux livres d'église, aux vêtements ecclésiastiques, aux cérémonies, que l'on rencontre le plus de soin, de précision, de recherches originales. La bibliographie est un peu négligée. Quelques articles se terminent par une liste d'ouvrages à consulter, mais le plus souvent sans références précises : ainsi on vous renvoie à Tillemont, *Mémoires sur l'histoire ecclésiastique*, sans indiquer ni page ni tome; autant vaudrait ne pas renvoyer du tout. C'est, du reste, ce qui a lieu le plus souvent. Dans le corps des articles, on peut constater çà et là que des ouvrages importants n'ont pas été mis à contribution; ainsi, les *Inscriptiones christianæ* de M. de Rossi, pour l'article Paque (Easter); les *Mosaïques chrétiennes de Rome* et les travaux de M. Müntz dans la *Revue archéologique*, pour l'article Mosaïques; le livre de M. de Rozière (cité, mais pas lu), pour l'article Liber Diurnus; les ouvrages du cardinal Pitra et de M. Maassen, pour l'article Loi canonique (Canon Law); le *Corpus inscr. latinarum* de Berlin, pour l'article Calendrier; les lettres festales de saint Athanase et des autres évêques d'Alexandrie, pour l'article Carême (Lent), etc.

Plusieurs articles sur le droit canonique, Codex canonum, Canon law, etc., m'ont paru insuffisants. Sous la rubrique Fêtes de Marie (Mary the Virgin, festivals of), on trouve une étude qui, contrairement au plan du dictionnaire, s'étend jusqu'au dix-neuvième siècle; elle a surtout pour but de montrer que les fêtes de la sainte Vierge sont d'institution récente. Préoccupé de sa thèse, l'auteur fixe au douzième siècle l'origine de la fête de sainte Marie-aux-Neiges, sans se douter que cet anniversaire, qui est celui de la dédicace de sainte Marie-Majeure, remonte au cinquième siècle, au lendemain du concile d'Éphèse; il oublie aussi la fête gallicane de la *Depositio Beatæ Virginis*, dont on peut suivre l'histoire jusqu'au sixième siècle. On relèverait, dans le même article, bien d'autres imperfections de ce genre et de ce sens. Le suivant, Marie dans l'art, beaucoup mieux traité, est pourtant déparé par la mention de certains jugements insensés du cicérone Parker, qui place au sixième siècle des peintures du second, parce qu'elles représentent la sainte Vierge, et que leur antiquité pourrait déplaire à certains touristes, ses clients.

Mais je m'aperçois que j'entre dans la critique de détail : arrêtons-nous, car on n'en sortirait pas. D'ailleurs, ce serait m'exposer à donner une mauvaise idée d'un ouvrage éminemment estimable et utile dans son ensemble. Je dis estimable, non seulement parce que l'érudition y est, en général, exacte et au courant de la science, mais encore parce que l'esprit est bon ; on est anglican, mais on a fait de louables efforts pour se montrer impartial, et il est bien rare qu'on ne soit pas respectueux. Je dis utile, car combien de renseignements précieux sont ici rassemblés et classés ! Un pareil livre est un trésor pour tous les travailleurs qui, de près ou de loin, ont affaire à l'antiquité ecclésiastique. Il serait surtout utile au clergé catholique, que les questions de tradition liturgique, disciplinaire, monumentale, ne peuvent manquer d'intéresser beaucoup ; malheureusement son prix élevé (près de 100 francs les deux volumes) n'est pas fait pour attirer le public ecclésiastique de ce côté de la Manche.

Je serai moins long sur le dictionnaire allemand, qui n'en est encore qu'à la lettre C. C'est une œuvre entièrement catholique. Il se publie sous la direction de M. Fr. Xav. Kraus, professeur d'histoire ecclésiastique à l'Université de Fribourg, connu depuis longtemps par de nombreux travaux sur l'archéologie chrétienne. Parmi ses collaborateurs, j'ai rencontré avec plaisir M. Funk, professeur d'histoire ecclésiastique à Tubingue. D'autres noms, qui me sont moins connus, figurent au bas d'articles très bien faits. M. Kraus exerce sur son personnel une véritable direction ; très souvent on rencontre dans les articles des autres quelques phrases entre crochets, marquées K ; le savant archéologue y complète les indications de ses collaborateurs, moins versés que lui dans l'étude des monuments épigraphiques ou figurés.

J'ai déjà dit que toutes les planches de M. Martigny sont reproduites ici (1) ; d'autres proviennent de la petite *Roma Sotterranea* de M. Kraus, quelques-unes sont tout à fait nouvelles. Il y a des articles fort détaillés, par exemple l'article *Archéologie* et l'article *Basilique*. Dans celui-ci, on trouve un catalogue de toutes les anciennes basiliques dont il est resté quelque chose ou dont les auteurs font mention. Ce catalogue m'a paru avoir été dressé un peu rapidement. Outre qu'on y tient beaucoup trop de compte des opinions de Hübsch, on n'est pas toujours exact dans le détail. Ainsi, pourquoi parler encore de Jean VIII à propos de saint Clément ? Qu'est-ce que saint Giovanni *in* Calibito ? Pourquoi douter de la réédification de la basilique libérienne par Xystus III ? A propos des églises de Thessalonique, je

---

(1) La fig. 42, représentant un *sepolcro a mensa*, a été introduite dans le texte la tête en bas ; il est vrai que cette malencontreuse disposition se rencontre déjà dans le dictionnaire Martigny, par un accident de mise en pages ; on peut regretter que M. Kraus ne l'ait pas fait rectifier.

ferai remarquer à M. Kraus que saint Bardias est un saint découvert en ce siècle par M. Texier; l'église que l'on met sous son nom fut, en réalité, dédiée à la sainte Vierge; quant à ce nom lui-même, il représente la fin du mot *Langoubardias* et figure dans les titres du fondateur de l'église en question, qui était un gouverneur de Lombardie (au sens byzantin de ce nom), et s'appelait Christophe. Saint Bardias peut donc aller rejoindre la sainte Xynoris de Baronius dans le monde des êtres « qui n'ont jamais été créés ». Je regretterais de voir se propager son culte. A l'article *Ambon*, j'ai été étonné de ne pas voir cité celui de Thessalonique, publié par M. Bayet; c'est, de tous les ambons connus, le plus ancien et le plus intéressant; il aurait été ici un peu mieux à sa place que les peintures du cimetière de Calliste (chambre des sacrements) et l'ambon de Saint-Laurent (treizième siècle). Tout à côté, l'auteur de l'article *Ama* tombe dans une confusion assez commune entre *Ama* qui signifie un vase de grande capacité et *Amula* qui sert à désigner quelque chose comme ce que nous appelons une burette.

Mais me voici encore égaré dans les minuties. M. Kraus me le pardonnera, car je reconnais hautement et l'opportunité et les mérites intrinsèques de son encyclopédie. Beaucoup de travaux, surtout de travaux allemands, qui avaient échappé à M. Martigny, y ont été mis à contribution; la bibliographie est traitée sérieusement; la collaboration a groupé des forces nombreuses sans dommage pour l'unité de vues et de rédaction; l'exécution, texte et figures, laisse peu à désirer; de fréquents renvois facilitent les recherches. Que M. Kraus ne se presse pas trop, ce qu'on lui reproche quelquefois de faire; qu'il ne craigne pas de faire un peu attendre ses fascicules pour se donner le temps de les soigner, et il pourra compter, non seulement en Allemagne, mais en France et ailleurs, sur le succès de son utile entreprise. M. l'abbé Martigny aura l'honneur d'avoir donné l'exemple et un exemple méritoire; il sera le premier à se réjouir de se voir si bien imité.

L. DUCHESNE.

---

27. — **Études critiques sur l'histoire de la littérature française**, par F. BRUNETIÈRE. Paris, Hachette, 1880, 1 vol. in-12 de VI-380 pages.

Il est difficile de rendre compte, en quelques lignes, d'un livre où sont passés en revue la littérature du moyen âge, Pascal, Mme de Sévigné, Molière, Racine, Montesquieu, Voltaire, et la littérature française sous le premier Empire. Je me suis laissé aller, au cours de cette lecture attrayante, à des impressions très diverses et je crains de ne pas toujours bien dire ce que j'ai senti.

Je l'avouerai tout d'abord : le tact et le bon goût, l'indépendance et la sincérité de l'écrivain m'ont conquis. M. Brunetière connaît ordinairement fort bien les sujets variés qu'il aborde à la suite de MM. Aubertin,

Deltour, Loiseleur, Desnoireterres, etc. Ses jugements sont personnels : c'est M. Brunetière qui parle, non point une école ou un parti. M. Brunetière est dégagé de tout préjugé : je citerai avec un plaisir particulier le chapitre consacré à Voltaire : il est bien dit, bien pensé, juste, par conséquent... sévère. Si Montesquieu jugeait l'honneur une vertu fondamentale et nécessaire aux monarchies, j'estime qu'il n'est pas moins essentiel dans la République des lettres et qu'il faut un peu de noblesse d'âme à quiconque tient une plume. M. Brunetière est de mon avis : il met la franchise au premier rang des devoirs du critique; et la franchise fait partie de l'honneur.

Ce n'est pas à dire que j'accepte tous les jugements portés par M. Brunetière. J'aurais des réserves à faire. M. Brunetière a-t-il jamais pénétré profondément ce que nous nommons une littérature populaire? Les chapitres qu'il a consacrés au moyen âge m'en font douter. Je crains, pour tout dire, que M. Brunetière n'ait eu jadis la malechance de se laisser *présenter* le moyen âge par un fâcheux, un grotesque ou un fanatique. Ai-je deviné? Une première impression ne s'efface pas aisément : le mal qu'elle fait dure longtemps.

Soyons pour les médiévistes plus larges que M. Brunetière : jugeons-les comme leurs représentants les plus éminents se jugent eux-mêmes. Ne les séparons ni des historiens des périodes classiques, ni des historiens de la Révolution, ni des orientalistes; ne les séparons de rien; ne les isolons pas, car eux ne s'isolent pas. Tous font partie — quelques-uns sans le savoir — d'une même armée, d'une grande armée de travailleurs qui s'efforce à déchiffrer l'histoire de l'humanité. Cela est si vrai que, pour achever ma pensée, je ne puis me dispenser d'associer les noms de quelques savants qui, pour avoir exploré des domaines différents, n'en sont pas moins — ceux-là, je l'affirme, savent ce qu'ils font — de véritables collaborateurs. Je réunis ici dans ma pensée Max Müller et Gaston Paris, Grimm, Summer-Maine et Taine. Que M. Brunetière consente à vivre quelque temps dans un commerce plus assidu avec ces hommes éminents, et bientôt le cadre, j'allais dire le cadre étroit, — non! le vieux cadre classique de son éducation littéraire s'élargira sans se briser. Des vues nouvelles se feront accepter contre lesquelles on se cabre aujourd'hui. Le jugement du critique déjà si fin et si sûr s'épurera; il ne lui arrivera plus, par exemple, de citer triomphalement deux vers français du onzième siècle pour nous prouver que cette langue est sauvage et sans harmonie. Qu'en savons-nous? Toute langue même moderne pourrait être condamnée de la même manière et tout aussi péremptoirement devant les auditeurs étrangers, si un critique étranger essayait d'en interpréter les sons. Tout ici est usage, habitude, éducation de l'oreille. Cette éducation est bien puissante et conduit à des résultats singuliers. Après trois ans de collège et deux classes par semaine d'un bon agrégé de grammaire, vous trouverez, comme M. Brunetière, très harmonieux vingt vers d'Homère, prononcés à la française (p. 21); en revanche, vous ne pardonnerez pas à l'auteur de la chanson de Roland et à la langue du onzième siècle de pouvoir dire : « Pleurer des yeux. » Nous disons :

« Ses yeux pleurent », « pleurer une larme »; cela est évidemment d'un bien meilleur goût.

Raoul de Presles.

---

28. — Histoire abrégée de la littérature latine, depuis les origines de Rome jusqu'au sixième siècle de l'ère chrétienne, par l'abbé Beurlier, licencié ès lettres, professeur au petit séminaire de Paris : in-18, 107 p. Paris, chez Palmé.

Voici un petit livre utile, bien fait, sans prétention, presque complet malgré sa concision, et à qui ne sont point inconnus les progrès de la philologie moderne. Je soupçonne fort que M. Beurlier a suivi les cours de l'École pratique des Hautes-Études : j'en reconnais la méthode, l'inspiration, l'amour du détail précis et l'horreur des banalités.

C'est là un excellent *manuel*, que la parole du professeur devra commenter, mais suffisant largement pour donner aux élèves des notions nettes et une idée juste des œuvres littéraires de Rome. Après un préambule sur la langue latine dont les origines sont rapidement esquissées, M. B. divise son ouvrage en deux parties : la poésie, la prose. Il passe en revue les principales époques de l'histoire poétique des Latins, groupant autour du poète le plus connu les poètes d'un ordre secondaire.

Dans la prose, M. B. étudie successivement l'éloquence et l'histoire.

La littérature chrétienne des premiers siècles est sobrement analysée dans ses principaux monuments.

Tout cela est clair, correct, intéressant; les sources sont indiquées en des notes très érudites. M. Léon Renier, le savant épigraphiste, y donne la main à W. Teuffel; Orelli s'y rencontre avec M. Boissier et Fénelon. Plusieurs appendices feraient honneur à un livre moins modeste d'allure et d'intention. Le premier reproduit les quelques pages magistrales que Quintilien consacre à la littérature de Rome (lib. X). Au second, on lit le *cursus honorum* de Pline le Jeune; le troisième donne un résumé des auteurs latins qui se sont occupés de sciences, soit naturelles, soit médicales, soit philologiques.

M. B. me permettra de lui soumettre quelques remarques. — C'est la prose et non la poésie — contrairement à ce qui se passe chez tous les peuples — qui apparaît la première à Rome dans des œuvres écrites. M. B. en a fait lui-même l'observation. Ne valait-il pas mieux suivre l'ordre chronologique et présenter les prosateurs avant les poètes? Quand il parle de Plaute, j'aurais voulu qu'il dît un mot des *prologues* mis en tête de ses comédies, et qui presque tous sont apocryphes. On sait que Ch. Labitte — cité par M. B. — en a tiré, en grande partie, ses piquantes études sur la société romaine au temps de Plaute; dès lors, elles sont sans fondements. Un mot sur la métrique Plautinienne eût-il donc été inutile?

A propos de Virgile, M. B. n'a point fait ressortir le côté théologique et ritualiste de l'*Enéide* : M. Boissier était cependant là pour le guider. M. B. doit connaître l'histoire de la littérature chrétienne de A. Ébert : il ne la cite nulle part. La notice qu'il donne sur les grammairiens est trop abrégée. L'historien Justin a été maltraité.

Enfin, pour clore ces quelques légères critiques, — qui lui prouveront le soin avec lequel j'ai lu son livre — j'aurais désiré que M. B. traduisît les extraits de Quintilien : c'est un auteur difficile à comprendre ou, du moins, dont la syntaxe diffère sensiblement de celle de Cicéron et de Tite-Live.

Que M. B. nous donne un aussi bon résumé de la littérature grecque! Maîtres et élèves n'auront qu'à s'en féliciter.

Paul LALLEMAND.

---

29. — **Anatole Feugère**, sa vie, ses œuvres, son enseignement, par Paul BLANCHEMAIN. Avec une eau-forte de Lalauze. Paris, Putois-Cretté, 1880, in-12 de vii-267 pages.

Cette courte biographie mérite d'être lue attentivement. A. Feugère, que son biographe rapproche avec raison d'Ozanam, est un professeur intelligent, exact, consciencieux ; il est, ce qui vaut mieux encore, un chrétien convaincu. Son exemple est à suivre, et nous pouvons ajouter qu'il est suivi par beaucoup de membres éminents de l'Université. L'élite comprend, en effet, que pour former la jeunesse nul secours n'est aussi précieux que celui qu'apporte la religion. M. Blanchemain a su mettre dans la vie d'A. Feugère un grand intérêt. Les extraits qu'il donne des œuvres de son ami font intimement connaître ce jeune homme de talent, qui, à trente-quatre ans, avait écrit, sur Bourdaloue une étude remarquable, et donné, au collège de France, des leçons très étudiées sur le dix-septième siècle. La mort a arrêté brusquement cette vie utile et pleine de promesses. M. Blanchemain, en nous la retraçant, a bien mérité des lettres chrétiennes. L'ouvrage qu'il publie est d'une lecture attachante et, dans sa brièveté très littéraire, il dit plus que beaucoup de gros volumes, où, sous prétexte d'être complet, on noie le sujet dans d'infinis et ennuyeux détails. Nous recommandons chaleureusement ce petit volume, et nos lecteurs ne se repentiront pas si, d'après ces quelques lignes, ils se décident à le lire.

C.-T. MILLET.

---

30. — **Recherches historiques sur Sarcelles** (Seine-et-Oise), par A. GALLET. Paris, imp.-librairie Saint-Paul, 1880. In-8 de viii-192 pages, avec 14 planches de gravures.

L'auteur de cette intéressante monographie a pris pour épigraphe de son livre les paroles suivantes du savant Lebeuf : « Je ne puis m'empêcher de souhaiter qu'entre tous ceux qui ont du bien ou quelques maisons de campagne dans nos paroisses de village, il se trouve quelqu'un capable d'en faire la description... ou bien que quelque personne, portée à rendre service au public, fasse de son propre mouvement cette description locale. » C'est, en effet, à l'aide de ces « descriptions locales » qu'on arrive à constituer l'édifice de l'histoire générale : de là leur réelle importance. L'on ne saurait donc trop louer le dessein qu'a eu M. le Curé de Sarcelles de rassembler dans ces quelques pages tous les documents qu'il a pu réunir sur sa paroisse.

Editée avec soin, ornée de nombreuses planches qui témoignent du goût artistique de l'auteur, cette monographie est un modèle du genre. Rien n'y est oublié : légendes de l'origine, étude des chartes féodales, documents sur les seigneurs de Sarcelles, détails archéologiques sur les monuments, recherches curieuses sur les lieux-dits... A la fin du volume, nombreuses pièces justificatives, la plupart reproduites in extenso ; nomenclature des sources manuscrites consultées par l'auteur, et qui prouvent ses patientes recherches.

Nous ne voulons pas dire cependant que tout est parfait dans ce volume. L'ordre et la méthode font parfois un peu défaut. On pourrait aussi faire à l'auteur mainte critique de détails. Par exemple, pages 22-23, les étymologies de *Perreud*, *Amoureud* ne peuvent être acceptées ; — page 14, la langue dont se servaient nos pères n'a jamais été, que je sache, appelée *italo*-romane, mais simplement romane. On comprendrait la dénomination de *latino*-romane, puisqu'elle dérive, *comme l'italien* et d'autres idiomes, du latin ; — page 54 et ailleurs, des documents sont reproduits moitié avec l'orthographe originale, moitié avec une orthographe modernisée : il aurait fallu adopter franchement l'un ou l'autre système, le premier de préférence bien entendu... etc., etc. M. G. oublie aussi que le moi est haïssable : le pronom *je* se lit jusqu'à huit fois en trois pages ; ce qu'il eût été fort facile d'éviter.

Nous regrettons surtout que M. G. n'ait pas cru devoir nous parler avec plus de détails des fameuses *Sarcellades*. Ce qu'il en cite, page 89 et 117, donne envie de connaître le reste. M. G. ne nous renseigne pas non plus sur les diverses éditions de ces harangues : il y aurait eu là le sujet d'une curieuse notice bibliographique. (Voir Barbier, I, p. 923 ; II, p. 602, 809, et 999 ; IV, p. 1117.) Enfin M. G. ne nous renseigne pas suffisamment sur l'auteur ou les auteurs de ces satyres : sont-elles l'œuvre de Nicolas Jouin (et non Jean comme l'appelle M. G.), ou de l'abbé Schabol, ou du curé du Ruël, ou encore de Grécourt. Cette question eut été intéressante à élucider.

Somme toute, à part quelques petites imperfections, les *Recherches historiques sur Sarcelles* sont un fort bon livre, comme il serait désirable qu'il en existât sur chaque commune de France. Les curés de nos campagnes, lorsqu'ils ne savent comment employer leurs loisirs, feraient de bien bonne besogne en suivant l'exemple de M. G...

A. I. DE SAINT ANT...

VARIÉTÉS

XX. — Lettres inédites du P. de Condren. — III.

L'élection du P. de Condren, comme deuxième supérieur général de l'Oratoire, avait été ratifié par le consentement de la plupart des maisons de la Congrégation. D'autres cependant « blessés non du choix d'un si excellent supérieur, mais du droit qu'on s'imaginoit que la maison de Paris s'étoit arrogée de le choisir (1) » avaient protesté fort vivement. Aussi le P. de Condren s'occupa-t-il immédiatement de la convocation d'une Assemblée générale, qui put régulariser son élection, ou plutôt comme il l'espérait, qui voulut accepter sa démission. Urbain VIII, par un bref daté du 10 août 1630, autorisa l'Oratoire à réunir cette assemblée. Nous ne savons quels obstacles empêchèrent, jusqu'au 17 mai 1631, le P. de Condren à l'annoncer à la Congrégation : ce qu'il fit par la lettre-circulaire que l'on va lire.

La signature seule est autographe.

A nos chers Peres, les Peres de la Congregation de l'Oratoire à Dieppe.

JESUS MARIA

« Mes tres chers Peres. La grace, la benediction et la paix de Jesus-Christ nostre Seigneur vous soit donnee pour jamais. Je vous la desire et la luy demande pour vous particulierement en ce sainct temps auquel il l'a donnee a ses disciples et a son Eglise, demandez luy aussi et vous mettez en esprit a ses pieds avec ses apostres pour la recebvoir avec le respect et lamour que vous luy devez, et entrez avec eux en son esprit tout nouveau, pour le benir, laymer et le servir tous les jours de vostre vie. Leur amour sestoit trouvé foible et leur foi vacillante, sa mort et sa croix leur auoit esté a scandalle, les parolles de vie et les conseils de salut quils avoient receux auparavant s'effacoient de leurs cœurs; leur premiere ferveur neanmoins est non seulement reparee en un moment aux pieds du Fils de Dieu, mais augmentee et perfectionnee par la puissance de sa nouvelle vie. Je luy demande maintenant (et nous devons nous unir tous ensemble pour lobtenir de luy) une semblable misericorde en nos besoings presents, affin que si nous navons pas este fidelles a conserver en nous ses premieres graces, et si nous sommes descheux de nostre premier esprit, nous trouvions maintenant en sa nouvelle vie, cet esprit nouveau qui doit tout resusciter et reparer avec luy. Quun chacun se souvienne de ses premieres intentions, et si nous remarquons, en tout le cours de nostre vie, une bonne heure damour envers le Fils de Dieu, et de zele a son service; ou sil nous revient en memoire quelque bonne volonté que Dieu nous ayt donnee autrefois, ou si nous

(1) Batterel, *op. cit.*, Deuxième époque, 1631, N° 10.

avons encore quelque resouvenence de ses premieres benedictions sur la Congregation, et des graces precedentes quun chacun de nous peut avoir receues de sa bonté, prions-le maintenant de les resusciter en nous et de les affermir contre les tentations et les espreuves de la vie presente, en sorte quelles ne saffoiblissent plus en nous. Quun chacun de nous prenne quelque peu de temps pour se presenter au Fils de Dieu dans ses pensees (?) et pour se renouveller ainsy avec luy affin de ne laisser pas escouler inutilement ce temps qui est consacré a sa nouvelle vie et qui nous est donnee de Dieu, par nostre renovation en son esprit. *Renovamini ergo spiritu mentis vestræ et induite novum hominem qui secundum Deum creatus est in justitia et sanctitate veritatis* (1). Javois desiré quayant a nous assembler pour les affaires de la Congregation, nous puissions estre congregés tous ensemble aux pieds du Fils de Dieu, au temps quil donna son esprit a ses disciples et a son Eglise, et la confirma en la foy et en sa sainteté pour toujours, affin que nous fussions aydez par la benediction du temps a luy demander la confirmation de son esprit en nous et lestablissement parfaict de ceste sienne famille que son serviteur fidelle nostre B. Pere et fondateur luy a preparee en la terre; je la desire, mais je nose encore vous donner le jour iusqua ce que nous ayons seu que les deputations de ceux qui sy doibvent trouver soyent faictes : car nayant point encore de loy pour telles deputations, une difficulté survenant en quelquune de nos maisons, nous peut apporter du retardement. Nous y travaillons neanmoins avec toute la diligence qui nous est possible, et quand nous aurons receu ladvis des deputations, nous vous addresserons la lettre circulaire de la convocation de lassemblee au jour qui sera le plus convenable. Il est necessaire cependant que vous fassiez vostre deputation et que vous nous en donniez advis aussy tost aprez, *toutes les maisons qui ont dix prestres ont droit de deputer seules*, et celles qui nont pas ce nombre doivent suppleer par ladionction de quelque maison prochaine. La bulle de notre institution semble lordonner ainsy, en ordonnant que toutes nos maysons soyent de ce nombre de prestres. *Or puisque vous estes dix prestres en la maison de Dieppe* comme jay pu entendre (2). La forme que vous tiendrez pour les deputations sera par billets secrets, qui seront donnes selon lordre dantiquité et de reception en la congregation. Il faut laisser un chacun en sa pure liberté, il ne faut solliciter personne, chacun en sa conscience doit nommer celuy quil croira plus disposé a servir la congregation en ceste occasion, sans avoir aucun egard a toutte autre consideration, on peut deputer les absents, tous les presents auront voix en ceste deputation et non pas les autres et personne ne peut estre deputé sil na esté prestre trois ans, trois moys dans la congregation qui est le temps que les apostres ont esté en la famille du Fils de Dieu, auparavant leur confirmation en sa grace. Celuy qui sera deputé doit avoir et apporter avec luy une procuration signee de tous ceux qui auront eu suffrage en sa deputation, pour traitter et

---

(1) *Saint Paul aux Ephés.*, IV, 23, 24.
(2) La phrase est inachevée, comme on le voit.

resoudre de toutes les affaires de la congregation en lassemblee generale. Je prie le Fils de Dieu qui a dict que quand vous serez tous assembles en son nom, il seroit au milieu de vous, dy estre et de praesider a votre deputation, de vous assister et diriger par son esprit, de vous donner son election et surtout de vous renouveller en son esprit et confirmer en sa grace. Rendez-vous faciles a surmonter par vostre bonne disposition les petites difficultés que vous pouvez avoir. Confiez-vous en nostre Seigneur et vous commettez a luy et toutes vos volontes sur la congregation et sur vous-mesmes. Je suis de toute ma volonté,

« Mes tres chers Peres,

« De Paris, ce 17 mai 1631.

« Vostre tres humble et tres obligé serviteur,

« Charles de Condren

« *prestre de lorat. de Jesus.* »

L'assemblée se réunit enfin le 1ᵉʳ août de cette année 1631. A la sixième session, « d'une commune voix sans exception », sans tenir compte des prières du P. de Condren, elle « approuva, confirma et ratifia » son élection comme « superieur general de la congregation, et legitime successeur de defunct nostre tres honore Pere Mgr le cardinal de Berulle bien legitimement et canoniquement elu (1) ».

IV

La lettre suivante est une circulaire envoyée à l'occasion de l'expédition des actes imprimés de l'assemblée 1634. Elle est aussi simplement signée par le P. de Condren.

A nos Peres et Confreres de l'Oratoire de Jesus, a Dieppe.

« Mes tres chers et reverends Peres,

« La grace, la benediction et la paix de Jesus-Christ Nostre-Seigneur, vous soit donnee, Nous vous envoions de sa part les ordres et reglements de nostre derniere assemblee, nous le supplions tres humblement de vous donner son esprit pour les observer, sans lesquels les loix ne peuvent etre profitables. Le Conseil de la congregation a trouve plus a propos de vous envoier les actes entiers, en la maniere qu'ils se sont passes qu'un simple extraict, vous y devez dautant plus de respect et dobeissance. Ce joug est doux, aussi nest-il autre que celui du Fils de Dieu. Si vous estes ses vrays

(1) *Actes originaux de l'assemblée*, Arch. de l'Oratoire.

enfens, son amour vous le rendra tres agreable. Il n'est pas raisonable que nous le suivions portant sa croix devant nous sans quelque assubjectissement, il ny a que les enfens de Belial en lescriture sainte (1), qui soient *absque jugo*. Sil sen trouvait quelqu'un en cette famille de Jesus comme Judas entre ses disciples qui voulust vivre sans subjection a la discipline et conduitte generale que Nostre-Seigneur, par sa charite envers nous, a donnee a la Congregation par l'inspiration de tout le corps, il doit aprehender comme lui une reprobation prochaine. Vous lirez une fois en une ou deux conferences les Reglements portez en toutes les sessions, et parce que l'assemblee a desiré que ce quelle statuoit pour tout le corps fust appliqué au particulier avec jugement, et que mesme elle nous a laissé son authorité pour le faire ainsy observer avec prudence ; sil se trouve quelque chose qui vous semble difficile ou peu utile a pratiquer en vostre maison, ou pour la communauté ou pour quelque particulier, vous nous en pourrez donner advis, afin que le conseil que la congregation nous a laissé pour nous assister en la conduitte generale en puisse juger et y pourvoir, les dispenses raisonnables ne sont pas un desordre, mais çen est un que la congregation ne peut souffrir de se descharger soy mesme de la regle commune. Je me recommande a vos prieres, je suis de tout mon affection

« Mes tres chers et reverends Peres,

« Vostre tres humble et tres affectionné serviteur

« Charles DE CONDREN, *pr. de l'Oratoire de Jesus.*

« Paris, le 30° mars 1635. »

A. M. I. INGOLD, *prêtre de l'Oratoire.*

PRINCIPALES PUBLICATIONS DE LA QUINZAINE

71. — BÉGULE (L.). *Monographie de la cathédrale de Lyon*, précédée d'une notice historique par M. C. Guigue, archiviste en chef du département du Rhône et de la ville de Lyon. In-folio, viii-229 pages, avec 34 planches hors texte, dont plusieurs en chromolithographie, et fig. diverses. Lyon, imp. Mongin-Rusand.

72. — BELLET. *Notice historique sur Jost de Silenem, ambassadeur de Louis XI et évêque de Grenoble.* 1 vol. in-8° broché. Prix : 2 fr. 50. Picard.

73. — BELLET. *Étude critique sur les invasions en Dauphiné, notamment à Grenoble et dans le Graisivaudan.* 1 vol. in-8° broché. Prix : 2 fr. 50. Picard.

74. — AD. BITARD. *Nouveau Dictionnaire de biographie contemporaine française et étrangère*, augmenté d'un supplément comprenant les additions et

---

(1) *Judic.*, XIX, 22.

changements survenus pendant l'impression. 1 vol. in-8º de 1,200 pages. Prix, broché : 12 fr. Paris, Vanier.

75. — Bonnardot. *Monographie du huitième arrondissement de Paris*. Étude archéologique et historique. 1 vol. in-4, avec 9 planches. Prix : 12 fr. Chez Quantin.

76. — *Cartulaire du prieuré de Notre-Dame de Longpont*, de l'ordre de Cluny, au diocèse de Paris, publié pour la première fois, avec une introduction et des notes (onzième et douzième siècles). In-8º, 371 pages et planches. Lyon, Perrin et Marinet.

77. — Clair (R. P.). *Le livre d'heures des jeunes gens*. Joli volume, grand in-32, avec encadrements et têtes de chapitres. Prix : 4 fr. Paris, Palmé.

78. — Clairin. *Du génitif latin et de la préposition de*. Étude de syntaxe historique sur la décomposition du latin et la formation du français. 1 vol. in-8º de 306 pages. Prix : 5 fr. 50. Paris, Vieweg.

79. — Clairin. *De Haruspicibus apud romanos*. 1 vol. in-8º. Prix : 2 fr. Le même.

80. — Colsenet. *La vie inconsciente de l'esprit*. 1 vol. in-8º Prix : 5 fr. Germer-Baillière.

81. — Fédié. *Le comte de Razès et le diocèse d'Alet*, notices historiques. In-8º, vii-420 pages. Prix : 3 fr. 50. Carcassonne, Lajoux frères.

82. — Félix. *Polyeucte à Rouen et la censure théâtrale sous le Consulat*. In-8º, sur beau papier vergé de Hollande, tirage à 100 exemplaires, dont 75 seulement sont mis dans le commerce. Prix : 3 fr. Rouen, J. Lemonnyer, 1880.

83. — Forneron (H.). *Un diplomate sous François Ier : le cardinal de Gramont*; In-8º, 51 pages. Orléans, Colas.

84. — Fournier. *Le Palais-Royal*, formant la dixième livraison de *Paris à travers les âges*. Prix : 30 fr. Firmin-Didot.

85. — Haigneré (D.). *Cartulaire des établissements religieux du Boulonnais*. I. Deux chartes inédites du chapitre de Thérouanne (1119-1157). In-8º, 45 p. Boulogne, Le Roy.

86. — Jeanvrot. *De l'application des décrets du 29 mars sur les congrégations religieuses*. Études pratiques. 1 vol. in-18. Prix : 2 fr. Paris, Cotillon.

87. — Karr (Alph.). *Grains de bon sens*. 1 beau volume, grand in-18. Prix : 3 fr. 50. Calmann-Lévy.

88. — Kuhn. *La guerre de montagnes*, traduit par le capitaine Weil, avec une planche imprimée en bistre. 1 vol. in-12 de 338 pages. Prix : 5 fr. Paris, Dumaine.

89. — La Borderie (A. de). *Correspondance historique des bénédictins bretons et autres documents inédits relatifs à leurs travaux sur l'histoire de Bretagne*, publiés avec notes et introduction. In-8º, xlii-297 pages. Paris, librairie Champion.

90. — La Chapelle (S. de). *Histoire judiciaire de Lyon et des départements de Saône-et-Loire et du Rhône depuis 1790*, documents relatifs aux tribunaux de district, de département et d'arrondissement. 2 vol., in-8º, xxvi-488 pages. Paris, Georg.

91. — Lapaume. *Recueil complet des poésies patoises du Dauphiné*, in-8°, 5 francs.

92. — Lévêque. *Les Mythes et les Légendes de l'Inde et la Perse*, dans Aristophane, Platon, Aristote, Virgile, Ovide, Tite-Live, Dante, Boccace, Arioste, Rabelais, Perrault, La Fontaine. Un vol. de 600 pages in-8°, broché. Prix : 7 fr. 50. Paris, Belin.

93. — Littré (E.). *Études et glanures pour faire suite à l'Histoire de la langue française*; in-8°, xiv-454 pages. Prix : 7 fr. 50. Paris, Didier.

94. — Lucot. — *Jeanne d'Arc en Champagne*, note inédite d'un contemporain de la Pucelle sur la campagne du Sacre (1429), avec quelques éclaircissements sur cette note; in-8°, 21 pages. Chalons-sur-Marne, Thouille.

95. — Magny (O. de). *Sonnets inédits d'Olivier de Magny*, publiés avec avertissements et notes par Philippe Tamizey de Larroque. In-12, 38 pages. Paris, Lemerre. Plaquettes gontaudaises, n° 5. — Tiré à 100 exemplaires Papier vergé.

96. — *Lettres et mémoires de* Marie, *reine d'Angleterre*, épouse de Guillaume III. Un volume petit in-8°. Prix 5 fr. Avec le fac-similé d'une lettre de la reine Marie, chez Fischbacher.

97. — Masson (G.). *Lettres inédites de la princesse des Ursins au maréchal de Tessé*, in-8°, 74 pages. Nogent-le-Rotrou. Daupeley-Gouverneur.

98. — *Mémoire des religieux non autorisés de France* pour la défense de leurs droits. Un volume in-8°. Prix : 3 fr. Paris, Poussielgue.

99. — Ernest Mercier. — *L'Algérie en 1880* (le cinquantenaire d'une colonie). In-8°. Prix : 5 fr., chez Challamel.

100. — H. Moulin. — *Les Marins de la République. Le Vengeur. — Combats de la Loire. — La Bayonnaise. — Trafalgar.* Un volume petit in-18 de 160 pages. Prix 80 cent., chez Charavay.

101. — Valois. *Guillaume d'Auvergne, évêque de Paris (1228-1249), sa vie et ses ouvrages.* Un vol. in-8° raisin. Prix : 7 fr. Paris, Picard.

102. — Valois. *De arte scribendi epistolas apud Gallicos medii ævi scriptores rhetoresve.* Un vol. in-8° broché. Prix : 2 fr. Paris, Picard.

103. — Ollé-Laprune. *De la certitude morale.* Un fort volume, in-8° broché. Prix : 7 fr. 50. Belin.

104. — Ollé-Laprune. *De aristotelicæ ethices fundamento sive de eudæmonismo aristoteleo.* Un volume in-8° broché. Prix : 3 fr. Belin.

105. — Parnes (R. de). *Le Directoire, portefeuille d'un incroyable*, avec préface, par Georges d'Heylli. In-18, xviii-228 pages et deux grav. Prix : 15 fr. Paris, Rouveyre.

106. — Pigeon (E. A.). *Le Grand Bailliage de Mortain en 1789*; In-8°, 180 pages. Coutances, Salettes.

107. — Picot et Nyrop. *Nouveau recueil de farces françaises* des quinzième et seizième siècles, publié d'après un volume unique appartenant à la bibliothèque royale de Copenhague. Petit in-12 de lxxx et 244 pages, imprimé sur papier teinté. Prix : 6 fr. Morgand et Fatout.

108. — Pontmartin (A. de). *Nouveaux samedis*; 19ᵉ série. In-18, 384 pages Paris, C. Lévy.

109. — Portalis. *Deux Républiques*. Un volume in-18. Prix : 3 fr. 50, chez Charpentier.

110. — Rousse. *Les décrets du 29 mars 1880 et les mesures annoncées contre les associations religieuses*, consultation. Un vol. in-4°. Prix : 2 fr. 50. Pedone-Lauriel.

111. — Saulcy (F. de). *Histoire monétaire de Jean le Bon, roi de France*; in-4, 143 pages et 6 pl. Paris, Van Peteghem.

112. — Tasson (L.) *Le Guet de Paris*, In-8°, 83 pages. Paris, Léautey.

113. — Ténot (E.). *Les nouvelles défenses de la France; Paris et ses fortifications* (1870-1880); vii-219 pages et carte. Prix : 5 fr. Paris, Germer-Baillière.

114. — Tourmagne (A.). *Histoire de l'esclavage ancien et moderne*; in-8°, iv-464 pages. Prix : 6 fr. 50. Paris, Guillaumin.

115. — Vigouroux. Tome deuxième (complétant l'ouvrage) du *Manuel biblique*. Un vol. in-12, de plus de 600 pages. Prix : 3 fr. Paris, Roger Thernoviez.

116. — *Walter Scott* illustré. Traduction nouvelle. Grand in-8° La livraison 50 cent. Paris, Didot.

Le gérant : A. Sauton.

N° 5   15 Juillet   1880

BULLETIN CRITIQUE

DE LITTÉRATURE, D'HISTOIRE ET DE THÉOLOGIE

SOMMAIRE. — 31. Monsabré, Conférences de Notre-Dame, Vie de Jésus-Christ, *P. Mazoyer*. — 32. P. F. X. Schouppe, Évangiles des dimanches et des fêtes de toute l'année, *C. Souques*. — 33. Lessius, Opuscula, *P. Mazoyer*. — 34. Ollé-Laprune. De la certitude morale, *M. de Broglie*. — 35. L. de Rosny, Le positivisme spiritualiste, *A. de Meissas*. — 36. Bourgain, La Chaire française au douzième siècle, *E. Beurlier*. — 37. E. Fallex, Anthologie des poètes latins, *R. Regnier*. — 38. X. Doudan. Pensées, essais et maximes, *E. Beurlier*. — 39. Julien Sacaze, Épigraphie de Luchon, *H. Thédenat*. — 40. Saint-Simon, Écrits inédits, par P. Faugère, *Blampignon*. — 41. Morel-Fatio, Études de marine positive, *L. Girard-Simon*. — Principales publications de la quinzaine.

---

31. — **Conférences de Notre-Dame de Paris.** — Exposition du dogme catholique. Vie de Jésus-Christ, par le T. R. P. J. M. L. Monsabré, des Frères-Prêcheurs. — Carême 1880, 2ᵉ édition. Paris: Ed. Baltenweck. 1 vol. in-12 de 390 pages, 3 fr.

Le R. P. Monsabré a prêché, dans les conférences de cette année, la Vie de Jésus. M. Renan a fait de cette vie un roman dans un livre trop célèbre. M. Renan éblouit l'imagination par les charmes de son style; mais il fatigue l'esprit par l'accumulation des hypothèses, et, surtout, il met le froid au cœur en ne nous montrant, à la place d'un Homme-Dieu, qu'un aimable rêveur ou, tout au plus, un sage, chez qui le divin n'est autre chose que la conscience d'une mission morale. Le R. P. Monsabré plie son style au sujet dont il parle; il sait être tour à tour simple et grand; suivant les nécessités de sa cause, il est théologien ou historien; il n'apporte pas d'hypothèses; il s'avance fièrement, renversant l'objection, projetant la lumière sur les points obscurs; il s'adresse à l'esprit, il parle au cœur; et il nous serait aisé de citer plus d'un passage dont l'auditoire de Notre-Dame a été visiblement ému. Seule, la vérité peut trouver de semblables accents.

L'enfant, l'ouvrier, le docteur, le thaumaturge et le prophète, le martyr, le triomphateur : voilà six conférences qui résument la vie de Jésus-Christ. S'il nous fallait déclarer laquelle nous préférons, notre embarras serait grand. Dirons-nous que les pages sur la très sainte Vierge, mère de Dieu, dans la première conférence, sont d'une originalité et d'une fraîcheur peu communes, et qu'on n'oublie plus, après l'avoir entendu une fois, le gracieux commentaire de la strophe « *Sicut sidus radium*, etc... », empruntée à la liturgie dominicaine? Rappellerons-nous les accents de l'orateur parlant de Jésus ouvrier, et faisant voir comment le travail perfectionne l'œuvre de Dieu et est à la fois un moyen d'expiation et un moyen de préservation? Il nous semble encore l'entendre s'écrier, après avoir montré le Sauveur dans les humbles occupations de l'atelier de Joseph : « Je n'ai pas vu cela, personne ne me l'a dit, mais mon cœur le devine » (p. 77). Oui, c'est le cœur qui inspire d'un souffle généreux et vivifiant cette belle conférence. Et quelles leçons données en passant aux hommes politiques : « Qu'il serait à désirer, Messieurs, que tous les hommes publics fissent leur Nazareth, et ne se missent à l'ouvrage qu'après avoir longtemps étudié et médité les redoutables questions qu'ils agitent... » (p. 82).

Ce sont là de grandes et nobles pages. Mais ne faut-il point dire la même chose de celles où le conférencier résume vigoureusement la doctrine du Sauveur, et démontre l'originalité, la plénitude et la pureté de cette même doctrine (3ᵉ confér.); de celles où il prouve la divinité du Christ par les miracles et les prophéties, et où il donne cette preuve d'une manière neuve, en partant des faits accordés par les adversaires eux-mêmes (4ᵉ confér.) ? Nul de ceux qui ont pu entendre le R. P. Monsabré n'ignore qu'il y eut dans l'auditoire un vrai frémissement d'admiration, quand l'orateur paraphrasa la promesse du *Non prævalebunt* et rappela que « deux cent cinquante-neuf fois, depuis le martyre du pêcheur Galiléen, le *Tu es Petrus* a passé, comme un testament, d'un pape à un autre pape... (p. 209). Enfin, les conférences intitulées « le Martyre et le Triomphateur » peuvent soutenir, sans désavantage, la comparaison avec les précédentes. Il suffit de lire, dans la première, comment les martyrs, les pénitents, les affligés, les pécheurs, près de la croix, prouvent la divinité de Jésus-Christ, par la force et la consolation qu'ils en reçoivent; dans la seconde, la description de la transformation opérée dans les apôtres par la résurrection du maître, ou bien les paroles de l'âme du Christ à son corps divin qu'elle va tirer du tombeau, ou bien le passage où l'orateur *chante* le triomphe du Christ sur la mort, dans l'âme, dans le corps et dans la société.

Il faut mentionner aussi quelques notes excellentes, par exemple, sur le recensement attribué à Cyrinus, sur la généalogie de Jésus, sur l'adoration des Mages. Ayons cependant le courage de dire que le Révérend Père fait trop d'honneur à l'abbé Darras en le citant dans des questions de critique ; un tel témoignage ne saurait avoir de valeur. Et, puisque nous nous sommes permis cette première observation, ajoutons, avec tout le respect dû au grand talent du R. P. Monsabré, que ce serait une bonne pensée de passer un trait de plume sur quelques mots moins classiques, sur certaines phrases qui n'ont pas toute la clarté désirable, sur deux ou trois expressions peut-être choquantes. Indiquons, entre autres, les mots : *inoubliable* (p. 203), *insanités* (p. 82), *inexplicites* (p. 88), *enténébrés* (p. 122).

L'éditeur, pour sa part, devrait faire à l'auteur cet honneur et cette justice de veiller plus soigneusement à la correction typographique, de rétablir sur leurs pieds les vers de Juvénal, cités p. 98, et d'accentuer correctement les textes grecs.

Philippe Mazoyer, *prêtre de l'Oratoire.*

---

32. **Evangiles des dimanches et des fêtes de toute l'année.** Explication du texte sous forme d'homélies, par le P. F.-X. Schouppe, de la Cie de Jésus. Traduit du latin par un Père de la même Compagnie. Paris, Palmé, 1880, 2 vol. in-12 de iv-636-628 pages.

Le P. Schouppe est bien connu par ses éléments de théologie dogmatique, son cours d'Ecriture sainte, son livre sur la perfection sacerdotale, ses méditations et lectures pieuses pour les retraites ecclésiastiques. Son recueil de matériaux pour la prédication, son opuscule sur le sens mystérieux des cérémonies de la messe ont déjà révélé les ressources intellectuelles et morales de son esprit et de son cœur. Ses supérieurs, toujours habiles dans la disposition des sujets, surent apprécier le P. Schouppe et l'appliquèrent à l'enseignement et à la direction du clergé. Le P. Schouppe a parfaitement répondu à leurs espérances et les membres du clergé n'ont qu'à le remercier d'avoir consigné dans des livres ses bonnes leçons de direction, d'Ecriture sainte et de théologie. Les *Evangiles* qu'il publie sont précédés du bref que le pape Pie IX lui fit envoyer et de la lettre élogieuse de Mgr Bracq, évêque de Gand, dont la longue carrière de professeur d'Ecriture sainte rend le témoignage encore plus précieux.

L'auteur mérite ces éloges. Avec une grande sûreté de doctrine, toujours appuyée sur la tradition catholique et sur les meilleurs interpretes, il fournit, aux jeunes prêtres surtout, d'excellents matériaux pour la prédication. L'explication de l'Évangile sous forme d'homélie est la méthode la plus utile et la plus fructueuse. Les Pères n'enseignaient jamais autrement les fidèles; et, de nos jours encore, l'on a dit sur la tombe du cardinal Pie, que, par ses remarquables homélies, il avait fait revivre les anciens Pères de l'Eglise. Ce n'est point avec en effet des phrases académiques que l'on touche et que l'on convertit les âmes, nous en avons assez d'exemples à notre époque. La parole de Dieu renfermée dans l'Evangile, n'a pas besoin de tous les ornements frivoles de la parole humaine pour être éloquente. Il lui suffit d'être interprété par un cœur simple et droit, par une âme qui a su, dans la méditation aux pieds de Dieu, et devant une page de nos saints livres, pénétrer la pensée divine. Voyez plutôt ce qui est dit du P. Lacordaire dans la *Vie du curé d'Ars* (1) :

---

(1) T. II, p. 322.

« Les habitants d'Ars purent contempler l'illustre Dominicain écouter dans un humble recueillement et une attention respectueuse le prône du curé d'Ars. Si j'avais à traiter un semblable sujet, je le ferais, ajouta le P. Lacordaire, très ému, sous la même inspiration ».

Le P. Schouppe est de cette école et dans cette école, il est un des maîtres que nous conseillons aux jeunes prêtres d'écouter et de suivre. Quelques-uns regretteront peut-être qu'il n'ait donné que des canevas et tracé les grandes lignes de chaque sujet. Loin d'être un défaut, c'est une qualité de plus. L'auteur dit lui-même. « Notre intention n'est pas de publier des « homélies proprement dites et tellement préparées qu'elles puissent être, « sans un nouveau travail, prononcées devant le peuple; nous avons voulu « seulement donner une explication propre à faire mieux comprendre et « dont on puisse tirer un discours approprié aux circonstances. » L'auteur a compris qu'il ne faut pas laisser l'intelligence s'atrophier, ce qui arriverait cependant à celui qui, par horreur du travail, voudrait avoir sous la main un travail tout achevé. Nous félicitons donc et nous remercions le P. Schouppe de son excellent livre.

Malheureusement nous ne pouvons faire les mêmes éloges au traducteur. Il a voulu écrire en français; nous ne pensons pas qu'il ait réussi dans cet effort. Mais le fond du livre importe surtout et, encore une fois, il est excellent.

C. SOUQUES.

---

33. — LÉON LESSIUS S. J. **Opuscula**. Tom. III. *De summo bono et æterna beatitudine hominis..., de Providentia Numinis et animi immortalitate...* Editio nova... Parisiis : Lethielleux. 1 vol. in-8°, écu, de 495 pages, 7 fr.

On n'attend pas que nous fassions l'analyse de ces deux opuscules de Léonard Lessius. Il faudrait toucher à trop de sujets, et à des points vivement débattus entre théologiens. Le souverain bien de l'homme est Dieu; en quoi consiste l'union de l'âme avec Dieu dans la vision béatifique; quelle sera la condition du corps glorifié; par quels moyens arrive-t-on à ce bonheur : voilà ce qu'expose le premier traité. Il répond à peu près, on le voit, aux cinq premières questions de la 1ª 2ª de saint Thomas. Quant au deuxième opuscule, il est consacré à établir l'existence d'un Dieu dont la Providence gouverne toutes choses, et à prouver l'immortalité de l'âme.

Nous ne craignons pas de dire qu'on retrouve là Lessius avec ses qualités précieuses. Ce livre est d'une lecture généralement facile, toujours intéressante; la doctrine est solide, bien qu'on puisse, avec pleine sécurité, n'admettre pas toutes les opinions de l'auteur, par exemple, sur l'essence de la béatitude. Partout il y a un parfum de piété qui fait du bien à l'âme.

On doit remercier l'éditeur de ce qu'il nous donne une réimpression, en format commode, de ces excellents opuscules. Mais pourquoi faut-il que nous ayons à signaler un grand nombre de fautes d'impression?

P. M., *de l'Oratoire.*

34. — De la certitude morale, par M. Ollé-Laprune.

Il n'est nullement nécessaire de louer M. Ollé-Laprune. Il y a longtemps que le jeune maître de conférences, qui porte si hautement et si fièrement le drapeau chrétien dans l'Université, est connu des lecteurs catholiques. La soutenance de sa thèse, sur la certitude morale, a été, tant à cause du sujet qu'il avait choisi, que du talent qu'il a déployé en présence de la contradiction de ses maîtres, un véritable événement littéraire. La lecture de son livre n'a nullement trompé les espérances qu'avait fait naître la discussion orale. C'est un livre original, d'un style à la fois précis et chaleureux et dont les doctrines sont, sur presque tous les points, irréprochables; néanmoins le rôle du *Bulletin* n'étant pas de louer, mais d'analyser et de critiquer, nous allons relever dans ce livre les points qui nous semblent devoir donner lieu à certaines réserves.

Commençons par certaines critiques de détails qui ont rapport à la terminologie plutôt qu'au fond de la doctrine.

Pourquoi l'auteur, qui admet avec une grande fermeté le libre arbitre, qui est très loin du déterminisme et du jansénisme, n'a-t-il pas admis toujours comme définition de la liberté la vraie définition, à savoir : le choix ou la possibilité de l'alternative? Pourquoi, s'il lui a convenu de choisir des exemples théologiques, a-t-il essayé de dire que Dieu était libre en un certain sens dans l'amour qu'il a pour le bien qui est lui-même, et que les bienheureux sont libres dans leur amour pour la fin dont ils ne peuvent s'écarter. Si, au lieu d'essayer de justifier le langage fautif de Descartes sur ce point, il s'en fût tenu au langage de l'école et qu'il eût admis en Dieu et dans les bienheureux un amour nécessaire mais non contraint, en réservant le nom de liberté aux cas où le choix se rencontre, sa pensée aurait été beaucoup plus claire.

L'auteur parle du procédé discursif de la raison humaine comme d'une chose connue. Malheureusement elle ne l'est pas assez, et cette belle doctrine scolastique méritait d'être présentée dans tout son jour. Si M. O. L. l'avait fait, il n'aurait pas laissé croire, comme certains passages l'insinuent, que la liberté est étroitement liée à ce procédé; il aurait admis formellement dans l'intelligence deux activités, toutes deux provenant d'un principe intrinsèque, toutes deux procédant par forme de division et de composition; l'une nécessaire, qui produit les affirmations évidentes; l'autre, celle qui intervient dans certains jugements postérieurs.

La distinction, empruntée à M. Newman, entre la certitude réelle ou de choses et la certitude abstraite ou de notions, est-elle bien formulée ou plutôt est-elle convenablement exprimée? Peut-il y avoir une certitude quelconque qui ne porte pas sur des choses connues, c'est-à-dire sur des notions? Des notions peuvent-elles avoir une valeur quelconque, si elles ne se rapportent de près ou de loin à des choses, si elles ne font pas connaître des choses? La distinction ainsi posée nous semble inexacte et l'infériorité qu'il admet dans la certitude des notions fondées sur la distinction possible entre l'élément naturel et l'élément formel de certitude, est une concession dangereuse au subjectivisme. N'est-il pas aussi imprudent de donner à la certitude concrète, quand elle est produite, non par la présence d'un objet, mais par le souvenir et l'imagination, une espèce de prééminence sur la certitude abstraite? N'est-ce pas s'exposer à mettre la passion au-dessus du devoir et le fait au-dessus de la loi?

Nous aurions posé la distinction en d'autres termes; nous aurions parlé de notions concrètes qui représentent les choses comme elles sont à l'état de faits, et de notions abstraites qui représentent certains points de vue des choses, ou certaines classes générales de choses. Nous aurions reconnu deux certitudes d'espèces différentes, mais d'autorité égale, l'une se rapportant aux notions concrètes, l'autre aux notions abstraites. Nous aurions dit que chacune a ses imperfections, l'une étant obscure et manquant d'étendue, mais profonde et étroitement unie à son objet, l'autre étant lumineuse et générale, mais plus superficielle et moins près de la réalité. Nous aurions dit que l'une complète et contrôle l'autre, et que leur union constitue la plus parfaite connaissance que l'homme puisse posséder.

Arrivons maintenant à la thèse fondamentale de l'ouvrage que nous pouvons formuler dans les propositions suivantes.

1º Il y a certaines vérités qui ont un rapport étroit avec le principe du devoir, et dont la connaissance est liée à celle de ce principe. Ce sont, outre le principe du devoir lui-même, l'existence de la liberté, celle de Dieu, et celle de la vie future.

2º La certitude que nous avons de ces vérités mérite un nom particulier, celui de certitude morale. Le bon exercice de la volonté joue un grand rôle dans l'acquisition et la formation de cette certitude.

3º A côté de la connaissance rationnelle de ces vérités que l'auteur admet, il y a une croyance à ces vérités qui est volontaire et obligatoire, et à laquelle il donne le nom de *foi morale*. Cette foi s'appuie sur des motifs raisonnables, mais non déterminants. Elle affirme avec fermeté des objets mêlés d'ombre et de lumière. Elle affirme plus fortement qu'elle ne perçoit l'évidence.

4º Si tous les hommes ne croient pas aux grandes vérités morales, cela tient en grande partie à ce qu'ils n'usent pas de leur liberté de la manière convenable.

Revenons sur ces dernières assertions. Nous admettrons volontiers la première avec une certaine réserve. Des quatre vérités que M. O.-L. appelle vérités morales, il en est deux, à notre avis qui peuvent être acquises tout à fait indépendamment de l'idée du devoir : c'est l'existence de Dieu et celle du libre arbitre. On peut s'élever à Dieu par l'ordre physique du monde et par le principe de causalité. On peut constater expérimentalement le libre arbitre non seulement dans le choix entre le bien et le mal, mais dans toute espèce de choix, dans celui des moyens aussi bien que dans celui de la fin dernière. Toute expérimentation est un acte de liberté.

Néanmoins il est certain aussi que ces vérités sont liées au principe du devoir et peuvent être appuyées sur ce principe, et être ainsi l'objet d'une certitude spéciale.

Nous ne pouvons qu'approuver la seconde assertion de l'auteur. Le nom de certitude morale nous paraît bien choisi. Le rôle de la volonté dans l'acquisition de la certitude est bien analysé. La distinction de l'assentiment et du consentement, le rapprochement entre la pratique du bien dans l'ordre moral, et l'expérimentation dans l'ordre physique sont des vues neuves, ingénieuses, et très bien présentées. Nous ferons néanmoins à l'auteur le reproche de ne pas avoir classé avec assez d'ordre les différentes interventions de la volonté dans l'acquisition des connaissances.

La foi morale est le côté le plus original, mais aussi le plus discutable du système de M. O.-L. La conciliation de la rationabilité avec la liberté de l'adhésion est, dans l'ordre théologique, une des grandes difficultés de la doctrine relative à la foi surnaturelle. Il y a là une véritable antinomie. M. O.-L., en tenant partout cette doctrine dans l'ordre naturel, a exposé avec clarté, chaleur et éloquence la théorie de la foi morale.

Nous ne pouvons pas dire qu'il ait levé absolument tous nos doutes relativement à cette difficile question. Il s'est efforcé de ne pas tomber dans le fidéisme. Il a constamment placé l'une à côté de l'autre la raison et ce qu'il appelle la foi morale, la croyance et l'évidence. Il s'est efforcé de ne sacrifier aucune des deux à l'autre. Il a parcouru toute la série des écrivains, modernes qui ont traité des questions semblables, montrant en quoi chacun, selon lui, avait péché dans un sens ou dans l'autre. A-t-il réussi lui-même à tenir en face l'une de l'autre ces deux opérations de l'esprit, croire et voir, sans que l'une usurpe sur l'autre, ou sans qu'elles se contredisent ou se confondent? A-t-il expliqué assez clairement comment la connaissance et la croyance pouvaient s'accorder sur un même objet? N'est-ce pas par une extension exagérée qu'il donne le nom de foi à la confiance naturelle que nous avons dans la véracité de nos facultés?

Les limites de cette notice ne nous permettent pas de répondre à ces questions. Une doctrine aussi originale ne peut guère être jugée tout d'abord sur son exposé; il faut qu'elle ait subi pendant un certain temps la discussion, qu'elle ait porté ses fruits, pour qu'on sache bien ce qu'elle contenait.

La dernière assertion qui résume tout l'ouvrage a été l'objet de très fortes oppositions. On a vu dans cette obligation de croire en Dieu, dans cette culpabilité radicale sauf l'excuse de la bonne foi, de l'athéisme, un principe contraire à la liberté de conscience et propre à justifier la contrainte extérieure en matière de convictions religieuses. Cette opposition n'a point effrayé le courageux auteur de la thèse, qui a reproduit sa pensée avec énergie dans son livre.

Nous ne pouvons que louer cette fermeté de principes, mais il nous semble que, dans certains passages, il a été trop absolu. S'il s'était borné à dire que la recherche de la vérité est un devoir, que l'adhésion à certaines croyances peut être obligatoire et l'erreur volontaire coupable, il n'aurait énoncé que des vérités très importantes, trop oubliées de nos jours et toujours opportunes à enseigner nonobstant la répugnance qu'on a généralement à les accepter. Mais il a été plus loin. Il semble admettre que, relativement aux vérités morales, et notamment à l'existence de Dieu, l'ignorance invincible n'existe jamais, et que jamais l'athée, ni le sceptique absolu sur l'existence de Dieu, n'ont une bonne foi complète et suffisante pour les excuser. Ce point est-il aussi certain que l'auteur l'affirme?

S'il se plaçait dans l'ordre surnaturel, et s'il parlait de personnes ayant reçu une éducation chrétienne, sa thèse serait soutenable, bien que déjà difficile à concilier avec certaines circonstances pratiques. Si, se plaçant encore dans l'ordre surnaturel, il s'appuyait sur la vérité théologique de la nécessité de la foi pour le salut pour en conclure que Dieu ne saurait refuser la lumière à l'homme de bonne volonté, son argument serait valable.

Mais dans l'ordre purement naturel, qui est celui où se place l'auteur, peut-on dire que Dieu soit tenu à faire connaître à tous les hommes les quatre vérités morales dont il parle? Peut-on dire que croire le contraire, serait accuser *la vérité morale de se dérober, en ce qu'elle a de plus essentiel, à la bonne volonté qui la cherche et l'appelle?* Est-ce que la simple connaissance de la loi du devoir ne suffit pas à un individu (je ne parle pas des sociétés) pour gouverner sa vie d'une manière morale? N'y a-t-il pas beaucoup de circonstances qui, considérées en elles-mêmes, semblent assez puissantes pour produire l'erreur invincible sur l'existence de Dieu? Une tradition fausse, une éducation anti-religieuse, l'influence du milieu et des idées courantes, de mauvaises habitudes intellectuelles qui peuvent ne pas être coupables, de fausses associations d'idées, telle que celle qui s'établit à tort entre l'idée de certitude et celle de vérification expérimentale; tous ces motifs ne peuvent-ils pas produire, sans qu'il y ait de faute, sinon un athéisme absolu, du moins un scepticisme complet et une oblitération de l'idée de Dieu et de la vie future? La Providence, considérée uniquement dans l'ordre naturel, est-elle tenue à compenser, par des secours exceptionnels, l'effet de ces causes secondes si puissantes? Ne suffit-il pas que Dieu ne juge chacun que suivant la lumière qu'il a reçue? Qui sait d'ailleurs, en nous bornant à l'ordre naturel seul, si la lumière qui manque dans cette vie ne pourrait pas être donnée dans une existence postérieure? M. O.-L. ne s'est-il pas laissé ici entraîner par sa foi chrétienne, et n'a-t-il pas transporté, dans l'ordre naturel, des responsabilités humaines et des promesses divines qui n'appartiennent avec la précision qu'il leur donne qu'à l'ordre de la grâce et de la révélation?

Telles sont les réflexions et les doutes que nous suggère ce livre. Mais nous ne pouvons pas ne pas reconnaître que M. O.-L. est entré dans une voie excellente. Nous espérons qu'il continuera à y marcher, et qu'il donnera à ses pensées originales un plus large développement. La doctrine de la foi morale aurait besoin, pour lever tous ces doutes, d'être précédée d'une théorie générale de la connaissance intellectuelle et de la certitude. — Les idées si abondantes et si variées que l'auteur a dispersées dans son livre, notamment dans son étude des opinions qu'il réfute, auraient besoin d'être reliées d'une manière systématique et exposées dans un ordre logique ; il serait plus facile alors de voir clairement si elles s'accordent de tout point, et si elles ne laissent aucune fissure par où le scepticisme pourrait entrer.

L'abbé de Broglie.

---

35. — Le positivisme spiritualiste. De la méthode conscientielle et de son application en ethnographie, par Léon de Rosny, président de la société d'ethnographie, Paris, Dentu, in-8º.

L'école positiviste a des principes excellents ; seulement elle y manque avant même de les avoir posés, témoin la fameuse loi des trois époques, découverte fondamentale d'Auguste Comte, qu'il faut admettre comme un axiome pour être accueilli par le *Dignus est intrare*, et que les faits démentent absolument. Cette inconséquence se renouvelle à chaque instant chez les positivistes de l'espèce commune, et c'est précisément ce qui les fait dévier vers le matérialisme. M. L. de R. garde les principes et les applique ; aussi son positivisme est-il franchement spiritualiste. Nous voudrions plus, et nous estimons que sur le terrain de la métaphysique pure où il s'est placé, l'on peut et l'on doit aller jusqu'à démontrer que l'Etre nécessaire existe, que la destinée humaine déborde les limites de la vie présente, que la vie d'outre-tombe apporte à chacun la rémunération exacte de sa vie terrestre. Quoi qu'il en soit, l'opuscule de M. de R. mérite une sérieuse attention au point de vue de l'évolution intellectuelle qu'elle accuse dans la portion du monde savant qui n'admet pas la révélation. Il est bon à faire lire, surtout aux esprits, si nombreux de nos jours, que l'école de M. Littré séduit par ses côtés scientifiques, au point qu'ils ne distinguent plus les vices de raisonnement entremêlés par elle aux principes les plus exacts, et qu'ils versent à sa suite dans les erreurs les plus monstrueuses.

A. de Meissas.

---

36. La Chaire française au douzième siècle, d'après les manuscrits, par l'abbé L. Bourgain, docteur ès lettres. Paris, Société générale de Librairie catholique, 1879, x-400.

Un sort fatal semble menacer les historiens de la chaire française, « presque tous sont morts, et morts avant la maturité ! » M. Bourgain fait remarquer cela, avec un sentiment de tristesse, à la fin de sa préface. Espérons qu'il donnera tort aux présages sinistres, et que son courage à affronter le péril sera récompensé par un destin plus heureux.

L'histoire de la chaire au douzième siècle est faite sur le plan donné, en

1867, par l'Académie des inscriptions, pour un de ses concours. — « Etudier les sermons composés ou prêchés en France pendant le douzième siècle. Rechercher les noms des auteurs et les circonstances les plus importantes de leur vie. Signaler les renseignements qu'on pourra découvrir dans leurs ouvrages sur les mœurs du temps, sur l'état des esprits, sur l'emploi de la langue vulgaire et en général sur l'histoire religieuse et civile du treizième siècle. » Ce plan fut exécuté par M. Lecoy de la Marche, dont le mémoire fut couronné. M. B. a voulu répondre aux mêmes questions sur le douzième siècle.

Au commencement du douzième siècle, de toutes parts se manifeste un désir extrême d'entendre la parole de Dieu. On se plaint du manque de prédicateurs, et dès qu'il s'en présente un de quelque talent, la foule s'empresse autour de sa chaire. Les auditeurs écoutent avidement, témoignent leur approbation ou leur mécontentement, en un mot, prennent eux-mêmes part à l'enseignement qui leur est donné autrement que par une audition purement passive. Aussi ne faut-il pas s'étonner que les prédicateurs accourent en foule. Les évêques sont au premier rang; pour ne citer que les principaux, les noms de saint Anselme, de Maurice de Sully, d'Etienne de Tournay, de Raoul Ardent sont des noms glorieux. Ils trouvent dans le clergé régulier de précieux auxiliaires : saint Bernard, Pierre de Celle, Hugues et Richard de Saint-Victor, saint Norbert et leurs disciples. La croisade est l'objet de nombreux discours. Robert d'Arbrissel, Vital, etc., cherchent à soulever les populations chrétiennes, tandis qu'à côté des prédicateurs orthodoxes, les hérétiques cherchent à répandre leurs doctrines par ce moyen qui charme alors les peuples. Pierre de Bruys, Arnauld de Bresce, Valdo, attirèrent à eux plus d'un adepte séduit par leur parole.

En quelle langue prêchaient tous ces orateurs? En latin quand ils s'adressaient aux moines, en langue vulgaire quand ils parlaient au peuple. M. B. se range ici du côté de M. Lecoy de la Marche et contre les continuateurs de l'*Histoire littéraire de la France*. Ce chapitre est la seule partie polémique de son livre.

Parmi les sujets que traitaient les prédicateurs, les panégyriques des saints semblent avoir eu leur prédilection. Parfois aussi ce sont des dialogues, ailleurs de véritables drames. Etienne de Tournay nous fait assister au jugement du pécheur, qui est conduit d'après toutes les règles de la procédure alors en usage. Hugues de Saint-Victor nous décrit de la manière la plus pathétique la parabole de l'enfant prodigue, ramené vers son père par un des serviteurs, qui est l'espérance. Malgré les réclamations des maîtres de l'éloquence sacrée, plus d'un jeune prédicateur abuse des citations profanes, ou des fleurs de rhétorique.

Dans la troisième partie, M. B. étudie la société d'après les sermons. Nous voyons les prédicateurs tonner avec énergie contre la férocité et le brigandage des gens de guerre, la simonie du clergé, l'orgueil des écoliers, la crédulité des foules qui suit les magiciens et leur donne sa confiance.

Les sermons faits aux moines nous font pénétrer dans les régions les plus élevées du mysticisme. Les prédicateurs en expliquent les règles, tandis qu'ils combattent l'*acedia*, « ce malaise qui envahit l'âme... et fait perdre le goût des choses éternelles ».

Deux tables qui terminent l'ouvrage nous permettent de retrouver la monographie de chaque prédicateur et celle de chaque manuscrit.

L'ouvrage de M. B. est intéressant et sérieusement fait. L'auteur a consulté les manuscrits et, plus d'une fois, il a eu occasion de rectifier l'attribution fautive de tel sermon à un prédicateur qui n'en était pas l'auteur. Citations heureusement choisies, traits piquants, anecdotes rapidement contées, donnent du charme au livre, et font qu'on ne s'aperçoit pas trop de l'amour un peu exagéré de M. B. pour les phrases exclamatives.

Le plan de M. B. est logique et donné, nous l'avons dit, par le programme académique de 1867, mais dans l'exécution il y a un inconvénient. Le livre de M. B. dans son ensemble est d'une lecture facile et attrayante, mais il semble interrompu au milieu par une série de notices sans suite sur les prédicateurs. Ou l'auteur eût dû donner plus d'unité à cette partie, ou rejeter les notices à la fin de ce livre. Il y a contraste entre les chapitres III et IV du livre premier et le reste de l'ouvrage.

P. 272, M. B. nous paraît exagéré, quand il dit que plus « la chaire accusera l'énergie du mal au douzième siècle, plus il nous faudra croire, par contre, à l'énergie du bien ». Sans doute il ne faut pas prendre au pied de la lettre les plaintes des prédicateurs et des moralistes. Ils sont par situation portés à voir le mal plus grand qu'il n'est ; il faut observer cependant que, somme toute, leurs plaintes nous signalent toujours les côtés plus faibles de la société qu'ils connaissent. M. B. a fait de leurs sermons le meilleur usage pour nous signaler précisément les excès du douzième siècle (p. 234 et suiv.). M. B. aurait pu donner plus d'étendue au rapprochement, qu'il indique d'un mot, entre les théories des maîtres de l'éloquence au douzième siècle et celles de Fénelon. Le lecteur aurait aimé à voir que le bon goût n'était pas ignoré au moyen âge, et n'a pas été subitement retrouvé après des siècles de barbarie.

En résumé, le livre de M. B. est un travail vraiment scientifique et qui fait honneur à l'auteur. Nous ne pouvons que nous associer aux éloges que lui a décernés la Faculté des lettres de Paris. M. B. a été le digne continuateur de l'œuvre entreprise par MM. Jacquinet, Vaillant, Gandar, Lecoy de la Marche.

E. BEURLIER.

---

37. — **Anthologie des poètes latins**, avec la traduction *en français*, par E. FALLEX. Paris, Lemerre, 2 vol. in-12, de 375 et 421 pages.

M. E. Fallex a publié dernièrement, chez l'éditeur Lemerre, une anthologie des poètes latins, avec une traduction française. Ce livre, à l'usage des classes, est recommandable à plus d'un point de vue. On n'y trouve pas seulement des extraits des principaux auteurs, mais tous y ont leur place, et les élèves peuvent ainsi connaître et juger par eux-mêmes la valeur de chacun. De courtes notices donnent les renseignements nécessaires sur la vie et les œuvres des poètes. Enfin, la traduction, tout à la fois littérale et élégante, — peut-être même l'est-elle trop, — rend facile aux élèves l'intelligence du texte et leur sert en même temps d'excellent modèle pour leurs versions. Les morceaux sont bien choisis et presque toujours suffisants. Nous regrettons que Virgile et Horace occupent une place si importante; car ces deux auteurs sont dans les mains des élèves et on les explique presqu'en entier dans les classes. Un ou deux morceaux, choisis parmi ceux qui peignent le mieux leur caractère, auraient suffi pour les représenter, ce qui aurait permis de donner plus de développement à certains autres poètes moins connus.

L'impression de ces deux livres est soignée. On y remarque cependant quelques fautes typographiques dans la traduction et dans le texte.

R. REGNIER.

---

38. **X. Doudan. Pensées essais et maximes**, avec un portrait gravé par FLAMENG. Paris, Calmann-Levy, 1880, in-8° carré VIII-133 pages.

La publication des lettres de M. Doudan fut une révélation pour le monde lettré, et ce nom, naguères inconnu, est devenu célèbre à juste titre.

Le volume que publie M. d'Haussonville est le complément des quatre volumes de lettres. Il contient des pensées, de simples notes retrouvées au milieu de nombreux cahiers, et des fragments de critique d'une étendue un peu plus considérable.

En littérature, M. D. appartient à l'école classique. Il veut avant tout « la mesure dans l'expression », c'est-à-dire « l'entente avec les lois impérieuses de la morale et du monde (p. 24). Il demande l'unité dans les moindres compositions, la sobriété dans la description. M. D. revient plusieurs fois sur ce dernier point, et plus d'une des pages qu'il a écrites serait à rapprocher du chapitre V de la *Lettre à l'Académie*. Ne croyons-nous pas entendre Fénelon quand nous lisons ces mots : « Ne me dites de l'ombre, de la lumière, de la verdure autour d'une habitation que ce qui a pu en rester autour des sentiments que vous éprouviez quand vous avez vécu là! Je ne puis voir que ce qui a été éclairé par le soleil du dedans, pour ainsi parler » (p. 22). Le fragment qui commence à la page 27 serait à citer tout entier. L'auteur compare entre elles : la poésie homérique, « semblable à une jeune fille naïve, née d'un soldat intrépide et farouche », et la poésie de Louis XIV, « semblable à une femme romaine, née d'une race de sénateurs, » (p. 32).

Pour M. D., le style « doit répondre à toutes les parties de l'intelligence de l'auteur et du lecteur; il doit être clair pour le jugement, pathétique pour le sentiment, coloré pour l'imagination, sobre aussi pour garder l'équilibre des facultés, et par là être l'interprète du bon sens. Si tout le monde écrivait bien, il devrait y avoir autant de styles que d'individus » (p. 19), Buffon n'a certes pas dit mieux.

En même temps qu'il nous expose ses théories littéraires, M. D. donne çà et là son jugement sur les auteurs qu'il vient de lire. Souvent quelques lignes sont un portrait : « Montaigne ressemble à Lucrèce pour la vigueur, jeune et verte de l'expression. Un jeune arbre où la sève abonde (p. 39) ». « M. Thiers. Un écrivain public, tournant les pensées qu'ont les gens qui ne savent pas les dire. Ce sont ces gens-là qui ont de l'esprit dans leur quartier » (p. 47). Et plus loin : « M. Guizot donne l'impression d'un tableau de Van-Dyck ; M. de Chateaubriand, des ruines de la villa Adriana ou de Tivoli ; Bonaparte, d'une grande citadelle solitaire et debout ; M. Thiers, d'un régiment, musique en tête, que les enfants suivent d'un air ébahi en marquant le pas » (p. 48).

Ces jugements ne sont pas toujours d'une exacte vérité.

Nous ne pouvons admettre, par exemple, qu'il y ait « chez Bossuet » un « faux air d'histoire générale et philosophique », « un certain air entendu et un ton d'autorité qui fait croire qu'il voit des liaisons entre les histoires de Rome, de Grèce et de Judée, quand il n'en voit pas plus que vous et moi » (p. 42). Bossuet n'est pas homme à se donner *des airs entendus* quand il ne voit pas la vérité.

Comment se fait-il que M. D. ait pu dire que l'auteur d'*Athalie* ne se soit pas permis d'entrer dans le monde idéal qu'il voyait ?

Les pensées de philosophie et de religion portent souvent l'empreinte du scepticisme de leur auteur. D'après lui, le christianisme est contraire aux arts, « parce que l'homme a besoin de quelque chose de déterminé pour s'aider à rêver le beau. L'idée positive de Jupiter éveille les formes de Jupiter Olympien » (p. 66). On dirait vraiment que Jésus-Christ n'est pas un être vivant, et que les madones de Raphaël ne représentent pas des personnages aussi réels que Jupiter ou Diane.

En quoi l'enseignement chrétien, qui cherche dans la vie de Jésus-Christ le modèle de la nôtre, a-t-il pu faire perdre à l'esprit quelque chose de sa rigueur par « l'habitude de chercher des idées sous l'exposition de faits matériels » (p. 101) ?

En résumé, les fragments publiés dans ce volume confirment l'impression qu'avaient produite la publication des lettres. M. D. fut un esprit fin, spirituel, mordant quelquefois, mais qui trouvait, selon le mot de Montaigne, que le doute est un doux oreiller à une tête bien faite.

E. BEURLIER.

39. **Epigraphie de Luchon**, par Julien SACAZE, Paris, Didier 1880, 1 vol. in-8°.

Luchon (Aquae Onesiorum, sous la domination romaine) remonte à une haute antiquité. Autrefois un lac couvrait la vallée ; suivant quelques archéologues, une cité lacustre, dont on aurait retrouvé les pilotis, a précédé la ville des temps historiques. Ce fait sera peut-être établi par des découvertes postérieures. ce n'est pour le moment — M. J. S. le constate judicieusement — qu'une simple hypothèse. Plus tard et avant d'être classées parmi les Convenae, les populations de cette contrée formaient, sous le nom d'Onesii, une ou plusieurs tribus des Garumni. A quelle époque les Romains occupèrent-ils définitivement ces montagnes? On ne le sait pas exactement. En l'année 72 avant Jésus-Christ, Pompée, pacificateur de l'Espagne, fonda ou agrandit Lugdunum Convenarum (S.-Bertrand de Comminges) ; Strabon, qui écrivait au commencement du premier siècle de notre ère, loue la magnificence des thermes des Onesii, et les substructions mises au jour confirment ce témoignage. Sous les empereurs, la prospérité des Aquae Onesiorum suivit une marche ascendante. C'est en établissant ces faits que M. J. S. nous conduit à l'époque assignée par lui aux autels votifs dont les inscriptions forment la première partie de son travail.

Quand les Romains avaient soumis un peuple, ils respectaient ses dieux, mais y mêlaient les leurs. Aussi on voit souvent le dieu indigène associé à une divinité romaine : Belenus Apollo, Mercurius Dumias, Apollo Borva, Minerva Belisama, Mars Caturix, Jupiter Optimus Maximus Tarrarus, etc. De plus, toutes les divinités topiques sont rattachées au culte officiel des *Lares Augusti*, et on ajoute à leur nom l'épithète Augustus. Le but des Romains est facile à comprendre : ils voulaient, sans la persécuter, amener à leur culte la population vaincue et opérer ainsi l'assimilation complète. Peu à peu les dieux indigènes se métamorphosent, les divinités du Panthéon romain prennent place à côté d'eux, et il règne dans l'ancienne religion du pays une étrange confusion ; l'autel élevé, à Paris, par les mariniers de la Seine, sous le règne de Tibère, en est un exemple. Tous les dieux de Rome eurent bientôt droit de cité dans les provinces ; le but était atteint.

Alors comme aujourd'hui, les Onesii étaient des montagnards « d'une race dure et forte, attachés à leur terre, encore plus attachés à leurs dieux ». Ils furent réfractaires à l'influence religieuse de Rome ; aucun mélange impie n'altéra leurs croyances ; ils ne souffrirent pas que des dieux d'importation étrangère prissent place à côté des dieux transmis par les ancêtres : aussi, aucun des noms divins recueillis par l'auteur ne procède de la langue latine : nous y voyons le dieu Ilixo adoré à Luchon; Iscitt, à Garin ; Exprenn, à Cathervielle ; Aherbelst, à Saint-Aventin, Baicorrix à Montmajou... etc. C'est donc à la langue primitive du pays, à l'Ibérien sans doute, qu'il faut demander l'explication de ces noms. Après les inscriptions consacrées aux dieux, viennent les inscriptions consacrées aux Nymphes. A Luchon, comme dans les autres villes d'eaux, les malades guéris et reconnaissants érigeaient des ex-voto aux déesses qui personnifiaient l'onde bienfaisante. Là l'influence romaine se fait sentir davantage : deux ex-voto sont dédiés Nymphis Augustis. Ce fait est naturel, Luchon, ville d'eaux célèbre, attirait une population cosmopolite, empreinte de l'esprit romain ; il n'est pas surprenant qu'il en soit resté des traces. Aussi, la grande majorité des inscriptions dédiées aux Nymphes porte des noms romains ; c'est le contraire qui existe sur les ex-voto dont nous avons parlé tout à l'heure et sur les inscriptions funéraires qui forment la troisième partie du volume. Il y a là une liste de noms indigènes, curieux et intéressant sujet d'études pour les philologues. Un chapitre consacré aux bornes milliaires termine le volume.

M. J. S. donne le texte des inscriptions, la lecture des textes, les indications topographiques et bibliographiques qui les concernent. Nous regrettons qu'il n'ait pas ajouté à son travail une table alphabétique des noms, qui eût facilité les recherches.

Quelques planches de fac-simile auraient été d'une grande utilité ; les autels trouvés à Luchon sont de petite dimension, dispersés dans des collections particulières et exposés à périr. Quand on voudra les soumettre à une étude complète, la forme des caractères pourra fournir, pour établir les dates, des indications précieuses ; les planches auraient mis les monuments eux-mêmes sous les yeux de chacun. Quand l'auteur explique les textes, il le fait avec une grande réserve ; il est en général très sobre de commentaires ; il faut l'en féliciter. Le moment n'est pas encore venu de reconstituer le Panthéon de cette religion inconnue ; les données nous manquent ; là, comme dans beaucoup d'autres questions, la philologie devra donner la main à l'épigraphie et à l'histoire. M. J. S. a voulu réunir et sauver de l'oubli des matériaux qui seront utilisés plus tard ; cela seul était possible. C'est une preuve de savoir et de mérite que de s'arrêter au point précis que la science ne peut pas encore franchir. Rien n'était plus facile, en pareille matière, que les hypothèses dénuées de preuves, les étymologies risquées, les rapprochements aussi inattendus que peu concluants : l'auteur a su se tenir en garde contre ce danger. Sa critique est saine, ses conjectures prudentes et réservées, ses procédés vraiment scientifiques. Ce travail permet de bien augurer des services que M. J. S. est certainement appelé à rendre à la science.

H. Thédenat, *prêtre de l'Oratoire.*

---

40. — **Écrits inédits de Saint-Simon**, publiés par M. Faugère, t. Ier, 1880. — Librairie Hachette.

Incomparablement plus heureux que Bossuet, le duc de Saint-Simon trouve sans cesse des éditeurs capables, savants, exacts, honnêtes et consciencieux. M. Faugère vient de publier le premier volume des écrits inédits de Saint-Simon conservés au riche, à l'inépuisable Dépôt des affaires étrangères. Il contient le *parallèle* des trois premiers rois bourbons. L'auteur dont la famille devait tout à Louis XIII, par reconnaissance et par sympathie, donne l'avantage à ce prince sur les deux autres rois, son prédécesseur Henri IV et son successeur Louis XIV. Il ne tient même qu'à nous de croire que Louis XIII n'a jamais été dominé, jamais gouverné; et qu'au contraire, loin de recevoir des inspirations de Richelieu, c'est lui qui guidait, conseillait et dirigeait absolument la politique du terrible cardinal.

Où Saint-Simon est plus juste, plus clairvoyant, c'est quand il blâme la révocation de l'édit de Nantes. Louis XIII et Richelieu n'ont point agi ainsi. Et l'auteur de la race, le grand, sage et bon Béarnais, avec sa générosité habile, d'une main tendait l'édit de Nantes en faveur des protestants persécutés par les parlements, et de l'autre rappelait les Jésuites proscrits par ces mêmes parlements.

Quoique dans cette œuvre jusqu'ici inconnue, on ne rencontre pas tout l'éclat, toute la fougue des inimitables *Mémoires*, quoique le poids des années s'y fasse sentir, elle est néanmoins désormais inséparable de l'étude du dix-septième siècle dont elle offre sous une forme saisissante un vaste et complet tableau. Quel peintre, en effet, que cet ardent historien! Rien ne lui échappe : le cœur humain, avec son monstrueux et incurable égoïsme, est son domaine ou plutôt sa proie. Sa passion, sa flamme, sa fureur contre les ambitions, les platitudes, les cupidités, montrent pourtant que c'est un homme qui observe les hommes; et quand il stigmatise un politique avide, un puissant se complaisant au milieu des nuages de l'encens et de la flatterie, la béatitude momentanée du favori qui obtient une place ou une dignité, l'insensibilité en face d'une misère qui ne nous atteint pas, il a l'air de s'écrier : « Prenez garde, je suis d'autant plus irrité que voilà comme est fait mon cœur et comme est fabriqué le vôtre. »

Mais plus il est impitoyable, plus il est cruel pour les travers, les manies, les vices de notre espèce, plus son témoignage a de prix quand il rend hommage à ce qui est vrai, sincère, héroïque, désintéressé, au génie laborieux et administratif de Louis XIV, à l'austérité de Rancé, à l'éloquence de Bossuet, à la vertu de Massillon, à la pénitence de la pauvre La Vallière, à la charité de Vincent de Paul.

Ce feu dévorant de l'âme du duc et pair s'échappait parfois dans ses conversations. Aussi Louis XIV le tint-il écarté de tous les emplois sérieux et de toutes les faveurs réelles. Seulement, par grâce, de loin en loin, Sa Majesté le chargeait de porter le bougeoir au petit coucher. Et le fier seigneur acceptait, parce qu'il avait besoin de tout voir pour tout peindre; en tenant son bougeoir d'or, il regardait la scène avec des yeux autrement vifs, autrement ardents, autrement flamboyants que la lumière dont il avait l'honneur d'être chargé. Il marchait avec les thuriféraires, mais pour dissiper les fumées de l'encens et faire pénétrer au travers les yeux de la postérité.

Cette nouvelle publication, — sans ajouter à la gloire de Saint-Simon, — ajoute à notre instruction. En pensant par lui-même, en n'imitant personne, il est digne d'être placé à côté des meilleurs et des plus grands par l'éclat, la force, la puissance, la haine vigoureuse du mal et la tendre admiration du bien.

E. A. BLAMPIGNON,
Professeur de Sorbonne.

---

41. Études de marine positive dessinées et gravées à l'eau-forte, par L. MOREL-FATIO. Publiés par Rapilly, éditeur. 43 pl. in-4°, oblong. 18 francs.

Cette publication, qui attirera certainement l'attention des amateurs, renferme quarante-trois planches dessinées et gravées à l'eau-forte par L. Morel-Fatio, un de nos peintres de marine les plus distingués en même temps que des plus regrettés. Dans ces gravures, où la science du burin se révèle à chaque trait d'une manière frappante, se retrouve le dessin correct de l'ancien conservateur du Musée de marine, ainsi que la précision de détails qu'il apportait dans chacune de ses œuvres.

Cette exactitude que possèdent si peu la plupart des ouvrages d'aujourd'hui, M. F. la poussait à l'excès. Quelle différence avec nos peintres impressionistes, pour qui deux coups de pinceau, jetés au hasard sur la toile, doivent représenter une soi-disant nature, entrevue sous un soi-disant aspect!

Cette exactitude dans les moindres petits détails était le fruit de longs et nombreux voyages. En effet, après avoir d'abord visité l'Angleterre, M. F. se tourna vers l'Algérie qu'il explora d'une façon complète; puis afin, que rien de ce qui touchait à son art ne pût échapper à son crayon, il parcourut successivement l'Italie, la Hollande, l'Orient et la Crimée. C'est alors que l'empire, se rendant compte de sa valeur et des services qu'il pouvait rendre, l'attacha au musée du Louvre, comme conservateur des galeries de la marine. Toujours amoureux de son art, M. F. profita de ses fonctions pour publier, en 1854, une notice des collections maritimes du Louvre, notice qui est aujourd'hui à sa dixième édition. De toutes ses excursions dont l'art profita sans cesse, M. F. rapporta une grande quantité de différents modèles et types de marine, tous pris sur nature. Ce sont eux qui forment en grande partie les quarante-trois planches dont se compose l'album publié par la maison Rapilly. En ce moment surtout, où les types, tant de la marine française que de la marine étrangère, se transforment de jour en jour pour faire place à de nouveaux modèles, ces études sont précieuses pour les peintres du genre; et nous sommes persuadé que pas un de ces derniers ne laissera échapper d'avoir sans cesse devant les yeux les œuvres de celui qui fut à juste titre regardé comme un maître.

L. GIRARD-SIMON.

Le premier fascicule de la traduction de l'*Histoire grecque d'E. Curtius*, par M. Bouché-Leclercq, vient de paraître à la librairie Leroux. Tout le monde sait la compétence du savant professeur de Sorbonne, et sa traduction, autant qu'il est possible d'en juger par le premier fascicule, seul paru jusqu'ici, est excellente et a conservé les qualités de l'original. Il est superflu aussi de faire l'éloge de l'ouvrage de Curtius qui en est à la 5e édition allemande. Nous reviendrons sur cette importante publication quand elle sera un peu plus avancée. L'ouvrage entier comprendra 30 fascicules à 1 fr. 50.

PRINCIPALES PUBLICATIONS DE LA QUINZAINE

117. — D'Anglure, *Le saint voyage de Jérusalem*, publié par François Bonnardot et Auguste Longnon. Paris, Didot, 1 vol. in-8°, cartonné, percaline. Prix : 10 fr.

118. — Arioste (l'). *Roland furieux*, par l'Arioste. Traduction nouvelle, avec une introduction et des notes, par C. Hippeau. 2 vol. in-18 jésus, xvi-1062 pages. Paris, Garnier.

119. — Baunard. *Le vicomte Armand de Melun*, d'après ses mémoires et sa correspondance. In-8°, xvi-613 p. Paris, Poussielgue.

120. — Barbey d'Aurevilly (J.). *Gœthe et Diderot*. In-18 jésus, xxiii-294 p. Paris, Dentu.

121. — Barbier de Maynard. *Le Boustan ou verger*, poème persan de Saadi, traduit pour la première fois en français. Un vol. elzévirien de 400 p. Prix : 10 fr. Paris, Leroux.

122. — Coet (E.). *Histoire de la ville de Roye*. Première livraison. In-8°, p. 1 à 64. Compiègne, imp. Gay et Desaint.

123. — Delair. *Garin*, drame en cinq actes, en vers, représenté pour la première fois à Paris, à la Comédie française, le 8 juillet 1880. Un vol. in-8. Prix : 3 fr. 50, *Ollendorf*.

124. — Fleury. *Histoire de l'Église de Genève, depuis les temps les plus anciens jusqu'en 1802*, avec pièces justificatives, 2 vol. in-8 de x-468 et viii-480 p. Prix : 10 fr. Paris, Palmé.

125. — Jacobs et Chatrian. *Monographie du diamant*. Un vol. in-8°, Paris, Seppré. Prix : 6 fr.

126. — Jacollot. *Moïse, Manou, Mahomet*, traditions religieuses comparées avec commentaires. 1 vol. in-8°. Prix : 6 fr. Paris, Marpon et Flammarion.

127. — Lafon (V.). *Histoire de l'abbaye de Saint-Antonin-en-Rouergue*. In-8°, 39 p. et 3 pl. Rodez, Ratery-Virenque.

128. Le Febvre (J.). Nombre des églises qui sont dans l'enclos et dépendances de la ville de Lyon, avec une exacte recherche du temps et par qui elles ont été fondées; pa Isaac Le Febvre, lyonnais (1627). In-12, vii-95 p. Lyon, lib. Georg.

128. — Lescœur (R. P.). *Conférences de l'Oratoire. Jésus-Christ.* Un vol. in-18. Prix : 3 fr. 50. Paris, Sauton.

129. — Lindet (F.). *De l'acquisition et de la perte du droit de cité romaine.* In-8º. 379 p. Paris, imp. Moquet.

130. — Neyrat (l'abbé). *L'Athos.* Notes d'une excursion à la presqu'île et à la montagne des moines. Un vol. in-12, enrichi de dix héliogravures et d'un fac-simile. Prix : 4 fr. 50. Paris, Plon.

131. — Robiou (F.). *Questions du droit attique, administratif et privé.* In-8º, 104 p. Paris, Didier.

132. — Roger (A.). *Les grands écrivains et les grandes œuvres, lectures choisies dans les ouvrages des meilleurs auteurs, avec des notices biographiques, des commentaires et des notes, formant un cours familier de littérature et d'histoire littéraire depuis le dix-septième siècle jusqu'à nos jours.* Gravures artistiques, dessinées et coloriées par Gerlier; portraits par de Liphart. Livraison 1. Grand in-4º; 8 p. et grav. Paris, librairie illustrée.

133. — Roux (A.). *Le Pape Gélase Ier (492-495), étude sur sa vie et ses écrits.* In-4º, 224 p. Paris, librairie Thorin.

134. — Sainte-Beuve. *Nouvelle correspondance.* Un beau vol. gr. in-18. Prix : 3 fr. 50. Calman-Lévy.

135. — *Table alphabétique des matières contenues dans les dix volumes de la 7e série (1869-80) des Mémoires de l'Académie des sciences, inscriptions et belles-lettres de Toulouse,* suivie de la table générale des auteurs. In-8º, 48 p. Toulouse, Douladoure.

136. — Villedieu. *Le césarisme jacobin, les droits de l'Église et le droit national.* 1 vol. in-8º. Prix : 2 fr. Paris, Gervais.

137. — *Les Voyageurs du dix-neuvième siècle,* in-8º. Prix : 3 fr. Paris, Hetzel.

138. — Vogel. *L'Europe orientale depuis le traité de Berlin.* 1re livraison. Prix : 1 fr. 55. Paris, Reinbald.

139. — Weill. *Les Forces militaires de la Russie,* t. Ier : Organisation des corps de troupes. T. II : Organisation du commandement et des services en temps de paix et de guerre. 2 vol. in-18 avec de nombreux tableaux. Prix : 12 fr.

Le gérant : A. Sauton.

EXTRAIT DU CATALOGUE DE A. SAUTON

Saint Jean-Baptiste. Étude sur le précurseur, par M. l'abbé Planus, de la Société des prêtres de Saint-Irénée, de Lyon, vicaire général honoraire d'Autun, précédée d'une lettre-préface de Mgr Perraud, évêque d'Autun. In-8, 7 fr.

Le même, in-12, 3 fr. 50.

Conférences de l'Oratoire. — III. La Foi catholique et la réforme sociale, par le R. P. Lescœur, prêtre de l'Oratoire, précédées d'une lettre de M. Le Play. In-18, 3 fr. 50.

Histoire d'une vocation. Vie de Mme Nicanora Izarié, par le P. Lescœur, prêtre de l'Oratoire. In-18, 3 fr.

M. de Bismarck et la persécution religieuse en Allemagne, par Le R. P. Lescœur, prêtre de l'Oratoire. In-8, 1 fr. 25.

Élévations à saint Joseph pour tous les jours du mois de mars, par le R. P. Largent, prêtre de l'Oratoire et docteur en théologie. 1 vol. in-16 elzévirien, 3 fr.

Méditations sur la vie de la sainte Vierge pour tous les jours du mois de mai, par le R. P. Largent, prêtre de l'Oratoire et docteur en théologie. In-16 elzévirien, 3 fr.

Pensées choisies du comte de Maistre, recueillies par le R. P. de Valroger, prêtre de l'Oratoire. In-12, 3 fr.

L'État maître de pension, étude sur les internats universitaires; troisième édition, revue, augmentée et précédée de l'État père de famille, examen de la loi Ferry, par le R. P. Lescœur. In-18, 3 fr.

Le chancelier d'Aguesseau et l'Oratoire, documents inédits par le R. P. Ingold. In-8, 3 fr.

Instructions pour vivre chrétiennement dans le monde, par le R. P. Quadrupani, faisant suite aux Instructions pour éclairer les âmes pieuses, 18e édition, augmentée par M. l'abbé L*** D***. In-18, 80 c.

Sainte Catherine de Sienne, par la comtesse de Flavigny. In-12, 3 fr. 50.

Conversion de S. A. Madame la princesse Alexandrine de Dietrichstein, née comtesse de Schouvaloff, racontée par elle-même. In-16, texte encadré, 3 fr.

Vie chrétienne de l'enfance, lectures quotidiennes, par Mme Ch. Fouques-Duparc. In-18, 3 fr.

La veuve chrétienne, d'après saint François de Sales et les Pères de l'Église, par la baronne de C***, précédée d'une lettre de Mgr Dupanloup. 1 vol. in-16 elzévirien, 3 fr.

BULLETIN CRITIQUE

DE LITTÉRATURE, D'HISTOIRE ET DE THÉOLOGIE

SOMMAIRE. — 42. RENAN, Conférences d'Angleterre, *L. Duchesne*. — 43. DAUMAS, Manuel de religion, d'histoire et de géographie sacrées, *Trochon*. — 44. BARBIER DE MONTAULT, Traité de l'ameublement des églises, *A. de Meissas*. — 45. CHARAUX, L'ombre de Socrate, *A. Largent*. — 46. FERNIQUE, Etude sur Préneste, *P. Lallemand*. — Variétés. Cachets inédits des médecins oculistes Magillus et Gallius Sextus, *H. Thédenat*. — Principales publications de la quinzaine.

42. — **Ernest Renan.** Conférences d'Angleterre. Paris, Calmann-Lévy 1880. 1 vol. in-18 de 283 pages.

Le moyen âge a produit l'ordre des Frères Prêcheurs ; nous avons maintenant comme une corporation de frères conférenciers. M. Paul Bert en est un des membres les plus actifs. Voici M. Renan qui vient de s'y agréger et de faire ses débuts dans une station donnée à Londres, aux dernières fêtes de Pâques. *Rome et le Christianisme*, tel est le sujet traité par le célèbre académicien avec un succès tel que chacune de ses quatre conférences a dû être prononcée deux fois, le local ne s'étant pas trouvé assez grand pour contenir la foule des auditeurs. L'état-major de la haute église a dû s'inquiéter un peu de cette affluence : M. Renan, si je mesure bien la portée de ses discours, me paraît être un auxiliaire des deux plus grands ennemis de l'établissement anglican, le rationalisme et le catholicisme. Le rationalisme historique travaille les Anglais : je n'en veux pour preuve que le succès du livre anonyme *Supernatural Religion*. M. Renan, avec plus de grâce, de sentiment, de religiosité et surtout d'esprit synthétique, prêche au fond la même doctrine antichrétienne que l'auteur masqué de ce livre de controverse. D'un autre côté, son indépendance de toute préoccupation confessionnelle lui permet d'apercevoir certaines choses cachées au public protestant, comme l'antiquité de la primatie romaine et la vérité du fait qui en est la condition première, la venue et le martyre de saint Pierre à Rome. Ces choses-là, M. Renan les a dites à son public de Londres, non sans précautions oratoires, cela va de soi, mais enfin il les a dites.

Dans la première conférence, intitulée : *En quel sens le christianisme est une œuvre romaine*, l'auteur étudie la préparation évangélique en tant qu'elle résulte de la paix romaine, du gouvernement romain et de l'état général des esprits sous l'influence de l'une et de l'autre. La seconde conférence : *La légende de l'Église romaine, Pierre et Paul*, traite du dissentiment entre les chrétiens juifs et les chrétiens gentils, puis du séjour des deux apôtres à Rome. Dans la troisième : *Rome, centre de formation de l'autorité ecclésiastique*, la lettre de saint Clément est expliquée comme un témoignage de l'esprit hiérarchique dont l'Église romaine a été imbue dès l'origine et aussi comme un monument de la réconciliation posthume des deux apôtres Pierre et Paul, toujours censés avoir été, de leur vivant, des frères ennemis. La quatrième conférence : *Rome, capitale du catholicisme*, montre la prépondérance exercée, dès le second siècle, par l'Église romaine.

Pour qui connaît les livres de M. Renan, il n'y a ici rien de nouveau. Des phrases, des pages entières sont extraites de l'*Antechrist*, des *Évangiles*, de *l'Église chrétienne* ; ce qu'il y a de plus original, ce sont les tempéraments imposés au conférencier par le caractère spécial de son auditoire. Un apologiste du christianisme pourrait relever ici, comme dans les autres ouvrages de M. Renan, plus d'un aveu précieux, celui-ci, par exemple : « Les apôtres « restèrent vivants et gouvernèrent après leur mort. L'idée que le président « de l'Église tient son mandat des membres de l'Église qui l'ont nommé ne « se rencontre pas une seule fois dans la littérature de ce temps (p. 163). » On pense bien que je ne puis faire ici de polémique d'aucune sorte ; je relèverai pourtant, en passant, deux détails un peu trop inexacts. « Les ébio- « nites, qui n'ont pas d'épiscopat, n'ont pas non plus l'idée de catholicité. » Mais c'est justement dans l'Église de Jérusalem que l'épiscopat est le plus anciennement visible ; et l'on sait que, pour M. Renan, église de Jérusalem, judéo-christianisme, ébionisme, c'est tout un.

Plus loin, parlant de l'attitude du pape Victor dans la question pascale, l'auteur fait remarquer avec raison qu' « entre toutes les Églises, celle de « Rome paraît avoir un droit particulier d'initiative » ; puis il ajoute : « mais « cette initiative était loin d'être synonyme d'infaillibilité, car Eusèbe déclare « avoir lu des lettres où les évêques blâmaient énergiquement la conduite de « Victor. » M. Renan confond ici l'infaillibilité avec l'impeccabilité. Même à présent, un évêque pourrait très bien, si les circonstances lui paraissaient le demander, faire des remontrances au pape, sans mettre en question son infaillibilité doctrinale.

Une cinquième conférence, prononcée à la *Royal Institution*, contient une étude sur Marc-Aurèle. Ce sujet est en dehors des limites actuelles des travaux de M. Renan sur les origines chrétiennes ; mais l'auteur a déjà annoncé un volume qui terminera la série commencée à la *Vie de Jésus*, par l'histoire du christianisme sous Marc-Aurèle. On peut en voir les prémices dans cette conférence. Sans être prophète ni fils de prophète, je gage que M. Renan terminera son œuvre par un parallèle entre Marc-Aurèle et Jésus-Christ. Il paraîtra hésiter quelque temps entre l'auteur des *Pensées* et le héros des *Evangiles*, mais la balance penchera finalement pour le premier, qui n'a ni dogme ni métaphysique d'aucune sorte et ne traîne point de secte après lui. Si cela est, on verra des gens mal intentionnés se douter que M. Renan ne brûle pas ses aromates pour Marc-Aurèle tout seul et qu'il donne la préférence à celui auquel il croit ressembler le plus. Pensez-y donc! Ne croire à rien, avec des nuances délicates qui vous empêchent d'être confondu dans la troupe imbécile des libres-penseurs : quel charme! Être sûr qu'on ne sera pas dérangé dans sa gloire par des adorateurs importuns, qu'on ne deviendra pas saint Marc-Aurèle ou saint Ernest : *chè gusto!* L'empereur et l'académicien ont vraiment choisi la meilleure part.

L. DUCHESNE.

---

43. — **Manuel de religion, d'histoire et de géographie sacrées**, à l'usage des aspirants et aspirantes aux brevets de capacité de l'instruction primaire, par M. l'abbé DAUMAS, premier aumônier du lycée Saint-Louis. Paris, Palmé, 1880, in-12 de 381 pages.

Ce manuel, conçu sur un plan très méthodique, et dû à un auteur que sa longue expérience rend particulièrement compétent sur ces matières, est appelé à un légitime succès. La partie concernant la religion comprend trois subdivisions : la première contient l'explication du Symbole des apôtres; la seconde est consacrée aux commandements de Dieu et de l'Église; la troisième traite des moyens que Dieu a établis pour nous sanctifier. L'auteur a pris pour base de ses explications le catéchisme de Paris, et il a su partout développer avec clarté et précision le texte qu'il avait choisi. Un endroit nous a paru pourtant un peu difficile à admettre. En parlant du sacrement de l'Eucharistie, M. D. écrit : « L'Eucharistie est un sacrement. Les protestants eux-mêmes sont d'accord avec nous sur ce point » (page 169). Cette assertion nous semble un peu trop générale, et il vaudrait mieux dire : certains protestants.

La partie historique et géographique est aussi intéressante que la partie dogmatique. L'auteur a utilisé de bons travaux modernes et a rempli son volume de faits nombreux, mais choisis de façon à ne pas surcharger la mémoire. Peut-être aurait-il pu profiter de cette occasion pour faire entrer dans l'enseignement officiel certaines idées qui se font jour sur la chronologie et l'histoire biblique, ou tout au moins indiquer que les dates de la Vulgate ne sont pas articles de dogme. Mais sans doute il aura craint de donner aux jeunes gens auxquels s'adresse son livre des doutes sur d'autres points plus importants, et il aura voulu attendre que les nouveaux systèmes soient plus unanimement acceptés des savants.

De bonnes cartes, nettement exécutées, complètent ce livre, qui est clair, précis, substantiel et écrit d'un très bon style. Sauf les points que nous venons d'indiquer, il nous paraît bien près de réaliser l'idéal d'un *manuel*. L'auteur annonce un second volume pour compléter celui dont nous venons de parler.

C. Trochon.

---

44. **Traité pratique de la construction**, de l'ameublement et de la décoration des églises selon les règles canoniques et les traditions romaines, avec un appendice sur le costume ecclésiastique, par Mgr X. Barbier de Montault. Paris, Vivès; 2 vol. in-8.

Quoique la première édition de cet excellent ouvrage remonte à deux années déjà, quoique bon nombre d'ecclésiastiques l'aient entre les mains depuis son apparition, nous estimons qu'il n'est pas encore assez connu.

Les instructions de saint Charles Borromée, rééditées par le chanoine Van Drival; celles de Benoit XIII, lorsqu'il donnait, avant d'être pape, sur le siège de Bénévent, le plus parfait modèle d'une administration épiscopale; plus récemment les travaux de Mgr Devie, de l'abbé de Herdt, du chanoine Auber, du vicaire général Dieulin, de l'archiprêtre Pierret, etc., ouvraient à Mgr de Montault des sources plus ou moins précieuses. Il y a puisé sans doute, et ses abondantes lectures auraient suffi déjà pour rendre son ouvrage indispensable à tous ceux qui n'ont pu, comme lui, consacrer vingt-cinq ou trente années d'études à des matières si ardues. Mais ses voyages incessants, ses longs séjours à Rome, à Bénévent, ont ajouté à ce qu'on pouvait, avant lui, rencontrer épars dans d'autres auteurs, le plus riche trésor d'observations personnelles.

Architecture de l'église, disposition intérieure, mobilier, luminaire, vases sacrés, ustensiles liturgiques, décoration, iconographie, ornements, rites, costume, tout a sa place dans cette œuvre magistrale; tout y est traité avec méthode et clarté. Tant de fautes journellement commises contre les traditions romaines, les décrets du Saint-Siège, autant que contre le bon goût, perdent désormais l'excuse d'une ignorance, qui pour beaucoup d'ecclésiastiques et pendant longtemps, grâce aux lacunes de l'enseignement, était à peu près invincible.

L'esprit qui règne dans l'ouvrage entier, comme dans tout ce qui est sorti de la plume de Mgr de M., mérite d'être signalé. L'auteur est un pur romain; le Saint-Siège est pour lui l'autorité suprême. Les doctrines romaines de l'auteur ont cependant un caractère que ne revêtent pas toujours celles de leurs adeptes français. Mgr de M. poursuit, comme le but le plus désirable, la pleine et définitive restauration parmi nous du **droit canon**, tel qu'il est appliqué au centre même de la catholicité; et cette restauration lui apparaît comme une légitime conséquence du retour à la liturgie romaine.

A. DE MEISSAS.

---

45. — **L'ombre de Socrate**, petits dialogues de philosophie socratique, précédé d'un essai sur le rire et le sourire, par Charles CHARAUX, professeur de philosophie à la Faculté de Grenoble. — Paris, Durand et Pedone-Lauriel, 1 vol. in-12.

Il est encore de nos jours des platoniciens. Notez bien que j'écarte toute controverse sur les points qui séparent Aristote de Platon; je donne au mot de platonicien un sens large, un peu flottant même si l'on veut; qu'importe, si tous le comprennent et si quelques-uns l'admettent? Le platonicien fait de la métaphysique : s'il n'en faisait pas, aurait-il droit à un tel nom ? Il sait que la métaphysique est comme le sol qui porte toutes les constructions de la pensée, et où s'alimentent les chênes et les fleurs; avec un rare esprit de notre temps (1), il dirait volontiers : « Il faut, bon gré mal gré, ou philosopher, ou se taire »; mais il a sa manière à lui de philosopher; et sa métaphysique est aisément reconnaissable. Elle l'est à sa clarté, à ses rayons, à son sourire; sourire dont la bienveillance n'est jamais banale et n'exclut pas toujours la malice. Les systèmes où le platonicien se complaît, peuvent pécher par plus d'un endroit; on peut y signaler des lacunes et des erreurs ; ils ont cependant un mérite où tous n'atteignent pas : ils élèvent. « Il sort de Platon une vapeur lumineuse, » a dit Joubert; « il ne faut pas « s'en nourrir, mais il faut la respirer. » Que de systèmes philosophiques, nés hier ou éclos aujourd'hui, auxquels on n'appliquera jamais le mot de Joubert! Ils n'élèvent pas, ils ne nourrissent pas, et la vapeur qui en sort n'a point cette transparence lumineuse qui laisse voir jusqu'aux choses et jusqu'à Dieu.

Je voulais dépeindre le philosophe qu'il me plaît de nommer platonicien, et c'est l'auteur de *l'Ombre de Socrate*, M. Charles Charaux, que j'ai dépeint. A vrai dire, parmi nos contemporains, nul, pas même M. Emile Landon, l'auteur trop peu connu d'un livre exquis (2), n'a plus que M. Charles Charaux les qualités platoniciennes. Sa métaphysique est haute et saine ; elle épanche une belle lumière qui charme et ne fatigue pas; il y a plaisir à la regarder, il y a profit à s'en nourrir. Le bon sens inspire M. Ch. Charaux, mais prenez-y garde, ce n'est pas la *musa pedestris* d'Horace. Ce bon sens a des ailes, aussi n'est-il pas le bon sens de tout le monde. Ce bon sens fait

---

(1) Le P. de La Bastie de l'Oratoire.
(2) *Le Spiritualisme dans l'art, la pensée et l'amour*, Douniol.

justice de mainte erreur contemporaine : erreur de la métaphysique antithéiste, qui veut remplacer l'éternelle et souveraine réalité par des abstractions sans consistance et sans vie ; erreur de la critique, érudite ou non, qui prétend peser les divers systèmes dans des balances qu'elle n'a pas ; erreur des politiques qui, dédaigneux de l'expérience et de l'histoire, rêvent d'adapter à un homme abstrait une constitution idéale. Le dialogue est la forme que M. Charles Charaux a choisie ; en cela encore, il est platonicien, et il l'est même par le gracieux encadrement, inspiré du *Phèdre*, qu'il donne au dernier de ses entretiens : *Le songe de Platon*. L'on y respire le parfum des gattiliers, l'on y entend le cri des cigales et le murmure de l'Ilyssus, et l'on y admire le génie du maître, éclairé d'un rayon avant-coureur de l'Evangile.

A. LARGENT

---

64. — **Étude sur Préneste, ville du Latium.** Thèse pour le doctorat ès lettres, par Emmanuel FERNIQUE, ancien élève de l'École normale supérieure, ancien membre de l'École française de Rome, professeur d'histoire au collège Stanislas, in-8, xiv-222 pages. Paris, Thorin. Prix : 7 fr. 50.

Quoique nouvellement fondée, l'École française de Rome, sous l'impulsion de l'Académie des Inscriptions et Belles-Lettres, a déjà rendu d'utiles services à la science. La monographie que M. Fernique a consacrée à l'antique ville de Préneste, ne sera pas le moins remarqué des travaux qui nous viennent du palais Farnèse. Plus d'une fois M. Geffroy, l'aimable et savant directeur de l'École française, avait signalé à l'Académie des Inscriptions les patientes et heureuses recherches de M. Fernique. Dans le livre que j'annonce aujourd'hui et qu'il a présenté en Sorbonne pour obtenir le grade de docteur ès lettres, M. Fernique a consigné lui-même les résultats de ses explorations et à travers les livres et à travers les ruines.

D'origine très ancienne, Préneste est une des premières villes de la confédération latine. Rome, après de longues guerres, lui donne le titre d'alliée. Le rôle politique de cette vieille cité fut donc considérable. Elle dut sa principale renommée au temple de la Fortune qui s'élevait dans ses murs et où les pèlerins affluaient de l'Italie entière. Avec son passé, ses prêtres, ses oracles, ses richesses, Préneste offrait un sujet fécond pour l'historien. On peut dire que M. Fernique l'a fait sien par la manière dont il l'a traité.

Son livre est divisé en quatre parties. La première raconte l'histoire de Préneste, en commençant par ses origines. M. Fernique y discute les légendes qui donnent à la ville, comme fondateur, un descendant d'Ulysse, et celles aussi qui réclament cet honneur pour Cœculus, fils de Vulcain. L'archéologie, qui reconnait des traces de murs cyclopéens, est d'accord avec les légendes pour constater l'antiquité de Préneste. D'après Tite-Live et Denys d'Halicarnasse, Préneste, d'abord soumise à Albe-la-Longue, entra dans la confédération latine. M. Fernique indique les rapports qui unissaient Préneste, ville alliée, à Rome et aux autres villes de la confédération. Rome la regardait comme une égale : à son tour, Préneste savait maintenir la paix entre elle et Rome. Mais, après l'invasion des Gaulois, les Prénestins se soulèvent eux aussi, avec les autres peuples latins, contre les Romains ; ils sont vaincus par Cincinnatus, qui les force à capituler. Préneste devient, après la dissolution de la ligue, une ville alliée du peuple romain. M. Fernique dit ce qu'était le *fœdus*, les droits qu'il entraînait après lui, comme le droit d'asile, celui de monnayage ; les obligations qu'il imposait, comme le service militaire, sur l'ordre de Rome. Les Prénestins, lors de la deuxième guerre punique, furent braves, et, par leur défense de Casilinum, ils méritèrent la reconnaissance des Romains. M. Fernique étudie la constitution de Préneste, son commerce, son luxe, l'industrie de ses miroirs si connus dans l'antiquité, le dialecte qu'on y parlait. Enfin, Préneste, restée neutre pendant la guerre sociale, devient municipe. Lors de la rivalité de Marius et de Sylla, Préneste, qui se déclare pour le fils de Marius, est prise par Sylla ; le vainqueur dévasta le temple de la Fortune pour l'embellir. M. Fernique cherche ensuite le rôle de cette ville pendant les triumvirats ; il montre, sous les empereurs, Préneste, qui a de nouveau le titre de municipe, se couvrir de palais et devenir un lieu de plaisance pour les empereurs romains. Le christianisme y pénètre de bonne heure ; Anicius Bassus, au déclin de l'Empire, rappelle, par une vie glorieuse, le nom célèbre de l'antique cité de Préneste. — Dans la deuxième partie, M. Fernique parle de l'histoire religieuse de Préneste ; il cherche d'abord quelle idée l'antiquité avait de la Fortune, et quelles transformations cette idée subit jusqu'à la chute de Rome. La Fortune est d'abord une divinité nourricière, pareille aux déesses Nortia et Feronia. Puis, modifiée par l'élément hellénique, la Fortune devient la déesse du sort, plutôt heureux que malheureux. Avec les inscriptions et les textes des auteurs, M. Fernique fait l'histoire du culte rendu à la Fortune de Préneste : les *sortes*, les collèges des prêtres, les pèlerinages, sont retracés en quelques pages peut-être trop écourtées. — Dans la troisième partie, on nous montre l'état actuel des ruines de Préneste : la ville, la citadelle et les murs cyclopéens, le temple, les villas, les voies, la nécropole passent sous nos yeux. — Enfin, dans une quatrième partie, il s'occupe de l'art prénestin, qui garde des traces des Phéniciens et des Etrusques. Les cistes, les miroirs y étaient d'une fabrication commune ; les motifs d'ornementation, la composition des sujets provoquent, sous la plume de M. Fernique, de fines remarques qu'on lit avec plaisir.

Entre le troisième et le quatrième siècle avant Jésus-Christ, Préneste est un centre de vie artistique qui n'est plus sous l'influence étrusque, qui n'est pas l'art italo-grec de la fin de la République, mais qui le prépare avec une puissante originalité.

Dans un appendice très curieux, M. Fernique a catalogué et décrit les objets d'art qu'on a trouvés à Préneste et qui proviennent soit de l'époque archaïque soit d'une l'époque plus moderne. Ces objets sont conservés dans les collections Barberini, Castellani et au musée Kircher. Quatre planches, dont l'une reproduit un plan des ruines de Préneste, complètent ce volume.

Cette analyse doit prouver à nos lecteurs qu'un tel livre a dû demander à l'auteur du travail, des connaissances variées, un courage persévérant et obstiné. Je suis heureux de reconnaître toutes ces qualités de M. Fernique et de le féliciter, après bien d'autres, de cette étude sur Préneste, où il a abordé avec tant de compétence, et souvent avec succès, des questions délicates et qui offrent matière à discussion. Pourtant, je lui ferai quelques critiques. Il a dispersé çà et là, dans les notes, les inscriptions sur lesquelles il s'appuie, et à bon droit, pour faire l'histoire politique et religieuse de Préneste. Mieux eût valu les réunir en quelques pages, comme l'a fait le regretté Camille de la Berge, en tête de sa magistrale histoire de Trajan. M. Fernique ne cite point Preller : il m'a semblé reconnaître partout l'inspiration de ce savant mythographe, notamment aux pages 80-82 qui paraissent être empruntées à sa *Griechische Mythologie*. M. Fernique aurait pu signaler la différence qui existait entre le culte de la Fortune à Préneste et à Antium. Il a oublié de dire aussi qu'Auguste avait une grande dévotion pour la Fortune prénestine et qu'il lui offrit une statue d'or. Peu de choses neuves dans la première partie du livre ; où M. Fernique est intéressant, c'est surtout dans la troisième et la quatrième partie. Le livre est imprimé avec soin, comme tous ceux qui paraissent chez ce vaillant éditeur, M. Thorin, si bienveillant pour les jeunes travailleurs.

Paul LALLEMAND.

VARIÉTÉS

CACHETS INÉDITS DES MÉDECINS OCULISTES MAGILLIUS ET D. GALLIUS SEXTUS

M. Duquénelle (de Reims) possède, comme on sait, une remarquable collection d'antiquités gallo-romaines. La beauté et l'état de conservation des objets réunis, le soin et l'intelligence avec lesquels ils ont été classés en augmentent la valeur ; enfin, cette circonstance particulière que tous, ustensiles, monnaies, œuvres d'art, ont été exhumés du sol si riche de Reims, l'antique *Civitas Remorum libera*, y ajoute un intérêt spécial et unique. Parmi ces objets précieux se trouvent cinq cachets d'oculistes (1). J'ai pu, l'année

---

(1) Un sixième cachet a été donné au musée de Saint-Germain, par M. Duquénelle.

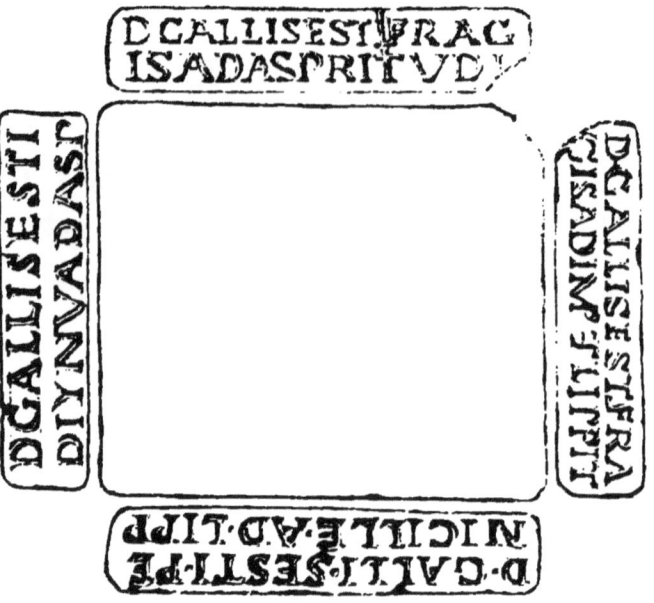

II

I

passée, avec la permission de M. Duquénelle, publier dans la *Revue Archéologique* (1) celui des médecins *M. Claudius Martinus* et *M. Filonianus*. Avec la même libéralité, on m'autorise à faire connaître aujourd'hui deux monuments semblables, encore inédits. Ce sont les cachets de *Magillius* et de *D. Gallius Sextus*, collègues et compatriotes de *M. Claudius Martinus* et de *M. Filonianus*.

I

CACHET DE MAGILLIUS

Texte : Lecture :

1º MAGILLIDIALEP *Magilli(i) dialep-*
   IDOSADCICATRI *idos ad cicatri(ces).*

2º MAGILLITH *Magilli(i) Th-*
   VRINVMC *urinum c(rocodes).*

3º MAGILLIDIOX *Magilli(i) diox-*
   SVSADCICATRI[VE] *sus ad cicatri(ces) ve(teres).*

4º MAGILLIDIA *Magilli(i) dia-*
   LEPIDOS C *lepidos c(rocodes)*

Traduction :

1º Collyre dialepidos de Magillius contre les cicatrices (de la cornée transparente) (2).

2º Collyre thurinum (à l'encens) safrané de Magillius.

3º Collyre dioxsus (au vinaigre) de Magillius contre les cicatrices invétérées (de la cornée transparente).

4º Collyre dialepidos safrané de Magillius.

Ce cachet, trouvé à Reims, est en schiste ardoisier de couleur verte. Ses dimensions ont, d'après les mesures qui m'ont été envoyées par M. Duquénelle, en largeur : 45 millimètres ; en hauteur : 32 millimètres ; en épaisseur : 9 millimètres.

On ne voit sur les plats aucune inscription ni aucun trait ; mais il existe, au milieu de chacun d'eux, un évidement de la pierre, de forme ovoïde, d'une profondeur d'un peu plus de 2 millimètres à l'endroit le plus profond, pratiqué évidemment pour empêcher le cachet de glisser entre les doigts pendant qu'on marque l'empreinte. C'est, je crois, le seul cachet qui présente cette particularité.

Les lettres ont une belle forme ; parmi les P, il en est trois dont la boucle n'est pas fermée.

_____
(1) *Sur un cachet d'oculiste découvert à Reims*, R. A., septembre, 1879, p. 154.
(2) Sur cette interprétation cf. Sichel, *Cinq cachets inédits de médecins oculistes romains*. Paris, 1845, p. 9.

I. — MAGILLI(I) DIALEPIDOS AD CICATRI(CES).

Magillius. — Ce nom n'avait pas encore été relevé parmi ceux des médecins oculistes, mais il n'est pas complétement nouveau dans l'épigraphie romaine : il fut porté par un magistrat de Tibur (1) et on le lit sur une inscription funéraire d'Espagne (2) ; mais, sur l'une et l'autre de ces inscriptions, il s'écrit par un seul *l*.

Dialepidos.. — Ce collyre était d'un emploi fréquent ; le principal ingrédient qui entrait dans sa composition était, comme l'indique son nom (διὰ λεπίδος) des squames de cuivre. Dans la spirituelle et humoristique étude qu'il a consacrée au cachet de Lons-le-Saulnier, le docteur Camuset, fort compétent dans la question, le définit : « une préparation faite au moyen (διὰ) d'écailles (λεπίς) ou squames tombées du cuivre qu'on écrouit. C'est le protoxyde de cuivre, ce que les potiers emploient pour obtenir les vernis verts (3). »

Le collyre *dialepidos* a été souvent relevé sur les cachets d'oculistes où il figure comme remède contre les maladies suivantes : *aspritudines* (4), *aspritudo et cicatrices* (5), *cicatrices et veteres cicatrices* (6), *diatheses* (7) ; on l'employait aussi *ad claritatem* (8).

Cicatrices. Sur le cachet que nous étudions, le collyre dialepidos est employé contre les cicatrices de la cornée transparente. Galien définit ainsi cette affection : « *Cicatrix appellatur (exulceratio totas membranas dividens), ubi nigro oculi ex alto ulcere membranae crassities supervenit et color albior apparet* (9). Les collyres désignés par les cachets comme propres à combattre cette maladie sont nombreux : *Basilium* (10), *Crocodes* (11), — *dialepidos* (12), — *paccianum* (13), *diacholes* (?) (14), *dialepidos* (15), *diamysios* ou *diamysus* (16),

---

(1) C. I. L., I, 1121.
(2) C. I. L., II, 2907.
(3) *Un nouveau cachet d'oculiste gallo-romain*, par le dr G. Camuset, *dans la Gazette des hôpitaux*, 15 décembre 1879.
(4) Grotefend, *Die stempel der Römischen Augenärzte*, Hannover, 1867, nos 3, 42, 49, 65, 68, 76, 83, 90.
(5) Grotefend, 54.
(6) Id., 66, 79, 98.
(7) Desjardins, *Notice sur les monuments épigraphiques de Bavai et du musée de Douai*. Paris, Dumoulin, in-8°, 1873, p. 104.
(8) Grotefend, 18.
(9) Galien, Εἰσαγωγὴ ἢ ἰατρός, c. xvi, p. 775 du t. XIV de l'éd. Kühn, Lipsiae, 1827. Οὐλὴ δέ ἐστιν, ὅταν ἐπὶ τῷ μέλανι τοῦ ὀφθαλμοῦ ἐξ ἕλκους βαθέος ὄντος παχύτης ὑμένος ἐπιγένηται καὶ ἡ χροιὰ λευκοτέρα φαίνηται.
(10) Desjardins, *Mon. de Bavai*, p. 72.
(11) Id., *Ibid.*, p. 108.
(12) Grotefend, n° 57.
(13) Id., 57.
(14) Id., 24.
(15) Id., 54, 66, 79, 98.
(16) Id., 7, 8, 37, 42, 43, 53, 61, 79, 90. — Klein, *Stempel römischer Augenärzte*.

dioxsus (1), *stactum diasmyrnes* (2), *opobalsanum* (3), *terentianum crocodes* (4). Celse donne la formule de trois collyres différents, contre cette maladie (5).

II. — MAGILLI(I) THURINUM C(ROCODES).

THURINUM. Le collyre *Thurinum* ou, de son nom grec, *dialibanum, dialibanos*, est, si l'on en juge par le nom, un collyre dans lequel entre l'encens. Cependant Marcellus Empiricus donne la formule d'un collyre *dialibanos* d'où l'encens est absent (6). Nous trouvons dans le même auteur la recette d'un autre collyre *dialibanum*, dans la composition duquel l'encens est employé (7). Avant lui Celse, dans le collyre « *quod* διὰ λιβάνου *vocatur* (8) », et Galien, dans le « τὸ διὰ λιβάνου φάρμακον » (9), avaient fait usage de l'encens. Le dernier de ces deux auteurs indique, dans d'autres passages, l'efficacité de l'encens pour combattre les maladies des yeux : « *et expurgare et implere quæ in oculis consistunt ulcera videtur* » (10). Il est curieux de rapprocher de ce texte le cachet suivant :

C.TITTI-BALBINI-CHLO
RON-AD-EXPVRG-ET-REPLET (11).

C. Titti(i) Balbini chloron ad expurg(ationem) et replet(ionem); les deux substantifs *expurgatio* et *repletio* correspondent aux verbes grecs de Galien : ἀνακαθαίρειν et πληροῦν.

Deux médecins poètes, ou, pour mieux dire, versificateurs, citent, parmi les propriétés de l'encens, celle de remédier aux maladies de la vue. On lit, dans le chapitre de Serenus Sammonicus intitulé : *Oculorum dolori mitigando* :

    Sed dolor immeritum lumen si forto lacessit
    . . . .

dans le *Jurbücher des Vereins von Alterthumsfreunden in Rheinlande*, t. LV et LVI, p. 128.
(1) Cf. plus bas, § 3. — Garnier, *Notice sur un cachet d'oculiste romain*, dans le t. XXVI des *Mémoires de la Société des Antiquaires de Picardie* (1880), p. 11 du tirage à part.
(2) Grotefend, 16.
(3) Id., 79.
(4) Id., 24.
(5) Celse, *De Medicina*, VI, 6, 25.
(6) *Medici antiqui omnes*, fol. Venetiis, 1547, p. 97 *b*, à la fin.
(7) *Ibid.*, p. 98 *a*.
(8) *De Medicina*, VI, 6, 13.
(9) Περὶ συνθέσεως φαρμάκων τῶν κατὰ τόπους, l. IV, c. VIII, p. 758 du t. XII, de l'éd. Kühn.
(10) Περὶ τῆς τῶν ἁπλῶν φαρμάκων κράσεως καὶ δυνάμεως, l. VII, c. XI, 13, p. 60 pu t. XII : καὶ ἀνακαθαίρειν δοκεῖ καὶ πληροῦν τὰ κατὰ τοὺς ὀφθαλμοὺς ἕλκη. — Cf. Id., *Ibid.*, p. 61 et 62. — Cf. aussi Dioscoride, cité par M. Garnier, *op. laud.*, p. 20, et la nombreuse liste de collyres où entre l'encens, donnée par le même auteur, *Ibid.*, p. 21.
(11) Bouillet, *Catalogue du musée de Clermont-Ferrand*, p. 86, n° 53.

Ex folio caulis cineres, confractaque thura
Et laticem Bacchi foetae cum lacte capellae.
Desuper induces (1).

Macer Floridus commence par les vers suivants le chapitre où il étudie les vertus de l'encens :

Thus calidum siccumque gradu dixere secundo,
Lumina clarificat, lacrymo si solvitur ovi
Contritum vel femineo cum lacte tepenti (2).

On peut rapprocher du second vers de ce texte les collyres *dialibanum* et *turinum ex ovo*, connus par plusieurs cachets (3) ; nous savons, par les mêmes monuments, que le lait de femme entrait souvent dans la composition des collyres (4).

Le collyre *Turinum Thurinum* (5) *Dialibanum*, était employé, d'après les cachets connus jusqu'à ce jour, contre : *impetus* (6), *omne ulcus oculorum* (?) (7), *suppurationes* (8) ; la formule *ex ovo* se trouve unie à ce collyre sur cinq cachets (9).

CROCODES. On a dit que le safran employé par les médecins oculistes romains était peut-être le *safran de mars*, « ainsi nommé uniquement à cause de sa couleur, car il n'entre pas de safran dans sa composition. Or on sait que le *safran de mars* n'est autre chose qu'un sous-carbonate de fer (10). » C'est possible ; dans l'antiquité aussi bien que de nos jours, les substances métalliques étaient fort employées par la médecine oculistique. Peut-être trouvera-t-on un texte à l'app   cette opinion fort plausible. En tout cas, je crois qu'il faut admettre que les oculistes romains faisaient usage du safran plante : Celse (11) donne la formule d'un collyre dans lequel entre l'ingrédient suivant : *Croci siculi, denar.* (12) *pondo* XXXII. Or, Pline, indiquant les meilleures qualités de safran (et c'est bien de la plante qu'il s'agit), donne le troisième rang au *safran de Sicile* : « *Crocum silvestre optimum..., sativum latius... sed... degenerans ubique... Prima nobilitas Cilicio et ibi in Corcyro*

---

(1) Serenus Sammonicu , *De medicina praecepta*, XIII, p. 22, édit. Panckoucke.
(2) Macer Floridus, *De viribus herbarum*, LXXVI, *Thus*, p. 254, édit. Panckoucke.
(3) Grotefend, 7, 23, 56, 72. — C. I. L., VII, 1316.
(4) Grotefend, 52 ; cf. Celsus, VI, 6 8 ; Galien, passim... etc...
(5) On sait que les deux orthographes *thus* et *tus* étaient usitées ; sur notre cachet on lit *thurinum*, sur celui de M. Garnier (*op. laud.*, p. 18), *turinum*.
(6) Grotefend, 7, 42. — C. I. L., VII, 1316.
(7) Grotefend, 23.
(8) Grotefend, 9, 24, 49, 56.
(9) Grotefend, 7, 23, 56, 72. — C. I. L., VII, 1316.
(10) Le docteur Ch. Martin, cité par M. Desjardins, *Monuments de Bavai*, p. 88.
(11) Celse, *De Medicina*, VI, 6, 25.
(12) Les médecins latins employaient le mot *denarius* pour désigner le poids d'une drachme attique.

monte : dein Lycio monte Olympo : mox Centuripino Siciliae » (1). Galien, mentionnant un collyre Παχχιανὸν δι' οἴνου κροκῶδες, dont il fait usage, ajoute : ἔχει δὲ τοῦτο πλεῖστον μὲν τὸν κρόκον, ἀφ' οὗ καὶ κροκῶδες ὀνομάζεται (2).

Le Collyre crocodes figure seul et sans indication de maladies sur un certain nombre de cachets (3), il est désigné comme efficace contre les *aspritudines* (4), et les *diatheses* (5), on le rencontre associé aux collyres *dialepidos* (6), *ad aspritudines* (7), — *ad cicatrices et scabrities* (8); *diamisus ad diatheses et reumatica* (9); *diamyseos* (10); *paccianium* (11), — *ad cicatrices et reumatica* (12); *sarcofagum ad aspritudines* (13); *terentianum ad aspritudines et cicatrices* (14).

III. — Magilli(i) dioxsus ad cicatri(ces) ve(teres).

Dioxsus. Pline mentionne une plante nommée *Oxys*, au sujet de laquelle il s'exprime en ces termes : « *Oxys folia terna habet; datur ad stomachum dissolutum; edunt et qui enterocelen habent* (15). » Mais aucun texte n'indique qu'elle ait été employée contre les affections de la vue. Aussi, n'y a-t-il pas lieu de croire que c'est cette plante qui a donné son nom au collyre *dioxsus*. Le *dioxsus* était une composition dans laquelle entrait le vinaigre, ὄξος; de là son nom. Les textes ne manquent pas à l'appui de cette interprétation : Marcellus Empiricus (16), après avoir donné la formule d'un collyre : « *dioxus ad asperitudines oculorum tollendas* », ajoute : « *Haec in pulverem redacta aceto optimo colliges, et deinde collyria formabis* (17). » Selon Pline, en fomentation le vinaigre est excellent pour les yeux (18) : « *Oculis quoque... saluberrimum fotu* », et le vinaige scillitique leur est également salutaire : « *Oculorum aciem obiter exacuit* (19) »; Galien le fait entrer dans la composition d'un collyre (20) et dans d'autres préparations.

(1) XXI, xvii, 1.
(2) Galien, Περὶ συνθέσεως φαρμάκων τῶν κατὰ τόπους, l. IV, c. iv, p. 715 du t. XII, édit. Kühn.
(3) Grotefend, 12, 71, 74, 99, 105. — Klein, *op. laud.*, p. 126.
(4) Grotefend, 11, 37, 51, 60, 65. — Desjardins, *Monuments de Bavai*, p. 87.
(5) Grotefend, 50.
(6) Grotefend, 10, 40, 50, — Klein, *op. ldud.*, p. 118.
(7) Grotefend, 14, 91.
(8) Grotefend, 57.
(9) Grotefend, 57.
(10) Grotefend, 44.
(11) Grotefend, 50.
(12) Grotefend, 57.
(13) Grotefend, 57.
(14) Grotefend, 24.
(15) XXVII, lxxxix, 1.
(16) *Medici antiqui omnes*, p. 98 a.
(17) Cf. le *Collyrium ex aceto*, de Myrepsus et le texte du même auteur, cités par M. Garnier, *op. laud.*, p. 14.
(18) XXIII, xvii, 1.
(19) XXIV, xxix, 2.
(20) Περὶ συνθέσεως φαρμάκων τῶν κατὰ τόπους, l. IV, c. vii, p. 731 du t. XII, édit. Kühn.

Le collyre *dioxsus* ne s'était, jusqu'à présent, rencontré que sur un seul cachet (1) :

C. VAL AMANDI
DIOXVMADREVMATIC

C. Val(erii) Amandi dioxum ad reumatic(a). Klein traduit *dioxum* par collyre au vinaigre; Grotefend (2) et, après lui, Klein (3) ont lu également *dioxum*, au lieu de HOFSVM sur un cachet publié par Sichel (4). Dans ce cas, le cachet de *Magillius* serait le troisième (5).

CICATRICES VETERES. Les cicatrices invétérées de la cornée transparente. Sur *Cicatrices*, cf. ci-dessus, § 1; le sens de *Veteres* se comprend de lui-même.

IV. — MAGILLI(I) DIALEPIDOS C(ROCODES) (6).

Sur *dialepidos*, cf. ci-dessus, § 1, sur *Crocodes*, § 2.

II
CACHET DE D. GALLIUS SESTUS

Texte : Lecture :

1° DGALLISESTISFRAG   D(ecimi) Galli(i) se[x]tis[ph]rag-
    ISADASPRITVD   is ad aspritud(ines).

(1) Klein, *op. laud.*, p. 132.
(2) Grotefend, n° 53, p. 77.
(3) Klein, *op. laud.*, p. 133.
(4) Sichel, *Nouveau recueil de pierres sigillaires d'oculistes romains*, extrait des *Annales d'oculistique*, in-8°. Paris, Masson, 1866, n° 22, p. 62.
(5) Ce travail était déjà terminé quand a paru la savante étude de M. Garnier sur *un cachet d'oculiste romain trouvé à Amiens*. Sur une des tranches on lit :

QALLITHREPTI
DIOXSVSADCI

Q(uinti) All(ii) Threpti dioxsus ad ci(catrices). M. Garnier lit : Q. Alli(ani. Je préfère lire Alli(i). Le *gentilicium* Allius était très répandu. Si, comme le suppose M. Garnier, le médecin en question avait dérivé le nom *Allianus* de celui de la *gens Allia* dont il était affranchi, ce nom ne pourrait être qu'un *cognomen*. Mais les affranchis prenaient le *gentilicium* de leur patron et gardaient, comme *cognomen*, leur nom servile; par conséquent, *Threptus*, esclave de Q. Allius, a dû prendre, en devenant affranchi, les noms Q. Allius Threptus. M. Garnier traduit aussi *dioxus* par *collyre au vinaigre*.
(6) M. Duquénelle m'informe qu'il lit *dialepidos c(ollyrium)*. Peut-être a-t-il raison. Je me suis arrêté à la lecture c(rocodes) pour deux motifs. Les mots *dialepidos* et *crocodes* se trouvent réunis sur plusieurs cachets (Grotefend, 10, 14, 40, 50, 57, 91; Klein, p. 118); en outre, dans tous les exemples connus, le mot *collyrium* précède le nom particulier du remède (Grotefend, 31, 60, 70; Klein, p. 111 et 116); c'est du reste conforme à l'usage épigraphique qui n'admet pas les inversions inutiles.

2°	D.GALLI.SESTI.PE NICILLE.AD.LIPP	*D(ecimi) Galli(i) se[x]ti pe- nicil(lum) le(ne) ad lipp(itudinem).*
3°	D.GALLISESTSFRA GISADIMPETLIPPIT	*D(ecimi) Galli(i) se[x]t(i) s[ph]ra gis ad impet(um) lippit(udinis).*
4°	DGALLISESTI DIVINVADASP	*D(ecimi) Galli(i) se[x]ti divinu(m) ad asp(ritudines).*

Traduction :

1° Collyre Sphragis de D. Gallius Sextus contre les granulations des paupières.

2° Eponge douce de D. Gallius Sextus contre l'ophthalmie.

3° Collyre Sphragis de D. Gallius Sextus pour la période aigue de l'ophthalmie.

4° Collyre divin de D. Gallius Sextus contre les granulations des paupières.

Ce cachet est un schiste ardoisier, de couleur verte, trouvé à Reims. Ses dimensions sont : largeur : 46 millimètres ; hauteur : 42 millimètres ; épaisseur : 9 millimètres. Rien sur les plats.

La forme des lettres est mauvaise et indique une époque beaucoup plus basse que celle du cachet précédent.

I. — D(ECIMI) GALLI(I) SEXTI SPHRAGIS AD ASPRITUD(INES).

D. GALLIUS SEXTUS est un nom nouveau à ajouter à la liste des médecins oculistes ; il est connu dans l'épigraphie : le gentilicium *Gallius* et le cognomen *Sextus* se rencontrent sur des inscriptions de toutes les parties de l'empire romain.

SPHRAGIS. Ce collyre n'a encore été relevé sur aucun cachet, mais il nous est connu par les textes des auteurs. Le mot grec Σφραγίς signifie empreinte, sceau, cachet ; par extension on a donné ce nom à des produits qui se vendaient revêtus d'une empreinte. Pline cite un de ces produits à l'usage des peintres (1) : il consiste en une terre nommée *Sinopis*, du nom de la ville de

---

(1) Le Sigle qui commence le mot que je lis SFRAGIS se compose-t-il réellement d'un S et d'un F liés ? Je le crois ; après avoir examiné à la loupe l'empreinte que M. Falcoz, professeur de dessin au collège de Juilly, a si exactement reproduite dans son beau facsimile, il ne m'est resté aucun doute. Dans une lettre datée des premiers jours de juillet, M. Duquénelle me faisait part d'un rapprochement qui lui est venu à l'esprit ; je lui laisse la parole : « Pline (XXIII, xxxiv, 1) indique l'usage du suc des feuilles de l'olivier contre les ulcérations et les pustules charbonneuses autour des yeux ; aussi, ajoute-t-il, on les fait entrer dans des collyres. Le même auteur (XXIII, xxxviii, 2) dit encore qu'on incorpore le marc d'olives, ou la décoction des feuilles et le suc de l'olivier dans les compositions ophthalmiques. Or, il y a un mot latin FRACES (ou FRAGES) qui signifie marc d'olives. » Cette ingénieuse conjecture me séduirait si je me croyais moins assuré de ma lecture ; mais tout le monde ne sera peut-être pas de mon opinion ; c'est pourquoi j'ai cru devoir faire connaître la lecture du possesseur du cachet de D. Gallius Sextus.

Sinope, près de laquelle on la recueillait; c'est un fer oxydé, limoneux, rouge. On en trouvait aussi en Égypte, dans les îles Baléares, en Afrique; (1) mais la meilleure se récoltait en Cappadoce et dans l'île de Lemnos. Au sujet de cette dernière, l'auteur s'exprime comme il suit : *Palmam Lemniae dabant, minio proxima haec est, multum antiquis celebrata, cum insula in qua nascitur. Nec nisi signata venumdabatur unde et sphragidem appellavere* (2). Cette terre sigillée de Lemnos, appelée *Sphragis*, avait un autre emploi, et c'est pour cette raison que j'en ai parlé un peu longuement : *In medicina praeclara res habetur. Epiphoras oculorum mitigat et dolores circumlita* (3). Galien indique trois formules différentes d'un collyre nommé *Sphragis* (4). Après avoir exposé les propriétés et le mode d'emploi du collyre appelé *Nectarium Marci*, cet auteur ajoute : *Caeterum ad palpebras asperas collyrio cum aqua utimur, apud alios sphragis appellatur*. En voici la formule :

Aeris usti et loti,	drachm (5).	IV —	cuivre brûlé.
Cadmiae,	dr.	IV —	oxyde de zinc.
Acaciae,	dr.	IV —	gomme d'acacia.
Croci,	dr.	II —	safran.
Opii,	dr.	II —	Opium.
Gummi,	dr.	VI —	gomme.

Aqua excipe ac utere ut indicatum est.

Aux ingrédients précédents, le *Sphragis Neapolitae*, formulé par le même auteur, ajoute le *Spodium cyprii*; le *Sphragis Paccii*, dont la composition est indiquée à la suite, contient, dans des proportions différentes, les mêmes ingrédients que le premier. Marcellus Empiricus a aussi un collyre *Sphragis* qu'il attribue à Antigonus (6). Un certain nombre de substances lui sont communes avec celles des trois collyres de Galien : *Cadmia, opium, acacia, gummus*. On voit que le temps avait peu modifié la composition du *Sphragis*. On trouve dans Celse (7), Dioscoride (8) et Galien (9), des médicaments appelés *Sphragis*, mais ce ne sont pas des collyres.

ASPRITUDINES. Celse décrit les effets de cette maladie et indique les moyens de la guérir (10); Sichel l'a identifiée avec les granulations des paupières (11)

---

(1) XXXV, XIII, 1.
(2) XXXV, XIV, 1. — Cf. Dioscoride, t. II, p. 4, édit. Kühn.
(3) XXXV, XIV, 1 ; cf. id., *ibid.*, XIII, 2 : *eadem adusta siccat scabritias occulorum e vino maxime*.
(4) Περὶ συνθέσεως φαρμάκων τῶν κατὰ τόπους, l. IV, c. VIII, p. 750-1 du t. XII de l'édit. Kühn.
(5) La drachme était égale à 1/8 de l'once romaine, égale elle-même à 1/12 de la livre.
(6) *Medici antiqui*, Marcellus Empiricus, 96 a.
(7) V, XX, 2.
(8) T. II, p. 4, περὶ δηλητηρίων φαρμάκων.
(9) Galien, édit. Kühn, t. XIII, p. 91, 100, 659, 834.
(10) VI, VI, 27.
(11) Sichel, *Nouveau recueil*, p. 13 et 14 ; cf. Desjardins, *Monuments de Bavai*, p. 88.

et avec la maladie désignée par les médecins anciens et par plusieurs cachets (1) sous le nom de *scabrities* ou *scabritiae*.

L'affection nommée *aspritudo* est une de celles qui revient le plus souvent sur les cachets, et les collyres destinés à la combattre sont nombreux : *anicetum* (2), *coenon* (3), *crocodes* (4), *crocodes dialepidos* (5), *crocodes sarcofagum* (6), *dialepidos* (7), *dialepidos crocodes* (8), *diamisos* (9), *diamisus* (10), *diamisyos* (11), *diasmyrnes* (12), *euodes* (13), *omle* ou *omulet* (?) (14), *paccianum* (15), *stactum* (16), *terentianum crocodes* (17).

II. — D(ECIMI) GALLI(I) SEXTI PENICIL(LUM) LE(NE) AD LIPP(ITUDINEM).

PENICILLUM LENE. *Penicillum lene* signifie pinceau d'éponge douce, et non pas pinceau de charpie. Sichel (18) et tout récemment le docteur Camuset (19) ont adopté cette dernière interprétation; ils ont eu tort. MM. Grotefend (20) et Desjardins (21) ont déterminé le sens du mot *penicillus* à l'aide d'un texte de Pline qui ne laisse subsister aucun doute. *Mollissimum genus earum penicilli oculorum tumores levant ex mulso impositi*, ce que M. Littré traduit : « Les éponges les plus fines sont *employées à faire des plumasseaux*; appliqués avec du vin miellé sur les yeux, ces plumasseaux en dissipent le gonflement (22). » D'après cette traduction, on serait peut-être tenté de croire que le nom *penicillus* n'est donné qu'à l'espèce de pinceau fabriqué avec l'éponge, et non au produit naturel; il n'en est rien cependant, comme le prouve le texte suivant du même auteur : *Trogus auctor est circa Lyciam*

---

(1) Grotefend, 11, 21, 55, 57, 65, 88, 137. — Klein, p. 101.
(2) Grotefend, 29 b.
(3) *Ephemeris epigraphica*, t. II, p. 450.
(4) Grotefend, 11, 37, 51, 60, 65, 85. — Desjardins, *Mon. de Bavai*, p. 99.
(5) Grotefend, 57, 91.
(6) Grotefend, 57.
(7) Grotefend, 42, 49, 54, 65, 76, 83, 90. — Klein, p. 109. — Camuset, *op. laud.*, p. 6.
(8) Grotefend, 14. — *Ephem. epigr.*, t. II, p. 450.
(9) *Bulletin de la société des sciences histor. et nat. de l'Yonne*, t. XXVII, séance du 8 juin, 1873.
(10) Camuset, *op. laud.*, p. 6.
(11) Grotefend, 62, 98.
(12) Klein, p. 111.
(13) Grotefend, 15, 21, 81. — *Ephemeris epigraphica*, t. II, p. 450.
(14) Grotefend, 3.
(15) Klein, p. 120.
(16) Desjardins, *Seconde lettre à M. le d^r Ed. Fournié*, dans la *Revue médicale*, 1880, n°s 1 et 2, p. 68.
(17) Grotefend, 24.
(18) *Nouveau recueil*, p. 26.
(19) *Op. laud.*, p. 5.
(20) P. 32.
(21) *Revue archéologique*, 1873, *Deux nouveaux cachets d'oculistes romains*, p. 13 du tirage à part.
(22) XXXI, XLVII, 2.

penicillos mollissimos nasci in alto, unde ablatae sint spongiae (1); le *penicillus* est donc, selon Pline, une éponge plus fine, plus douce, qui pousse en pleine mer, sur l'emplacement d'où l'on a arraché les éponges. J'avais indiqué (2), comme pouvant être rapproché de l'expression *Penicillum lene*, afin d'en éclairer le sens, le cachet suivant :

C.CINTVS.BLAN
DI.SPONG.LENI

G(aii) Cintus(mini) Blandi spong(ia) leni(s) (3).

On peut citer encore ce texte de Galien (il s'agit du traitement des granulations des paupières) : « ... εἶτα σπόγγῳ μαλακῷ τὸ ἀπορρέον ἐκλαμβάνοντες, προστέλλοντές τε τὰ βλέφαρα τὸ λοιπὸν τῆς τραχύτητος (4). » La traduction latine des mots de Galien serait *spongia leni* ou *penicillo leni*. D'ailleurs, l'éponge ne servait pas simplement à enlever les humeurs de la plaie ; elle avait elle-même une vertu curative qui rendait son emploi supérieur à celui de la charpie : « *Caeterum spongia nova non sicut lana aut linamentum materia « duntaxat est, quae humores irrigando excipiat, sed etiam manifeste desiccat. Id « quod scies, si ea sola utaris in vulnere cum aqua aut oxycrato aut vino pro « diversitate videlicet corporum... glutinabit siquidem ea similiter atque medica- « menta quae vocantur enaema* (5). » — « *De caetero recentes (spongiae) discu- tiunt, molliunt, mitigant* (6). Calcinées, les éponges sont employées pour combattre certaines maladies de la vue : « *et oculorum causa comburuntur in cruda olla figulini operis, plurimum proficiente eo cinere contra scabritias genarum, excrescentesque carnes, et quidquid opus sit ibi destringere, spissare, explere* (7). »

H. Thédenat,
Prêtre de l'Oratoire.

Collège de Juilly, juillet 1880.

(*A suivre.*)

---

(1) XXXI, XLVII, 6.
(2) *Revue archéologique*, septembre 1879, p. 157.
(3) Grotefend, n° 15.
(4) Galien, Περὶ συνθέσεως φαρμάκων τῶν κατὰ τόπους, l. IV, c. II, p. 710 du t. XII, édit Kühn.
(5) Galien, Περὶ τῆς τῶν ἁπλῶν φαρμάκων κράσεως καὶ δυνάμεως, lib. XI, ch. II, 11, p. 376 du t. XII de l'édit. Kühn. — Καινὸς δ'ὁ σπόγγος αὐτὸς καθ' ἑαυτὸν οὐχ ὡς ἔριον ἢ μοτὸς τιλτὸς, ὕλη μόνον ἐστὶ τῶν ἐπιβρεχομένων ὑγρῶν, ἀλλὰ καὶ ξηραίνει σαφῶς. Εἴσῃ δὲ χρησάμενος ἐπὶ τραύματος αὐτῷ μόνῳ μεθ' ὕδατος ἢ ὀξυκράτου ἢ οἴνου κατὰ τὰς τῶν σωμάτων διαφοράς, ὡς προείρηται, κολλήσει γὰρ αὐτὰ παραπλησίως τοῖς ἐναίμοις ὀνομαζομένοις φαρμάκοις.
(6) Pline, XXXI, XLVII, 2. — Cf. Marcellus Empiricus (*Medici antiqui*), p. 101 a.
(7) Pline, XXXI, XLVII, 6.

ERRATA AU N° 5.

Page 85, ligne première. *Ajoutez* : Paris, Belin, 1880, un vol. in-8 de v-423 pages.

Page 86, lignes première et deuxième. Au lieu de « l'infériorité qu'il admet dans la certitude des notions fondées sur la distinction possible entre l'élément naturel et l'élément formel de certitude, » *lisez* : « l'infériorité qu'il « admet dans la certitude des notions *fondée* sur la distinction possible « entre l'élément *matériel* et l'élément formel de *la* certitude. »

Page 87, ligne quinzième. Au lieu de « tenant partout, » lisez : « transportant. »

Un accident m'ayant empêché de recevoir les épreuves du compte rendu de l'*Epigraphie de Luchon*, il s'y est glissé trois fautes d'impression que je prie les lecteurs du *Bulletin critique* de rectifier ainsi :

Page 94, ligne vingt. Au lieu de Apollo *Borva*, lisez Apollo *Borvo*;

Ligne vingt-et-une. Au lieu de *Tarrarus*, lisez *Tanarus*;

Ligne trente-sept. Au lieu de *Expraenn*, lisez *Exprcenn*.

H. T.

PRINCIPALES PUBLICATIONS DE LA QUINZAINE

140. — *Annuaire de l'armée française pour 1880*. Armée active, réserve, armée territoriale. 1 vol. in-8° de 1416 p. Prix : 9 fr. 50. Berger-Levrault.

141. — BACKER (L. DE). *Le Droit de la femme dans l'antiquité*, son devoir au moyen âge, d'après des manuscrits de la Bibliothèque nationale. In-18, 179 p. Prix : 7 fr. 50. Paris, Claudin.

142. — BARNEAUD (C.). *Dissertation philosophique sur les principes constitutifs de la nature corporelle*, présenté à la Société niçoise des sciences naturelles et historiques. En appendice, du même auteur : *Étude sur la méthode de solution pour la question de la nature corporelle*, d'après saint Thomas et les scholastiques. In-8°, 88 p. Paris, Baltenweck; Sarlit.

143. — BERTALL. *Les Plages de France*; texte et dessins par Bertall. Livraison 1. Saint-Malo : Saint-Servan. Grand in-18, 16 p. avec grav. Paris, Marpon et Flammarion.

144. — CANTU. *Les Trente dernières années*, 1848-1878. In-8°, Prix : 6 fr. Paris, Didot.

145. — CONDAMIN (J.). *Quelques mots sur les lettres spirituelles de saint Alphonse de Liguori*. In-12, 50 p. Bar-le-Duc, imp. Pénel.

146. — DRAPEYRON. *La géographie et la politique*. Brochure in-8°. Prix : 2 fr. Paris, Delagrave.

147. — DURRIEU (P.). *La prise d'Arezzo (1384) par Enguerrand VII, sire de Coucy*. In-8°, 39 p. Paris, Picard.

148. — Erckmann-Chatrian. *Quelques mots sur l'esprit humain.* In-18. Prix : 1 fr. 50. Paris, Hetzel.

149. — Favre (Jules.). *Conférences et mélanges.* 1 vol. in-18. Prix : 3 fr. Paris, Hetzel.

150. — Faye (J. et C.) *Lettres inédites de Jacques Faye et de Charles Faye,* publiées d'après le manuscrit de la Bibliothèque nationale, par Eugène Halphen. In-8°, xi-148 p. Prix : 5 f. Paris, Champion.

151. — Fourtier (A.). *Provins lettré, notes biographiques et bibliographiques.* In-8° de iv-132 p. Provins, Lebeau.

152. — Hello (Ernest.). *Les plateaux de la balance.* 1 vol. in-12 de iv-412 p. Prix : 3 fr. Palmé.

153. — Houllier (A.). *Floreda, ou l'Église d'Amiens au quatrième siècle.* Grand in-8°, viii-350 p. et grav. Prix : 4 fr. Amiens, Delattre-Lenoel.

154. — Languet de Gergy. *Lettres de Languet de Gergy, procureur général au parlement de Bourgogne, au chancelier Séguier.* Publiées pour la première fois, d'après les manuscrits de la Bibliothèque nationale, par Henri Chevreul. In-8°, ix-99 p. Paris, Martin.

155. — Lavalley. *Catalogue des manuscrits de la Bibliothèque municipale de Caen,* précédée d'une notice historique sur la formation de la bibliothèque. 1 vol. in-8°. Prix : 20 fr. Caen, A. Massif.

156. — *Inventaire-sommaire des archives de Châlons-sur-Saône* (département de Saône-et-Loire) antérieures à 1790, par F. M. Gustave Millot, bibliothécaire et archiviste de cette ville. Série AA. Grand in-4° à 2 col., xii-516 p. imp. Landa.

157. — Palma (Mgr). *Institutions historiques-ecclésiastiques,* ou Solution des principales difficultés relatives à l'histoire de l'Église, suscitées par les protestants et les incrédules modernes. Traduction. T. I. Grand in-8°, xvi-487 p. Poitiers, Oudin.

158. — Patry. *Croquis généalogiques, suivis d'une notice sur les sires d'Auge;* par un gentilhomme normand (1877-1880). Anciennes familles de Normandie. In-8°, vii-168 p. Caen, imp. Le Blanc-Hardel.

159. — Rivarol (A.). *Œuvres choisies de A. Rivarol,* avec une préface par M. de Lescure. 2 vol. in-16, 693 p. Prix : 6 fr. Paris, Jouaust.

160. — Reynaud. (R. P.), Prieur des Dominicains de Lille. *La morale du Christ.* 1 vol. in-12 de 224 p. Prix : 2 fr. Paris, Palmé.

161. — Tarnier, (E.-A.) Docteur de la Faculté des sciences de Paris, etc. *Les erreurs scolaires.* 1 vol. in-12 de x-298 p. Prix : 3 fr. Paris, Palmé.

Le gérant : A. Sauton.

BULLETIN CRITIQUE

DE LITTÉRATURE, D'HISTOIRE ET DE THÉOLOGIE

SOMMAIRE. — Lettre au Directeur du Bulletin, *L. Duchesne*. — 65. Mossé, Les Psaumes de David, *C. Weste*. — 66. Gietmann, De re metrica Hebrœrum, *C. Weste*. — 67. Lafforgue, Censures, *G. Gillet*. — 68. Sestier, La piraterie dans l'antiquité. *E. Beurlier*. — 69. P. de Saint-Victor, Les deux masques, *P. Lallemand*. — 70. Fremy, Un ambassadeur libéral au seizième siècle, *C.-T. Millet*. — 71. Bouillier, Recherche de la vérité, *C. Trochon*. — Variétés. Cachets inédits des médecins oculistes (fin). *H. Thédenat*. — Principales publications de la quinzaine.

Mon cher Directeur,

Le *Bulletin critique* n'a que trois mois d'existence, on ne le connaît pas encore beaucoup; cependant il a déjà des amis, et des amis distingués. Plusieurs évêques, célèbres par leur zèle pour les bonnes études, nous ont donné des encouragements précieux; de temps en temps, il nous arrive de province une lettre ainsi conçue, ou à peu près : « Le *Bulletin critique* serait-« il cette revue que j'ai tant de fois rêvée... que j'attends depuis vingt ans? » Suit une description de la revue attendue et rêvée et nous sommes forcés de reconnaître qu'elle répond au programme que nous entendons exécuter ici. Dans la presse bibliographique, le meilleur accueil nous a été fait par l'organe le plus autorisé en ce genre, la *Revue critique*. On lit dans le numéro du 28 juin dernier :

« Il vient de naître un frère à la *Revue critique*, qui a reçu au baptême le nom de *Bulletin critique de littérature, d'histoire et de théologie*. Ce nouveau bulletin paraît deux fois par mois, dans un format tout semblable à celui de la *Revue critique*. La direction et la rédaction paraissent être entièrement en des mains ecclésiastiques (l'abbé Trochon en est le secrétaire). Cette garantie d'orthodoxie n'ôte rien au caractère rigoureusement critique du bulletin. Il semble avoir emprunté à sa sœur aînée, dans le jugement des œuvres de littérature et d'histoire — pour ne rien dire des matières théologiques auxquelles celle-ci n'entend rien — l'impartialité de ses jugements et le plus absolu franc-parler. Il fait beau voir M. L. Duchesne malmener l'auteur d'un livre extraordinaire sur Albert le Grand et saint Thomas (M. Reinhard de Liechty); puis après, de sa plume la plus fine et la plus élégante, faire savourer au lecteur les charmantes *Promenades archéologiques* (*Rome et Pompéi*) de notre collaborateur M. Gaston Boissier. M. E. Beurlier, dans les pages suivantes, consacre un article de bon conseil et plein de tact, honnêtement élogieux, au *Manuel de philologie classique* de M. S. Reinach. Des critiques bien touchées de plusieurs autres volumes, Lenormant (*Les origines de l'histoire*), Godefroy (*Littérature française au dix-septième siècle*), etc., contribuent à donner vraiment bon air au n° 3 du *Bulletin*, qui nous passe aujourd'hui sous les yeux. Le *Bulletin critique* promet de manquer totalement d'indulgence pour les livres qui ne se recommandent à lui que par la bonne intention d'être utile au salut des âmes (1). Un livre d'histoire ou de littérature, après tout, est scientifique ou ne l'est point, suivant la manière de travailler de son auteur et non pas au gré de *Laicus* ou de *Clericus* qui le juge. Nous nous attendons à recevoir beaucoup d'aide du jeune *Bulletin critique* dans l'entreprise de la séparation du bon et du mauvais grain que la *Revue* a poursuivie avec persévérance depuis le jour de sa fondation. »

Ces éloges nous inspirent peu d'orgueil, pour une bonne raison : c'est que nous ne les méritons pas du tout. Nous nous sommes embarqués dans cette entreprise sans grande réflexion. Beaucoup d'ardeur et de bonne volonté, la conscience de l'utilité d'une publication du genre de la *Revue critique*, mais d'un esprit religieux différent, des articles de quoi remplir un numéro, voilà, littérairement, notre mise de fonds, et cela au commencement des chaleurs, c'est-à-dire au moment où les auteurs s'énervent, où la librairie languit, où les critiques les plus féroces se laissent prendre aux charmes de la villégiature. On dira encore que la jeunesse est imprudente et l'on n'aura pas tort.

Pour réparer un de nos oublis, vous m'aviez prié, cher Monsieur Trochon, d'écrire un programme. (Un programme au septième numéro !) N'ayant rien à vous refuser, j'allais m'y mettre et je cherchais déjà le ton solennel de rigueur, lorsqu'il m'est tombé sous la main un article du savant abbé Ulysse Chevalier. C'est la préface d'un bulletin bibliographique annexé à la nouvelle revue lilloise les *Lettres chrétiennes*. L'abbé Chevalier ayant dit tout ce que je voulais dire, le plus simple est de le laisser parler ; il aura fait ainsi un programme pour deux revues à la fois. Cependant, comme la nôtre ne doit s'occuper que de bibliographie et qu'elle paraît beaucoup plus souvent que les *Lettres chrétiennes*, sans parler d'autres raisons encore, les pages de l'abbé Chevalier seront presque mieux à leur place dans notre petit *Bulletin* que dans la revue pour laquelle elles ont été d'abord écrites. M. Chevalier

(1) Ceci est dit dans le style de la *Revue critique*. Il est clair que ni le salut des âmes ni l'intention de leur être utile ne peuvent nous laisser indifférents ; mais l'intention n'est pas du ressort de la critique ; au for très extérieur où nous jugeons, on ne tient compte que du mérite objectif et scientifique. C'est aussi ce qu'a entendu le bienveillant appréciateur dont nous transcrivons le texte.

commence par jeter un coup d'œil sur la décadence des études parmi les catholiques.

« Dans ce mouvement scientifique qui caractérise notre époque, le monde catholique, religieux, tient-il dignement sa place? est-on obligé de compter sérieusement avec lui dans toutes les branches de l'érudition? Avons-nous fait, faisons-nous, chacun dans la sphère de notre action, des efforts pour apporter notre contingent de découvertes au résultat commun, pour nous tenir au courant des progrès réels opérés en dehors du Christianisme, à l'effet d'en faire bénéficier nos convictions? Permettez-moi de répondre ici tout haut ce que plusieurs de mes confrères pensent tout bas d'une situation d'infériorité relative, qu'un ensemble de circonstances malheureuses a trop longtemps maintenue.

« Il y a bien des points faibles et des lacunes dans notre vie intellectuelle. *La préoccupation trop exclusive de doctrines théoriques a détourné nos regards et nos études des recherches élevées, approfondies, méthodiques de l'érudition; elle a produit une certaine ignorance de nos véritables traditions en histoire et en littérature.* Le calme extérieur, une position longtemps indiscutée ont amené un grand affaiblissement dans les esprits. A la culture sévère, impartiale, désintéressée, de la science on a substitué des développements littéraires; et il s'est trouvé que bien des sujets, traités jadis avec ampleur et critique, n'ont donné lieu de nos jours qu'à des amplifications oratoires. Le choix fait parmi les productions antérieures a remplacé le perfectionnement du passé et la poursuite du nouveau...

« ... *Une dernière cause de décadence est, à mon sens, cette infatuation qui, sous le nom de bon esprit, fait passer des œuvres chétives et sans valeur, espérant dissimuler sous un pavillon d'orthodoxie la médiocrité ou la fausseté de la marchandise.* On trouve encore de nos jours, comme au temps de Mabillon, des catholiques dont l'intelligence attardée a conservé le culte des légendes apocryphes, et qui dans leur zèle pour les fictions édifiantes reprochent aux vrais savants les scrupules de leur critique (1). Soit crainte, soit insuffisance, ils se défient instinctivement de la science pure comme apologiste de la religion; ils tremblent de compromettre leur foi en maniant les armes de leurs adversaires : oubliant que la Vérité révélée ne saurait être contredite par une vérité naturelle. *C'est ainsi qu'il se publie journellement dans le monde religieux, on ne saurait le contester, des ouvrages détestables au point de vue scientifique; s'il s'en fait de sérieux et d'excellents, outre qu'ils sont rares, c'est ordinairement le fruit d'individualités remarquables, mais isolées, qui n'aboutissent qu'à travers bien des difficultés.*

« Il y a incontestablement quelque chose à faire de ce côté, et nous sommes résolus à l'exécuter sans précipitation comme sans faiblesse. Il faut absolument ramener l'esprit du public catholique érudit vers la science

---

(1) Ici, la direction des *Lettres chrétiennes* a placé une note destinée à édulcorer la tisane un peu amère que M. Chevalier offre ici au public catholique: nos lecteurs boiront bien sans sucre.

sévère, vers les méthodes rigoureuses, vers les travaux approfondis et durables. La meilleure manière de servir l'Église auprès des gens du monde fascinés par les progrès scientifiques du dix-neuvième siècle, c'est d'étudier avec passion et impartialité. La haute culture intellectuelle, qui ne poursuit que la vérité exacte, est souvent le meilleur agent d'apostolat chrétien ».

Cette dernière pensée est, pour le dire en passant, tout à fait en harmonie avec la conception de l'enseignement supérieur catholique que M. l'abbé d'Hulst vient d'exposer dans sa petite brochure : *Que vont devenir les Facultés libres* (1)? M. Chevalier continue en traçant les règles de la critique bibliographique :

« Nullement fondée pour faire de la réclame en faveur des libraires, satisfaire les rancunes de rivalités plus ou moins justifiées, permettre d'acquitter une dette de reconnaissance envers un donateur bénévole, la Revue ne saurait ouvrir ses colonnes à aucune considération de ce genre. On devra respecter toujours scrupuleusement la personne des auteurs, fussent-ils notoirement hostiles à l'Église; car c'est ce respect absolu des personnes qui permet d'exprimer avec franchise une opinion indépendante et autorisée sur leurs œuvres. Ni camaraderie ni hostilité systématique, telle sera notre règle invariable sur ce point.

« Un compte rendu critique doit renfermer ordinairement deux parties : l'analyse et la discussion. Il ne faut pas facilement supposer le lecteur en possession de l'ouvrage ni au courant de la matière dont il traite. On doit faire connaître l'objet et le plan de l'auteur, les différentes parties du livre, l'enchaînement des idées. Parfois il y a lieu d'établir, soit à l'aide de l'ouvrage lui-même, soit à son défaut d'après des recherches personnelles, l'état de la science sur la matière en question. L'analyse devra prendre plus de développements quand il s'agira de productions de valeur, que leur tirage restreint ou leur prix élevé rendrait à peu près inaccessibles au public. La discussion doit revêtir, autant que possible, une forme sévère et abstraite. La confiance que la Revue espère mériter du public chrétien ne dispensera jamais ses collaborateurs de donner les preuves de leurs assertions contradictoires : jamais d'allégation dénuée de preuve, jamais surtout d'insinuation qui défie toute vérification. Chaque observation critique doit être immédiatement justifiée et le lecteur mis en état de contrôler lui-même. Ces conditions sont indispensables pour légitimer au début notre sévérité et y accoutumer le public. Désagréable peut-être à entendre dans les commencements, notre critique, si elle se présente toujours corroborée de preuves, finira par se faire accepter, et si elle parvient à élever le niveau de la science catholique, nous aurons contribué à rendre à la religion un important service.

« Nos comptes rendus devront signaler dans chaque ouvrage ce qu'il apporte de nouveau à la science, en relever les erreurs et les lacunes. Les points sur lesquels nous appelons l'examen spécial de nos collaborateurs sont les suivants : a) l'auteur était-il suffisamment préparé par ses études

---

(1) Paris, Poussielgue, brochure in-18.

antérieures à traiter la matière qui fait l'objet du livre en question? b) a-t-il connu et mis à profit les travaux déjà publiés sur le sujet spécial qui l'a occupé? c) lui a-t-il appliqué la méthode véritablement scientifique?... C'est ainsi que nous parviendrons à répandre la connaissance des principes, à en perfectionner l'application. On n'a pas assez l'habitude de s'enquérir des résultats déjà acquis, de faire partir une recherche du point où elle a été conduite par les travaux antérieurs.

« Les articles que la Revue attend de ses collaborateurs ne sauraient donc rentrer dans le genre de la littérature facile : outre qu'ils demanderont toujours, pour être compétents, des connaissances spéciales, ils exigeront d'habitude un vrai travail. Sans rapporter à leurs auteurs une notoriété proportionnée, ils leur attireront plus d'une difficulté; et en échange d'un surcroît d'efforts on n'aura souvent que le plaisir de dire la vérité et la conscience d'une bonne action. »

Voilà, cher Monsieur Trochon, un excellent programme; ce que nous avons de mieux à faire, c'est de le suivre. Telle est bien notre intention. Les ouvrages dont on nous priera de rendre compte seront confiés aux personnes les plus compétentes parmi celles avec qui nous sommes en relation. On les lira avant de les juger : cela ne se fait pas toujours. On renseignera le public sur ce qu'ils contiennent, sur ce qu'ils ont d'utile et de nouveau : puis, à cette première appréciation, on joindra la critique proprement dite; on signalera les vices de méthode et les fautes de détail, sans aigreur, mais sans faiblesse. Les auteurs dont nous dirons du mal ne seront pas contents; c'est prévu : s'ils l'étaient, nous n'aurions pas bien travaillé; ils pourront donc se dispenser de nous adresser leurs doléances : nous les devinons.

En malmenant les ouvrages tout à fait mauvais, en signalant les points faibles de livres plus sérieux, nous usons d'un droit aussi clair que celui *qu'à la porte on achète en entrant*, et nous en usons pour le bon motif, dans l'intérêt de notre public, même dans l'intérêt des auteurs, s'ils ont l'esprit de profiter de nos observations. De ce côté donc, n'ayons aucun souci. Mais occupons-nous de perfectionner notre Bulletin. Il a encore bien des progrès à faire; que nos lecteurs ne les attendent pas trop longtemps. Tâchons de fonder enfin une revue critique, à laquelle le clergé et les gens religieux puissent s'intéresser. C'est bien difficile, je le sais; ce n'est pas impossible (1).

L. DUCHESNE.

(1) Les *Annales de philosophie chrétienne*, dans leur numéro d'août, p. 480, nous souhaitent la bienvenue en termes si élogieux que nous n'osons pas les reproduire. Nous prions seulement M. Xavier Roux de vouloir bien agréer l'expression de notre reconnaissance pour ses bons souhaits. (Note de la Réd.)

65. — **Les Psaumes de David**, traduction littéraire et juxtalinéaire... accompagnée d'une petite grammaire hébraïque et du dictionnaire des racines, par M. B. Mossé. Avignon, Séguin, 1880, in-8° de 440 pages.

Bon livre élémentaire, appelé à rendre de réels services aux commençants. Les principes de grammaire sont courts, écrits à un point de vue rabbinique; mais la question de méthode nous laisse, il faut le dire, assez indifférent. L'essentiel est d'apprendre, et avec ces vingt-quatre pages, on peut arriver facilement à lire la Bible. L'auteur aurait pu, sans rien perdre, nous priver des approbations de M. l'abbé Bayle, du rabbin Isidore et du pasteur Bruston.

Sa traduction est bonne. Il a eu soin d'indiquer les racines des verbes à mesure que les verbes se présentent. Peut-être eût-il mieux valu les réunir en dictionnaire et les rejeter à la fin du volume. Le travail de l'élève n'en eût que mieux valu. Les quelques pages placées à la fin des psaumes étaient sans doute destinées à cela dans la pensée de l'auteur; mais elles n'ont pas la valeur que nous leur voudrions; elles serviront plutôt de concordance et, à ce titre, elles peuvent être approuvées.

Les sommaires placés dans la table ne sont pas assez développés. Que peuvent apprendre ces deux lignes qui résument le psaume CXIX° (CXVIII° de la *Vulgate*) : « Psaume huit fois alphabétique, sentences, hommages, voix et supplications de David »? En outre, il est fort peu probable, fort peu certain même que ce psaume soit l'œuvre de David; quelques auteurs le placent au temps d'Esdras; quelques-uns même le descendent jusqu'à l'époque d'Antiochus. On voit par là si les fameux *critères internes* de nos critiques sont d'une valeur absolue.

L'auteur abrège quelquefois trop ses formules. Il suppose connu ce qu'il ne fait qu'énoncer et sur quoi il devrait insister. (V. sa traduction d'*asherei*, p. 1 et 113.)

Une explication des mots difficiles contenus dans les titres eût été très utile.

Enfin l'ouvrage ne serait-il pas déjà ancien de quelques années? On pourrait s'imaginer que l'auteur n'y a mis qu'un titre nouveau et peut-être le précis de grammaire qui l'ouvre et la table qui le ferme.

L'ouvrage mérite cependant d'être signalé, et il sera très utile.

C. WESTE.

66. — **De re metrica Hebræorum** disseruit P. Gerardus Gietmann, S. J. Fribugi, Herder, 1880, in-8° de 135 pages.

Le problème insoluble de la métrique des Hébreux a été l'objet de récentes recherches de la part du docteur G. Bickell. Ces recherches n'ont pas satisfait la plupart des érudits et de toutes parts les objections se sont produites contre la théorie nouvelle. Le P. Gietmann propose à son tour une explication, timide, dit-il dans sa préface, mais uniquement dictée par l'amour de la vérité et de la science. On ne doutera point, en effet, qu'un catholique n'envisage pas ce sujet comme « une étude de pure curiosité (1) ». Il faut, pour comprendre ce livre, le plus difficile peut-être de tout l'Ancien Testament, et les autres livres poétiques de la Bible, chercher les règles de la poésie hébraïque.

Jusqu'ici c'est le parallélisme qui paraissait résoudre le mieux les difficultés que présente la poésie sacrée. Lowth et, après lui, Herder avaient très bien exposé cette théorie. On veut aujourd'hui changer tout cela. En vain M. Bertrand, l'érudit chanoine de Versailles, et M. Mabire, vicaire général de Bayeux, ont suivi ce système dans leurs belles traductions. Rien ne paraît moins fondé à nos critiques.

Il y a, dit le P. Gietmann, il y a des vers dans la poésie hébraïque, et ces vers ont une certaine ressemblance avec ceux des Grecs et des Latins. La tradition nous le prouve, et saint Jérôme, après Josèphe, est de cet avis. Bickell a retrouvé une métrique analogue chez les Syriaques. Donc la preuve... reste à faire. Pour la réfutation de Bickell, je renverrai le lecteur à la *Revue critique* du 24 mai, sans reproduire ici les arguments de M. Gumburg.

Le livre du P. Gietmann a un grand défaut. Tous ses exemples sont transcrits en caractères latins; aussi est-il impossible de bien les comprendre. Les imprimeries allemandes, si riches, dit-on, en caractères orientaux, auraient bien dû nous laisser le soin de chercher un rythme et des consonances, sans nous les imposer dans leur transcription impossible. Car il est sans doute que la prononciation vraie de la langue sainte ne doit pas se chercher aujourd'hui dans les pays d'origine germanique. C'est en Orient, parmi les peuples sémitiques, qu'il faut chercher les exemples et les règles.

Ce que l'auteur appelle *Leges metricæ* ne vaut pas mieux. Cherchez donc quelque chose de semblable chez les Arabes et chez les Syriens. Malgré le travail considérable que révèlent ces pages, il faut dire que l'auteur a fait fausse route. Avec le peu de renseignements qui nous restent, il ose prétendre qu'Isaïe a souvent négligé les lois du parallélisme (p. 33). Ses exemples ne nous ont pas convaincu. Ce n'est que prudence de rester fidèle aux anciennes traditions, quand pour les remplacer ne se présentent que des hypothèses, ingénieuses si l'on veut, mais sans aucun fondement. Il faut, en effet, pour les soutenir, opérer dans le texte de nombreuses modifications. Et ces changements on ne les appuie sur rien de sérieux (2)

Les tentatives du docteur Bickell et du P. Gietmann auront pour résultat de confirmer les hébraïsants dans leurs anciennes vues. Et vraiment ces

(1) V. M. Vigouroux, *Manuel biblique*, t. II, p. 184. — Nous rendrons prochainement compte de cet important ouvrage.
(2) M. l'abbé Bargès, professeur d'hébreu en Sorbonne, a souvent traité sujet dans son cours. Nous espérons qu'il publiera un jour ses savantes recherches sur ce point. Il rendrait par là un grand service à la science.

auteurs auront par là rendu un vrai service en empêchant de jeunes érudit de s'enfoncer dans une impasse et d'y laisser du talent et du travail qui peuvent être ailleurs mieux employés.

C. WESTE.

67. — **Commentaire de la Constitution**, *Apostolicæ sedis* de Sa Sainteté Pie IX, relative aux censures « *latæ sententiæ* », précédé d'une introduction par M. l'abbé LAFFORGUE, supérieur du Grand Séminaire de Tarbes. Seconde édition, petit in-8, 82 pages. Paris, chez P. Lethielleux.

L'auteur expose d'abord dans son introduction la doctrine de l'Église sur l'absolution, les cas réservés, les différentes censures et les irrégularités. Puis il commente d'une façon complète chaque article de la Constitution *Apostolicæ sedis* dont il donne une traduction exacte. Comme la constitution de Pie IX maintient les censures *latæ sententiæ*, établies par le Concile de Trente, M. Lafforgue reproduit à la fin de son travail le texte même du Concile concernant ces censures. Il termine par l'exposé de plusieurs questions, concernant l'interprétation de la Constitution apostolique, en y joignant les réponses qui viennent d'y être faites par la sainte Pénitencerie. L'ouvrage sera donc très utile aux ecclésiastiques employés au ministère des âmes.

G. GILLET.

68. — **La Piraterie dans l'antiquité**, par J. M. SESTIER. Paris, A. Marescq aîné, 1880. In-8°, VII-320 pages.

« Tous les peuples primitifs établis dans les pays méditerranéens ont exercé la piraterie dans l'antiquité. » Suivre pas à pas leur sort et leur destinée et « reconstituer ainsi les divers caractères de la piraterie, en rechercher les causes, en expliquer les transformations », tel est le but du livre de M. Sestier.

M. S. commence son étude à l'époque la plus reculée. Il nous fait assister, en effet, aux origines mêmes de la navigation, née, nous dit-il, le jour où un riverain de la mer imagina pour se soutenir sur l'eau de monter sur le tronc d'arbre qu'il voyait flotter. Bientôt le canot se transforma en navire, et les marins ne tardèrent pas à être pirates. Toutes les légendes primitives contiennent des récits d'enlèvements, suivis de représailles. Bacchus combat les pirates tyrrhéniens; les Argonautes combattent ceux de Colchide; et plus d'un de leurs exploits ressemble fort à des actes de piraterie.

La première répression fut exercée par Minos, roi de l'île de Crète, mais sans grand résultat; les côtes continuèrent à être infestées, et quand les Athéniens s'emparèrent de l'empire de la mer « le grand avantage qu'ils y trouvèrent, dit Xénophon, ce fut de pouvoir ravager impunément les campagnes des peuples plus puissants. »

Les Carthaginois, grands commerçants, firent une guerre terrible aux pirates; leur défaite rendit à ces brigands toute sécurité. Rome, en effet, n'exerça point sur mer la surveillance qu'avait exercée Carthage. M. S. veut que cela ait rendu les pirates reconnaissants; et quand Valère-Maxime, racontant l'anecdote connue des brigands arrêtés dans leur pillage par le nom de Scipion, s'écrie : « Qu'y a-t-il de plus grand que la majesté de Scipion, imposant du respect aux brigands eux-mêmes »; M. S. trouve l'hommage des pirates quelque peu suspect et déclare qu'ils devaient bien ce léger témoignage à celui qui avait brûlé la flotte carthaginoise. Cette interprétation a au moins le mérite d'être originale.

Les Romains furent bientôt obligés de sévir à leur tour contre ces ravageurs. Ils purgèrent d'abord l'Adriatique, s'emparèrent ensuite des îles Baléares, vrais nids de forbans. Plus tard Mithridate souleva contre Rome tous les pirates de la Grèce, des îles et des côtes de l'Asie Mineure. Alors commença une lutte longue et pénible. P. Servilius Isauricus, Antoine, Metellus, enfin Pompée, eurent besoin de toutes les forces de la République pour porter un coup mortel à cet empire de pirates, qui avait son centre en Cilicie et possédait de nombreuses villes sur tout le littoral de la Méditerranée.

Plus tard le fils de Pompée eut pour alliés dans sa lutte contre Auguste les restes des bandes qu'avait combattues son père. Auguste pacifia l'empire et les pirates disparurent.

Les trois derniers chapitres du livre sont consacrés à la législation maritime dans l'antiquité, à la traite des esclaves et enfin au rôle des pirates dans la littérature. Les principaux codes maritimes des anciens sont les lois de Tyr et les lois rhodiennes, qui les complétèrent. La loi maritime des Rhodiens passa tout entière dans le droit romain; il y eut aussi un certain nombre de lois athéniennes pour régler la course, etc... M. S. s'est étendu très peu sur la piraterie dans la littérature, il n'a fait qu'indiquer là un sujet d'étude qui pourrait donner lieu à des pages intéressantes.

M. S. a groupé dans son ouvrage un certain nombre de faits, épars dans les histoires générales. On a ainsi une vue d'ensemble, mais point d'aperçus nouveaux. M. S. a trop insisté sur les légendes primitives ou, du moins, n'a pas distingué suffisamment la piraterie proprement dite de cet état de guerre mal défini, qui était alors la situation générale. Il eût dû montrer avec netteté, ce qu'il indique à peine, qu'il y a une différence complète entre la piraterie exercée par une association de brigands vivant en dehors des lois d'une civilisation reconnue et la guerre maritime, barbare sans doute, accompagnée de pillage, mais faite, de part et d'autre, par des belligérants usant des mêmes moyens. Ainsi l'expédition des Argonautes est une revanche et non un acte de piraterie. Solon, quand il emploie la ruse pour reprendre Salamine aux Mégariens, n'est pas un pirate (p. 66). De même (p. 94) Denys, qui ravagea les pays des Phéniciens et des Carthaginois, mais ne pilla jamais les Grecs, est plutôt un corsaire, comme Surcouf, qu'un pirate proprement dit. On peut certainement blâmer avec justice ce qu'on appelait « la course », mais un corsaire ne doit point être assimilé à un brigand. « La distinction est du reste souvent difficile à faire », comme le remarque M. S. (p. 99), « la raison en est que dans ces temps on ne connaissait aucun droit public, la raison du plus fort était la seule loi du genre humain. » (p. 97).

Dans la partie où M. S. traite des luttes de Rome contre les pirates, et qui est la plus intéressante, nous aurions voulu une étude plus complète sur l'organisation intérieure de cette singulière république cilicienne. M. S. a pris la question trop par l'extérieur, il parle plus des Romains que nous connaissons, que des pirates que nous ne connaissons pas. Ce qu'il nous laisse entrevoir nous prouve cependant qu'il y aurait eu sur ce point des choses intéressantes à dire. Indiquer, par exemple, les villes dont ils s'étaient emparés, les relations de ces villes avec leur métropole, les noms des principaux chefs, en un mot, grouper des détails dont plusieurs se trouvent çà et là dans son livre, eût été, de la part de M. S., un véritable service rendu à la science.

Quelques remarques de détail. M. S. affirme (p. 33) que la région d'Ophir est, selon toute probabilité, la ville de Saphar dans l'Arabie Heureuse. Nous ne savons où il a pris cette affirmation. Max Muller (*Leçons sur la science du langage*, p. 256.) et Lassen (*Indische Alterthumskunde*, I, 653.) placent Ophir à Abhîra, à l'embouchure de l'Indus. C'est l'opinion la plus suivie aujourd'hui (voir Vigouroux, *la Bible et les découvertes modernes*. Paris 1879, III-347 et suivantes.)

M. S. indique la plupart du temps ses références d'une manière exacte, malheureusement il n'en est pas toujours ainsi; trop souvent ses renvois sont vagues. Ainsi (p. 110) renvoyer à Duruy, *Histoire grecque*, à Plutarque, *Vie de Thésée* ou *Vie de Pompée* (p. 194 et 207) ou encore à Sénèque le Rhéteur, sans autre indication, c'est rendre au lecteur la vérification difficile. Elle lui deviendra impossible, quand il se verra (p. 304) renvoyé à Boissier, *l'opposition sous les Césars et à son cours*.

Enfin, l'auteur aurait dû soigner davantage la correction des épreuves, en ce qui touche les citations grecques. L'accentuation est à peu près partout fautive, comme on peut en juger par les exemples suivants : (p. 195, note z) πρὸς κρητὰ κρητίζειν ; (p. 97) le vers d'Euripide, qui suit (je respecte l'accentuation de l'auteur) :

« Ναυαγος ἥκω ξενος, ἀσύλητον γενος. »

se trouve à la page 282, avec les variantes suivantes qui ne sont pas plus heureuses :

« Ναυαγὸς ἥκω ξενος, ἀσύλητον γένος. »

M. S. (p. 22) donne l'idée et exquisse rapidement les principaux traits d'une étude qui ne manquerait pas d'intérêt : montrer les transformations successives du poème sur le retour des Argonautes, coïncidant avec l'accroissement des connaissances géographiques. En somme la question n'est pas épuisée par l'ouvrage de M. Sestier, mais son livre présente un résumé utile d'un grand nombre de faits qui n'avaient pas encore été groupés à ce point de vue.

E. BEURLIER.

69. — **Les Deux Masques**, tragédie-comédie, par Paul de SAINT-VICTOR. Première série : les Antiques, Eschyle. Paris, chez Calmann Lévy. In-8, xxxv-551 pages.

L'antiquité se rapproche de plus en plus de nous. Des entrailles du sol, des monceaux de ruines, ces morts illustres ressuscitent sous la pioche des travailleurs. Le fragment d'une inscription mutilée, la légende d'une médaille presque fruste donnent souvent au texte des écrivains le commentaire le plus inattendu et le plus lumineux. C'est la Grèce surtout, semble-t-il, qui a le plus gagné aux découvertes archéologiques. On sait maintenant quelle parenté lointaine l'unit aux vieilles peuplades du haut plateau asiatique. Sa mythologie si riante et si corrompue a retrouvé ses origines dans les légendes des Aryens. L'*Iliade* répond aux Védas. Nul, plus que M. Paul de Saint-Victor, n'a jusqu'ici fait appel aux traditions des peuples antérieurs pour mieux comprendre et interpréter l'art grec sous toutes ses formes : épopée, drame, sculpture, architecture. L'originalité de son beau livre, si impatiemment désiré, est qu'en demeurant fidèle à l'explication vulgaire des tragédies d'Eschyle, il la rajeunit par l'intelligence des recherches de l'érudition moderne.

« Replacer les tragédies et les comédies grecques dans le milieu qui les a produites, éclaircir et élargir leur étude en l'étendant sur le monde antique, par les aperçus qui s'y rattachent et les rapprochements qu'elle suggère, soulever le masque de chaque dieu et de chaque personnage entrant sur la scène, pour décrire sa physionomie religieuse ou son caractère légendaire, tel est, dit M. de S.-V. le plan que je me suis tracé et que j'ai tâché de remplir » (p. II. Préface). Ces études débutent par Eschyle. Puis viendra le tour de Sophocle, d'Euripide, d'Aristophane, et d'un poète indien, Calidasa. N'est-il point permis de regretter que M. P. de S.-V. ait renoncé au théâtre des Latins ? Le masque tragique, à Rome, ne laisse échapper de ses lèvres grossies que des vers traduits des Grecs, je le veux bien. Mais le masque comique, quoique imitateur, a son originalité ; Plaute et Térence n'ont point vieilli : chez eux, Molière et Regnard trouvaient leur bien et le prenaient pour notre scène française, ils s'y connaissaient. Le titre que M. P. de S.-V. donne à son ouvrage annonce donc plus qu'il ne tient.

Avant d'entrer dans l'étude même d'Eschyle, M. P. de S.-V. recherche les origines du théâtre : il est sorti de l'enthousiasme des fêtes de Bacchus. Dieu aux formes multiples, aux noms divers et changeants, Bacchus jaillit du suc du *Soma*, la liqueur fermentée qui enivrait les Aryens. Plus tard il devient le dieu des champs, des arbres verts, de la vigne et de la fécondité. M. P. de S.-V. le suit dans toutes ses transformations, dont les dernières révèlent un culte infâme, où sont accueillies toutes les turpitudes. Avant d'en arriver à ces rites impurs, les fêtes en l'honneur de Bacchus, surtout au sixième siècle avant Jésus-Christ, étaient, pour la Grèce, le signal des plus joyeuses solennités. Des fêtes bacchiques, à la procession rythmée, aux danses pétulantes, aux bruyantes acclamations, où l'on mimait la *passion* du dieu, naquirent la comédie et la tragédie. L'une chanta les rires, les plaisanteries joviales et avinées ; l'autre recueillit les larmes, se fit l'interprète des tristesses du dieu, qui, mourait en hiver pour reparaître aux souffles embaumés du printemps. Le coryphée se détache du chœur chanté et dansé pour raconter un épisode de la légende dionysiaque : que Thespis substitue l'acteur, le personnage réel au coryphée, simple narrateur, et la tragédie est créée. Athènes s'en empare et la tragédie a sa place d'honneur dans la célébration des Grandes Dionysies. Chérilos et Phrynicos ajoutent quelques perfectionnements à l'œuvre de Thespis : ils annoncent Eschyle.

Sa grande innovation fut la création du dialogue, par l'entrée en scène d'un second acteur. La vie humaine se dressait donc sur le théâtre, non plus en copie et comme une ombre lointaine, mais remuante, avec ses passions, ses espoirs, ses luttes et son langage. Poète aux mots colorés, aux retentissantes épithètes, aux figures hardies jusqu'à l'audace, Eschyle se fait, dans ses drames, le serviteur du dogme de la fatalité. C'est aux sources homériques qu'il puise ses plus heureuses inspirations, excepté le jour où il osait amener Suse à Athènes et évoquer, devant ces fiers vainqueurs de Salamine, la cour d'Atossa, entourée de ses fidèles, dévorée par ses angoisses de reine et de mère. M. P. de S.-V. caractérise ainsi le génie d'Eschyle : « Tout est démesuré en lui : la scène, les figures, les passions, les catastrophes, le langage » (p. 89). Et cet étonnant poète connaissait les secrets de l'architecture : comme Michel-Ange, il bâtissait, écrivait et dessinait, si je l'ose dire, car, sous sa direction, les masques se préparaient, ainsi que les costumes et les décorations. Peut-être même, nos plus habiles machinistes ne tenteraient-ils pas les *féeries* qu'Eschyle imposait à ses *choreutes*. Le patriotisme s'unit, dans ce soldat de Salamine, à la veine du génie. Enfin, pour consacrer tant de gloires, le vainqueur, couronné dans cinquante-deux concours, se vit exilé de cette Athènes qu'il avait sauvée au prix de son sang. Comme Dante, Eschyle dut un jour dire adieu à la patrie et apprendre combien est dur le pain mangé à l'étranger. »

Des quatre-vingt-dix tragédies composées par Eschyle, sept seulement nous sont parvenues : *les Perses, Prométhée enchaîné, les Suppliantes, les Sept chefs devant Thèbes, les Choéphores, les Erynnies, les Euménides.* — Avant d'analyser le drame *des Perses*, M. P. de S.-V. fait l'histoire des guerres médiques. Peut-être ne dit-il pas toutes les causes qui excitèrent la Perse contre la Grèce. Les Hellènes — Thucydide nous le dit — s'adonnaient avec passion à la piraterie, leurs trirèmes étaient agiles et légères ; et ils en descendaient sur les côtes fertiles de l'Asie, pillant et rapportant dans leurs ports nombreux les riches dépouilles que le commerce n'aurait pu leur livrer. En préparant leur expédition contre la Grèce, les rois de Perse durent obéir à des motifs plus sérieux que le caprice d'une reine, désireuse d'avoir de jeunes Athéniennes pour la servir, ou même la punition à tirer des Athéniens qui avaient aidé l'Ionie et l'archipel dans leur soulèvement contre les Satrapes ; ce secours venu de la Grèce combla la mesure presque pleine : Darius déclara la guerre. M. P. de S.-V. fait revivre en des pages pittoresques, animées, chaudes de ton et de couleur, l'immense armée de Xerxès, en marche contre la Grèce. La science ethnographique y précise des détails que relèvent les plus capricieuses fantaisies de l'imagination. Hérodote, Eschyle, Plutarque se rencontrent dans cette prose savante, imagée et poétique. Je n'ai qu'à louer la manière dont M. P. de S.-V. entre dans les profondeurs des drames Eschyliens, pour ensuite en étaler, au yeux du lecteur, la magnifique et luxuriante richesse. Autour de Prométhée, M. P. de S.-V. groupe les mythes qui donnent à ce demi-dieu, dans la mythologie, une figure énigmatique, aux symboles si mystérieux. On sait que Zeus envoie Hermès à Prométhée, toujours fier au sein de son supplice, afin qu'il puisse lui arracher son secret.

M. P. de S.-V. semble avoir un faible pour Hermès : il a réhabilité ce dieu calomnié, et cette apologie nous vaut quelques pages, des plus fines que M. P. de S.-V. ait écrites. Pourrais-je lui rappeler un trait à ajouter à son portrait d'Hermès? Dans l'hymne homérique qui lui est consacré, on voit Apollon en scène avec Hermès : celui-ci, né à peine, a dérobé les bœufs de son frère. Moitié souriant, moitié irrité, Apollon menace le petit voleur et l'oblige à marcher devant lui, afin qu'il lui indique où il a mis le troupeau. Et mutin, quelque peu insolent, Hermès s'en va le long de la mer, regardant de côté Apollon qui le suit. Ce tableau de genre est parfait. J'aurais aimé que M. P. de S.-V. s'en souvînt : son Hermès y eût gagné peut-être en vivacité et en sincérité. — Avant d'en finir avec Prométhée, dois-je ajouter que des souvenirs riants se mêlent pourtant à la triste légende dont Eschyle l'a comme entouré à plaisir? C'est à Prométhée que Pline l'Ancien attribue l'invention des anneaux et des pierreries. M. P. de S.-V. eût, en citant ce passage de Pline, égayé d'un sourire la sombre histoire du supplicié du Caucase.

J'ai peu de remarques à présenter au sujet des autres tragédies : le plaisir que j'ai éprouvé à lire ce qu'en disait M. P. de S.-V. m'a enlevé le souci de la plus légère critique. M. P. de S.-V. est un peintre. Sous sa plume, comme sous un pinceau, on voudrait peut-être parfois des couleurs moins vives, un chatoiement de tons moins prestigieux. Il joue avec les mots comme Paul Véronèse jouait avec la lumière : l'effet est très grand. Parfois ne dépasse-t-il pas les bornes du goût pur et sévère? La sobriété exquise, cette qualité maîtresse de l'art grec, est-elle toujours maintenue? Çà et là, on sent aussi que l'auteur a une très vive sympathie pour ce paganisme, où tout flatte les sens et l'imagination. L'idée chrétienne ne traverse, nulle part, de son inspiration ces études que volontiers j'appellerais artistiques. Ces réserves une fois faites, je m'empresse de dire que le livre de M. P. de S.-V. comptera parmi les meilleurs ouvrages de notre temps. C'est l'œuvre d'un penseur, d'un savant et d'un poète. L'art d'écrire s'y révèle, sinon dans sa gravité austère, du moins dans sa splendeur, dans le déploiement de ses plus précieux et plus rares ornements.

Paul LALLEMAND.

70. — **Un ambassadeur libéral sous Charles IX et Henri III**. Ambassades à Venise d'Arnaud du Ferrier, d'après sa correspondance inédite (1563—1567; 1570—1582), par Ed. FREMY, premier secrétaire d'ambassade. Paris, E. Leroux, 1880, in-8, de x-428 pages.

L'ouvrage de M. E. Fremy comble une lacune de notre histoire. On ne connaissait guère le vaillant et sage serviteur de la France dont il nous donne aujourd'hui la biographie. Sauf l'article de Bayle, conçu dans un but de parti, il n'y avait presque rien à consulter. Arnaud du Ferrier a désormais sa place, et une large place dans la galerie historique, consacrée par les érudits de notre temps aux gloires du pays. L'indépendance et le courage dont ce diplomate fit preuve lors de la Saint-Barthélemy devaient tenter un écrivain honnête. Aussi est-ce surtout sur ce point que le biographe insiste. Les autres événements de la vie de Du Ferrier ne sont pas étudiés avec le même soin et la même ampleur. Ainsi le rôle de l'ambassadeur au Concile de Trente est résumé dans cinq lignes de l'avant-propos, et dans un appendice bibliographique, pages 417 et suivantes, que rien n'annonce dans le courant du livre. Ce sont surtout les deux ambassades de Du Ferrier à Venise, qui sont étudiées par M. F., au moyen de documents inédits ou peu connus : l'auteur les cite et les analyse avec conscience et exactitude ; mais il a le tort, plus ressenti aujourd'hui qu'autrefois, et ajoutons-le, assez grave, de ne pas indiquer suffisamment l'origine des documents qu'il met en œuvre. Il rend, par là même, bien difficile la vérification de ses recherches, car on ne saurait réellement se contenter des courtes indications de la note de la page 8. Nous croyons même qu'il y a dans cette manière d'agir un véritable défaut de méthode. Du reste, cette réserve n'enlève rien au sérieux et à la conscience mis par M. F. à son travail.

On a loué, avec raison, le portrait de Du Ferrier que trace M. Fremy. Les neuf chapitres où il développe la vie de son héros, en la rattachant aux événements politiques les plus caractéristiques de cette époque tourmentée, sont d'une lecture attrayante. Signalons surtout le chapitre IV, *Du Ferrier et la Saint-Barthélemy*: le chapitre VIII, *Du Ferrier et la Ligue*: et enfin le chapitre IX, *la religion de Du Ferrier*. Dans ce dernier chapitre, l'auteur traite une question assez complexe. Du Ferrier s'est-il fait protestant ? Nous penchons pour une réponse négative. Quels qu'aient pu être les préjugés gallicans de Du Ferrier, rien, même dans la discussion tortueuse et un peu sournoise de Bayle, n'autorise à conclure que le diplomate ait jamais quitté le catholicisme. Et l'auteur a eu tort de dire qu'une « abjuration officielle », page 376, était l'obstacle le plus grand que Du Ferrier trouvait à déclarer ses sentiments réels et cachés en matière de religion.

Autres critiques de détail. L'auteur, comme on l'a déjà fait remarquer, a eu tort d'utiliser le récit apocryphe de la Saint-Barthélemy, qu'on attribue à tort à Henri III (p. 123 et suiv.). Il n'y a plus guère que M. Gandy à soutenir l'authenticité de ce document (v. la *Revue des questions historiques*, du 1er juillet, p. 268 et suiv.), qui semble bien loin d'être acquis à l'histoire.

Saint Charles Borromée n'est pas l'auteur du *Catéchisme du Concile de Trente*, page 328. Sa part de collaboration à ce travail est très restreinte, et il n'a fait tout au plus que d'en surveiller pendant quelque temps l'exécution (v. Wetzer et Welte, *Encyclopédie théologique*, traduction française de Goschler, t. XXIII, p. 19, 20).

En somme, l'ouvrage est important; il est imprimé avec luxe et avec soin; il doit attirer l'attention de tous les amis de l'histoire. Nous joignons nos félicitations à celles qu'a déjà reçues l'auteur, et qu'il mérite pour sa sincérité et pour sa bonne foi parfaite, non moins que pour ses sérieuses études.

C.-T. MILLET.

---

71. — **De la recherche de la vérité**, par N. MALEBRANCHE. Nouvelle édition avec des notes et une introduction, par M. Francisque Bouillier, membre de l'Institut. Paris, Garnier frères, 1880, 2 vol. in-12 de II-575—587 pages.

Le goût de la philosophie revient-il en France? On le croirait à voir tant de publications nouvelles qui paraissent chez nous depuis quelque temps. L'encyclique du pape Léon XIII a poussé de nombreux esprits vers ces études parfois et injustement délaissées. Ce n'est pas à M. F. Bouillier qu'un tel reproche peut s'adresser. Non seulement il a consacré sa vie à l'étude des sciences philosophiques, mais il s'est occupé d'une manière spéciale de la philosophie cartésienne. Son *Histoire* de cette philosophie compte déjà trois éditions. Aujourd'hui il réimprime un chef-d'œuvre dû au plus illustre disciple de Descartes. Cette édition de la *Recherche de la vérité* est remarquable, non pas précisément au point de vue de l'impression, qui laisse çà et là à désirer, mais à cause de l'introduction et des notes dont l'a ornée M. B. Le savant académicien y donne un résumé très net et très clair des idées de Malebranche. Il ne s'étend pas sur la vie du philosophe que l'on connaît bien, surtout depuis l'étude de notre savant collaborateur, M. Blampignon; il insiste plutôt sur les idées et le style du célèbre Oratorien. Il montre l'esprit général de la philosophie de Malebranche, et fait remarquer avec raison que cet esprit se révèle tout d'abord dans la *Recherche*. Vient alors une analyse de cet ouvrage, très claire et très précise, et qui en rend l'abord plus facile et plus intéressant, car on est d'avance initié aux idées qu'on va lire ; on est déjà familiarisé avec les hardiesses ou même les obscurités inévitables du système, et le style incomparable du grand écrivain ne pourra plus faire illusion sur les points faibles de ses théories.

Ajoutons que les épreuves du mémoire sur les lois du mouvement et de l'éclaircissement sur la lumière et les couleurs ont été revues par un mathématicien distingué, M. de Comberousse, professeur à l'Ecole centrale. Nous n'avons donc pas ici une réimpression pure et simple, copiant jusqu'aux fautes des éditions passées ; mais une édition sérieuse, ou presqu'à chaque page se trouvent dans de courtes notes des rectifications ou des indications précieuses. Voir par exemple, t. I, p. 84, 112, 120, 124, 137, etc. M. B. a eu soin d'indiquer aussi les passages que Malebranche a ajoutés aux éditions successives de la *Recherche*.

C'est donc là un bon livre que l'on peut recommander sérieusement et sans crainte de tromper le lecteur.

Sans doute Malebranche fut plutôt disciple de saint Augustin que de saint Thomas ; mais, malgré cela, il n'est pas permis à un homme sérieux d'ignorer ses travaux ; à plus forte raison un Français doit-il avoir lu un des chefs-d'œuvre de la littérature nationale.

Inutile d'insister sur des considérations que nous avons déjà exposées aux lecteurs de l'*Écho bibliographique*, à propos d'importants ouvrages philosophiques de MM. Méric et Fabre d'Envieu (1).

C. TROCHON.

VARIÉTÉS

CACHETS INÉDITS DES MÉDECINS OCULISTES MAGILLIUS ET D. GALLIUS SEXTUS (*fin*).

Le *penicillum*, presque toujours accompagné de l'épithète *lene*, figure sur les cachets, à côté des maladies suivantes : *Lippitudo* (2), *omnis lippitudo* (3), *impetus lippitudinis* (4); on le rencontre réuni aux mots : *e lacte* (5), *e mulso* (6) *ex ovo* (7).

(1) Voir l'*Écho*, 8 nov. 1877, p. 122, et 10 nov. 1879, p. 382.
(2) Héron de Villefosse, *Bulletin des antiquaires de France*, 1879, p. 207.
(3) Grotefend, 14, 59, 78.
(4) Grotefend, 20, 76. — *Jahrbücher des Vereins von Alterthumsfreunden im Rheinlande*, t. LVII, p. 200.
(5) Grotefend, 76.
(6) Grotefend, 39.
(7) Grotefend, 14, 20, 39, 49. — Castan, *Mémoires de la société d'émulation du Doubs*, séance du 14 novembre 1874.

LIPPITUDO. Les interprètes d'Horace (1) traduisent ce mot « chassie ». Ce n'est pas le sens médical du mot (2). *Lippitudo* a une signification plus générale et signifie ophthalmie (3). Les cachets d'oculistes indiquent de nombreux médicaments destinés à combattre cette affection; c'est en les étudiant qu'on parviendra sans doute à fixer le sens précis que donnaient au mot *lippitudo* les médecins anciens (4); en voici la liste :

Album lene medicamentum ad lip. oculorum (5), *anodynum ad omnem lip.* (6), *authemerum ad om. lip.* (7), *diagesam a. l.* (8), *diarhodon a. o. l.* (9), — *a. l.* (10), *diasmyrnes ad sedatus l.* (11) — *post l.* (12), *faeon a. l.* (13), *lene a. o. l.* (14), *nardinum a. l.* (15), *paccianum a. l. ex ovo* (16), *penicillum a. o. l.* (17) — *lene a. l.* (18) — *lene a. o. l.* (19) — *lene a. o. l. ex ovo* (20), *theodotium a. o. l.* (21). (Pour les collyres *ad impetum lippitudinis et ad impetum*, voir ci-dessous, § 3.)

III. — D(ECIMI) GALLI(I) SEXT(I) SPHRAGIS AD IMPET(UM) LIPPIT(UDINIS). SPHRAGIS, cf. ci-dessus, II, § 1.

IMPETUS LIPPITUDINIS. Le docteur Sichel explique ainsi ces mots (22) : « *Ad impetum* ou *ad impetum lippitudinis*, pour combattre la première violence

(1) Horace, sat. I, v, 30 :

Hic oculis ego nigra meis collyria lippus
Illinere...

et v. 49 :

Namque pila lippis inimicum et ludere crudis.

(2) Desjardins, *Lettre à M. le docteur Fournié sur les cachets d'oculistes*, dans la *Revue médicale*, mars 1879, p. 15 du tirage à part.
(3) Desjardins, *Monuments de Bavai*. p. 95-96.
(4) Desjardins, *Lettre au docteur Fournié*, loc. cit.
(5) Grotefend, 31.
(6) Grotefend, 56.
(7) Grotefend, 59.
(8) Klein, *op. laud.*, p. 122.
(9) Desjardins, *Monuments de Bavai*, p. 96.
(10) Klein, p. 122.
(11) Grotefend, 79.
(12) Grotefend, 29.
(13) Grotefend, 80.
(14) Grotefend, 65.
(15) Grotefend, 102.
(16) Klein, p. 130.
(17) Grotefend, 78.
(18) Héron de Villefosse, *Bulletin des Antiquaires de France*, 1879, p. 206.
(19) Grotefend, 59.
(20) Grotefend, 14.
(21) Grotefend, 59. — Il faut ajouter à ses collyres le *Turinum ad. l.* — Garnier, *op. laud.*, p. 18.
(22) Sichel, *Nouveau recueil*, p. 29 ; cf. *cinq cachets inédits*, p. 14.

ou la première attaque de l'ophthalmie, et surtout avant qu'il ne soit survenu de sécrétion muqueuse. *Post impetum*, par conséquent, signifie un collyre utile, après que la première violence de l'ophthalmie est passée, et qu'elle est déjà sur son déclin ou accompagnée de sécrétion muqueuse. »

Liste des collyres *ad* ou *post impetum lippitudinis*, et *ad* ou *post impetum* :
Album lene medicamentum ad impetum lippitudinis (1), *authemerum ad impetum* (2), *cycnarium a. i.* (3), *diaglaucen post i.* (4), *dialibanum a. i.* (5) — *a. i. ex ovo* (6), *diasmyrnes p. i. l.* (7) — *p. i.* (8) — *ad. imp. oculorum* (9), *diarhodon a. i.* (10) — *p. i.* (11), *diasmyrnes dicentetos p. i.* (12), *lene hygia a. i. l.* (13), *lene medicamentum a. i.* (14), *nardinum a. i. l.* (15) — *a. i.* (16) *penicillum lene a. i. l. e lacte* (17) — *a. i. l. ex ovo* (18) — *p. i.* (19), *Sphragis a. i. l.* (20).

IV. — D(ECIMI) G(ALLI) SEXT(I) DIVINU(M) AD ASP(RITUDINES).

DIVINUM. Ce nom ne donne aucun renseignement sur la nature du collyre qu'il désigne. C'est une de ces dénominations emphatiques fort en usage chez les médecins de l'antiquité ; il faut l'ajouter à la liste déjà longue de ce genre d'épithètes : *isotheon* (21), *isochrysum* (22), *palladium* (23), *atimeton* (24). On aurait tort d'y voir une preuve de charlatanisme; les médecins les plus sérieux citaient ces noms sans y rien trouver de surprenant. On en relèverait, chez Galien seul, une liste interminable : Πανάκεια (*panacée*) (25),

---

(1) Grotefend, 10.
(2) Grotefend, 9.
(3) Grotefend, 93.
(4) *Ephemeris Epigraphica*, t. III, p. 147.
(5) Grotefend, 42.
(6) Grotefend, 7 ; C. I. L., VII, 1316.
(7) Grotefend, 7, 49, 55, 59, 76, 90.
(8) Desjardins, *Monuments de Barui*, p. 79. — Klein, p. 122. — Grotefend, 87.
(9) Klein, p. 109.
(10) Grotefend, 4, 35, 93.
(11) Grotefend, 42.
(12) *Ephemeris Epigraphica*, t. II, p. 450.
(13) Grotefend, 72.
(14) Grotefend 75, 104.
(15) Grotefend, 7.
(16) Grotefend, 13.
(17) Grotefend, 76.
(18) Grotefend, 29.
(19) *Jahrbücher des Vereins*, etc., t. LVII, 1876, p. 200.
(20) V. ci-dessus, II, § 2.
(21) Grotefend, 64.
(22) Grotefend, 107.
(23) Grotefend, 46, 98.
(24) Sichel, *Cinq cachets*, etc., p. 11.
(25) Galien, t. XIII, p. 531, édit. Kühn.

Ἱερὰ δύναμις θαυμαστική (1), Ἀνίκητος ἀστήρ (2), Κολλύριον ὁ Πρωτεὺς ᾧ οὐδὲν ἴσον (3), etc...

ASPRITUDINES, cf. ci-dessus, II, § 1.

H. THÉDENAT,
Prêtre de l'Oratoire.

Collège de Juilly, juillet 1880.

P. S. Une transposition a fait attribuer au cachet de Magillius, une phrase qui concerne le cachet de D. Gallius, et réciproquement. Page 109, la phrase : « Les lettres ont une belle forme ; parmi les P, il en est trois dont la boucle n'est pas fermée » se rapporte au cachet n° 11, tandis que la phrase de la page 115 : « La forme des lettres est mauvaise et indique une époque beaucoup plus basse que celle du cachet précédent » concerne le cachet n° 1 ; d'ailleurs, un seul regard jeté sur le *fac-similé*, aurait suffi au lecteur pour lui faire remarquer l'erreur.

PRINCIPALES PUBLICATIONS DE LA QUINZAINE

162. — BÉZIAT (L.). *Histoire de l'abbaye de Caunes*, ordre de Saint-Benoît, au diocèse de Narbonne, d'après les documents originaux. In-16, XVI-214 p. avec gravures, plan et fac-similé. Paris, Claudin.

163. — BROWNSON (S.). *Prince et prêtre.* Démétrius Augustin Galitzin. Traduit de l'anglais par Lérida Geofroy. In-18 jésus, 132 p. Paris, Didier et Cᵉ.

164. — *Congrès international des sciences anthropologiques*, tenu à Paris, du 16 au 21 août 1878, à l'Exposition universelle internationale. In-8°, 396 p. Paris, imp. nationale.

165. — DEMOLINS (E.). *Histoire de France depuis les premiers temps jusqu'à nos jours*, d'après les sources et les travaux récents. III. La monarchie moderne. In-18 jésus, 420 p. Paris, Tardieu.

166. — GILLET (l'abbé). *La sainte Bible, texte de la Vulgate.* Traduction française en regard, avec commentaires rédigés d'après les meilleurs travaux anciens et contemporains. Les Machabées. Introduction critique, traduction française et commentaires. In-8°, 313 p. Paris, Letrielleux.

167. — HANRIOT. *Hypothèses actuelles sur la constitution de la matière.* 1 vol. in-8°, avec figures. Prix : 3 fr. Paris, Germer-Baillière.

168. — LE CHARPENTIER (H.). *Les Jésuites à Pontoise.* Recherches sur leur

---

(1) Id., *ibid*, p. 804.
(2) Id., t. XII, p. 751.
(3) Id., *ibid*, p. 787.

établissement, leur résidence et leur expulsion de cette ville (1593-1762), d'après des documents historiques et inédits. In-8º, 76 p. avec une eau-forte et planches. Pontoise, Sevès.

169. — Léopardi. *Opuscules et Pensées*, traduit de l'italien et précédé d'une préface par Aug. Dapples. 1 vol. in-18. Prix : 2 fr. 50. Paris, Germer-Baillière.

170. — Michel (M.). *La Reliure française depuis l'invention de l'imprimerie jusqu'à la fin du dix-septième siècle*. In-4º, 150 p. avec figures dans le texte, 22 planches et un frontispice, par Hédouin. Prix : 50 fr. Paris, Morgand et Fatout.

171. — Hygh (O.). *Antiquités norvégiennes*, arrangées et décrites. 1re livraison in-8º, avec de nombreuses gravures (l'ouvrage sera complet en deux parties). Prix des deux parties : 50 fr. Paris, K. Nilsson.

172. — Séjourné (le P.). *Le Père Jantier ou l'apôtre des petits enfants*. Souvenirs de Saint-Acheul, de Fribourg, du Passage, de Turin, de Bruxelles et de Vannes. 1 vol. in-18 jésus de 250 p. Prix : 2 fr. Poitiers, Oudin.

173. — Tivier (H.). *Histoire de la littérature française*, 1 vol. in-12, cart. Prix : 1 fr. 50. Paris, Delagrave.

174. — Trochon (l'abbé). *La sainte Bible, texte de la Vulgate*, traduction française en regard, avec commentaires rédigés d'après les meilleurs travaux anciens et contemporains. Les Prophètes, Ézéchiel, introduction critique, traduction française et commentaires in-8º de 356 p. Paris, Lethielleux.

Le gérant : A. Sauton.

BULLETIN CRITIQUE

DE LITTÉRATURE, D'HISTOIRE ET DE THÉOLOGIE

SOMMAIRE. — 72. Vigouroux et Bacuès, Manuel biblique, *C. Trochon*. — 73. Maunoury, Commentaire sur l'Epître de saint Paul aux Romains, *C. Weste*. — 74. Gasquet, De l'autorité impériale en matière religieuse à Byzance, *L. Duchesne*. — 75. Ubald de Chanday, Les trois Frances, *L. L.* — 76. Albert du Boys, Catherine d'Aragon et les origines du schisme anglican, *Tamizey de Laroque*. — 77. Jadart, Dom Jean Mabillon, *C. Trochon*. — 78. Malais, Essai sur les patrons des corporations, *C. T.* — 79. D'Hulst, Que vont devenir les facultés libres? *L.-D.* — 80. Sauvert, Poésie religieuse de Lamartine, *J.* — Variétés. Marivaux, *Giovanni*. — Principales publications de la quinzaine.

---

72. — **Manuel biblique** ou Introduction à l'Ecriture sainte, à l'usage des séminaires, par MM. Vigouroux et Bacuès. Paris, Roger et Chernoviz, 1878-1880, 4 vol. in-12 de viii-542, 656, viij- 492, 588 pages.

Le *Bulletin* est de naissance trop récente pour avoir pu entretenir ses lecteurs de l'ouvrage publié, avec tant de succès, par M. Vigouroux : *La Bible et les récentes découvertes*, et qui compte déjà deux éditions. Mais le nouveau travail du savant professeur nous donne l'occasion de rappeler une œuvre, où quelques inexactitudes de détail n'enlèvent rien à la richesse et à la variété des recherches.

Le *Manuel biblique*, au moins dans la partie due à M. Vigouroux, aura, à notre avis, plus d'utilité encore que *la Bible et les découvertes*. Il donnera, en effet, à quelques bons esprits, le goût des études sérieuses, et dès maintenant il met à la disposition du public de précieuses indications.

Jusqu'ici les livres d'Écriture sainte, publiés chez nous à l'usage des élèves, n'avaient qu'une valeur très relative. La dernière introduction générale à la Bible, celle de M. Glaire, date d'au moins quarante ans, et elle est désormais absolument arriérée. Quant aux Manuels cités par M. V. dans une note de sa préface, (p. vj), j'avoue franchement que ce ne sont que des compilations sans originalité et sans valeur. Seuls les trois volumes de M. Gilly, d'une forme souvent trop spéciale, eussent mérité une citation.

Voici le plan et la distribution de l'ouvrage. Les deux premiers volumes sont consacrés à l'Ancien Testament et ont M. Vigouroux pour auteur. Les deux derniers, œuvre de M. Bacuès, traitent du Nouveau Testament. M. Vigouroux donne d'abord une Introduction générale, qui complète d'une manière fort utile les introductions bibliques parues jusqu'à présent.

Sur une foule de points les questions d'introduction ont reçu dans son livre des réponses ou plus complètes, ou même toutes nouvelles. Les jours génésiaques, la chronologie biblique (1), le déluge, les rapports des rois de Juda et d'Israël avec Ninive et Babylone, etc., ont dû aux découvertes scientifiques et historiques des développements remarquables, qui exigent l'attention et l'étude. Or la plupart de ces points, sinon tous, n'étaient pas traités avec un soin suffisant. On réimprime d'anciennes théories, sans s'inquiéter de leur valeur réelle, uniquement par ce qu'on les a trouvées dans des apologies entourées de l'estime générale, excellentes pour leur temps, mais fort en retard sur les difficultés qui passionnent nos contemporains; objections fondées ou non, il faut les résoudre, montrer qu'elles ne peuvent rien contre la vérité sur laquelle nous nous appuyons; mais pour atteindre ce but, c'est aux négations modernes, et non à celles qui datent déjà de cinquante ans qu'il est urgent de s'attaquer.

C'est ce que fait très bien M. Vigouroux.

Son plan est aussi simple et aussi clair qu'on pouvait l'attendre du savant Sulpicien. M. Vigouroux, comme il le dit dans l'Avant-propos, a voulu, avant tout, faire un livre de classe qui pût rendre encore de grands services, une fois le temps des études achevé. « L'expérience, dit-il, excellemment, montre que ce que l'on sait le mieux, c'est ce que l'on a appris dans les livres de classe : ce sont les ouvrages auxquels on revient le plus volontiers et aussi le plus utilement parce qu'on s'y reconnaît mieux, comme dans un sentier qu'on a déjà souvent parcouru. »

L'ouvrage s'ouvre par des conseils pour l'étude de l'Ecriture sainte, que l'auteur appuie, quoique son expérience soit assez grande pour qu'il puisse parler en son nom, sur les autorités catholiques les moins discutables.

Vient alors l'Introduction générale, qui traite successivement de l'inspiration des Ecritures, du canon, du texte et des versions de la Bible, de l'herméneutique. Cette partie se termine par une courte histoire de l'interprétation de l'Ancien Testament. Depuis Richard Simon (1678 et suiv.), rien de semblable à ce dernier et substantiel chapitre n'avait été oublié dans notre langue. Rosenmueller et d'autres savants avaient écrit des histoires de l'exégèse chrétienne, imprégnées profondément d'esprit protestant ou rationalisme. Mais chez nous, où le P. Lelong avait pourtant réuni (1719) toute la bibliographie de cet important travail, rien de général n'avait été donné au public. Seulement à force de brièveté nécessaire, les jugements de l'auteur sont parfois ou un peu durs ou trop incomplets; c'était un mal inévi-

---

(1) Voir la nouvelle édition de *l'Histoire* de Rohrbacher; éditeur Palmé, t. I, notes rectificatives.

able. On a reproché quelques omissions; mais les noms qu'on a cités n'étaient pas indispensables, et l'auteur ne mérite de ce chef aucun reproche.

La fin du premier volume (pp. 259-542) est consacrée au Pentateuque. Après une introduction qui traite de l'authenticité et de l'intégrité du Pentateuque, les questions suivantes sont abordées : la cosmogonie, le premier homme, le déluge, la dispersion des peuples et la tour de Babel, les patriarches, l'histoire de Moïse, la législation mosaïque. Toutes sont résolues avec netteté et avec érudition, peut-être avec un peu trop de timidité ; il y a une foule de points sur lesquels l'Église ne s'est pas prononcée, où toute liberté reste aux interprètes. Nous aurions été heureux de voir le savant auteur user plus souvent de cette liberté. Ce que je retrancherais volontiers, c'est l'article 2ᵉ du chapitre IIᵉ, Accord de la cosmogonie mosaïque avec les sciences naturelles. Non pas que les réflexions de M. V. soient difficiles à soutenir, assurément non. Mais il y a eu déjà tant d'essais de conciliation, tous sérieux, ou plutôt tous étudiés, qu'il faut se mettre en garde contre cette tendance. Le récit de Moïse concordera avec toutes les découvertes et tous les systèmes scientifiques qui sont encore à venir ; il y a à cela une bonne raison, c'est le caractère poétique et par suite très vague de ce récit. On doit prouver qu'il ne sera contredit par aucune science, on a tort d'essayer de prouver qu'il est en accord avec ces sciences. Rien ne sera plus curieux dans quelques temps qu'une histoire des efforts tentés pour arriver à une concordance. Et pourtant cela ne décourage personne! Et tous les jours les systèmes pleuvent de plus belle!

Le premier volume, si bien rempli, se termine par un exposé succinct, mais complet, de la législation mosaïque, qui est une véritable archéologie biblique, pour parler comme nos voisins les Allemands.

Le second volume comprend les autres livres de l'Ancien Testament. La bibliographie est bien faite, les développements précis et en même temps complets. Il nous semble regrettable pourtant que l'auteur y ait introduit une explication des psaumes, qui convient mieux à un commentaire qui a une introduction. Les pages remplies par cette explication eussent été remplacées avec plus de profit par une chronologie des livres des rois, plus détaillée que celle de la p. 80.

Les inexactitudes de détail sont insignifiantes. La note deuxième de la p. 77 du t. Iᵉʳ devrait être supprimée, parce qu'elle pourrait faire croire que Gebbhardt et Harnack sont de l'avis de M. V. L'accentuation grecque laisse souvent à désirer. La date du deuxième concile œcuménique de Constantinople est 553, non 551, t. II, p. 425.

Les deux volumes de M. l'abbé Bacuez sur le Nouveau Testament sont conçus sur un plan un peu différent. Ils renferment plus de développements théologiques, et moins de renseignements précis que les volumes dont nous venons de parler. Nous regrettons que l'auteur n'ait pas donné plus de place à la question si importante de l'authenticité des Évangiles. Ce qu'il dit là-dessus est excellent, mais n'est pas assez développé.

Puis la disposition des matières n'est pas aussi rigoureuse qu'on est en droit de l'attendre de l'auteur des *Questions sur l'Écriture sainte*. Veut-on se rendre compte de ce que dit l'auteur des contradictions qu'on prétend trouver chez les évangélistes, il faut passer du § 28 au § 470, entre lesquels la question est divisée, et, comme la table est fort abrégée, on risque de ne pas s'aviser de cette dispersion, et de perdre des renseignements importants.

Le plan de M. Bacuez est un peu différent de celui qu'a suivi M. V. Aussi nous avons dans ce *Manuel* plutôt deux ouvrages juxtaposés qu'un ouvrage en deux parties. Ce qui ne veut pas dire que les volumes consacrés au Nouveau Testament ne doivent pas rendre de grands services dans les séminaires. De bons juges leur ont au contraire donné de réels éloges, auxquels nous nous associons pleinement. Mais, s'il nous est permis de faire un choix, nous avouerons que toutes nos préférences sont pour la partie consacrée à l'Ancien Testament (1).

C. Trochon.

---

73. — **Commentaire sur l'épître de saint Paul aux Romains**, par A. F. Maunoury. Paris, Bloud et Barral, 1879, in-8° de xx-419 pages.

Ce commentaire est dû à un professeur très versé dans l'étude du grec, et, à cause de cela, nous comptions y trouver des explications utiles sur un texte assurément fort difficile et parfois même très obscur. Notre attente n'a pas été toujours satisfaite, et dans bien des endroits nous espérions mieux. Mais le but de l'auteur semble être d'avoir voulu uniquement justifier les leçons de la Vulgate. A ce compte il risquait çà et là de ne pouvoir utiliser sa connaissance du grec. Cela n'a rien d'étonnant quand on soutient que « l'auteur de la Vulgate travaillait sur d'excellents exemplaires, meilleurs que tous les manuscrits qui nous restent » (p. xvii), et quand on explique cet axiome par les lignes suivantes : « Nous avons des raisons de penser que la première version de l'épître aux Romains, corrigée plus tard par saint Jérôme, a *dû* être faite sur l'autographe même de saint Paul. Le premier traducteur a *dû* tenir en ses mains l'exemplaire écrit par Tertius et signé par l'apôtre » (*ibid.*). Il ne reste plus qu'à fournir les preuves; c'est ce que M. M. ne fait pas, et sans doute cela lui eût été fort difficile.

Pourquoi aussi dire si affirmativement, quand le contraire est certain : on croit le *Codex sinaïticus* du sixième ou du septième siècle? Mais c'est qu'on a une thèse à soutenir, et qu'il faut, pour son succès, abaisser de deux ou trois siècles la date de ce célèbre manuscrit.

L'ouvrage a cependant du mérite. Nous approuvons l'auteur d'omettre les sens qui lui paraissent faux, au lieu de les réfuter. Son exposition y gagne

---

(1) Un souhait, que l'éditeur voudra bien combler, nous l'espérons : une table alphabétique est indispensable dans un ouvrage si important. Peut-être nous la donnera-t-on dans une seconde édition, qui ne peut tarder à paraître.

en clarté et en unité. M. M. a utilisé les commentaires anciens, et il cite souvent de beaux passages choisis avec goût dans les écrits des Pères.

Chaque chapitre est précédé d'une analyse, du texte latin et d'une traduction française, qui souvent mériterait plutôt le nom de paraphrase. L'auteur y introduit souvent en effet les idées qu'il développe dans son commentaire.

Une dissertation sur le texte *in quo omnes peccaverunt*, v, 12, termine le volume. Elle est animée du même esprit; l'auteur y a déployé une vaste science, mais il ne nous a pas convaincu que Beelen, Bisping, Patrizzi aient eu tort de traduire comme l'avait déjà fait R. Simon après Erasme.

C. WESTE.

74. — **De l'autorité impériale en matière religieuse à Byzance**, par Am. GASQUET, ancien élève de l'Ecole normale, professeur agrégé de l'Université, thèse pour le doctorat. Paris, Thorin, 1879, in-8° de 270 pages.

M. Gasquet a cherché à démontrer dans sa thèse : 1° que les empereurs chrétiens, depuis Constantin, conservèrent, en matière religieuse, le pouvoir que possédaient leurs prédécesseurs païens, soit comme *pontifices maximi*, soit comme détenteurs du pouvoir souverain; 2° que les papes leur contestèrent cette autorité et parvinrent à faire prévaloir le principe de la séparation du pouvoir religieux et du pouvoir civil. Il est peu d'études aussi intéressantes, surtout au temps où nous vivons, que l'histoire des rapports entre l'Église et l'État; mais, précisément parce que ces études sont intéressantes et opportunes, elles ont les malheureux privilège d'attirer assez souvent des personnes peu préparées à les entreprendre ou trop pressées de produire leurs conclusions. Est-ce le cas de M. Gasquet? — Hélas! oui. Je vais le faire voir en détail.

Déjà au commencement de son livre, où il traite de l'autorité religieuse des empereurs avant et après Constantin et de l'apothéose impériale, M. G. ne se montre pas toujours bien informé. L'*imperium* (p. 3) est mal défini; M. G. l'appelle la réunion de l'autorité publique et de l'autorité religieuse; ces termes sont beaucoup trop vagues. — Il croit (p. 13) que Jules César fut le dernier grand pontife élu par les comices; Auguste le fut aussi, et rien ne prouve qu'il en ait été autrement de son prédécesseur Lépide. — Il fait bâtir (p. 15) des temples au Christ par l'empereur Hadrien, ceci sur la foi d'un texte de Lampride, faussement indiqué (*vita Hadriani*, au lieu de *vita Alexandri*) et inexactement interprété. Il attribue (p. 13) au grand pontife la surveillance des cultes provinciaux : cette attribution est à démontrer. — Il cite (p. 31), à l'appui du titre de *pontifex maximus* porté par Gratien, une inscription de Mérida, qui manque au *Corpus*; il y a bien des chances pour qu'elle soit fausse. M. G. ne donne ici aucune référence, ce qui lui arrive, d'ailleurs, fort souvent. — Il s'étonne du silence de Socrate, Sozomène et Théodoret sur le refus par le même empereur des insignes pontificaux; s'il connaissait mieux ces historiens, il ne s'aviserait pas de fonder quelque chose sur leur silence. — Il croit (p. 69) que le Sénat décernait l'apothéose à tous les empereurs morts. — Byzance, au premier siècle de l'ère chrétienne, est traitée (p. 110) de « petit bourg ignoré ».

Voilà bien des inexactitudes, et cela dans le champ de l'histoire profane où la marche de M. G. était éclairée par des travaux antérieurs assez faciles d'accès, comme la thèse de M. Bouché-Leclercq sur les pontifes de l'ancienne Rome, et le manuel de Marquardt et Mommsen; mais il ne paraît pas avoir mis à profit ce dernier ouvrage. On ne sera pas étonné de le trouver encore moins au courant en ce qui regarde l'histoire ecclésiastique proprement dite. Ainsi, la donation de Constantin est dite (p. 20) avoir été inventée au neuvième siècle; lisez huitième. — L'onction (p. 40) est prise comme « signe du sacerdoce »; Saül, David et Salomon l'ont pourtant reçue. — M. G. cite (p. 46) comme de saint Ignace d'Antioche un fragment apocryphe et, ce qui est plus fort, il fait de saint Ignace un évêque du IVe siècle. — Il croit (p. 52) que les diacres ne donnaient pas la communion. — Il fait sacrer (p. 93) un évêque à Constantinople, en 374, par Eustathe d'Antioche, mort depuis trente ans. — Il se figure (p. 102) que les évêques d'Asie relevaient du patriarcat d'Antioche et ceux de Thrace du patriarcat romain. — Il introduit dans l'affaire d'Ibas un Memnon, évêque d'Antioche, qui n'a jamais existé. — Anastase le bibliothécaire est dit (p. 118) avoir assisté au septième concile œcuménique, célébré longtemps avant sa naissance. — Plus loin, il est question (p. 116) d'un pape appelé Albéric « le fameux Albéric », qui, « gagné par les présents du patriarche Théophylacte, déclare l'Église de Constantinople indépendante de celle de Rome ». Or aucun pape ne s'est jamais appelé Albéric; celui auquel un patriarche de Constantinople appelé *Eustathe* et non *Théophylacte* envoya une ambassade pour la fin sus-indiquée, s'appelait Romain, avant d'être pape sous le nom de Jean XIX. Il ne déclara pas l'église de Constantinople indépendante de celle de Rome; il eut seulement le tort de laisser mettre en délibération les propositions du patriarche. — Flavien, l'évêque d'Antioche, si connu par son ambassade auprès de Théodose, devient (p. 177) un évêque d'Italie. — C'est encore en Italie que M. G. fait exiler saint Athanase par Constantin; tout le monde sait que l'évêque d'Alexandrie fut interné à Trèves. — En revanche, le faux concile de *Sinuesse* en Campanie devient (p. 180) un concile de Soissons. — Le pape, Innocent Ier proteste (p. 188) contre la division de la Cappadoce en deux provinces ecclésiastiques : Innocent a siégé de 402 à 418; la division de la Cappadoce a eu lieu en 375. — Anthimus, évêque de Constantinople (p. 196), « est chassé de son siège par les intrigues du pape Vigile »; lisez « par l'autorité du pape Agapet ». — « Saint Paul (p. 208) est présenté comme le premier fondateur de l'Église romaine : M. G. n'a pas lu l'épître aux Romains. — Le pape Jules « fut chassé de son siège » (p. 222) : ce renseignement, emprunté aux apocryphes, est contredit par l'histoire. — Il en est de même d'une lutte de l'antipape Félix II contre Constance (p. 225); M. G. cite, à l'appui de ce fait, un livre de saint Athanase où Félix, loin d'être glorifié, est représenté comme un personnage fort triste. — « L'Occi-« dent, dit saint Ambroise, s'éveilla tout étonné de se trouver arien » (p. 226). Ce n'est pas saint Ambroise, c'est saint Jérôme qui a dit cela. — Pour M. G. (p. 159), le concile d'Ephèse de 431 et le conciliabule de 449 ne font qu'une seule et même assemblée, à laquelle assistent à la fois saint Cyrille et son successeur Dioscore (M. G. écrit *Dioscure*); de plus, Dioscore, qui fut évêque d'Alexandrie après saint Cyrille, est transformé en évêque d'Antioche. M. G. l'a confondu avec Jean, l'ami de Théodoret. Un peu plus loin, l'empereur Marcien casse un concile d'Ephèse, tenu « après l'arrestation de Cyrille. » Quel embrouillamini ! — Pour que rien n'y manque, il est question, à la page suivante, d'écrits de Théodore, de Mopsueste et de Théodoret, approuvés par le concile de Chalcédoine. M. G. serait bien embarrassé de les citer. Cette affaire des trois chapitres et l'histoire du schisme acacien sont rapportées (p. 228 et suivantes) avec des inexactitudes tout aussi énormes : M. G. a suivi ici le *Liber Pontificalis* avec une confiance bien imprudente.

Cette liste, que je pourrais allonger encore, donne une idée de l'érudition historique de M. G. et de la préparation avec laquelle il a abordé un sujet si grave. Je ne parle pas de ses citations, souvent fautives, incomplètes, incorrectes ; je laisse de côté les noms estropiés, comme Eustathe changé en *Eustache*, Anthimus en *Anthémius*, Milevitanus en *Milævitanus* ; les impropriétés de langage, comme *privauté* (p. 267) dans le sens de privilège ; les textes grecs presque toujours accentués de travers, souvent mal traduits, comme ἰσαπόστολος, rendu (p. 42) par *successeur des apôtres*, comme « le trône de la ville impériale », c'est-à-dire le siège épiscopal de Constantinople, confondu (p. 172) avec le tribunal de l'empereur. Mais je dois signaler le peu de critique dont M. G. fait preuve dans le choix de ses documents. Il sait qu'il y a des doutes sur l'autorité de certaines parties du *Liber Pontificalis*, que le concile de Sinuesse et le *constitutum Silvestri* sont des pièces apocryphes : cela ne l'empêche pas de s'en servir. Il met les fausses décrétales sous le nom de saint Isidore de Séville, ce qui montre combien peu il est au courant de leur histoire. Il s'appuie à plusieurs reprises sur les *Gesta de Xysti purgatione et Polychronii accusatione*, documents du même faussaire que le concile de Sinuesse.

Venons maintenant à des défauts d'un caractère plus général.

D'abord un perpétuel mélange de faits et de textes de dates très différentes ; les auteurs byzantins du dixième au treizième siècle, les usages du temps de Constantin Porphyrogénète ou de Nicéphore Botoniate, allégués pêle-mêle avec les récits et les institutions du temps de Constantin ou de Théodose ; M. G. ne paraît pas avoir le sens du développement historique. De plus, il prend pour de bon argent la phraséologie officielle des protocoles ou des panégyriques ; parce qu'on parle des *lettres sacrées* de l'empereur ou de sa *maison divine*, parce qu'on l'appelle *divin* ou *bienheureux* après sa mort, il croit qu'on l'élève au-dessus de la nature humaine. A ce compte-là, tous les Grecs seraient canonisés, car, chez eux, chaque défunt est appelé μακαρίτης. Mais M. G. ne se contente pas de prendre au sérieux les formules de l'adulation orientale; il trouve moyen de renchérir encore par une interprétation complaisante. Ainsi, de ce que les empereurs ont le droit d'apporter eux-mêmes leur offrande à l'autel, il conclut ceci : « Ils (les empe-« reurs) abandonnent aux prêtres le soin de distribuer les sacrements et « d'accomplir le sacrifice, mais eux-mêmes approchent du Saint des saints, « et s'entretiennent avec lui dans le silence du sanctuaire (p. 267). »

Un autre défaut, non moins grave, c'est que M. G. généralise beaucoup trop; il applique à l'empire tout entier ce qui n'appartient qu'à l'empire d'Orient, à l'Église universelle, ce qui est propre à l'église de Constantinople. Par le fait de circonstances historiques spéciales, grâce au caractère et aux habitudes de l'épiscopat oriental, grâce surtout aux intérêts communs qui établissent une sorte de compromission tacite entre l'évêque de Constantinople et l'empereur d'Orient, celui-ci a pris dans les affaires religieuses une autorité qui ne lui appartenait pas, comme l'évêque de Constantinople a constamment cherché à augmenter ses privilèges et son influence, jusqu'au moment où une papauté grecque fut créée à son profit et au détriment des antiques sièges d'Alexandrie et d'Antioche. Mais, en dehors des intrigues et des adulations byzantines, il y avait dans l'Église un autre sentiment des rapports entre le pouvoir spirituel et le pouvoir temporel. M. G. aurait dû s'en occuper. Est-ce qu'en Occident, les empereurs Constant, Valentinien, Gratien, Théodose, Honorius, Valentinien III et leurs continuateurs, les rois goths et francs, mirent la main à l'encensoir? En Orient même, M. G. aurait dû parler de l'attitude des évêques d'Alexandrie, tout opposée à celles de leurs collègues de Constantinople. De plus, il aurait fallu songer aux traditions, aux tendances, aux habitudes antérieures; l'Église n'est pas née sous Constantin; au moment où cet empereur lui donna la liberté, elle avait une organisation vieille de trois siècles. Si M. G. en avait tenu compte, il aurait vu dans le système byzantin, non une institution universelle, mais une exception, une déformation locale et particulière dont les causes sont très faciles à saisir. L'empereur, placé à côté d'une organisation aussi importante que celle de l'Église depuis le quatrième siècle, était naturellement tenté de la dominer; pour lui résister, l'Église n'avait d'autre force que l'énergie morale de ses chefs : or, l'énergie manqua souvent aux évêques de la ville impériale; quand ils en eurent, ce fut au profit de leur propre grandeur, qu'ils avaient tout intérêt à tenir le plus près possible de la majesté souveraine.

Mais je m'arrête, car ce n'est pas ici le lieu de réfuter le système de M. G.; d'ailleurs, avant de le réfuter, on peut désirer qu'il prenne une forme plus scientifique. En somme, la lecture de ce livre m'a désagréablement surpris; les titres que l'auteur prend sur le frontispice et celui que son travail lui a valu, m'avaient fait espérer autre chose.

L. DUCHESNE.

75. — **Les Trois Frances**, par P. Ubald de Chanday, O. M. C. Paris, Palmé, 1880. 1 vol. in-8 de xix-569 pages.

C'est un signe des temps où nous sommes que l'apparition incessante d'ouvrages qui traitent de la Révolution, de la Réforme sociale, du passé et de l'avenir de la France. Tous ces écrits, à qui la préoccupation générale donne une triste opportunité, sont loin d'avoir la même valeur. Quelques-uns sont l'expression un peu hâtive des désirs, des ressentiments ou des craintes suscités par les événements du jour. D'autres, au contraire, qui arrivent cependant à leur heure, sont le fruit de longues et consciencieuses études ; ils veulent être non pas seulement lus mais médités, et aucun publiciste, catholique ou autre, ne doit passer indifférent à côté d'eux ; car il est certain d'y trouver, tout au moins, des matériaux importants pour avancer la solution d'un problème qui se présente de plus en plus à tous les esprits sérieux, comme une question de vie ou de mort.

De ce nombre est le volume du P. Ubald de Chanday, dont un juge compétent, Mgr l'évêque d'Angers, n'a pas hésité à écrire : « Je ne connais pas de livre où les questions actuelles soient traitées avec plus d'ampleur. »

Et cependant, je dois en faire l'aveu, ma première impression, en parcourant ce volume, en lisant les titres de certains chapitres, n'avait pas été favorable ; il me semblait apercevoir dans certaines réminiscences du langage biblique, non pas, certes, rien qui pût infirmer la solidité des vues et la sûreté des conclusions, mais comme une invasion malheureuse des usages de la chaire et de la phraséologie oratoire, dans un sujet qui ne les appelait pas nécessairement. Je regrettais que l'auteur eût par là écarté peut-être, sans aucun profit pour la vérité, toute une classe de lecteurs, ceux-là mêmes qu'il est le plus important de convaincre : esprits superstitieux à rebours, et qui se défient d'une vérité même démontrée, pour peu que le vêtement laïque lui fasse défaut.

Cette première impression heureusement écartée, je n'ai pas tardé à m'expliquer la haute approbation dont ce livre est accompagné.

L'auteur, il n'y a pas à en douter, est un théologien profondément instruit des questions qu'il traite ; il remonte toujours aux principes, et en déduit les conséquences avec une logique et une clarté saisissantes, de telle sorte qu'aucun doute ne saurait rester dans l'esprit du lecteur, quand il lui fait voir, par exemple, comment telle énormité, qui l'a épouvanté dans un journaliste de la commune, découle, en droite ligne, d'un principe admis, comme un axiome, par les purs libéraux de 1789, et comment Jean-Jacques Rousseau et son *Contrat social* forment l'arsenal inépuisable de toutes les lois antisociales, et de toutes les constitutions subversives que nous voyons éclore depuis bientôt cent ans.

La partie de beaucoup la plus importante, comme la plus développée de cet ouvrage, est le second livre qui traite du libéralisme.

L'auteur, avec une grande justesse et un parfait à propos, commence par définir le sens qu'il donne à cette expression. Il remarque, avec raison, qu'elle appartient à ces mots modernes, « dont la signification est relative et change suivant les opinions de la personne qui les emploie ». C'est à Chateaubriand, s'il faut en croire Sainte-Beuve, qu'il faut attribuer la paternité de ce néologisme célèbre, qui est devenu la source de tant de confusions de pensées comme de langage. Le P. Ubald définit le libéralisme, qu'il veut combattre : « La suppression des droits de Dieu, dans l'ordre civil et politique » ; puis, il démontre, avec une grande abondance de preuves et une logique irréfutable, que ce système, même mitigé, quelle que soit la classe de libéraux qui l'appliquent, aboutit à des conséquences désastreuses qui sont la Révolution elle-même, dans ce qu'elle a de plus subversif : l'athéisme social, l'athéisme légal, l'athéisme gouvernemental. Nous ne suivrons pas l'auteur dans cette longue démonstration, qui n'occupe pas moins de 354 pages. Bornons-nous seulement à faire voir, d'après lui, comment du principe de la souveraineté du peuple, découle logiquement la suppression radicale de toute liberté d'enseignement et de toute liberté de penser.

Nous connaissons, de nos jours, la théorie de l'État père de famille. Mais, de plus, nos législateurs se trouvent en présence de projets qui déclarent incapable d'enseigner quiconque n'est pas marié, quiconque est, notamment, ministre du culte catholique. La plupart de nos contemporains ne savent pas que ces théories, qui furent celles de la Convention, sont empruntées, mot à mot, aux écrits de Jean-Jacques Rousseau.

« Afin, dit ce grand sophiste, que le pacte social ne soit pas un vain formulaire, il renferme tacitement cet engagement : que quiconque refusera d'obéir à la volonté générale, y sera contraint par tout le corps. » Voilà le principe général. Voyez maintenant ce principe appliqué à la question d'éducation.

« Comme la raison de chaque homme ne saurait être l'unique arbitre de ses devoirs, on doit d'autant moins abandonner aux lumières et aux préjugés des pères l'éducation des enfants, qu'elle importe à l'État encore plus qu'aux pères. » (P. 430.)

Voilà maintenant la conséquence : « L'éducation publique, dans des règles prescrites par le gouvernement et sous des magistrats établis par le (peuple) souverain, est une des maximes fondamentales du gouvernement populaire ou légitime... La loi, c'est-à-dire l'État, doit régler la matière, l'ordre et la forme des études. »

C'est aux Polonais que Jean-Jacques donne cette règle, qu'il répète d'ailleurs à toutes les pages de *l'Émile* et du *Contrat social*. « Il importe, ajoute-t-il, que les études ne soient pas dirigées *par des étrangers et par des prêtres*, mais par des Polonais, *tous mariés*, s'il est possible. » (P. 432.)

On trouve là le type de tous les plans d'éducation qui portent les noms de Danton, de Saint-Just, de Barrère et de Grégoire.

Or, c'est littéralement aussi le plan d'études que certains voudraient faire prévaloir aujourd'hui.

N'est-ce pas encore à ce même Jean-Jacques que l'on emprunte certaines pplications du principe de la souveraineté du peuple, ainsi formulées par le maître : « Tout ce qui rompt l'unité sociale, ne vaut rien. Il importe qu'il n'y ait pas de société partielle dans l'État, et *que chaque citoyen n'opine que d'après lui* (1). »

L'État ayant *seul* une opinion en toutes choses, et l'imposant, sous peine d'exil, de dispersion ou de mort, à tous les citoyens, voilà, selon Jean-Jacques Rousseau, le dernier mot de la souveraineté du peuple ; c'est aussi le dernier mot des jacobins de la Convention et des jacobins d'aujourd'hui.

Il serait à désirer que la discussion si complète et si solide de l'auteur des *Trois Frances* pût passer sous les yeux de beaucoup d'hommes du monde, à qui des préjugés d'éducation, datant du collège, persuadent encore que le mot libéralisme signifie toujours l'amour ou l'intelligence de la liberté. Trop souvent il signifie précisément le contraire. Le prestige qui reste parmi nous à l'idée révolutionnaire, malgré les écrasants démentis que les faits ne cessent de lui donner, est encore le plus grand mal de notre pays, le plus grand obstacle à tout progrès, et c'est pourquoi on ne saurait trop multiplier, sous des formes très diverses, les ouvrages destinés à faire la lumière ; c'est aussi pourquoi, à côté de publications telles que : *le Rôle social des idées chrétiennes*, de M. Ribot (2) ; *le Problème de la France contemporaine* (3), de M. Lorrain ; *l'Esprit révolutionnaire, la Foi catholique et la Réforme sociale*, du P. Lescœur (4), mais surtout de la *Réforme sociale* et de tous les autres travaux de M. Le Play, nous aimons à recommander *les Trois Frances*, du P. Ubald de Chanday (5).

L. L.

---

76. — **Catherine d'Aragon et les origines du schisme anglican**, par Albert DU BOYS. Société générale de librairie catholique. Paris, V. Palmé ; Bruxelles, J. Albanel. 1880, in-8° de XLVII-574 p. Prix :

M. Albert du Boys, dont les vastes et beaux travaux sur le droit sont si justement appréciés, nous donne aujourd'hui une monographie historique qui ne sera pas moins favorablement accueillie du « public d'élite » dont il parle dans sa *Préface* (p. VIII). Cette monographie, disons-le tout d'abord, a le grand mérite de combler une regrettable lacune : nous ne possédons pas encore en France la moindre étude spéciale sur Catherine d'Aragon, et ceux qui voulaient étudier la biographie de cette princesse n'avaient à leur disposition que les histoires générales d'Angleterre et le recueil de Joachim Legrand (*Histoire du divorce d'Henri VIII et de Catherine d'Aragon*, 1688,

---

(1) *Contr. Soc.*, II, 3 ; *ibid.*, p. 439.
(2) Plon, 2 vol. in-8°.
(3) Plon, 1 vol. in-12.
(4) Sauton, 2 vol. in-12.
(5) On ne saurait trop faire lire aussi le dernier volume de M. Taine, auteur d'autant moins suspect qu'il est moins clérical.

3 vol. in-12). Venu le premier parmi nous, M. du Boys (1) a traité avec tant de soin un sujet difficile, que ceux qui traiteront ce sujet désormais n'auront guères à s'écarter de la voie tracée par leur consciencieux et habile devancier. C'est d'après d'importants et nombreux documents inédits récemment publiés à Londres, et notamment d'après les recueils des dépêches des rois d'Angleterre et d'Espagne et de leurs ambassadeurs relatives aux négociations diplomatiques et matrimoniales de 1488 et années suivantes (*Calendars of letters*, etc.), que M. du Boys a raconté en termes excellents la vie de sa sympathique héroïne. Dans une introduction rapide, mais pleine de choses, il a voulu nous faire connaître les divers personnages qui préparèrent les deux mariages de Catherine, Henri VIII, roi d'Angleterre, Ferdinand d'Aragon et Isabelle de Castille. Il a, plus loin, non moins heureusement retracé les portraits du cardinal Wolsey, d'Anne de Boleyn, du pape Clément VII, qui « prononça en faveur de l'indissolubilité du lien conjugal, un de ces arrêts qui retentissent fortement dans l'histoire ». Quant à Catherine même, et à Henri VIII, les pages qui leur sont consacrées par M. du Boys renferment bien des détails nouveaux et caractéristiques : ces pages sont dignes de la plus sérieuse attention de tous ceux qui, de chaque côté de la Manche, recherchent les récits historiques où la fidélité et le talent brillent à la fois. Mais en M. du Boys ce n'est pas seulement le narrateur irréprochable qui doit être félicité (2), c'est aussi le juge irréprochable, appréciant avec la plus sereine impartialité personnages et événements, admirant les douces vertus de Catherine autant qu'il condamne les vices odieux de Henri VIII, et, en tout son livre, s'inspirant, comme critique, de ce noble amour de la justice et de la vérité qui l'animait tout entier, quand il était magistrat. Je résumerai tous les éloges que mérite le remarquable ouvrage de M. du Boys, en déclarant que ce volume est digne à tous égards de la « grande fortune » qu'il a « de paraître sous les auspices d'un nom tel que celui du cardinal Newman ».

Ph. Tamizey de Larroque.

77. — **Dom Jean Mabillon** (1632-1707), étude suivie de documents inédits sur sa vie, ses œuvres, sa mémoire, par Henri Jadart. Reims, Deligne et Renart, 1879, in-8° de 276 pages.

Voici un livre dont le principal mérite est d'être consacré à un de nos savants les plus illustres. Il n'en fait pas revivre la mémoire, car

---

(1) En Angleterre, M. du Boys n'a été précédé que par miss Agnès Strickland, auteur d'une très intéressante notice sur Catherine d'Aragon, dans *Lives of the Queens of England*. Œttinger (*Bibliographie biographique*) ne mentionne aucun livre sur Catherine.

(2) Je ne trouve à indiquer pour une prochaine, très prochaine édition, qu'une toute petite erreur à corriger (p. 531, note 2). L'auteur du poème sur Anne de Boleyn, est incontestablement Lancelot de Carle, le futur évêque de Riez. Voir sur ce point une dissertation spéciale dans les *Vies des poètes bordelais et périgourdins par Guillaume Colletet* (1873, in-8°, p. 29-34).

Jean Mabillon a acquis une renommée impérissable, il rappelle tout au plus ce nom à ceux qui par hasard pourraient l'avoir oublié. La *Vie de Mabillon*, ne nous apprend rien de nouveau. Il aurait été plus simple et aussi plus instructif pour le lecteur de réimprimer la vie si intéressante écrite par Dom Ruinart, et publiée en 1709. Car qu'est-ce que M. Jadart a ajouté à cette vie? Huit lettres de Remois sur Mabillon (p. 175 et suiv.), extraites d'un manuscrit du fonds français de la Bibliothèque nationale, n° 19,639. Mais l'auteur, comme il l'avoue implicitement, page 263, n'a pas consulté les papiers si curieux de Mabillon, conservés dans le même dépôt. Il donne une lettre inédite du Bénédictin, relative à un moine de son ordre, prisonnier au mont Saint-Michel (p. 188); mais il la tire de la bibliothèque de Reims (1). Il aurait pu enrichir son livre d'une série de lettres importantes de Mabillon sur ce sujet. Ce pauvre moine s'appelait frère Denys de la Campagne, et avait été condamné à vingt ans de prison. Les lettres de Mabillon sur lui vont du 8 juin 1691 au 22 novembre 1698. Dans l'une, en date du 10 août 1693, Mabillon se plaint assez vivement du peu de considération qu'on a pour lui dans sa congrégation. Signalons en passant une lettre non signée adressée à Mabillon et relative à un panégyrique de saint Ignace, prononcé par Fénelon, mss. fr. 19658, f° 250. Cette lettre très curieuse mériterait d'être publiée.

Que veulent dire ces mots (p. 35): « A cette époque (celle de la publication de la *Liturgie gallicane*, c'est-à-dire en 1685), les sages réformes du Concile de Trente étaient encore en vigueur, et l'on avait partout le fond liturgique de l'Eglise de Rome? » J'avoue que je ne les comprends pas bien. — Quoi qu'en dise l'auteur, page 42, l'avis de Mabillon sur Vossius ne fut pas adopté par la Congrégation de l'Index.

Il y a pourtant quelques documents utiles dans la troisième partie, mais la plupart étaient déjà publiés, sauf divers actes sur la famille du célèbre érudit, pages 192 et suivantes. La Bibliographie qui termine le volume est assez complète. Signalons enfin un assez bon portrait de Mabillon, et une vue de sa maison natale, page 174.

C. Trochon.

---

78. — **Essai sur les patrons, spécialement sur les patrons des corps de métiers et corporations**, par l'abbé Malais. Dieppe, Leprêtre, 1880, in-8°.

Fort curieux opuscule, plein de faits et de renseignements, dû à la recherche d'un de nos collaborateurs de l'*Écho*, dont on se rappelle le travail sur les couleurs liturgiques. Peignot, dans le *Predicatoriana*, avait effleuré le

---

(1) Cette lettre (original ou copie?) n'est pas datée. La comparaison avec les lettres de la Bibl. nat. mss. fr. 19649, f° 167, me fait croire que cette lettre est des premiers jours de janvier 1692.

sujet que traite aujourd'hui M. Malais; mais le travail de ce savant bibliographe était loin d'être complet. M. Malais traite aujourd'hui de cent soixante-huit patrons de corps de métiers. Il nous apprend des choses très peu connues. Ainsi saint Bonaventure était le patron des négociants du Havre; saint Barthélemy, celui des tanneurs; saint Etienne, celui des tailleurs de pierres et des bouchers; le bon larron, celui des meuniers, etc. Nous pouvons, à l'aide de cette brochure, jeter un coup d'œil intéressant sur les raisons assez souvent futiles qui dirigeaient autrefois les corporations dans le choix de leurs patrons : elles ne se sont décidées souvent qu'à la suite d'un assez mauvais jeu de mots. Une étude d'ensemble sur ce sujet manquait jusqu'ici. Remercions M. l'abbé Malais de l'avoir essayée.

C. T.

79. — **Que vont devenir les Facultés libres?** par l'abbé d'Hulst. Paris, Poussielgue, 1880, brochure in-18 de 92 pages; prix : 60 c.

Que vont devenir les Facultés libres? Voilà une question que se posent beaucoup de gens qui en ont la solution, je ne dirai pas dans leur bourse, mais dans leur honneur et dans leur foi. M. l'abbé d'Hulst ne cherche pas à répondre à leur place : il se contente de mettre le point d'interrogation en pleine lumière. Écartant d'abord le préjugé qu'il y a des œuvres plus pressantes à secourir, il montre que le grand péril religieux de ce temps est l'antagonisme apparent de la science et de la foi; que la meilleure manière de faire évanouir ce fantôme, c'est de créer un enseignement supérieur, donné au nom de l'Église et avec les ressources dont elle dispose, c'est-à-dire celles de la charité chrétienne, et de faire de cet enseignement un foyer de science exacte, dont personne ne puisse nier l'activité sans se mettre les mains sur les yeux. En d'autres termes, créer une apologie qui consiste, non à quereller les gens, mais à leur faire voir qu'on existe, qu'on fait de la science, que cette science est la science authentique, celle qui a cours devant tous les jurys et toutes les académies; et que, néanmoins, ce sont les évêques qui la font faire et les fidèles qui en paient les frais. Après cela, il se trouvera encore des sots capables de dire que l'Église a peur de la science; mais on pourra leur répondre qu'ils ont peur du sens commun.

Je voudrais faire lire cette brochure à toutes les personnes sympathiques ou antipathiques aux facultés libres. Les sympathiques y verraient que nous n'avons, en somme, qu'un mauvais moment à passer et que nous le passerons, s'ils ont le cœur de nous soutenir; les antipathiques comprendraient peut-être que nous ne sommes, ni des ennemis de l'État, ni des fanatiques insensés; ils pourraient dire aux exagérés de leur bord que nos cornues ne distillent pas *l'aqua tofana*, et que la théocratie n'est pas au bout de nos raisonnements.

L. D.

80. — **Notes sur la Poésie religieuse de Lamartine**, par l'abbé P.-A. Sanvert. Mâcon, 1880. Un vol. in-8°, de 222 p.

Si je reproche à M. l'abbé S. de n'avoir pas *composé* un ouvrage : — Ce n'est pas un livre que je publie, me dira-t-il, voyez le titre même, ce sont des *notes*.

Quelques-unes sont délicates, plusieurs élevées, délayées presque toutes. M. S. me semble puni d'avoir parlé légèrement de la Bruyère, et en général du dix-septième siècle. Son style manque de netteté, peut-être même de correction. Il s'emporte souvent, se gonfle et crève.

Je ne vois pas quel est le *criterium* littéraire de M. l'abbé S. Pour lui, le *Repas ridicule* de Boileau est « un genre de composition que tout homme possédant quelque éducation littéraire est capable de produire. » (P. 73) — « On étudie sans doute Corneille et Racine, et encore, *Dieu merci*, fort peu. » (P. 72.) — *Eloa*, d'Alfred de Vigny, est « une composition médiocre. » (P. 17). — Lamartine est « serré, nerveux. » (P. 57.) — « V. Hugo n'a rien donné (dans le genre lyrique) de supérieur à ses *Odes et Ballades*. » (P. 207.) A plusieurs reprises, M. S. le compare à Bossuet, voire même à saint Thomas !... (Lire notamment la p. 199.)

M. S. admire à bon droit notre Lamartine. Toutefois est-il assez sévère pour *Jocelyn* et *la Chute d'un Ange* !

J. V.

VARIÉTÉS

MARIVAUX

(A PROPOS DU PRIX D'ÉLOQUENCE DÉCERNÉ PAR L'ACADÉMIE)

Le siècle de Louis XIV venait à peine de se fermer : Corneille avait élevé l'homme au-dessus de l'humanité ; Racine, lui parlant de plus près, avait su faire couler ses larmes ; Molière, par son rire si large et si franc, l'avait pour ainsi dire emporté dans le tourbillon de sa gaieté. La moisson semblait faite ; il ne restait plus qu'à glaner. Marivaux fut plus ambitieux : il choisit un champ plus étroit, afin de le cultiver seul ; il voulut être lui-même. Par une sorte de privilège, il retint pour sa part ce qu'il y a dans l'homme de plus délicat, de meilleur, — le sourire.

Marivaux fut par là l'homme de son temps et le peintre de son époque. Le sourire fut en effet la marque propre du dix-huitième siècle. Provoquant chez la Pompadour ou la de Prie, attendri chez l'abbé de Saint-Pierre, malicieux chez Fontenelle, Bernis ou Maurepas, un peu grimaçant chez Voltaire, il se retrouve sur tous les visages. Insouciance ou badinage, scepticisme ou rêverie, plaisir ou politique, il mêle tout, il domine tout.

Cet homme qui comprit si bien et qui fixa ce trait pour le délassement d'un autre âge, cet homme heureux semble n'avoir connu de la vie ni les passions ni les douleurs. Il a pourtant son histoire, mêlée, dans sa simplicité, de joies et de tristesses. Né dans une condition modeste, indépendant par sa fortune, Marivaux perd son bien dans des spéculations hasardeuses ; la mort lui ravit une femme aimée ; le couvent lui prend une fille unique, une fille chérie. Mais le malheur le touche sans l'abattre : quoi qu'il sente, quoi qu'il souffre, il ne veut pas être plaint. Il n'a ni colère, ni amertume. Content des applaudissements du public et de la protection d'un prince dont on ne peut trop louer les vertus (1), il vieillit sans cesser d'être jeune, sans cesser d'être bienveillant ; il vit en lettré et en homme du monde. Il est aimable et veut l'être toujours.

Qui pouvait mieux que lui peindre les hommes de son temps ? Ne lui suffisait-il pas de se placer devant son miroir pour retracer les traits de ses modèles ?

Peut-être n'eût-il point fallu parler de ce miroir. Quelques critiques chagrins ont, en effet, prétendu qu'on ne doit pas chercher ailleurs la source des inspirations de Marivaux. Ce ne sont pas, disent-ils, ses personnages qui parlent : on reconnaît toujours sa voix. Ses amoureux et ses soubrettes, ses coquettes et ses valets sont des pantins dont il tient les fils ; ce ne sont pas des êtres vivants.

Marivaux répond et il peut répondre : c'est le monde tel que je le vois. — La postérité lui donnera raison.

Un écrivain justement célèbre et qui préfère à tout la vérité, a tracé, d'un coup de pinceau aussi fidèle que délicat, le tableau de cette société au milieu de laquelle il semble avoir vécu.

Dans une serre chaude, les plantes rares poussent librement. Nos yeux en sont étonnés ; ainsi l'imagination s'étonne devant la civilisation raffinée du siècle qui précède le nôtre.

Là fleurit l'épigramme, acérée, mordante, mais joliment enveloppée, « goutte de vinaigre cachée dans un bonbon (2) ». Là règne le madrigal ; les enfants parlent par quatrain, si l'on peut appeler enfants ces miniatures d'hommes. On dirait qu'une charade se joue devant nous, charade où chaque acteur s'incarne dans son rôle ; partout même aisance, même grâce, même entrain : jusqu'aux gens en place, tout le monde a de la politesse et de l'esprit.

C'est l'Arcadie, mais une Arcadie factice ; tout à l'heure les loups devenus bergers nous le feront bien voir. Rien ne corrigera cependant ces natures frivoles et charmantes. Les enfants nourris de friandises s'élèvent mal ; les pensées sérieuses ne sont pas faites pour les hommes dont nous parlons. L'heure de l'épreuve est venue : qu'importe ? Ils donneront au plaisir jusqu'aux loisirs de la prison ; ils resteront gens d'esprit même au milieu des

---

(1) Louis, duc d'Orléans, fils du régent, grand-père de Philippe Égalité.
(2) Taine.

cris de mort, gens de bonne compagnie, toujours. Madame de... saluera le bourreau ; une reine qui l'aura heurté, lui dira : pardon, Monsieur ! — Ces têtes poudrées souriront sous le couperet de la guillotine.

Dira-t-on que la pièce est écrite par Marivaux ? Dira-t-on que cet écrivain a mal connu le caractère de son époque ?

Tandis que l'art contemporain, pour se maintenir dans l'idéal, vit d'exceptions et de contraste, l'art au dix-huitième siècle côtoie le monde réel ; il lui emprunte sans compter ses inspirations, ses types, son langage. Dans tout ce qui s'écrit alors, l'historien (nous l'avons pu voir) trouve une page à consulter.

Gardons-nous de croire cependant à une imitation servile ou, pour parler un nouveau langage, à une sorte de naturalisme élégant. Marivaux étudie le cœur humain ; l'étude porte la marque d'un siècle : elle reste vraie pour tous les autres.

Qu'il nous soit donc permis d'écouter distraitement le grave Jouffroy, lorsque, jugeant Marivaux au milieu des idéalistes, il lui reproche, comme à Racine, de n'offrir dans ses peintures que l'image de lui-même ou tout au plus celle de son temps, lorsqu'il regrette de ne pas trouver dans ses œuvres cette variété qu'on rencontre dans celles des l'école opposée, lorsqu'il n'y voit « qu'un seul caractère prêté à tous les personnages possibles, le caractère de l'amour (1) ».

Sans nier que l'amour soit le lien commun qui rattache entre elles toutes les œuvres de Marivaux, louons du moins cet ingénieux écrivain d'avoir su prêter une forme nouvelle, un attrait nouveau à cette vieille et charmante histoire que le poète appelle l'éternelle chanson.

Les nuances délicates, les modulations imprévues plaisent mieux à l'esprit comme à l'oreille : la fauvette et le rossignol ne nous paraissent pas monotones. Marivaux nous séduit ainsi. Il observe et décrit les mille aspects du cœur humain, variant son thème et l'ornant de mille broderies : il peut n'exprimer toujours qu'un même sentiment ; il ne nous lasse jamais.

Sur cette scène qui ne change pas, le spectacle change sans cesse. Ici l'amour respectueux, timide, parle pour ainsi dire à voix basse ou « ne dit pas tout ce qu'il songe » ; la cornette même de Lisette l'effraye et « l'histoire de tous les valets devient celle de tous les maîtres » ; — là, c'est la passion qui l'emporte, et la raison périt quoiqu'elle sente toute l'impertinence, nous dirions toute la sottise de ce que l'amour lui fait faire ; — l'amour-propre piqué rend Sylvia infidèle ; l'attendrissement et la reconnaissance rendent Arlequin inconstant. — Ailleurs, l'amour « commence par mais et finit par car » ; l'habitude le soutient, l'ennui le mine et l'homme qu'on aime « quelquefois plus, quelquefois moins, quelquefois pas du tout », n'a qu'à s'enfuir quand paraît un nouveau visage ; — plus loin deux amants affligés se rencontrent ; la sympathie mêle leurs pleurs et finit par unir leurs mains ; on se console quelquefois à moins ; — ailleurs encore, c'est un amour de bonne

---

(1) Jouffroy, *Cours d'Esthétique.*

complexion, qui résiste aux fautes d'orthographe et survit à toutes les fumées de la vanité et de l'ambition. Je passe l'amour babillard (car le cœur a son caquet), l'amour de raison, l'amour sans façon... C'est la réunion des amours !...

On sent que Marivaux a saisi la vérité du vieil adage : autant de cœurs, autant de façons de sentir, mais il semble aussi qu'il craigne de ne pas nous captiver assez par une étude purement psychologique, et la trame qui lui sert de canevas, la fiction qui forme le thème de ses brillantes variations, reste ingénieuse et délicate sans être un seul instant pareille à elle-même.

N'admirons-nous pas ce joli hasard qui inspire Dorante et Sylvia? Leur déguisement leur crée mille chagrins imaginaires et fait battre la campagne à Pasquin et à Lisette. Le spectateur, qui est dans le secret, s'amuse du tourment des uns et de la joie des autres. Il attend, sans trop d'inquiétude, un dénouement qui rendra tout le monde content et le laissera lui-même charmé. — N'est-ce pas encore un joli conte que celui de ces amants qui ne veulent pas être consolés et qui pourtant ne sont pas inconsolables? Ne pardonnons-nous pas à Dubois ces fausses confidences, auxquelles Araminte et Dorante doivent leur félicité? Qui pourrait ne pas s'attendrir au récit des malheurs de Marianne, exposée à tant de périls par sa misère et par sa beauté, rejetée dans les larmes par l'inconstance d'un ingrat au moment où la fortune semblait lasse de la frapper? Qui pourrait ne pas s'affliger sur cette jeune et généreuse Terville? Qui pourrait rester indifférent aux aventures de Jacob, devenu M. de la Vallée? Qui voudrait se rappeler les fautes de ce jeune paysan, en admirant les mérites de ce parvenu comme on en voit peu?

Que de contrastes piquants! Que de dénouements imprévus! Blâmons-nous Mlle Argante, qui feint la folie pour se conserver à Dorante et revient à la raison pour épouser Ergaste? Sans ce testament bizarre, sans ce legs original d'un parent trop attentif au bonheur de ses héritiers, qui sait si le marquis eût épousé la comtesse? Et vous, touchante Angélique, auriez-vous su que vous aimiez Lucidor, sans maître Blaise et sans Pasquin?

La coquetterie, l'ingénuité, la malice, la raison, jettent un reflet différent sur chacun des charmants fantômes qui semblent s'animer pour nous. Tous ces visages ont un air de famille, mais chacun d'eux a des grâces qui lui sont propres; chacun d'eux exprime une pensée, un rêve de l'artiste. Pou-vous-nous retrouver là cette uniformité dont naquit un jour l'ennui?

Lorsque M. Lysidas, je veux dire M. de la Harpe et quelques autres juges, médisent de Marivaux ou négligent de le nommer, leurs critiques ou leur silence nous font penser plus mal d'eux que de lui. — Que ne lui disent-ils, avec Mario : « Je te défends d'avoir tant d'esprit ! » Ce serait plus franc, ce serait aussi plus juste.

« Ce qu'on appelle esprit (je copie cette définition) est tantôt une comparaison nouvelle, tantôt une allusion fine, ici l'abus d'un mot qu'on présente dans un sens et qu'on laisse entendre dans un autre ; là un rapport délicat entre deux idées peu communes ; c'est une métaphore singulière ; c'est une recherche de ce qu'un objet ne présente pas tout d'abord, mais de ce qui est en effet dans lui ; c'est l'art de rapprocher deux choses éloignées, ou de diviser les choses qui paraissent se joindre ou de les opposer l'une à l'autre ; c'est celui de ne dire qu'à moitié sa pensée pour la laisser deviner. Enfin, ajoutait Voltaire, je vous parlerais de toutes les façons de montrer de l'esprit, si j'en avais moi-même davantage. »

Voltaire seul pouvait s'exprimer ainsi ; mais ses paroles s'appliquent, et dans ces quelques lignes, tracées de main de maître, nous croyons lire l'éloge de Marivaux.

Jamais l'esprit, sous toutes ses formes, ne brilla d'un éclat plus vif que dans les œuvres de cet écrivain. L'étincelle jaillit sans cesse dans ce dialogue où se heurtent le rire et les larmes. L'auteur ne craint pas de blesser nos yeux ; car, par une faiblesse qu'il devine, nous nous savons gré de le comprendre, et nous lui trouvons d'autant plus d'esprit qu'il semble lui-même nous en donner.

Les personnages sont nos amis ; Marivaux le veut ainsi. — Si l'on excepte deux ou trois caractères, tous les hommes qu'il nous présente sont aimables, sincères, de bonne compagnie. Quant à ses jeunes femmes, si enjouées et si tendres, si désireuses de plaire et cependant si pures, qui de nous peut se défendre de les aimer ?

A ce monde idéal, et qui pourtant n'est pas imaginaire, il faut un langage doux, vif, alerte, fin. C'est la langue de Marivaux. Son style « d'argent et de soie » convient, et convient seul, aux idées qu'il exprime. Ne lui reprochez pas de parler autrement que le commun des hommes ; « il serait affecté s'il était simple. » Il est naïvement, et, si je puis le dire naturellement maniéré, Il a quelque chose de féminin, s'il est vrai qu'il n'appartienne qu'aux femmes « de faire lire dans un seul mot tout un sentiment, et de rendre délicatement une pensée délicate (1) ». Dans l'impuissance de le mieux louer, admirons, avec un des maîtres de la critique, ce style, « mélange unique de tendresse et de taquinerie, d'émotion et de légèreté, de mélancolie et de verve ; effets de clair-obscur transposés dans le langage ; ce style où la réticence enveloppe la pensée et la voile comme d'un demi-jour (2). »

GIOVANNI.

(*A suivre.*)

(1) Labruyère.
(2) Paul de Saint-Victor.

PRINCIPALES PUBLICATIONS DE LA QUINZAINE

175. — Baillon (de). *Madame de Montmorency* (Marie-Félicie des Ursins). In-18 jésus, 288 p. Prix : 3 fr. Paris, Didier et C°.

176. — Bellet (C.) de la Société d'archéologie de la Drôme. *Notice historique sur Jost de Silenen,* ambassadeur de Louis XI et évêque de Grenoble. In-8°, xi-67 p. Lyon, lib. Brun.

177. — Boissieu (M. de) *L'église collégiale de Saint-Jean-Baptiste* à Saint-Chamond ; son chapitre, ses reliques. Notice historique, accompagnée de pièces justificatives. In-8°, viii-342 p. et 3 planches. Lyon, lib. Brun.

178. — Bozon, in Carmelitarum schola quondam alumnus. *De Vitale Blesensi,* thesim proponebat facultati litterarum Parisiensi. In-8°, 108 pages, Rouen, imp. Giroux et Fourey.

179. — Cantu (C.). *Les Trente dernières années (1848-1878).* Édition française, revue par l'auteur, précédée d'un Essai biographique et littéraire sur Cesar Cantù, et suivie de la Vie de l'archiduc Maximilien d'Autriche, empereur du Mexique. In-8°, lxxix-440 p. Paris, Firmin-Didot et C°.

180. — Cordier (H.), de la Société asiatique de Paris. *Bibliotheca sinica.* Dictionnaire bibliographique des ouvrages relatifs à l'Empire chinois. T. I, Fascicule 2. Grand in-8°, pages 225 à 320. Paris, lib. Leroux.

L'ouvrage formera 2 forts volumes du prix de 50 fr. ; il sera publié en 8 fascicules et terminé avant la fin de l'année.

181. — Horoy. *Medii ævi bibliotheca patristica seu ejusdem temporis patrologia ab anno MCCXVI usque ad concilii Tridentini tempora,* sive omnium doctorum, jurisconsultorum, scriptorumque ecclesiasticorum, ac præsertim sanctorum pontificum qui ab Innocentio III, usque ad Pium IV floruerunt, operum quæ exstant. Amplissima collectio chronologice recusa ad exemplar patrologiæ Migne et ad ejusdem patrologiæ continuationem. etc. Series prima, quæ complectitur omnes doctores scriptoresque Ecclesiæ latinæ ad sæculum XIII pertinentes, recognoscente et annotante Horoy, sacerdote e Bellovacensi diœcesi oriundo, doctore romano in sacra theologia. Tomus VI. S. Francisci Ass. tomus unicus. S. Antonii Paduani tomus primus. Grand in-8° à 2 col., 1294 p. Paris. Pagnier et C°.

182. — Lepitre (A.), professeur à l'école Notre-Dame de Paris. *Adrien VI.* In-8°, 340 p. Paris, lib. Berche et Tralin.

183. — Peyron (B.). *Codices hebraici manu exarati Regiæ Bibliothecæ quæ in Taurinensi Atheneo asservatur.* Recensuit, illustravit. 1 vol. gr. in-8°, cart. Prix : 25 fr. Turin, Bocca.

184. — Tiele. *Manuel de l'histoire des Religions,* esquisse d'une histoire des Religions jusqu'au triomphe des religions universalistes. Traduit du hollandais par Maurice Vernes. Un vol. in-18 jésus. Prix : 4 fr. Paris, Leroux.

Le gérant : A. Sauton.

BULLETIN CRITIQUE

DE LITTÉRATURE, D'HISTOIRE ET DE THÉOLOGIE

SOMMAIRE. — 81. PIOGER, L'œuvre des six jours, *Af. Neuville*. — 82. LE PAGE RENOUF, Conférences sur la religion de l'Egypte, *l'abbé de Broglie*. — 83. CASPARI, Sources de l'histoire des symboles, *L. Duchesne*. — 84. V. GUÉRIN, L'île de Rhodes, *E. Beurlier*. — 85. BELLET, Syagrius II, évêque de Grenoble, *U. Chevalier*. — 86. L. COUTURE, Pétrarque et J. Colonna, évêque de Lombez, *Tamizey de Larroque*. — 87. DARMESTETER, traduction du Vendidâd, *C. de Harlez*. — Variétés : Marivaux (suite), *Giovanni*. — Correspondance. — Principales publications de la quinzaine.

81. — **L'Œuvre des six jours** en face de la science contemporaine, question de l'ancienneté de l'espèce humaine, par M. l'abbé PIOGER. Paris, Haton, 1880. In-12 de xxij-340 pages.

M. Pioger résume dans un cadre assez resserré ce qu'on a publié jusqu'ici sur l'origine de la terre, et ce que la science moderne, principalement l'astronomie et la géologie, peut fournir pour l'éclaircissement de cet important sujet.

L'ouvrage est divisé en deux parties : l'œuvre des six jours et l'antiquité de l'homme. Cette seconde partie parait mieux traitée que la première, bien que l'auteur ait passé sous silence la période diluvienne qui est appelée, de concert avec la période glaciaire très bien exposée par M. P. (1), à jeter un grand jour sur une foule de questions relatives aux origines de l'humanité.

Avant d'examiner la manière dont M. P. fait concorder les phénomènes astronomiques et géologiques avec le récit de la création rapporté dans la Bible, qu'on nous permette de faire une remarque.

Nous ne croyons pas que pour maintenir le caractère inspiré de la Bible, il soit nécessaire de supposer, avec M. P., que Moïse ait reçu dans une vision

---

(1) La citation de M. Flammarion, qui n'a aucun caractère scientifique, dépare par trop ce chapitre (p. 264). L'auteur est plus heureux dans les onze pages qu'il emprunte à M. Hamard.

la révélation des premiers âges du monde, c'est-à-dire, que « Dieu ait fait passer devant ses yeux les grandes scènes de la création » (Cf. p. 146). Il est très vraisemblable au contraire que l'auteur sacré s'est servi de documents écrits avant lui, ou plutôt qu'il a reproduit les traditions conservées avec soin dans les familles patriarcales sous forme de chants religieux, comme l'histoire le rapporte des anciens peuples. C'est ce qui ressort du caractère poétique du récit hexamérique : « action dramatique, strophes, refrains, rythme, parallélisme, rien n'y manque » de ce qui constitue un chant national, ayant pour but de perpétuer la notion d'un Dieu créateur, ordonnateur et conservateur de la terre et des cieux. Et pourquoi encore cette division du grand œuvre de la création en six jours de travail suivis du repos du septième jour, si ce n'est pour graver d'une manière ineffaçable dans l'esprit des premiers peuples l'obligation du culte sabbatique que Dieu a exigé de l'homme dès les premiers jours de son existence? De là, aussi, l'emploi naturel des mots *jour*, *soir* et *matin*, comme étant les termes les plus propres à représenter la division de la grande semaine génésiaque.

Quant à la manière de faire concorder les diverses phrases ou évolutions de la terre avec les six jours de la création, la division que présente l'auteur ne paraît pas naturelle pour les deux premières époques. Il y a là des comparaisons et des rapprochements forcés.

En cherchant à pénétrer le sens et l'esprit du premier chapitre de la Genèse, on verra que, à l'exception du verset initial qui s'entend de la création proprement dite des éléments des mondes futurs, le récit se rapporte exclusivement à la période d'organisation de la terre, c'est-à-dire, à son évolution géologique, et qu'il n'y est fait aucune allusion aux états de nébuleuse et de soleil par lesquels elle avait déjà passé.

Si l'auteur s'était placé à ce point de vue, il n'aurait point cherché à comparer la terre couverte d'eau, comme nous la représente le deuxième verset, à une nébuleuse à l'état de gaz (p. 95 et suiv.); encore moins aurait-il vu au troisième verset la production initiale de la lumière dans le monde; car, qu'on l'applique ou à l'apparition de vagues lueurs projetées par quelque nébuleuse, ou à la formation de la photosphère d'un astre quelconque, il y aura toujours une véritable inconséquence. En effet, la production de la lumière, au premier jour, fait supposer la terre dans un état cosmique indéterminé; puis tout à coup, sans transition, nous voyons, au second jour, s'accomplir le phénomène de la séparation des eaux, c'est-à-dire que les brumes ou vapeurs d'eau qui jusque-là avaient reposé sur la surface de l'océan universel, commencèrent à s'élever dans les régions de l'air et à s'y montrer sous la forme de nuages. Ce phénomène suppose la terre à l'état de planète ayant déjà passé par la période d'extinction, et s'étant trouvée, pendant une autre longue période, recouverte d'une mer universelle et enveloppée d'une épaisse atmosphère reposant sur la surface liquide, état dans lequel nous l'avons déjà vue avant même le premier jour. Il y a là, comme nous l'avons dit, des inconséquences et des rapprochements forcés.

Au contraire toutes les difficultés disparaissent si on considère l'apparition de la lumière comme nécessaire à la terre pour la production des premiers organismes qui allaient naître au sein des mers attiédies avec le temps. Or, ce phénomène s'est opéré par la *précipitation* des vapeurs grossières qui surchargeaient l'atmosphère, la rendaient impropre à la vie et interceptaient le passage de toute lumière venant de l'extérieur.

Mais dira-t-on, d'où venait cette lumière? On ne peut douter que le ciel ne fût déjà parsemé d'un certain nombre d'étoiles les plus avancées dans leur période de concentration, mais leur lumière lointaine était trop faible pour percer l'atmosphère encore brumeuse de la terre. Il fallait une source plus puissante et plus rapprochée. On pourrait à la rigueur la supposer dans la nébuleuse solaire elle-même, dont la photosphère pouvait être, à cette époque, à son début de formation. Mais il existait un astre dont la période solaire n'était point encore sans doute achevée : nous voulons parler de Jupiter, dont le diamètre apparent pouvait être alors le tiers environ de celui de notre soleil actuel; de son globe éclatant pouvait donc jaillir une lumière égale au neuvième environ de celle qu'émet aujourd'hui l'astre du jour.

L'apparition directe du soleil radieux au quatrième jour paraît fort bien expliquée; il suffit de lire le chapitre dixième, p. 169, pour se rendre un compte exact de ce phénomène. Il en est de même de la classification des êtres qui se sont succédé sur la terre pendant les périodes géologiques. L'auteur fait voir que la Bible ne mentionne et ne pouvait mentionner que la classe d'êtres qui caractérise telle ou telle époque : par exemple, les végétaux à la troisième époque, lorsque la terre, semblable à une immense serre-chaude, avait d'un pôle à l'autre une puissance de végétation incomparable. La quatrième époque fut une transition du règne végétal au règne animal; aussi voyons-nous la cinquième époque se distinguer par des monstres marins, par d'énormes reptiles amphibies et de gigantesques et fantastiques êtres ailés. Ce qui caractérise la sixième époque, c'est d'abord la multiplicité des grands mammifères herbivores auxquels vinrent plus tard s'adjoindre les animaux domestiques, puis les reptiles ou petits quadrupèdes, les bêtes terrestres ou carnivores, dont le règne a précédé l'apparition de l'homme.

Il y aurait bien encore quelques remarques à faire sur la question de l'ancienneté de la terre et sur les « millions de siècles » que l'auteur se plaît à prodiguer pour expliquer le prétendu refroidissement de la nébuleuse solaire d'abord, puis de la nébuleuse terrestre, et cela peut-être pour ménager la susceptibilité de certains savants qui sont bien aises d'accumuler les chiffres pour faire paraître le monde éternel. Cela semble d'autant plus surprenant que M. P. annonce qu'il prend pour base de son travail l'excellente théorie de Jean d'Estienne, dont les tableaux résumés qu'il insère dans son texte ne sont guère d'accord avec les développements qu'il donne au moins sur ce point. En effet, d'après Jean d'Estienne, suivant en cela la récente théorie de M. Faye, les nébuleuses furent primitivement dénuées de chaleur et n'acquirent cette grande élévation de température qui les rendit propres à devenir des soleils, que par l'effet de la concentration de plus en plus rapide de leurs molécules constitutives ; or cette théorie ne demande pour la première période de concentration, c'est-à-dire, pour le passage de l'état de nébuleuse à l'état de soleil, qu'un temps relativement court — 3 millions d'années pour la nébuleuse solaire, en lui supposant un rayon égal au tiers de la distance qui sépare le soleil de l'étoile la plus voisine. — M. P., au contraire, semble s'appuyer sur la théorie attribuée à Laplace, qui consiste à supposer les nébuleuses primitivement élevées à une extrême température — hypothèse sans fondement, car il faudrait trouver une cause capable de produire une pareille chaleur et une telle dilatation — hypothèse, dis-je, qui exige des milliards de siècles pour la contraction d'une nébuleuse par le refroidissement.

Nous sommes certains qu'à une époque peu éloignée la vérité se fera sur ces immenses périodes de siècles, et que les 750 millions d'années que certains géologues attribuent à la seule évolution géologique de la terre se réduiront à quelques centaines de milliers d'années. Nous appelons de tous nos vœux le jour où la géologie surtout, pénétrant plus avant dans les mystères de la nature, pourra donner une certitude plus assurée à la durée des phénomènes relatifs à l'organisation de notre terre encore si peu connue.

Af. Neuville.

---

82. — **Renouf** (P. Le Page). Lectures on the Origin and Growth of Religion, as Illustrated by the Religions of Ancient Egypt. Delivered in May and June 1879. (Hibbert Lectures, 1879.) 8vo, pp. 268. *Williams and Norgate*.

Les *Hibbert Lectures* sont des conférences annuelles sur l'origine des religions, établies, il y a trois ans, à Londres, par les gérants d'une fondation faite par M. Hibbert, en 1849. Cette fondation contenait des conditions exprimées en termes assez larges : il s'y trouvait cependant la prescription d'employer les moyens les plus favorables pour répandre le christianisme sous la forme la plus simple et la plus intelligible, et favoriser l'exercice absolument libre (the unfettered exercise) du jugement privé en matière de religion.

Les fondés de pouvoir ont-ils dépassé les termes de leur mandat en confiant, en 1878, le soin de faire ces conférences à M. Max Muller, qui a professé ouvertement le caractère également divin de toutes les religions ? Est-ce également la forme la plus simple et la plus intelligible du christianisme que M. Renan a été chargé de professer en 1880 ? Si les fondés de pouvoir de M. Hibbert n'ont pas dépassé les limites de leur mandat, le doyen de Westminster est-il resté en conformité avec les intentions des fondateurs de son bénéfice, en prêtant à des conférences de cette nature la propre salle du chapitre de Westminster ?

Nous n'avons pas à répondre à ces questions. — Nous ne voulons parler que de la seconde série des *Hibbert Lectures* faite, nous devons en convenir, dans un esprit tout différent des deux autres; mais il était bon de connaître le cadre général dans lequel elles sont enchâssées et les opinions du public auquel elles sont adressées.

M. Lepage Renouf, auteur de cette seconde série de conférences, est un égyptologue très estimé; il professe, à ce qui nous a été dit, la religion catholique. Rien dans son livre n'indique expressément sa pensée religieuse personnelle. Néanmoins une certaine netteté de langage sur différents points, la condamnation expresse qu'il fait du panthéisme, l'affirmation claire de la cause première distincte de la substance du monde, sont des signes d'un esprit qui est habitué aux affirmations dogmatiques, qui distingue le vrai du faux, et ne se contente pas d'une poésie nuageuse.

Nous ne pouvons pas apprécier le mérite scientifique de M. Lepage Renouf; il faudrait pour cela être du métier et être versé dans la difficile étude de l'interprétation des monuments égyptiens. Nous ne pouvons parler que de ses tendances générales et de son mérite littéraire.

Son livre témoigne de précieuses qualités; il est d'une extrême clarté, et contient, sous une forme condensée, mais intelligible, une très grande masse de renseignements. L'appréciation de la religion égyptienne qui s'y trouve semble impartiale, également éloignée du dénigrement et d'un enthousiasme systématique. Nous indiquerons sur quels points elle nous semble incomplète, mais auparavant il sera bon que nous fassions un court résumé des idées exposées dans ces conférences.

La première conférence est consacrée à l'indication des sources de l'histoire de la religion de l'Égypte. Après avoir montré l'insuffisance des sources étrangères, l'auteur raconte, d'une manière très intéressante, l'origine et les progrès de l'interprétation des hiéroglyphes. Il rend un éclatant hommage au génie de Champollion, et affirme que personne ne partage avec lui la gloire de cette découverte.

La seconde conférence est consacrée à l'histoire générale et à la civilisation de l'Égypte. Au sujet de la chronologie, M. L. R. montre avec évidence l'impossibilité d'échapper à l'idée d'une très haute antiquité pour la fondation de la monarchie égyptienne. Il la fait remonter au minimum jusqu'à 2000 ans avant Moïse. En outre, sur la foi de fouilles géologiques faites dans les alluvions du Nil, il admet une antiquité préhistorique qui remonterait à 8 ou 10 mille ans avant l'ère chrétienne. Nous ne savons si tous les géologues seront d'accord avec lui sur ce dernier point; mais nous ne pouvons qu'approuver ce qu'il dit en terminant au sujet de la chronologie biblique. « Un de mes amis, dit-il, pendant que je me livrais à ces recherches, vint me trouver et me dit, avec le ton solennel de l'avertissement et de la protestation : Si ce que vous venez de dire est vrai, le christianisme est une pure fable. Je lui répondis : non, cela montrerait seulement que la conception que vous vous faites du christianisme contient quelque chose de fabuleux. »

Au sujet de l'ethnologie et du langage, il admet l'origine asiatique des

Égyptiens, mais il conteste le rapport admis par certains savants entre la langue égyptienne et les langues sémitiques.

La troisième conférence traite des dieux de l'Égypte. M. L. R. parle avec respect de l'opinion de M. de Rougé, selon laquelle le monothéisme serait la doctrine primitive de l'Égypte, et le paganisme ne serait qu'une corruption postérieure. Sans contredire en face cette doctrine, M. R. la modifie de telle sorte qu'il n'en reste à peu près rien. Il dit, en effet, que l'idée d'un Dieu unique et celle des dieux particuliers et distincts subsistent côte à côte dans la pensée des Égyptiens, depuis la plus haute antiquité jusqu'à la fin de la monarchie égyptienne. Il dit que ces deux idées ne se contredisaient pas, parce que les Égyptiens avaient de la divinité une idée toute différente de la nôtre. Le mot *Nutar*, qui signifie Dieu, est interprété par lui dans le sens de *force*. La divinité serait une puissance qui peut être à volonté considérée comme une et multiple. La distinction des dieux serait purement mythologique. Elle serait le résultat de la contemplation du retour régulier du soleil et des astres. L'idée de ce phénomène se serait, par un effet même du langage, transformée en une série de légendes, où entrent les différents dieux à titre de personnages imaginaires distincts.

Nous laissons à M. L. R. la responsabilité de sa théorie, analogue à celle de M. Pierret, mais assez différente de celle qu'a exposée récemment M. Maspéro; mais nous pouvons dire que, si elle est vraie, il n'y a pas l'ombre de monothéisme véritable en Égypte. Le monothéisme est une doctrine exclusive, qui consiste à n'admettre qu'un Dieu créateur, et à réserver l'adoration pour lui seul. La doctrine égyptienne est au contraire expansive, et n'arrive à l'unité qu'en adorant indifféremment une foule de choses distinctes, entre autres le bœuf Apis, le soleil et le Pharaon. Si de plus nous remarquons qu'en Égypte le nom de Dieu, *Nutar*, ne devient jamais un nom propre, la conclusion sera que les Égyptiens sont, parmi les peuples anciens, l'un des plus éloignés du monothéisme hébraïque, du culte de Jehovah, et que leur unité de Dieu ne peut être qu'un mélange de théisme vague et de panthéisme, avec prédominance de la dernière doctrine. C'est, du reste, l'opinion exprimée par notre auteur.

La quatrième conférence traite de l'idée de la vie future chez les Égyptiens, la cinquième et la sixième contiennent l'analyse de leurs livres religieux. Nous ne ferons pas d'observations sur ces dernières conférences; les sujets dont elles traitent ont déjà été exposés ailleurs; la manière suivant laquelle M. L. R. les présente est intéressante et variée.

Dans la sixième conférence, M. L. R., qui en général se tient avec prudence dans les limites des faits historiquement constatés, s'aventure sur le terrain dangereux des théories générales. Il se prononce pour la théorie exposée par M. Max Muller, selon laquelle l'histoire primitive de toutes les religions du monde traverserait nécessairement trois stages : l'hénothéisme, ou l'idée vague d'un Dieu unique; le polythéisme, ou idée de plusieurs dieux; et le monothéisme, ou idée exclusive d'un seul Dieu. Au point de vue de l'histoire cette théorie n'est qu'à moitié vérifiée par les faits. Presque partout on peut deviner, sous le polythéisme, un état antérieur ou l'idée de la divinité, assez vague, n'était pas encore attribuée à des êtres multiples, état qu'on peut appeler l'hénothéisme. Mais sauf le cas du peuple juif, et celui de la doctrine primitive de Zoroastre, on ne voit nulle part le monothéisme véritable succéder au polythéisme. Quelle qu'ait été l'origine primitive des religions, il est un fait certain c'est que, dans les temps historiques, le monothéisme est une exception, et que sa conservation pendant une longue durée sans mélange de paganisme est un fait unique propre au peuple d'Israël.

Au point de vue rationnel, il n'est nullement vrai, comme l'enseigne M. Max Muller, que le monothéisme doive nécessairement être postérieur au polythéisme. Le monothéisme contient sans doute l'idée de l'exclusion de la multiplicité des dieux, mais ce n'est pas l'idée première et essentielle qui caractérise cette forme religieuse. L'idée première du monothéisme, c'est celle d'un Dieu unique créateur et libre. Cette idée peut très bien être primitive. Tant qu'elle subsiste, le polythéisme ne peut pas naître. Mais on peut très bien supposer que, bien avant les temps historiques, le monothéisme primitif s'est déformé, que l'idée sublime du Créateur personnel et libre a été remplacée par l'idée vague d'un premier principe : ce serait l'hénothéisme succédant au monothéisme. Après quoi, l'idée de la divinité étant devenue moins pure et susceptible de multiplicité, le polythéisme succéderait naturellement à l'hénothéisme. Quant au monothéisme, il ne s'est conservé ou n'a reparu sur la terre, en dehors de la religion révélée, que rarement et sans jamais s'établir d'une manière durable.

En Egypte, en particulier, on ne trouve aucune trace de monothéisme proprement dit ; le monothéisme primitif avait disparu longtemps avant les plus anciens monuments qui ne contiennent que l'hénothéisme joint au polythéisme. Et quant aux temps postérieurs, M. L. R. nous dit que c'est le panthéisme et non le monothéisme qui a été le résultat du travail de la raison sur le paganisme égyptien.

Signalons maintenant les points sur lesquels le travail de M. L. R. nous semble incomplet.

Il traite très brièvement du culte des animaux, et se contente de combattre la doctrine qui en ferait un grossier fétichisme. Il ne nous dit rien sur l'origine de ce symbolisme qui, par son universalité et la variété extrême des types qu'il contient, est un caractère spécial de la religion égyptienne.

Il ne parle pas non plus d'un trait particulier de la religion égyptienne, la révoltante obscénité d'un grand nombre de ses symboles, trait d'autant plus étrange qu'il est allié à une morale pure, et qu'on ne voit en Égypte rien qui ressemble aux cultes corrompus de l'Asie occidentale.

Il ne parle que bien rapidement du culte matériel du soleil et de l'adoration absolue du Pharaon, traits grossiers qui font contraste avec la sublimité de la métaphysique de certains textes égyptiens.

En un mot, il ne met pas assez en évidence les contrastes de cette singulière religion, et par là il n'est pas amené à traiter la question de savoir s'il y avait réellement un enseignement ésotérique réservé au sacerdoce et inconnu du vulgaire.

Indiquons enfin une opinion de M. L. R., qui nous semble mériter d'être soumise à un contrôle sérieux. Parlant des rapports entre les Israélites et les Égyptiens, il déclare que, selon lui, Israël n'a rien emprunté à l'Egypte, pas même, dit-il, la longueur de l'année. Il croit que l'assimilation du veau d'or avec Apis est factice. « J'ai parcouru, dit-il, beaucoup de livres destinés à montrer l'influence égyptienne dans les institutions hébraïques, mais je n'y ai rien trouvé qui soit digne d'être discuté. » Nous admettrions volontiers cette opinion en ce qui regarde les dogmes et les croyances, mais en ce qui regarde la liturgie, elle nous semble bien absolue, et nous pensons que le livre de M. Ancessi, sur les vêtements du grand prêtre et le sacrifice de la colombe, méritait d'être autrement traité. Peut-être M. L. R. n'a-t-il pas connu ce livre, aussi sérieux et aussi solide que l'autre livre de M. Ancessi, intitulé : *Job et l'Égypte*, est enthousiaste, inexact et même déraisonnable. En tout cas, il nous semble que cette question des rapports entre le culte juif et le culte égyptien mériterait d'être traitée à nouveau, et qu'il serait bon, après avoir constaté les ressemblances évidentes de ces deux cultes, de faire la contre-épreuve, en les comparant aux cultes assyrien et phénicien, afin de bien discerner si ce sont des ressemblances spéciales qui existent entre l'Égypte et Israël, ou si ce ne sont que les formes générales communes à tous les cultes anciens de l'Orient.

En résumé, nous pouvons dire que, sans être complet ni partout absolument exact, le livre de M. L. R. est un des meilleurs exposés de la religion égyptienne que l'on puisse rencontrer, et qu'il serait à désirer qu'il fût traduit en français.

L'abbé DE BROGLIE.

---

83. — **Caspari**, *Alte und neue Quellen zur Geschichte des Taufsymbols und der Glaubensregel*, Christiania, Malling, 1879. In-8° de XVI-318 pages.

M. Caspari, professeur de théologie (luthérienne) à l'université de Norvège, s'est fait connaître par une série de travaux sur l'histoire du symbole, publiés en 1866, 1869 et 1875. Le présent livre est un supplément aux précédents. Comme eux, il se distingue par une consciencieuse exactitude dans les recherches, une critique prudente et sûre, une exposition claire, précise et détaillée. Peu de sujets, dans le champ de l'érudition théologique, sont aussi intéressants que celui auquel il paraît s'être exclusivement consacré ; peu de livres sont aussi propres que les siens à donner une idée de la méthode en ce genre. Aussi, mon compte rendu ne sera guère qu'une analyse ; les conclusions de M. C. sont toujours si prudentes et si soigneusement établies, qu'il est difficile d'y trouver quelque chose à reprendre. Ce qu'il nous donne ici, c'est surtout une collection de textes, publiés pour la première fois, ou éclairés par de nouvelles recherches et toujours accompagnés d'un riche et lumineux commentaire.

1° *Le symbole de saint Grégoire le Thaumaturge.* M. C. en donne d'abord un texte syriaque inédit, d'après une copie prise par M. Wright sur un manuscrit du British Museum; dans ce manuscrit, le texte du Thaumaturge est suivi d'un fragment de la Κατὰ μέρος πίστις, et le tout est mis sous le nom de saint Grégoire de Nazianze. Vient ensuite le texte grec original, puis deux anciennes versions latines. M. C. y joint encore deux symboles extraits de la Κατὰ μέρος πίστις, le décalogue de saint Grégoire de Nazianze et la profession de l'évêque apollinariste Jobius, d'après Léonce de Byzance. Deux dissertations considérables sont consacrées à démontrer l'authenticité de la pièce principale, le fameux symbole de saint Grégoire Thaumaturge, et à établir que la Κατὰ μέρος πίστις est non seulement un écrit apollinariste, mais l'œuvre d'Apollinaire lui-même. M. C. a fait ici une heureuse découverte : il a remarqué que dans un passage de l'Eraniste, Théodoret cite ce document sous le nom d'Apollinaire et sous le titre Περὶ πίστεως. Il a donc circulé quelque temps sous le nom de son véritable auteur, avant d'être mis sous celui du célèbre évêque de Néocésarée. M. C. rappelle que cette fraude n'est pas isolée; que les apollinaristes ont attribué d'autres écrits de leur maître à saint Athanase et aux papes saint Jules et saint Félix; qu'ils ont réussi à tromper des hommes comme saint Cyrille d'Alexandrie et à faire passer leurs documents falsifiés jusque dans les procès-verbaux du concile d'Ephèse.

2° *Le symbole contre Paul de Samosate,* attribué au concile de Nicée par les actes du concile d'Ephèse. M. C. en donne d'abord le texte grec original, connu depuis longtemps, puis une version syriaque, tirée d'un manuscrit du British Museum. Il cherche ensuite à en déterminer, sinon l'auteur, du moins la provenance. Il incline à voir dans ce document un produit de l'école apollinariste, mais il n'exclut pas la possibilité d'une autre origine : rien ne s'oppose, dit-il, à ce que nous ayons ici affaire à une pièce écrite par quelque partisan de saint Cyrille.

3° *Le symbole d'Eudoxe, évêque arien de Constantinople (360-370).* Ce texte, publié, au milieu d'une collection de documents christologiques, d'abord par Canisius, puis par Mai, n'avait guère été remarqué jusqu'ici. M. C. montre, en l'analysant, que le cadre orthodoxe y est bien conforme à la rédaction syrienne du symbole des Apôtres et que les détails hérétiques s'accordent avec ce que l'on sait du système d'Eudoxe. Il lui a échappé ici un rapprochement très intéressant, qui permet d'introduire une correction dans le texte de ce symbole. Celui-ci commence par ces paroles : « Nous croyons en un seul et unique vrai Dieu et Père, l'unique nature « inengendrée, qui n'a pas de père, car ne remontant à personne elle « ne peut honorer personne... ἀπάτορα, ὅτι μηδένα σέβειν πέφυκεν ὡς ἐπαναβεβηκυῖα, « Et en un seul maître, le Fils pieux parce qu'il honore son Père... εὐσεβῆ « ἐκ τοῦ σέβειν τὸν πατέρα. » Dans la phrase qui parle de Dieu le Père, il manque évidemment quelque chose; les mots ὅτι μηδένα κ. τ. λ. ne peuvent être considérés comme l'explication du mot ἀπάτορα. Si on les rapproche des mots correspondants de la seconde phrase ἐκ τοῦ σέβειν τὸν πατέρα, on voit que le mot qui manque devait venir après ἀπάτορα; ce mot est ἀσεβῆ, « impie », ou plutôt « sans piété ». Le sens fâcheux de cet adjectif l'aura fait supprimer par les copistes, comme un blasphème; mais il est certain qu'Eudoxe l'a appliqué à Dieu le Père. Socrate (*Hist. eccl.* II, 43) raconte que, lors de son installation comme évêque de Constantinople, Eudoxe prit la parole et dit : le Père est ἀσεβής, le Fils εὐσεβής. Ces mots soulevèrent un murmure d'indignation; mais l'évêque les expliqua en disant que le Père ne pouvant honorer personne, devait être considéré comme « sans piété », tandis que le Fils, en raison de son infériorité par rapport à lui, doit être pieux à son égard et l'est en effet; c'est ainsi qu'il est εὐσεβής. Ce récit de Socrate a échappé à M. C.; il légitime, je crois, la correction que je propose au texte du symbole d'Eudoxe.

4º *Exhortatio sancti Ambrosii episcopi ad neophytos de symbolo*, déjà publiée par M. C. dans le troisième volume de ses *Sources*. C'est une catéchèse; elle contient une rédaction latine du symbole et un commentaire dirigé contre les ariens.

5º *Explanatio symboli ad initiandos*. Catéchèse de même sujet que la précédente, publiée dans les *Sources*, tome II, d'après Brunus et Mai, et reproduite ici d'après un manuscrit du septième siècle appartenant à la bibliothèque de Saint-Gall. Le texte commenté est celui du symbole romain que l'orateur défend contre toutes les interpolations, notamment contre celles d'Aquilée. Il fait la confusion entre *symbolum* et *symbola*, c'est-à-dire qu'il admet que le *Credo* résulte de la réunion de douze articles composés chacun par un des apôtres.

6º *Le sermon 213º de saint Augustin* (*in traditione symboli II*), d'après un manuscrit de l'université de Breslau. L'authenticité de ce discours a été fort contestée, dernièrement encore par Denzinger. Les bénédictins n'avaient pu en découvrir un seul manuscrit. M. C. a été plus heureux; son texte est accompagné de notes destinées à montrer que saint Augustin est bien l'auteur de cette intéressante explication du symbole.

7º *S. Faustini tractatus de symbolo* : cette explication du symbole est inédite : M. C. l'a découverte dans un manuscrit de la bibliothèque d'Albi. Elle représente une compilation tirée de divers ouvrages de Fauste de Riez.

8º Autre *explication du symbole*, tirée d'un manuscrit du dixième siècle, de la bibliothèque impériale de Vienne; elle est postérieure à Alcuin.

9º Une formule de discours *in traditione symboli*, provenant d'un sacramentaire florentin du douzième siècle; le texte est beaucoup plus ancien, il peut remonter au septième siècle.

10º La préface d'un commentaire sur le symbole, extraite d'une compilation intitulée : *Expositio Origenis*, mais qui contient sous ce titre une explication du symbole par Nicétas d'Aquilée. La préface en question paraît du temps de Charlemagne; on y trouve quelques pensées remarquables assez bien exprimées.

L. DUCHESNE.

84. — **L'Ile de Rhodes**, par V. Guérin, agrégé et docteur ès lettres, membre de plusieurs sociétés savantes. — 2ᵉ édition avec une carte. Paris, Leroux, 1880, in-18 de 353 pages.

M. Guérin réédite sans changement son livre, épuisé depuis quelque temps déjà, sur l'*Ile de Rhodes*. Aujourd'hui encore cet ouvrage est le plus complet qui existe sur cette île célèbre dans l'antiquité, plus célèbre peut-être au moyen âge. En effet le savant suédois Hedenborg, qui avait consacré toute sa vie à étudier les antiquités de Rhodes, est mort sans avoir publié le grand ouvrage qu'il préparait, et « les matériaux qu'il a amassés attendent toujours qu'une main amie achève de les coordonner et de les mettre en lumière ». De plus en 1858 une explosion a détruit quelques-uns des monuments qu'avait décrits M. Guérin.

M. G. n'est pas un de ces voyageurs qui aiment à semer d'anecdotes le récit de leurs pérégrinations. Point de détails humoristiques sur les mœurs des habitants; M. G. ne quitte pas un moment l'allure grave du savant et du géographe. En revanche nous trouvons dans le livre sur l'*Ile de Rhodes*, tous les textes des auteurs anciens qui se rapportent à l'île. Pindare, Homère, Pline, Ammien Marcellin nous racontent l'origine de Rhodes sortant du milieu des flots, admirent la clarté de son soleil, et la fécondité de son sol. M. G. constate par lui-même que leurs descriptions n'ont rien d'exagéré. « Quelles ravissantes soirées d'été! Quelles nuits douces, étoilées, et comme diaphanes! C'est l'Orient avec ce qu'il a de plus enchanteur et sans les chaleurs excessives qui s'y font sentir. » (P. 12.)

Rhodes produit des oliviers, des fruits de toutes sortes, des figues surtout. La fleur du grenadier figure dans les armes de la ville et non la rose, comme on l'a cru souvent. M. G., après avoir dit quelques mots de l'administration actuelle de l'île, passe en revue les différentes populations qui y séjournent : Turcs, Juifs, Grecs et Francs. Les chapitres VII à XII sont consacrés à la capitale, et, à propos des monuments, M. G. donne en passant quelques notions sur l'histoire ancienne et moderne de la ville. Il laisse incertaine la question de savoir si le colosse fameux laissait passer ou non les navires entre ses jambes.

Partant ensuite de Rhodes vers le sud, en suivant la côte orientale, M. Guérin parcourt successivement les points principaux de l'île, et revient à Rhodes par la côte occidentale. Nous ne relèverons pas les noms de toutes les localités où il s'arrête. Les principales sont Camiros, Lindos. Dans cette dernière cité s'élevait un sanctuaire fameux de Minerve; à l'aide d'un certain nombre d'inscriptions qu'il relève en passant, M. G. essaie de déterminer la place du temple. A Atabyris sont les ruines d'un temple de Jupiter; Jalysos fut le dernier boulevard de la domination phénicienne dans l'île.

M. G. n'a donné presque partout dans son livre que des détails archéologiques ou géographiques, à peine s'est-il permis quelques excursions dans le domaine de l'histoire à propos de Lindos, Camiros et Jalysos. Il renvoie pour le reste à l'ouvrage de M. Lacroix sur les îles de la Grèce. Certainement le lecteur n'eût pas trouvé de trop dans le livre de M. G., un résumé de l'histoire de Rhodes, il eût eu de la sorte un tout complet sous la main, au lieu d'être obligé de faire des recherches çà et là.

Nous ne pouvons guère reprocher autre chose à M. G. Ce qu'il dit est toujours de la plus scrupuleuse exactitude et consciencieusement vérifié. Signalons en terminant un point d'interrogation. M. G. cite la reconstruction d'une tour faite il y a trois ans et demi (p. 157). Ailleurs il parle de février dernier. A quelle époque doit se placer le lecteur, en 1856 ou en 1880? La confusion eût été facile à éviter dans la réimpression, en remplaçant les expressions douteuses par la mention des années.

E. Beurlier.

---

85. — **Note critique concernant Syagrius II**, évêque de Grenoble (614), par l'abbé Charles Bellet. — Vienne, Savigné, 1880, gr. in-8° de 16 pages. Tiré à 100 exemplaires.

De Syagrius II, évêque de Grenoble, M. Bellet ne signale que la présence à un concile de Paris, tenu le 10 octobre 614, dont les canons (1) ont été complétés et les 79 souscriptions publiées intégralement en 1867 par le Dr J. Friedrich (2). Aidé du P. de Smedt, bollandiste, M. Bellet a constaté que canons et souscriptions avaient été donnés complètement, dès 1757, par un augustin allemand, Eusèbe Amort (3); il aurait pu ajouter que cette découverte lui a été suggérée par l'*Histoire de l'Église* de Mœhler; en réalité le mérite en revient au D^r Fr. Maassen (4). — M. Bellet espère qu' « on *lui* saura gré d'avoir publié en entier la liste des souscriptions conciliaires de 614..., laissant aux savants, qui y sont intéressés, le soin d'utiliser ce précieux document ». Il contribuera certainement à en répandre la connaissance, mais dès 1868 les lacunes que le concile de Paris a comblées dans les listes de l'épiscopat franc avaient été exactement indiquées par le P. Gams (5), qui, depuis, a mis ces intéressants résultats à la disposition de

---

(1) *Concil.* coll. reg., XIV, 404; Labbe, V, 1649; Hardouin, III, 551; Coleti, VI, 1387; Mansi, X, 539. Cff. *Hist. litt. de la France*, III, 504-5; Fabricius, *Bibl. græca* (éd. Harless), XII, 704.

(2) Drei unedirte Concilien aus der Merovingerzeit, mit Erläuterungen herausgegeben; Bamberg, 1867, in-8°. Ce n'est pas d'après le ms. 5608 de Munich, comme M. Bellet le répète à la suite de l'*Hist. de l'Église* de Mœhler, que Friedrich a publié le concile de Paris, mais d'après le ms. 5508 (Diess. 8) : voir *Catal. codd. latin. biblioth. reg. Monacen.* (1873, in-8°), t I, part. III, p. 19; c'est le ms. utilisé par Thiel sous le sigle F^d. pour ses *Epistolæ Roman. pontif. genuinæ* (Brunsbergæ, 1867, gr. in-8°, p. xxxv).

(3) *Elementa juris canonici vet. et mod.* (Augustæ Vindel., 1757), t. II, p. 410-22.

(4) Zwei Synoden unter König Childerich II, nach einem Manuscript der Stadtbibliothek von Albi; Gratz, 1867, in-8°, p. 5-6.

(5) *Hist. de l'Église*, par J. A. Mœhler, trad. de P. Bélet, t. II, p. 135-9.

tout le monde savant dans sa monumentale *Series episcoporum Ecclesiæ catholicæ* (1).

Ulysse CHEVALIER.

86. — **Pétrarque et Jacques Colonna** *évêque de Lombez*. Trois leçons du cours de littérature étrangère, professé à la faculté libre des lettres de Toulouse, par M. LÉONCE COUTURE. Toulouse, Edouard Privat, 1880, grand in-8° de 59 pages.

M. Léonce Couture avait promis à ses nombreux auditeurs « une étude *aussi complète que possible* des rapports de Pétrarque avec la province de Toulouse, et de sa liaison avec Jacques Colonna, évêque de Lombez. » Il a tenu sa parole et il a donné sur ce sujet, si peu connu, les détails les plus fidèles, les plus minutieux. Il a surtout, dans sa magistrale étude, révélé Jacques Colonna, « un homme admirable, bien oublié dans notre Sud-Ouest, dont il a été l'honneur : car s'il n'y est pas né, ce que j'ignore, — il a bien pu y naître, puisque sa mère en était, — il y a passé la dernière année de sa belle vie ; il y est mort, courbé saintement, modestement, lui, jeune, brillant, poète, orateur, prince romain, sur sa tâche laborieuse de pasteur de l'une des plus humbles Églises de France ». L'éloquent professeur a retracé l'histoire de l'amitié de Jacques Colonna et de Pétrarque en des pages aussi savantes que charmantes, « tirant parti avec un art consommé », comme l'a dit un de nos critiques les plus distingués et les plus sévères, M. Paul Meyer (*Romania*, avril 1880, p. 338), « avec un art consommé, de toutes les données que lui fournissaient les documents afférents à son sujet, notamment la correspondance de Pétrarque, et ne se laissant entraîner à des digressions qu'autant qu'elles lui fournissaient l'occasion de donner un enseignement solide. L'information m'a paru complète sur tous les points. » Je n'ajouterai rien à un éloge tombé de si haut. J'exprimerai seulement le vœu que M. Léonce Couture réunisse en un beau volume toutes ses leçons, ses *excellentes* et *élégantes* leçons, comme les appelle encore le juge de tant d'autorité dont je viens d'invoquer le témoignage, et je lui garantis qu'il retrouvera auprès de tous ses lecteurs le brillant succès qu'il a obtenu auprès de tous ses auditeurs.

TAMIZEY DE LARROQUE.

87. — **The Zend-Avesta translated** by J. Darmesteter, P. I. The VENDIDAD. London 1880. — *Zend Avesta traduit par J. Darmesteter*. I° Partie. Vendidâd.

Cet ouvrage, annoncé depuis plusieurs années, était attendu avec une assez grande curiosité. On pouvait croire, en effet, qu'il ferait faire à l'in-

---

(1) Ratisbonæ, 1873, in-4°, 2 f.-XXIV-963 p.

telligence de l'Avesta de nouveaux et notables progrès. Nous l'avons, en conséquence, examiné soigneusement et collationné, dans tous les détails, avec les traductions antérieures. Nous avons constaté avec satisfaction que cette traduction est en général entièrement conforme à la nôtre et que son auteur est même revenu, en maints cas, à telle de nos interprétations qu'il avait d'abord critiquée. Citons en passant celles des mots *mairyô*, *gaoyaoiti*, *frashmôdâiti*, *geredhô*, etc., etc.

Un certain nombre de mots et de membres de phrase sont, il est vrai, rendus d'une manière nouvelle; malheureusement il en est à peine deux qui présentent une explication admissible. La plupart de ces innovations constituent de véritables erreurs, dont plusieurs sont tout à fait inexplicables. Souvent l'erreur de M. D. vient de ce qu'il se fie à la tradition la moins ancienne, partant la moins fidèle et la moins sûre.

C'est par suite de ce vice de méthode que nous voyons des choses assez singulières, telles que la loi mazdéenne pourvue « d'un estomac » au lieu de « prospérité, de progrès » (au Vendidâd III, 97). Le premier sens, assez singulier, est donné au mot *uruthware* par un lexique du moyen âge avancé, le second l'est par la version pehlvie primitive ou par les gloses remontant au moins au cinquième siècle (1). De la même façon l'arme du guerrier Kereçâçpa, le destructeur des monstres, est transformée en une chevelure bouclée, sur la foi du même glossaire et contrairement aux explications des gloses primitives.

D'autres interprétations ne s'expliquent d'aucune manière. Au chapitre VIII, § 83, il est dit que le contact d'un cadavre souille plus ou moins selon que ce cadavre a été *Aiwighnikhta* ou non. M. Darmesteter traduit ce mot « regardé » et y voit une allusion à la cérémonie du *çagdîd*, pendant laquelle on amenait un chien devant un mourant pour que le regard de cet animal mît en fuite les mauvais esprits. Or il s'agit si peu de cela que le texte porte : « Si le cadavre a été *aiwighnikhta* par des chiens carnassiers ou par *des oiseaux de proie* (carnivores). » L'Avesta fait donc allusion à toute autre chose, à cette croyance répandue parmi les Mazdéens, que le sort éternel d'un mort était d'autant plus assuré que les animaux de proie accouraient plus promptement pour dévorer son cadavre; croyance mentionnée déjà par Hérodote. *Aiwighnikhta* ne peut d'ailleurs signifier que frappé, mordu, becqueté.

Le chapitre XVIII, 40, porte : *qafça daregho mashyâka noit tê çacaitê*, ce que M. D. rend de la sorte : « Dors, ô homme, le temps n'est pas encore venu », bien que dans cette phrase il n'y ait aucun mot qui puisse signifier *temps* ou *est venu*. Le sens simple et obvie est celui-ci : Un long sommeil, ô mortel! ne te convient pas.

---

(1) *Uruthware*, *uruthwân* pourrait avoir ces deux significations et une double origine selon que ce mot proviendrait de *rud* croître ou de *rud* couler. Bien d'autres termes sont dans le même cas. Remarquons toutefois que dans le lexique en question, *uruthware* est donné comme signifiant « intestins, ventre », et non « estomac ».

Au chapitre VIII, § 96, *vohu idha huvarstem skyaothnem* (une bonne œuvre est chose bonne) est ainsi traduit : que tes actions soient désormais bonnes. Un peu plus loin (§ 130) *nizhberetât haca pourvaeibya* (litt. par un apport par les deux de devant) est rendu par : qu'on amène devant (cet homme).

Beaucoup de termes ou de passages sont traduits comme s'ils n'avaient pas été compris. Ainsi *aetahê paiti peshotanuyê*, pour le peshotanus, l'état de péché de cet homme, est traduit : « Il est peshotanus ». *Uzdath* (élever, soulever; « de *uç* en haut et *dadh* placer) est rendu par « frotter » ; *niçrita* (inséré, déposé) l'est par « partagé » ; *dâityôgâtus* (le lieu légal) est traduit « le nom (!) convenable ; » etc., etc.

Nous n'en dirons point davantage. Nous avons donné ailleurs de nombreux exemples de ces traditions fautives ou inadmissibles.

L'introduction, assez développée, nous donne l'explication du système mazdéen, conforme à la thèse oragiste soutenue par M. D. dans son ouvrage intitulé *Ormuzd et Ahriman*; nous n'en parlerons pas ici, il nous suffit de renvoyer à l'examen qui en a été fait dans nos *Origines du Zoroastrisme*. Elle traite en outre de l'origine de l'Avesta qui y est attribuée à la Médie, selon le système que nous avons indiqué dans nos études avestiques. Mais cette introduction contient aussi des choses surprenantes. Ainsi, pour prouver que les rois Arsacides étaient zoroastriens, M. D. cite de *Hamzah d'Ispahan*, un passage qui ne se trouve nulle part dans l'auteur persan. Ailleurs il explique le sens et la valeur du mot *peshotanus* d'une manière entièrement contraire aux textes comme à l'étymologie. *Peshotanus* n'est pas un terme technique désignant celui qui mérite deux cents coups de fouet, puisque le § 57 du chapitre IV indique clairement que cette qualification s'applique à un homme qui n'a mérité que cinquante coups. En outre le chapitre XVI traite *ex professo* des faits qui rendent *peshotanus*. Or ces faits sont d'une toute autre nature que ceux indiqués au chapitre IV et méritent les châtiments les plus rigoureux.

D'autre part *pesho* (égal à *pereto*) peut signifier *péri*, ou *pénétré*, mais nullement *dû en dette*. C'est le participe passé ou un dérivé de *pere*, *par*, passer, traverser, périr; *âpereto* signifie passé, effacé, expié. Enfin pour arriver à cette explication, M. D. traduit *aetahê paiti peshotanuyê*, comme il a été dit plus haut, c'est-à-dire erronément. Nous pourrions citer bien des exemples de ce genre; mais ce qui précède suffit. Notons une explication que nous pourrions admettre, celle de *çaokentavaiti* (pourvue de safran, contenant du safran), et l'exclusion, peut-être légitime, du chien Madhaka banni du panthéon avestique, bien qu'il soit impossible de remplacer cet être fantastique par des mouches et des sauterelles et d'admettre un mot *çpan*, *çûn* (chien), signifiant moucheron. Par contre, les habitants encéphales de la Ranha sont de pure imagination et ne peuvent être admis qu'en dépit de tous les textes.

Tel est le résultat général de l'examen que nous avons fait du livre de M. Darmesteter. Il surprendra plus d'un lecteur comme il nous a surpris nous-mêmes. Nous regrettons vivement de ne pouvoir parler autrement et nous serions heureux si l'on pouvait nous démontrer que cet ouvrage a fait faire quelques progrès à la science.

C. DE HARLEZ,
Professeur à l'Université de Louvain.

VARIÉTÉS

MARIVAUX (*suite*)

(A PROPOS DU PRIX D'ÉLOQUENCE DÉCERNÉ PAR L'ACADÉMIE)

Marivaux nous a révélé une forme de l'art inconnue jusqu'à lui. C'est par là qu'il vivra. L'histoire des lettres lui doit une page. Les esprits d'élite goûteront toujours cette grâce, cette gaieté discrète, et je dirais ce tour inimitable, si d'un caprice ou d'un cheveu blanc n'étaient nés de petits chefs-d'œuvre dont, vivant, Marivaux aurait été jaloux.

Comme les grandes pensées, les pensées délicates viennent du cœur. Le cœur, chez Marivaux, fut supérieur à l'esprit. Jamais Mme du Deffant n'eût pu lui dire, en lui touchant du doigt la poitrine : « C'est de la cervelle que vous avez là ! »

Non content d'avoir plus d'esprit que ceux qui en ont beaucoup, il avait, comme un personnage de ses romans « cette bonté proprement dite qui tiendrait lieu de lumière ». Seul, le meilleur des hommes peut nous donner cette maxime « qu'en ce monde il faut être trop bon, pour l'être assez ». — « Les gens vertueux sont rares, dit-il ailleurs ; ceux qui estiment la vertu ne le sont pas. » Il fit mieux qu'estimer la vertu, il l'aima et la pratiqua. Il ne regretta sa pauvreté que parce qu'elle ne lui laissait pas de quoi exercer sa bonté, et que son cœur, comme il le dit, n'avait pas le nécessaire. Il connut bien la charité, l'homme qui écrivait ces lignes : « Les bienfaits des hommes sont souvent accompagnés d'une maladresse humiliante pour les personnes qui les reçoivent. Qu'est-ce qu'une charité qui n'a pas de pudeur avec le misérable et qui, avant que de le soulager, commence par écraser son amour-propre ? La belle chose qu'une charité qui fait le désespoir de celui sur qui elle tombe ! Est-ce qu'on est charitable, parce qu'on fait des œuvres de charité ? Il s'en faut bien (1). » Et Marivaux ajoute, en s'élevant jusqu'à l'éloquence : « Quand vous venez vous appesantir sur le détail de mes maux, quand vous venez me confronter avec toute ma misère, et que le cérémonial de vos questions ou plutôt de l'interrogatoire dont vous m'accablez, marche devant les secours que vous me donnez, voilà ce que vous appelez faire œuvre de charité ? Et moi je dis que c'est une œuvre brutale et haïssable, œuvre de métier et non de sentiment (2) ! »

(1) *Vie de Marianne.*
(2) *Ibid.*

Ce cœur, si chaudement indigné, connut l'art de donner. Chose plus difficile, il sut, sans être humilié, accepter un service ou un bienfait. Marivaux craignait d'affliger ceux mêmes qui l'obligeaient trop tard. Fontenelle, le sachant gêné, vint un jour lui offrir cent louis. « Mon ami, lui dit Marivaux, je prends votre argent ; il m'a fait du bien ; je m'en suis servi. Mais maintenant permettez que je vous le rende, par la bonne raison que je n'en ai plus besoin. » — On cite de lui mille autres traits. J'en veux retenir un, qu'un spirituel écrivain nous a conservé. « Un jour, comme on répétait une de ses pièces, Marivaux fit la remarque désobligeante que la jeune soubrette manquait d'esprit et de beauté. Voilà la pauvre enfant qui se met à pleurer. — Hélas ! dit-elle, c'est bien vrai ; mais comment faire ? — Marivaux, la voyant pleurer, veut consoler cette bonne créature. Elle alors lui avoue que cette vie de coulisses et de théâtre lui fait horreur et qu'elle serait dans une joie céleste, si elle pouvait vivre et mourir dans un couvent. C'en fut assez. Marivaux dota Colombine ; si Colombine est à cette heure dans le ciel, c'est à notre poète qu'elle le doit. »

Que d'autres raillent, s'ils le peuvent ; Marivaux était chrétien. — L'irréligion était alors un vice de bonne compagnie. Comment résister à ce torrent ? Comment lutter contre cette mode ? Marivaux eut ce courage, et, dans un combat inégal, il eut souvent les rieurs de son côté. On se souvient de sa repartie à ce philosophe d'humeur facile : « Vous ne voulez rien croire ; ce n'est pourtant pas faute de crédulité. » Il répliquait à un autre : « Nous croyons, dites-vous, sans savoir pourquoi ; mais vous, savez-vous mieux pourquoi vous ne croyez pas ? » — Par une malice bien pardonnable, il obligeait ses lecteurs, surpris de ne point passer ces pages, à vénérer, bien plus, à écouter ce Père Saint Vincent, si simple, si touchant, et dont assurément le nom seul est inventé.

Marivaux distingue sans peine la sincérité de l'affectation : « Les dévots fâchent le monde, écrit-il quelque part, et les gens pieux l'édifient. » — « Les personnes véritablement pieuses, dit-il ailleurs, sont aimables pour les méchants mêmes qui s'en accommodent bien mieux que de leurs pareils ; car le plus grand ennemi du méchant, c'est celui qui lui ressemble. »

De quels sentiments élevés la piété n'est-elle pas la source dans l'âme de Mme de Miran, de Mme Dorsin, de Mlle de Tervire ?

Il semble que Marivaux ne veuille damner personne. Nous avons détesté l'hypocrisie de M. de Climal, la perfidie de Mme de Sainte-Hermières : nous nous attendrissons au spectacle de leurs derniers moments et de leur repentir.

Le dix-huitième siècle dépensait à tout nier son esprit et son énergie. « Marivaux ne se donna pas tant de peine, dit un de ses plus aimables biographes, pour s'agiter dans le vide. Il resta fidèle tout simplement à la croyance dans laquelle sa femme était morte et dans laquelle sa fille vivait encore. L'incrédulité lui faisait mal et lui faisait peur. A aucun prix il n'eût voulu être intolérant, mais, en revanche, il n'eût pas fallu railler devant lui une religion qui comptait dix-huit siècles de combats et de

victoires. « Laissez-nous croire, disait-il aux philosophes. Quel mal cela vous fait-il ? Ne nous ôtez pas, à nous autres pauvres gens, cette consolation et cette espérance : laissez-nous aller tout droit notre chemin. Quant à vous, suivez le vôtre ; mais il vous mènera bien moins loin que vous ne pensez ! »
— Brave homme ! Digne homme ! S'il était recherché dans son langage et dans son style, au moins n'était-il pas précieux et recherché dans sa croyance. Il était tout simplement un humble disciple de l'Evangile, plein de foi, de charité et d'espérance. Il ne rougissait ni ne se glorifiait de son titre de chrétien. Sa métaphysique de sentiment et de style, il y renonçait volontiers, quand il fallait parler des mystères sérieux. Et comme un jour on demandait à lui et à M. de Fontenelle, ce que c'est que l'âme : « Je sais, dit Marivaux, que l'âme est spirituelle et immortelle ; je n'en sais rien de plus. Quant à Fontenelle, il a trop d'esprit pour en savoir là-dessus plus que moi (1). » Hélas ! nous avons changé tout cela.

Tout en s'élevant à ces hauteurs, Marivaux ne perdit jamais de vue la terre, et ne louer en lui que les douces et aimables qualités qui furent le fond de son caractère serait le mal connaître. Il n'était point un ange ; il n'était point une bête. Il fut tout justement un homme. Malgré son optimisme volontaire et généreux, il sentit ou devina les travers, les faiblesses, les vices de l'humanité. « J'ai toujours eu, fait-il dire à l'un de ses personnages, le talent de lire dans l'esprit des gens et de démêler leurs sentiments les plus secrets. » Rien n'est plus vrai de l'auteur lui-même. Son burin trace des traits fins, mais aussi des traits profonds. Que de vérité dans ces réflexions : « Les vertus des hommes ne remplissent que bien précisément leur devoir. Elles seraient plus volontiers mesquines que prodigues dans ce qu'elles font de bien ; il n'y a que les vices qui dépensent sans compter. — Des grandes actions sont difficiles ; quelque plaisir qu'on y prenne, on se passerait bien de les faire. — Il faut se redresser pour être grand ; il n'y a qu'à rester comme on est pour être petit. »

Comme il connut bien le mal de son siècle et du nôtre, l'auteur qui stigmatisa « le triomphe de Plutus, » quand il fit dire par ce dieu grossier, d'une physionomie commune et d'un esprit à l'avenant : « On m'aime toujours quand on me connaît bien. » — Que de sentiment dans ces lignes : « La condition de ceux qui restent est toujours plus triste que celle des personnes qui s'en vont. S'en aller, c'est un mouvement qui dissipe, et rien ne distrait les personnes qui demeurent ; ce sont elles qui vous voient partir et qui se regardent comme délaissées. » — Citons enfin ce cri échappé assurément à tout homme qui a tenu une plume et essayé de s'en servir : « Est-ce qu'on peut dire tout ce qu'on sent ? Ceux qui le croient ne sentent guère ou ne voient pas tout ce qu'on peut voir. »

GIOVANNI.

(1) J. Janin. Préface de la *Vie de Marianne*.

(*A suivre.*)

CORRESPONDANCE

I. Dans sa séance du 6 septembre, l'Athénée Oriental (1) a inscrit parmi ses nouveaux membres Mgr Redwood, évêque de Wellington (Nouvelle-Zélande), et Mgr Lamaze, évêque d'Olympe, vicaire apostolique de l'Océanie centrale. Ces deux prélats, qui vont incessamment quitter la France, emporteront un questionnaire scientifique relatif à leurs diocèses, rédigé par les soins d'une commission élue au sein de l'Athénée. Ils enverront prochainement les réponses. Nous ne pouvons que faire des vœux pour qu'un pareil exemple soit suivi dans la plupart des missions.

A. S.

II. — Un de nos lecteurs nous écrit à propos d'un passage de la *Revue des principales prédications allemandes*, p. 12.

« Je veux croire que si votre collaborateur avait reconnu le trop fameux M. Preuss sous le nom de Prensz, il n'aurait pas loué son « délicieux livre », et surtout il ne se serait pas étonné de l'anonyme que cet auteur a cru devoir garder. M. Preuss est un malheureux (je me contiens pour ne pas l'appeler d'un autre nom) que toute l'Allemagne connaît et dont le portrait se vendait naguère dans ce pays comme celui d'un malfaiteur. J'ai eu le malheur de le connaître à Berlin en 1867 ; il était alors *Privat-docent* à l'Université et aumônier du Gymnase, et c'est à l'occasion de l'exercice de ces dernières fonctions qu'il a dû quitter l'Allemagne dans les quelques heures ; le vénérable Hengstenberg, que ce champion de l'orthodoxie protestante avait comblé d'ingratitude, lui a payé le voyage d'Amérique pour le soustraire à la justice. C'est alors que M. Preuss, homme fort instruit et qui avait écrit un livre contre l'Immaculée-Conception, fit une conversion d'où est résulté le « délicieux livre » qu'il n'a pas voulu signer de son nom. Il faudrait « ignorer » de pareils hommes, qui sont la honte et la douleur de toutes les Églises. »

P.-B.

PRINCIPALES PUBLICATIONS DE LA QUINZAINE

185. — ANTRAS (J. d'). *Mémoires de Jean d'Antras de Samazan*, seigneur de Cornac, suivis de documents inédits sur les capitaines gascons pendant les guerres de religion et de la généalogie de la maison d'Antras, publiés pour la première fois par M. J. de Carsalade du Pont, du Comité historique

---

(1) Nos lecteurs savent que l'Athénée a élu cette année pour son président un de nos collaborateurs, M. l'abbé de Meissas. — (*Note de la rédaction.*)

de Gascogne, et M. Ph. Tamizey de Larroque, correspondant de l'Institut. In-8°, xix-236 p. et planche. Sauveterre-de-Guyenne, Chollet.

186. — Aubugeois de La Ville du Bost (H.). *Histoire du Dorat*, avec le plan de la ville, par Henri Aubugeois de la Ville du Bost. In-8°, x-282 pages et planche. Poitiers, Oudin frères ; Paris, même maison 5 fr.

187. — Aurélien. *La Gaule catacombaire*. L'Apôtre saint Martial et les Fondateurs apostoliques des Églises des Gaules ; Baptista Salvatoris, ou le Sang de saint Jean à Basas, peu d'années après l'ascension de Notre-Seigneur Jésus-Christ, par dom Aurélien, des Célestins de l'ordre de saint Benoît. In-8°, ii-502 p. Toulouse, Sistac et Boubée ; Paris, Lecoffre. 6 francs.

188. — Baye (J. de). *L'Archéologie préhistorique*, de la Société des antiquaires de France. Grand in-8°, x-417 p. avec 59 figures et 5 planches. Paris, Leroux.

189. — Bauquier (J.). *Les Provençalistes du treizième siècle* (lettres inédites de Sainte-Palaye, Mauzauges, Caumont, La Bastie, etc.) ; par J. Bauquier. In-8°, 68 p. Paris, librairie Maisonneuve et C°.

190. — Bouix (D.). *Tractatus de curia Romania*, seu de cardinalibus, Romanis congregationibus, legatis, nuntiis, vicariis et protonotariis apostolicis : auctore. D. Bouix, theologiæ et utriusque juris doctore, In-8°, 715 p. Paris, librairie Bourguet-Calas et C°. 7 francs.

191. — Guillotin de Corson. *Pouillé historique de l'archevêché de Rennes*, par l'abbé Guillotin de Corson, chanoine honoraire. T. I. Evêchés. In-8°, 808 p. Rennes, imp. Catel ; lib. Fougeray ; Paris, lib. Haton. 10 fr. ; 7 fr. 50 pour les souscripteurs.

192. — Jannettaz (E.). *Abrégé des éléments raisonnés de la grammaire latine* d'après les principes de la grammaire comparée, par Ernest Jannettaz, professeur. In-12, vii-149 p. Paris, P. Dupont.

193. — Massougnes (A. de). *Les Jésuites à Angoulême*. Leur expulsion et ses conséquences (1516-1792), étude historique, par Albert de Massougnes, de la Société archéologique et historique de la Charente. In-8°, viii-184 p. Angoulême, imp. Chasseignac et C°.

194. — Schmidt (A.). *Paris pendant la Révolution* d'après les rapports de la police secrète (1789-1800), par Adolphe Schmidt. Traduction française, accompagnée d'une préface, par Paul Viollet. T. I. Affaires politiques. In-8°, xi-336 p. Péronne, imp. Trépant ; Paris, lib. Champion.

195. — Vincent de Paul. *Lettres de saint Vincent de Paul*, fondateur des Prêtres de la Mission et des Filles de la Charité. 2 vol. In-8°, x-1271 p. avec portrait et autographe. Paris, imp. Pillet et Dumoulin.

Le gérant : A. Sauton.

BULLETIN CRITIQUE

DE LITTÉRATURE, D'HISTOIRE ET DE THÉOLOGIE

SOMMAIRE. — 88. Mgr GUILBERT, Monde et Dieu, *A. de Meissas*. — 89. PESCH, Philosophie naturelle d'après les principes de saint Thomas, *M. Hébert*. — 90. M. MULLER et WEST, Les livres sacrés de l'Orient, *C. de Harlez*. — 91. E. BERSOT, Questions d'enseignement, *E. Beulier*. — 92. SCHMIDT-VIOLET, Paris pendant la révolution, *C.-T. Millet*. — 93. E. BARET, Œuvres de Sidoine Apollinaire, *L. Duchesne*. — 94. MICHEL, La reliure française, *Tamizey de Larroque*. — 95. BAUDAT, Denys d'Halycarnasse, *D. L.* — 96. GODEFROY, Dictionnaire de l'ancienne langue française, *J. Vaudon*. — Variétés : Marivaux (fin), *Giovanni*. — Principales publications de la quinzaine.

---

88. — **Monde et Dieu,** *ou le Fini, l'Infini et leurs rapports*, par Mgr GUILBERT, évêque d'Amiens. In-8° de 100 p., à Paris. Plon, 1879.

Livre précieux, qu'il faut lire et faire lire. Le style est excellent, l'exposé clair et substantiel. Quiconque est au courant de notre mouvement intellectuel, quiconque est assez clairvoyant pour y discerner la vraie caractéristique du dix-neuvième siècle et sa gloire la plus pure, constatera, dès le premier chapitre, que l'éminent auteur connait à fond ce mouvement qu'il le suit avec un suprême intérêt, qu'il y applaudit avec une sincérité complète. Déjà gagné par là, le lecteur sérieux n'en suivra que plus volontiers Mgr Guilbert, quand il pénètre d'une allure si magistrale et d'un pied si sûr dans le champ de la métaphysique. Combien de réconciliations avec cette science, discréditée par tant de sottises et par tant de d'arguties, peut opérer une pareille lecture! La preuve de l'existence de Dieu est aussi décisive qu'elle est sobre ; et nous n'hésitons pas à croire, étant donnée une connaissance du monde savant contemporain acquise par des années de contact journalier, que les seules pages 40 et 42 feront plus d'impression sur les esprits entachés de positivisme que ce qu'ont écrit, avant l'apparition de cette prétendue philosophie, saint Augustin, saint Anselme, Descartes, Leibnitz, Bossuet et Fénelon. Les attributs de Dieu, la création, etc., sont aussi bien traités, et les 98 pages dans lesquelles se condense tout l'ouvrage conduisent le lecteur avec une logique invincible jusqu'à la nécessité d'une révélation, sujet plus amplement traité par Mgr Guilbert, dans la *Divine Synthèse*.

Pourtant, s'il nous était permis de tempérer ces éloges par une critique qui n'en prouvera que mieux la sincérité, il est une phrase dont nous oserions solliciter la suppression ou la modification, dans la deuxième édition page 89 : « Pour tout homme libre *des préjugés de l'orgueil ou de la tyrannie des sens*, la vraie science sera toujours l'échelle mystérieuse par où il doit monter, à travers les splendeurs de l'univers créé, et s'élever jusqu'à Dieu. » C'est que l'orgueil et l'impureté n'expliquent pas seuls, croyons-nous, en des temps comme les nôtres, l'état intellectuel de beaucoup de ceux qui ne partagent pas notre foi (1). On en trouve peut-être une troisième cause dans le jugement que portent presque fatalement sur l'Église les amis de la science élevés à d'autres écoles que les nôtres, quand ils constatent, quelquefois dans les rangs du clergé, surtout dans ceux de certains journalistes qui voudraient passer pour représenter son opinion, des dispositions trop différentes de cette sympathie pour le mouvement scientifique du dix-neuvième siècle, de cette vaste culture intellectuelle, de cette largeur et de cette élévation des vues, qui distinguent l'évêque d'Amiens.

A. DE MEISSAS.

---

89. — **Institutiones philosophiæ naturalis**, *secundum principia S. Thomæ Aquinatis ad usum scholasticum accommodavit Tilmannus* PESCH *S. J. Friburgi Brisgoviæ. Sumptibus Herder*. 1880. 1 vol. in-4º, XLIX-752 p. Prix : 9 fr. 40 cent.

Les Révérends Pères Jésuites commencent la publication des cours de philosophie professés dans leur ancien scholasticat de Marialac, en Allemagne. Chacun des six volumes annoncés formera un tout complet, où sera traitée à fond une des grandes divisions des sciences philosophiques. Le premier : « *Philosophia naturalis* » est consacré à l'étude du monde physique, de ces mystérieuses questions : le temps, l'espace, la matière, la vie, qui agitaient déjà, longtemps avant notre ère, les sages de l'Inde et de la Grèce, et que nous retrouvons, après tant de siècles de réflexions et de découvertes, aussi pleines d'intérêt, mais tout aussi énigmatiques.

Après une réfutation, sous forme de proœmium, des diverses objections positivistes et kantistes, l'auteur indique la division de son travail et adopte à peu près le plan d'Aristote dans ses traités de physique : 1º essence des corps ; 2º leurs propriétés ; 3º leur origine et leur fin.

---

(1) Il faut lire sur ce point les importantes réflexions de Mgr Perraud, évêque d'Autun, dans son *Instruction pastorale sur l'étude de la théologie*, 2ᵉ édit. Autun, 1880, in-8º, p. 11 et suiv.

Il serait difficile de faire la critique de la première partie : « essence des corps », sans entamer une série de discussions qui ne peuvent trouver place ici ; nous nous bornerons donc à quelques observations sommaires. Le P. P. procède, et avec raison, par la méthode analytique : les corps sont étendus, ils sont doués d'une activité réelle, chacun l'exerce dans une direction parfaitement déterminée, voilà les faits qu'il s'agit d'expliquer. On peut ne pas partager toutes les idées de l'auteur et surtout ses conclusions en faveur de la conception aristotélicienne, mais on doit lui savoir gré d'avoir si nettement posé et si sérieusement approfondi les données du problème. L'exposition de la doctrine de la matière et de la forme est très soignée, un peu longue peut-être. Avouons-le, le R. P. a facilement raison de la théorie qui transforme les corps en points mathématiques, mais qu'oppose-t-il de concluant à celle de Leibniz?... Le système d'Aristote se concilie très bien avec les théories atomiques des savants modernes, sans doute ; mais, pour ne citer que cette autorité, le P. Secchi reconnaît qu'on en peut dire tout autant du monadisme...; il y a une *forme* dans les corps organisés, sans quoi on ne pourrait expliquer leur *unité*, mais qu'est au juste ce que, dans le langage vulgaire, nous appelons leur *unité*?... Arrêtons-nous : une fois encore, nous ne voulons pas entamer de discussion, nous recommandons seulement au lecteur le paragraphe « *Quæritur : qui sit ortus formarum* » où est simplement exposée la fameuse *eductio formarum a potentia materiæ*, épineuse question que tant d'auteurs cherchent plutôt à esquiver qu'à résoudre.

La seconde partie renferme d'excellentes pages sur le temps et l'espace, présentés comme « *entia rationis cum fundamento in re* », sur la distinction de l'infini et de l'indéfini, sur l'impossibilité du nombre infini, question dont on a tort de se désintéresser, car l'argument de Fénelon contre les épicuriens a gardé toute sa valeur ; et récemment encore, nous voyions M. Ch. Renouvier l'opposer victorieusement à M. H. Lotze. Mais pourquoi avoir entrepris de justifier les plus subtiles vues des scolastiques, sur les qualités sensibles par exemple, et leur réelle distinction de la substance? Aussi, que d'affirmations gratuites, quels prodiges d'argumentation ! A quoi bon? Un adversaire est-il désarmé, lorsqu'à son objection : les qualités sensibles peuvent être objectives *causaliter* sans l'être *formaliter*, on lui répond : « Ad solvendum hoc adversariorum argumentum *nihil aliud relinquitur* nisit ut *moneantur*, id semper iis re objecta inesse formaliter quod nos natura duce ipsi insidere cognoscamus! » (p. 387)... Croirons-nous jamais que la quantité peut être séparable de la substance, attendu *que leurs concepts sont distincts!* (p. 403)!... Quel avantage trouve-t-on à maintenir une terminologie où la lumière est définie : « *Actus rei perspicuæ!* » (p. 429)... Hâtons-nous d'ajouter que l'auteur discute toujours avec la plus grande loyauté, ne se ménageant aucune objection ; il est aussi familier avec les philosophes modernes d'Allemagne et d'Angleterre qu'avec Aristote ou saint Thomas ; on serait même tenté de lui reprocher d'avoir trop multiplié les citations, mais il ne faut point oublier que son livre n'est pas un traité élémentaire.

La troisième partie : Origine du monde, est véritablement remarquable comme connaissance des faits scientifiques et largeur des vues. « Apertum et manifestum est, dit le savant Jésuite, veram interpretationem verborum factorum geologicorum non esse petendam ex interpretatione verborum a Moyse adhibitorum, sed potius contra genuinæ interpretationi narrationis Mosaïcæ lumen affundi per sinceram et congruam interpretationem factorum in quibus cognoscendis occupantur geologi » (p. 595). Il discute ensuite avec soin les divers systèmes évolutionistes et transformistes, montre le fort et le faible de chacun, et prouve que ces hypothèses, tout en étant susceptibles d'une interprétation orthodoxe, n'ont aucun droit à s'imposer aux esprits, au nom de la science, comme des solutions définitives. Indiquons seulement une quatrième partie, sorte d'appendice sur les lois de la nature, leur contingence et la possibilité du miracle. Cet ouvrage rendra certainement de grands services aux professeurs et à tous ceux qui désirent avoir une connaissance parfaite des doctrines physiques de l'Ecole.

M. HÉBERT, *professeur à l'Eécole Fénelon.*

---

90. — **The sacred books of the East** translated by various scholars and edited by F. M. MUELLER. Vol. V, *Pehlevi texts*, translated by *E. West. Oxford,* 1880, in-8°, LXXVI et 438 pages.

La publication des traductions anglaises des livres sacrés de l'Orient, faite sous la direction de M. Müller, se poursuit avec rapidité. Nous avons eu d'abord la traduction des principales upanishads de l'illustre professeur d'Oxford, puis celle de deux antiques légistes indous et de deux livres religieux de la Chine.

Voici maintenant déjà le cinquième volume qui paraît et qui est tout à fait digne des précédents. Il contient la traduction de trois livres pehlevis importants : du *Boundehesh* (création originaire) résumé complet et méthodique de l'ontologie, de la cosmogonie, de l'histoire du monde et de l'eschatologie zoroastriennes, du *Bahman-Yesht* rappelant les principes de la même eschatologie et du *Shâyast lâ Shâyast* (licet non licet), traité très étendu de casuistique avestique. Le premier et le troisième ont surtout une grande importance, car ils résument, dans un exposé méthodique, ce que l'on pourrait appeler la dogmatique et la morale casuistique des Perses ou du Zoroastrisme de la seconde période.

Dire que la traduction est due à la plume du savant auteur du Minoxhired traduit, du lexique de l'Ardâ-i-Virâf nàmeh et d'autres ouvrages du même genre, c'est assez dire qu'elle est faite de main de maître et que les lecteurs non spécialistes peuvent s'y fier sans voir le texte. Le Boundehesh avait déjà été traduit par Windischmann, c'était un premier essai, merveilleux pour l'époque; il le fut depuis par Justi, qui fit faire de grands progrès à l'intelligence du livre. M. West a eu sur ses devanciers l'avantage de disposer de manuscrits plus corrects, plus nombreux et surtout plus complets. Il a reçu de l'Inde des extraits d'un texte double de celui que l'on possédait en Europe, et il fait participer ses lecteurs à cette heureuse trouvaille. On y trouve, entre autres choses, au chapitre XXVIII, sur la nature et les offices des démons, des renseignements intéressants et inédits.

Le Boundehesh est un monument des plus curieux des idées qui avaient cours chez les Mages et en Perse au commencement de notre ère et au moyen âge. On y trouve une philosophie *sui generis* et très singulière, qui n'est guère fondée sur des principes strictement scientifiques; mais ce n'en est pas moins une page très curieuse de l'histoire de la pensée humaine.

Veut-on savoir comment les montagnes se sont formées? rien de si simple. A l'origine de toute existence étaient deux esprits éternels, indépendants, mais très inégaux en puissance, l'un génie du bien et de la vie, l'autre génie du mal et de la mort. Le premier avait créé le ciel et la terre; son adversaire voulut les détruire. Il s'élança à l'assaut du ciel. Repoussé, épouvanté de l'aspect de ce brillant séjour, il tomba sur la terre et s'enfonça sous le sol. La surface du globe était alors plane et parfaitement égale, comme il convenait à une œuvre du bon esprit. L'infernal intrus, parvenu au centre de la terre, s'y agita violemment et ses soubresauts firent jaillir par-ci par-là des aspérités qui grandirent en montagnes et formèrent le Himalaya, comme la plus humble colline. Aussi lorsque la fin des temps sera venue, lorsque l'ennemi vaincu aura été rejeté dans son ténébreux repaire, la terre délivrée reviendra à son état primitif; les montagnes s'affaisseront, le sol sera de nouveau parfaitement plat et uniforme.

Le Shâyast lâ Shâyast n'est pas moins intéressant à un autre point de vue C'est une suite de réponses faites à des questions pratiques relatives aux cérémonies publiques et privées, aux actes, causes d'impureté, aux purifications et pratiques religieuses, aux fautes et à leur expiation. Citons un passage ou deux :

Chap. X, 30. La règle est : Il est des gens, des fidèles même qui tuent une poule quand elle chante du même chant que le coq. Ils font mal, car (si cela arrive) c'est qu'il y a alors danger que les sorciers ne nuisent à cette maison, et la poule imite alors le coq, incapable de faire son office, pour avertir les habitants de ce danger.

31. Il est ordonné de préserver de tout danger un fourmilier (un hérisson) que l'on voit dans un champ; car les docteurs ont enseigné, dans le Vendidâd que le fourmilier fait mourir un millier de fourmis lorsqu'il urine journellement dans leur trou.

Chap. XV, 22. Vu que *Çpendarmat* (l'Amesha Çpenta Çpenta Armaiti (génie féminin de la terre et de la sagesse) habite l'intérieur de la terre, lorsqu'un voleur, un brigand, un criminel digne de mort, ou des femmes qui manquent de respect à leur mari circulent sur la terre dans leur iniquité... ce génie est dans une extrême detresse... La présence d'un grand nombre de criminels sur le sol afflige Çpendarmat autant que le corps mort d'un fils sur le cœur de sa mère, afflige celle-ci.

La traduction est accompagnée d'excellentes notes explicatives qui mettent en relief la science de l'auteur, et suivie d'un index complet qui assure la facilité et le succès des recherches.

Il serait superflu de signaler quelques points de divergence, quelques interprétations que nous aurions peine à admettre. Il nous semble, par exemple, que *dadan* peut très bien être rendu par créer, puisque le Boundehesh explique longuement, au chapitre XXV, que la création s'est faite *a nihilo*.

Le *zervân* (temps) qu'Ahura Mazdâ est dit avoir créé (voy. page 160 des selections of Zâd sparam) n'est point, pensons-nous, le temps sans borne, le temps infini et éternel, mais la portion délimitée et assignée à la durée de la création. C'est le premier qui engendra les deux esprits, selon la doctrine attribuée à Yezdedjerd par les historiens arméniens.

Mais eussions-nous même raison sur points de détails, cela ne diminuerait en rien la valeur de l'ouvrage de M. West ni d'aucune de ses parties.

Mentionnons encore l'introduction, qui nous donne tous les renseignements désirables sur les livres pehlevis, sur ceux qui sont traduits dans le présent volume, sur leurs manuscrits et leur histoire, et souhaitons que M. West puisse bientôt nous donner le complément promis de cet important et savant ouvrage.

C. DE HARLEZ.

---

91. — **Questions d'enseignement;** études sur les réformes universitaires, par E. BERSOT. Paris, Hachette, 1880, in-18.

A l'heure présente, les questions d'enseignement passionnent tous ceux qui s'intéressent à l'avenir de la France. Il n'est personne qui n'ait son programme en poche, sans l'exécution duquel la France est perdue à tout jamais. Le livre posthume de M. Bersot est donc un livre d'actualité. M. Scherer, exécuteur des dernières volontés de son ami, a réuni les articles parus dans divers journaux ou revues. Un premier volume contient les articles relatifs à l'enseignement, un second contiendra les principaux écrits de critique moraliste.

Les articles contenus dans le présent volume sont de dates très diverses. Les uns ont été écrits sous l'Empire, alors que M. Bersot était un des adversaires du pouvoir existant; les derniers sont datés de l'Ecole normale, où les événements politiques avaient ramené l'ancien professeur de philosophie.

Parmi les morceaux les plus importants, il faut signaler ceux qui ont pour titre : *Etat des études, Histoire du baccalauréat*, et celui que M. Bersot appelle spirituellement « *l'Histoire des Variations* des plans d'études ». M. Bersot trouve le baccalauréat trop chargé. « Vous rappelez-vous cette page où Rabelais raconte comment un procès grandit? C'est d'abord un sac informe, puis, par les soins des gens de justice, il pousse une tête, une queue, des oreilles, des dents, des pattes et des griffes, spectacle très réjouissant! Enfin il devient un animal parfait. On pourrait, si on voulait, prendre un plaisir de cette sorte à propos du baccalauréat » (p. 32). Aussi, comme la science des bacheliers doit évidemment répondre à l'étendue du programme, voici le souhait de M. Bersot :

« Je désire seulement que, s'il survient quelque cataclysme, on sauve un programme pour montrer aux générations futures quelle était la force de celle-ci, comme on conserve les pesantes armures des chevaliers pour étonner notre faiblesse » (p. 23). Voilà bien la plus fine ironie; le trait devient sanglant, quand l'auteur ajoute (p. 47) : « Pour moi, si je m'honore d'autres grades, je me félicite tous les jours d'être bachelier. »

Dans l'histoire des plans d'études, M. Bersot montre surtout les fortunes diverses de la philosophie et de l'histoire, développées ou amoindries selon la tendance politique du ministre.

M. Bersot a plus d'un trait sévère contre *l'abus des concours*, il va jusqu'à citer le mot de M. Cousin : « Nous sommes ainsi en France. On ferait un concours d'enfants en nourrice, à qui bave le mieux » (p. 223). Il est vrai que, plus tard, dans un article inséré à la fin du volume, il revient sur la question et défend les concours généraux, tout en reconnaissant l'existence de certains abus (p. 324).

Les deux discours prononcés à l'Ecole normale, l'un dans la séance du 7 novembre 1872, présidée par M. Jules Simon, l'autre dans la séance du 29 juin 1878 présidée par M. Bardoux, nous donnent la plus haute idée de la direction de M. Bersot. Tout, dans le langage correct, mesuré, élégant jusqu'à la coquetterie, respire l'amour du beau, du bien, du vrai. Egalement éloigné du pédantisme et de la rhétorique, M. Bersot veut que ses élèves, en même temps qu'ils se formeront à la science exacte, ne négligent pas le talent de l'exposition, et que l'érudition ne leur fasse point perdre le sens de la poésie et de l'éloquence.

Nous regrettons seulement que des préjugés qui auraient dû être absents d'un esprit aussi élevé, lui dictent parfois des paroles injustes pour l'éducation ecclésiastique (p. 188). Nous aimons mieux que les lecteurs gardent, comme souvenir du moraliste dont une mort trop prompte a interrompu les travaux, cette définition qu'il donne du maître digne de ce nom : « Un maître est comme un père qui a la même affection pour tous ses enfants, mais qui aide davantage les plus faibles (p. 152).

E. BEURLIER.

92. — **Ad. Schmidt**, *Paris pendant la Révolution*, d'après les rapports de la police secrète, 1789-1800, traduction française accompagnée d'une préface, par Paul Viollet. Tome Ier, *Affaires politiques*. Paris, Champion, 1880, in-8° de xi-332 pages.

Cet ouvrage écrit, comme le dit le titre, d'après les rapports de police, éclaire un certain nombre de points obscurs de l'histoire révolutionnaire. A ce titre il mérite d'être lu. Les sujets principaux qui y sont traités concernent l'influence exercée pendant cette période par des minorités bruyantes, les clubs, les cafés politiques; le morceau le plus considérable est consacré à la jeunesse parisienne et à son rôle. L'auteur a insisté sur ce point d'une manière toute spéciale, et c'est la partie de son volume la plus intéressante. Pourtant il ne devra être lu qu'avec une certaine défiance, car en plusieurs endroits il est inexact, et le traducteur, dans une note curieuse, page 328, a fait voir que les lectures de M. Schmidt n'avaient pas été suffisantes.

Voilà qui vaut mieux que tous ces romans dits historiques qu'on publie sur la Révolution. Il y a, dans ces nombreux et piquants détails, un intérêt plus vif, car il est réel, que dans les fictions les plus ingénieusement combinées. C'est ce qu'a bien compris le savant traducteur. Il a ainsi rendu à notre littérature historique un véritable service. Les notes qu'il a ajoutées au volume, les suppressions mêmes qu'il a cru devoir faire, portent la marque d'un esprit juste, érudit, et honnêtement libéral. On sent partout la préoccupation de trouver la vérité et de la dire telle qu'elle s'est présentée après de nombreuses recherches. M. V. a contrôlé même les assertions bibliographiques les plus minutieuses de son texte et il les a redressées en maintes occasions.

Mais comment, — et c'est là tout ce que nous trouvons à relever dans son travail, — a-t-il pu laisser dire à l'auteur allemand que Fouquier-Tinville avait été président du Tribunal révolutionnaire (p. 213)?

C.-T. Millet.

---

93. — **Eug. Baret**, inspecteur général de l'instruction publique, *Œuvres de Sidoine Apollinaire*, texte latin, publiées pour la première fois dans l'ordre chronologique, d'après les manuscrits de la bibliothèque nationale, etc. Paris. Thorin, 1879, in-8 de 637 pages.

Il y a deux parties bien distinctes dans ce livre : le texte de Sidoine et l'étude littéraire qui lui sert de préface. Pour le texte, M. Baret reproduit celui de Sirmond, en tenant compte des variantes de plusieurs manuscrits conservés à la bibliothèque nationale. Il a aussi changé l'ordre et les numéros tant des lettres que des poèmes, tout en respectant, pour les lettres, la division en neuf livres, établie par Sidoine lui-même. Malheureusement, cette division ne tient pas compte des dates, de sorte que l'ordre chronologique annoncé par M. B. ne s'étend pas à toute la collection, mais seulement à chaque livre en particulier : autant dire qu'il n'existe pas. Le nouvel éditeur aurait donc bien fait de suivre la disposition en usage, quitte à donner, en dehors du texte, la classification chronologique à laquelle il a cru devoir s'arrêter.

J'ajouterai qu'il eût beaucoup mieux fait encore de ne pas entreprendre une nouvelle édition de Sidoine. Refaire un travail déjà fait et bien fait par Sirmond, ce jésuite si bénédictin, ce n'est pas chose facile. Or, il suffit de jeter un coup d'œil sur les pages que M. B. consacre à l'examen des manuscrits, pour s'assurer de son inexpérience en ce genre d'études. Non seulement il ne connait pas les manuscrits actuellement conservés en Italie, dont plusieurs, comme le *Vaticanus*, 3421, le meilleur, le plus complet, le plus ancien de tous, sont d'une grande importance pour l'histoire et la détermination du texte; il ne se rend même pas compte de la valeur de ceux qu'il a eus entre les mains à la bibliothèque nationale : ainsi, il traite fort légèrement le manuscrit de Notre-Dame (*Lat.* 18,584), qui est pourtant le plus autorisé de tous ceux que nous avons à Paris. Il paraît, du reste, juger de la valeur des manuscrits d'après leur correction : c'est là un *criterium* des plus trompeurs.

Inutile d'insister. Il est trop clair que l'édition de M. B. ne marque pas un progrès sur celle de Sirmond : il nous faut attendre celles que promettent la librairie Teubner, à Leipzig et la commission des *Monumenta Germaniæ*; bien mieux encore celle que prépare en ce moment M. Em. Châtelain, ancien membre de l'École de Rome, et répétiteur de philologie latine à l'École des Hautes-Études (1).

Si l'édition de M. B. laisse beaucoup à désirer, en revanche son introduction est un travail sérieux et plein d'intérêt. Il ne manque pas d'études littéraires ou historiques sur les œuvres de Sidoine. M. B. reconnaît les services que lui ont rendus les commentaires de Savaron et de Sirmond, les recherches de Tillemont, de Guizot et de Fauriel, les travaux plus récents de M. Germain et de M. l'abbé Chaix. Il est regrettable qu'au lieu de se renfermer dans les limites d'une simple introduction, il n'ait pas consacré tout son volume à une étude plus ample de son sujet. La situation de l'empire romain d'Occident, de la Gaule en particulier, dans la seconde moitié du cinquième siècle; le rôle des grandes familles gallo-romaines et de l'épiscopat au déclin du système impérial et au commencement des royaumes barbares; Sidoine lui-même, le littérateur, le haut fonctionnaire, le patriote romain, l'évêque, ses correspondants et ses contemporains, M. B. parle de tout cela avec une compétence et une sûreté de vue qui fait regretter la rapidité de

---

(1) Voir quelques observations et conjectures de M. Châtelain, dans la *Revue critique*, 19 avril 1879, et dans la *Revue de philologie*, 1879, p. 64 et 154; 1880, p. 120. M. Châtelain a remporté, en 1875, le prix Bordin, décerné par l'Académie des Inscriptions et Belles-Lettres, dans un concours sur Sidoine Apollinaire et ses œuvres. Depuis lors, un long séjour en Italie et des études spécialement dirigées vers la philologie latine ont complété sa préparation comme éditeur de Sidoine.

son exposition. Je lui soumettrai pourtant quelques réclamations. Il regarde (p. 29, comp. p. 524) comme encore indéterminé l'emplacement d'*Avitacum*, la villa de Sidoine. Cependant M. l'abbé Chaix (t. I, p. 157) donne d'excellentes raisons en faveur d'*Aydat*, dont le nom, dans les vieux titres, se présente sous les formes *Avitac*, *Avitacus*, *Avitacum*, et dont la topographie correspond bien aux descriptions de l'évêque de Clermont. — Est-il bien exact de dire (p. 31) que, vers la fin du cinquième siècle, l'Eglise était encore à son origine! « L'Église, d'ailleurs, encore
« à son origine, constituait (qu'on me passe le mot qui sert à me faire
« comprendre) une sorte de franc-maçonnerie. Le paganisme était encore
« puissant. Entre les païens et les ariens, il est douteux que les chré-
« tiens catholiques formassent la majorité. » Je serais plus affirmatif que M. B. Quant à la comparaison, pour laquelle il demande grâce, elle est vraiment de bien mauvais goût et d'un style par trop lâché. On peut en dire autant de l'expression « la presque totalité » employée un peu plus haut. — P. 75. « La lettre dixième du livre II (1) démontre l'existence des verrières ». Il s'agit de la basilique de Patiens, à Lyon; le texte parle de mosaïques et non de verrières. — « La lettre douzième du livre VII fait voir que l'on
« était sur la voie des miniatures des manuscrits. » Elles étaient connues depuis longtemps : il s'en est conservé de célèbres, parmi lesquelles celles du fameux Virgile du Vatican ne peuvent être ignorées de M. B. D'ailleurs, je ne vois pas que la lettre XII° du livre VII, soit dans l'édition Sirmond, soit dans celle de M. B., contienne la moindre allusion à des miniatures. — En parlant du style maniéré de son auteur, M. B. lui reproche (p. 87), parmi d'autres périphrases bizarres, celle de *potor Araricus* : « *potor Araricus* veut
« dire Sidoine Apollinaire »; mais non, cela veut dire habitant de Lyon. Sidoine écrit de Rome à un ami qui se réjouit de le savoir sous un ciel pur : *Ais enim gaudere te, quod aliquando necessarius tuus videam solem, quem utique raro bibitor* (et non *potor*) *Araricus inspexerim. Nebulas enim meorum Lugdunensium exprobras*... (Ep. I, 8).

L. DUCHESNE.

94. — **La reliure française depuis l'invention de l'imprimerie jusqu'à la fin du dix-huitième siècle**, par MM. MARIUS MICHEL, relieurs-doreurs. Paris, D. Morgand et C. Fatout. 1880. In-folio de 144 pages.

MM. Michel viennent de consacrer à la reliure française, considérée, comme ils s'expriment, « au point de vue artistique », une étude des plus

(1) Selon la classification ordinaire et non selon celle de M. B., qui aurait bien dû pour ses citations, choisir une fois pour toutes entre les deux systèmes. Indépendamment de cette confusion, j'ai relevé beaucoup de citations fausses.

intéressantes. Dans leur volume, tout est splendide : le papier, les caractères, les ornements des marges, surtout les vingt-deux grandes planches où sont reproduites, d'après les modèles de nos dépôts publics, les plus remarquables de nos reliures anciennes, et, d'après les modèles de diverses collections particulières, les plus remarquables reliures du dix-huitième siècle. Par la beauté de son exécution matérielle, l'ouvrage de MM. Michel mérite d'occuper une place d'honneur dans la bibliothèque de tout grand amateur, de tout fervent bibliophile. Le texte n'est pas moins digne que les illustrations, des suffrages de tous ceux qui ont le noble culte du livre. La monographie de MM. Michel fait admirablement connaître cette « industrie dans laquelle la France a promptement conquis la première place et s'y est maintenue avec une telle supériorité que nulle autre nation n'a pu depuis trois siècles parvenir à la lui disputer ». Le premier chapitre, dont l'utilité sera bien grande, non seulement pour les profanes, mais encore pour les plus fins connaisseurs, est un lucide et complet exposé des qualités que l'on doit demander à une reliure pour être bien faite. Il y a là des indications, des conseils, comme pouvaient seuls en donner des maîtres qui joignent la plus recommandable expérience au goût le plus délicat. MM. Michel retracent ensuite l'histoire de la reliure sous chacun de nos rois, en commençant à Louis XII et en finissant à Louis XVI. Leurs descriptions ne laissent rien à désirer, et, comme écrivains, ils se montrent non moins habiles que les artistes qui ont si fidèlement dessiné les vignettes et les planches où revit la merveilleuse ornementation des reliures d'autrefois. A côté des chefs-d'œuvre des collections royales, les habiles historiens nous font admirer les chefs-d'œuvre des collections de Grolier, du président de Thou, du chevalier Digby, de Mazarin, de Ségures, de Foucquet, de Colbert, de Habert de Montmort, pour lequel Le Gascon travailla tant et si bien, et de beaucoup d'autres célèbres bibliophiles, et ils caractérisent successivement le genre de talent particulier de chacun des grands relieurs de l'ancienne France. Aux éloges dus à la magnifique publication de MM. Michel, je ne mêlerai que deux petites observations : comment n'ont-ils pas donné (page 27 et ailleurs encore), au nom du zélé biographe de Grolier, sa forme réelle (*Le Roux* de Lincy et non *Leroux* de Lincy)? Et comment n'ont-ils pas utilisé, soit dans le texte, soit dans les notes rejetées à la fin du volume, l'excellent travail d'un de nos collectionneurs et bibliophiles les plus distingués, M. Charles Defrémery (de l'Institut), travail où sont rectifiées et complétées (*Journal des Savants* d'août-septembre 1876) les *Études sur la reliure des livres*, publiées par M. Gustave Brunet (Bordeaux 1873, in-8°)?

Tamizey de Larroque.

95. — Collection philologique des Hautes Etudes, onzième fascicule. **Etude sur Denys d'Halicarnasse et le Traité de la disposition des mots,** par E. Baudat, élève de l'École pratique. Paris, Vieweg, 1879, in-8°, 78 pages.

M. Baudat, élève de l'école des Hautes Etudes, a profité des leçons de ses maîtres. Son travail accuse d'actives et minutieuses recherches et déjà de la science. C'est une dissertation critique, où il reconstruit le temps et la physionomie de l'auteur, fixe la suite chronologique des ouvrages d'après les critères internes et déduit d'une analyse rigoureuse les doctrines littéraires.

Une étude préliminaire est consacrée à Cæcilius de Calacté, l'ami et le collègue de Denys d'Halicarnasse. Comme lui, historien, il raconte la guerre des esclaves; critique novateur, il introduit l'esthétique dans la discussion littéraire et compare, le premier, les Latins aux Grecs; ardent champion de l'atticisme contre l'asianisme, il propose aux Phrygiens les orateurs de la Décade pour les modèles de l'éloquence et du goût. Quintilien invoque son autorité, Plutarque s'inspire de ses traités, et le Pseudo-Longin, en le combattant, lui fait sans doute plus d'un emprunt. Si l'œuvre de Cæcilius a péri presque tout entière, nous en retrouvons l'esprit et les théories dans celle de Denys qui avait devant la postérité plus de titres à survivre et qui survit.

Il paraît cependant que les rhéteurs ne trouvent point de biographe, pas plus un Denys qu'un Didyme Chalcentère; et leur vie, comme leurs écrits, est un thème à conjectures. Moins téméraire que Dodwell, M. Baudat s'en tient à une ligne de Strabon et à deux passages des Antiquités Romaines. Contemporain du grand géographe, Denys passe à Rome vingt-deux années, pendant lesquelles, déployant une activité prodigieuse, il se repose de ses leçons de rhétorique par la lecture assidue, dans le document original, des Fastes et des Annales de Rome. Mais plus crédule que Tite-Live, il n'a ni la sûreté d'information, ni la science pragmatique de son devancier Polybe; Michelet lui trouve même un avant-goût de l'imbécillité byzantine. Néanmoins, pour les cinq premiers siècles de l'histoire romaine, le livre de Denys demeure un trésor de renseignements; et, si l'on conteste le mérite de l'historien, la renommée du critique est solidement établie.

M. B. lui-même paraît plus à son aise, en cherchant dans Denys, comme dans Cæcilius, les origines d'une science qui est la sienne. Dans l'examen des ouvrages de rhétorique, déjà publiés et traduits par Gros (Paris, 1826), il s'attache à motiver l'ordre chronologique de Blass (Berlin 1865); l'occasion, le caractère, les tendances, le but de chaque écrit sont brièvement déterminés, le mérite qualifié, les jugements quelquefois contredits; car, qu'il s'agisse de Platon ou de Thucydide, que l'obscurité tienne au sublime ou à la concision, le grammairien n'entend pas raillerie sur la rigueur du procédé et les finesses de la diction.

Ouvrez son chef-d'œuvre un livre plein de remarques délicates et judicieuses, le *Traité de la disposition des mots*, en notant bien que M. B., sous l'influence du maître, ne permet plus de dire, avec l'abbé Batteux, *de l'arrangement des mots*, et vous comprendrez que, semblable « à la Minerve homérique, qui rend Ulysse, à son gré, misérable, mendiant ou guerrier superbe », la grammaire fait les bons et les mauvais discours.

Le choix des mots porte non seulement sur les mots eux-mêmes, mais sur les formes et les changements dont une riche flexion les rend susceptibles. La structure des périodes s'opère par l'assemblage des *cola*, qui se rangent, subissent addition ou changement en vue de l'ensemble et du mouvement de la pensée. La beauté et l'agrément du style résultent de la mélodie et du rythme, de la variété et de la convenance. Si l'on réfléchit que les orateurs s'adressaient à un peuple dans la musique reconnaissait « des intervalles d'un quart de ton » (p. 50), on ne sera point surpris de voir le rhéteur entrer, à la suite d'Aristoxène, le plus grand théoricien de la musique ancienne, dans l'examen phonétique des vingt-quatre lettres de l'alphabet pour calculer la sonorité des unes avec une précision scientifique, et fonder la classification des autres, sur des caractères irréductibles.

Du mécanisme des mots, il passe au mécanisme des syllabes. Dans une série de chapitres curieux, commentés par Héphestion, où Westphal et Rossbach ont largement puisé, l'auteur, devenu métricien, procède aussi sûrement à l'analyse rythmique qu'à l'analyse littéraire, apprécie les effets dus à chaque pied, à chaque mesure comme à leurs savantes combinaisons, relève des tétramètres iambiques dans la phrase nombreuse de Démosthène, distingue la langue ordinaire de la langue *irrationnelle*, la brève absolue de la brève relative. Il lui manque, toutefois, la notion « du temps fort et du temps faible, dont l'alternance est le fondement de toute composition métrique » (p. 54).

Ces divers éléments n'entrent pas au même degré dans les différents styles, dans la prose et dans les vers : Démosthène serait même le premier des orateurs, parce qu'il a su se contenir dans les limites du genre moyen. Mais, qu'on écrive dans le genre *fleuri* ou dans le genre *austère*, le style a ses exigences et ses lois, dont le génie lui-même n'entend pas s'affranchir, puisque Platon, à l'âge de quatre-vingts ans, corrige ses Dialogues et refait la première phrase de sa *République*. Ce n'est pas en vain qu'Aristote « discute, en géomètre, les règles du goût » et rattache à des règles fixes les éléments mobiles du langage.

L'originalité de Denys consiste à faire un corps de doctrine avec des notions empruntées à divers auteurs. Contemporain de Cicéron, il puisait aux mêmes sources. M. B. essaie de restituer à chacun son bien. S'il faut reconnaître, avec lui, que les traités du rhéteur n'ont pas régénéré l'éloquence de la Grèce, néanmoins, nous devons nous féliciter, avec M. Weil, qui n'est pas le moins compétent des modernes en ces matières, « de la bonne fortune, qui a fait venir jusqu'à nous les remarques d'un Grec ancien, d'un homme de science et de goût sur les grands écrivains de sa nation », et mis entre nos mains un écrit qui nous révèle « la musique de la langue grecque » (p. 42).

D. L.

96. — **Dictionnaire de l'ancienne langue française** et de tous ses dialectes du neuvième au quinzième siècle, composé d'après le dépouillement de tous les plus importants documents manuscrits ou imprimés qui se trouvent dans les grandes bibliothèques de la France et de l'Europe, et dans les principales archives départementales, municipales, hospitalières ou privées, par Frédéric Godefroy. Paris, F. Vieweg, 1880.

Dans le Dictionnaire dont nous annonçons aux lecteurs du *Bulletin critique* les trois premiers fascicules, M. Frédéric Godefroy ne présente pas tous les mots français qui ont été usités du neuvième au quinzième siècle. L'immensité des matériaux qu'il avait patiemment réunis, étudiés, coordonnés depuis plus de trente années, lui permettait sans doute de concevoir cette belle et haute ambition. Mais l'abondance même de ces richesses en aurait rendu la publication en un seul corps d'ouvrage à peu près impossible. Quoi qu'il lui en coutât, M. Godefroy a donc renoncé, non pas sans regret assurément, ni sans tristesse, à publier d'une seule fois, dans son ensemble, le Dictionnaire historique « qui a été et qui reste le rêve de toute sa vie. » (Avertissement.)

Ce qu'il publie aujourd'hui, c'est un fragment de cette œuvre colossale, un fragment qui ne formera pas moins de 10 volumes in-4°.

Ce lexique contient les mots de la langue du moyen âge que la langue moderne n'a pas gardés. L'auteur a réuni, sous un seul chef, toutes les formes d'un même mot, fournies par les différents dialectes, aux diverses époques. Chaque forme, chaque signification, chaque nuance de sens même, il les a justifiées par des exemples abondants et variés, empruntés, pour la plupart, aux manuscrits les plus authentiques des diverses bibliothèques et archives.

La prédilection du savant philologue pour les mots bien faits et durables, pour les termes consacrés par les meilleurs écrivains, poètes ou prosateurs des onzième, douzième et treizième siècles, est visible. Aussi ne craint-il pas de prodiguer les exemples, les définitions, les comparaisons, les recherches. Telle colonne de ces premiers fascicules est d'une opulence non pareille. Toutefois, comme il « poursuit » les mots en quelque sorte, partout, chez les auteurs de tout genre, de tout mérite, de toute époque, de toute province, il en a recueilli aussi et admis beaucoup de mal faits et de passagers ; car, comme dans son œuvre « le côté historique domine, un mauvais mot a, comme un bon mot, son intérêt historique ».

Ce n'est pas tout de saisir le mot à sa plus lointaine apparition, dans la fraîcheur de sa nouveauté, pour ainsi dire, il faut encore le suivre à travers les siècles jusqu'au moment où, vieilli, méprisé, abandonné, il semble disparaître de la langue écrite. Lisez M. Godefroy. Partout où le vocable a laissé jusqu'à nos jours quelque vestige dans la langue parlée, dans les divers idiomes populaires, dans les dénominations de personnes, dans les noms de lieux, partout il s'est efforcé de ne pas perdre sa trace. Vous devinez le nombre incalculable, effrayant de chartes qu'il avait fallu dépouiller, non pas seulement françaises, mais latines, pour y retrouver, « à des dates reculées, une multitude de mots français insérés dans les chartes sous leur forme française, où légèrement modifiée par une finale latine, pour y chercher aussi un certain nombre de termes qui n'apparaissent pas ou n'apparaissent guère ailleurs ! » (Avertissement.)

Ajoutez à cela que, pendant la Commune, un précieux et volumineux registre a été détruit, où M. Godefroy avait pris soin, depuis l'origine de ses travaux lexicographiques et littéraires, d'inscrire jour par jour ses lectures, en les accompagnant de toute espèce de notes bibliographiques et littéraires.

Ainsi donc, pour faire ce Dictionnaire, une littérature considérable, publiée ou inédite, vers, prose, histoire, romans, fabliaux, contes, chansons, textes qui n'ont rien de littéraire, publiés aussi ou inédits, et qui se rapportent à la vie courante, chartes, ordonnances, inventaires, arrêts de justice, lettres de rémission, etc., etc., tout a été dépouillé par le scrupuleux et vaillant lexicographe qui s'appelle M. Godefroy.

Un maître de l'érudition contemporaine, M. Littré, a proclamé, dans le *Journal des Savants*, que cet immense travail est « un trésor ». Et il appuie : « Le mot trésor ne dit rien d'excessif. » Ailleurs (*Etudes et Glanures*, p. 394), dans un curieux chapitre intitulé : *Comment j'ai fait mon dictionnaire*, il se réjouit qu'un Français ait ainsi enlevé à l'érudition allemande qui s'y préparait allégrement, l'honneur de nous donner, à nous Français, un glossaire de notre vieille langue.

J. VAUDON, *prêtre de l'Oratoire.*

VARIÉTÉS

MARIVAUX (*fin*)

(A PROPOS DU PRIX D'ÉLOQUENCE DÉCERNÉ PAR L'ACADÉMIE)

Quelquefois, Marivaux donne en riant de cruelles leçons. Derrière l'éventail de Colombine, ou sous le masque d'Arlequin, il nous laisse apercevoir un visage qu'il est bon de couvrir, car il ressemble trop à d'autres. Qu'est-ce au fond pourtant qu'Arlequin ? Un pauvre garçon qui n'a pas plus d'honneur qu'il n'en faut, qui ment à faire plaisir, qui aime les filles et qui aime aussi la bouteille. Plût à Dieu que ses imitateurs ou ses modèles eussent sa spirituelle bêtise et son naïf bon sens! Plût à Dieu qu'ils pussent avec lui répéter modestement : « J'ai bien de la peine à m'empêcher d'être un coquin! » Plût à Dieu que leurs visées ne fussent pas plus hautes que les siennes ou qu'ils pussent du moins s'écrier douloureusement comme lui : « Il n'y a donc que moi qui resterai un fripon, faute de savoir faire une harangue! »

S'il faut blâmer un préjugé, rappeler les grands au devoir que leur grandeur leur impose, Marivaux plaisante sans choquer. S'il faut faire parler un ambassadeur ou un prince, il trouve un langage plein de noblesse et de dignité. Cet auteur qui n'a mis, dit-on, sur la scène que des coquettes et des petits maîtres, approche de Térence et de Molière. — S'il a écrit pour une sorte de théâtre forain la plupart de ses comédies, ne prenons pas au mot sa modestie. Rappelons-nous qu'il a mieux aimé « être assis sur les derniers bancs dans la petite troupe des auteurs originaux, qu'orgueilleusement placé à la première ligne dans le nombreux bétail des singes littéraires ».

Les contemporains de Marivaux ne s'y sont pas trompés. La république des lettres, la meilleure de toutes, à ce que l'on assure, lui a pardonné ses croyances et jusqu'à son esprit. Voltaire, qu'il appelait méchamment la perfection des idées communes, le roi Voltaire le craignait un peu, et Fontenelle, c'est tout dire, Fontenelle l'aimait. De nos jours Marivaux a trouvé des amis non moins fidèles. Enfin, car en matière d'art le suffrage universel n'est pas une fiction, le parterre a gardé les traditions de la comédie italienne et de la comédie française. Il applaudit encore les fines réparties et les amours subtils de Dorante et de Sylvia, de Lisette et de Pasquin.

Mais la renommée de Marivaux devait être consacrée par un tribunal plus auguste. — A trois reprises, l'Académie sanctionna le jugement du public, et pour que rien ne manquât à la gloire de cet écrivain, elle voulu qu'il figurât parmi ceux dont elle s'honore et qu'elle a le plus honorés.

Le 4 février 1743, Marivaux fut reçu dans cette « société d'esprits » (1). Il vint prendre rang à côté de Massillon, de Fontenelle, du président Hesnault, de Crébillon, de Destouches, de Montesquieu. L'archevêque de Sens eut la mission de lui souhaiter la bienvenue. Dans son discours, digne à la fois d'un prélat et d'un académicien, il exprima avec bonheur la pensée de ses confrères : « Quoique vous ayez, disait-il au récipiendaire, acquis la place que vous venez occuper parmi nous par une multitude d'ouvrages que le publique a lus avec avidité, ce n'est point tant à eux que vous devez notre choix qu'à l'estime que nous avons faite de vos mœurs, de votre bon cœur, de la douceur de votre société, et, si j'ose le dire, de l'amabilité de votre caractère... On dirait, ajouta-t-il, que cet amour-propre, si commun parmi les hommes et qui est en eux comme une seconde nature, ne vous ait pas été connu. » — La justice qu'il rendait à l'homme, il la rendait aussi à l'écrivain : « Théophraste moderne, disait-il, rien n'a échappé à vos portraits critiques; — l'orgueil du courtisan, l'impertinence du petit-maître, la

(1) Marivaux, Discours de réception à l'académie.

coquetterie des femmes, la pétulance de la jeunesse, la sotte gravité des importants, la fourberie des faux dévôts, tout a trouvé en vous un peintre fidèle et un censeur éclairé. »

Par un spirituel compromis, l'archevêque, se bornant au rôle modeste d'écho, semblait ne se soumettre aux convenances de son état que pour louer plus finement le romancier, l'auteur dramatique, dont il ne connaissait les succès que par ouï-dire, et c'est bien le sentiment général qu'il exprimait en ces termes : « Ceux qui ont lu vos ouvrages racontent que vous avez peint sous diverses images la licence des mœurs, l'infidélité des amis, les ruses des ambitieux, la misère des avares, l'ingratitude des enfants, la bizarre austérité des pères, la trahison des grands, l'inhumanité des riches, le libertinage des pauvres, le faste frivole des gens de fortune; que tous les états, tous les sexes, tous les âges, toutes les conditions ont trouvé dans vos peintures le tableau fidèle de leurs défauts et la critique de leurs vices; que creusant plus avant dans le cœur humain, vous avez tiré au grand jour les vertus hypocrites et ce fond d'orgueil et de vanité qui enveloppe et cache, les vices de ceux que le monde trompé appelle de grands hommes et qui souvent sont au fond de vrais monstres. Le célèbre La Bruyère paraît, dit-on, ressusciter en vous et retracer sous votre pinceau ces portraits trop ressemblants, qui ont autrefois démasqué tant de personnages et déconcerté leur vanité. »

Vingt ans plus tard, d'Alembert payait à Marivaux le même tribut d'éloges et reconnaissait (dans le Spectateur, par exemple), « sous diverses images souvent piquantes et agréables, les manèges de l'ambition, les tourments de l'avarice, la perfidie ou la lâcheté des amis, l'ingratitude des enfants et l'injustice des pères, l'insolence des riches, la tyrannie des protecteurs... »

Longtemps après (je ne saurais préciser la date) le nom de Marivaux retentit de nouveau dans cette salle du Louvre, palais Mazarin d'alors. Parmi les écrivains illustres qui composaient l'assemblée, beaucoup avaient connu Marivaux; tous l'avaient aimé.

Boufflers vantait sa facilité; Florian, sa grâce; Buffon, son style; Richelieu enviait sa galanterie; Marmontel citait ses bons mots; Rulhières répétait ses épigrammes; Sedaine louait son bon cœur; Thomas applaudissait par habitude : c'était la fête de l'esprit et la fête de Marivaux. Dans cette causerie aimable, l'Académie perdait un peu son temps; mais quelqu'un (Chamfort peut-être) ayant laissé échapper l'expression de « Marivaudage », le dictionnaire s'enrichit d'un mot : le nom de l'auteur du *Legs* et de *Marianne* passa dans le langage courant comme le titre et la définition même du genre qu'il avait créé.

Par un dernier hommage, l'Académie vient de couronner Marivaux une fois encore. Elle a proposé son éloge au concours de 1880; elle a décerné le prix d'éloquence à l'écrivain qui a le mieux su comprendre ses ouvrages et s'inspirer de sa pensée (1).

(1) M. de Lescure.

Nous applaudissons de tout cœur. A une époque où l'audace supplée au talent, où le scandale force le succès, où la grossièreté tient école ; à une époque où pour glorifier le présent, on prétend détruire jusqu'au souvenir du passé, il est doux, il est consolant d'entendre louer un esprit et un cœur français. L'honneur de tracer ce chemin appartenait à cette gardienne vigilante de nos traditions littéraires, l'inspiratrice, disait Marivaux, de tout ce qui est beau et bien, l'Académie française.

GIOVANNI.

PRINCIPALES PUBLICATIONS DE LA QUINZAINE

196. — BUCKLE, *Histoire de la civilisation en Angleterre*. Nouvelle édition in-18 à 3 fr. 50 le volume. L'ouvrage formera 5 volumes. Il parait un volume par mois. Paris, Marpon et Flammarion.

197. — DRIOUX. *Les Fêtes chrétiennes*. Un fort volume grand in-8° colombier, illustré de 4 chromolithographies ; de 31 gravures sur acier, tirées en bistre ; de 40 compositions sur bois, hors texte, imprimées en couleur ; et de nombreuses vignettes placées en tête de pages, lettres ornées et fins de chapitres. Prix : 30 francs. Paris, Furne et Jouvet.

198. — DUMAS (A.). *Les Femmes qui tuent et les Femmes qui votent*. Un volume grand in-18. Prix : 2 francs. Paris, Calman Lévy.

199. — DUKAS (J.). *Etude bibliographique et littéraire sur le Satyricon de Jean Barclay*. In-8°, 95 pages. Paris, lib. Techener.

200. — EGGER (E.). *Histoire du livre depuis ses origines jusqu'à nos jours*. In-18 jésus, VIII-323 pages. Paris, lib. Hetzel, 3 francs.

201. — FLEURY (G.). *Cartulaire de l'abbaye cistercienne de Perseigne*, précédé d'une notice historique. In-4°, CXXVIII-271 pages avec armoiries et figures. Le Mans, lib. Pellechat.

202. — FORNERON. *Histoire de Philippe II* : I. L'Espagne et l'Europe durant les premières années du règne. — II. L'Espagne et l'Europe jusqu'au départ de don Juan d'Autriche pour les Pays-Bas. Paris, Plon. 2 volumes in-8°. Prix : 15 francs.

203. — FRÉDÉGAIRE. *Compilation dite de Frédégaire*. (Texte.) Reproduction littérale du manuscrit 10910 du fonds latin de la Bibliothèque nationale. In-8°, 180 pages. Abbeville, imp. Retaux.

204. — GILLÉRION. *Patois de la commune de Vionnaz, bas Valais*. In-8° de 203 pages. Paris, Vieweg. (Biblioth. de l'école des hautes études.)

205. — HARDY (E.). *Les Français en Italie de 1494 à 1559*. In-8°, 372 pages avec 82 figures. Paris, Dumaine. 7 francs.

206. — HIRSCHFELD (O.). *Contribution à l'histoire du droit latin*. Traduit par H. Thédenat, prêtre de l'Oratoire, directeur du collège de Juilly. In-8, 20 pages. Paris, lib. Thorin.

207. — Hue. *Analyse des principales Campagnes conduites en Europe depuis Louis XIV jusqu'à nos jours.* Un volume in-16 : 3 fr. 50. Paris, Dumaine.

208. — Jongleux (H.). *Chroniques berrichonnes du XVIIe siècle*, journal des choses mémorables arrivées en la ville de Bourges et autres lieux de la province (1621-1694), ornées des armoiries des Le Large, en chromolithographie. In-8°, iv-320 pages. Bourges, lib. Bernard.

Tiré à un très petit nombre d'exemplaires. Sur papier chiné, 400 exemplaires, à 10 francs l'un. Un tirage d'amateurs de 30 exemplaires, numérotés et paraphés, a été fait et comprend : 16 exemplaires sur papier de Hollande, numérotés de 1 à 16, à 15 francs; 10 sur whatman Turkey-Mill, numérotés de 17 à 26, à 30 francs; 4 sur chine, numérotés de 27 à 30, à 40 francs. Titre rouge et noir. Papier vélin teinté (1881).

209. — La Croix (G. de). *Histoire des évêques de Cahors*, par Guillaume de La Croix. Traduite pour la première fois du latin, par L. Ayma. T. 2. In-8°, 240 pages. Cahors, imp. Plantade.

210. — Leglas-Maurice. *Le Meuble et toutes ses industries à la fin du XIXe siècle*, avec les tarifs réels de plus de 1,200 prix. 2 vol. in-fol., en portefeuilles, se composant de 250 planches (400 motifs). 1re partie : *Meubles genre antique*, 100 pl. (160 motifs) 48 francs; 2e partie : *Meubles genre moderne*, 159 pl. (240 motifs) 72 francs. *Prix des deux parties réunies : 90 francs.* Paris, Cerf.

211. — Marmier (X.). *Antonia* (1745), nouvelle historique, imitée de l'anglais. In-32, 126 pages. Paris, Sauton.

212. — Michel. Fr. *Mémoires de Jean, sire de Joinville* ou *histoire et chronique du très chrétien roi saint Louis.* 1 volume in-18 jésus; 1 fr. 50. Edition classique. Paris, Didot.

213. — Moigno. *Le Pêcheur d'hommes.* In-18, xxvii-221 pages. Paris, Blériot.

214. — Molinier (C.). *De fratre Guillelmo Pelisso, veterrimo inquisitionis historico*, thesim facultati litterarum Parisiensi proponebat ad doctoris gradum promovendus Carolus Molinier, professor historiæ aggregatus. Accessit ejusdem Guillelmi Pelisso Chronicon et Carcassonensi codice nunc primum omnia ex parte editum. In-8°, lxxvii-80 pages. Le Puy, Marchessou frères.

215. — Paris et Robert. *Miracles de Nostre-Dame, par personnages*, publiés d'après le manuscrit de la Bibliothèque nationale. Tome IVe. 1 volume in-8°, cartonné percaline : 10 francs. Paris, Didot.

216. — *La Pologne et les Habsbourg.* 1 vol. in-8°. Prix : 2 francs.

« Au moment où les Polonais de la Galicie viennent de faire à l'empereur d'Autriche des ovations si enthousiastes, une brochure consacrée à cette intéressante province est absolument d'actualité. Les libertés dont jouissent les Polonais autrichiens ont fait de la Galicie le foyer de la vie intellectuelle et politique en Pologne; elles ont inspiré aux habitants de la Galicie une véritable affection pour la dynastie des Habsbourg. Telle est l'idée fondamentale de cette curieuse étude, pleine de renseignements, de faits entièrement nouveaux, et basée sur des documents du plus haut intérêt. » Paris, Plon.

217. — Rayet (O.). *Monuments de l'art antique*, publiés sous la direction de M. Olivier Rayet. Livraison 1. In-folio, iv-72 pages et 15 planches en héliogravure. Paris, Quantin.

Ce recueil paraîtra en six livraisons, comprenant chacune 15 planches avec notices explicatives. Chaque livraison formera un tout indépendant et se vendra séparément 25 francs; il paraîtra de deux à trois livraisons par an. Une table générale et un carton spécial pour contenir tout l'ouvrage seront délivrés gratuitement aux souscripteurs avec la dernière livraison. Il a été tiré 50 exemplaires numérotés, planches sur chine et texte sur hollande. Chaque livraison de ce tirage de luxe se vendra au prix de 50 francs, mais à la condition que chaque acheteur souscrira à l'ouvrage complet.

218. — Semichon (E.). *Histoire des enfants abandonnés, depuis l'antiquité jusqu'à nos jours;* le Tour. In-18 jésus, 348 pages. Paris, Plon.

219. — Theillière. *Armorial des barons diocésains du Velay.* In-8°, viii-106 pages. Le Puy, Freydier. 7 francs.

220. — Zigliara (T. M.). *Œuvres philosophiques* (écrites en italien) de S. E. le cardinal Thomas-Marie Zigliara, de l'ordre des Frères-Prêcheurs. Traduites, avec l'autorisation de l'auteur, par l'abbé A. Murgue. T. I. 1° Essai sur le traditionalisme : 2° Observations sur quelques interprétations de l'idéologie de saint Thomas d'Aquin, par Gérard-Casimir Ubaghs. In-8°, xii-392 pages. Lyon, librairie Vitte et Perrussel.

Le gérant : A. Sauton.

BULLETIN CRITIQUE

DE LITTÉRATURE, D'HISTOIRE ET DE THÉOLOGIE

SOMMAIRE. — 97. Conder, A handbook to the Bible, *C. Weste.* — 98. Hamar, Études d'archéologie préhistorique, *C. Trochon.* — 99. Schultze, Archéologie chrétienne, *L. Duchesne.* — 100. D. Guéranger, Institutions liturgiques, *C. T.* — 101. Thédenat, Contribution à l'histoire du droit latin, *J.-V.* — 102. P. Ingold, Découverte et réinhumation du corps du P. de Sainte-Marthe, *G. Rivoire.* — 103. Clairin, du génitif latin et de la préposition de, *P. Lallemand.* — 104. Teste, Léon XIII et le Vatican, *C.-T. Millet.* — 105. Cantu, Les trente dernières années, *C. Millet.* — Variétés : Lettre inédite du P. Bourgoing. — Principales publications de la quinzaine.

97. — **A. Handbook to the Bible :** being a guide to the study of the holy Scriptures ; derived from ancient monuments and modern exploration, by F. R. Conder, and C. R. Conder, R. E. Seconde édition. London, Longmans, 1880, petit in-8º de xviii-439 p. (avec treize cartes et plans). 11 fr. 25 c.

Un livre de ce genre devrait exister en français. Son but est d'apporter à ceux qui étudient l'Écriture Sainte les utiles résultats des principales recherches faites durant ce siècle. Il est divisé en deux parties. La première traite, en neuf chapitres, les sujets suivants : chronologie de la Bible, synchronismes historiques (dynasties égyptiennes, canons des rois d'après Ptolémée, dynastie des Séleucides, généalogies, grands prêtres juifs, rois d'Israël et de Juda), poids et mesures bibliques, l'année juive (avec un calendrier biblique), rituel hébreu, gouvernement hébreu, tributs et impôts, arts et sciences en Israël (avec des planches de monnaies), vie sociale des Hébreux. La seconde partie débute par une description physique de la Terre Sainte. Viennent ensuite des descriptions du pays, à cinq époques diverses : avant la conquête, durant la première occupation par les tribus, sous les Juges et les Rois, pendant la période asmonéenne, au temps de Jésus-Christ. Elle se termine par deux chapitres consacrés : le premier à Jérusalem, le second au temple. Parmi les appendices, deux sont fort importants. Le premier donne une liste des animaux et des plantes mentionnés dans la Bible, le second énumère tous les endroits qu'on y lit et donne, lorsque c'est possible, leur identification avec les localités actuelles.

Nous n'insisterons pas sur la valeur d'un pareil ouvrage. Le nom de ses auteurs suffit pour le recommander aux lecteurs français. On sait combien MM. Conder connaissent les terres bibliques et tout ce qui concerne l'Écriture sainte. Leur livre est un véritable manuel, qu'il faut avoir sans cesse à portée, afin de s'en servir dans toute lecture sérieuse de la Bible. Ils ont aussi, sans l'indiquer dans le titre, utilisé toutes les sources talmudiques et rabbiniques, et à ce point de vue leur *manuel* est important.

Nous devons cependant dire que leur chronologie diffère sur quelques points assez sensiblement de celle qu'a développée M. Oppert, en particulier, dans le numéro de juillet-août de la *Revue historique*, p. 279 et suivantes.

Une table générale, très-bien faite, termine le volume.

C. Weste.

98. — **Etudes critiques d'archéologie préhistorique**, à propos du gisement du Mont-Dol (Ille-et-Vilaine), avec trois planches, par l'abbé Hamard, prêtre de l'Oratoire de Rennes, membre de plusieurs sociétés savantes. Paris, Haton, 1880, in-8° de xii-270 pages.

Le travail de M. l'abbé Hamard est divisé en deux parties. La première partie (pp. 1-92) avait déjà été publiée il y a deux ans. Elle traite un point d'archéologie locale, sur lequel nous n'insistons pas ici. Il suffira de reproduire les conclusions du savant auteur. 1° Il n'est pas prouvé qu'aucune des espèces animales représentées au Mont-Dol soit éteinte. 2° L'homme a vécu au Mont-Dol en même temps que les animaux qui y ont laissé leurs ossements. 3° L'origine du gisement provient d'une invasion de la mer, produite par un affaissement du sol suivie d'un léger soulèvement. 4° Cette invasion de la mer a eu lieu au commencement de l'ère actuelle.

La seconde partie (pp. 93-266) contient deux chapitres : le premier (pp. 93-123) est une réponse aux objections relatives au Mont-Dol; le second (pp. 124-258) réfute les objections relatives aux systèmes préhistoriques. Cette seconde partie nous semble irrépréhensible. Les conclusions de l'auteur sont en général acceptables. Quelques réserves seraient indispensables, à notre avis. Ainsi le § 5°, rédigé entièrement d'après les idées de Fergusson, dont M. H. a traduit en français les *Monuments mégalithiques*, contient une théorie trop absolue. Le systématique anglais n'aurait pas dû être suivi sans réserve. Sans doute il est savant, mais il met sa science au service de ses idées, et ces idées sont souvent saugrenues. Son dernier ouvrage, *les temples des Juifs*, vient d'en administrer une preuve péremptoire.

Une autre remarque, relative à l'invasion de la mer dans la baie du mont Saint-Michel (pp. 25 et suiv.) L'auteur s'est servi trop volontiers, dans cette partie de son livre, de documents peu sérieux. La fameuse carte soi-disant du treizième siècle n'a aucune valeur (1). Elle a été publiée pour la première fois par un de ces érudits qui manquent des données élémentaires sur les sujets qu'ils traitent et auxquels fait défaut la plus simple méthode scientifique. Surtout le fameux ruisseau qui sépare l'île de Jersey de la côte normande est une des plus réjouissantes découvertes d'un auteur qui a su écrire l'histoire de la révolution dans la Manche, sans citer un seul nom propre. Cette *découverte* a pour point d'appui un texte du moyen âge mal compris. Mais comment, si cette hypothèse était fondée, des savants de la valeur de M. de Gerville auraient-ils pu placer *Grannonum* à Portbail, après une étude approfondie (*Des villes et voies romaines en basse Normandie*, 1838, in-8°, pp. xviii et xix)? Comment en 747 les habitants de ce même Portbail auraient-ils vu flotter sur la mer « devant leur port », une tour portant les reliques de Saint-Georges, s'ils n'avaient été alors séparés de Jersey que par une étroite rivière (V. Lecan, *Histoire des évêques de Coutances*, 1839, in-8°, p. 75)? M. H. a accepté ici trop facilement des assertions sans valeur.

La critique des idées de MM. de Mortillet et Cartailhac est érudite et convaincante; nous n'avons qu'à féliciter M. H. sur la science et la clarté dont il a fait preuve dans cette importante partie de son travail.

C. TROCHON.

---

99. — V. SCHULTZE, *docent* à l'université de Leipzig. **Archæologische studien über altchristliche monumente,** Vienne, Braumüller, 1880 : in-8° de 287 pages avec 26 gravures sur bois.

Ce livre est un recueil de mémoires sur diverses questions d'archéologie chrétienne. En voici la table : 1° Prolégomènes sur la symbolique de l'ancien art chrétien; — 2° Les fresques des chapelles des Sacrements à Saint-Calliste; — 3° Un sarcophage avec *Juno Pronuba*, à la villa Ludovisi; — 4° Les catacombes de Syracuse; — 5° Un sarcophage de Saint-Paul-hors-les-murs, — 6° Les anciennes images de Marie; — 7° Le tombeau de saint Pierre; — 8° Les monuments figurés chrétiens du musée Kircher.

Le premier mémoire contient, sous forme de prolégomènes, l'exposé des principes d'exégèse symbolique adoptés par l'auteur et appliqués par lui dans les études qui suivent, notamment dans celles qui portent les numéros 2, 3 et 5. Au lieu de chercher dans les anciens monuments, comme on le fait depuis Bosio et Aringhi, l'expression de la plupart des croyances chrétiennes, M. S. estime qu'on ne doit y voir empreinte d'autre préoccupation

---

(1) Nous aurions aussi bien des réserves à faire par rapport à Rouault, curé de Saint-Pair (p. 57).

que celle de l'autre vie, d'autre foi que celle de la résurrection. Les peintures des catacombes et les reliefs des sarcophages sont des ornements de tombeaux, et qui ont dû être inspirés par la pensée de la mort et de la vie future. Il en est de même dans les monuments païens contemporains; on y voit représentés de préférence des sujets de sens funèbre, Adonis, Endymion, Méléagre, Psyché.

Ces observations de M. S. ne manquent pas de justesse. Il est certain qu'il y a beaucoup à émonder dans l'exégèse touffue que cultivent encore, avec tant de passion, certains amateurs d'archéologie chrétienne. Une réaction tend à se produire contre leurs excès. On sait avec quelle prudente circonspection M. de Rossi, l'homme le plus autorisé en ces matières, aborde les questions où le symbolisme est intéressé. L'année dernière, M. Edmond Le Blant, dans la préface de ses *Sarcophages chrétiens du musée d'Arles*, a justement et utilement rapproché les sculptures des sarcophages des prières de la liturgie funéraire; certaines de ses idées ne manquent pas d'analogie avec celles de M. S. Malheureusement, celui-ci est allé beaucoup trop loin : il est tombé dans une exagération opposée à celle qu'il veut combattre. Prenant pour devise le mot de Tertullien, *Fiducia christianorum resurrectio mortuorum*, il ne veut voir dans les anciens monuments chrétiens autre chose que l'expression de cette croyance; en particulier, les représentations si fréquentes des miracles bibliques ne serviraient, d'après lui, qu'à rappeler la toute-puissance de Dieu, condition et garantie de la résurrection des morts. Cette exagération l'a conduit à des interprétations forcées qui, je le crains, ne feront guère fortune.

Les monuments auxquels M. S. applique son exégèse sont : 1° les chambres dites *des Sacrements*, au cimetière de Calliste; 2° le célèbre sarcophage découvert sous l'autel de Saint-Paul-hors-les-murs, maintenant exposé au musée de Latran; 3° un sarcophage inédit, conservé à la villa Ludovisi.

Dans les chambres *des Sacrements*, M. S. est bien obligé de reconnaître des scènes relatives au Baptême et à l'Eucharistie, mais il cherche à en diminuer le nombre. On connaît la célèbre fresque qui représente une table à trois pieds, portant un pain et un poisson entre une femme orante et un homme qui fait le geste d'imposer la main sur les aliments. Cette scène est considérée par M. de Rossi comme figurant la consécration de l'Eucharistie : M. S. y voit un repas funèbre ordinaire; la raison qu'il oppose à l'opinion commune est un peu naïve. D'après lui, le personnage drapé dans un pallium et que l'on regarde comme représentant l'évêque, serait trop peu vêtu. C'est attacher beaucoup d'importance à une fantaisie d'artiste ou à un coup de pinceau mal calculé.

La plupart des autres scènes sont expliquées d'une manière aussi étrange; ainsi le pêcheur tirant un poisson hors de l'eau représente Jésus-Christ sauvant l'âme de la mort; le navire en péril, figure de l'Église persécutée, d'après M. de Rossi, c'est celui sur lequel saint Paul fit naufrage à Malte; le Bon Pasteur, c'est Jésus-Christ, conducteur et pasteur des morts, autrement dit, une sorte d'Hermès psychopompe; Jonas couché sous la cucurbite exprime le repos de l'âme dans la vie future. Tout cela est trop raffiné, trop alambiqué pour être vrai. Quand même il y aurait, comme je le crois, quelques atténuations à introduire dans l'interprétation ordinaire de ces monuments, elle paraîtra toujours beaucoup plus naturelle que le symbolisme étroit de M. S.

Son explication du sarcophage de saint Paul me donne la même impression. Jusqu'ici on a cru que la première scène de ce sarcophage représentait les trois personnes de la sainte Trinité, opérant en commun la création de la femme. M. S. écarte la Trinité et ne voit que deux anges dans les figures qui ont été considérées comme celles du Verbe et de l'Esprit-Saint. Parmi les arguments très insuffisants qu'il fait valoir contre l'opinion commune, je remarque celui-ci. Dans la scène de la création, le Verbe serait figuré par un homme barbu, tandis que dans la scène voisine, il l'est certainement pas un homme imberbe : cette diversité indique deux personnages distincts. Admettons que cette raison soit valable : M. S. la condamne un peu plus loin. En effet, M. de Rossi, partant de la distinction entre un personnage barbu et un personnage imberbe, qui se rencontrent sur une fresque du cimetière de Sainte-Sotéris, a vu dans l'un saint Pierre et dans l'autre Moïse. M. S. prétend au contraire que tous les deux représentent Moïse, et la question de barbe perd alors toute importance à ses yeux. Il faudrait pourtant rester d'accord avec soi-même.

L'étude sur le sarcophage de la villa Ludovisi a pour but de signaler un monument très curieux où l'on voit la déesse *Juno Pronuba* présider à l'union de deux époux, dont l'affection est de plus symbolisée par un Eros embrassant Psyché. Des sujets chrétiens sont mêlés à ces représentations païennes; il y a ici une trace évidente de quelque transaction plus ou moins inconsciente entre les deux croyances qui se partageaient encore, au quatrième siècle, l'empire des âmes et les habitudes religieuses des familles. Parmi les sujets chrétiens figurés sur ce monument, il en est un où M. S. reconnaît la vision des ossements dans Ézéchiel (Ezech. 37). Est-ce bien sûr? Je serais plutôt enclin à y voir la création de la femme, comme sur le sarcophage de saint Paul. Mais il est impossible de juger sur une gravure.

L'étude sur les catacombes de Syracuse (n° 4) contient les observations faites par M. S. dans une reconnaissance assez rapide de ces célèbres souterrains. C'est le premier travail réellement scientifique que nous ayons sur ce sujet. D'après M. S., les catacombes syracusaines sont, comme celles de Rome, l'œuvre de mains chrétiennes; aucune de celles qu'on visite ordinairement ne remonte au delà du quatrième siècle; cependant, il y a, sous celles de la *vigna Cassia*, un réseau de galeries beaucoup plus anciennes, qui peuvent avoir été ouvertes vers la fin du second siècle; ces galeries sont encore à explorer et, d'abord, à déblayer.

L'article sur les images de Marie se termine par un catalogue de 42 représentations antiques de la sainte Vierge : 9 fresques des catacombes, 25 bas-reliefs (sarcophages), 2 dessins à la pointe, 6 verres à fond doré; les mosaïques, les ivoires et les gemmes ne sont pas catalogués. Dans les catégories admises par M. S., on peut signaler des omissions, par exemple, celle de l'ambon de Thessalonique, publié par M. Bayet dans les *Archives des Missions*, troisième série, t. III, p. 445 (1), et celle du célèbre vase du musée Kircher, décrit par M. S. lui-même, un peu plus loin, p. 283. Dans le texte qui précède le catalogue, M. S. combat l'opinion assez répandue que bon nombre des figures orantes des catacombes sont des représentations de la sainte Vierge : je crois, comme lui, que cette assimilation n'est pas suffisamment prouvée ; je lui accorderai aussi que la quatrième des *Imagines selectæ B. M. V.*, publiées par la Commission archéologique pontificale, est le portrait d'une défunte avec son enfant, et non une image de Marie. Quant à reconnaître saint Joseph dans la célèbre fresque de Priscille, j'avoue que je ne puis m'y résoudre ; l'opinion de M. de Rossi, qui voit là un prophète, me paraît plus plausible, bien que tous les doutes ne soient pas encore levés.

L'article sur le tombeau de saint Pierre laisse beaucoup à désirer. En bon protestant, l'auteur conclut à l'inauthenticité de la sépulture apostolique ; il s'efforce de la prouver par des arguments nouveaux : 1° *Le terrain du Vatican était, sous Néron, et fut depuis, propriété impériale ; donc il est impossible que les chrétiens en aient transformé une partie en un lieu de sépulture.* Je réponds que M. S. n'a pas suffisamment établi le premier point de son raisonnement ; il est impossible, dans l'état actuel de la science, de tracer une topographie exacte du Vatican au premier siècle de notre ère. — 2° *Tous les monuments chrétiens du Vatican sont, sans exception, postérieurs à la paix de l'Église.* Ecartons le sarcophage dit du pape saint Lin, sur lequel il reste des doutes ; de me bornerai à insister sur deux monuments discutés par M. S., l'inscription de Licinia Amias et le sarcophage de Livia Primitiva, maintenant conservé au Louvre ; l'inscription d'Amias commence ainsi : D. M. ∥ ΙΧΘΥΣ ΖΩΝΤΩΝ ∥ LICINIAE AMIATI. Le sarcophage de Primitiva porte une inscription dépourvue de toute formule spécifiquement chrétienne ; mais, au-dessous, on voit, gravée à la pointe, l'image du Bon Pasteur, entre un poisson et une ancre. Ces deux monuments ont de tels caractères d'antiquité que, s'ils sont authentiques, ils remontent certainement au delà du quatrième siècle. Aussi, M. S. prétend-il qu'ils ont été interpolés, que les formules et signes chrétiens ont dû être ajoutés après coup. Ceci est de la fantaisie pure. On conçoit, et le cas s'est présenté assez souvent, qu'un marbre, portant une inscription païenne, ait été employé à construire ou à clore un tombeau chrétien ; dans ce cas, l'épitaphe primitive était martelée ou dissimulée et on lui substituait celle du nouveau défunt. Mais que l'on ait christianisé un tombeau païen par la simple interpolation d'une formule chrétienne dans l'épitaphe, voilà ce qui n'est ni naturel, ni probable. En tout cas, si on avait opéré un tel changement au quatrième siècle, on aurait choisi d'autres signes chré-

---

(1) M. S. aurait beaucoup gagné à consulter ce travail qui contient un catalogue des monuments où figure la scène de l'adoration des mages. Le mémoire de M. Bayet, qui jouit d'une honorable sépulture dans les *Archives des missions*, se trouve aussi dans un tirage à part de notre commune mission au mont Athos, publié chez Thorin, sous le titre : *Mémoire sur une mission au mont Athos*, par MM. l'abbé Duchesne et Bayet, 1876, in-8°.

tiens que l'ancre et le poisson, emblèmes tombés en désuétude, et remplacés par le monogramme constantinien.

M. S. ne réussit donc pas à débaptiser Licinia Amias ni Livia Primitiva. Il y aurait bien d'autres choses à relever dans ce travail, par exemple, des contradictions étonnantes comme celle-ci : l'auteur affirme (p. 224) que le catalogue félicien de 530 » est le premier témoin de la sépulture de saint Pierre au Vatican; or, vingt lignes plus bas, il cite le texte de saint Jérôme : *Sepultus (Petrus) Romæ in Vaticano juxta viam triumphalem (De viris ill. 1).*

Le huitième et dernier article est un catalogue des objets chrétiens, ou provenant des cimetières chrétiens, que l'on conserve au musée Kircher, à Rome.

Les critiques de détail que j'ai présentées suffisent pour donner une idée générale de l'esprit qui anime les recherches et les études de M. S. Il a examiné les monuments avec soin; il connait les textes, bien qu'il ait encore quelque chose à acquérir de ce côté. Mais il est, je crois, trop pressé de conclure, de dire du nouveau, de produire un système protestant, opposé à l'exégèse catholique des archéologues les plus autorisés.

L. DUCHESNE.

---

100. — **Institutions liturgiques**, par le R. P. dom P. GUÉRANGER, abbé de Solesmes, 2ᵉ édition, t. IIᵉ. Paris, Palmé, 1880, gr. In-8º.⁻ xix-767 pages.

La nouvelle édition de l'ouvrage bien connu du célèbre abbé de Solesmes, qui doit former quatre volumes, arrive aujourd'hui au 2ᵉ. (Le premier a paru en 1878, LXXX-543 pages). Cette édition ne diffère en rien de la première. Quelques transpositions ont été faites pour rapprocher certains passages ; mais à part une note, page 470, on n'y trouvera rien de nouveau. Du reste dom Guépin, l'éditeur littéraire, ne promettait (préface, t. I, p. LXIV) qu'une simple réimpression. Il a tenu parole. Peut-être même a-t-il poussé trop loin le scrupule, en laissant passer quelques fautes d'impression : page 103, 1777 pour 1677 ; p. 489, le P. de Bencreuil, pour le P. de Bonrecueil. Mais il n'est pas fidèle à sa promesse, lorsqu'il accorde le titre de *Monseigneur* à l'abbé de Salinis (p. 615), tandis qu'il le refuse à MM. Le Courtier, page 686, et Cousseau, page 688. Ni l'un ni les autres n'étaient cependant évêques lorsque parut le second volume des *Institutions liturgiques*.

Cette réimpression mérite d'ailleurs un bon accueil. L'ouvrage devenait rare et on le faisait payer bien cher. En outre l'impression du troisième volume, fort médiocre, ne ressemblait pas à celle des deux autres. La nouvelle édition, très remarquable au point de vue typographique, est en progrès sur ce point.

C. T.

101. — **Contribution à l'Histoire du droit latin**, par Otto Hirschfeld, professeur à l'Université de Vienne, traduit par H. Thédenat, directeur du collège de Juilly. Broch. in-8° de 20 pages. Paris. Ernest Thorin. 1880.

Que faut-il entendre par *majus* et *minus Latium*? De toutes les questions d'archéologie romaine, il n'y en a peut-être pas qui ait été plus discutée. M. Wilhelm Studemund a tranché le nœud, en donnant du texte de Gaius une restitution certaine. Voici le passage classique sur la forme du droit latin : *Aut majus est Latium aut minus : majus est Latium cum et h [i] qui decuriones leguntur et qui honorem aliquem aut magistratum gerunt, civitatem Romanam consecuntur; minus Latium est, cum hi tantum qui magistratum vel honorem gerunt, ad civitatem Romanam perveniunt, idque compluribus epistolis principum significatur.*

Ainsi donc, avec le *majus Latium*, les décurions aussi bien que les magistrats, — avec le *minus Latium*, les derniers seulement, obtiennent le droit de cité romaine.

Ce fait établi, l'auteur se demande à quelle époque on a créé cette distinction en *Latium majus* et *Latium minus*.

Après avoir montré que l'obtention du droit de cité avait son plein effet non par l'entrée en charge, mais par l'achèvement régulier d'une année de magistrature, le savant professeur se livre à l'examen des textes classiques et épigraphiques, concernant les concessions du droit dont il s'agit. C'est ainsi qu'il détermine l'époque à laquelle on observa pour la première fois la distinction, mentionnée et définie par Gaius. Il serait trop long de suivre ici M. Otto Hirschfeld dans les curieux développements où se révèle une fois de plus la science éminente de l'un des collaborateurs du *Corpus Inscriptionum Latinarum*.

La conclusion du Mémoire est celle-ci : La division en *majus Latium* et *minus Latium* n'est pas de beaucoup antérieure au temps même où écrivait Gaius. C'est à Hadrien, ou à l'un de ses prédécesseurs immédiats, qu'il faut l'attribuer. Dans les villes latines, on fuyait le décurionat comme une charge trop onéreuse. Pour y attirer des candidats par un nouveau privilège, on créa le *Latium minus*.

Il serait injuste de ne pas féliciter M. Henri Thédenat de la souplesse et de l'élégance de sa traduction. A part un ou deux endroits, où l'exactitude demandait que le texte fût serré de très près, on a l'illusion d'un travail original.

Ajoutons que M. Hirschfeld a bien voulu, à l'occasion de cette publication, introduire dans son Mémoire de légères modifications. Par conséquent, le lecteur qui aurait l'allemand sous les yeux, est prié de ne pas croire qu'elles sont dues à l'infidélité du traducteur.

J. V.

102. — Découverte et réinhumation du corps du T. R. P. Abel-Louis de Sainte-Marthe, cinquième supérieur général de la congrégation de l'Oratoire. Paris, Sauton, 1880. Br. grand in-4º sur fort vélin teinté. Tiré à 50 exemplaires numérotés. Prix : 5 francs.

Le P. Ingold, dont les travaux historiques et bibliographiques sur l'Oratoire sont fort avantageusement connus, poursuit avec un soin louable ses recherches sur le passé de cette célèbre congrégation. Nous signalons aujourd'hui à nos lecteurs la plaquette dout on vient de lire le titre et que nous conseillons aux amateurs de raretés blibliographiques de se hâter de se procurer; car 25 exemplaires seulement en ont été mis dans le commerce. Cet opuscule — que nous pouvons déjà appeler rarissime — est divisé en deux parties : dans la première, le P. I. raconte la précieuse découverte qu'il a faite du corps de l'illustre P. de Sainte-Marthe. Une seconde partie contient le récit de la cérémonie de l'inhumation nouvelle de ces restes vénérables et l'éloge funèbre, d'une langue sobre et élevée, comme il convenait au sujet, dans lequel le P. I. a rapidement esquissé la vie du cinquième supérieur général de l'Oratoire.

Nous comprenons très bien l'intérêt considérable qu'a pour l'Oratoire la découverte du corps d'un de ses généraux, d'autant plus que comme le remarque l'auteur (page 10), « les précieux restes des autres supérieurs de l'Oratoire, ceux du cardinal de Bérulle exceptés, ont été profanés et jetés au vent pendant la grande révolution. » Pour le public en général, il sera plus intéressant de savoir que le P. I. a fait rétablir et encastrer dans la muraille, la belle épitaphe du P. de Sainte-Marthe, afin de la préserver d'une complète destruction. Nos lecteurs nous sauront gré de leur faire connaître ce beau morceau d'épigraphie latine :

HIC. JACET.
ABEL. LVD. SANMARTHANVS.
SUPER. GENER. CONGREG. ORATORII.
DIGNITATEM. QUAM. ILLI. DETULERANT.
ET. IPSIUS. MERITA. ET. OMNIUM. VOTA.
SUSCEPIT. INVITUS. STRENUE. GESSIT.
PATIENS. ONERIS. HONORIS. IMPATIENS.
SPONTE. ABDICAVIT. LUGENTIBUS. SUIS.
GAUDENS. SEIPSO. DIGNUM. SUFFICI.
ANTE. FATA. SUCCESSOREM.
NEC. PROSPERIS. ELATUS. NEC. FRACTUS. ADVERSIS.
ITA. DIDICIT. VIVENDO. MORI.
UT. VISUS. SIT. MORTEM. NON. TAM. PATI.
QUAM. VENIENTEM. AMPLECTI.
ET. QUOD. FELIX. FAUSTUMQUE. SIT.
IMMORTALITATIS. AUGURIUM.
OBIIT. EADEM. QUA. CHRISTUS. SURREXIT.
1697. DIE. APRILIS. 7. AETATIS. ANNO. 77.

Souhaitons en terminant que le P. I. nous donne bientôt l'étude annoncée (p. 11) sur le *jansénisme du P. de Sainte-Marthe*. Ce qu'il dit dans sa brochure (p. 14) ne suffit vraiment pas pour laver ce Père des accusations qui pèsent encore sur sa mémoire. Nous reconnaissons volontiers que ce n'était pas le lieu d'insister davantage. Mais le P. I. a de bonnes preuves pour justifier le P. de Sainte-Marthe : il les a déjà fait connaître en partie dans sa réponse à à M. Blampignon (*l'Oratoire et le jansénisme au temps de Massillon*, p. 7 à 14). Il importe qu'il éclaircisse bientôt à fond ce point intéressant de l'histoire ecclésiastique du dix-septième siècle.

G. Rivoire.

103. — **Du génitif latin et de la préposition DE**, étude de syntaxe historique sur la décomposition du latin et la formation du français, par P. Clairin, ancien élève de l'École normale supérieure, docteur ès lettres. In-8, 294 pages. Paris, chez Vieweg.

On ne saurait trop applaudir à la création de cette collection philologique, dont M. Vieweg s'est fait l'intelligent et courageux éditeur. L'Allemagne, qui nous envie notre École pratique des Hautes-Etudes, tient dans une haute estime les travaux imprimés dans cette collection. Elle n'en compte encore qu'un petit nombre, puisque le volume que j'annonce est seulement le treizième fascicule : je dois avouer qu'il n'en est pas le moins intéressant.

Inaugurée en Allemagne par Diez, avec un si éclatant succès, l'étude des langues romanes, en France, ne date guère que de quinze ans. Après MM. Littré et Guessard, sont venus de jeunes romanistes, d'une méthode plus sûre, d'une science plus minutieuse, qui ont exploré avec fruit le vaste domaine soupçonné par Fauriel et découvert par Diez. MM. Gaston Paris, Paul Meyer, Arsène Darmesteter, Léon Gautier, — je ne cite que les plus connus, — ont bien mérité de nos vieux auteurs, lorsque, au prix de tant de fatigues, ils les ont publiés, traduits, commentés ; lorsqu'ils ont recherché et trouvé les lois qui présidèrent à la création de la langue, et formulé les règles, désormais indiscutables, de la transformation des mots, passant du latin dans les langues néo-latines (1). La science des langues romanes est aujourd'hui constituée dans son ensemble. Aux travailleurs, il ne reste plus à étudier que des questions de détail ; comme pour les sciences historiques, les vastes découvertes ne sont plus à faire. L'érudition doit quitter les grandes routes, frayées et battues, et se jeter dans les sentiers qui y aboutissent, obscurs et perdus peut-être, mais par où, si l'on peut mar-

(1) Le tome XXXV de la *Bibliothèque de l'Ecole de Chartes* contient un rapport de M. Paul Meyer, sur *les Progrès de la Philologie romane*. Depuis lors (1873), la science s'est encore enrichie.

cher, on arrive plus vite. Telle est l'heureuse tentative, entreprise par M. Clairin, et dont ce livre, cité plus haut, consigne les résultats.

« L'histoire du génitif latin et de la préposition *de* en latin et en français fera l'objet de ce travail », dit M. C. dans son introduction. Lui-même fixe les dates entre lesquelles il veut renfermer ses observations ; du siècle de César, il ira jusqu'à la fin du treizième et au commencement du quatorzième siècles ; il s'arrêtera à Joinville. L'ouvrage est divisé en trois livres, consacrés au latin, au bas latin, au français. Après quelques considérations générales sur les lois de la grammaire et sur le génitif, M. C. passe en revue les emplois si différents du génitif dans les auteurs de la période classique, puis dans les écrivains de Tibère à Trajan, dans ceux de la décadence païenne, dans les Pères de l'Église et dans les imitateurs des classiques jusqu'à Charlemagne. Pour se guider dans cette énumération un peu sèche, M. C. trouvait beaucoup de travaux antérieurs. Aussi, cette partie de sa thèse me paraît-elle la moins originale. Les grammairiens d'outre-Rhin ont un faible pour ces catégories un peu systématiques, où l'on range, sous des étiquettes que je suis loin d'admirer, tel ou tel exemple emprunté aux classiques. L'*Historische syntax*, de Dräger, reste le modèle des ouvrages de ce genre. M. C. s'est trop contenté de le suivre ; pour compléter ce qui manque à Dräger, il aurait pu consulter la savante thèse de M. O. Riemann sur la Langue de Tite-Live, la Grammaire latine de Kühner, si riche d'observations et de faits, le livre de Koziol sur Apulée et le style des Africains, celui de Schuchardt : *De vocal. sermonis Latini vulgaris*, ainsi que Ludwig : *De Petronii sermone plebeio*. Ne pourrait-on pas aussi relever quelques inexactitudes ?

A propos du génitif de qualité (p. 31), M. C. établit la différence qui existe entre ce génitif et l'ablatif ; c'est ce que Lhomond a intitulé : *puer egregia indole* ou *egregiæ indolis*. M. C. est incomplet ; il aurait dû dire que le génitif se rapporte aux qualités d'ordre moral et durables, tandis que l'ablatif désigne des qualités physiques et passagères. — Le double génitif (p. 33) est bien rare : en trouve-t-on d'autres exemples que dans César ?

Pour ce qui regarde l'emploi, dans Horace, du génitif après les verbes et les adjectifs, M. C. aurait pu sans crainte l'attribuer à cet amour de la syntaxe grecque qu'Horace cultivait avec tant d'exclusion (p. 37, 39, 44). Kühner cite plus d'un exemple du génitif complément d'un comparatif (p. 48). Quand M. C. arrive aux Pères de l'Église, il présente des observations pleines de valeur. Mais pourquoi les a-t-il tant écourtées ?

Il aborde ensuite l'étude de la préposition *de*. De toutes les prépositions latines, c'est elle qui reçut le plus d'acceptions et d'applications. Plus tard, elle détrôna le génitif. M. C. la suit dans ses différents sens, aux mêmes époques qu'il a déjà interrogées plus haut, pour l'emploi du génitif. Du sens physique, qui indique l'éloignement et le mouvement de haut en bas, la préposition *de* passe bientôt au sens figuré, marquant l'origine, le point de départ, le temps, la cause, etc. Des remarques fines, des rapprochements ingénieux sont semés dans ces pages où M. C. révèle une science bien nourrie. A l'article 5 de la page 90, je lui signalerais pourtant un détail à compléter ; *de* ne marque le temps déterminé où une action se fait, que quand le sujet est une *personne*. J'aurais aimé qu'il notât la différence qu'il y a entre *a die* et *de die* ; *a die* veut dire : au commencement du jour.

Je regrette que M. C. n'ait point donné, dans la période de Tibère à Trajan, une acception toute particulière de la préposition *de* ; elle est mise quelquefois pour *ab*, avec les verbes qui ont le sens de *recevoir, apprendre, demander*. Voici, par exemple, une phrase d'Apulée : *Met.* 6 : *Petit* DE TE *Venus...* Papinien, *Dig.* 36, 1, 57. 2, dit aussi : *Peto* DE TE, *ut...* Plus tard *de*, en français, sera avec ces verbes, d'un usage bien fréquent, et, M. C., dans sa troisième partie, en cite de nombreux exemples empruntés aux chansons de Geste.

Le deuxième livre de M. C. est consacré au bas-latin dont les monuments littéraires nous sont fournis par les *Incriptions*, les *Formules*, les *Chartes et Diplômes*. Ce n'est point là cependant que l'on surprendra le latin vulgaire, celui que parlait le peuple et d'où est sorti le *roman*, puis le *français*. De ce latin vulgaire, M. C. dit qu'il reste seulement quelques souvenirs et quelques indications (p. 139). Il se trompe : nous possédons plusieurs pages de cet idiome, dans le recueil des lettres de saint Cyprien ; je le renvoie donc aux œuvres de ce Père africain, édités par Hartel (1). Je loue tout spécialement ce que M. C. dit du génitif dans les textes du bas latin. Il a raison contre M. d'Arbois de Jubainville, quand il constate dans la syntaxe du temps, des formes casuelles autres que celles du nominatif et de l'accusatif. Plus loin, il s'occupe de la préposition *de*, dont la fréquence devient plus significative et plus quotidienne, pour remplacer le génitif latin. Aux sens que l'antiquité classique lui attribuait, le mot *de* en ajoute d'autres ; il remplace *ab* avec les verbes passifs : *si susciputir de vos* (Vie de sainte Euphronie *Boll.*). Au même paragraphe, M. C. cite : *Dum de Deo es missus*, tiré de la même vie de sainte ; *de*, ici, ne serait-il pas pour marquer *l'origine* ? Le fait le plus caractéristique de cette période linguistique, c'est qu'après *de*, on met d'autre adverbes : *Prope de Monasterio* (sainte Euphronie). *De post hunc diem* (Rozières. 221, CLXXIV). Peu à peu ce latin barbare disparait ; au huitième siècle, le peuple ne l'entend plus, il a son langage à lui qui bientôt s'écrira, comme le prouvent les serments de Strasbourg.

C'est à cette langue nouvelle — le français dans son acception la plus large — que M. C. consacre la troisième partie de sa thèse. Les premiers monuments que nous en ayons sont rares : on ne peut en tirer aucune conclusion sérieuse relative à l'usage de la préposition *de*. Dans l'ancien français, c'est-à-dire dans la poésie du onzième siècle et du douzième siècles, on commence seulement à remarquer que la préposition *de* se substitue à

---

(1) Dans les *spuria*. On trouve encore des fragments de latin vulgaire dans les *Instructiones* de Commodien (Cf. Ebert, I, 86-88), dans le *deuxième anonyme des Valois*, ajouté aux œuvres d'Ammien Marcellin (Cf. Teuffel, 429), dans la lettre d'Anthimus au roi Thierry, dans le recueil des Inscriptions d'Afrique, publiées par Léon Renier.

beaucoup d'autres prépositions latines et aux cas de l'ancienne déclinaison.

Cette dernière partie de la thèse est la plus neuve, la plus féconde en renseignements utiles — en un mot, la plus scientifique.

Aux latinismes ont succédé de vrais gallicismes, dont la plupart subsistent encore dans notre français du dix-neuvième siècle. On ne saurait trop remercier M. C. du soin qu'il a apporté à consulter nos vieux textes pour les critiquer à son point de vue particulier. Que de tournures, que nous croyons modernes, datent du moyen âge! Ces infinitifs de narration que Lafontaine enchâsse avec tant d'habileté dans ses fables, ces phrases si vives de Labruyère, M. C. nous les fait voir dans les poètes du treizième siècle. Çà et là, il rencontre bien quelques questions en litige; la plus grave est celle qui a rapport au *de* supprimé, quand il remplace le génitif latin, complément d'un autre substantif, et il la résout victorieusement. Je recommande les pages 254 à 266, comment étant très sérieuses et décisives.

Un arrêté du ministre de l'instruction publique prescrit l'étude de la *Chanson de Roland* dans la classe de seconde. Je ne puis qu'exhorter les professeurs à lire le travail de M. C.; ils en tireront un grand profit pour l'explication du vieux poème.

Paul LALLEMAND.

---

104. — **Léon XIII et le Vatican**, par Louis TESTE. Paris, Ch. Forestier, 1880, in-12 de XXVIII-349 pages.

Nous pensions, avant d'ouvrir ce volume, rencontrer une étude biographique complète sur le Souverain Pontife heureusement régnant (1). Il n'a fallu que la lecture de quelques pages pour nous détromper. Ce livre ne rentre pas dans le genre des ouvrages que nous analysons habituellement. La politique y tient pour nous une trop grande place. Sans doute, les hautes qualités de Léon XIII y sont bien appréciées : sa sainteté, sa prudence, son extrême connaissance des hommes et du temps, sa grande estime de la science et des savants, son style si pur et si élégant, sont hautement loués. L'auteur a même évité avec soin ces inconvenants parallèles qu'on a tentés entre Pie IX et Léon XIII, car on ne peut trouver dans les pages 54 et suivantes ce qu'on a l'habitude d'appeler parallèle. Il donne, ajoutons-le, d'intéressants détails sur la vie intime et l'entourage du Souverain Pontife. De ce chef, nous n'avons donc qu'à louer et à louer sans réserve.

Mais la politique arrive bientôt. Sans entrer dans ce champ, clos pour nous, nous pouvons dire que nous regrettons la situation prise par l'auteur. Il a trouvé le moyen de consacrer cinquante pages au nonce de Léon XIII, à Paris; et ces pages, il faut le dire, sont animées d'une passion qui nous a attristé. Les critiques de M. T., si elles sont justifiées, ce qu'il ne nous

---

(1) Voir le *Bulletin* du 1er juin, page 32.

appartient pas de rechercher, passent par-dessus le tête de Mgr Czacki pour aller frapper plus haut. Nous avons donc le droit de les trouver regrettables. Elles déparent un livre curieux, plein de faits intéressants. L'auteur les fera-t-il disparaître dans une prochaine édition? Nous en doutons fort, et pourtant nous le lui demanderons, non seulement pour le succès de son livre, mais dans l'intérêt même des causes qu'il défend.

C. T. Millet.

---

105. — **Les trente dernières années** (1848-1878), par César Cantu. Édition française, revue par l'auteur, précédée d'un essai biographique et littéraire sur C. Cantu, et suivie de la vie de l'archiduc Maximilien d'Autriche, empereur du Mexique. Paris, Firmin-Didot, 1880. In-8 de LXXIX-437 pages.

Ce dernier ouvrage de l'auteur de l'*Histoire universelle* est conçu et exécuté d'après le même plan. Une foule de recherches et de renseignements, dus à d'immenses et incessantes lectures, se trouve dans ces pages compactes. Il n'y faut pas chercher un tableau composé avec beaucoup d'art : les chapitres se suivent sans un enchaînement bien rigoureux. Mais au moins l'auteur n'oublie rien, et à côté de l'histoire politique et religieuse on trouve noté tout ce qui concerne les sciences et les arts, l'histoire, la morale et l'économie politique, ette dernière partie est pleine de faits curieux. L'ensemble est pour les travailleurs un mémento très utile et très complet.

L'esprit qui anime tous les travaux de César Cantu est bien connu, et nous n'avons pas besoin d'en entretenir nos lecteurs (1). Ceux qui ne seraient pas familiers avec la vie et les écrits de cet honnête et savant homme, trouveront une lecture intéressante dans l'essai biographique et littéraire qui ouvre ce volume. Peu de vies ont été plus remplies que celle-là : l'amour de la religion, de la patrie et de la science y apparaît toujours et en fait la remarquable unité.

L'ouvrage se termine par une intéressante biographie de Maximilien d'Autriche, pour qui Cantu éprouva toujours une grande sympathie.

La traduction, due à un de nos collaborateurs, est en général, bien faite (2), elle aidera au succès d'un livre qui mérite d'être connu en France, dans ce pays, appelé par Cantu « la seconde partie de tout le monde » (p. xx).

C. T. Millet.

---

(1) L'assertion de la page 317 sur la puissance continue dans la nébuleuse primitive n'est-elle pas un peu hardie? Elle semble, du reste, contredite à la page suivante.

(2) Il y a cependant çà et là quelques obscurités ou incorrections : Voy. en particulier p. 76 : « On croyait ces mensonges parce qu'ils étaient prohibés »; pp. 79, 98, 109, 301, etc. — Qu'est-ce que Jomini vient faire parmi les hommes remarquables de la fin du second empire, p. 109?

VARIÉTES

XXI. — Lettre inédite du P. Bourgoing, troisième supérieur général de l'Oratoire.

Nous avons publié, dans un des précédents numéros du *Bulletin critique*, une lettre inédite du P. de Condren, relative à l'élection du supérieur général de l'Oratoire après la mort du cardinal de Bérulle. Cette élection, on se le rappelle, se fit précipitamment par les seuls oratoriens des maisons de Paris et des maisons voisines. Il était nécessaire d'obtenir aussitôt l'agrément des autres maisons. Le P. Bourgoing le leur demanda par la lettre circulaire que l'on va lire et dont les Archives de l'Oratoire possèdent une copie adressée aux oratoriens d'Aix.

JESUS † MARIA

« Mes tres chers et reverends Peres. La grace de nostre Seigneur Jesus-Christ soit pour jamais avec vous. Benit soit Dieu et le père de nostre Seigneur Jesus-Christ pere de misericorde, et Dieu de toute consolation qui nous console en toute tribulation (1), c'est le sentiment d'actions de grace auquel nous devons a present nous eslever puisquil a pleu a Dieu regarder du ciel et visiter cette vigne que sa droite a plantée (2) et consoler nostre congregation desolée et destituée du chef et du pere en lui suscitant un Elisée sur lequel repose l'esprit de nostre premier Elie à scavoir, Le Reverend pere Charles de Condren (3) docteur en theologie et à present confesseur de monsieur frère du roy esleu superieur general de nostre congregation et successeur de monseigneur le cardinal nostre tres Reverend pere de tres heureuse et tres sainte memoire, personne de laquelle la conversation est toute angelique, les dispositions saintes, les pensées lumineuses, les graces eminentes et les vertus tres rares, et que nous avons regardé comme une seconde source desprit et de grace qui doit estre le caractère et la difference speciale de nostre congregation si bien que nous pouvons dire *mortuus est pater et quasi non mortuus, reliquit enim similem post se* (4) et encor une fois *Benedictus Deus et pater Domini nostri Jesu Christi qui benedixit nos in omni benedictione spirituali in cœlestibus in christo* (5). Or mestant icy trouvé le plus ancien (6), nos peres ont trouvé bon de me charger du soin et de la direction

---

(1) Saint Paul, II Cor., I, 4.
(2) Psaum. LXXIX, 16.
(3) Le P. de Condren, prononcez *Gondran*, dit quelque part Batterel.
(4) Eccli. XXX, 4.
(5) Saint Paul, Ephes., I, 3.
(6) Le P. Bourgoing fut un des cinq premiers compagnons du P. de Bérulle.

de toute cette action, et ensuitte informer en particulier toutes nos maisons de l'ordre qui a esté tenu en l'election de nostre Reverand Pere general. L'assemblée a esté du nombre de quarante-six, tous prestres de nostre congregation, apres avoir exposé trois jours et trois nuits le tres saint sacrement et apres plusieurs prieres faites tant par les nostres que par plusieurs autres communautés, chacun ayant celebré une messe de l'enfance de Jesus à laquelle nous avons esté obligés de nous adresser suivant la volonté de nostre Tres Reverend pere qui nous a esté declarée (1) afin de prandre conduite de son humble dependance et demander lumiere et force de son indigence en ce sujet si important, et nous pouvons nous tesmoigner que par une speciale disposition et presance de l'esprit de Jesus-Christ Notre Seigneur en nostre tres reverend pere au mesme jour de mardy trentième d'octobre en la mesme heure de son bienheureux trepas un mois apres, et en la mesme chambre son Cœur estant present l'election a esté faite par voye de scrutin qui est la plus canonique, et en esprit de douceur de paix et de recollection, de nostre susdit Reverend Pere Charles de Condren absent pour successeur de monseigneur le cardinal nostre tres reverend Pere, en la charge de supérieur general de la congregation, laquelle estant declarée a tous ceux de la maison apellés a cet effet, ils ont temoigné une rejouissance et contentement universel et l'ont reçeu et reconnu en cette qualité, et les quarante-six de l'assemblée ont soubsigné l'acte de son election (2), et estimons cette journée pour une des plus heureuses en la congregation et ce qui doit estre remarqué est que le lundy precedent tout le long du jour avec les mesmes dispositions de douceur et de prieres, il nous fut impossible de faire élection d'autres personnes lesquelles on regardoit (3). Il sembloit que l'esprit de nostre Tres Reverend Pere ne nous estoit pas present jusques au lendemain au mesme jour et moment (4) auquel comme un Élie il a esté enlevé au ciel et nous a voulu donner un Élisée en la terre ; nous eussions tous grandement desiré que le temps nous eust permis d'apeler les superieurs et anciens de toutes nos maisons et que les obligations aux soins ordinaires les en eust peu dispenser, afin d'assister à cette action et nous y ayder de leurs suffrages ainsy qu'il sembloit necessaire. Mais pour plusieurs grandes et importantes rai-

---

(1) La Mère Madeleine de Saint-Joseph, déclarée Vénérable par le Saint-Siège, première prieure française du Carmel, attesta que le cardinal de Bérulle lui était apparu, et l'avait chargée de faire aux oratoriens la déclaration suivante : *Dites a mes enffens que pour leur election ils sacdressent a lenffense de Jesus Christ, et que sils veulent estre grans en luy il faut quils sabaissent.* La vénérable Mère Madeleine de Saint-Joseph transmit ces paroles à l'Oratoire, par le P. Gibieuf, « ne voulant pas les escrire de sa main afin que lon ne connut point qu'elle avoit receu cette faveur du ciel. »

Le billet autographe du P. Gibieuf est conservé aux Archives nationales, M 234.

(2) D'après cette lettre, les quarante-six oratoriens qui s'étaient tout d'abord réunis en assemblée, auraient pris part à l'élection. Mais pour éviter tout retard, le P. Bourgoing proposa lui-même de remettre l'élection à ceux qui avaient dix ans de congregation. Le nombre des électeurs se trouva ainsi réduit à vingt-huit (Batterel).

(3) Avant qu'on pensât au P. de Condren, c'étaient les PP. de Harlay de Sancy, Gibieuf et de Gondy qui partageaient les voix des électeurs. (Cloyseault, I, p. 234).

(4) C'est-à-dire un mardi, un peu avant une heure de l'après-midi.

sons (1) dont vous pourrez estre par apres plus particulierement informés nous avons esté obligés de presser cette election et ne la differer en aucune façon, et vous suplie humblement de croire que la moindre des raisons seroit suffisante pour vous faire agréer ce procedé. Car il ny alloit de rien moins par le delay que d'un tres grand trouble en nostre congregation particulierement de la part de plusieurs du dehors qui espioient cette occasion pour nous nuire. Enfin la confiance que nous avons eüe que vous nous rendriez humblement à l'ordonnance de Dieu vous a fait ceder à cette necessité, et pourvoir tant seulement à l'election d'un chef et superieur general referant tout ce qui peut estre requis pour le reglements et le bon ordre des maisons et la satisfaction d'un chacun à une assemblée generale laquelle se tiendra au plutost et en la maniere qu'avisera nostre Reverend Pere general quand il sera arrivé. Je vous dois aussy donner avis que l'apres disnée du mesme jour fut tenüe encor une assemblée de tous les susdits en laquelle il fut arresté que le Reverend Pere Gibbieuf estoit continué en la charge de superieur de la maison de paris, et ensemble pandant l'absence de nostre Reverend Pere general fut esleu pour avoir soin et administration de toutes les maisons de la Congregation afin que vous vous adressiés à luy en tous vos besoins, et je ne doute point que nostre Reverend Pere general ne vous escrive aussy tost qu'il aura accepté la charge et fasse entendre ses intentions que nous devons tenir pour oracles de la volonté de Dieu. Jadjousteray qu'en la mesme assemblée ont esté nommés quatre de nos peres tant pour pourvoir aux besoins de chaque maison recevoir ses lettres et y repondre apres en avoir communiqué à nostre Reverend Pere general ou à son absence au Reverend Pere Gibbieuf (2) comme aussy pour estre assistans à nostre dit Reverend Pere en la conduitte de la congregation, et desquels il pourra prandre avis et conseil sur les occurrences des affaires. Mais on a jugé ne les devoir encor nommé jusques à ce qu'ils ayent été presantés à nostre Reverend Pere general et approuvés par luy et ce provisionellement et jusques à l'assemblée general. Pour la lecture de la presante il plaira au Pere superieur assembler toute la communauté des peres, confreres et freres en l'oratoire de la sainte Vierge, afin que tous unaniment entendent et reçoivent comme de la part de Dieu celuy qu il nous a donné de sa main pour chef et pere et qua la fin ils en rendent grace à Dieu disant tous ensemble : *Deus misereatur nostri*, le *Te Deum* avec les oraisons de la sainte Trinité, de l'enfance de Jesus, de la sainte Vierge, des saincts de Jesus et des anges (3), non toutesfois en public jusques à ce que nostre Reverend Pere arrivé ayt accepté la charge et soit entré en exercice dicelle, quoyque nous esperons que sa grande

---

(1) On vouloit, nous l'avons dit, éviter l'intervention de Richelieu.

(2) Après avoir écrit *Gibieuf* avec un seul *b*, on a effacé le mot pour l'écrire comme plus haut, avec deux *b*. Le P. Gibieuf, cependant, signait toujours, sans redoublement de cette lettre et c'est l'orthographe qui a prévalu.

(3) C'est-à-dire des saints qui ont été en rapport avec Notre-Seigneur pendant sa vie terrestre, et de ceux qui étaient de sa famille, que tous l'oratoire a toujours spécialement honorés.

et singuliere demission et humilité d'esprit qui l'inclineroit à s'en esloigner, et estimer indigne le fera aussy humblement sousmettre à cette disposition divine ; et ainsy que par deça toute l'action a esté terminée par un renouvellement d'union et de charité tesmoignées par les mutuels embrassements de tous, aussy nous vous supplions de faire le mesme et vous embrasser tous *in osculo sancto* et à la première occasion escrire au Reverend Pere Gibbieuf ce que vous aurez fait et ensemble comme tous ont loué Dieu, adheré et consenti à la ditte election et qu'ils acceptent et reçoivent cedit Reverend Pere Charles de Condren pour leur superieur general, et que la lettre soit signée du Pere superieur et des autres prestres qui sont au moins en la troisième année de leur reception en la congregation, ce qui a esté ainsy fait et ordonné par deça provisionnellement et sans prejudice à ce qui sera plus amplement consideré et résolu en l'assemblée générale. Nous espérons aussy que pour une plus grande consolation et satisfaction, nostre Reverend Pere general estant encor retenu près la personne de Monsieur pour sa direction spirituelle, et pour luy servir en son conseil et ne le pouvant si tost par soy mesme, envoyer quelquun par toutes les maisons pour les visiter en son nom et avec la communication des peres superieurs donner l'ordre necessaire tant à la conduitte spirituelle comme aux affaires temporelles. Ainsy nous supplions le Dieu d'amour et de toute consolation vous remplir de joye en son saint esprit, et la paix de Jesus-Christ nostre Seigneur qui surpasse tout seutiment possede à jamais et conserve vos sens, vos cœurs et vos intelligences ! Je suis en luy, et en sa tres sainte mere,

« Mes tres chers et Reverends Pères,

« Vostre tres humble et affectionné serviteur.

« François BOURGOING, *prestre de l'Oratoire de Jesus.*

« Pour vous conformer le contenu en la presante jay prié nos peres de la soubsigner.

« Jacques DUCHESNE, F. HOTMAN, H. de HARLAY, METEZEAU, BONET, CALLIER, MENANT, C. BOYVIN, P. THIERSAULT.

« A Paris, ce 5 novembre 1629. »

A. M. P. INGOLD, *prêtre de l'Oratoire.*

Erratum. — Dans le n° 10 du *Bulletin critique*, à la page 193, vingt-cinquième ligne, lire *longue* ordinaire et *longue* irrationnelle au lieu de *langue* etc...

PRINCIPALES PUBLICATIONS DE LA QUINZAINE

A partir de ce numéro, nous analyserons succinctement dans cette liste les ouvrages qu'on nous aura envoyés et qui ne nous auront pas paru assez importants pour en faire un plus long compte rendu.

221. — *Archives historiques du département de la Gironde*, T. 16, 17 et 18. 3 vol. in-4°, LXVI-1609 pages. Bordeaux, Lefebvre.

222. — BARTSCH (Karl), *Chrestomathie de l'ancien français* (VIIIe-XVe siècles). Quatrième édition. Leipzig, 1880. Maisonneuve. In-8° br. 12 fr. 50.

223. — BRESSON, *Idées modernes, cosmologie, sociologie*. In-8° de 366 pages. Reinwald. Prix : 5 francs.

224. — CARRIÈRE, *Physiologie et hygiène des hommes livrés aux travaux de l'esprit*. Un vol. in-18 jésus de 450 pages, 4 francs. Baillière.

225. — CLERCQ, *Recueil des traités de la France*, publié sous les auspices du ministère des affaires étrangères. T. XI (période de 1872 à 1876). Un volume grand in-8°. Prix : 15 francs. Pedone-Lauriel.

226. — CAUSSADE, *Histoire littéraire, littérature latine*. Un fort vol. in-18, avec tableaux et résumés synoptiques, cartonné. Masson. Prix : 4 francs.

227. — DELABORDE, *Chartes de Terre Sainte*, provenant de l'abbaye de Notre-Dame de Josaphat. Grand in-8°, avec deux planches en héliogravure. Thorin. 5 francs.

228. FAVÉ, *L'ancienne Rome*, sa grandeur et sa décadence expliquées par les transformations de ses institutions; in-8°, 499 pages. Paris, Hachette et Ce. 7 fr. 50.

229. — FOURNIER, *Les Officialités au moyen âge*. Étude sur l'organisation, la compétence et la procédure des tribunaux ecclésiastiques ordinaires en France, de 1180 à 1328. Paris, Plon. Un vol. in-8° Prix : 7 fr. 50.

230. — D. F. MATEOS GAGO Y FERNANDES. *La fable de la papesse Jeanne*, traduit de l'espagnol par M. A. et précédé d'une introduction par Auguste Roussel. Palmé. 3 fr. 50.

Livre d'un polémiste énergique, mais peu au courant de la question. C'est une réponse à un journaliste espagnol et protestant, un certain M. Herzan, inconnu de ce côté-ci des Pyrénées. On y parle de beaucoup d'autres choses que de la papesse, par exemple, du molinisme et de M. Castelar. Malgré les bonnes intentions de l'auteur et du traducteur, on ne peut recommander l'ouvrage qu'aux personnes désireuses de voir comment on dispute en Castillan.
L. D.

231. — GRANIER DE CASSAGNAC (A.). *Souvenirs du second Empire*. Deuxième partie : l'Etablissement de l'Empire; le Mariage; la guerre de Crimée. In-18. 278 pages. Paris, Dentu.

232. — GUARDIA, *L'Education dans l'école libre, l'écolier, le maître, l'enseignement*. Un in-18. Pedone-Lauriel. Prix : 4 francs.

233. — GUARDIA, *C. Julii Cæsaris commentarii de bello gallico*. Texte critique accompagné d'un commentaire perpétuel, de notes explicatives et d'un essai

d'explication et de traduction servant d'Appendice. Un in-18. Pedone-Lauriel. Prix : 5 francs.

234. — HAURÉAU, *Histoire de la philosophie scolastique*, seconde partie, tome second et dernier. Un in-8°. Pedone-Lauriel. Prix : 8 francs.

235. — HUBÉ, *Droit romain et gréco-byzantin chez les peuples slaves*, avec un appendice contenant un extrait serbe des lois romano-byzantines. Pedone-Lauriel. Un vol. in-8°. Prix : 3 fr. 50.

236. — MAGER, *Introduction à l'étude de la géographie*, prononciation des mots, signification des termes dans la plupart des langues étrangères. Paris, Delalain. Un vol. in-12, br. : 1 franc.

237. — MARCHAND, *Les poètes lyriques de l'Autriche*. Lenau — Bettypaoli — Feucherusleben. Un in-8° de XVI et 404 pages. Fischbacher. 7 fr. 50.

238. — NERVA, *Dieu dans les cieux, dans la nature et l'humanité* ou *la philosophie positive de l'histoire*. In-8°. 10 francs. Paris, Marpon et Flammarion.

239. — POUGIN, Supplément à la biographie universelle des musiciens de Fétis. Deuxième volume. Didot. 8 francs.

240. — QUARRÉ DE VERNEUIL (R.), *L'Armée en France depuis Charles VII jusqu'à la Révolution* (1439-1789). In-8°, 372 pages. Paris. Dumaine. 6 francs.

241. — RENAN, *L'Eau de Jouvence*. Suite de Caliban. In-8°. Calman Lévy. Prix : 3 francs.

242. — SAINT-SIMON, Écrits inédits, par P. Faugère. Tome II. Mélanges. Hachette. 7 fr. 50.

243. — SPENCER (H.). *De l'Éducation intellectuelle, morale et physique*. Édition populaire. In-32, VI-234 pages. Paris, Germer Baillière et C°, 60 centimes.

244. — SPENCER (H.). *Les Premiers principes*. Traduit de l'anglais par M. E. Cazelles. In-8°, XCI-504 pages. Paris, Germer Baillière et C°, 10 francs.

245. — STEEG (J.). *L'Édit de Nantes et sa révocation* (1598-1685). In-32, 158 pages et portrait. Paris, Martin.

246. — UBALD DE CHANDAY, *Le Plébiscite du Sacré-Cœur*. In-12 de 73 pages. Palmé, 50 centimes.

Cette brochure n'est, comme le dit l'auteur, que le développement d'un sermon prêché à Montmartre. Le lecteur y trouvera de fort bonnes pensées sur la mission providentielle de la France chrétienne. Mais que dire de cette singulière idée d'assimiler l'œuvre du Vœu national à un *plébiscite*? Et cette mauvaise comparaison est poussée à ce point que l'auteur appelle les pierres du sanctuaire *des bulletins de vote* (p. 58) ; l'édifice lui-même, *une montagne de bulletins de vote* (p. 72) ; et enfin, ce qui dépasse toute permission, le cœur de Jésus, *une urne* dans laquelle on dépose les bulletins de vote (p. 68). L'auteur a eu là une idée fâcheuse, et les développements qu'il lui donne ne sont pas de nature à augmenter la dévotion au Sacré-Cœur.

A. DE ST-A.

247. — WARREN, Guide pour l'étude des *Ex-libris*. Rouveyre, in-8°. 18 fr. 75.

Le gérant : A. SAUTON.

BULLETIN CRITIQUE

DE LITTÉRATURE, D'HISTOIRE ET DE THÉOLOGIE

SOMMAIRE. — 106. Nilles, Calendriers d'Orient et d'Occident, *L. Duchesne*. — 107. Armellini, Le cimetière de Sainte-Agnès, *L. Duchesne*. — 108. Caro, La philosophie de Gœthe, *E. Beurlier*. — 109. Ouvrages sur la grammaire latine, *P. Lallemand* et *E. Beurlier*. — 110. Picot et Nirop, Farces françaises du quinzième et seizième siècles, *Tamizey de Larroque*. — 111. De Lescure, Œuvres choisies de Rivarol, *Millet*. — 112. Valois, Guillaume d'Auvergne, *P. Fournier*. — Variétés : L. P. Galipaud janséniste, A. Ingold. — Publications de la quinzaine.

---

106. — **Kalendarium manuale utriusque Ecclesiæ, orientalis et occidentalis,** par Nicolas Nilles, S. J., professeur à l'Université d'Inspruck. — Inspruck, Rauch. 1879, lxii-496 pages, avec une chromolithographie et une carte géographique.

L'étude du calendrier ecclésiastique est utile à tous les clercs, et recommandée comme telle par le concile de Trente (*Sess.* XXIII, c. xviii, *de Ref.*); on conçoit qu'elle prenne une importance plus grande qu'ailleurs dans les pays de rite mixte, où des usages ecclésiastiques différents se trouvent quotidiennement en présence. A la Faculté de théologie de l'Université d'Inspruck, on a institué une conférence (*academia*) d'éortologie. Le directeur de cette conférence, le P. Nilles, n'ayant aucun manuel à mettre dans les mains de ses élèves, a eu l'idée d'en faire un lui-même; de là, l'ouvrage que j'ai sous les yeux. C'est, comme on voit, un livre classique. Dans la pensée de l'auteur, il doit avoir encore un autre genre d'utilité. Le clergé catholique des provinces austro-hongroises, où se rencontrent des communautés de rit différent, y trouvera l'explication d'un grand nombre de particularités et d'usages qui ne pouvaient guère être étudiées que dans des ouvrages rares et chers. Les uniates de rit grec, c'est-à-dire, en Autriche-Hongrie, les Ruthènes et les Roumains catholiques, lui demanderont la concordance entre leur calendrier et celui du rit latin; enfin, les schismatiques eux-mêmes, s'ils prennent connaissance du livre, y rencontreront plus d'un texte et plus d'un argument de nature à les faire réfléchir sur la nécessité de rentrer dans l'union avec le Saint-Siège.

Ne connaissant que très imparfaitement le milieu dans lequel le P. Nilles entend répandre son ouvrage, il m'est difficile de déterminer jusqu'à quel point il est propre à produire les effets qu'on attend de lui. Mais je puis dire de quelle utilité il serait pour le public de ce pays-ci.

Le corps de l'ouvrage consiste en une explication, jour par jour, du calendrier grec, suivant l'usage de Constantinople. La rubrique de la fête est donnée en grec, en latin, en slavon, en roumain, assez souvent en arabe et en syriaque. Puis viennent quelques détails sur son origine et sa signification; quand il s'agit d'un saint, une courte notice empruntée au ménologe basilien ou au martyrologe romain; des références aux *Acta Sanctorum* ou à d'autres ouvrages hagiographiques; quelquefois, surtout, quand il s'agit de saints qui ont parlé de l'Église de Rome, des témoignages empruntés à leurs écrits; plus rarement, des pièces liturgiques de l'un ou de l'autre rite.

La préface et l'introduction (p. xi-46) se composent d'une série de petits travaux intéressants sur l'état des diocèses de rit grec ou arménien, soit uniates, soit schismatiques, de l'empire austro-hongrois; sur l'usage de la langue slavonne dans certaines églises de rit latin; sur les calendriers anciens et modernes des églises orientales; sur leurs livres liturgiques et les termes techniques que l'on y emploie; sur la distribution et la dignité des fêtes. Tout cela sera de la plus grande utilité aux personnes qui s'occupent de liturgie comparée. On sait que l'euchologe de Goar, le livre classique en ce genre, est maintenant très rare et d'un prix inabordable. Quant au calendrier lui-même, c'est un excellent répertoire hagiographique, dans lequel on se retrouve d'autant plus facilement, que l'auteur n'a pas oublié d'y joindre des tables alphabétiques.

Un livre comme celui-ci n'est pas un livre d'érudition; cela ne veut pas dire que le commentaire du P. Nilles, si rapide qu'il soit, n'ait pas été puisé aux meilleures sources et tempéré suivant les règles d'une juste critique. Sur ce point, on aurait à peine quelques réserves à faire, çà et là; par exemple, le texte de saint Grégoire de Nazianze (*Or.* 39, Migne, P. G., t. XXXVI, p. 549) ne me paraît pas prouver, comme le croit l'auteur, que la fête de la Purification existât au quatrième siècle. A la page 201, la date de 418 pour l'empereur Léon est fausse, évidemment par erreur d'impression. Il faut dire aussi que la carte géographique qui termine le volume est tout à fait insuffisante.

Le P. Nilles ne s'est occupé ici que des fêtes fixes; dans un autre volume, actuellement sous presse, il se propose de traiter des fêtes mobiles

L. Duchesne.

107. — Mariano Armellini, **Il cimitero di S. Agnese sulla via Nomentana, descritto ed illustrato**. — Rome, typ. de la Propagande, 1880, in-8 de viii-484 pages, avec 10 planches et un plan topographique.

Il y a, sur la voie Nomentane, à proximité de Rome, trois anciens cimetières chrétiens, celui de Saint-Nicomède, celui de Sainte-Agnès et le cimetière Ostrien. Ce dernier a été minutieusement étudié par le P. Marchi, mais sous le nom de cimetière de Sainte-Agnès, qui, comme M. de Rossi l'a démontré, doit revenir à une autre nécropole, située un peu plus près des murs de Rome, autour de la basilique de Sainte-Agnès et de l'église Santa-Costanza. Ce n'est que depuis quinze ans que cette nécropole, le véritable cimetière de Sainte-Agnès, a été explorée, et que les chanoines réguliers du Latran, qui desservent la basilique, ont entrepris le déblaiement du souterrain. M. Mariano Armellini, jeune archéologue fort zélé, a dirigé ces fouilles, dont le présent volume expose les résultats.

L'étude d'un cimetière romain doit, d'après la méthode plusieurs fois appliquée par M. de Rossi, se diviser en deux parties; on recherche d'abord les tombes historiques, c'est-à-dire celles des martyrs ou autres personnages connus; leur emplacement étant fixé et leur description terminée, on passe au cimetière lui-même, en distinguant les diverses *areæ* et en suivant, autant que possible, l'ordre chronologique de l'excavation. C'est ainsi que M. A. a procédé. Dans la première partie de son livre, il s'occupe de la seule crypte historique de son cimetière, celle de la sainte martyre Agnès. L'emplacement est tout déterminé, puisqu'il est marqué par l'église actuelle, et que celle-ci est du très petit nombre des basiliques cimitériales suburbaines qui n'ont pas cessé d'être ouvertes au culte depuis l'antiquité jusqu'à nos jours. Reste à fixer la date où sainte Agnès a souffert. Ceci est plus difficile. M. A. indique l'année 257 et la persécution de Valérien. Rien n'est plus improbable. En 257, les édits de persécution, qui ne parurent d'ailleurs que vers le mois de juin (sainte Agnès est morte le 21 janvier), ne contenaient aucune disposition applicable à une personne du sexe et de l'âge d'Agnès. M. A. donne pour raison que la *Passio Agnetis* la fait condamner par un *Aspasius Paternus*, proconsul et en même temps vicaire du préfet de Rome, le même qui, pendant l'été de 257, fit arrêter saint Cyprien à Carthage, et l'envoya en exil. Il suffit d'avoir une légère notion des règles de l'administration impériale, pour reconnaître l'inexactitude et l'incohérence du renseignement fourni par le passionnaire. M. A. aurait dû songer plutôt à la persécution de Dèce ou à celle de Dioclétien; l'une et l'autre offrent de ces tueries d'ensemble dans lesquelles on conçoit que l'on ait pu comprendre une innocente enfant comme fut Agnès. Les auteurs du quatrième siècle qui parlent de son martyre, nous la représentent toujours comme d'une extrême jeunesse; ce détail est confirmé par les dimensions de sa pierre tombale primitive, que M. A. reconnaît dans une plaque de marbre, conservée actuellement au musée de Naples, et portant cette épitaphe d'une touchante simplicité : AGNE SANCTISSIMA. Cette plaque a 66 centimètres de long, sur 33 de large; elle a donc servi à fermer un *loculus* très petit; ainsi, à moins qu'Agnès n'ait été brûlée ou dévorée par les bêtes, ce qui est contraire à la tradition sur son genre de supplice, elle devait être encore un enfant au berceau. Cette circonstance ferait tomber le petit roman imaginé par le passionnaire et popularisé par un livre célèbre du cardinal Wiseman. Ce qui est plus grave, c'est qu'elle paraît être en désaccord avec certaines expressions de saint Ambroise qui parle d'Agnès comme d'une jeune fille de douze ans environ. Il reste donc quelques doutes sur l'identification de l'épitaphe.

Dans la description du cimetière proprement dit, M. A. distingue quatre *areæ*, dont la première porte des indices d'une haute antiquité, surtout dans ses monuments épigraphiques; sur les trois autres, une est certainement de la fin du quatrième siècle : entre ces termes extrêmes, M. A. place deux réseaux de galeries, qu'il dit s'être développés vers la fin du troisième siècle et pendant le quatrième. J'avoue que je ne puis y trouver le moindre indice des temps antérieurs à la paix de l'Église; le monogramme constantinien se rencontre dès les premières galeries de chacune des deux *areæ*.

L'ouvrage se termine par une étude rapide sur le cimetière à ciel ouvert qui se développa depuis le quatrième siècle, au dessus des anciennes cryptes, à l'ombre du célèbre mausolée constantinien (Santa-Costanza). M. A. essaie en vain de réfuter l'opinion qui voit dans ce monument le tombeau de Constantina, fille de l'empereur Constantin, femme d'Annibalien et de Gallus, fondatrice de la basilique de Sainte-Agnès. En cet endroit, comme en plus d'un autre, sa critique laisse quelque chose à désirer. Je lui reprocherai aussi le peu de soin qu'il apporte à la correction des textes, surtout des textes grecs; on regrette de ne rencontrer que bien rarement un mot grec convenablement orthographié; voir par exemple l'inscription d'Autun, page 202, si maltraitée qu'elle est devenue illisible.

Ce n'est pas pour le plaisir de chagriner M. A. que je relève ces incorrections; les monuments dont il s'occupe ont trop d'intérêt et d'importance pour qu'on ne désire pas les voir étudiés et publiés avec un soin scrupuleux. Il doit, d'ailleurs, reconnaître qu'en travaillant sur les cimetières romains il s'est lui-même exposé à de redoutables comparaisons. Je lui sais gré de ce courage : si l'on néglige les points faibles de son exposition historique et critique, il faut convenir que nous avons ici une utile description des cryptes agnésiennes et un recueil épigraphique fort précieux, qui tient compte de la topographie du cimetière et, par suite, de la chronologie des sépultures. Le groupe formé par les inscriptions de *l'area prima* de sainte Agnès prend naturellement sa place au milieu des plus anciennes familles de l'épigraphie chrétienne. Les religieux gardiens de la basilique, qui n'ont épargné ni soins ni argent pour l'exploration de leurs souterrains, ont droit à une grande part dans la reconnaissance que le public ne peut manquer d'accorder aux travaux de M. Armellini.

L. Duchesne.

108. — **La Philosophie de Gœthe**, par E. Caro, de l'Académie française. (Ouvrage qui a obtenu le prix Bordin, à l'Académie française.) 2ᵉ édition. Paris. Hachette. 1880. 1 vol. in-18 de 398 p. Prix : 3 fr. 50 c.

Génie universel, s'il en fût, poète épique et dramatique, historien, Gœthe fut aussi philosophe et naturaliste. Le livre dont M. Caro nous donne aujourd'hui une réédition, a pour but de nous faire connaître, par ces derniers côtés, l'esprit du grand penseur allemand.

M. C. distingue dans l'histoire des idées philosophiques de Gœthe plusieurs périodes. La première est toute mystique. Gœthe subit à Francfort « l'influence d'une petite société de personnes pieuses qui cherchent leur salut dans des voies bizarres. On y voit figurer, à côté de sa mère, cette aimable demoiselle de Klettemberg, dont le souvenir resta toujours cher au poète, un chirurgien piétiste, un médecin aux allures mystiques, au regard malin, à la parole caressante, un peu sorcier. Ce médecin était en possession d'un remède souverain, d'une sorte de pierre philosophale de la santé universelle, d'un sel admirable, qu'on ne devait employer que dans les cas les plus dangereux, et dont il était question entre les fidèles, quoique personne encore ne l'eût vu et n'en eût ressenti les effets (p. 9) ». On voit de suite la nature du milieu où vivait alors Gœthe. Plus tard, il rencontra Lavater, se lia un instant avec lui, mais rompit rapidement ses relations, et conserva de sa liaison passagère un souvenir peu avantageux, puisque, dans le second *Faust*, il représente Lavater sous la forme d'une grue. Après Lavater, Spinosa. Notre philosophe admira dans le panthéiste l'idée vague de la vie divine dans le monde physique (p. 49). Alors s'empara de l'âme de Gœthe une longue passion pour l'étude de la nature et en particulier dour la botanique.

De là, est né le célèbre traité de la *Métamorphose des plantes*, publié en 1790.

Les amis du poète ne crurent point d'abord à la réalité de ses études scientifiques, et l'un d'eux lui écrivait : « La *Métamorphose des plantes*, je vois ce que c'est! Vous avez traité ce sujet à la manière d'Ovide. Aussi suis-je bien impatient de lire vos gracieuses allégories de Narcisse, d'Hyacinthe et de Daphné métamorphosés en fleurs. » Il s'agissait de bien autre chose; on le comprend surtout quand on lit la volumineuse et intéressante correspondance de Gœthe et de Schiller, commencée à la suite d'une séance de la Société d'histoire naturelle. Un jour, ils s'aperçurent que l'un appelait *idée* ce que l'autre appelait *expérience*, et « ils scellèrent, nous dit Gœthe, une alliance qui ne fut jamais rompue, et qui fut suivie des plus heureux résultats ».

M. C. étudie ensuite les conceptions de Gœthe, sur le principe de la nature, sur Dieu, sur la destinée humaine. Deux noms résument les tendances philosophiques du poète allemand : Spinosa et Geoffroy Saint-Hilaire. Gœthe est l'adversaire de la personnalité divine et des causes finales. L'amour de la nature est du reste en lui poussé jusqu'à la sensualité : il reproche à Kant la sécheresse de sa morale, en même temps qu'il reproche au christianisme « sa morale mystique, irréconciliable ennemie de sa sensualité ».

Après l'étude des conceptions générales, M. C. nous montre l'incarnation des idées de Gœthe dans un certain nombre de types poétiques : Prométhée, le Titan révolté contre l'Église et l'École ; Méphistophélès, l'esprit qui veut le mal et en somme ne fait que le bien ; Faust, l'esprit inquiet à la recherche de la science ; Marguerite, la nature, la vie ignorante, inconsciente, presque irresponsable dans son innocence. Dans le second *Faust*, au milieu des plus étranges allégories, nous voyons apparaître dans Hélène le type de l'art, en même temps que Gœthe nous expose ses idées politiques sur la révolution française.

M. Caro termine par un rapprochement entre Lucrèce et Gœthe, qui tous deux ont mis la plus émouvante poésie au service des plus déplorables doctrines. En appendice sont cités des fragments philosophiques de Gœthe. Le livre est écrit dans un sytle toujours vif, facile, intéressant, souvent éloquent. M. C. expose admirablement les idées de Gœthe ; on voit que s'il réprouve les doctrines, il est charmé par la grandeur des conceptions, et la poésie du style. Les dernières pages surtout, qui sont plutôt des études littéraires que philosophiques, séduisent le lecteur. Nous regrettons toutefois que M. C., qui expose si bien les doctrines, ne s'attache pas davantage à leur réfutation. « Ce n'est pas le moment de discuter cette éternelle, cette grande question de la finalité de la nature, nous dit-il (p. 131). » Et ailleurs, à propos de la théorie des monades (p. 185) : « Nous nous garderons bien de discuter cette brillante rêverie. » Sans doute une longue discussion eût été fastidieuse, mais quelques mots de réfutation ne seraient pas déplacés dans un livre de philosophie.

E. BEURLIER.

---

109. — **Questions de Grammaire latine.** Exercices sur la proposition latine à l'usage des commençants, avec commentaire grammatical, questionnaires, vocabulaires spéciaux et vocabulaire général par familles, par E. RITTIER, professeur au lycée Saint-Louis. In-18, 280 pages. Paris, chez Dupont.

De viris illustribus urbis Romæ a Romulo ad Augustum, avec les notes en français, un lexique des mots latins rangés par familles et un vocabulaire historique, par V. ESPITALLIER, professeur au lycée Saint-Louis. In-18, 322 pages. Paris, chez Dupont.

Epitome historiæ sacræ, par E. RITTIER. In-32, 116 p. Chez Dupont.

Observations sur les Exercices de traduction du français en latin, d'après la préface du Dictionnaire allemand-latin de C. I. INGERSLEV, par J. Antoine, maître de conférences à l'École supérieure des lettres à Alger, avec préface, par E. Benoist, professeur à la Faculté des lettres de Paris. In-32, brochure. Paris, chez Klincksiek.

Nouvelle Grammaire latine, d'après les principes de la méthode comparative et historique par A. Chassang, inspecteur général de l'instruction publique. In-18 jésus, cartonné, 268 p. Paris, chez Garnier.

C. Ivlii Caesaris, Commentarii de Bello Gallico. Edition à l'usage des classes, revue et annotée, par J. M. Guardia, professeur à l'École Monge. Paris, G. Pedone-Lauriel. 1880. In 18, 598 pages.

L'enseignement secondaire, en France, subit une crise à l'heure qu'il est. Durera-t-elle longtemps? Nul ne le sait. Les nouveaux programmes sont, dès aujourd'hui, appliqués dans les lycées : l'expérience dira ce qu'ils valent en réalité. Quoique amoindrie, l'étude de la langue latine est maintenue sur des bases assez larges dans les classes de grammaire. C'est donc rendre service à plus d'un de nos lecteurs, que de leur signaler quelques livres qui se rapportent à l'enseignement du latin.

Le premier est un essai tenté par un professeur du lycée Saint-Louis, sous l'habile direction du proviseur, M. Gautier, qui veut créer une collection de classiques à l'usage particulier de ses élèves. Chacun de nous se rappelle les difficultés qu'il a rencontrées, quand il lui a fallu aborder les déclinaisons et les conjugaisons latines. Ces formes creuses, sèches, ne se retenaient qu'après de longs et patients efforts. M. Rittier, dans ses *Exercices sur la proposition latine*, a voulu deux choses, comme il le dit lui-même : donner plus d'intérêt à l'étude des formes grammaticales ; préparer les élèves à l'étude théorique de la syntaxe par des exercices pratiques. Il met sous les yeux de l'enfant des groupes de mots unis par les règles de la syntaxe, qu'il analyse ensuite, qu'il décompose et qu'il fait reproduire après l'explication. Sans fatigue, en passant par des exercices bien gradués, l'enfant apprend à la fois beaucoup de mots latins, les règles qui régissent leur assemblage dans une proposition, et leur ordre dans la construction latine, où les mots suivent l'ordre même des pensées. Ainsi le thème, ou oral, ou écrit, devient comme la preuve que la version a été comprise. C'en est le contrôle intelligent. Un vocabulaire général, contient les mots du livre rangés par familles et suivis des principaux dérivés français. Ce petit livre me semble très utile, surtout en ce moment. M. R. y révèle une science de bon aloi, une grande expérience des enfants, une méthode bien conduite, et qui doit être féconde en résultats.

L'Épitome qu'il publie d'après Sulpice-Sévère, est dans le même esprit : il suffit de l'indiquer.

Un collègue de M. R., M. Espitallier, donne une nouvelle édition du *De viris*. L'inspiration est la même. Le titre du livre est tout ce qui rappelle celui de Lhomond. L'auteur est allé aux sources et n'a pas craint de présenter à ses jeunes élèves des extraits de Tite-Live, de César, de Justin. La latinité des textes est donc plus sûre que dans Lhomond. Au vocabulaire, les mots sont rangés par familles. Un dictionnaire historique offre sur les mœurs et les grands hommes de Rome des notions intéressantes et exactes. Dans ce genre d'ouvrages, plus d'un professeur de l'Université s'est déjà distingué. M. Favre, professeur agrégé au collège Stanislas, a édité, à la librairie Garnier, un *De viris* qui, aux avantages du livre de M. E., unit celui de développer le sens moral dans les enfants, par des réflexions agréables et d'une haute portée.

Avec la brochure de M. Antoine, publiée sous le patronage de M. Benoist, nous rencontrons des questions d'un ordre supérieur. Dans la préface, M. Benoist traite de l'usage légitime du thème et montre quels fruits on doit tirer de la connaissance de la langue latine. A fréquenter les auteurs latins, nous apprenons les mœurs, les usages, les habitudes d'esprit des Romains; nous sommes initiés à des œuvres où se rencontrent les types d'un art supérieur; enfin, par les modèles que nous analysons, nous sommes formés à la pratique difficile de composer et d'écrire. Donc l'étude des textes originaux, par la version, doit tenir la première place, dans une éducation bien entendue. Il n'en reste pas moins vrai que l'on ne connaît une langue que par la pratique, c'est-à-dire quand on l'écrit ou qu'on la parle. A ce point de vue, le thème est nécessaire : il grave dans l'esprit les règles de la syntaxe, les nuances des flexions nominales et verbales. Il devient ainsi, non une fin, mais un moyen. Donc, dit M. Benoist, « le thème n'ayant plus pour but de faire écrire en latin doit servir à mettre en parallèle la langue ancienne et la langue moderne... Le thème latin sert à bien apprendre le français, autant qu'à apprendre le latin ». On sait qu'à l'agrégation de grammaire, l'exercice le plus difficile est le thème latin, parce que l'intelligence du texte français demande beaucoup de finesse et de familiarité avec les délicatesses de notre langue.

M. B. présente donc, pour remplacer les recueils de Goffaux et autres, les quelques *Observations* empruntées par M. Antoine aux travaux allemands, dictionnaires ou stilistiques. Ceux-là y applaudiront qui savent, par expérience, l'utilité qu'il y a à fréquenter des livres comme la *Palætra Ciceroniana*, de Seyffert, ou la *Théorie du style latin*, de Grysar et de Beyer.

La Grammaire de M. Chassang se recommande assez par le nom même de son auteur. Les principes de la méthode comparative et historique y sont suivis comme dans ses grammaires grecque et française, qui obtiennent un si légitime succès. Simplifier les principes, rendre raison des faits morphologiques, décomposer le mécanisme des langues pour le rendre plus saisissant et plus intelligible; vulgariser, en un mot, les découvertes de la linguistique moderne, créée par Bopp, en Allemagne, et en France, par M. Bréal; tel est le but qu'a poursuivi M. Chassang, avec un courage que rien n'a pu ébranler. La partie neuve de sa Grammaire latine est la *Théorie des suffixes*, appliquée aux verbes.

La formation des temps, telle que l'avait exposée Lhomond, était fausse. M. C. y substitue quelque chose de plus rationnel ou de plus aisé. Toutes les prétendues irrégularités des conjugaisons trouvent leur explication avec la théorie des verbes à suffixe, les règles des *nasales* et des *redoublements* en I. Le suffixe, la nasale et le redoublement ne se trouvent, en latin, qu'au présent, à l'imparfait et au futur. Je signale aussi, comme très heureuse, la distinction qu'a faite M. C., des six caractéristiques du parfait actif, à la troisième conjugaison.

La syntaxe, telle que M. C. l'a comprise, doit servir, non pas, à traduire le français en latin, mais bien le latin en français. Il conserve la règle dans un exemple court, écrit en caractères plus gros : cela frappe le regard de l'enfant et se fixe plus sûrement dans sa mémoire. Ici rien d'abstrait : une science sérieuse, mais dépouillée de tout appareil métaphysique. Plusieurs suppléments renferment la liste des préfixes latins, des principaux suffixes que l'on rencontre dans les noms, les adjectifs, les verbes, les adverbes. Suit un chapitre sur la *dérivation* et la *composition des mots*, et sur les synonymes les plus usités. Le cours supérieur de cette Grammaire latine est annoncé. Puisse-t-il ne pas trop se faire attendre. M. C. comptera parmi les maîtres qui auront le plus contribué la réforme intelligente des études grammaticales en France.

Paul Lallemand.

M. Guardia, dans l'édition qu'il donne des Commentaires de César, a complétement rompu avec les habitudes orthographiques des éditeurs français. En outre, il indique l'accent tonique de tous les mots de plus de deux syllabes. Les notes constituent un véritable commentaire perpétuel, presqu'une traduction. M. G. ne se contente pas d'avoir expliqué une fois telle expression latine, il répète la même explication quand la même expression se représente, ce qui est parfois inutile, par exemple, quand il s'agit de *prima luce*, ou autres mots de ce genre. La plupart des notes sont purement grammaticales. L'auteur a trop négligé la partie géographique. Ainsi (III-12-14 et 15.) il ne dit rien des discussions auxquelles a donné lieu la défaite des Vénètes. L'expédition de Labienus contre Camulogène (VII. 57, 62) demandait des explications géographiques intéressantes pour les Parisiens. Rien n'indique qu'il y ait diverses opinions sur la position d'Alésia, etc.

D'autre part, M. G. aurait supprimé très utilement les allusions politiques ou religieuses qui sont toujours faites avec un ton acrimonieux, pour le moins déplacé dans un livre d'enseignement. Les druides représentent pour lui les corporations religieuses, le fanatisme. « Détachés en apparence de tous les intérêts de ce monde, de fait ils en étaient les maîtres ». Aussi voyaient-ils se presser dans leurs rangs les jeunes ambitieux. « Des motifs analogues poussaient *autrefois* la jeunesse au séminaire et dans les ordres religieux. » M. G. a, du moins, l'amabilité de supposer qu'il n'en est plus ainsi aujourd'hui (p. 333). Ailleurs (p. 343), il fait remarquer que les Germains n'ont point de prêtres formant corporation, parce que chez eux la superstition n'a point pris racine.

Franchement, il faut avoir besoin de décharger sa bile pour glisser des phrases pareilles dans les notes d'un livre classique. Cependant M. G. me paraît bien tiède quand il déclare que « les tortures de l'Inquisition n'étaient pas plus atroces que les horreurs qui accompagnaient, *avant* la Révolution française les exécutions de la place de Grève, » (p. 139). Il eût dû ajouter que *pendant* on avait toutes les attentions possibles pour les exécutés.

M. G. a l'intention de publier un petit atlas spécial qui renfermera les plans de bataille, les images de tous les objets relatifs à la guerre, aux campements, à la construction des ponts, etc., deux ou trois portraits et quelques inscriptions. Nous aurons ainsi un travail semblable à celui de Von Kampen (1), qui sera certainement plus utile à l'étude des Commentaires que les remarques que nous avons citées plus haut.

E. B.

---

110. — **Nouveau recueil de farces françaises des quinzième et seizième siècles**, publié d'après un volume unique appartenant à la Bibliothèque royale de Copenhague, par Émile Picot et Christophe Nyrop. Paris D. Morgand et C. Fatout. 1880. In-12 de LXXX-241 pages.

Le *Nouveau recueil de Farces* fait partie d'une *Collection de documents pour servir à l'histoire de l'ancien théâtre français*, entreprise par M. Émile Picot, lequel prépare depuis plusieurs années un *Répertoire bibliographique et critique du théâtre français avant la Renaissance*, et a eu ainsi l'occasion de réunir divers documents peu connus ou même inédits qui jettent un jour nouveau sur les origines de notre scène. Les pièces, contenues dans le volume si coquettement imprimé par Danel (de Lille), n'ont été citées par aucun bibliographe. Elles ont été découvertes à la bibliothèque de Copenhague, par M. Christophe Nyrop, qui s'est joint à son ami, M. Picot, pour en donner une nouvelle édition. Le recueil, qui est un des joyaux de la riche collection danoise, a été imprimé à Lyon en 1619; c'est un petit volume in-8, de 173 pages. Sur les neuf pièces qu'il renferme, cinq étaient précédemment connues; les quatre autres sont entièrement nouvelles. M. Picot s'est demandé tout d'abord s'il devait extraire de ce recueil les morceaux inconnus et négliger les autres. Louons-le d'avoir réimprimé « le précieux volume dans son intégrité, d'autant plus qu'il nous fournit çà et là, pour les pièces que nous possédions déjà, des leçons intéressantes ». Les éditeurs n'ont pas voulu se contenter de reproduire complètement le recueil danois ; ils ont mis à profit pour les cinq pièces intitulées : *la Farce de Cuvier, le Franc Archier de Baignollet, le Dialogue de deux Amoureux, la Farce à quatre personnages, Maistre Hambrelin*, les autres éditions qui nous en sont parvenues, et ils en ont donné un texte critique irréprochable. *La Notice sur les pièces contenues dans le recueil de Copenhague* est un très curieux morceau d'histoire littéraire. Analyses, rapprochements, indications bibliographiques, tout y est excellent. On voit, dès les premières lignes, éclater la compétence et l'auto-

---

(1) Gotha. Justus Perthes, 1879.

rité des éditeurs, car ils substituent (p. 1), en ce qui regarde la date de la *Farce du Cuvier*, une des meilleures et des plus célèbres de notre ancien théâtre, au quatorzième siècle proposé par les académiciens continuateurs de Dom Rivet (*Histoire littéraire de la France*, t. XXIV, p. 453), la seconde moitié du quinzième siècle. Plus loin sont rectifiées ou complétées diverses assertions de M. Campaux, de MM. A. de Montaiglon et J. de Rothschild, de M. Henri Chardon, de M. P. Lacroix, de M. Édouard Fournier, de M. Georges Guiffrey, le dernier éditeur de Clément Marot, etc. Signalons encore les notes qui accompagnent le texte et où toutes les variantes sont relevées, toutes les difficultés expliquées, et enfin la *Table analytique* enrichie d'un *Glossaire*, où les amis de la vieille langue trouveront plus d'une indication qui manque au *Dictionnaire* de M. Littré.

TAMIZEY DE LARROQUE.

---

111. — **Œuvres choisies de A. Rivarol**, publiées avec une préface par M. de LESCURE. Paris, librairie des bibliophiles. 1880, 2 vol. in-16 de XXXI-317-365 pages. 6 francs.

Ce choix comprend le discours sur l'universalité de la langue française, — un discours sur l'homme intellectuel et moral, — des maximes et pensées, anecdotes et bons mots, — enfin de longs extraits du *Journal politique national*, publié par Rivarol durant les six premiers mois de la révolution. On regrettera sans doute que l'éditeur n'ait pas donné quelques extraits du *Petit Almanach des grands hommes*, qui a eu tant de retentissement. Quant aux *Actes des Apôtres*, nous approuvons M. de L. de n'en avoir rien extrait; es journaux de ce genre satisfont les rancunes contemporaines, mais ils sont habituellement plus nuisibles qu'utiles à leur cause. Le moins de mal qu'on puisse en dire, c'est qu'ils ne servent à rien. Les *Actes des Apôtres* l'ont bien prouvé.

L'éditeur, M. de Lescure, a fait précéder cette édition d'une notice sur Rivarol. Elle est assez intéressante, et apprécie avec justesse la personne et les idées du célèbre polémiste. Mais on ne se douterait guère que M. de Lescure a été couronné, — pour un autre discours, il est vrai, — par l'Académie française, quand on lit des phrases de ce genre : « génie abrupt... que l'on gravit du premier coup » (p. x); « le front moelleux » (p. xii); une inquiétude qui s'enfonce avec délices dans la profondeur d'un génie » (p. xvi).

Remercions cependant M. de L. d'avoir fixé d'une manière certaine la date de la naissance de son auteur, qui, né le 26 juin 1753, mourut le 11 avril 1801.

C. T. MILLET.

112. — **Guillaume d'Auvergne**, évêque de Paris (1228-1249), sa vie et ses ouvrages, par Noël Valois, docteur ès lettres, archiviste-paléographe. Paris. A. Picard, 1880. In-8° de 400 pages.

Si l'Église de Paris n'occupait pas, au moyen âge, le premier rang dans la hiérarchie des églises de France, l'évêque de Paris n'en était pas moins l'un des personnages les plus considérables du royaume. Le premier de ses diocésains était le roi de France; au premier rang des écoles qui lui étaient soumises brillait l'Université de Paris. Aussi, par la force des choses, l'évêque était mêlé aux affaires politiques et ne pouvait se désintéresser du mouvement intellectuel; il fallait, pour remplir ce siège, un homme de gouvernement, un docteur, un diplomate. On voit l'importance de son rôle; elle grandit encore lorsque par l'étendue de son savoir et la pureté de sa vie, l'évêque mérite le respect et l'admiration de ses contemporains.

Tel fut Guillaume d'Auvergne : c'est donc à un sujet plein d'intérêt que M. Valois a consacré son travail. On peut dire que le livre tient les promesses du titre; le lecteur y trouvera réunies toutes les qualités que la critique est en droit de demander à l'histoire savante : rigueur de méthode, richesse de documents, style élégant et clair que n'embarrassent jamais les nombreuses citations rejetées en note. Cette monographie jette une abondante lumière sur l'histoire religieuse du treizième siècle; même après les savants ouvrages que l'érudition a multipliés sur cette période, l'auteur nous donne un livre plein de faits nouveaux et intéressants.

Il faut lire, par exemple, les chapitres de la première partie, qui traite de la vie de Guillaume. Sans jamais y perdre de vue son héros, M. V. y trace un tableau animé de l'épiscopat français sous le règne de saint Louis. A propos de la nomination de Guillaume, désigné directement par le Pape, l'auteur montre combien était fréquente l'intervention de la Papauté dans les élections des évêques, et justifie ses assertions par un grand nombre de faits contemporains qu'il a tirés des registres de la Porte du Theil (p. 12); à l'énumération des circonstances qui amènent l'intervention du Pape, il eût pu ajouter le cas assez fréquent où le candidat désigné par un chapitre est engagé dans les liens d'un mariage spirituel avec une autre Église; alors le chapitre n'élit point, il postule; c'est le Pape qui seul peut nommer, parce que seul il peut rompre les liens qui retiennent le candidat désigné.

L'auteur fait remarquer avec raison que Guillaume se déchargeait sur son official de l'exercice de la juridiction contentieuse (p. 22). C'était l'usage de la plupart des évêques de son temps. En effet, les affaires portées devant les cours d'Église se sont multipliées; la procédure canonique, empruntée aux lois de Justinien, est savante et difficile; il faut maintenant un juge qui puisse se consacrer uniquement à l'étude et à la décision des affaires litigieuses. — En général, lorsque Guillaume d'Auvergne exerce la juridiction contentieuse, ce n'est pas en vertu de sa dignité épiscopale, mais pour exécuter un mandat du Saint-Siège; il est alors juge délégué et non juge ordinaire. On sait que la cour de Rome faisait un usage perpétuel de ces délégations, c'est le parti que prenait d'ordinaire le Pape, « assailli par les plaintes de toute la chrétienté » (p. 139). Le chapitre où M. V. traite des missions confiées à Guillaume, est rempli de faits intéressants tirés de documents presque tous inédits. On y peut suivre l'évêque « allant par monts et par vaux en quête d'une église ruinée, ou d'une abbaye en détresse », soit qu'il ait à décider d'une cause en matière bénéficiale, soit qu'il doive rétablir la paix entre des religieux et le clergé séculier, soit qu'il ait reçu la mission de procéder à une enquête sur l'état d'un monastère où la réforme est nécessaire. C'est la gloire de l'Église de France, au treizième siècle, d'avoir toujours compté dans ses rangs des prélats qui ne se lassaient pas de travailler à la réforme du clergé. Pendant que les conciles provinciaux et les synodes diocésains ne cessaient de rappeler les règles de la discipline, ces hommes dévoués, au moindre signe du Souverain Pontife, quittaient leur diocèse ou leur bénéfice pour se jeter dans des affaires longues et ardues, « où ils ne recueillaient que des soucis, des fatigues, souvent la haine des grands, sans avoir la consolation d'acquérir une renommée durable » (p. 140). Il fallait aussi apaiser les conflits entre les juridictions séculières et les cours spirituelles; il suffisait d'un excès de zèle d'un sergent royal ou d'un appariteur de l'officialité pour exciter les jalousies des deux pouvoirs, soulever des prétentions rivales et conduire à l'excommunication des laïques, à la saisie des biens des clercs. M. V. fait le récit intéressant de deux de ces luttes auxquelles Guillaume se trouva mêlé : l'une entre l'archevêque de Rouen et Blanche de Castille, l'autre entre le chapitre de Paris et saint Louis. Dans ce dernier conflit, Guillaume eut l'occasion de manifester sa prudence habituelle; se gardant d'envenimer les querelles, il aimait à s'abstenir de tout excès; il semble s'être inspiré de l'esprit politique et de la modération du saint roi dont il était l'ami.

Comme saint Louis, il aimait les religieux mendiants. Vers la fin de sa vie il fut nommé conservateur des privilèges des frères mineurs; en 1229, il avait accordé aux frères prêcheurs la première chaire de théologie qu'ils aient possédée à Paris, « pratiquant ainsi la brèche par laquelle entrèrent, peu de temps après, Albert le Grand et saint Thomas d'Aquin » (p. 57). M. V., après discussion, se prononce pour l'opinion d'après laquelle cette chaire leur fut concédée pendant que les maîtres de l'Université avaient quitté Paris, à la suite du conflit qui s'était élevé en 1229 entre eux et l'administration royale.

On trouvera dans l'ouvrage de M. V. le récit des luttes que soutint Guillaume pour obtenir la condamnation du Talmud et détruire l'usage de la pluralité des bénéfices. Chemin faisant, M. V. résout les questions accessoires qu'il rencontre : il rétablit Guiard de Laon dans la liste des chanceliers de Paris (p. 35); il démontre que, contrairement à l'opinion des Bollandistes, Jean de Montmirail, seigneur de Montmirail et d'Oisy, doit être compté parmi les bienheureux béatifiés (p. 106), etc.

Dans la seconde partie de son livre, M. V. étudie le rôle littéraire de Guillaume. Il dresse d'abord le catalogue de ses ouvrages et de ses sermons.

Grâce à des recherches habiles et heureuses faites par lui dans diverses bibliothèques de France et de l'étranger, notamment à Oxford et au British Museum, il peut restituer à l'évêque de Paris onze ouvrages nouveaux dont il démontre l'authenticité méconnue par les auteurs de l'*Histoire littéraire* : ce sont les traités *de Claustro animæ, de Passione Domini, de Faciebus mundi, de Missa, de gratia, de laudibus sapientiæ, de bono et malo, de paupertate spirituali*, et des commentaires sur le Cantique des Cantiques, l'Ecclésiaste et les Proverbes de Salomon. Non seulement M. V. complète par cette importante découverte la liste des ouvrages de Guillaume, il a en outre retrouvé la pensée générale qui a dirigé l'évêque dans ses travaux littéraires et il indique le plan de cette vaste somme (*Summa Parisiensis*, comme dit un manuscrit), où Guillaume a exposé la science des êtres, depuis le Créateur jusqu'à l'homme (p. 194).

Le lecteur connaît l'ensemble de l'œuvre de Guillaume ; M. V. peut maintenant considérer à loisir dans son héros l'orateur, l'écrivain et le philosophe. Les personnes qui cultivent l'histoire des idées philosophiques auront plaisir à faire connaissance avec cet esprit original qui garde, en plein treizième siècle, les traditions de l'Académie. M. V. insiste avec raison sur la doctrine de Guillaume en ce qui concerne l'existence et la connaissance des idées générales. Pour l'évêque, les idées ont une réalité en dehors de nous : elles existent à l'état d'exemplaires vivants dans l'intelligence divine. Jusqu'ici Guillaume n'est pas en désaccord avec l'enseignement scolastique ; mais il s'en sépare nettement sur la théorie de la connaissance des idées. D'après lui, c'est en Dieu qu'est pour nous la vérité objective et intelligible ; il n'y a pas de milieu entre notre intelligence et la lumière intérieure présente à notre esprit, lumière qui éclaire tout homme venant en ce monde. Comme le fait remarquer M. V., Guillaume s'inspire largement de la philosophie de saint Augustin, qui avait écrit presque dans les mêmes termes : « L'esprit humain n'est uni à nulle autre chose, sinon à la vérité elle-même, qui est appelée la similitude, l'image et la sagesse du Père. » Quant aux sens, leur rôle est de provoquer la raison à prendre son essor pour s'élever à la connaissance des universaux : pour lui, comme pour Platon, ils sont occasion et non cause. On voit que Guillaume doit être rangé dans cette chaîne de grands docteurs qui, de saint Augustin à Bossuet et à Fénelon, ont enseigné les doctrines platoniciennes tempérées par le christianisme. M. V. ne s'y est pas trompé ; il dégage à merveille le caractère de la doctrine de Guillaume, méconnu par plusieurs historiens de la philosophie.

Peut-être le lecteur sera-t-il enclin à trouver trop bref l'exposé que fait M. V. des doctrines philosophiques de Guillaume d'Auvergne. L'auteur nous fait connaître les idées de Guillaume sur le vrai ; on eût aimé à savoir ce qu'il pensait du bien et du beau. Un platonicien ne peut négliger l'esthétique : M. V. prend soin de citer un passage qui prouve combien sensible était Guillaume aux harmonies de la nature créée. « L'univers lui-même, dit l'évêque, est comme un admirable cantique exécuté par le Créateur, avec une ineffable suavité, sur sa cithare, qui n'est autre que le Fils unique de

Dieu. » C'est l'enseignement que l'on retrouve fréquemment dans les Pères : la création, c'est le Verbe produit à l'extérieur. De là à une sublime théorie du beau il n'y a qu'un pas, et nous nous étonnerions que Guillaume d'Auvergne ne l'eût pas franchi.

Signalons en terminant un chapitre très intéressant sur les superstitions populaires, et les cent trois chartes inédites qui terminent l'ouvrage. Les unes ne sont indiquées que par un résumé ; les autres sont publiées *in extenso* ; toutes sont datées avec soin et beaucoup présentent de l'intérêt pour l'histoire du droit et des institutions.

P. FOURNIER,
professeur agrégé à la Faculté de droit de Grenoble.

VARIÉTÉS

LE P. GALIPAUD JANSÉNISTE

SUPPLÉMENT AU « CHANCELIER D'AGUESSEAU ET L'ORATOIRE » (1).

Nous avons écrit, il y a quelque temps, une brochure sur les relations qui existèrent entre plusieurs membres de la congrégation de l'Oratoire et le chancelier d'Aguesseau, et nous avons publié vingt-trois lettres inédites adressées par lui au P. Galipaud. Depuis, en relisant l'inépuisable mine des *Mémoires domestiques* du P. Batterel, nous avons trouvé quelques documents nouveaux sur la vie du correspondant du célèbre chancelier, dont nous n'avions pu donner qu'une très courte esquisse. Pendant les années 1693-1695, le P. Galipaud enseignait, disions-nous (p. 9), la théologie à Riom, et les manuscrits de ses traités de théologie (p. 42) étaient conservés dans la bibliothèque de l'Oratoire de Paris. C'est sur ces travaux théologiques que Batterel nous rapporte quelques détails intéressants (2).

On n'ignore pas combien facilement, à cette époque, en France du moins (3), l'épithète de janséniste (4) était donnée à tout théologien qui n'était pas moliniste et n'admettait pas tous les excès de certains ennemis du jansénisme. L'Oratoire, éloigné, par principe et par une tradition qui remonte jusqu'à saint Philippe, de toute exagération, eut, quoi qu'on dise généralement, bien plus d'efforts à faire pour repousser les injustes accusa-

---

(1) *Le chancelier d'Aguesseau et l'Oratoire*, documents inédits, Paris, Sauton, 1879.
(2) *Mém. domestiques*, 3ᵉ partie : *Histoire générale*, t. II, nᵒ 326, 327.
(3) A Rome, il en était bien autrement. Le plus strict thomisme était de mode. « La doctrine de saint Thomas est ici sur le trône, écrivait de Rome le 5 avril 1695, le P. Le Blanc (dont il sera question plus bas), et son école morfond tous ceux qui osent s'élever contre elle. »
(4) On sait aussi « avec quelle facilité l'accusation de jansénisme était alors prodiguée et quel instrument redoutable elle était aux mains des hommes de parti ». Mgr Perraud, *l'Oratoire de France*, p. 218.

tions de jansénisme, que pour lutter dans son propre sein contre les tendances envahissantes de l'hérésie. Aussi beaucoup d'oratoriens, parfaitement orthodoxes, se sont vus dans la nécessité de protester de la pureté de leurs sentiments. Le P. Galipaud, nous l'allons voir, n'échappa pas à cet ennui.

On craignait fort, paraît-il, que son enseignement ne fût dénoncé au vigilant archevêque de Paris (1). Quelque charitable personne, on le supposait du moins, s'apprêtait à le faire. Aussitôt, — car, si l'on ne voulait pas être envoyé en exil ou mis à la Bastille par ce bon temps de liberté religieuse, il ne fallait pas perdre un instant, — aussitôt, dis-je, les supérieurs du P. Galipaud envoyèrent ses écrits au P. Le Blanc (2), alors supérieur de la maison que l'Oratoire possédait à Rome, afin que ce Père pût les produire et défendre son confrère s'il en était besoin. L'affaire heureusement n'eut pas de suites. Mais laissons parler Batterel :

« Quelque perquisition que j'aye faite pour m'informer meme a Riom des circonstances de son affaire et des suites si elle en eut quelqu'une de remarquable ; je n'en sçais que ce qu'il en ecrivit luy meme dans une lettre de sa propre main que j'ay sous les yeux, écrite de Riom, le 17 mars 1695, au fameux (3) P. Bordes, que le conseil avoit apparemment chargé de se mettre bien au fait de cette affaire, pour etre en etat d'en faire un raport favorable a l'archeveque de Paris, afin qu'il prevint le Roy, a notre avantage. Voicy donc cette lettre qu'il me paroit d'autant plus a propos de raporter presque tout entiere, que ce sera une pleine refutation sans replique, du pretendu changement de doctrine que je luy ai vu attribuer par plusieurs des notres, au sujet du corps de doctrine de 1720 (4), par raport a ce qu'on pretendoit qu'il avoit cru et enseigné cy devant, et specialement, disoit-on, lorsque luy arriva l'affaire de Riom qui ne lui fut pas suscitée qu'a titre d'augustinien zélé, ou, comme on parle d'ordinaire, de janseniste. Car on va voir, ce me semble, par sa propre declaration qu'il n'etoit rien de tout cela,

---

(1) Le fameux F. de Harlay.

(2) Le P. Honoré Le Blanc. (Ils étaient trois frères oratoriens, de Marseille, « pleins de mérite, fort affectionnés au service de la congrégation à laquelle ils ont tous trois consacré une longue vie ». Batterel.) Le P. Honoré, né à Aix, en 1627, entré à l'Oratoire en 1651, mourut à Rome en 1712. « Il avait passé quarante ans a Saint-Louis de Rome a servir la congregation avec bien du zele et utilement par la consideration qu'il s'étoit acquise dans cette cour et la sagesse de sa conduite. » Batterel.

(3) On devine dans quel sens ce mot est ici employé. Le P. Bordes était anti-janséniste très zélé, et ce qui est moins louable, l'instrument très actif des intrigues de l'archevêque de Paris. Aussi Batterel, que nous savons quelque peu *du parti*, ne perd pas une occasion de qualifier méchamment le P. Bordes.

(4) Le *corps de doctrine* de 1720, approuvé par 67 évêques, et à la suite duquel le cardinal de Noailles fit enfin son mandement d'acceptation de la bulle Unigenitus, fut en grande partie l'œuvre du P. de Latour, alors général de l'Oratoire. Quant au P. Galipaud, il usa de toute son influence sur le chancelier d'Aguesseau, son ami, pour lui faire rédiger la célèbre ordonnance du 7 août de la même année, par laquelle le roi autorisait le Corps de doctrine et l'accommodement. (Voir *Le chancelier d'Aguesseau et l'Oratoire*, p. 2. — Voir *Ibid*, p. 14, le témoignage que rendent les *Nouvelles ecclésiastiques* de l'orthodoxie du P. Galipaud.)

mais bien plutôt ce que l'on appelleroit plus exactement porchiste (1) ou thomassiniste (2).

« Mon Reverend Pere,

« La grace de Jesus-Christ, etc. (3). J'ay commencé a bien esperer dans l'affaire qu'on m'a suscitée, si mal a propos, des que j'ay sçu qu'elle étoit entre vos mains. La simple lecture de mes écrits vous fera connoître avec quel peu de fondement on m'a imputé les erreurs de Jansenius, puisque j'y ai sappé les principaux fondements de sa doctrine. Il vous paroîtra encore que mon but principal a eté d'adoucir les explications des thomistes nouveaux, dont les sentiments me paroissent un peu trop durs, et differens de ceux de saint Thomas. *On ne peut rien voir de plus modéré que ma manière d'expliquer l'efficacité de la grâce, ny qui soit plus accommodant a la volonté de l'homme. Ce concours de differens secours, et des circonstances congrües, m'a toujours paru commode, et d'un grand poids pour rendre la grace efficace. Il m'a paru qu'on menageoit par là l'empire de la volonté sur ses determinations, sans rien oter a la grace de sa force* (4). Vous verrez encore que mon traité de la liberté est le pur sentiment de saint Thomas : ce que je crois avoir démontré ; et qu'il ruine entierement la fausse idée que Jansenius donne de la liberté. Cette doctrine etant ainsi solidement établie, vous voyez combien d'erreurs de Jansenius tombent par terre. *Jamais reproche ne fut donc plus mal fondé que celuy qu'on m'a fait de n'admettre point de graces suffisantes.* La courte justification que j'ai envoyée a nos PP. du conseil vous convaincra du contraire. Je vous prie donc de prendre la peine de la lire. La suite de mes principes demande necessairement que j'en admette... *Je suis tres certainement eloigné*

---

(1) C'est-à-dire partisan des idées du P. Le Porcq, auteur d'un ouvrage très orthodoxe sur *les sentiments de saint Augustin sur la grâce, opposés à ceux de Jansenius*... Paris, in-4°, 1682. Jurieu, dans l'*Esprit de M. Arnaud*, raconte que le P. Le Vassor « ayant fait débiter au séminaire de Saint-Magloire divers exemplaires du livre du P. Le Porcq, alors son ami, quelques ecclésiastiques lui firent la malice de mettre sur la porte de sa chambre : *Céans on vend du Porc frais a l'enseigne du veau gras*, faisant allusion à la grosseur de la taille du P. Le Vassor ».

(2) Le P. Thomassin, tant qu'il fut professeur à Saumur, y fut considéré comme « grand augustinien », Batterel dit même comme « un bon janséniste ». Mais « soit que la bulle d'Innocent X... lui eut fait changer ses idées, soit *que la vivacité des deux partis lui déplut*, il est certain que quand il vint à Saint-Magloire, il passa pour avoir tourné casaque à l'égard des uns, sans avoir passé du côté des autres. » Batterel. Ce qui s'appela, au dire des Jésuites (*Mém. de Trévoux*, éd. de Holl. 5° t.), *avoir retracté le pur jansénisme*, et au dire de Quesnel (Histoire de la paix de Clément IX), *avoir abandonné les sentiments de saint Augustin sur la grâce*.

L'ouvrage où le P. Thomassin expose ses sentiments sur les questions de la grâce, parut pour la première fois à Louvain en 1668 sous le titre : *Mémoires sur la grâce où l'on représente les sentiments de saint Augustin et de saint Thomas*.

(3) On se sert généralement dans l'Oratoire, des formules suivantes : au commencement des lettres
La grâce de Jésus-Christ me soit obtenue par vos saints sacrifices.
Et à la fin : *En Jésus-Christ et en sa sainte mère.*

(4) Tous ces passages sont soulignés dans Batterel.

de tout ce qui s'appelle jansenisme... les sentimens trop avantageux que vous paraissiez avoir de moy durant que vous etiez assistant, me font esperer que cette affaire n'aura pas de suite ; et que la malignité, l'ignorance et la prevention de ceux qui me l'ont suscitée, ne prevaudront pas sur la justice et la verité ; comme elles n'ont pas prevalu, par la misericorde de Dieu, sur la charité que j'ay pour ces persones. Quand Dieu permettroit que je succombasse dans cette affaire, je ne lui demanderois pas pourquoy il en a usé de la sorte. Il est juste ; et je suis sa creature ; sa grace me soutiendra. Si vous trouviez quelque chose qui eut besoin d'eclaircissement, je vous prie de me le communiquer. Je suis en Notre-Seigneur, etc. »

Batterel ajoute : « Et ces sentimens si edifians avec lesquels il finit sa lettre, chacun sçait qu'il les a soutenus jusqu'a sa derniere vieillesse, par un grand fonds de pieté, et une humeur extremement douce, egale et paisible, qui a toujours fait son caractere de distinction. »

A. M. P. INGOLD, *prêtre de l'Oratoire.*

PUBLICATIONS DE LA QUINZAINE

248. — BARTHETY (H.), *L'hôpital et la Maladrerie de Lescar*, notice historique. In-8º, 43 pages. Pau, Ribaut.

249. — CALMET (A.), *Histoire de l'abbaye de Senones.* Texte inédit, transcrit, annoté et publié avec une préface sur les principaux actes de dom Calmet, comme abbé de Senones, par F. Dinago, avocat. Livraison 3. In-8º, page 161 à 240. Saint-Dié, imp. Humbert.

250. — CHANTELAUZE, *Mémoires de Philippe de Commynes*, nouvelle édition, revue sur un manuscrit inédit ayant appartenu à Diane de Poitiers et à la famille de Montmorency-Luxembourg. Un vol. grand in-8º, avec des notes, variantes et additions, et illustré de gravures sur bois et de chromolithographies. Broché 20 francs. Didot.

251. — CLOS (L.), *Notice historique sur Castelnaudary et le Lauragais.* In-8º, 106 pages avec planches et carte. Toulouse, Privat.

252. — DARD, *Bibliographie historique de la ville de Saint-Omer.* Grand in-8º, 90 pages. Arras, Sueur-Charruey. Tiré à 50 exemplaires.

253. — EBERS (G.), *L'Egypte* (seconde partie), *le Caire et la Haute Égypte*, traduit de l'allemand par G. Maspero, professeur au Collège de France. Un vol. in-4. Broché 50 francs. Didot.

254. — FLEURY, *Histoire élémentaire de la littérature française*, depuis l'origine jusqu'à nos jours. In-18. Prix : 4 francs. Plon.

255. — GEMBLOUX (S. de), *Eloge de Metz.* Poème latin du onzième siècle, traduit et annoté par E. Bouteiller, suivi de quelques autres pièces sur le même sujet. In-8º, 155 pages et grav. Paris, Dumoulin et Cⁱᵉ.

256. — GIRARDIN (de), *L'égale de l'homme*, lettre à M. A. Dumas. In-18, 2 francs. Calmann-Lévy.

257. — Heinrich (G. A.), *Notice sur l'abbé Noirot*, recteur honoraire, lue à l'Académie des sciences, belles-lettres et arts de Lyon, les 20 et 27 avril 1880. Grand-in-8°, 76 pages. Lyon, Riotor.

258. — Hugo (V.), *L'âne*. In-8° 4, francs. Calmann-Lévy.

259. — Labiche (J. B.), *Notice sur les dépôts littéraires et sur la révolution bibliographique* de la fin du dernier siècle, d'après les manuscrits de la bibliothèque de l'arsenal. In-8°, 124 pages. Paris, Parent.

260. — Laffetay (J.), *Catalogue de la ville de Bayeux*. In-8° à 2 col., xii-512 pages, imp. et lib. Le Blanc-Hardel.

261. — Langlois-Fréville, *Nouveau traité de récitation et de prononciation*, In-18, 2 francs. Tresse.

262. — Lavigne (B.), *Joseph Lakanal*, notice biographique. In-18, 35 pages. Toulouse. Capdeville.

263. — Lens (L. de), *Université d'Angers*, du quinzième siècle à la révolution française. T. 1, Faculté des droits. In-8°, 289 pages. Angers, Germain et Grassin.

264. — Littré, *De l'établissement de la troisième République*. In-8°, 9 francs. Germer-Baillière.

265. — Menant (J.), *Eléments d'épigraphie assyrienne*, manuel de la langue assyrienne. 1. Le Syllabaire. 2. La Grammaire. 3. Choix de lectures. Grand in-8°, vi-388 pages. Paris, imp. nationale.

266. — Parrot, *Mémorial des abbesses de Fontevrault issues de la maison royale de France*, accompagné de notes historiques et archéologiques. Grand in-8°, 193 pages. Angers, Lachèse et Dolbeau.

267. — Petit de Julleville (L.), *Histoire du Théâtre en France*, les mystères. 2 vol. in-8, 1115 pages. 15 francs. Paris, Hachette.

268. — Pilot de Thorey (E.), *Notes pour servir à l'histoire de Grenoble*. In-8, 190 pages.

267. — Rouvier. *La Révolution maîtresse d'école*, étude sur l'instruction laïque, gratuite et obligatoire, deuxième édition. Paris, Palmé, 1880, in-12 de 512 pages.

« Laissant de côté les polémiques, d'ailleurs bien menées, quoique parfois trop vives, que renferment les quatre premières parties de ce livre, destiné à critiquer les projets présentés récemment aux chambres, nous signalerons les détails intéressants contenus dans la cinquième partie, législations étrangères, et dans les pièces justificatives. Celles-ci occupent une grande place dans ce volume (pp. 398-508). Elles donnent au livre du P. R. plus qu'un intérêt d'actualité. Indiquons en particulier les extraits des lois étrangères sur l'instruction primaire (pp. 405 et suiv.).

C. T.

270. — Schybergson, *Le duc de Rohan et la chute du parti protestant en France*, in-8°, tiré à 300 exemplaires, Fischbacher. Prix : 5 francs.

271. — Thédenat, *Cachets inédits des médecins oculistes Mayillius et D. Gallius Sextus*, in-8° de 15 pages. Paris, Sauton. 2 f. 50.

Nous annonçons le tirage à part de ce curieux travail, qui a paru, —

nos lecteurs ne l'ont pas oublié, — dans le *Bulletin critique*. C'est une plaquette sur papier vélin de la plus belle forme et du meilleur goût.

M. Ernest Desjardins l'a présentée à l'Académie des Inscriptions et Belles-Lettres, dans la séance du 15 octobre.

« La brochure de M. l'abbé Thédenat, dit l'éminent archéologue, peut servir de modèle pour les mémoires de ce genre. La méthode en est excellente ; toutes les sources ont été consultées ; les noms des remèdes... sont expliqués d'une manière satisfaisante ; et les affections ophthalmiques, déjà connues d'ailleurs, sont rapprochées avec le plus soin de tous les textes sigillaires, de tous les passages des écrivains spéciaux grecs et latins, propres à éclaircir cette question si intéressante et si difficile des équivalences dans le vocabulaire médical des anciens et dans celui de la science moderne. » (Voir le *Journal officiel* du 20 octobre 1880.)

Toutefois le savant élève de MM. Léon Renier et Desjardins nous permettra de lui exprimer un désir. Encore bien qu'il n'écrive que pour les épigraphistes de profession, il intéresse même les profanes par la clarté de l'exposition, la netteté de son style, et la courtoisie, non pas de sa polémique, mais de sa discussion. Pourquoi ne nous expliquerait-il pas, en quelques pages, la nature des cachets oculistes, leur forme, leur objet, leur but, etc. Nous entendrions parler plus volontiers encore des confrères de Magillius et de D. Gallius Sextus, de leurs collyres soit à l'encens, soit au vinaigre, ou même, — je le dis en souriant, — à base de fiel.

J. V.

Le gérant : A. SAUTON.

BULLETIN CRITIQUE

DE LITTÉRATURE, D'HISTOIRE ET DE THÉOLOGIE

SOMMAIRE. — 113. Lescœur, Jésus-Christ, *Gillet*. — 114. Krusch, Etudes sur la chronologie chrétienne au moyen âge, *L. Duchesne*. — 115. Tiele, Manuel de l'Histoire des Religions, *M. de Broglie*. — 116. J.-B., l'Abbaye de la Bénisson-Dieu, *J. Condamin*. — Variétés : Cachet inédit du médecin occuliste Ferox, *H. Thédenat*. — Publications de la quinzaine.

---

113. — **Jésus-Christ**, par le R. P. Lescœur, prêtre de l'Oratoire. Paris, Sauton. 1 vol. in-18 jésus.

Ce livre arrive à son heure, et remplit son but.

L'auteur s'adresse à ces hommes du monde, loyaux, sincères, généreux, mais qui, imparfaitement éclairés sur les vérités religieuses, sont facilement victimes des sophismes de l'irréligion. Il s'adresse surtout à « cet étudiant de vingt ans, à l'âme sérieuse et avide de s'instruire, sorti d'une famille honnête, élevé peut-être par des maîtres chrétiens, dont la foi encore subsistante est déjà menacée par les miasmes du scepticisme corrupteur dont l'atmosphère est remplie ».

Tel est l'auditoire auquel se propose de parler le P. Lescœur; et il faut avouer qu'il le connaît. Il le dépeint intelligent et sincère, mais ignorant trop la religion; l'envisageant plutôt comme un sentiment vague, que comme un ensemble de vérités précises appuyées sur de solides fondements. Il nous montre ces jeunes hommes promptement déroutés par les déclarations d'une science dédaigneuse qui affirme *a priori* l'impossibilité du surnaturel, réchauffe des objections vieillies, sans laisser soupçonner les réponses péremptoires qu'on leur a mille fois opposées; et au nom d'une prétendue critique hérissée d'hypothèses, de textes égyptiens, assyriens et hébreux, plus ou moins bien compris, s'inscrit en faux contre l'autorité des Livres saints.

Si le P. Lescœur connaît bien son public, il le respecte et l'aime davantage encore ; il l'aborde avec ce ton mesuré et bienveillant qui charme le cœur en éclairant l'esprit.

Dégager la question religieuse des nuages dont l'enveloppe le sophisme, en amenant son lecteur *à relire* l'Évangile avec un esprit mûri par la réflexion et l'étude, lui faisant tirer les conclusions logiques qui découlent de cette lecture, tel est le but du P. Lescœur.

Fidèle à ce plan, il prend dans l'Évangile l'enseignement du Christ ; l'envisage, dans son ensemble, d'un coup d'œil rapide, et en constate les principaux caractères : calme, simplicité, netteté, autorité, marques évidentes du vrai. Un mot fort juste renverse, en passant, l'hypothèse des apôtres inventeurs d'un pareil corps de doctrine : « Avec le Jésus de l'Évangile, je n'ai qu'un mystère à croire ; avec le Jésus légendaire, j'en ai au moins quatre à expliquer : autant qu'il y a d'Évangiles. »

Passant de là au détail de l'enseignement du Sauveur, le P. Lescœur étudie, dans une série de discours, les principales affirmations du Christ : *Ego sum lux mundi.* — *Ego sum via.* — *Ego sum veritas.* — *Ego sum vita.* Et dans une suite d'expositions remarquables par la vérité et la grandeur des tableaux, l'auteur démontre qu'en Jésus-Christ seul et dans sa doctrine, la société tout entière, individu, famille, État, a trouvé sa lumière, sa direction et sa grandeur morale. La parole du Sauveur : *Scio unde veni et quo vado*, lui fournit l'occasion de constater la sécurité du plan conçu par Jésus-Christ, et réalisé à travers les âges, malgré des impossibilités connues, manifestées, et toujours renversées.

Une des plus remarquables conférences fait ressortir la profonde analyse que Jésus-Christ a faite du cœur humain, dans ses paraboles et ses divers discours.

La sainteté manifeste du Sauveur, la certitude de ses miracles, la clarté de ses prophéties, la perpétuité de son œuvre, l'identité historique et philosophique de Dieu et de Jésus-Christ complètent les éléments de la démonstration.

Cette méthode, en apparence si simple, qui place l'homme en présence des textes de l'Évangile, et du résultat social qu'ils ont obtenu, et qui fait ensuite appel à la réflexion, à la logique et à la loyauté, pour tirer les conclusions, offre quelque chose de saisissant et de lumineux. Le P. Lescœur excelle d'ailleurs à presser les conclusions, et à déduire nettement les conséquences des principes et des faits.

Toutefois les éléments de démonstration sont tellement abondants que, parfois, ils semblent déborder du cadre que l'auteur s'est tracé, où ne sont que brièvement traités. C'est du moins l'impression que nous laisse la partie du livre qui traite des miracles et des prophéties. Mais l'auteur l'a compris, il explique fort bien cette lacune dans l'appendice, et renvoie à des auteurs plus complets.

Quelques lecteurs désireront, peut-être, çà et là, un style plus rapide, plus nerveux et plus concis ; mais le livre s'adresse à de jeunes intelligences, auxquelles on n'arrive qu'en passant par l'imagination et par le cœur ; le but à atteindre est trop noble pour qu'on néglige les détours qui peuvent y mener plus sûrement. Partout d'ailleurs, c'est une pure et riche diction au service d'une forte pensée.

Ce livre sera lu et goûté ; dès maintenant il fait attendre avec impatience l'ouvrage qui doit lui faire suite : *L'Église et la société civile*.

J. GILLET, *supérieur du petit séminaire de Reims*.

---

114. — **Studien zur christlich-mittelalterlichen Chronologie. — Der 84 jährige Ostercyclus und seine Quellen**, von BRUNO KRUSCH. Leipzig, Veit, 1880 ; in-8º de VIII-349 pages.

Voici un livre très important sur un sujet qui ne paraîtra spécial qu'aux personnes peu familiarisées avec les difficultés de l'histoire ecclésiastique ancienne. La question de la Pâque est intimement liée à celle de l'authenticité des Évangiles, de la primauté romaine et des origines chrétiennes de certains pays. Tout livre qui contribue à éclairer l'histoire des débats qu'elle a soulevés autrefois, est un service rendu à la science et à l'Église ; il ne peut manquer de trouver accueil chez les amis de l'une et les disciples de l'autre.

Le pape Victor et les conciles assemblés sur sa demande avaient décidé, avant la fin du second siècle, que la Pâque devait toujours se célébrer *le dimanche*, après le 14 du premier mois lunaire. Le concile de Nicée avait défendu de la célébrer avant l'équinoxe de printemps (1). Ces deux décisions, également autorisées et uniformément acceptées ne tranchaient pourtant pas toutes les difficultés. Au quatrième et au cinquième siècle, il y eut souvent désaccord entre les dates pascales de l'Orient et celles de l'Occident ; plus tard, jusqu'au neuvième siècle, l'Occident fut agité par des débats sur ce sujet. D'abord, on ne s'entendait pas sur la manière de calculer l'âge de la lune : Alexandrie, suivie par toutes les Églises d'Orient, employait le cycle de dix-neuf ans, de beaucoup le plus exact ; Rome, après avoir abandonné le cycle de huit ans, répandu un peu partout au troisième siècle, se servait d'un cycle de quatre-vingt-quatre ans, moins exact que celui d'Alexandrie, quoique, à certains égards, plus avantageux. En second lieu, les termes de la Pâque, soit dans le calendrier solaire, soit dans le calendrier lunaire, n'étaient pas les mêmes partout. Le concile de Nicée, en indiquant l'équinoxe comme limite inférieure, n'en avait pas fixé la date exacte. A Alexandrie, on le plaçait au 22 mars ; à Rome, au 25. Rome n'admettait pas de Pâques plus tardives que celles du 21 avril ; Alexandrie acceptait celles du 22, du

---

(1) *Revue des Questions historiques*, t. XXVIII, p. 5 et suiv. (Juillet 1880).

23, du 24 et du 25. Enfin, tandis qu'Alexandrie ne regardait comme légitimes que les Pâques du XV au XXI de la lune, Rome avait des termes lunaires un peu différents, du XVI au XXII.

J'entre dans ces détails pour faciliter à mes lecteurs l'intelligence de la question étudiée par M. K. et leur montrer le point précis où il la prend. Il ne s'occupe que du cycle romain et des règles romaines. Avant lui (1723) le savant hollandais van der Hagen avait réussi à reconstituer le *cycle pascal, romain* de quatre-vingt-quatre ans, d'après un texte conservé à la bibliothèque ambrosienne de Milan. M. K. a trouvé dans la bibliothèque capitulaire de Cologne deux exemplaires, l'un complet, l'autre incomplet, du *livre de comput*, où sont exposés les principes sur lesquels reposait le cycle lui-même. Nous avons donc, grâce à lui, le *libellus Romanæ supputationis*, qui servait aux papes du quatrième et du cinquième siècle à calculer les Pâques. Les termes lunaires vont du XVI au XXII nisan, les termes solaires, du 22 mars au 21 avril ; le point de départ du cycle est en 298 pour la première période, en 382 pour la seconde. Le *saltus lunæ* a lieu tous les douze ans) c'est-à-dire que l'épacte des années 13, 25, 37, 49, 61, 73 du cycle est de 12 jours (au lieu de 11) plus forte que celle de l'année précédente.

On a cru jusqu'à présent (v. de Rossi, *Inscr. christ.*, t. I., p. xc et suiv., que ce système de comput avait été modifié par Prosper le chroniqueur, avant l'année 444 et que la modification introduite consistait alors en un déplacement du *saltus lunæ*, transporté de la douzième à la quatorzième année, soit aux années 15, 29, 43, 57, 71, 1. M. K. démontre qu'il n'en est rien, que le vieux cycle romain a conservé son *saltus lunæ* tous les douze ans, jusqu'au moment où il a cédé la place à celui de Victorius d'Aquitaine (457). Cependant, en l'année 447 il subit un remaniement qui consista dans un simple déplacement du point de départ ; au lieu de prendre l'année 298 (ou 382) pour première année du cycle, on choisit l'année 29, considérée comme celle de la Passion. Ce système est appliqué dans une table pascale trouvée à Zeitz en Saxe, décrite et discutée par MM. Mommsen et de Rossi. Pour arriver à ce résultat, M. K. a dû se débarrasser d'une pièce apocryphe introduite à tort dans le débat par les chronologistes antérieurs, le *Prologus Cyrilli*, fabriqué en Espagne, au commencement du septième siècle, sous le nom du célèbre évêque d'Alexandrie.

Mais quel était, dans les premières années du quatrième siècle et vers la fin du troisième, le système de comput pascal en usage à Rome? C'est ici que le livre de M. K. contient une révélation tout à fait inattendue. Dans un traité sur la Pâque (Migne, P. L., t. LIX, p. 545), écrit à Carthage en 455, il a découvert des renseignements sur un système de comput bien antérieur, d'après lequel un certain Augustalis avait établi une table de cent Pâques, de 213 à 312 ; des indications se rapportant à cette même table se retrouvent dans un autre livre de comput, provenant de la Grande-Bretagne, et conservé à la bibliothèque de Munich ; on avait déjà, dans la chronique philocalienne, une table des Pâques *réellement célébrées* à Rome depuis 312 et, dans la chronique athanasienne, une table des Pâques *réellement célébrées* à Alexandrie depuis 328. En rapprochant toutes ces données, M. K. démontre qu'avant d'adopter les principes de la *Supputatio Romana*, l'Église romaine 1° calculait l'âge de la lune d'après le cycle d'Augustalis, c'est-à-dire le cycle de quatre-vingt-quatre ans avec *saltus lunæ* tous les quatorze ans ; 2° fixait les termes lunaires du XIV au XX de la lune et les termes solaires du 25 mars au 21 avril. Le cycle d'Augustalis dut être remplacé par celui de la *Supputatio* dès avant l'année 316 ; quant aux termes lunaires et solaires ils persévérèrent jusqu'en 343.

On pourrait demander à M. K. un supplément de preuves pour la première partie de cette thèse, c'est-à-dire pour l'emploi officiel (1) à Rome du cycle d'Augustalis. Quant aux termes de la Pâque, il n'y a aucun doute que ceux qu'il indique n'aient été observés au commencement du quatrième siècle. Les termes lunaires du XIV au XX étant en désaccord, non seulement avec ceux d'Alexandrie (XV-XXI), mais encore avec ceux d'après lesquels saint Hippolyte établit à Rome même, en 222, sa table pascale (ceux-ci allaient du XVI au XXII, comme ceux de la *Supputatio*), il n'est pas étonnant qu'on les ait vite abandonnés ; leur introduction dans le système pascal romain est une anomalie étrange, inexplicable dans l'état actuel de la science. Quant aux termes solaires (25 mars 21 avril), ils sont évidemment beaucoup trop rapprochés, puisqu'ils ne comprennent que vingt-huit jours, tandis que les termes alexandrins maintenant en usage (22 mars, 25 avril) en comprennent trente-cinq. Mais comme, dès avant le concile de Nicée, Rome et Alexandrie étaient d'accord sur la nécessité de ne célébrer la Pâque qu'après l'équinoxe ; comme, d'autre part, l'équinoxe était fixé au 25 mars dans le calendrier romain, tandis qu'il l'était au 22 dans le calendrier alexandrin, on s'explique le retard du premier siège pascal dans l'usage de Rome.

La chronique athanasienne (Migne, P. G., t. XXVI, p. 1354) indique à l'année 343, qui est celle du concile de Sardique, une convention passée pour cinquante ans entre Rome et Alexandrie, sur la manière de calculer la Pâque. C'est à cette date que prend fin à Rome l'anomalie des termes lunaires du xiv au xx, et que l'on transporte le premier siège solaire du 25 au 22 mars. Il n'est pas téméraire de croire que ces modifications furent inscrites dans la convention, ou du moins inspirées par elle.

Ainsi, d'après M. K., et en tenant compte des doutes ou corrections que je propose, les éléments du calcul pascal suivant l'usage romain ont varié comme il suit :

1° Quant à la détermination de l'âge de la lune :

depuis 222 jusque vers la fin du troisième siècle : cycle de 16 ans (saint Hippolyte) ;

---

(1) L'argument qu'il tire de la Pâque de 303 n'a aucune valeur (v. *Revue critique*, 23 août 1880, p. 147). Deux épitaphes de particuliers, de 397 et de 339 (?) ont le jour de la lune marqué d'une manière conforme au cycle d'Augustalis (v. p. 81, note 7 et p. 82, note 3 ; dans cette dernière note M. K. ne s'est pas aperçu que le verso d'une pierre tombale écrite n'a rien à voir avec le recto). Mais on ne peut pas conclure d'un comput privé au comput officiel ; M. K. s'est, d'ailleurs, abstenu de le faire.

fin du troisième siècle jusqu'en 311 au plus tard : cycle de 84¹⁴ ans (Augustalis) ;

312-447 : cycle de 84¹² ans, commençant à 298 (382) (*Supputatio Romana*) ;

447-457 : cycle de 84¹² ans, commençant à l'an 29 (table de Zeitz) ;

457 : cycle de 532 ans (Victorius).

2° Quant aux *termini pascales* :

depuis 222 jusque vers la fin du troisième siècle : lun. *XVI-XXII*; — 20 mars-19 (?) avril;

fin du troisième siècle jusqu'à 343 : lun. *XIV-XX*; — 25 mars-21 avril;

de 343 jusqu'à Denys-le-Petit (sixième siècle) : lun. *XVI-XXII*; — 22 mars-21 avril.

Maintenant, une observation. M. K. me paraît avoir détruit tous les arguments sur lesquels repose le cycle de Prosper, tel que l'a restitué Van der Hagen. Il reste pourtant le témoignage presque contemporain de Gennadius, qui range Prosper parmi les auteurs de cycles. Prosper paraît avoir vécu dans l'entourage de saint Léon, comme aussi l'auteur anonyme de la table de Zeitz ; pourquoi ce dernier ne serait-il pas Prosper lui-même ?

Après avoir étudié les vicissitudes du comput romain, M. K. en montre le contre-coup dans le comput de Carthage. Le cycle d'Augustalis fut réformé en Afrique par un certain Agriustia, dont les calculs paraissent avoir été en honneur chez les donatistes jusqu'au cinquième siècle; la *Supputatio* donna naissance, vers 439, à un cycle de 84¹² ans, dont le point de départ fut fixé à la Pâque de l'Exode; enfin, la table de Leitz donna lieu de corriger le cycle de 439, et d'en reporter l'origine à l'année de la Passion (29); cette dernière modification se produisit en 455.

L'ouvrage se termine par un recueil de douze pièces soit authentiques, soit supposées, relatives au comput romain. Quelques-unes sont inédites; pour les autres, le texte a été revu sur les manuscrits. Il eût été facile et utile de compléter cette collection, en y ajoutant d'autres documents déjà publiés, il est vrai, mais dispersés dans des livres qui ne sont pas à la portée de toutes les mains. M. K. annonce une édition de Victorius d'Aquitaine; il est à souhaiter qu'il profite de cette occasion pour faire droit à cette réclamation et faciliter aux travailleurs l'accès d'un terrain scientifique jusqu'ici trop réservé, eu égard à son importance.

L. Duchesne.

115. — **Manuel de l'Histoire des Religions**, esquisse d'une Histoire de la Religion, jusqu'au triomphe des religions universalistes, par C. P. Tiele, professeur à l'université de Leyde, traduit du hollandais par Maurice Vernes. Paris, Leroux, 1880 : in-12 de xxiii-276 pages.

« Il est bien entendu que je me suis plutôt occupé d'exposer l'*Histoire de la Religion* que l'*Histoire des Religions*. La matière est la même, c'est le point de vue qui diffère... L'historien des religions se préoccupe peu du lien qui réunit ses différents tableaux ; l'historien de la religion se propose au contraire de montrer comment le grand fait psychologique, que nous nommons la religion, s'est développé et manifesté chez les différents peuples et dans les différentes races qui occupent l'univers. Il fait voir comment *toutes les religions, y compris celles des nations les plus civilisées*, sont nées des *mêmes germes simples et primitifs* ; il fait voir en même temps quelles *circonstances* ont favorisé ou contrarié la croissance de ces germes, de façon à aboutir à un misérable polydémonisme ou à de hautes conceptions touchant la divinité et ses rapports avec le monde. A une classification de laboratoire purement artificielle, nous substituons l'idée de l'*évolution* et de *développement*, aussi vraie sur le domaine spécial de l'idée religieuse que sur celui de la civilisation générale. »

Tel est l'exposé que M. Tiele fait dans sa préface du plan de son œuvre.

Nous devons lui savoir gré de sa franchise. Il est impossible d'exprimer plus clairement une vue absolument systématique sur le développement de la religion. — Toutes les religions sont semblables ; elles n'en forment qu'une seule : *la religion*, elles sortent des mêmes *germes*, elles ne diffèrent que par les *circonstances* qui ont présidé à leur croissance. — Donc point de révélation, point d'intervention surnaturelle. — Mais de plus, comme ces religions toutes semblables, toutes ayant une égale autorité par conséquent, sont absolument contradictoires entre elles, il s'ensuit que leurs doctrines n'ont aucune valeur réelle, à moins que l'on admette avec Hégel que le oui et le nom sont également vrais.

M. Tiele croit pouvoir non seulement affirmer ce système, mais le prouver par les faits. Sa préoccupation est de nous montrer *comment* toutes les religions sont nées des mêmes germes.

Il croit que, dans l'Histoire générale des Religions, le moment de la synthèse est venu, que nous connaissons assez bien le détail des faits pour pouvoir tirer des conclusions certaines de leur ensemble. Cette opinion ne sera pas partagée, nous le croyons, par le plus grand nombre de ceux qui, même dans le camp rationaliste, étudient consciencieusement les cultes du temps passé. M. Maspéro, dans son article du mois de janvier 1880, dans la *Revue de l'Histoire des Religions* déclare que le moment n'est pas venu de faire encore la synthèse des faits relatifs à la seule religion de l'Égypte. M. Max Müller, que l'on accuse avec raison d'être quelquefois aventureux dans ses théories, a cependant toujours soin d'en restreindre l'application aux peuples de race Aryenne, qui sont l'objet spécial de son étude. M. Tiele est plus hardi ; il ne recule pas devant l'explication de l'origine de la religion de tous les peuples de l'univers, depuis les sauvages jusqu'aux nations les plus civilisées, depuis les pôles jusqu'à l'équateur.

Il a, selon lui, étudié suffisamment tous ces faits si multiples et si divers, pour en saisir la loi et l'enchaînement, et en tirer la conclusion que la religion est un phénomène psychologique unique et partout semblable, qui ne varie qu'en raison des circonstances au milieu desquelles il s'est développé.

Nous pouvons blâmer la témérité de M. Tiele ; mais nous devons rendre rendre hommage à sa franchise. Nous savons à qui nous avons à faire. Nous savons, d'après la préface, ce que nous devons trouver dans son livre. Seulement, à côté de cette préface, il y en a une autre, celle du traducteur. Nous n'avons pas été peu surpris d'y lire les phrases suivantes.

« M. Tiele ne quitte jamais le terrain de l'histoire pour celui de la philosophie religieuse. Il a un sentiment trop sûr des obligations imposées à l'écrivain scientifique pour s'égarer jamais sur le *terrain banal de l'apologétique et de la polémique.*

« L'histoire des religions se soucie peu de l'inquiétude ou de la satisfaction que ses travaux peuvent faire naître parmi les représentants d'une *théologie bornée* ou d'une *philosophie routinière*; elle n'a ni à s'excuser vis-à-vis d'elles, ni à venir à leur rescousse. Préoccupée uniquement de sa tâche, suffisamment vaste et belle, qui consiste à présenter le développement religieux des sociétés humaines dans sa lumière la plus vraie, elle laisse ceux du dehors tirer à eux, *contradictoirement et chacun dans leur sens,* les résultats de ses recherches, mais elle ne se compromet pas jusqu'à leur donner l'exemple d'applications extra-scientifiques, qui diminueraient dans l'opinion des hommes impartiaux la confiance due à ses procédés d'étude. »

Ainsi voilà, d'une part, M. Tiele qui se présente avec une solution philosophique déterminée et absolue, celle de l'égalité de toutes les religions, et de leur développement purement naturel, et d'autre part, son traducteur qui affiche en son nom de hautaines prétentions d'impartialité.

Voilà le grand problème de l'origine des religions résolu d'une manière radicalement négative, et en même temps ceux qui professent cette solution permettent aux *théologiens bornés* et aux *philosophes routiniers* de tirer *contradictoirement* à eux le résultat des recherches de la science. En d'autres termes, M. Tiele ferme à double tour et barricade la porte du surnaturel, après quoi M. Vernes nous dit : Entrez si vous voulez.

Comment accorder ces deux idées si opposées? Par quelle synthèse hégélienne peut-on concilier cette thèse et cette antithèse, le parti pris absolu, et l'impartialité complète ?

Peut-être M. Vernes est-il tellement persuadé que lui-même et les gens de son opinion ont le monopole de la science, qu'il se considère comme impartial en ne tenant aucun compte d'opinions aussi absurdes que la croyance au surnaturel ou même la croyance à un Dieu unique. L'incommensurable orgueil qui perce dans ses moindres paroles donnerait à cette hypothèse une certaine vraisemblance.

Il en est cependant une autre plus probable encore. Nous inclinons à penser que M. Vernes n'est pas assez fanatique pour croire de bonne foi que :

« Nul n'a de la science, hors lui et ses amis. »

Nous soupçonnons au contraire que, sachant qu'ils soutiennent un système préconçu, M. Tiele et M. Vernes ont voulu se donner une apparence d'absolue impartialité pour entraîner les esprits superficiels. Ce qui nous confirme dans cette supposition, c'est la très étrange manière selon laquelle les titres du livre sont arrangés. Le livre original de M. Tiele porte pour titre : *Esquisse d'une Histoire de la Religion*, titre parfaitement conforme à l'idée systématique exposée dans la préface. Mais, bien que l'auteur ait dit qu'il voulait faire non une *Histoire des Religions*, mais une *Histoire de la Religion*, le livre traduit porte, comme titre supérieur : *Manuel de l'Histoire des Religions*. Il nous est difficile de ne pas voir dans cette combinaison un véritable artifice de librairie, le titre supérieur, *Manuel de l'Histoire des Religions*, indiquant naturellement un résumé inoffensif et impartial des opinions généralement reçues dans la science, tandis que le titre inférieur ne convient qu'à un système personnel et préconçu.

Il semble même que l'auteur étranger et le traducteur français se soient partagé les rôles, le premier exposant son système préconçu, le second affirmant l'impartialité du premier : l'un disait au public : Vous pouvez en croire ce que dit mon ami, car c'est un savant impartial et indifférent aux questions religieuses, et le second, fort de cet appui, disant à son tour : Croyez-moi, la science prouve que toutes les religions sont semblables et sortent des mêmes germes.

Nous pensons qu'il est utile de signaler ce procédé qui peut tromper les lecteurs superficiels, ceux qui croient à une chose, uniquement parce qu'ils la voient imprimée. Quant aux lecteurs sérieux et compétents, ils savent que, quel que soit le mérite de M. Tiele, sa parole n'est pas infaillible, et que le surcroît d'autorité que lui donne l'adhésion de M. Vernes n'est pas considérable. Au risque donc de rentrer sur ce *terrain banal* de l'apologétique et de la polémique, et de mériter les reproches de théologien borné et de philosophe routinier, nous nous permettrons de soutenir et d'essayer de prouver que cette prétendue synthèse de résultats scientifiques constatés n'est qu'une théorie arbitraire et dénuée de preuves sérieuses.

L'évolution générale de la pensée religieuse comprend, suivant M. Tiele, les phases suivantes :

1º Une religion primitive inconnue;

2º L'animisme ou culte des génies bons ou mauvais;

3º Les religions polythéistes nationales;

4º Les religions nomistiques, c'est-à-dire prétendant s'appuyer sur une loi révélée, à savoir : le mosaïsme du huitième siècle, le judaïsme d'après la captivité, le brahmanisme, le zoroastrisme, le confucianisme, le taoïsme;

5º Les religions universalistes, c'est-à-dire dégagées de toute idée nationale et destinées à l'humanité entière, à savoir : le bouddhisme, l'islamisme, et le christianisme.

M. Tiele ne nous dit ni quelle est l'origine première, ni quel doit être le terme du progrès. Il nous est difficile de ne pas croire que ce qu'il entend par la religion primitive inconnue, c'est le système d'Herbert Spencer sur le culte des morts, et que le dernier terme devrait être une religion plus universelle que les autres, un syncrétisme panthéiste de tous les cultes. On comprend que bien des objections philosophiques peuvent être faites contre un tel système. Ce serait en effet d'abord le progrès du moins au plus, sans cause supérieure ; l'idée de la divinité suprême se formant toute seule et sortant d'éléments qui ne la contiennent pas.

D'autre part, la religion définitive ou l'état intellectuel final de l'humanité serait un panthéisme presque identique à l'athéisme, c'est-à-dire directement contraire à l'idée du Dieu suprême ; ce serait donc un retour de la pensée vers son point de départ. Partant du culte des morts, c'est-à-dire du minimum d'idées supra-sensibles, la courbe de l'idée religieuse après s'être élevée jusqu'au Dieu de la Bible et de Platon redescendrait jusqu'au zéro absolu et tout cela sans cause ni motif convenable, par le seul effet des circonstances, c'est-à-dire du hasard. Ce serait évidemment un système très étrange.

Mais nous préférons laisser la philosophie de côté, pour nous tenir sur le terrain de l'histoire et soumettre la théorie de M. Tiele au jugement des faits.

Nous sommes cependant obligés de faire une réserve.

Quand il serait vrai que les idées religieuses se seraient historiquement succédées dans l'ordre indiqué par M. Tiele, son système évolutioniste ne serait nullement prouvé pour cela. L'argument *post hoc ergo propter hoc*, n'est pas admis en logique. De ce que le mosaïsme succéderait à un polythéisme sémitique, de ce que le christianisme succède réellement au judaïsme et au polythéisme gréco-romain, il ne s'ensuit nullement que ces religions sortent *naturellement* de leurs antécédents historiques. La question de savoir si la transition s'est faite naturellement, ou si elle a exigé une cause supérieure, s'il y a eu simple développement du germe visible qui précédait, ou greffe d'une plante céleste, cette question reste entière. Cette question, nous ne pouvons pas prétendre à la traiter complètement en quelques pages, et nous ne pensons pas que M. Tiele puisse sincèrement croire l'avoir traitée dans les deux cent soixante-seize pages de son manuel, concurremment avec l'exposé de la religion de tous les peuples du monde.

Lors donc que les faits rapportés par M. Tiele seraient tous exacts et placés dans leur ordre véritable, rien encore ne serait prouvé en faveur de son système ; tout au plus ce système aurait-il acquis un commencement de vraisemblance.

Cette réserve faite, essayons de comparer l'histoire véritable au système du professeur de Leyde.

Ne disons rien de la religion primitive inconnue ; constatons seulement l'aveu important que l'origine même de la religion est en dehors des résultats scientifiques. Cette affirmation de M. Tiele pourra être utile pour combattre les systèmes *a priori* d'Herbert Spencer et de certains autres évolutionistes.

L'animisme ou le culte des génies est-il réellement la religion que l'on trouve partout à l'origine de l'histoire ?

Cette espèce de polydémonisme est-il réellement la substruction universelle de toutes les religions païennes ?

Rien n'est plus contestable que cette thèse.

Le culte des génies, auquel se rattache le culte des démons et la magie, est, nous devons en convenir, aussi ancien que l'histoire, mais cette forme inférieure de la croyance au surnaturel n'est pas propre aux peuples sauvages et aux temps primitifs. Elle se trouve partout, au milieu ou à côté des religions les plus élevées. Elle existait au quinzième et au seizième siècle, en pleine civilisation chrétienne ; elle règne encore dans nos campagnes.

Ce qui est propre à certains peuples sauvages, c'est de n'avoir d'autre culte que celui des démons, c'est d'ignorer les formes supérieures de la religion. Mais ces sauvages sont-ils les représentants de l'humanité primitive? Ne sont-ils pas des hommes dégradés? C'est une question très controversée, tant qu'elle ne sera pas résolue, leur témoignage sera suspect.

Quelle valeur d'ailleurs peut avoir relativement à l'origine de la religion dans l'humanité, le culte des Indiens de l'Amérique, constaté par des voyageurs depuis deux ou trois siècles seulement. Par quelle série immense de changements d'idées, de genre de vie et de civilisation ces peuplades n'ont-elles pas passé, depuis leurs premières migrations jusqu'à nos jours ?

M. Max Muller (1), et M. de Quatrefages (2) ont clairement démontré combien il est difficile de tirer de l'étude des peuples sauvages des conclusions certaines, relativement aux origines de l'humanité en général, et des religions en particulier.

Ces sauvages d'ailleurs ne sont pas tous fidèles au système de M. Tiele. Il est obligé de convenir qu'ils ont souvent l'idée d'un Être suprême. Les Natchez, en particulier, ont cette idée d'une manière très précise ; mais, dit M. Tiele, c'est une idée indigène, ou, en d'autres termes, les Natchez ont inventé l'idée de Dieu. Les Natchez en étaient sans doute bien capables, mais, quand ils l'auraient inventée, cela prouverait-il que leurs ancêtres asiatiques ne la possédaient pas?

M. Tiele invoque encore, à l'appui de l'origine polydémoniste de toutes les religions, le témoignage de la Chine, mais il est obligé de convenir que le culte du ciel et de la terre est mêlé dès l'origine au culte des génies. Or le culte du ciel est considéré par certains sinologues comme s'adressant à l'esprit du ciel, c'est-à-dire au Dieu suprême. La Chine, d'ailleurs, est tellement étrangère au mouvement général de civilisation, que son témoignage est de peu de valeur relativement à l'évolution de la pensée religieuse dans l'univers.

Il cite aussi la civilisation accadienne antérieure à celle des sémites de la Chaldée. Mais outre que l'existence même du peuple et de la langue accadienne est maintenant contestée, à la suite des savants travaux de M. Halévy, le témoignage des Accadiens serait tout à fait insuffisant. Ces peuples, en effet, feraient partie de la tour Touranienne, ils seraient voisins et congénères des Tartares et des Mongols. Or c'est un fait généra-

---

(1) Max Muller. *Lectures on the origue and growth of Religion*, lecture II.
(2) De Quatrefages. *L'Espèce humaine*, ch. xxxv.

lement admis que le culte des génies est la religion principale des peuples de cette race. Ce témoignage ainsi restreint n'est nullement suffisant pour contredire le témoignage tout à fait contraire des races Aryenne, et Sémitique, et de l'Égypte primitive. Dans ces races supérieures, l'idée fondamentale de la religion est tout à fait différente de l'animisme. L'animisme consiste dans l'adoration d'êtres tout à fait individuels, distincts les uns des autres d'une manière absolue ; c'est une multiplicité formelle et sans unité, si ce n'est celle qui peut quelquefois résulter de la prééminence d'un génie supérieur. Le polythéisme primitif des Védas, de l'Égypte et de la Syrie consiste au contraire en une notion vague, à la fois une et multiple ; les dieux se confondent les uns avec les autres, se substituant les uns aux autres sans règle et sans distinction précise, de telle sorte qu'on se demande souvent si leur différence n'est pas purement nominale. Qu'elle soit un monothéisme dégradé ou un panthéisme commencé, l'idée de l'unité, de la grandeur et de la majesté du premier principe se retrouve dans les plus anciens monuments sémitiques et ariens, ainsi que dans la religion égyptienne. Cette notion d'un Dieu unique et multiple à la fois est tout à fait différente de l'animisme (1).

Maintenant ces deux idées sont-elles irréductibles ? ou l'une procède-t-elle de l'autre ?

Au point de vue philosophique, on ne voit pas comment on pourrait faire sortir l'une de l'autre, ni surtout comment l'idée plus élevée des dieux qui se confondent plus ou moins avec un être suprême infini, pourrait spontanément sortir de la notion des génies.

Au point de vue historique, M. Tiele s'efforce de découvrir, en Egypte et en Assyrie, et dans les peuples Aryens primitifs, une couche de polydémonisme antérieur aux idées plus élevées sur les divinités. Mais il ne peut procéder que par hypothèses, vu que le terrain antéhistorique où il se place est un terrain tout à fait mouvant. Il ne peut énoncer que des inductions douteuses, et aucun fait positif. Les grands dieux de l'Egypte et des Védas étaient en possession de l'adoration bien avant que l'histoire commence. Tout ce qui précède n'est qu'hypothèse. M. Tiele démontrera aisément l'antiquité des usages animistes ou fétichistes, mais il ne peut montrer aucune époque où ces usages aient existé seuls. Il est obligé pour essayer de prouver sa thèse, d'avoir recours à des hypothèses invérifiables. Voici un spécimen de sa méthode. Il suppose, d'une part, que les Arabes étaient primitivement polydémonistes et fétichistes, ce qui est douteux, car on trouve chez eux l'idée du Dieu suprême, sous le nom d'Ilu d'El ou d'Allah. Il suppose, en second lieu, qu'ils représentent les idées primitives des sémites, lesquels auraient vécu d'abord tous ensemble en Arabie. Appuyé sur ces inductions très aventureuses, il se sert des idées religieuses des Arabes pour expliquer l'origine du culte qui existait en Assyrie 2000 ans avant J.-C.

---

(1) Darmesteter. *Du Dieu suprême dans la mythologie Indo-Européenne* (contemporary Rewiew).

La thèse de l'animisme primitif n'est donc nullement démontrée, ni même, à notre avis, démontrable. Ce n'est pas cependant que nous prétendions, comme certains historiens des religions, que le monothéisme primitif puisse être démontré par l'histoire. Nous croyons, au contraire, que si l'on fait abstraction du témoignage de la Bible, la question de l'origine de la religion est très obscure, que les sondages historiques qui ont pénétré le plus loin dans le passé, n'ont donné jusqu'à présent que des résultats incohérents. Cette incohérence ne doit pas étonner les chrétiens, car s'il est vrai que l'humanité ait reçu à l'origine en dépôt l'idée sublime du monothéisme, il n'est nullement étrange que cette idée se soit brisée en fragments très différents les uns des autres, et que l'on puisse trouver, dans l'antiquité païenne, toute espèce d'idées de la divinité, les unes basses, les autres élevées. Seulement, ceux qui, comme M. Tiele, s'efforcent de construire un système avec ces matériaux si divers, si fragiles et si inconsistants, n'ont pas le droit de prétendre à la rigueur scientifique.

Arrivé sur le terrain de l'histoire véritable, M. Tiele est obligé de tenir un plus grand compte des faits et montre une érudition sérieuse. Néanmoins son désir d'expliquer le développement graduel des idées religieuses, par l'effet des circonstances, le conduit encore à de singulières inductions. Que dire, par exemple, de celle-ci :

« Il est naturel qu'un prince de la treizième dynastie, auquel l'Égypte est redevable d'un nouveau système de canalisation, et qui, par là, ajouta à son empire une province entière, ait rendu un culte fervent au dieu du Nil Sebak, dieu de l'eau qui désaltère et fertilise, incarné dans un crocodile. Ainsi les formes religieuses changent avec la civilisation ».

On nous permettra de trouver que cette ingénieuse conclusion est un peu hasardée, et que le lien entre le roi qui a ouvert des canaux et le dieu crocodile n'est pas très étroit. Il faut une grande bonne volonté pour voir, dans ce rapprochement, une preuve de l'influence des circonstances sur le développement de la religion. Cependant, sur ce point, l'idée de M. Tiele pourrait être admise à titre de simple hypothèse.

Mais peut-on en dire autant de cette assertion que « la religion égyptienne aurait donné au christianisme catholique romain les germes du culte de Marie, de la doctrine de l'Immaculée-Conception et le modèle de sa théocratie ».

M. Tiele ne donne aucune preuve à l'appui de cette étrange assertion : il serait cependant intéressant de voir sur quelles raisons elle est fondée.

Bien que le culte de la sainte Vierge, la croyance à sa parfaite pureté et la suprématie du Pontife romain soient des doctrines primitives dans l'Église, et bien que la religion égyptienne n'ait pas été, comme l'auteur le dit, abolie entièrement en 381 par Théodose, mais ait continué à être pratiquée à Philæ jusqu'au sixième siècle, le rapport d'origine supposé par M. Tiele est absolument imaginaire. C'est encore un usage de l'argument *post hoc, ergo propter hoc*. Autant vaudrait dire que le dogme de l'Immaculée-Conception vient du mahométisme, parce qu'il y a un passage du Coran qui semble y faire allusion.

Ces exemples montrent la faiblesse habituelle des démonstrations de M. Tiele. Aussi, nonobstant ses affirmations, la continuité du progrès de la religion ne ressort pas de son livre. On n'y voit surtout pas comment les religions nomistiques (classification fort contestable qui contient des cultes très différent de natures) sortent naturellement des polythéismes nationaux.

Au sujet du mosaïsme, il adopte, comme on devait s'y attendre, le système extrême des rationalistes. A la suite de MM. Kuenen, Reuss et Wellhausen, il refait, selon sa fantaisie, l'histoire religieuse d'Israël d'une manière absolument contraire à la tradition et à tous les monuments. Il fait, avec ces critiques, des prophètes les véritables créateurs de la religion d'Israël, et de la loi de Moïse une invention postérieure analogue aux fausses décrétales.

Il est bon de remarquer qu'il ne peut se servir, pour composer sa nouvelle histoire, que des ruines de l'ancienne, c'est-à-dire des faits tirés de ces mêmes Livres des Rois et des Paralipomènes et des écrits des Prophètes, qu'il a commencé par considérer comme mensongers; il le faut bien, car il n'y a pas d'autres documents.

Moyennant ce système que nous n'avons pas le temps de réfuter ici, il essaye de diminuer l'importance du mosaïsme, et de le faire rentrer dans la mesure des religions voisines. Mais c'est une tentative infructueuse, car de quelque manière que l'on traite le mosaïsme d'avant la captivité, le judaïsme des derniers siècles, le culte qui a pour loi la Bible entière, est toujours aussi sublime, dominant d'une hauteur infinie tout ce qui l'entoure.

On ne saurait contester non plus que des trois religions universalistes auxquelles, selon notre auteur, aboutit l'évolution, il y en a deux qui procèdent du judaïsme. Deux sur trois, c'est beaucoup pour le culte d'une petite nation du pays de Chanaan, et si l'on observe que l'une de ces religions a, selon notre auteur, « hérité de la civilisation grecque et romaine, été l'institutrice des peuples Indo-germaniques barbares, et a contribué à fonder la grande civilisation européenne », et que l'autre a été la grande destructrice de l'idolâtrie dans la moitié de l'Asie et de l'Afrique, si l'on ajoute que la plus haute des conceptions religieuses, le monothéisme, ne se trouve à l'état pur, que dans les religions qui remontent à Abraham (1), on ne saurait nier qu'il n'y ait là un fait digne d'attention, et que la graine d'où sont sortis de tels arbres que l'islamisme et le christianisme, n'ait dû être un peu différente de celles qu'on considère comme ses congénères.

Dès lors, que le judaïsme ait mis quinze siècles, huit siècles ou trois siècles à se former, peu importe; le problème est toujours le même. Plus au contraire sa formation aurait été tardive, et par conséquent rapide, plus le miracle serait grand.

Nous devons rendre cette justice à M. Tiele, qu'il n'a pas eu recours, pour échapper à cette difficulté, aux moyens extrêmes imaginés par certains

---

(1) Max Muller. *Essai sur l'Histoire des Religions.*

rationalistes. Il n'a pas supposé que le monothéisme ait été subitement implanté dans le peuple d'Israël par l'influence de Cyrus, et que le Jéhovah de la Bible soit une copie d'Ormuzd adoré par les Perses.

Il n'a pas non plus cherché à détacher le christianisme du judaïsme, à en faire, comme certains écrivains, une transformation spontanée de l'hellénisme, ou, comme d'autres, une doctrine secrète, provenant du Zend-Avesta. Il reconnaît au contraire l'origine sémitique du christianisme, la nécessité d'une inspiration et d'une pensée extérieures pour faire surgir du polythéisme grec une nouvelle forme religieuse, et il dit que c'est de Jésus et de l'Évangile, que sort cette pensée.

Nous devons louer M. Tiele de n'avoir pas eu recours à ces solutions chimériques.

Mais le problème subsiste tout entier, à cette question : Pourquoi le peuple d'Israël a-t-il eu dans l'histoire religieuse du monde un rôle si exceptionnel? le système de l'évolution ne donne aucune réponse.

Nous avons vu, d'ailleurs, qu'il ne donne aucune solution satisfaisante de l'origine primitive des religions.

Il n'est donc nullement prouvé que *toutes* les religions sortent des mêmes *germes primitifs*, ni que ce soient les *circonstances* seules qui aient modifié leur développement et les aient conduites, soit à un misérable polydémonisme, soit à des conceptions très hautes de la divinité.

Non seulement cela n'est pas prouvé mais, d'après l'ensemble des faits que nous raconte M. Tiele, cela n'est même pas vraisemblable.

Ce qui est vraisemblable en présence de ces faits, c'est que les idées si variées, si incohérentes, tantôt si élevées, tantôt si basses que nous trouvons à l'origine historique des différents cultes, sont les débris d'une idée primitive, élevée et simple à la fois, d'un monothéisme plus concret et moins métaphysique que le nôtre, mais cependant réel et distinct, et non le produit des germes rudimentaires.

Ce qui, en présence des mêmes faits, est non seulement vraisemblable, mais évident aux yeux d'un homme de bonne foi, c'est que le développement sublime et majestueux des religions juive et chrétienne, si supérieur à tout ce qui les précède et les entoure, n'est pas le simple effet de la race et des circonstances, mais la preuve de l'intervention d'une cause supérieure.

En tant qu'Esquisse d'une histoire générale de la religion, le livre de M. Tiele est donc une œuvre manquée. Le système annoncé avec tant de pompe et des affirmations si hautaines, n'est absolument pas démontré; il n'est même pas présenté d'une manière plausible; il ne repose que sur l'*ipse dixit* de son auteur.

Nous devons constater cependant qu'il y a dans le livre de M. Tiele, une grande somme d'érudition sérieuse. Sans vouloir garantir son exactitude, et en attendant le jugement des hommes spéciaux qui ont étudié les différentes régions du vaste domaine de l'histoire des religions, nous croyons pouvoir dire que l'on trouvera dans son livre des résumés assez complets de l'état de la science, puisés en général à des sources sûres, et joints à une bibliographie considérable, qui peut être utile à ceux qui étudient ces questions. Les inductions de M. Tiele sont souvent arbitraires, ses rapprochements souvent forcés, mais les faits qu'il rapporte nous semblent, en général, exacts, sauf, bien entendu, ceux qui regardent l'histoire d'Israël.

M. Tiele avait la science et la compétence nécessaires pour faire un bon manuel de l'histoire des religions. S'il avait eu moins d'ambition, s'il n'avait pas été égaré par l'esprit de système, s'il n'avait pas été l'esclave d'une orthodoxie négative et rationaliste très étroite, il aurait pu faire, ce qu'il n'a pas fait, un livre réellement utile et sérieusement scientifique.

L'abbé DE BROGLIE.

117. — **L'Abbaye de la Bénisson-Dieu** (diocèse de Lyon), récit, description, gravures et plan, par l'abbé J. B. — Un vol. in-8°, XIII-307 pages; Lyon, Brun, 1880.

Ce livre se rattache aux travaux d'histoire locale et religieuse entrepris avec tant d'ardeur et, il faut le reconnaître, poursuivis généralement avec tant de succès, à notre époque. S'il est vrai que le temps respecte peu ce que l'on fait sans lui, la monographie de l'abbaye de la Bénisson-Dieu est assurée d'un long et brillant avenir. Elle est, en effet, le fruit de plus de vingt années de fouilles consciencieuses dans les archives départementales et dans les manuscrits des bibliothèques de la France et de l'étranger.

Il n'importe de raconter ici comment fut conçue l'idée de la composition du livre : c'est une histoire touchante, mais de simple curiosité qu'on satisfera à la lecture. Ce qu'il faut indiquer plutôt, c'est la trame du travail, le fonds du récit.

Fondée en 1138 par saint Bernard, à trois lieues environ au nord de Roanne, en Forez, l'abbaye de la Bénisson-Dieu fut mêlée, durant plusieurs siècles, aux événements de la province. Forte au dedans sous le regard de Dieu et la mâle discipline de la règle cistercienne, elle fleurit promptement au dehors et vit les grands du siècle s'empresser de lui octroyer privilèges et faveurs. Ce qu'était au monastère la vie de chaque jour; ce que l'abbaye dut aux soins de chacun de ses abbés; ce qui amena entre ces derniers et les comtes du Forez de longs procès de juridiction externe et de délimitations territoriales, l'auteur l'explique avec une précision de forme et une sûreté de vues qui font le plus grand honneur à sa méthode. Il ne nous paraît pas moins digne d'éloge quand il nous montre l'abbaye subissant le contre-coup des accroissements du pouvoir royal et peu à peu réduite en commende. Chacun de ses personnages est vivant, distinct, plein de relief. Et cette qualité s'accentue peut-être encore davantage, quand M. J. B. nous fait assister à la transformation de l'abbaye en un monastère de religieuses (1612).

Pour être courtes, les descriptions techniques des bâtiments et de la chapelle, qui terminent le volume, n'en forment pas moins elles-mêmes une bonne et solide étude d'archéologie.

Peut-être ferions-nous des réserves sur quelques jugements, celui-ci, par exemple, où saint Bernard nous est représenté comme la « plus grande figure du moyen-âge » (p. 4); mais nos réserves seraient encore d'une rareté extrême. En somme donc, histoire très intéressante quoique d'une sorte d'intérêt restreint et proprement local. C'est dire qu'elle se recommande aux amateurs, trop clair-semés, des curiosités du moyen âge. Bien écrite, composée sur les documents originaux, elle peut prétendre à une place de choix parmi les travaux congénères. Tout, dans le récit, trahit une main d'ouvrier, et la préface révèle en outre un homme de cœur : cela ne gâte jamais rien, même en histoire.

J. CONDAMIN, *professeur à la Faculté libre des lettres de Lyon.*

VARIÉTÉS

CACHET INÉDIT DU MÉDECIN OCULISTE FEROX

Monsieur (1),

Merci pour votre inépuisable obligeance; c'est à elle encore que je dois l'empreinte et la description du cachet récemment découvert à Reims, avec la gracieuse autorisation de le publier.

Votre ville de Reims est une ville heureuse entre toutes, et célèbre à plus d'un titre : les historiens et les chroniqueurs y retrouvent les souvenirs du passé, les archéologues y admirent l'arc de triomphe, la belle mosaïque, l'église Saint-Remy, la splendide cathédrale; les gourmets (il y en a partout) vantent à l'envi son pain d'épice et ses biscuits. Eh bien, votre ville se fait en ce moment une nouvelle spécialité, que vous suivez de près, mais dont se doutent probablement fort peu de Rémois..., celle des cachets d'oculistes! Aucun sol n'en a donné et n'en recèle sans doute encore autant que Reims. Lisez la longue liste de vos spécialistes gallo-romains : L. Asuetinius Severus (1), Hirrius Firminus (2), C. Firmius Severus (3), Marcellinus (4), C. Ru... Plotinus (5)... ianus (6), Cassius Jucundus (7), M. Filo-

---

(1) M. Duquénelle (de Reims).
(1) Grotefend, *Die Stempel der römischen augenärzte*, n° 5.
(2) Id. *ibid.*
(3) Id. n° 30.
(4) Id. 67, 68.
(5) Id. 87.
(6) Id. 102, 103.
(7) Ch. Robert, *Mélanges d'archéologie et d'histoire*, p. 17.

nianus (1), M. Claudius Martinus (2), D. Gallius Sextus (3), Magillius (4) ; à ces noms qui composent un corps médical déjà fort respectable, nous pouvons, grâce à vous, ajouter aujourd'hui celui de Ferox.

Le cachet de Ferox est en schiste ardoisier, de couleur verte, carré, ayant en hauteur comme en largeur, 45 millimètres, sur 7 d'épaisseur; trois des tranches sont absolument dépourvues d'inscription; on ne remarque sur les plats aucune trace du burin; les lettres sont d'une belle forme.

FEROCISCROCODES
ADVETERESCICATR
Ferocis crocodes
Ad veteres cicatrices

Collyre crocodes (au safran) de Ferox contre les cicatrices invétérées (de la cornée transparente).

Ferox. Ce *Cognomen* est connu dans l'épigraphie; on le rencontre sur un bon nombre d'inscriptions. Il n'est pas nouveau non plus dans les listes des médecins oculistes. On a trouvé dans la Saône, un cachet portant l'inscription suivante :

FEROCIS ANICETVM (5)
AD ASPRITVDIN
Ferocis anicetum
Ad aspritudines

---

(1) Héron de Villefosse, *Bulletin des Antiquaires de France*, 1879, p. 207.
(2) Id. *ibid.*
(3) *Bulletin critique*, nos 6 et 7, août 1880.
(4) *Ibid.*
(5) Grotefend, *Op. laud*, 29 p.

Croyez-vous, Monsieur, que ce Ferox et celui de Reims soient le même personnage? Il y a là une question qui ne me semble pas complètement dépourvue d'intérêt. Pour la poser sous une forme plus générale, les cachets étaient-ils toujours la propriété du médecin dont ils portaient le nom, et le propriétaire du cachet était-il toujours l'inventeur du médicament mentionné? Par conséquent, la découverte faite, à Reims, des cachets de Magillius, de D. Gallius Sextus, de Ferox, serait-elle la preuve certaine qu'il y eût, à Reims, des médecins oculistes nommés Magillius, D. Gallius Sextus, Ferox? A l'appui de cette opinion, vous pourrez me citer les six cachets de Q. Junius Taurus, trouvés tous dans la même localité, à Nais (Meuse) (1). Sans aucun doute, ce fait donne à penser, qu'un médecin, du nom de Q. Junius Taurus, opérait et, j'aime à le croire, guérissait les aveugles de Nais et lieux environnants. Mais vous savez aussi que le nom de Marcellinus se lit sur quatre cachets provenant, deux de Reims (2), un autre d'Amiens (3), le quatrième de Cond-sur-Ton (Eure) (4).

Nous venons de voir, à côté du Ferox, qui était votre compatriote, les collyres d'un médecin du même nom, destinés à combattre les ophthalmies causées par les brouillards de la Saône. Admettrons-nous qu'il y eût, dans trois localités différentes, un médecin nommé Marcellinus, et un Ferox dans chacune des deux autres? Faut-il croire au contraire qu'il existait, sous le nom de leur inventeur, des collyres dont la formule était connue, et que des médecins faisaient graver, pour étiqueter les médicaments qu'ils composaient d'après ces formules, des cachets portant, non pas leur propre nom, mais celui du médecin célèbre dont les collyres étaient à la mode et jouissaient de la confiance publique? Cela prouverait une fois de plus que rien n'est nouveau sous le soleil. La question est difficile : la petitesse de ces monuments les rendait d'un transport facile ; de plus on n'a pas encore un nombre assez considérable de cachets portant le même nom ; j'ai voulu la poser, mais je n'ai garde de la résoudre. Peut-être pourra-t-on concilier les deux opinions en les déclarant vraies l'une et l'autre. Tout le monde aurait raison et tout le monde serait content, chose rare après une discussion (5).

CROCODES. Je ne crois pas utile de répéter ici ce qui a déjà été écrit au sujet de ce collyre. Je me contente de vous renvoyer aux *cachets inédits des médecins oculistes Magillius et D. Gallius Sextus*, I, II, p. 6 du tirage à part.

VETERES CICATRICES. Voyez également : *Cachets inédits... etc.*, I, III, p. 7 du tirage à part.

Veuillez agréer, etc.

Collège de Juilly, 22 octobre 1880.

H. THÉDENAT.

(1) Id., 21, 55-59.
(2) Grotefend, *Op. laud*, 67, 68.
(3) Id. 66.
(4) Id. 69.
(5) L'opinion d'après laquelle les médecins oculistes auraient été attachés aux légions paraît aujourd'hui abandonnée.

PUBLICATIONS DE LA QUINZAINE

272. — Cahaignes (de), *Éloges des citoyens de la ville de Caen*, première centurie, traduction d'un curieux, nombreux blasons et fac-similé d'autographe. In-4, broché 15 francs. Caen, Massif. 1880.

273. — Constans (L.), *Essai sur l'histoire du sous-dialecte du Rouergue*. In-8°, 263 pages. Rodez, imp. Ratery-Virenque; Paris, librairie Maisonneuve.

274. — Déroulède, *La Moabite* (pièce non représentée), drame en cinq actes, en vers, avec une préface. 1 joli vol. in-32. 2 francs. Calmann-Lévy.

275. — Fontane, *L'histoire universelle*, avec cartes, plans, index alphabétiques annotés, etc. Format in-8° cavalier. 7 fr. 50. Paris, Lemerre.

276. — Fouard, *La vie de Notre-Seigneur Jésus-Christ*, 2 vol. in-8°, avec cartes et plans. 14 fr. Lecoffre.

277. — Dubois, *Institutes de Gaius* (1re française), d'après l'apographum de Studemund, contenant : 1° Au texte, la reproduction du manuscrit de Vérone, sans changement ni addition. 2° Dans les notes, les restitutions et les corrections proposées en Allemagne, en France et ailleurs, suivies d'une table des leçons nouvelles. 1 beau et fort vol. in-18 jésus. 9 fr. Maresq.

278. — Hervé-Bazin, *Notions d'économie politique*, rédigées d'après le programme officiel des études pour la classe de philosophie, 1 vol. in-12. 1 fr. 25. Lecoffre.

279. — Houssaye (A.), *Molière, sa femme et sa fille*. In-f°, viii-180 pages avec 29 portraits, 24 scènes de théâtre, 7 frontispices, lettres ornées, culs-de-lampe gravés ou en couleur et la reproduction du tableau de Geffroy, représentant les acteurs de la Comédie-Française. Paris, Dentu.

280. — Kossuth, *Souvenirs et écrits de mon exil*. 1 vol. in-8° cavalier, avec portraits à l'eau-forte. 8 fr. Plon.

281. — Manéglier (Mlle S.), *Pensées morales et philosophiques*. In-8°, 235 p. Reims, imp. Mouce.

282. — Panhard, *Joseph de Longueil, graveur du roi (1730-1792), sa vie, son œuvre*. Illustré d'un portrait gravé par P. Adolphe Varin et d'une suite de reproductions de gravures, 1 vol. in-8° raisin de 352 pages. Paris, Morgand et Fatout.

283. — Périn, *Les doctrines économiques depuis un siècle*. 1 beau vol. in-12. 3 fr. 50. Lecoffre.

284. — Rosières, *Histoire de la société française au moyen âge (987-1483)*. Tome II et dernier. 1 vol. in-8°. 8 fr. Paris, Laisney.

285. — Garnier (J.) *Recherches sur la nature et les causes de la richesse des nations*, traduction de Germain Garnier, précédé d'une notice biographique de M. A. Blanqui, avec les notes des commentateurs. Nouvelle édition, revue et augmentée de notes explicatives. 2 vol. in-8°. 16 fr. Paris, Guillaumin.

286. — Theillière, *Notes historiques sur les monastères de la Séauve*. Bel-

lecombe,' *Clavas* 'et *Montfaucon*. Troisième livraison : Monastère de Clavas. In-18 jésus, vi-114 p. Le Puy, libr. Freydier.

287. — Vallentin, *Visite au musée épigraphique de Gap*. In-8º, Vienne, Savigné 1880, 23 pages. Travail estimable, les inscriptions du musée de Gap y sont relevées avec soin, complétées avec prudence et sagacité, commentées avec sobriété et compétence. Il serait à désirer que tous nos musées soient l'objet d'un travail semblable.

H. T.

Le gérant : A. Sauton.

B. HERDER, LIBRAIRE-ÉDITEUR
A FRIBOURG (GRAND-DUCHÉ DE BADE, ALLEMAGNE)

RUDIMENTA
LINGUAE HEBRAICAE

SCHOLIS PUBLICIS
ET DOMESTICAE DISCIPLINAE

Brevissime accomodata

scripsit

Dr C. H. VOSEN

QUINTO EDIDIT RETRACTAVIT AUXIT DR. **Fr. Kaulen**

In-8º. Prix . . . . 2 fr. 25

« Tous les hébraïsants connaissent la *Grammaire hébraïque* de Vosen ; ils savent qu'elle a de grandes qualités comme livre élémentaire, mais qu'on lui reproche un peu d'obscurité. Le Dr Kaulen, tout en conservant à cette œuvre la simplicité et la brièveté qui ont tant contribué à son succès, s'est attaché à rendre l'exposition plus claire. Il a fait aussi quelques modifications réclamées par le progrès des études grammaticales, et a éclairci et complété la syntaxe en y ajoutant un certain nombre d'exemples bien choisis. Les *Rudimenta*, tels qu'ils sont actuellement, sont d'un usage facile et commode, et suffisent pour apprendre l'hébreu. Ils contiennent, outre la grammaire, des morceaux choisis et un dictionnaire. »

(*Le Monde.* Paris 1879. Nro. 265.)

A. SAUTON, LIBRAIRE-ÉDITEUR
41, RUE DU BAC, 41

PUBLICATIONS
DE L'UNION DE LA PAIX SOCIALE

Le Play. (F.). **Les Ouvriers européens.** Etudes sur les travaux, la vie domestique et la condition morale des populations ouvrières de l'Europe, précédées, d'un exposé de la méthode d'observation. — 2ᵉ édition. In-8, en 6 tomes, savoir :
TOME Iᵉʳ. La Méthode d'observation ; (t. II) Les Ouvriers de l'Orient ; (t. III) Les Ouvriers du Nord ; (t. IV) Les Ouvriers de l'Occident (*populations stables* ; (t. V) Les Ouvriers de l'Occident (*populations ébranlées*); (t. VI) Les Ouvriers de l'Occident (*populations désorganisées*). Prix de chaque tome : 10 francs.

La méthode sociale, abrégé des Ouvriers européens, 1 vol. in-8, 10 fr.

Les Ouvriers des deux mondes, monographies publiées sur la demande de l'Académie des sciences ; insérées dans le *Recueil* de la Société des Études pratiques d'économie sociale, ayant pour titre : *les Ouvriers des deux mondes*. — 4 vol. in-8 (1858 à 1863). — Prix de chaque vol., 10 francs. En vente : 1ʳᵉ partie du tome V (1875). — Prix de cette partie 4 francs.

Instruction sur la méthode d'observation dite des *Monographies de familles*. — 1 brochure in-8. Prix 1 franc.

Bulletin des séances de la Société des Etudes pratiques d'économie sociale. — 6 vol. in-8 (sessions de 1866-1867 à 1876-1877). Le tome VII (session de 1880) est en cours de publication. — Prix du vol. 8 francs.

La Réforme sociale en France, déduite de l'observation comparée des peuples européens. — 4 vol. in-18, 6ᵉ édit., 1878, augmentée et refondue. — Prix des quatre vol. 7 francs.

L'Organisation du travail, selon la coutume des ateliers et la loi du Décalogue ; avec un précis d'observation comparée sur la distinction du bien et du mal, les causes du mal actuel et les moyens de réforme, les objections et les réponses, les difficultés et les solutions. — 1 fort vol. in-18, 7ᵉ édition, 1877. — Prix 2 francs.

L'Organisation de la Famille, selon le vrai modèle signalé par l'histoire de toutes les races et de tous les temps. — 1 vol. in-18, 2ᵉ édition, 1875, revue et corrigée. — Prix : 2 francs.

La paix sociale après le désastre. Réponse du 1ᵉʳ juin 1871, aux questions reçues par l'auteur, entre le 4 septembre 1870 et le 31 mai 1871. Avec un épilogue de 1875 ; 2ᵉ édition, augmentée, 60 centimes.

BULLETIN CRITIQUE

DE LITTÉRATURE, D'HISTOIRE ET DE THÉOLOGIE

SOMMAIRE. — 117. Radic, Des églises particulières orthodoxes en Autriche-Hongrie, *L. Duchesne*. — 118. Freppel, Œuvres pastorales et oratoires, *P. Mazoyer*. — 119. Janet, Traité élémentaire de philosophie, *P. Mazoyer*. — 120. Demogeot, Histoire des littératures étrangères, *A. Lepitre*. — 121. Martha, Catalogue des figurines du musée d'Athènes, *H. Thédenat*. — 122. La Borderie, Correspondance des Bénédictins bretons, *T. de Larroque*. — 123. Sahagun, Histoire des choses de la Nouvelle-Espagne *H. Gaillard*. — 124. Pécaut, Deux mois de mission en Italie, *C. T.* — Variétés : Uue lettre inédite du P. de Villars à Peiresc, *T. de L.*

117. — **Die Verfassung der orthodox-serbischen und orthodox-rumænischen Particular kirchen in Osterreich-Ungarn, Serbien und Rumœnien**, von magister Emilian Edler von Radic. Prague, Dattel, 1880; in-8°, de xvi-232 pages.

Le titre de ce livre indique un cadre dont l'auteur ne remplit ici qu'une partie ; dans ce premier volume, il ne traite que de l'église serbe *orthodoxe*, c'est-à-dire non unie, établie dans l'empire austro-hongrois. On sait que cette église provient de l'émigration d'une partie de la nation serbe en Hongrie ; cet événement qui eut lieu en 1690, amena la translation à Carlowitz du patriarcat serbe, dont le siège avait été jusqu'alors à Ipek. Deux chapitres préliminaires sont consacrés à l'histoire du développement et du gouvernement de l'église serbe, depuis saint Sabas (1224), jusqu'à ces dernières années.

L'auteur insiste beaucoup sur les conséquences de la translation du patriarcat et sur les atteintes qui ont été portées à son autorité par le pouvoir civil, au siècle dernier, en ce siècle et surtout depuis la fondation (1867) de l'empire dualiste austro-hongrois. Vient ensuite une longue et minutieuse description de chacun des organes du gouvernement ecclésiastique de Carlowitz : le synode, le congrès national, le patriarche ou métropolitain, les assemblées diocésaines, les évêques, les archiprêtres, les curés, enfin les monastères. L'ouvrage se termine par une statistique des diocèses et des paroisses.

La grande utilité de ce livre consiste dans les renseignements précis et abondants qu'il donne sur l'organisation d'une église jusqu'ici peu connue, si ce n'est de certains bureaucrates autrichiens. L'auteur ne dit pas s'il appartient au clergé orthodoxe; en tout cas, il prend chaleureusement ses intérêts. L'église de Carlowitz a reçu du pouvoir législatif hongrois un statut qui met son gouvernement sous l'influence d'assemblées mixtes composées de laïques et de membres du clergé; ces derniers n'y ont pas la majorité. M. von Radic déplore cette usurpation si contraire aux principes traditionnels du gouvernement ecclésiastique. Il n'y a pourtant ici qu'une conséquence très naturelle de principes en honneur dans l'église grecque. Depuis bien des siècles, les patriarches d'Orient ont laissé les empereurs envahir peu à peu le domaine spirituel et la direction de l'Église; maintenant les vrais empereurs, ce sont les peuples; ils héritent assez légitimement des pouvoirs qu'on a laissé prendre à leurs prédécesseurs, les Constance, les Justinien, les Héraclius.

Cette considération ne m'empêche pas de compatir aux maux sur lesquels gémit notre auteur, ni surtout de rendre hommage à la consciencieuse patience avec laquelle il a réuni les éléments peu accessibles et fort dispersés de son intéressante monographie.

L. Duchesne.

---

118. — **Œuvres de Mgr Freppel**, évêque d'Angers. — *Œuvres pastorales et oratoires*, t. IV, 1 vol. in-8° de 424 pages, Roger et Chernoviz. Paris, 1880. Prix : 7 fr. 50.

« On continue à parler le bon français sur les bords de la Maine et de la Loire. » Nous trouvons ces mots à la page 110 de ce nouveau volume. La chose est vraie, et l'évêque d'Angers est lui-même une bonne preuve de ce qu'il avance. Sans rappeler ici le discours prononcé à l'inauguration du monument du général de La Moricière, ni le discours sur la question ouvrière, lequel a eu tant d'auditeurs dans l'église de la Madeleine à Paris, il suffirait de lire la conférence sur les Universités catholiques, les Oraisons funèbres de Mgr Wicart et de Mgr Bataille, et le discours sur la théologie. Cependant nous oserons dire, avec tout le respect que nous devons à Mgr Freppel, que les discours et allocutions se succèdent à des dates bien rapprochées, 22, 27, 29 juillet; 2, 4 août; 1, 5 septembre, etc. N'est-ce point par là qu'il faut expliquer certaines négligences de style, des expressions banales et d'un goût peu sûr, une réelle monotonie dans la phrase périodique procédant par énumération? Nous avons rencontré (p. 120, 121), vingt-cinq lignes que nous avions déjà lues mot pour mot dans un autre discours (p. 72).

Bien des choses sont permises à l'improvisation : mais quelle nécessité de faire entrer, dans un volume d'Œuvres pastorales et oratoires, absolument tous les discours, toutes les allocutions qu'on a pu prononcer dans le courant d'une année?

P. Mazoyer.

---

119. — **Traité élémentaire de philosophie, à l'usage des classes,** par Paul Janet, membre de l'Institut, professeur à la Faculté des Lettres de Paris. — 2 parties in-8° de viii-832 pages. — Paris. Ch. Delagrave.

M. Paul Janet est un esprit délicat et, en même temps, un penseur. L'étude sérieuse de la philosophie n'a pas contrarié chez lui, comme il arrive trop souvent, le développement des qualités qui semblent l'apanage exclusif du littérateur; elle a établi ce parfait équilibre si rare de nos jours. Pour être de notre avis — nous en sommes convaincu — il suffit d'avoir entendu quelqu'une des leçons de M. Janet, à la Sorbonne. Aussi un livre, qui se présente au public avec l'autorité d'un tel nom, est d'avance assuré du succès; et, pour le traité élémentaire de philosophie, ce succès est bien mérité.

On comprendra aisément que nous ne songions pas à analyser ici cet ouvrage : il faudrait toucher à trop de questions. Notre but est simplement de donner une idée du livre, et de signaler la méthode employée par M. Janet.

Le premier fascicule tout entier est consacré à la psychologie. C'est assurément la partie la plus originale de l'ouvrage, et nous ne croyons pas nous tromper en pensant que l'auteur l'a traitée avec une sorte de prédilection très légitime. Il faut bien avouer — quelque partisan que l'on soit de la scolastique, et nous avouons, sans honte et sans désir de conversion, que nous sommes un de ses dévots — il faut bien avouer que, de notre temps, la psychologie a été transformée et heureusement modifiée : c'est presque une science nouvelle. Grâces en soient rendues à l'histoire naturelle, à la physiologie, à la méthode d'expérimentation! Rien donc de plus utile que de commencer la psychologie, comme le fait M. Janet, « par la description de l'homme physique, et par une étude sommaire sur les fonctions et les organes du corps humain, notamment du système nerveux » (Préface, page v). L'homme n'est ni un *corps*, ni une *âme* : c'est un *composé* du corps et de l'âme, et il nous souvient d'avoir entendu un célèbre médecin, très peu suspect de matérialisme, nous dire : « C'est pour avoir oublié une vérité si simple, que l'on a pu, dans un parti comme dans l'autre, écrire tant de sottises. »

Il fallait ensuite établir une distinction entre les phénomènes psychologiques et les phénomènes physiologiques; les premiers se connaissent par la conscience, à la différence des seconds qui se passent dans l'homme physique. Mais on peut aller plus loin et, avec Bossuet, appeler *opérations sensitives* « les opérations immédiatement liées à la vie physiologique, et *opérations intellectuelles* celles qui s'élèvent au-dessus » (p. 31). On voit dès lors le plan de M. Janet s'élargir et se développer régulièrement; et voici, à notre avis, le principal mérite du livre : sans jamais perdre de vue son point de départ, l'auteur accueille, à mesure qu'elles se présentent dans un ordre logique, les questions à résoudre; il les résume, les éclaire, les analyse, mais ne va jamais jusqu'à une sorte de *pulvérisation* fatigante pour l'esprit. On sent que l'on marche avec lui; que ce qu'il dit ici, doit être dit ici et non ailleurs, et, naturellement, sans effort, par l'enchaînement même de son plan, M. Janet est amené à semer son traité de remarques, de descriptions, d'aperçus, où se montre cette délicatesse peu commune dont nous parlions en commençant.

Les opérations *sensitives* comprennent les phénomènes *actifs* (mouvement et instinct), les phénomènes *affectifs* (plaisir et douleur, appétits et passions), et les phénomènes *sensitifs* (sensations etc...) Signalons en passant les pages sur le plaisir et la douleur (pp. 42 et suiv.), celles sur les tendances et inclinations (pp. 47 et suiv.). Oserons-nous dire cependant que, pécheur incorrigible, nous n'avons pas été converti par le chapitre sur les sensations, et que le P. Liberatore ne nous paraît pas avoir tort dans la question du siège de la sensation? Mais nous admettons volontiers, avec M. Janet (p. 67), que la sensibilité est *représentative* et non seulement *rétroactive*. Les chapitres IV et V sont à étudier de près : la mémoire sensitive et l'imagination reproductive, le sommeil, le rêve, la folie, l'intelligence des animaux. Que de choses en ces quelques pages, et surtout que de choses bonnes! Hélas! nos jeunes gens sauront-ils comprendre ce qu'il a fallu de travail et de réflexion pour coordonner et résumer ainsi?

Après les opérations *sensitives* viennent les opérations *intellectuelles* ou *facultés* (entendement ou intelligence, sentiment ou amour, volonté ou liberté). C'est donc tout l'homme intellectuel. Aussi les subdivisions sont nombreuses et elles étaient nécessaires pour la clarté. Attention, réflexion, comparaison; conscience de soi; perception extérieure; mémoire et imagination créatrice, abstraction et généralisation; jugement et raisonnement; raison; raison pure, notions et vérités premières; théorie de l'association et de l'hérédité; langage, son rapport avec la pensée : voilà autant de chapitres destinés à faire connaître l'entendement ou intelligence. M. Janet dans ces questions, comme plus loin dans la Morale et la Théodicée, est évidemment sous l'influence de Kant. Ce n'est pas nous qui lui en ferons un reproche : Kant est un maître philosophe et nous souhaitons sincèrement, à tous ceux qui en parlent, sa rigueur de logique et sa profondeur de pensée. Il y a beaucoup à prendre chez Kant, à condition... qu'on sache le lire. Et M. Janet a su le lire. Nous croyons donc qu'en général, dans la mesure où cette influence est acceptée ici, elle ne peut donner que d'heureux résultats. *En général*, avons-nous dit; car nous aurions quelques réserves à faire, par exemple : à propos de la conscience psychologique, de l'origine des idées, de la notion d'espace et de temps, etc... Mais ce sont là, du reste, des questions libres, où chacun peut, sans inconvénient, garder son opinion personnelle, pourvu qu'il soit capable d'en rendre compte. C'est une tolérance qu'on se doit réciproquement, et dont M. Janet est le premier à nous donner l'exemple, par la parfaite courtoisie avec laquelle il fait la critique de la théorie de Cousin sur le *jugement*. — Indiquons, comme offrant un intérêt particulier, les chapitres sur la mémoire, sur le jugement et sur le langage.

La troisième section de la psychologie est consacrée au sentiment et à la volonté. « L'ancienne philosophie... n'admettait dans l'âme que deux facultés : l'entendement et la volonté » (p. 241). M. Janet sait si bien nous présenter le nouveau venu, le sentiment, que, sur sa recommandation, nous sommes d'avance porté à l'admettre sans chicaner. Nous devons bien cela au chapitre sur les inclinations personnelles, sociales et supérieures ; aux pages charmantes sur l'amitié et l'amour ; à la réfutation de la Rochefoucauld ! Le chapitre III, de la volonté et de la personnalité, nous arrêterait longtemps, si nous voulions discuter ; non pas que M. Janet dise rien qui nous semble gravement erroné ; mais en une question si complexe, l'auteur pèche peut-être par défaut. — Les derniers chapitres de la psychologie, sur la liberté et sa démonstration, sur la distinction de l'âme et du corps, ne sont pas les moins bien traités, et l'on aime à voir M. Janet faire bonne justice d'une doctrine qui ne saurait d'ailleurs que répugner à un philosophe spiritualiste.

Nous avons parlé un peu longuement de la psychologie : nous le répétons, c'est certainement la partie préférée de M. Janet. — Le deuxième fascicule de l'ouvrage renferme la logique, la morale, l'esthétique, la métaphysique et la théodicée. On pourrait contester l'opportunité de cet ordre : mais il faut reconnaître en même temps que les raisons données par l'auteur sont plausibles. — Remercions M. Janet d'avoir écrit sur les syllogismes un excellent chapitre. Pauvre syllogisme ! que de mal n'a-t-on pas dit de lui ! Nul plus que nous ne blâme l'abus qu'on en peut faire : mais entre *user et abuser*, il y a un abîme.

La seconde partie de la logique, la méthodologie, semblera peut-être trop développée. Ne faut-il pas cependant insister sur la méthode ? n'est-ce pas à elle que nous devons le progrès des sciences ? Mentionnons les chapitres sur la méthode en histoire, sur l'erreur et ses causes, sur les qualités de l'esprit.

Dans la morale, nous trouvons bien marquée l'influence de Kant, dont nous avons déjà parlé. Nous n'ajouterons rien à ce que nous en avons dit. Le chapitre intitulé : Médecine et Gymnastique morales est très intéressant, peut-être un peu trop *naturel*.

L'esthétique ne se compose que de deux chapitres : mais il faut les peser. Kant et Th. Jouffroy ne seraient point fâchés de se voir ainsi compris. —
La métaphysique et la théodicée offrent de très bonnes pages, par exemple,

celles sur le scepticisme, où nous ferons remarquer une réponse décisive à l'argument du *diallèle* ; celles sur l'idéalisme, où il fait plaisir de voir les doctrines de Kant, de Fichte et de Hegel exprimées clairement et dans leur véritable sens.

On pourrait se demander si cet ouvrage est bien un *Traité élémentaire*. Nous répondons que oui ; c'est-à-dire l'exposition en est si nette que ce livre sera très utile à nos élèves de philosophie ; mais nous ajoutons qu'il enferme assez de questions, de problèmes, d'idées, pour fournir à plus d'un maître sujet à réflexion et matière à travail.

En terminant, nous ne pouvons nous empêcher de former un souhait. L'auteur du *Traité élémentaire* parle de saint Thomas, en termes qui prouvent qu'il l'a fréquenté. Eh bien, puisse M. Janet entretenir un commerce de plus en plus intime avec le grand Docteur.... scolastique !

P. Mazoyer.

---

120. — **Histoire des littératures étrangères** considérées dans leurs rapports avec le développement de la littérature française, par J. Demogeot, docteur ès lettres, agrégé de la Faculté des Lettres de Paris. Paris, Hachette et Cⁱᵉ, 1880. 2 vol. in-12.

Le but de ce livre, nous dit M. Demogeot, est « d'exposer la littérature des peuples voisins dans ses rapports d'influence avec la nôtre ». Commençant par l'Italie de la Renaissance, qui a agi plus sur nous par l'art que par la pensée, il s'occupe ensuite de l'Espagne, « qui, au dix-septième siècle, exerce sur toute l'Europe une double hégémonie politique et littéraire, l'Espagne de Charles-Quint et de Philippe II, celle de Calderón, de Cervantes et de Corneille. Paraît ensuite l'Angleterre, celle d'Elisabeth et de Shakspeare.., celle aussi de la reine Anne et de Pope, celle de Bolingbroke et de Voltaire, celle de Chatam, de Sheridan et de Montesquieu ». Enfin se présente devant lui « la pensive et puissante Allemagne... la rénovatrice de la pensée moderne, la mère des doctrines et des erreurs de notre époque. »

Comment M. Demogeot s'est-il acquitté de la tâche qu'il s'était imposée ? Dans chaque nation, il a choisi les littérateurs les plus illustres pour les présenter dans un tableau vivant et coloré : les écrivains secondaires ont été laissés dans l'ombre. M. J. D. est un peintre remarquable quand il s'agit de dessiner le portrait d'un écrivain ou de faire le tableau général d'une époque : nous avons admiré sous ce rapport nombre de chapitres, par exemple, celui qui est consacré aux orateurs anglais du dix-huitième siècle. On a de la peine à quitter le volume après avoir lu de pareilles pages. Mais, en même temps, nous sommes obligé de signaler des défauts importants.

Cette clarté dans l'exposition, cette habileté à saisir les vues d'ensemble, ces qualités qui rendent le conteur si aimable, font tort à l'érudit. M. J. D., d'ailleurs, s'est souvent servi de documents de seconde main ; il est tombé nécessairement dans beaucoup d'erreurs de détail. Signalons les plus frappantes. Dans le volume qui traite des littératures méridionales, il est dit que Gerbert avait été « disciple des Arabes de Séville et de Cordoue ». Une seule chose est prouvée cependant par l'histoire, c'est que Gerbert fréquenta l'école épiscopale de Vich, en Catalogne. Il est affirmé ailleurs (p. 10) que « deux Génois, devançant Christophe Colomb, sortirent du dédroit de Gilbraltar avec deux galères, et allèrent se perdre dans l'océan Atlantique, en cherchant les Indes. » Tedesio Doria et Ugolino Vivaldi, dont il est ici question, devancèrent plutôt Vasco da Gama que Christophe Colomb. Ils ne se perdirent pas dans l'Océan, mais furent retenus captifs à Mena ou Mela, sur la côte d'Afrique. L'auteur nous dit encore : « Léon X daignait à peine s'apercevoir de *quelques disputes de moines* qui commençaient à agiter les barbares provinces de l'Allemagne, et un jour qu'il voulut bien y donner un moment d'attention, *il trouva que frère Martin avait beaucoup d'esprit* » (p. 77). C'est une façon trop peu sérieuse de traiter l'histoire : Léon X s'occupa si peu de Luther, qu'il publia contre lui plusieurs bulles et qu'il envoya des légats en Allemagne pour le ramener à résipiscence.

Nous sommes bien étonné de lire (p. 287) : « L'ascétisme du moyen âge avait dit : « Le plaisir est un mal. » Nous voudrions connaître l'ascète qui a dit cela. Est-il bien vrai aussi que Philippe II fut le rival en amour d'Antonio Perez (p. 360)? M. Demogeot pourrait consulter à ce sujet un ouvrage récent, *la Princesse d'Eboli*, par Gaspar Muro. Pourquoi dire encore que la Grèce, au temps d'Homère, et l'Italie, à l'époque de Dante Alighieri, avaient la même crédulité (p. 30)? Les croyances du moyen âge ne peuvent être assimilées aux absurdités de la mythologie païenne.

Nous lisons, dans l'autre volume (p. 11), que « la liberté individuelle fut manifestée en religion par le triomphe du protestantisme en Angleterre. » Mais les catholiques étaient-ils libres? Mais Locke, Collins et Tindal n'étaient-ils pas obligés de se réfugier en Hollande? Puis il est dit que les poésies de Burns « étaient le fruit précoce de ses jeunes et pures années » (p. 196). Il faut être plus qu'indulgent pour qualifier ainsi la jeunesse du poète écossais.

Enfin, nous pourrions signaler des points qui méritaient d'être traités dans cet ouvrage : la comparaison de la chanson du Cid avec la chanson de Roland, l'influence des Fioretti sur la littérature italienne, le talent poétique de saint Jean de la Croix. Mais nous ne voulons pas être trop long. M. Demogeot fera bien de revoir en détail son ouvrage, qui a des mérites réels et qui nous a vivement intéressé.

A. LEPITRE.

121. **Catalogue des figurines en terre cuite du musée de la Société archéologique d'Athènes,** par Jules MARTHA, ancien membre de l'école française d'Athènes, maître de conférences à la Faculté des lettres de Montpellier. In-8° xxxiv-233 pages, 8 planches, Paris, Thorin, 1880, prix 12 fr. 50 (seizième fascicule de la bibliothèque des écoles françaises de Rome et d'Athènes).

De plus en plus les études archéologiques sont en faveur; ce sera l'honneur de notre temps d'avoir pour ainsi dire créé, ou, tout au moins, renouvelé cette branche féconde des sciences historiques. L'école d'Athènes et l'école de Rome, l'école pratique des Hautes Études, forment des professeurs érudits; des chaires d'archéologie se fondent dans les différentes facultés; peu à peu nous verrons ces études s'étendre, se généraliser, et les récentes théories de la science passer des recueils spéciaux dans les livres élémentaires. La moisson est abondante, et il est permis d'espérer que les ouvriers n'y feront pas défaut. Ce qui est nécessaire avant toutes choses, ce sont les instruments de travail. On a déjà fait beaucoup dans ce sens et on fera plus encore : le *Corpus* des inscriptions grecques de Boeck se renouvelle dans une édition plus complète et plus critique; le huitième volume du *Corpus* des inscriptions romaines est sur le point de paraitre; M. Fr. Lenormant continue la publication de son savant ouvrage sur la monnaie dans l'antiquité; M. M. Rollin et Feuardent préparent le second volume de la deuxième édition de Cohen. Mais les inscriptions et les médailles ne sont pas toute l'archéologie; si nous y trouvons les renseignements les plus utiles sur l'histoire, sur l'organisation religieuse, politique, civile et militaire, sur la géographie des anciens, sur la philologie, il faut aussi rechercher, dans les monuments figurés, les mœurs, les usages et les mythes religieux de l'antiquité. Malheureusement, ces monuments sont dispersés un peu partout, et on n'en a guère fait de recueils. La jeune Amérique elle-même veut avoir ses musées d'antiquités orientales, grecques et romaines, et les savants ne peuvent pas faire le tour du monde pour tout voir et tout étudier. il est donc nécessaire que les trésors enfouis dans les musées et les collections importantes soient publiés et connus. L'impulsion est donnée; espérons qu'elle ne s'arrêtera pas. M. Dütschke, pour ne parler que des travaux les plus récents, a commencé, en 1874, le catalogue des antiquités de la Haute-Italie, et vient d'en publier le quatrième volume; nous devons à M. Max. Collignon le catalogue des vases peints de la Société archéologique d'Athènes, à M. Heuzey, la publication commencée des figurines antiques en terre cuite du musée du Louvre, à M. O. Rayet le catalogue de sa collection (1), et aujourd'hui, à M. J. Martha, le catalogue des figurines en terre cuite du musée de la société archéologique d'Athènes.

C'est surtout la préface de M. Martha qui nous fera connaître son utile et consciencieux travail.

(1) M. O. Rayet, prépare la publication par livraison, d'un recueil intitulé : *Monuments de l'art antique.*

La collection exposée au musée du Varvakeion par la S. A. d'Athènes est de date récente ; il n'y a guère plus de dix ans qu'elle est sérieusement commencée, et déjà elle est fort riche. C'est aux archéologues qu'elle s'adresse surtout ; il n'y faut pas chercher, en grand nombre du moins, ces statuettes d'une grâce inimitable, dont le Louvre conserve de si beaux spécimens, et dont la *Gazette archéologique* et la *Gazette des beaux-arts* nous offrent, de temps en temps, les charmantes reproductions. En tout temps et surtout, paraît-il, depuis la promulgation des lois interdisant l'exportation des antiquités recueillies dans la péninsule hellénique, toutes les pièces de prix passent de Grèce à l'étranger. Toutefois, il ne faut rien exagérer, et un coup d'œil jeté sur les planches qui terminent le volume dont nous rendons compte, prouve suffisamment que, si les archéologues y trouvent profit, il peut aussi y avoir plaisir et jouissance pour les artistes. La collection de la S. A. d'Athènes est donc, avant tout, faite pour les travailleurs ; elle présente en effet des specimens de presque tous les types, avec des variantes sans nombre, qui en rendent l'étude singulièrement intéressante et fructueuse ; les monuments, acquis presque toujours directement, sont d'une authenticité incontestable et exempts de ces retouches auxquelles sont si habiles les Athéniens d'aujourd'hui ; les provenances sont connues avec certitude.

M. J. M. se heurte tout d'abord à une difficulté. Quelle classification adopter? Les sujets représentés? Mais il fallait, dès l'abord, trancher une question délicate, fort débattue dans ces derniers temps, et où les opinions contraires ont d'ardents défenseurs : à savoir, si les figurines sont des divinités ou des sujets de genre. L'ordre chronologique ? Mais il aurait fallu tout un volume de critique pour établir cette classification et en fixer les règles ; et au milieu de quels écueils ! A quelle époque, par exemple, attribuer telle ou telle attitude, tel ou tel accessoire? Que de types archaïques, immobilisés par une tradition religieuse, ont été indéfiniment reproduits ! M. J. M. ne voulait pas faire une étude critique, mais en réunir les éléments. Il devait dès alors adopter une classification incontestable, également acceptée par les savants d'opinions diverses auxquels s'adresse son livre ; une seule classification jouit de ce privilège, c'est celle qui repose sur l'ordre géographique. L'auteur a adopté sept divisions, subdivisées elles-mêmes en autant de paragraphes qu'il y a, dans chaque division géographique, de lieux de provenance. I. ATTIQUE, Athènes, le Pirée, n° 1-212. II. BÉOTIE, Tanagre, Thèbes, Tisbé, Thespies, Livadic, Amphissa, provenances incertaines, 213-481. III. LOCRIDE OPONTIENNE, 482-515. IV. PÉLOPONNÈSE, Mégare, Corinthe, Mycènes, Tégée, 516-526. V. ILES, Salamines, Egine, Eubée, Kythnos, Milo, Crète, Chypre, Amorgos, Cymé, Corfou, 627-679. IV. CYRÉNAIQUE, 680-716. VII. ASIE MINEURE, 717-728. VIII. Une huitième division est consacrée aux PROVENANCES INCONNUES, 729-1028. Dans chacune des subdivisions les figurines sont groupées sous les titres suivants : style archaïque, style ordinaire, et, seulement pour les figurines provenant de l'Attique, style récent ; mais ces distinctions reposent uniquement sur des caractères extérieurs et ne préjugent pas la date du monument. Il a fallu, dans trois des divisions, adopter en outre des distinctions qui s'expliquent d'elle-mêmes : figurines en galette, bustes et masques estampés, plaques découpées et estampées, figurines articulées ; enfin les figurines sont énumérées dans un ordre invariable, hommes, femmes, enfants, figurines satyriques et grotesques, animaux.

Dans les paragraphes qui suivent, M. J. M. étudie les lieux de provenance, l'historique des fouilles, et détermine les caractères principaux des terres argileuses employées dans chaque région. Les différents procédés de fabrication sont ensuite expliqués avec beaucoup de netteté et de précision ; nous assistons, pour ainsi dire, aux travaux des *coroplastes* grecs, cette partie de la préface est particulièrement intéressante et instructive ; enfin de cette étude purement technique, M. J. M. déduit, pour l'interprétation des sujets, des règles sages et prudentes. L'ouvrage est complété par une liste bibliographique, une table alphabétique bien entendue, et une table des figurines déjà reproduites dans d'autres recueils. Pour chacun des mille vingt-huit numéros de son catalogue, l'auteur donne : les dimensions, la nature de la terre, une description minutieuse de l'objet et de ses moindres particularités, une appréciation de l'exécution artistique et de l'état de conservation, la bibliographie.

Fidèle à son plan de donner seulement des descriptions exactes, et, pour ainsi dire, désintéressées, M. J. M. ne nomme aucun des personnages qu'il décrit, sauf les cas où l'attribution paraît certaine. En terminant, il résume ainsi lui-même les motifs qui l'ont décidé à faire son livre :
« Le travail de l'interprétation (des figurines en terre cuite) devra toujours
« commencer par des observations matérielles et un classement méthodique.
« Recueillir et coordonner des faits, tel est le premier service qu'on puisse
« rendre à l'archéologie des terres cuites. C'est aussi le but et la raison
« d'être de ce catalogue. » C'est un catalogue en effet, mais ne nous laissons pas tromper par la modestie du titre. Ce catalogue a été fait par un travailleur intelligent et compétent ; s'il s'abstient, à dessein, de toute critique, il laisse percer en maint endroit qu'il est capable d'en faire et qu'il en possède les éléments. Ce livre a sa place marquée dans les bibliothèques des archéologues, des amis de l'art ancien, des « curieux d'antiquités », comme on disait au siècle dernier.

Il serait injuste de ne pas donner à l'éditeur sa part d'éloges. M. Thorin ne néglige rien pour maintenir au premier rang la bibliothèque des écoles françaises de Rome et d'Athènes ; les huit belles planches qui ornent ce volume en sont une nouvelle preuve. On ne saurait trop féliciter et remercier les éditeurs qui, ne faisant pas du commerce des livres une œuvre purement vénale, savent être les amis éclairés et les auxiliaires désintéressés de la science (1).

H. THÉDENAT.

Collège de Juilly, octobre 1880.

(1) Redressons, pour la commodité du lecteur, deux fausses indications oubliées dans l'erratum, n° 267, p. 53 : cette figurine est reproduite à la fin du volume, planche II ; lisez : planche I. N° 283, p. 56 : reproduite à la fin du volume, planche I, lisez : planche II.

122. — **Correspondance historique des Bénédictins bretons et autres documents inédits relatifs à leurs travaux sur l'Histoire de Bretagne,** *publiés avec notes et introduction par* Arthur de LA BORDERIE, membre du Comité des Travaux historiques. Paris. H. Champion, 1880, in-8º de XLII-286 pages. — Tiré à 200 exemplaires, dont 25 sur papier vergé.

Tout est à louer dans le travail de M. de La Borderie : l'introduction, le texte, les notes, l'appendice, la table analytique.

L'Introduction se divise en trois parties : *Les ouvriers de l'Histoire de Bretagne* (p. I-XII). *Travaux des Bénédictins bretons. La légende de Lobineau* (p. XIII-XXXII). *Les Bénédictins bretons d'après leur correspondance historique* (p. XXXIII-XLII). On trouve là les plus intéressants détails sur l'*Histoire de Bretagne*, publiée en 1707, par D. Lobineau, en deux volumes in-folio et sur l'*Histoire de Bretagne* publiée, de 1742 à 1746, par D. Morice, en cinq volumes in-folio. M. de la Borderie rappelle que les pièces justificatives de la seconde publication sont trois fois aussi nombreuses que celles de la première, mais que D. Morice « ne les a ni découvertes, ni copiées, ni examinées, ni amassées, ni coordonnées ; il les a simplement éditées. Il n'a fait que mettre au jour les résultats d'un travail immense entrepris avant lui, accompli sans lui, par la génération précédente ». Ce fut vers 1685 que l'évêque de Quimper, François de Coëtlogon, engagea D. Maur Audren de Kerdrel à travailler à une nouvelle histoire de Bretagne. Celui-ci s'adjoignit quatre religieux, D. Antoine Le Gallois, D. Mathurin Vessière de la Croze, D. Denys Briant, D. Joseph Rougier. Lobineau n'entra que plus tard dans cette collaboration : ce fut vers la fin de 1693 qu'il remplaça D. Vessière. « C'était l'homme qu'il fallait pour tirer, de l'immense amas de chartes, de chroniques, de dissertations, de matériaux de toute sorte, entassés pendant sept ans par cinq opiniâtres travailleurs, un corps d'annales en bon ordre, clair, lisible et présentable au public. » La rédaction de l'*Histoire de Bretagne* employa, comme la recherche des documents, sept années, de 1696 à 1703. Au mois d'octobre de cette dernière année, Lobineau put présenter aux États de Bretagne le manuscrit complet de l'ouvrage. On a dit et répété que la royauté, mécontente des thèses historiques de Lobineau favorables aux libertés provinciales de la Bretagne, avait persécuté le grand travailleur. C'est une pure légende. Toutes les difficultés suscitées à Lobineau provinrent de la malveillance et de la rancune des Rohan, « furieux d'être privés de leur prétendu ancêtre, le fabuleux Conan Mériadec, premier roi de Bretagne, supprimé par la critique du sévère bénédictin ». Mais, après la mort de Lobineau, « les Rohan n'eurent plus qu'une seule pensée, enterrer son *Histoire* sous une *Histoire* nouvelle, plus étendue, qui restaurerait sur son trône le fantastique roitelet auquel ils se cramponnaient désespérément, Conan Mériadec ». On fit donc, non pas une continuation, mais une nouvelle édition de l'œuvre des Bénédictins, où D. Morice, indigne héritier de Lobineau en loyauté comme en talent, essaya de rétablir « la fabuleuse dynastie Conanéenne ». M. de La Borderie, justement sévère pour D. Morice, nous fait au contraire admirer en Lobineau l'homme autant que l'érudit. Tirant le plus heureux parti des révélations de la *Correspondance historique des Bénédictins bretons*, il nous montre dans l'austère historien un caractère gai, charmant, un esprit des plus vifs, des plus ouverts, une verve intarissable, surtout, « un cœur capable de toutes les délicatesses et de toutes les profondeurs de l'amitié », et « une âme fière, vaillante, dévouée à la vérité ».

La correspondance des Bénédictins bretons se compose de 109 pièces tirées de la Bibliothèque nationale, des Archives nationales, des Archives de Ille-et-Vilaine, des Archives de la Loire-Inférieure, etc. (p. 1-246). Il y a là non seulement l'histoire complète racontée au jour le jour par D. Audren de Kerdrel et par ses collaborateurs de l'*Histoire de Bretagne*, mais aussi une foule de particularités diverses. Il est très souvent question, en cette correspondance, de Roger de Gaignières, qui fut pour les cinq travailleurs bretons un utile conseiller, un utile collaborateur (1). On y voit encore figurer Varillas, l'intendant Nointel, L. Diron, l'abbé de Vertot, D. Denys de Sainte-Marthe, M. de Caumartin, etc. Les lettres de Lobineau sont les plus nombreuses de tout le recueil, comme les plus remarquables. Presque tous les documents publiés par M. de La Borderie étaient inédits : ceux qui avaient déjà paru autrefois étaient tellement rares, qu'on sera heureux de les retrouver à côté des documents mis au jour pour la première fois. Les uns et les autres forment un riche et harmonieux ensemble, auquel d'excellentes notes donnent encore plus de valeur.

L'appendice comprend, sans parler des *additions et corrections*, trois morceaux très curieux : *Les papiers historiques de Lobineau et le président de Bédée* (p. 250-252); *Dom Morice généalogiste en titre de la maison de Rohan* (p. 253-258) (2); *Lettres de Dom Audren et de Dom Briant relatives au recueil des historiens de France* (p. 259-270), recueil dont la première idée appartient à D. Audren et à D. Briant. Dès 1711, D. Audren voulut prendre à ce sujet les conseils de D. Briant, et deux lettres de ce dernier (p. 260-265) sont des réponses aux demandes de son confrère. M. de La Borderie dit (p. 260) des lettres de D. Audren « à D. Bernard de Montfaucon, l'illustre auteur des *Monuments de la Monarchie française* » : « Les numéros 4 et 6 (1717) font connaître la part considérable prise par Montfaucon à la préparation du recueil des historiens de France, sur l'initiative et avec le concours de D. Audren. Les trois autres montrent la vive amitié qui unissait ces deux savants hommes... et le goût de Montfaucon pour les pruneaux de Tours... »

La Table analytique est faite avec un soin extrême : chacune des lettres du recueil y est nettement résumée.

M. de La Borderie a dédié en quelques lignes exquises son livre à M. Léopold Delisle. Le plus grand éloge que l'on puisse donner à ce livre, c'est qu'il est vraiment digne à tous égards d'être dédié à un tel savant.

TAMIZEY DE LARROQUE.

(1) Voir ce qu'on dit M. de la Borderie (*Introduction* p. x).
(2) Signalons (p. 254-258) trois lettres écrites, en 1729 et 1730, à D. Morice, par le **cardinal de Rohan**.

123. — Histoire générale des choses de la Nouvelle-Espagne, par le R. P. fray Bernardino de Sahagun, traduite de l'espagnol et annotée par MM. D. Jourdanet et R. Siméon. Paris, Masson, 1880. In-4º.

Le livre publié par MM. Jourdanet et Siméon n'est pas une œuvre isolée, s'adressant uniquement à la curiosité, et destinée à mettre en lumière quelques détails pittoresques ignorés des littérateurs qui ont dépeint d'une manière souvent fantaisiste les mœurs et les religions indiennes. C'est le second volume d'une encyclopédie où seront admis tous les travaux qui pourront éclairer les lecteurs français sur les usages antiques du Mexique, et sur les civilisations américaines, que les Européens se sont appliqués jusqu'ici plutôt à détruire qu'à étudier. Une telle publication ne pouvait être entreprise plus à propos ; elle sera le complément nécessaire des explorations nombreuses que le gouvernement français a envoyées dans les anciennes provinces de l'empire des Incas ; elle servira à l'explication des monuments que le musée ethnographique, organisé par le ministère de l'instruction publique, tarde si longtemps à exposer aux regards des visiteurs.

Après avoir demandé à l'un des compagnons de Cortez, Bernal Diaz de Castillo, le récit de la conquête du Mexique et de l'héroïque agonie de l'empire aztèque, M. J. s'est encore adressé aux vainqueurs pour obtenir d'eux des renseignements sur l'état de choses auquel ils avaient mis fin. Tandis que les gens de guerre espagnols, dominés par la passion du combat ou par l'avarice, n'avaient vu dans la conquête que faits d'armes, ou rapines et profits ; les missionnaires venant après eux pour assurer leur domination et pour l'adoucir, rendaient aux populations mexicaines la justice qu'elles méritaient. Tout en évangélisant la Nouvelle-Espagne, ils en sauvegardaient les traditions nationales. Parmi tous les recueils de coutumes aztèques, composés par les missionnaires espagnols, M. J. a choisi l'un des moins connus mais non pas des moins instructifs. Fray Bernardino de Sahagun, religieux franciscain, envoyé d'Espagne aux missions du nouveau monde, huit ans après la conquête du Mexique, séjourna soixante-et-un ans dans la vallée de Mexico : il apprit la langue des indigènes, et se mettant en communication avec eux, il réunit lentement les matériaux de son *Histoire générale des choses de la Nouvelle-Espagne*.

Cet ouvrage, dont la composition fut pendant longtemps pour son auteur la cause de contrariétés et de persécutions, n'obtint pas l'autorité qu'il méritait. Le premier éditeur de cet ouvrage resté inconnu jusqu'à notre époque, le Mexicain Bustamante, se montra au-dessous de sa tâche. Lord Kingsborough, en 1830, fit entrer le livre du R. P. Sahagun dans une collection de documents concernant le Mexique. Depuis il ne fut plus édité.

Deux raisons peuvent expliquer l'abandon dans lequel ce livre est resté. Le texte de Sahagun présentait à la lecture deux difficultés qui en écartaient la plupart des savants. La première et la plus insurmontable consistait dans le grand nombre des mots appartenant à la langue de l'ancien Mexique, au *Nahuatl*, que le P. Sahagun a laissés subsister dans son texte espagnol pour désigner des objets et des usages qui n'avaient guère d'analogues en Europe. M. Siméon dans la nouvelle édition française, a fait disparaître cette difficulté : de patientes et savantes recherches sur la langue Nahuatl lui ont permis d'interpréter presque partout d'une manière définitive les termes étrangers. L'intérêt présenté par la traduction française de l'*Histoire générale des choses de la Nouvelle-Espagne* est donc double : les traducteurs ont exhumé tout à la fois les anciennes coutumes et l'ancienne langue du Mexique ; et des deux découvertes qu'ils offrent à leurs lecteurs, la seconde paraîtra la plus surprenante, et sera sans doute la plus fructueuse. Elle nous permet d'espérer dès maintenant, que tous les documents étant désormais accessibles aux savants européens, le passé de l'Amérique perdra bientôt de son mystère.

Le second inconvénient que présentait le livre du missionnaire espagnol était la confusion qui y règne, et le nombre de renseignements qui y sont réunis sans être suffisamment coordonnés entre eux. M. S. explique ce défaut et l'excuse. L'ouvrage tout entier n'est qu'un recueil, nous dirions aujourd'hui, une encyclopédie des connaissances répandues autrefois dans l'empire aztèque. On pouvait envisager diversement le lien qui unit entre elles ces différentes connaissances : le P. Sahagun qui, en sa qualité de missionnaire, est plus particulièrement préoccupé des opinions religieuses du peuple dont il veut opérer la conversion, subordonne tous les renseignements que fournit son ouvrage à la description détaillée du culte, à l'exposition minutieuse du dogme aztèque. Ses efforts tendent tous vers un même but ; il veut éclairer les confesseurs des Indigènes et les faire profiter de sa propre expérience. Tel est le dessein dans lequel il prodigue sur la vie intime et sur la moralité des Indiens, des détails tantôt insignifiants et tantôt choquants : c'est contre ces derniers que M. J. veut nous prémunir, tout en se portant garant de « la haute moralité » de l'indiscret Franciscain. Bien des considérations d'une importance plus générale pour l'empire mexicain ont été sacrifiées à ces questions de détail ; et la composition même du livre empêchera un bon nombre de ceux qui le consulteront d'accepter sans réserve le titre d'histoire qui lui a été donné par son auteur. Tandis que le calendrier et le comput des Mexicains tiennent une grande place dans les cinq premiers livres, ce n'est qu'incidemment qu'on y trouve la liste des empereurs prédécesseurs de Montézuma. Les sacrifices particuliers de chaque corporation d'artisans sont minutieusement décrits, mais leurs instruments et leurs travaux ne sont pas mentionnés.

Malgré ces exemples et d'autres semblables que l'on pourrait citer, il serait injuste de méconnaître que dans certaines parties de l'ouvrage du P. Sahagun, les renseignements les plus précieux sont donnés avec tous les détails nécessaires. Le livre sixième et le livre neuvième, en particulier, renferment des documents d'un prix inestimable pour les historiens : ces documents demanderaient d'ailleurs, pour être complètement utilisés, une table des matières moins sommaire que celle qui termine le livre. Mais quelle que soit l'abondance des renseignements nouveaux que MM. J. et S. viennent de mettre à la portée du public français, il ne semble pas que l'on puisse dès maintenant reconstituer l'histoire de l'empire aztèque, et assigner des causes philosophiques ou morales à sa destinée. M. J. l'a essayé dans sa préface, et malgré la profonde connaissance qu'il possède des choses de la Nouvelle-Espagne, ses assertions ne paraissent pas toutes absolument fondées. On regrettera le peu de précision de ses théories relatives à la décadence de l'empire mexicain, lorsqu'il nous dépeint tout le peuple personnifié en Montézuma, cet « esprit sacerdotal, doublé d'un cœur d'anémique, affadi par le repos et l'efféminbation ». On aura aussi quelque peine à se laisser convaincre que la morale mexicaine aurait été pure et digne en tout du stoïcisme, si une religion sanglante n'avait dénaturé ses préceptes, et que les Aztèques auraient rejeté l'anthropophagie, s'ils n'avaient pas craint de devenir sacrilèges en cessant d'être meurtriers. En pareille matière, M. J., comme l'auteur qu'il traduit, accorde trop d'importance à la religion du Mexique dans l'histoire de ce pays. La religion a été chez les Aztèques, comme elle l'est dans la plupart des cultes païens, l'expression exagérée des sentiments du peuple et la satisfaction de ses instincts : c'est pour cette raison que dans l'ouvrage du P. Sahagun, elle nous apparaît inégale et contradictoire comme l'esprit même des Mexicains, capable de s'élever jusqu'aux vertus les plus raffinées, tout en restant attaché aux pratiques les plus barbares et les plus grossières.

Henri GAILLARD.

124. — **Deux mois de mission en Italie**, par Félix PÉCAUT. Paris, Hachette, 1880, in-12 de VI-331 pages ; 3 fr. 50.

Tout ce qui, dans ce volume, concerne l'instruction est utile : de nombreux renseignements sont accumulés et peuvent aider à une comparaison intéressante avec ce qui se passe en France. Toutefois l'auteur parle plutôt de l'enseignement primaire et secondaire que de l'enseignement supérieur ; il est trop sobre de sa prose sur ce dernier point. Mais il voulait sans doute réserver quelques pages pour des réflexions de haut goût, telles que certains protestants libéraux aiment à s'en permettre lorsqu'ils parlent de l'Église catholique. Le nom de M. Félix Pécaut suffit à indiquer l'esprit de son livre. Oserai-je dire que j'avais d'abord pris, sur le titre, une idée toute différente du contenu de ce volume ? J'avais pensé à une *mission* au sens où les prédicateurs entendent d'ordinaire ce mot. Je ne m'étais pas par trop trompé, et ce sont bien des sermons que j'ai lus, sermons laïques, sermons utilitaires, mais assurément point du tout ennuyeux. Nous sommes loin de beaucoup des idées de l'auteur ; mais si M. P. nous irrite quelquefois, il ne nous ennuie jamais.

Ses trente-huit lettres sont à lire, même à méditer. Elles montrent au grand jour l'esprit qui anime quelques membres de l'Université. Elles dénotent aussi, ajoutons-le, une grande ignorance des vraies dispositions du clergé français. Mais M. P., si plein de préjugés qu'il paraisse, ne nous semble pas de ceux qui se créent des monstres pour les combattre plus aisément. Il ne connaît pas l'Église; son christianisme est bien vague; c'est cela qui lui dicte des arrêts dont, grâce à Dieu, on peut appeler.

Nous réclamerons en tous cas, de M. P., plus de soin dans la correction de ses épreuves. On a laissé passer trop de fautes étonnantes. Pour ne citer qu'un exemple, voyez le second alinéa de la page 104.

Ajoutons que les lettres de M. P., datées de novembre 1879 à janvier 1880, ont d'abord paru dans le *Temps* et dans le *Journal général de l'Instruction publique*.

C. T.

VARIÉTÉS

UNE LETTRE INÉDITE DU P. DE VILLARS, A PEIRESC

On annonce une nouvelle édition d'un ouvrage que tout recommande à l'attention du public éclairé, le nom de l'auteur, comme le choix du sujet : *Vita scholastica, ou la vie du collège, poème latin en quatre livres contenant* : I. *le lever et l'étude* ; II. *les récréations et les jeux* ; III. *la classe et les divers cours* ; IV. *le réfectoire et la table du proviseur*, par J.-P. Rossignol, membre de l'Institut, professeur de littérature grecque au Collège de France. A la suite de l'ingénieux poème de l'éminent philologue, on trouvera diverses petites dissertations, dont une spécialement consacrée aux *jeux des anciens*. J'ai pensé qu'on pourrait en rapprocher une lettre fort curieuse, qui roule en entier sur ces mêmes jeux, et qui fut adressée au grand Peiresc, par un docte Jésuite. Nous ne savons presque rien sur ce religieux, et les consciencieux auteurs de la *Bibliothèque des écrivains de la Compagnie de Jésus* ont seulement pu nous apprendre (1) qu'il était attaché au collège de Billom (Auvergne), au commencement du dix-septième siècle, et qu'il a laissé un gros manuscrit sur la Confession, conservé dans la bibliothèque de la ville de Lyon. Si je ne craignais d'abuser de la permission qu'ont les chercheurs de se glorifier de leurs trouvailles, je souhaiterais à mon petit document l'honneur d'être cité dans la troisième édition du poème, où un de nos plus remarquables hellénistes se montre si parfait latiniste, où un de nos plus graves érudits se montre si gaiement spirituel.

T. DE L.

A Monsieur de Peiresc (2)

Monsieur, j'ay un petit dessin pour le profit de mes escholiers (3) tout plein de curiosité et variété, touchant les jeux des anciens tant privés que

---

(1) Dernière édition, t. III, in-folio, 1876, col. 1409.
(2) Bibliothèque de la ville d'Aix. *Correspondance de Peiresc*, t. XIII, folio 211. Copie.
(3) Le président Fauris de Saint-Vincent, dit, dans une petite note qui précède la lettre du P. de Villars, que ce religieux avait fondé à Annat (?), en Provence (je ne retrouve dans nos dictionnaires géographiques aucune localité de ce nom), un établissement pour élever des jeunes gens.

publics. Je voudrais bien leur en donner un petit recueil, où il n'y manquast rien sommairement. Je sens bien ma faiblesse pour en venir à bout, mais encore plus la disette de livres desquels nous sommes fort depourveus. J'ay tant ouy renommer vostre curiosité en toute sorte d'erudition de l'antiquité, et reconneu vostre courtoisie et bonté que j'ay pris la hardiesse de vous faire une tres humble priere, de me prester Hieron. Mercurialis *de re Gymnastica*, si vous l'avés. J'ai veu Meursius, Bulengerus, Soufferus, Hadrianus Junius, Lipsius, Bisciola ce qu'il en a, quelques interpretes de nos poetes. Je trouve cité Cœlius Calcagninus de Ludo Talorum, Tesserarum et calculorum, et en effet je l'ay veu entre ses opuscules à Avignon, mais le peu de temps que j'y arrestay m'osta le moyen de le lire. Si vous l'aviez avec Mercurialis ou quelqu'autre dans quinzaine je vous les rendray sans les gaster; et quoyque par malheur vous ne les eussies point, je m'estimeray neantmoins grandement obligé, mais sans feintise, à prier Dieu pour vostre santé, tant pour l'affection particulière que vous avés pour nostre Compagnie en general, que pour mon inclination et devoir en particulier qui me rend pour tousjours, Monsieur, vostre, etc.

Baltazar DE VILLARS (1).

PUBLICATIONS DE LA QUINZAINE

L'astérisque placé devant le titre des ouvrages indique qu'il en sera rendu compte dans le Bulletin critique.

288. — ALBANÈS (J. H.), *Le Couvent royal de Saint-Maximin en Provence*, de l'ordre des Frères Prêcheurs : ses prieurs, ses annales, ses écrivains ; avec un cartulaire de quatre-vingt-cinq documents inédits. In-8°, xv-623. Marseille, Camoin.

289. — ARDENAY (d'), *Mémoires de J. B. H. M.*, le prince d'Ardenay, avocat en parlement, négociant, juge-consul et maire du Mans; publiés et annotés par l'abbé Gustave Esnault, pro-secrétaire de l'évêché, secrétaire de la Société historique et archéologique du Maine (1737-1815). In-8°, xvi-371 pages avec figures. Le Mans, Leguicheux-Gallienne.

290. — BARCILLON, *La Magistrature et les décrets du 29 mars* 1880. Paris. In-18, 3 fr. 50 c. Oudin.

291. — *La Belgique et le Vatican*, documents et travaux législatifs concernant la rupture des relations diplomatiques entre le gouvernement belge et le Saint-Siège, précédés d'un exposé historique des rapports qui ont existé entre eux depuis 1830. In-8°, Maresq.

292. — BERNARD, *Souvenirs d'un Nonagénaire*. Mémoires, publiés sur le manuscrit autographe, par C. Port, correspondant de l'Institut. Paris. Champion, 1880. 2 vol. in-8°. 15 fr.

---

(1) Les PP. de Backer et C. Sommervogel n'avaient pas connu le prénom du correspondant de Peiresc. La présente lettre ne porte malheureusement aucune indication de date ni de lieu.

293. — *Bulletin de la Société d'études scientifiques d'Angers*, huitième et neuvième année, 1878-1879. « Outre les nombreuses et intéressantes communications faites aux séances ordinaires de la Société, ce bulletin contient une notice de M. Levat sur Ehrenberg, cet investigateur infatigable, à qui la zootechnie et la physiologie doivent un ensemble de travaux et de découvertes difficiles à égaler, impossibles à surpasser; — un article du même auteur sur l'abatage des viandes vivantes, qui nous paraît bien fait pour émouvoir les membres de la Société protectrice des animaux et mériter l'attention des hygiénistes; — des travaux plus importants de MM. Lucante et Trouessart, sur lesquels il faut insister davantage. Lorsque Serres, le premier, en 1853 prononça devant l'Académie des sciences le mot de *Paléontologie humaine*, il donnait un nom à une science qui n'existait pas encore, mais bientôt, à la suite des Boucher de Perthes, des Lartet et des Chrysti, une légion de travailleurs fouilla le sol de nos cavernes, et on put essayer une esquisse de l'histoire de notre race à une époque antérieure à tous les documents de l'histoire. M. Lucante, en publiant son *Essai géographique sur les cavernes de la France et de l'Étranger*, rend un vrai service aux naturalistes désireux de se livrer aux explorations cavernicoles. Il nous donne l'énumération à peu près complète des cavernes déjà connues, la description des plus importantes et les principaux résultats des fouilles qui y ont été faites. La première partie de ce travail ne comprend que la région du sud de la France. Les indications sont exactes, précises, pas toujours complètes peut-être, mais bien suffisantes. Une bibliographie particulière à la région du sud accompagne ce travail et le complète. Nous regrettons qu'au lieu de renvoyer le lecteur à la carte géographique publiée en 1875 par la commission de la topographie des Gaules, l'auteur n'ait pu, faute de loisirs, en ajouter une à son mémoire.

« M. le docteur Trouessart qui travaille depuis longtemps à la faune comparée des mammifères de France communique *Une révision des Musaraignes (Soricidæ) d'Europe* et quelques notes sur les insectivores en général, avec indication des espèces qui se trouvent en France. L'auteur, très au courant des découvertes modernes, nous entraîne bien loin des trois genres classiques de Linnée (Hérisson, Taupe, Musaraigne) et propose une classification comprenant neuf familles bien caractérisées. C'est un travail sérieux et méthodique que les zoologistes consulteront avec fruit. » J. B.

294. — CAGNAT (R.). *De municipalibus et provincialibus militis in imperio Romano*. In-8º, 104 p. Paris, Thorin.

295. — * CARO (E.). *La Fin du dix-huitième siècle*. Etudes et portraits. T. I et II, 2 vol. In-18 jésus, IV-742 p. Paris, Hachette et Cº, 7 fr.

276. — CHAUVEAU. *Au service du pays*, deuxième série, Palmé, in-8º, 6 fr.

297. — DENIS, *Recherches bibliographiques et historiques sur les almanachs de la Champagne et de la Brie*, précédées d'un essai sur l'histoire de l'Almanach, composts, calendriers, etc., 1 beau volume in-8 carré. Châlons-sur-Marne, 2 fr.

298. — DURDIK, *Ueber das Gesammt Kunstwerk als Kunstideal* (Separat-

Abdruck aus der « Politik » 1880). Prag. in commission bei D. Gregror und Ferd. Dattel, brochure in-8º de 26 pages.

« A recommander à ceux qui s'occupent d'esthétique. On peut n'admettre pas toutes les idées de l'auteur : les distinctions sont parfois subtiles ; mais ce travail est d'une grande originalité et la question est traitée d'une manière intéressante. (Comparer : Alle mie prigioni di Silvio Pellico addizioni di Piero Maroncelli, Cor-Mentalismo : IV.) » P. M.

299. — FONVIELLE (W. de). *Les Miracles devant la science*, in-18 jésus, x-129 pages. Paris, Dentu 1 fr.

300. — * GIESEBRECHT, *L'Allemagne au temps de Frédéric Barberousse.* Brunswick, Schwehske. In-8º.

301. — GUÉGEN, *Recherches préhistoriques de 1872 à 1879, dans le département de Seine-et-Oise.* « Ce travail comprend une étude sur le menhir de Gency, avec la légende de Gargantua qui s'y rattache, la découverte des stations gallo-romaines des Gressets, des Mureaux ; de la sépulture gauloise d'Auvers-Saint-Georges ; du dolmen de l'Etang ; du cimetière de Bernes. C'est, on le voit, une récolte fructueuse et intéressante pour les archéologues, et on ne saurait trop encourager les communications de ce genre. » J. B.

302. — LE HARDY (G.), *Le Dernier des ducs normands*, étude de critique historique sur Robert Courte-Heuse. In-8º, 184 p. Caen, imp. Le Blanc-Hardel.

303. — LESCURE (de), *Mémoires sur les Assemblées parlementaires de la Révolution*, tome premier : Constituante. Paris, Plon, un vol. In-18 jésus 3 fr. 50.

304. — * LIPSIUS, *Lehrbuch der evangelisch, protestantichen dogmatik*, Brunswigk, Schwetschke 1879. In-8º de 863 pages.

305. — * LASAULX (A. de) *Sœur Augustine*, Souvenirs, troisième édition, Gotha, Perthes, 1881. In-12, 3 fr. 75.

306. — * MONRAD, *Le monde de la prière*, traduit par Michelsen. Gotha, Perthes, 1881. In-12, 3 fr. 75.

307. — NIZIER DU PUITSPELU, *Marie-Lucrèce et le grand couvent de La Monnoye.* In-8º, VII-192 p. et plan colorié par M. Vermorel. Lyon, Meton, 7 fr. 50.

308. — RIEMANN, *Bibliothèque des écoles d'Athènes et de Rome*, fascicule dix-huitième. *Recherches archéologiques sur les îles Ioniennes* (Zante, Cérigo), Paris, Thorin, 1880. In-8º de 66 p. « Troisième et dernière partie d'un travail complet sur les îles Ioniennes. Le plan est le même que dans les fascicules précédents. Pour chaque île, M. R. indique d'abord les travaux antérieurs dont elle a été l'objet, livres, mémoires et cartes géographiques ; vient ensuite une description physique, puis un recueil des textes anciens et un autre des relations de voyageurs modernes sur l'état des monuments. Après ces préliminaires, M. R. expose le résultat de ses recherches personnelles sur le terrain et dans les collections locales. La fascicule se termine par un appendice contenant des rectifications aux cartes des îles Ioniennes publiées avant 1876 et deux cartes, l'une de Zante, l'autre de Cérigo.

« Le travail de M. R. peut être considéré comme définitif, au moins jusde nouvelles découvertes. Comme dans ses travaux de pure philologie, l'auteur témoigne ici d'une rare prudence dans les jugements et d'une scrupuleuse exactitude dans le détail des faits. » L. D.

309. — ROBINEAU, *Juan le Burgrave.* Vieille nouvelle traduite par Georges Robineau. In-18 elzév. de 145 pages. Bar-le-Duc, Léon Philipona, éditeur, 1880, 1 fr. 50. « On avait perdu, depuis Ronsard, la trace de la « gentille et triste souvenance du Seigneur Ardillon de Lafenestre, sire d'Yvronval », dont parlait déjà le roman de Guillaume de Lorris et de Jehan de Meung, au treizième siècle. M. Georges Robineau a eu la bonne fortune de retrouver cette « mignonnette et dolente » histoire dans un vieux rituel manuscrit de l'église Saint-Alpin de Châlons. Il l'a traduite en langage moderne : les épisodes si dramatiques de la légende et sa moralité ont plus de relief encore dans ce style, où l'auteur a su mettre tant de chaleur, de délicatesse et d'énergie. » M. H.

310. — ROUYER (J.), *Fragments d'études de bibliographie lorraine.* Les Editions des Mémoires du marquis de Beauvau ; imprimés pseudo-lorrains ; imprimés lorrains déguisés ; In-8º, 84 pages. Nancy, imp. Crépin-Leblond ; lib. Wiener.

311. — THÉVENOT, *Histoire et Statistique de l'Instruction primaire à Troyes,* depuis la Révolution jusqu'à nos jours. Troyes, 1880, broch. in-8º de 78 p. « Cette brochure se divise en deux parties, comme l'indique le titre même : *Histoire et Statistique.*

« Les 52 premières pages ne sont pas autre chose qu'un résumé, sans commentaire, de faits qui peuvent intéresser la ville de Troyes. Le mot *Histoire* nous paraît ambitieux.

« Quant à la *Statistique,* elle comprend d'abord une courte notice sur chacun des établissements scolaires du chef-lieu de l'Aube (origine, installation, mutations, personnel) ; puis, dans un tableau d'ensemble, simple et clair, le nombre de classes, d'élèves inscrits et d'élèves présents pendant le dernier exercice ; enfin, le budget de l'instruction publique de la ville de Troyes pour l'année 1879 Somme toute, travail estimable. » J. V.

ERRATUM. — Dans le nº du 15 novembre, p. 259, ligne 15, au lieu de de *Cond-sur-Ton,* lisez : *Condé-sur-Iton ;* cet erratum peut également s'appliquer à l'ouvrage de M. de Grotefend : *Dei Stempel der rœmischen Augenaerzte,* nº 69.

H. T.

Le gérant : A. SAUTON.

312. — Berger, *Les Registres d'Innocent IV*, recueil des bulles de ce pape, publiées ou analysées d'après les manuscrits originaux du Vatican et de la Bibliothèque nationale de Paris. Paris, Thorin.

313. — Bordeaux, *Miscellanées d'archéologie normande* relatives au département de l'Eure. Paris, Claudin. In-8°. 6 francs.

314. — Bos (E.). *Les Avocats aux conseils du roi*, étude sur l'ancien régime judiciaire de la France. In-8°, 572 p. Marchal, Billard et C°. 7 fr. 50.

*315. — Bosredon (P. de). *Sigillographie du Périgord*. In-4°, 328 pages et 5 planches. Périgueux, imp. Dupont et C°.

316. — Chantelauze (R.). *Louis XIV et Marie Mancini, d'après de nouveaux documents*. In-8°, iv-432 pages. Paris, Didier et C°. 7 fr. 50.

317. — Gratry (A). *Henri Perreyve*. Nouvelle édition, précédée d'une préface par Mgr A. Perraud, évêque d'Autun, et suivie d'une notice sur les derniers jours de l'abbé Perreyve, par M. l'abbé E. Bernard, aumônier de l'Ecole normale. In-18 jésus, viii-307 pages. Paris, lib. Gervais.

318. Havard. *La Hollande à vol d'oiseau*. Illustrations de Lalanne. In-8°. Paris, Quantin, 25 francs.

319. — Janzé. *Berryer, souvenirs intimes*. Paris, Plon, 1881. In-12 de 281 pages.

« Beaucoup de détails, souvent des plus petits, mais toujours intéressants sur la vie intime de Berryer. L'auteur n'a pas pu et n'a pas voulu tout dire. Aussi l'indiscrète curiosité, qui est si fort de mode aujourd'hui, ne trouvera guère d'aliment dans ce volume. Mais les admirateurs du grand orateur, du légitimiste fidèle jusqu'à la mort, y rencontreront de nouveaux motifs d'aimer leur héros. Un certain nombre de lettres et de pensées inédites donnent plus de prix encore au récit de Mme de Janzé. Pourquoi avoir voilé certains noms propres, lorsque depuis longtemps on connaît les anecdotes à propos desquels ceux qui les portent sont cités ? »   C. T.

320. — La Ferrière. *Lettres de Catherine de Médicis*. T. Ier (1533-1563). 1 volume in 4°, net 12 francs. Didot.

321. — Molinier. *L'inquisition dans le Midi de la France au treizième et au quatorzième siècle*, étude sur les sources de son histoire. Paris, Fischbacher. Un in-8° de xxviii et 484 pages. 12 francs.

322. — Nivelet. *Molière et Gui Patin*. Paris, Berger Levrault. In-12. 2 fr. 50.

*323. — Reville. *Prolégomènes de l'histoire des religions*. Paris, Fischbacher. 6 francs.

*324. — Révillout (Eug.). *Le Concile de Nicée d'après les textes coptes et les diverses collections canoniques*. Premier fascicule : Nouvelle série de documents (le mss. Borgia); Deuxième fascicule : Dissertation critique (chap. i, II et 1 à 6 du chapitre iii). Paris, 1881. In-8°, br., de 72 et 216 pages. Maisonneuve. 12 francs.

*325. — Sciout (L.). *Histoire de la constitution civile du Clergé (1790-1801)*; l'Eglise sous la Terreur et le Directoire. T. iii. In-8°, 763 pages. Paris, Firmin-Didot.

CABINET DE LECTURE

RUE SAINT-PLACIDE, 5

SUCCURSALES

Rue Caumartin, 32. — Rue Greneta, 3.

Rue Maubeuge, 92.

Nous recommandons d'une manière toute spéciale, aux abonnés du BULLETIN, ce Cabinet de lecture, très riche en livres de théologie, d'histoire et de littérature. On ne rencontre pas souvent, dans les collections analogues, des ouvrages aussi sérieux que les *Acta Sanctorum, La Patrologie latine*, de Migne; *la Grande Géographie universelle*, de Reclus; la théologie du cardinal Franzelin, les écrits de saint Augustin, de saint Jérôme, de saint Grégoire de Nazianze, de saint Bernard, de saint Bonaventure, etc. On y trouve aussi toutes les actualités remarquables.

PRIX EXTRÊMEMENT MODÉRÉS

Paris. — E. DE SOYE et FILS, imprimeurs, place du Panthéon, 5.

BULLETIN CRITIQUE

DE LITTÉRATURE, D'HISTOIRE ET DE THÉOLOGIE

SOMMAIRE. — 125. FOUARD, La vie de Notre-Seigneur Jésus-Christ, *C. Trochon.* — 126. POTTIER, La mission de saint Julien, *A. de Meissas.* — 127. ROUX, Le pape saint Gélase, *L. Duchesne.* — 128. FOURNIER, Les officialités au moyen âge, *P. Viollet.* — 129. GUARDIA, L'éducation dans l'école libre, *Beurlier.* — 130. J. MINOCHERJI, Dictionnaire pehlevi, *Ch. de Harlez.* — 131. GODEFROY, Histoire de la littérature française au dix-huitième siècle, *P. Lallemand.* — 132. — BLANC, Epigraphie du département des Alpes-Maritimes, *H. Thedenat.* — 133. DELABORDE, Chartes de de Terre-Sainte, *U. Chevalier.* — 134-139. Ouvrages de biographie et de bibliographie, *J. Vaudon, A. de S. A., Trochon, T. de L., et Millet.* — 140. PORTALIS ET BERALDI, Les graveurs du dix-huitième siècle, *A. de S. A.* — 141-152. Livres d'étrennes, *L. Duchesne, C. Trochon, A. Ingold, Millet, J. V., Richard.* — Publications de la quinzaine.

125. — **La Vie de Notre-Seigneur Jésus-Christ**, par l'abbé C. FOUARD, professeur à la Faculté de théologie de Rouen. Paris, Lecoffre, 1880, 2 vol. in-8° de xxxii-522-527 pages.

« Cette vie de Jésus est un acte de foi... nous ne voulons que faire mieux connaître et aimer le Sauveur. » Ces mots de la préface de M. Fouard expriment bien la pensée de son livre. Mais il a compris qu'une œuvre de ce genre devait, pour réussir aujourd'hui, être au courant des dernières recherches. Aussi s'est-il efforcé d'entourer les difficultés que peut présenter la vie de Notre-Seigneur des éclaircissements les plus nombreux et les plus étudiés. A-t-il partout réussi? C'était difficile dans une œuvre aussi considérable. Au moins M. F. l'a tenté.

La vie de Notre-Seigneur est divisée en sept livres : I. L'enfance de Jésus. II. Les débuts du ministère de Jésus. III. Première année du ministère de Jésus. IV. Deuxième année du ministère de Jésus. V. Troisième année du ministère de Jésus. VI. La grande semaine. VII. La passion et la résurrection de Jésus. Quelques appendices curieux (Jérusalem et le temple, l'étoile des Mages, la piscine de Bethséda, la chronologie de la passion, etc.) terminent chacun des volumes.

Le récit est clair et intéressant. L'auteur reproduit le plus souvent les paroles mêmes des Évangiles, et cela, d'après la traduction tirée par M. Wallon des œuvres de Bossuet. Il entremêle ses récits de pieuses réflexions, qu'il appuie en note d'extraits éloquents, empruntés aussi à Bossuet, et qui quelquefois font involontairement tort au texte de l'auteur.

La partie la plus étudiée et la plus neuve du livre est la partie géographique. La plupart des identifications proposées par M. F. sont fondées. On remarquera spécialement sa dissertation sur l'emplacement de Capharnaüm et sur les villes du lac de Génésareth (t. I, p. 195 et suivantes). Les descriptions topographiques sont exactes ; l'auteur a, du reste, visité attentivement la Palestine avant de prendre la plume, et on sent encore l'impression vive que lui a laissée la vue de ces lieux sanctifiés par le passage de Jésus. Il nous semble néanmoins difficile d'admettre que la ville de Juda, de saint Luc (I, 39). soit la petite ville d'Iouta, voisine d'Hébron (I, 20, note) : l'opinion du fr. Liévin et de M. Guérin nous paraît plus fondée. Ramah (I, 94) de saint Matthieu (II, 18) et de Jérémie (XXXI 15), est identifiée par la plupart des modernes avec Er-Râm, à cinq milles nord de Jérusalem.

M. F. s'est beaucoup servi, pour éclaircir les passages de l'Evangile relatifs aux coutumes juives du temps de Notre-Seigneur, des livres tamuldiques. Il a mis pour cela à profit les recherches de Lighfoot, Sepp, etc. Cette partie de son livre est donc des plus intéressantes.

Nous aurions plus de réserves à faire relativement à la chronologie adoptée par M. F. D'abord l'auteur n'indique pas les difficultés qui ont été soulevées contre la date du 25 décembre, pour la Nativité de Notre-Seigneur. Beaucoup de critiques prétendent, quoi qu'il en dise, que cette date n'offre aucune probabilité (Usserius, Newton, Eadie, etc.) Il eût été utile de réfuter leurs objections, et de donner les motifs sur lesquels s'appuie l'usage liturgique. On eût lu aussi avec intérêt le passage où Clément d'Alexandrie rapporte les différentes opinions qui circulaient de son temps sur le jour de la Nativité (*Stromates*, I, 21 ; cf. Tillemont, *Mémoires*. t. I, p. 445).

M. F. met en 749 la naissance de Jésus-Christ, et en 783, la mort du Sauveur, âgé alors, dans cette hypothèse, de trente-quatre ans. Il suit l'avis de Lamy, Petau, Wieseler, qu'il cite, et de Weigl et Stawart qu'il ne cite pas. On peut adopter cette date, quoiqu'elle ait contre elle des savants fort sérieux, Sepp, Lewin, etc.

M. F. fixe la date de la passion à l'an 30 ; c'est le système des gnostiques basilidiens, d'après Clément d'Alexandrie (p. 408, Potter) ; il s'appuie sur une exégèse assez discréditée, celle qui réduit à une année le temps du ministère public de Notre-Seigneur. Pour le jour, M. F. s'arrête au 14 nisan, avec raison ; mais il veut à toute force que Notre-Seigneur ait fait la pâque la veille ; l'opinion contraire, soutenue par le P. Lamy, dom Calmet et bien d'autres savants catholiques lui paraît, « choquer trop ouvertement le sentiment général de l'Eglise ». Comme indice de ce sentiment général, il cite une phrase incidente du Concile de Trente, où se trouve, en effet, une allusion à la pâque du jeudi saint. Mais que conclure de là? Que le Concile de Trente a employé, sur une question accessoire, et qu'il n'avait intention ni de traiter ni de résoudre, un langage en rapport avec l'exégèse courante du seizième siècle. Il est regrettable de voir introduire de pareils arguments dans une discussion scientifique.

Nous ne pouvons insister sur ce sujet qui nous conduirait trop loin. Le lecteur trouvera, dans des écrits spéciaux, à se renseigner amplement.

Cela nous conduit à une observation plus générale. M. F. tient trop compte de ce qu'il appelle la tradition. Car notez qu'il ne s'agit pas ici de tradition dogmatique ni de rien qui engage l'autorité de l'Église. Mais dans tous les points laissés à la recherche de l'érudit, son siège est fait d'avance. Il apporte des arguments à l'appui d'une thèse qu'il accepte, mais qu'il ne discute pas. (V. en particulier ce qui concerne Marie-Madeleine, I, 379-382.) Sans doute les arguments sont excellents, mais ils ne sont pas décisifs, et après qu'on les a lus, le doute subsiste. M. F. eût dû au moins énoncer les motifs de l'opinion contraire.

Encore quelques observations de détail :

Après avoir indiqué, pour la recherche des leçons du texte primitif, la grande utilité des traductions composées sous les yeux des apôtres (il aurait fallu dire quelles elles sont et où on les trouve), l'auteur s'exprime ainsi : « On voit par là quelle a été la sagesse de l'Église, quand elle a déclaré authentique, non le texte original, mais la plus importante de toutes les versions, la Vulgate » (p. xv, note 2). Mais il n'y avait aucune raison pour déclarer l'authenticité du texte original, et d'ailleurs, au Concile de Trente, l'Église ne voulait prononcer qu'entre les versions latines : « Ex omnibus latinis editionibus... quænam pro authentica habenda sit. » (V. Lami, *Introductio in S. S.*, t. I, p. 167.) La pensée de l'auteur n'est pas ici bien claire. D'ailleurs, d'après les théologiens les plus autorisés, la déclaration du Concile signifie simplement qu'il n'y a rien dans la Vulgate d'où l'on puisse tirer quelque conséquence contraire à la foi et aux mœurs. Dans la liste des ouvrages consultés, où il y en a un certain nombre d'inutiles (Dupanloup, Veuillot, Faber, etc.), n'eût-il pas été prudent de ne point attribuer sans restriction à saint Bonaventure les Méditations sur la vie du Christ (p. xxv)? M. F. ne cite pas un curieux livre de M. Stappfer, *Idées religieuses des Juifs au temps de Notre-Seigneur*, Paris, 1878, in-12. Jérusalem n'a jamais eu le sens de : « ils verront la paix », t. II, p. 208, note. L'origine du Sanhédrin n'est pas aussi certaine qu'on pourrait le croire en lisant M. F., I, 5, 6. Pour la signification du mot « almah » d'Isaïe, VII, 14, ce n'est pas aux *Grands prophètes* de M. Le Hir qu'il fallait renvoyer, mais aux *Études bibliques*, I, 81, où paraît bien plus profonde l'empreinte de la pensée personnelle du savant Sulpicien.

Toutes ces réserves ne nous empêchent pas de reconnaître la valeur de l'ouvrage. Il se lit sans fatigue et même avec plaisir; ce qui n'est pas une médiocre qualité pour un livre de ce genre (1). M. F. réussit à faire naître l'envie de relire le texte même des Évangiles. Et c'est là, en effet, que doit toujours revenir le lecteur chrétien. C'est à lui, après avoir médité les paroles sacrées, de refaire pour son usage l'histoire de Jésus-Christ. Le contact avec les paroles inspirées lui sera plus profitable que toute autre lecture. Mais quelle plus noble récompense pour un auteur que de rendre plus vif et plus constant le goût des Évangiles!

C. Trochon.

---

126. — **La Mission apostolique de saint Julien et la tradition de l'Église du Mans avant 1645**, par l'abbé C. Pottier, brochure in-8°, Mamers, typographie Fleury.

M. l'abbé Pottier continue au Mans, en qualité de vicaire de Notre-Dame de la Couture, les grands hommes de l'Ordre de saint Benoît, dont la science profonde et la critique judicieuse firent jusqu'au siècle dernier la gloire du monastère de ce nom. Les continuant par le ministère sacerdotal, il paraît s'être mis en tête de les continuer pour les travaux historiques. Projet excellent, mais qu'il eût fallu faire suivre de longues et fortes études avant d'affronter la publicité. Or M. P. était déjà prêtre en février 1879; mais les fameux manuscrits qu'il appelle aujourd'hui avec emphase *nos manuscrits*, bien que logés tout à côté de lui dans l'ancien monastère de la Couture, lui étaient encore absolument inconnus. J'en eus la preuve dans un petit séjour que mes discussions avec le R. P. Dom Piolin, au sujet de ces précieux documents, me fit faire à cette époque dans la Bibliothèque du Mans, et tout me porte à croire que c'est seulement au mois d'août suivant, c'est-à-dire un an à peine avant sa propre entrée en lice, que mes *Répliques à deux Bénédictins de l'école légendaire* lui révélèrent leur existence. On s'explique aisément que, dans de pareilles conditions, M. l'abbé P. se dégage mal de l'influence du nouveau propre du bréviaire cénoman, qui fait envoyer saint Julien, non plus par saint Clément, comme s'étaient contenté de le faire les fabulistes du neuvième siècle, mais par saint Pierre en personne. On conçoit moins bien que, pour avoir feuilleté le missel du Cardinal de Luxembourg, et y avoir découvert la messe *Mihi autem*, que j'avais signalée dans deux autres missels de la même époque, mais qui m'avait échappé dans celui-là, il se soit cru de force à sauver les RR. PP. Marin de Boylesve, Dom Chamard et Dom Piolin, des embarras où ils se sont mis, à propos de la mission de saint Julien. Sa brochure n'apporte pas l'ombre d'un argument nouveau dans la discussion. S'il tient à faire

---

(1) De bonnes cartes, une table alphabétique détaillée et une harmonie des Évangiles complètent utilement la *Vie de Notre-Seigneur*.

triompher l'école des Darras et des Chamard contre celle des Papebrock, des Henschénius, des Longueval, etc., sans parler des modernes, il faut pourtant qu'il réfute nos preuves. Nous avons établi que le premier chapitre des *Gestes des évêques du Mans* n'est qu'un monument d'imposture encore plus que d'ignorance; que jamais saint Julien, quoi qu'on en dise, n'a été assimilé aux apôtres, ni par le culte qu'on lui rendait, ni autrement; que les plus anciens martyrologes, quoi qu'on en ait dit encore, l'ont absolument ignoré. Sur ce dernier point, nous recommandons d'avance, à M. l'abbé P. et à ses pareils, l'étude d'un martyrologe de la plus haute antiquité dont l'édition, que prépare en ce moment notre savant collaborateur et ami l'abbé Duchesne, en commun avec M. de Rossi, donnerait le coup de grâce à l'école légendaire, s'il était encore à donner. Nous avons démontré l'impossibilité de constater une tradition chronologique au travers d'époques où l'ignorance était presque universelle; où, l'ère chrétienne n'étant pas encore en usage, les doctes mêmes étaient entraînés presque fatalement à des erreurs de synchronisme que ne commettrait pas aujourd'hui un élève de troisième. Nous avons rappelé que, au quatrième siècle, Le Mans prenait pour patrons les saints Gervais et Protais, de préférence à saint Julien; que le culte des saints martyrs de Milan prima au moins jusqu'au quinzième siècle celui du premier évêque cénoman; que, au neuvième siècle, saint Aldric trouva le tombeau de saint Julien délaissé; que, au dixième siècle l'honnête et savant Léthalde déclarait à l'évêque Avesgaud qu'on en était réduit aux conjectures sur l'époque de la mission de saint Julien, et que s'il y avait quelque chose d'absolument certain, c'était seulement qu'il n'était pas venu du temps de saint Clément, comme l'amour-propre de clocher le faisait dire dès lors aux ignorants; que, au treizième siècle, on enveloppait les reliques de saint Julien dans un parchemin attestant qu'elles avaient reposé six cents ans, c'est-à-dire depuis le troisième siècle seulement dans son premier tombeau, etc., etc... Quand M. l'abbé P. aura trouvé quelque chose à répondre à tout cela, nous sommes tout disposé à l'annoncer aux lecteurs du *Bulletin*. Jusque-là il ne pourra aborder avec succès la critique historique.

A. DE MEISSAS.

---

127. — **Le pape saint Gélase Ier**, étude sur sa vie et ses écrits, par A. Roux, prêtre du diocèse de Bordeaux. Bordeaux, Duthu; Paris, Thorin, 1880; in-8° de 224 pages.

Thèse de doctorat, c'est-à-dire début littéraire. L'auteur n'a pas eu beaucoup de livres à sa disposition : Jaffé n'est pas même cité. Cependant il a pu consulter l'excellent recueil des lettres pontificales publié par Thiel; il montre d'ailleurs un esprit critique assez remarquable pour un ecclésiastique et mérite d'être encouragé. En dehors des préliminaires et de quelques pages consacrées à la biographie du pape Gélase, les questions étudiées sont : 1° l'intervention de Gélase dans les affaires des églises orientales ; 2° son attitude en face du pélagianisme, du manichéisme et du paganisme ; 3° son influence sur la discipline ecclésiastique ; 4° le décret *de recipiendis et non recipiendis libris* ; 5° le sacramentaire gélasien.

En général, l'auteur se borne à analyser les uns après les autres les documents relatifs à chacune de ces questions ; on peut lui reprocher de s'être trop souvent arrêté à réfuter les idées de l'abbé Darras, et d'avoir introduit dans une exposition historique des dissertations théologiques sur l'infaillibilité du pape et le pouvoir direct. La troisième question (discipline ecclésiastique) est traitée beaucoup trop superficiellement. M. R. n'a pu mettre à contribution les lettres de Gélase récemment découvertes au British Museum et analysées par Ewald (*Neues Archiv.*, t. V, p. 505 et suiv.) ; mais il aurait pu tirer un plus grand parti de celles que l'on connaissait déjà.

Les arguments qu'il allègue contre l'authenticité du Décret sur les livres sont considérables et bien présentés ; une étude plus approfondie lui permettra de les compléter. Il devra, en particulier, chercher à déterminer les circonstances qui peuvent expliquer l'apparition de cette pièce en partie supposée. Elle ne figure dans aucune des collections canoniques italiennes du sixième siècle, quoique plusieurs de celles-ci se soient ouvertes à des textes bien autrement suspects ; elle n'est jamais citée, comme le démontre M. R., dans les controverses relatives aux écrits de Fauste de Riez et d'Origène, ni dans les débats sur les trois chapitres. Cependant, plus d'un indice porte à croire qu'on doit placer son origine au sixième siècle ; je ne me hasarderais pas facilement à lui donner une date de beaucoup postérieure au pontificat de Vigile.

Le chapitre consacré au sacramentaire gélasien est très écourté. L'auteur admet l'authenticité de ce recueil liturgique, s'en rapportant sur ce point aux conclusions de Muratori (*Liturgia Romana vetus*, préface). Il y aurait beaucoup à dire sur ce sujet et en général sur les anciens livres de la liturgie romaine ; mais je reconnais que depuis Muratori ils n'ont été l'objet d'aucun travail vraiment scientifique.

Dans le chapitre préliminaire, où il traite de l'état des églises orientales à la fin du cinquième siècle, M. R. accepte sans sourciller l'authenticité des lettres coptes de Pierre Monge et d'Acace, publiées par M. Revillout dans la *Revue des questions historiques* (1er juillet 1877). Je n'ai encore lu aucune appréciation de ces pièces intéressantes. A première vue, elles me parurent supposées ; en les relisant, à l'intention de M. R., j'ai eu exactement la même impression. Jamais Acace n'a pu ramper ainsi aux pieds d'un homme dont il n'avait pas besoin, en somme, de rechercher la faveur ; le secret des démarches dont il est question dans ces lettres, en particulier le mystère qui est censé avoir enveloppé une prétendue pénitence de l'évêque de Constantinople, est aussi un indice défavorable à l'authenticité. A mon avis, tout est de fabrication alexandrine. Pierre Monge, élevé sur le siège de saint Marc après avoir donné sa signature à l'hénotique, était tiraillé à droite par les protériens orthodoxes, à gauche par les monophysites intransigeants. Pour se faire tolérer de ceux-ci, il fallait leur donner à croire que Constantinople avait baissé pavillon devant Alexandrie, que saint Léon et le concile de Chalcédoine étaient non seulement abandonnés, mais condamnés. Tel me parait être l'intention des documents produits par M. Revillout.

Quelques détails fautifs : p. 150, le vingt-quatrième canon de Nicée est un canon apocryphe; p. 158, le premier monument authentique de l'institution des Quatre-Temps n'est pas une décrétale de Gélase : il y a des homélies de saint Léon sur ce sujet, et même on les lit dans le bréviaire; — p. 170, il y a des manuscrits du décret gélasien qui sont antérieurs à la compilation des fausses décrétales, par exemple, le *Luccensis* 490, du huitième siècle; — p. 208, on confond trop l'eutychianisme proprement dit avec le monophysisme; l'agitation causée par cette doctrine ne se termina pas avec le cinquième concile œcuménique; le monophysisme a maintenant encore des fidèles nombreux en dehors de l'Égypte.

L. DUCHESNE.

---

128. — **Les officialités au moyen âge**, étude sur l'organisation, la compétence et la procédure des tribunaux ecclésiastiques ordinaires en France, de 1180 à 1328, par Paul FOURNIER, professeur à la Faculté de droit de Grenoble, archiviste paléographe. Paris, Plon, 1880, 1 vol. in-8° de II-329 pages.

M. Paul Fournier nous a donné un exposé lucide de l'état des juridictions ecclésiastiques au moyen âge. Il a bien vu l'origine des officiaux, ces officiers, ces représentants de l'évêque, qui l'aidèrent à lutter contre le pouvoir exorbitant des archidiacres, et remplirent, en son lieu et à sa place, les fonctions si difficiles du juge. Il a étudié leur compétence et analysé, avec beaucoup de simplicité et de clarté, la procédure d'origine romaine en usage devant ces juridictions.

Cette étude remarquable n'est pas seulement l'œuvre d'un jurisconsulte; c'est celle d'un érudit, qui a su mettre à contribution, avec beaucoup de tact, les sources les plus variées et les plus diverses.

Ce livre, pris dans son ensemble, me laisse pourtant un regret : le chapitre de la *Compétence* et celui des *Conflits* ouvraient à M. P. F. un vaste horizon : il pouvait, il devait donner une certaine satisfaction à la curiosité légitime du lecteur, et ne point reculer devant l'exposé sommaire des plus hautes questions. Cependant, bien que 64 pages soient consacrées par M. F. à l'étude de la compétence des juridictions ecclésiastiques, et à l'exposé des luttes et des conflits entre les deux pouvoirs, le lecteur étranger à ces matières soupçonnerait à peine l'étendue et la profondeur du problème qui se dessina au moyen âge. Ainsi, le croira-t-on? je n'ai pas trouvé dans le chapitre consacré à la *compétence à raison de la matière*, la formule célèbre et singulièrement féconde de la compétence *ratione peccati*. (Voir la Décrétale *Novit* d'Innocent III). Le chapitre consacré aux conflits entre les deux juridictions ne m'a rien appris des querelles de Philippe le Bel et de Boniface VIII. Rien ne m'y a rappelé que la théorie d'une théocratie se formulait en même temps que les baillis royaux luttaient contre les officiaux des évêques sur une foule de questions secondaires. Cette théorie est exposée en termes remarquables par les fils du comte Guy de Dampierre, dans une lettre du 11 juin 1298 :

« ... Nous venismes devant le Pape, et li monstrames le grant fiance que
« vous aviés en lui, et comment vous vous asseüriés bien de vo droit, et
« comment il estoit eu lieu de Dieu en terre, et souverains dou roy de
« France en espirituel et en temporel... Li Pape respondi tantost tele res-
« ponse... Mais bien estoit voir que souvrains estoit il dou roy de France,
« en espirituel et en temporel (1). »

Le voilà, le grand conflit entre les deux juridictions ! On n'a pas l'entente complète des autres querelles de droit et de jurisprudence, si on ne se place nettement en face du problème qui se posa devant les contemporains de saint Louis et de Philippe le Bel. Sans traiter *ex professo* ces hautes questions à propos d'une histoire des officiaux, M. Fournier devait, ce semble, les indiquer.

Sur quelques détails qui ont leur importance, je diffère d'opinion avec M. P. F. Il estime, par exemple, — et cette pensée est répétée à plusieurs reprises, — que la cour de Rome a toujours (2) combattu la procédure des épreuves judiciaires ou ordalies. Cette formule est trop absolue: il est certain que les épreuves ont été admises plus d'une fois par la cour de Rome (3). J'irai plus loin, Louis le Débonnaire a prohibé sans grand succès, l'épreuve de l'eau froide que le pape Eugène II acceptait.

Le résumé que M. F. a placé à la fin de l'ouvrage (p. 288-290), laisse, à mon sens, une impression un peu trop favorable à la procédure ecclésiastique. M. F. y fait, à la vérité, allusion aux abus, « à de graves abus »; mais il ne vise pas autrement la procédure tout à fait secrète contre les hérétiques, dont il a parlé à la page 279. Je crains que le lecteur, en lisant ce résumé, perde facilement de vue ce côté si important de l'histoire de la procédure canonique. Je crains aussi qu'il ne songe pas de lui-même aux garanties de publicité que présentaient les usages germaniques.

---

(1) Kervyn de Lettenhove, *Recherches sur la part que l'Ordre de Cîteaux et le comte de Flandre prirent à la lutte de Boniface VIII et de Philippe le Bel*. Bruxelles, 1853 ; — cité par Quicherat, *Bibl. de l'Ecole des chartes*, 4ᵉ série, t. II, p. 602. — Cf. Kervyn de Lettenhove, *Hist. de Flandre*, t. II, 1847, pp. 604, 605.

(2) PP. 95, 263, 265.

(3) Sur Eugène II et l'épreuve par l'eau froide, voyez Mabillon, *Vetera analecta*. Paris, 1675, t. I, p. 47; édit. de 1723, p. 161, 162. — Dans une lettre de Jean VIII, je lis : « ... Sive solo jurejurando, si persona talis est, sive divino examine, ut moris populi est, aut etiam corpore et sanguine Christi probetur. » (Dümmler, *Gesta Berengarii imperatoris*. Halle, 1871, p. 156.)

Quelques chapitres du volume que je viens d'analyser sont particulièrement remarquables. En voici les titres : *Origine des officiaux. — Des notaires. — De la personne et des attributions de l'official. — Des principaux auxiliaires de l'official*, etc.

L'exposition est excellente. Ce livre d'érudition, aux allures méthodiques, et, pour ainsi dire, classiques, conviendrait, sans modification, à l'enseignement historique du droit. Ces deux qualités sont rarement réunies.

Paul VIOLLET.

---

129. — **L'Education dans l'Ecole libre**, par J.-M. GUARDIA, docteur ès lettres, docteur en médecine, professeur à l'École Monge. In-12, 405 p. Paris. Pedone-Lauriel, 1880.

Depuis quelques années surtout, les livres abondent, qui promettent de nous donner enfin la vraie, la seule méthode d'éducation, celle qui va régénérer la France et remédier à tous les abus. M. Guardia, connu déjà par ses ouvrages classiques, a voulu communiquer, lui aussi, au public ses réflexions sur la matière. Il n'a pas, toutefois, la prétention de réformer l'enseignement de l'État. C'est, du reste peine inutile, car il doit disparaître : « Sans être prophète, on peut prédire à l'Université qu'elle sera démolie comme la Bastille ; car il n'est pas loin, peut-être, le jour où elle deviendra inutile » (p. 121). Il ne veut pas plus indiquer aux maisons ecclésiastiques les progrès qu'elles doivent réaliser. M. G. considère en effet, comme un point acquis désormais, que l'Église n'a rien à voir avec l'enseignement. Le but du livre est donc de montrer ce que doit être l'École libre : véritable école modèle. Que le lecteur n'aille pas croire que l'École libre est celle qui ne relève pas de l'État. Définition défectueuse. Beaucoup d'écoles ne relèvent pas de l'État, et cependant sont à sa remorque, esclaves de ses programmes et de ses méthodes. L'École véritablement libre est celle qui a sa méthode propre, ne prépare, ni au baccalauréat ni aux écoles du gouvernement, mais rend ses élèves capables, à la fin de leurs classes, d'être licenciés, parce qu'ils savent le grec, le latin, le français, les éléments des sciences, etc. Le programme est très beau. M. G. nous avertit (p. 203) que « les programmes ne sont pas toujours l'expression de la vérité. » Espérons qu'ici l'exception vient heureusement confirmer la règle.

L'École libre définie, il nous faut connaître ses procédés d'éducation, et les comparer aux procédés en usage chez les Jésuites, dans les maisons ecclésiastiques, dans les lycées. Pour M. G., c'est tout un. Les Jésuites ont perverti le latin, « comme s'il était leur propriété », ils ont en fait, « par un procédé d'alchimie, le jargon inouï dont leur P. Porée fut le plus parfait modèle » (p. 321). O mânes de Voltaire ! Ils ont, du reste, été prédits par Virgile, au troisième livre de l'*Énéide*, ce sont « ces corbeaux sinistres », qui, toujours chassés, « reviennent, étendant leurs doigts crochus; et l'infection que répandent leurs ordures, empêchent les Troyens d'achever leur repas; enfin, tout pieux qu'il est, le timide Énée perd patience, et déclare la guerre à cette hideuse légion » (*ibid.*) Voilà certes un commentaire qui étonnerait Virgile et Servius.

L'Université ne vaut guère mieux. L'élite de ses professeurs sort de l'École normale. Cette école, « fidèle à son origine, a produit et continué de produire des professeurs, taillés tous sur le même patron, voués tous à la même couleur, animés tous du même esprit de camaraderie..., sceptiques, éclectiques, indifférents, d'une originalité problématique, d'un savoir médiocre, d'une faconde intarissable, d'une ambition peu commune, etc., » (p. 244). Ils forment « la pédantocratie, jonglant avec la politique, après avoir jonglé avec l'histoire, les lettres et la philosophie » (p. 245). « Deux seulement, se rendant justice, ont fini par le suicide, que la terre leur soit légère! » (*ibid.*) M. G., espérons-le, ne désire pas un suicide général de tous les anciens normaliens, pour que la justice soit satisfaite. Quant au vulgaire des professeurs, que vont devenir « ces malheureux, obligés désormais de faire tout autrement que les Jésuites, dont ils suivaient docilement la pédagogie niaise? » (p. 252). Ces citations montrent le procédé de discussion de M. G. Ce n'est pas précisément l'urbanité qui le caractérise. « Petits livres niais », « sottise savante et niaiserie grave », « on ne pousse pas plus loin l'imbécillité » (p. 256-257), « des imbéciles pleins de savoir ont célébré en vers latins la vie scolaire » (p. 63), « procédé grossier imaginé par des incapables » (p. 163), etc. Voilà des échantillons du style de M. G., on dirait un homme armé d'un fouet, qui, les yeux bandés, frappe au hasard sur tout ce qui l'entoure. Souvent il est facile de mettre le nom propre à côté de l'épithète. Personne n'est épargné. Louis XIV, la Convention et Napoléon Ier, sont les types les plus achevés des pouvoirs forts et malfaisants (p. 67). La conduite de M. Guizot aux affaires a été celle d'un pédant incorrigible (p. 435), etc., etc.

Si les jeunes gens qui demandent à l'Université la sanction de leurs études par des grades sont traités de « mandarins », les demoiselles qui affrontent le baccalauréat sont traitées de « mandarines » (p. 221).

Reste à faire le portrait de l'école libre. L'école libre, M. G. revient plusieurs fois sur ce point, n'est pas une maison d'invalides, ni un hôpital (p. 177). Elle n'admet que des enfants bien doués, et capables de profiter de l'éducation qui leur sera donnée. Le régime est l'externat ou la demi-pension. Le personnel enseignant se forme dans l'école même; l'apprenti professeur est l'aide et le futur successeur de celui qu'il seconde. Les classes sont courtes. Point de longs devoirs, peu de thèmes, plus de compositions latines, de vers latins. Les compositions seront courtes, soignées et en français. Les sciences seront enseignées parallèlement aux lettres. La grammaire n'est point séparée des humanités. Le même professeur fera deux, trois classes différentes, de manière à suivre les progrès des élèves. L'élève apprendra des leçons courtes et bien choisies, et étudiera les langues, surtout d'après la méthode historique. Enfin, les cours se termineront par une année consacrée à l'histoire universelle des sciences, des arts, des lettres, à l'hygiène, à la morale, au droit, à l'étude des Méthodes, aux principes de l'art de penser et d'écrire (p. 404). Cette année remplacera avantageusement les classes de rhétorique et de philosophie. A la suite d'une épreuve finale, où il sera tenu compte des notes de chaque année, l'Ecole délivrera un cerificat d'études.

Voilà, certes, un beau programme, nous le répétons, mais on ne peut le juger qu'à l'exécution. Sur un grand nombre de points, il ne fait que reproduire des pratiques déjà en usage dans un grand nombre de maisons, en particulier chez les Jésuites (le professeur n'est pas attaché à une classe, mais suit souvent ses élèves). D'autres réformes sont adoptées dans le nouveau plan d'études des lycées. M. G. a raison lorsqu'il condamne les interminables rédactions d'histoire (p. 390) qui donnent aux élèves la haine de cette science et les habituent à écrire sans réflexion dans un style qui n'est d'aucune langue (1). C'est avec justice qu'il demande que les leçons soient récitées d'une manière plus intelligente. Nous sommes avec lui, quand il flétrit ces préparateurs, qu'il qualifie du nom de *cornacs* (p. 279 et suiv.) qui réduisent leur tâche à produire chaque année par des procédés mécaniques un nombre de bacheliers supérieur à celui que produit la maison voisine; mais, grâce à Dieu, à côté des *cornacs*, puisque cornacs il y a, beaucoup de professeurs dans l'Université et dans les maisons ecclésiastiques comprennent autrement leur devoir. Ils croient, comme M. G., qu'il faut que les maîtres sérieux étudient les méthodes nouvelles, et sachent beaucoup afin d'enseigner utilement. M. G. ne veut pas de savants sans culture littéraire. Il a encore raison, car la science pure ne saurait suffire à former un homme sans les *humanités*. Un théorème ne remplace pas une page de Platon, d'Homère, de Corneille et de Bossuet. De même M. G. observe justement qu'il est impossible de faire expliquer convenablement un texte d'auteur, si on ne met les élèves au courant des institutions administratives et des mœurs auxquelles le texte fait allusion, ou dont il suppose la connaissance chez le lecteur.

Pourquoi M. G. a-t-il étouffé de bonnes vérités, répandues çà et là dans son livre, sous des broussailles d'injures, de paradoxes, de digressions?

Tous ceux qui ont à cœur le progrès intellectuel de la France doivent chercher à faire pénétrer dans l'enseignement des méthodes plus rationnelles. Ils ont à lutter contre la routine pour substituer des livres simples à la fois et donnant aux élèves des vérités scientifiques en grammaire, en histoire, comme dans les sciences physiques et mathématiques. Les *Petits élèves de Lhomond* et autres ouvrages de ce genre méritent bien l'épithète de « sots petits livres » (p. 258), mais ce n'est pas par des injures que la vérité triomphe.

(1) Voir à ce sujet un excellent article de M. Geffroy. *Revue des Deux-Mondes*, 1er décembre 1880.

Ajoutons à cela que souvent les raisonnements de M. G. manquent de rigueur. Ainsi dans le chapitre II du livre Ier. M. G. attaque l'internat. Les objections qu'il produit ne sont pas neuves; en particulier, celle-ci : l'internat est une source d'immoralité, comme tout casernement. Que devient cette objection, quand précédemment il nous a rappelé que l'immoralité était le fait commun des Grecs et des Latins, même des philosophes, de Socrate et de Platon. Ils n'étaient pas internes que je sache. La cause en est donc ailleurs. Pourquoi détruire soi-même les arguments qu'on emploie?

De même M. G. dit que les fondateurs de l'Ecole Polytechnique n'ont pas été formés par elle; ainsi en est-il des premiers et illustres maîtres de l'Ecole normale (p. 136). Cela est d'une clarté qui dépasse l'évidence, mais que conclure de là? L'Ecole libre n'est-elle pas dans le même cas?

Pourquoi M. G. dit-il (p. 263) que nous n'avons pas en France, d'éditions classiques ayant quelque valeur, quand depuis quelques années les maîtres de la philologie, les Thurot, les Weil, les Tournier, les Benoist, les Graux ne dédaignent pas de faire des éditions à l'usage des classes qui sont aussi soignées et aussi scientifiques que les meilleures éditions allemandes.

Qu'on fasse justice de toutes ces éditions mal faites qui encombrent la librairie, rien de mieux. Le *Bulletin critique* est tout prêt à coopérer à cette exécution. Mais pourquoi ces affirmations générales qui ne servent qu'à nuire aux bonnes causes?

Où M. G. a-t-il vu que le thème latin était aboli dans le nouveau plan d'études des lycées? (p. 259). On l'y voit figurer encore, de même que les exercices latins en seconde et la composition latine en rhétorique.

M. G. veut, et nous le voulons comme lui, développer chez l'enfant le sentiment de l'honneur, l'horreur du mensonge, le respect de lui-même et garder avec soin son innocence. Il exclut cependant la religion de l'Ecole. Le jour où il nous montrera ces vertus florissant dans une école d'où le sentiment religieux est systématiquement banni, nous pourrons juger du résultat. L'épreuve n'a pas encore été faite. Nous croyons que cela n'est pas à regretter.

Point n'est besoin d'ajouter, on l'a pu voir par les citations, que le livre est écrit avec verve. M. G. n'aime pas les périphrases, il pense vigoureusement; et quand il veut nommer un chien, il ne dit point « le symbole de la fidélité ».

E. BEURLIER.

---

130. — **Pahlavi gujarâti and english dictionary**. — Dictionnaire pehlevi, guzerate et anglais, par le Destour JAMASPI MINOCHEHERJI. 2 vol. in-8°, Bombay, tome I et II.

Le pehlevi, cet idiome en apparence si bizarre, dont se servaient, pour l'usage officiel, les rois de la race sassanide, les Chosrous, les Shapors et les

Bahrams, n'est encore connu qu'imparfaitement et incomplètement. Les livres religieux de la Perse de cette époque et des zoroastriens des temps postérieurs sont par là remplis encore d'obscurité. Un dictionnaire complet de cette langue est un des *desiderata* principaux de la science orientale. Il existe bien des lexiques spéciaux expliquant le texte de tel ou tel livre en particulier, mais l'ensemble de la langue n'a point encore été formé et coordonné. Aussi ce fut avec une vive satisfaction que l'Europe savante apprit qu'un prêtre zoroastrien, un Destour du Guzerate, avait entrepris cette œuvre aussi difficile qu'importante.

Ce n'est plus, on le voit, le temps ou l'Europe apprenait à l'Inde à comprendre ses livres religieux. Les Pârsis hindous, formés par nos grands maîtres, ont pris les devants à leur tour, et sont maintenant les pionniers de la science. Mais, c'est surtout un sentiment religieux qui les anime et quelque opinion qu'on ait de leur foi, on ne peut qu'admirer leur zèle.

Ce fut donc avec une vive sympathie que furent accueillis les commencements du travail du Destour Jamaspji Minocheherji. Deux volumes du dictionnaire pehlevi ont déjà paru, et malgré les difficultés matérielles qui arrêtent l'auteur en ce moment, nous espérons bien que son œuvre pourra être menée à bonne fin.

Bien que la méthode de l'auteur ne soit pas celle de la science européenne, cependant son livre constitue un répertoire des matières les plus précieuses. Le Destour J. M. était parfaitement préparé à l'exécution de ce vaste travail. Il possède de nombreux ouvrages et manuscrits pehlevis dont plusieurs étaient encore inexplorés; il les a étudiés à fond et en connaît toute la matière. Aussi les éloges ne lui ont pas manqué, comme on peut le voir par l'introduction du second volume, où sont reproduits les témoignages des princes de la science européenne. Nous y voyons en effet, les rédacteurs de nos principales revues : *West* dans l'*Academy*, *Angelo de Gubernatis* dans le *Bolletino*, *Ferd. Justi* dans les *Bibliographischen Anzeigen*, *Westergaard*, dans le *Journal of the indian national association* et *Haug*, dans les *Essays*, accorder au savant indou les éloges mérités. Celui-ci nous donne d'abord dans une note préliminaire l'exposé de sa méthode de compilation et de lecture. L'étudiant devra se le graver dans la mémoire s'il veut profiter de l'emploi du livre. Une introduction de quarante-cinq pages disserte de la nature et de l'origine du pehlevi ; puis vient le tableau de l'alphabet pehlevi et de l'ordre alphabétique adopté par l'auteur, tableau que l'étudiant devra constamment avoir sous les yeux. Très nombreux sont les mots dont on chercherait en vain ailleurs l'explication et la lecture.

Nous disions plus haut que la méthode du D. M. n'est point celle de la science européenne. Il en est ainsi, du moins, à certains points de vue. La lecture des mots est fréquemment toute autre; les différentes formes d'un même mot sont souvent dispersées. Mais nous n'entrerons ici dans aucun détail à ce sujet. Il nous suffit de dire que l'œuvre de notre auteur a tous les caractères d'une vraie érudition et qu'elle rendra de grands services à la science orientale. Tout le monde, comme nous, formera des vœux pour qu'elle soit terminée avant peu, et sera reconnaissant au vaillant travailleur de ses efforts et de ses services.

Ch. DE HARLEZ.

131. — **Histoire de la littérature française depuis le seizième siècle jusqu'à nos jours,** par Frédéric GODEFROY; ouvrage couronné par l'Académie française, dix-huitième siècle (1). 2 vol. in-8°. Paris, chez Gaume.

Le dix-huitième siècle, semble-t-il, revient en honneur. Les tableaux de ses peintres sont recherchés à prix d'or : les mille objets de luxe et d'art qui charmaient cette société raffinée font prime à nos salles de vente. Pourtant on ne saurait dire que le goût de nos contemporains se retourne, avec sympathie, vers la littérature du dix-huitième siècle. C'est ce qui rend plus intéressante cette partie de l'œuvre de M. Godefroy, que je voudrais aujourd'hui présenter à nos lecteurs. Montrer ce que la littérature française a gagné et perdu au dix-huitième siècle, ce sera analyser les deux volumes que M. G. consacre à l'étude de cette époque si extraordinaire de notre civilisation.

Si historiquement parlant le dix-huitième siècle succède au dix-septième, un abîme pourtant sépare les deux générations. Les préoccupations changent : l'esprit n'est plus le même ; dès lors une forme nouvelle apparaît pour exprimer des idées qui éclatent comme des astres jusqu'alors inconnus à l'horizon de la pensée et de la science. Sous Louis XIV, l'inspiration est chrétienne et monarchique. Dieu et le roi dominent de leur redoutable majesté les différents genres de la littérature. Parfois, sans doute, il y avait des révoltés ; on les exilait loin de la cour, ou même, loin de la France. Le mot de Saint-Simon demeure vrai, quand on l'applique surtout aux dernières années du règne de Louis XIV : tout suait l'hypocrisie. Au déclin du grand siècle, Fénelon s'épouvante *du bruit sourd d'impiété* qu'il entend — grondement sinistre, qui, de loin, annonce l'impitoyable tempête. — La Bruyère n'a pas de couleurs assez sombres pour peindre les effrayants tableaux qui attristent ses regards. Malgré ces grandes voix jetant le cri d'alarme, la sécurité endort les consciences. Louis mort, l'explosion fut instantanée. Elle surprit. Avec la régence, avec Louis XV, des idées, des tendances, des passions, des habitudes nouvelles font la guerre à l'ancien ordre de choses ; la littérature, plus encore que les arts plastiques, devient une arme de combat. Le roi ne sera plus le seul juge des œuvres intellectuelles ; le public se crée ; le peuple a son opinion, et les salons, qui multiplient le contrôle malicieux, remplacent, par leurs arrêts, les décisions du souverain. C'est le rire, parfois fin et bonhomme, plus souvent mordant et railleur, qui règne sur cette

(1) Voir les précédents articles, p. 27 et 48.

société si amoureuse de l'esprit. La prose se dépouille de la majesté, de l'ampleur, de la solennité pompeuse et sonore dont l'avait revêtue le dix-septième siècle : vivacité, allure preste et sémillante, légèreté dans l'audace et le trait, ironie souriante, clarté dans la précision, tels sont les mérites qui caractérisent la langue mise au service du génie français pendant le dix-huitième siècle. De ce côté, la littérature est en progrès. Et que de champs inexplorés elle ajoute à ses anciens domaines! Les sciences, l'histoire, l'économie sociale et politique, l'étude des mœurs, la philosophie, la nature provoquent l'attention des écrivains et enrichissent la France de leurs précieuses découvertes. Toutefois la hardiesse de ces esprits aventureux va trop loin ; âpres à attaquer certaines ignorances ou d'indéniables abus, ils ne savent pas respecter l'institution légitime, le dogme vénéré! Si leur œuvre est féconde, elle amoncelle pourtant trop de ruines ; s'étant faits des sophistes et des prêcheurs subversifs, les écrivains ébranlent le grand édifice social et préparent, je ne dis pas 1789, mais 1793 et ses sanglantes horreurs.

L'éclat de rire se termine par un sanglot et par un hoquet en pleine agonie. Faire l'histoire de la prose au dix-huitième siècle, c'est donc analyser le mouvement multiple qui le traverse, sous l'influence d'une noblesse sceptique et débauchée, d'une opinion publique absolue dans ses arrêts, guidée par Voltaire, Rousseau et Diderot.

La poésie offre un tableau qui n'est pas moins instructif. Elle soulève de l'opposition ; et ici, comme pour quelques autres innovations, c'est Fénelon que l'on surprend à combattre le crédit de la poésie. Les beaux esprits, les philosophes et les savants s'autorisent d'un tel exemple pour se moquer des vers. Lamothe, Condillac, Buffon, Montesquieu n'ont point de trêve pour jeter du discrédit sur les œuvres poétiques. Sans Voltaire, elles étaient perdues. A dire vrai, la poésie du dix-huitième siècle s'achemine beaucoup à la prose rimée ; l'alexandrin si noble et si harmonieux de Racine trouve grâce encore dans la tragédie, mais combien n'a-t-il pas dégénéré! Les chevilles y abondent, la rime en est faible, le souffle lui manque ; ni élan ni coup d'aile. Aussi est-il bientôt abandonné pour le petit vers facile, badin, libertin même, lestement tourné, qui aiguise l'épigramme et se décoche, flèche meurtrière, contre les ridicules d'en haut et d'en bas. Crébillon, Campestron et Voltaire sont les successeurs de Corneille et de Racine. Ducis retrempe la tragédie aux sources originales de Shakespeare. Plus heureuse, la comédie, *rendant au public ce qu'il lui a prêté*, continue assez dignement les traditions de Molière avec Regnard, Colin d'Harleville, Gresset, Destouches, Piron, Marivaux, Sedaine et Beaumarchais. Sous le patronage de Rousseau, l'amour de la nature, inconnu aux hommes du dix-septième siècle — la Fontaine et Mme de Sévigné exceptés — trouve sa glorification soit en prose, soit surtout en vers. L'école descriptive essaie ses pinceaux avec Saint-Lambert, Delille et Boucher. Bernardin de Saint-Pierre ne sera plus loin et André Chénier annoncera Chateaubriand. J'ai oublié la poésie lyrique ; c'est que J.-B. Rousseau et Lefranc de Pompignon ne sauraient remplacer Malherbe ni Racan.

De ce coup d'œil rapide sur le dix-huitième siècle, on rapporte l'impression qu'il fut une époque passionnée, fiévreuse, grande par certains côtés. Beaucoup d'idées remuées, des paradoxes érigés en principes, une philanthropie généreuse et aveugle, la haine d'un passé dont on ne comprenait plus les bienfaits, toutes les licences de la plume, de la parole et des mœurs; le persifflage de l'autorité; l'enthousiasme pour la liberté et la justice; le mépris de l'Église et la révolte contre Dieu, — quel tableau! Non; ce n'est pas au dix-septième, mais au seizième siècle que se rattache cette période de notre histoire. Un même souffle de jeunesse et d'indépendance emporte les contemporains de Voltaire et ceux de Rabelais; cette différence pourtant est à noter : la vision de l'échafaud n'assombrit point les rêves joyeux du curé de Meudon, et Voltaire aurait pu déjà en deviner la lugubre silhouette.

M. G. a heureusement fait revivre cette littérature étrange et remarquable du dix-huitième siècle. Des volumes que j'ai lus jusqu'ici, je n'hésite pas à proclamer ceux-ci les meilleurs. On retrouve ici son immense lecture, sa vaste érudition, son jugement de chrétien impartial, sa critique sûre et toujours saine. N'aurait-on pas pu désirer cependant voir disparaître certains fragments d'une inspiration par trop voluptueuse et sensuelle? Plus d'une mère ne voudrait pas que quelques pages du recueil fussent lues par sa fille; la science perdrait peu à cette suppression, et la tranquillité des consciences délicates y gagnerait beaucoup.

Paul LALLEMAND.

---

132. — **Epigraphie antique du département des Alpes-Maritimes**, par M. Edmond BLANC, correspondant du ministère de l'instruction publique pour les travaux historiques, correspondant de la commission de la topographie des Gaules, membre de l'Institut des provinces de France, de l'Institut de correspondance archéologique de Rome, des sociétés savantes de Nice, de Cannes, etc., 2 vol. et une plaquette in-8°, 168-312-xxxix pages, 7 planches. Nice, Malvano-Mignon, 1878-80.

Le premier volume est consacré à l'arrondissement de Grasse; M. B. nous explique lui-même le plan du second volume : « Je crois bon d'avertir le « lecteur de la façon dont mes textes seront groupés. Le premier groupe sera « formé par les inscriptions de Nice et de Cimiez; le second comprendra les « inscriptions de Monaco, la Turbie, etc.; le troisième, celles de Vintimille. « Les inscriptions de Tourettes, Châteauneuf, Levens, etc., formeront un « quatrième groupe, et le dernier se composera des textes de Briançonnet « et de ceux de tout l'arrondissement de Puget-Théniers. Dans ces divers « groupes, les inscriptions seront classées en votives, impériales, milliaires, « militaires, municipales et funéraires. Je ferai ensuite un groupe spécial des « marques de potiers et autres sigles figulins, qui comprendra tout le département, « et mon travail se complétera par des tables générales embrassant « tout l'ensemble de l'ouvrage (t. II. p. 63). » Quand nous aurons ajouté que chacun des deux volumes s'ouvre par une préface où l'auteur étudie la province des Alpes-Maritimes, au point de vue administratif, géographique et ethnographique, nous aurons donné à nos lecteurs une idée générale de l'ouvrage.

Le tome Ier réunit des textes jusque-là dispersés, et dont plusieurs auraient pu périr avant la publication du volume du *Corpus inscriptionum latinarum* qui sera consacré à la Gaule; il a, à ce point de vue, une incontestable utilité; le tome II arrive après le *Corpus*, dont le tome V (2e partie) contient les textes épigraphiques relevés dans l'ancien comté de Nice. Le tome II de M. B. fait donc, en grande partie, double emploi, et quelques pages suffiraient pour contenir les *additamenta* au *Corpus* qu'on en pourrait extraire. M. B. aurait pu, même après le *Corpus*, faire un travail utile, si, profitant de sa présence sur les lieux, il nous avait donné de nombreux fac-similés.

Adressons d'abord deux reproches à l'auteur : M. B. a corrigé ses épreuves avec une regrettable négligence : Gallia est omnis *divisio* (t. I, p. 5), *romaneus* (ibid), *transtullit* (ibid, p. 8), *Embrum* (ibid.), *Saliniun* (ibid., p. 12), des ŒE partout où il faudrait des Æ : *Narbonœ* (p. 6), *præses* (p. 6 et 8), *Nicœa* (p. 10); je m'arrête, tout en faisant remarquer que je n'ai pas dépassé la page 12 du tome I. Le second reproche est plus grave; M. B. paraît ignorer les règles les plus simples de la ponctuation : *Herculi, lapidarii, Almanticenses posuerunt* (n° 150); *Quadratus centurio, cohortis Gaetulorum* (n° 178); *Sexto Cassio Luci, filio* (220), faute analogue aux n°s 207, 232, 305, etc. — *Vixit annos duodetriginta et menses, octo et dies duodecim* (224). Si je ne craignais de fatiguer le lecteur, je pourrais multiplier les exemples.

Abordons maintenant le fond du livre. M. B. a voulu non seulement relever les textes, mais aussi les lire et les commenter; il ne nous paraît pas qu'il ait eu une connaissance suffisante de l'épigraphie, ni même de la langue latine, condition peu favorable, il faut bien l'avouer, pour entreprendre un ouvrage d'épigraphie latine. Ce jugement semblera sévère, à première vue, mais les preuves à l'appui ne feront malheureusement pas défaut.

Les noms, chose pourtant élémentaire en épigraphie, sont, pour M. B., l'occasion d'innombrables erreurs : A. (Aulus) est lu A*elius* (n°s 71, 376); C. (Gaius) — *Cneius* (9); M. (Marcus) — *Mucius*, (207, 214, 245, 299, 302, 305, 367); TI, (Tiberius) — TI*tus* (187, 188, 197, 215, 241); S est une abréviation de Spurius (245) et D. celle de Decimus (149), M. B. n'en donne pas la lecture. Ailleurs M. B. fait d'*Oppius* (35), et de *Lucilia* (76) des *cognomen*, par contre *Maritus* (106) et *Venusinus* (68) deviennent des *gentilicium*; les noms grecs, parfaitement connus, Nice, Tyche, Pamphile, sont lus ou traduits : *Nicea* (38), *Thycha* (93), *Pamphila* (19); on n'est pas peu surpris quand, en parcourant, dans les tables, la liste des *cognomen*, on y rencontre les noms : *Aelius, Aemilia, Albucius, Aurelius, Claudius, Cornelius, Lucilia, Martia, Sempronius, Septimia, Valeria*, que chacun sait être des *gentilicium*.

Les lectures et restitutions sont souvent malheureuses. L'expression *voti compos*, est fréquente, chez les auteurs aussi bien que dans les inscriptions; pourquoi faut-il que M. B. ait la malheureuse inspiration de la compléter :

voti compositi, et de la traduire : « *des vœux dont il avait été chargé* (353)? » — Panes, Masauri f., Dalmata, eques : on ne peut admettre la lecture de M. B., contraire à toutes les règles... *Dalmata* (*rum*) [*alue*] *eques*, le sens est : Panes, fils de Masaurus, Dalmate (177). — A COMMENTAR est l'abréviation de la formule bien connue *a commentariis*, M. B. y voit le substantif *acommenturiensis* (t. II, p. 308)! — On connaît le Praefectus praetorio, on n'en pourrait pas dire autant du *Præfectus prætoriæ* (t. II., p. 15 et 308). — Les lettres V. C. placées à la fin de l'inscription 275, se rapportent à *Leone Juniore* et non au personnage à qui l'inscription sert d'épitaphe. — E Q· P·, doit se lire E Q (uo) P(ublico) et non *Eques publicus* (135). — L'inscription n° 6 se compose de deux fragments :

IVO—N	SISM—CL	. . . .dIVO—Nervae.
1° FAVENTI	2° IAQVAEDVM	M. B. restitue : . . .FAVENTI
IVM—STRV		*ordo ventiens*IVM—STRV*xit*

Je préférerais la restitution suivante qui permet d'utiliser les deux fragments ; elle m'a été indiquée par M. Héron de Villefosse :

. . . . . .IVO—N. . . .	. . . *ivo—n.* . . .
. . SISM—CL—FAVENTI*inus*	*sis* M(arcus) Cl(audius) *Favent*[*inus*]
. . IAQVAEDV*c*TVM—STRV*xit*	*aquaedu*[*c*]*tum.stru*[*xit*]

M. B. qui lit la première ligne [D]ivo N(ervae) y voit la preuve que l'aqueduc fut construit sous Nerva ; cette lecture, si elle était bonne, établirait au au contraire que l'aqueduc en question ne fut achevé qu'après la mort de cet empereur. — M. B. est souvent bien hardi dans ses restitutions, il y a lieu d'admirer tout ce qu'il fait produire au fragment qui porte le n° 157 :

	Aesculapio et
	Hygiae sacrum
	Ti. Claudius Ti.
CLAVD.	Claud*i filius*
HELENV	Helenus *domo*
CEMEN.	cemen*elensi*
PVXIDEM.	pvxidem *ebo*
REAM.D	ream *dedit*

Il est vrai que M. B. ajoute : « *Cette restitution est arbitraire, mais elle est possible et je ne prétends l'imposer à personne* » ; nous lui en savons gré, mais il ne nous en est pas moins permis de nous demander ce que ces suppositions ont de commun avec la science.

Quelquefois l'imagination joue un rôle important dans les commentaires dont M. B. fait suivre ses inscriptions : N° 33 : les fils de Nicéphore ont élevé à Mercure un autel promis par leur père ; le texte ne dit rien de plus ; écoutez le commentaire : Nicéphore était d'origine grecque, commerçant, massaliote ; il a fait son vœu étant en grand danger de périr ! — La sûreté, la précision, la science exacte et bien informée font souvent défaut à M. B. N° 324, à propos du texte : *Centurio legionis III Italicae ordinatus ex equite romano*, M. B. écrit : « *Les chevaliers romains qui voulaient entrer dans l'armée prenaient d'emblée le grade de centurion* ». Exprimé d'une façon si générale, le fait n'est pas exact ; c'était le cas pour M. B., d'habitude si prodigue de commentaires, de nous parler des *militiæ equestres* dont il ne parait pas soupçonner l'existence. — Au N° 57, M. B. rencontre l'*ascia* ; il serait difficile d'évaluer ce qu'on a perdu d'encre et noirci de papier au sujet de la formule *sub ascia*, sans arriver à rien de bien certain ; de toutes les opinions émises, M. B. nous donne la plus ancienne et la plus démodée. — Pourquoi le texte M DOMITIO ZOZIMO ǁ DOMITI ǁ PRIMOGENIVS ǁ SOTER FELIX ǁ PATRI PIISSIMO est-il « *nécessairement incorrect* » (37) ? Il est correct au contraire : Les trois Domitii, Primogenius, Soter et Felix, à M. Domitius Zozimus, leur père très pieux. — *Beneficiarius consularis* (356) doit être traduit : Beneficiarius du consulaire, et non *Beneficiarius consulaire* ; M. B. sait-il ce que c'est qu'un consulaire, ou, s'il le sait, croit-il qu'un Beneficiarius puisse être ancien consul ? — Le petit dictionnaire de M. Rich ne peut pas être regardé comme une autorité suffisante pour un ouvrage d'érudition ; quoique M. B. ne le mentionne pas dans sa liste bibliographique, il s'en est servi, et pas toujours heureusement : Rich définit les Duumvirs : « *Deux fonctionnaires nommés pour agir ensemble en différentes circonstances*, par exemple : 1° *Duumviri jure dicundo*... 2° *Duumviri perduellionis*... 3° *Duumviri navales*... 4° *Duumviri sacrorum*... » La définition de Rich est suffisante comme définition absolument générale du *mot* duumvir ; en est-il de même quand M. B., ayant à parler d'un duumvir de Vence, copie la définition de Rich ? la faute ne s'aggrave-t-elle pas encore quand, ne remarquant pas que le « *par exemple* », dont Rich fait précéder sa liste, équivaut à un *etc*. placé à la fin, M. B. écrit, à la suite de la définition qu'il a copiée : « *Il y avait quatre catégories de duumvirs qui se divisaient en* : 1° *Duumviri sacrorum*... 2° *Duumviri jure dicundo*... 3° *Duumviri perduellionis*... 4° *Duumviri navales*..., sans se douter qu'il est loin de donner la liste complète des magistrats ou fonctionnaires nommés duumvirs (42) ?

Les fautes de latin sont nombreuses : Nous rencontrons les génitifs : *Luci* de Lucius (220, 371), *Albuci* d'Albucius (42), *Vippi* de Vippius (344), *Muci* de Mucius, (207, 214, 245, 302, 305, 367), *Manti* de Mantius (200); *Præsidi* ablatif de praeses (3); *Pertinaci* au génitif (163); les nominatifs pluriels, *Tabernari* de Tabernarius (171); *Afrari* d'Afrarius (t. II, p. 13), *Vintiensii* de Vintiensis (t. I, p. 66), *Mantis* abl. de Mantii (319), *impendis* abl. plur. de impendium (226); le datif pluriel *sextumviris Augustalis* (201); *commentariens*, nominatif de commentariensis (v. l'erratum), *cemenelensi*, employé soit comme nom, soit comme adjectif au nominatif (338); le génitif *decurioni* (200), le gén. singulier *duumviris* (200); *Decuriones ornamentariae* (12); Gaia Valeria *qui* vixit (223); même faute aux nos 219, 393, castellum *nicaeensis* (t. II, p. 21); plebs urbana *albingaunense* (301); vixit... die bus*tres* (217) vixit... mensibus *tres* (170) vixit... mensibus *nono* (200); *heredi* sequitur (187).

Un grand nombre de traductions fautives et d'accords malheureux peuvent aussi être relevés :

Avec leurs enfants, les deux Mantius, Luciferus et Zénion. — *Cum liberis suis, Mantis Luciferus et Zenio* (319). Pour la troisième fois — *tres* (168), pour la onzième fois — *undecim* (281), petite-fille — *nepota* (320); selon M. B., *deciatium* serait un adjectif (t. I, p. 16); advocatus fisci est traduit : *appelé au fisc* (t. II, p. 15), procurator a rationibus — procurateur des *rations* (t. II, p. 13), passim — *de même* (206), piissimus (118), pius (135) — *bien aimé*. bene meritus — *bien aimé* (370), desideratissimus — *très aimé* (388), equus publicus — *chevalier* public (198, 319) ; qui mortuus est bimulus mensium sex, dierum uno de vigenti — *qui mourut la même année, six mois et dix-neuf jours après* (248). M. Aurelio... ob eximiam praesidatus ejus integritatem — A M. Aurelius, à cause de *sa sortie du présidat, de son intégrité* (167), Mémoriae, Flaviae, Basilae, conjugis carissimae, mirae erga maritum amoris atque castitatis feminae. — A la mémoire de Flavia... admirable d'amour et de *chasteté féminine* à l'égard de son mari (170); clarissimi viri adfinis dominorum nostrorum augustorum — homme clarissime *aux frontières de nos Augustes* (t. II, p. 15)!!

La langue et la syntaxe ne sont donc pas mieux traitées que l'épigraphie ; « Ah ! dirait Martine, voilà un homme qui a grièvement offensé grand'-mère ! » L'Académie des Inscriptions et Belles-Lettres s'est pourtant montrée bienveillante envers l'auteur, et, dans la séance annuelle du vendredi 12 novembre, elle a honoré d'une mention l'ouvrage dont nous venons de rendre compte; sans doute la docte compagnie a voulu encourager le dévouement et l'activité fort louables avec lesquels M. B. recherche et sauve les monuments épigraphiques; il serait injuste de méconnaître les services qu'il a ainsi rendus au prix des plus grandes fatigues; pour en citer un exemple, c'est lui qui a retrouvé, au sommet du Tournairet, l'inscription de Cn. Domitius Ahenobardus, texte d'une importance capitale, dont on n'avait que des copies, et dont l'authenticité, contestée par M. Mommsen, n'aurait sans doute pas été admise. Si c'est l'homme zélé, le chercheur infatigable que l'Académie des Inscriptions et Belles-Lettres a voulu récompenser, jamais distinction n'a été plus méritée.

P. S. Je profiterai de cette occasion pour relever une erreur. Dans le *Bulletin monumental* (5ᵉ série, t. IV, p. 389), M. Héron de Villefosse a donné, d'une inscription milliaire de Caligula trouvée à Cordoue, la lecture suivante : *Gaius* CAESAR GERMA ‖ NICVS GERMANI ‖ CI CAESARIS F*ilius* TI*berii* AVG*usti* ‖ N*epos* DIVI AVG*usti* PRON*epos* DI ‖ VI IVLI ABN*epos* AVG*ustus* P*ater* P*atriae* CO*n*S*ul* II ‖ IMPER*ator* TRIB*unitia* POT*estate* II PONT*ifex* ‖ MAX*imus*, etc...

Peu après (p. 523); M. E. Blanc faisait insérer, sur cette lecture. une note d'où j'extrais ce qui suit : « Je ne suis pas d'avis que le mot IMPER, dans la « position qu'il occupe, puisse être traduit par I*mperator*. Le sigle IMP, « lorsque telle est sa signification, se trouve toujours au commencement de « l'inscription, tandis que lorsque, comme dans le cas précédent, il se ren-

« contre parmi les qualificatifs donnés à un empereur, il doit être traduit
« par le mot *imperium*; c'est-à-dire: *de son empire et de sa puissance tribuni-*
« *tienne*, etc... Je puis citer à l'appui de mon dire trois inscriptions mil-
« liaires du département du Var, dans lesquelles ce sigle, ainsi placé, a
« cette signification. L'inscription de ces trois milliaires étant identique, il
« me suffira d'en citer une, celle qui se trouve actuellement à Brignolles;
« c'est un milliaire de Néron : NERO CLAVDIVS... TR POT IIII IMP.
« IIII..., etc. Vous remarquerez qu'il est impossible ici de traduire IMP. IIII
« par *imperator quartum*, car cela ne s'accorderait ni avec les autres époques
« mentionnées par l'inscription, ni avec l'histoire, puisque Néron n'a été
« salué que trois fois empereur pendant son règne. »

Imper. doit se lire *Imper(ator)* sur l'inscription de Cordoue et IMP. IIII, *imp(erator) quartum* sur le milliaire de Néron. Néron, pendant son règne, fut salué imperator plus de trois fois; on en a pour preuve une inscription bien connue, de l'an 66, où Néron est qualifié : TR. POT. XIII. IMP. XI. COS. IIII (Wilmanns, *Exempla inscriptionum latinarum*, n° 1619); ce n'est donc pas trois fois seulement, mais onze fois que Néron fut, à notre connaissance, salué *imperator*. IMP., même au milieu d'une inscription, doit se lire *imperator* : voici une inscription où le mot est écrit en toutes lettres : TI. CAESARE. AVG. F. ‖ AVGVSTO. IMPERATOR ‖ PONT MAX...etc. Nous savons par les historiens que, sous la République, les soldats, après une victoire, acclamaient *Imperator* le commandant en chef; les inscriptions confirment ce témoignage; on lit sur des monnaies : L. SVLLA. IMP. ITERVM (C. I. L., I, p. 136); C. VAL. FLAC. IMPERAT (*ibid.*, p. 137); sur une plaque en bronze conservée au Louvre : L. AIMILIVS. L. F. INPEIRATOR... etc. (C. I. L, II, 5041.) Sous l'empire, l'empereur avait le commandement de toutes les troupes, et portait, en cette qualité, le titre Imperator; après une première victoire remportée par ses généraux, il était *imperator iterum*, après une seconde victoire, *imperator tertium*, etc...

IMP., placé au commencement de l'inscription, a un tout autre sens. C'est un prénom que prit Auguste; ses trois successeurs immédiats, Tibère, C. Caesar et Claude, s'en abstinrent; Néron ne le porta pas toujours; Vespasien, le premier après Auguste, et ses successeurs le reprirent d'une façon définitive et permanente.

M. Héron de Villefosse, fort occupé par ailleurs, ne crut pas utile de répondre à son contradicteur sur une question aussi élémentaire; peut-être a-t-il eu tort; les revues passent sous les yeux de bien des amateurs qui, sans être épigraphistes, ont parfois l'occasion de s'occuper d'inscriptions découvertes dans leur voisinage; il ne faut pas laisser passer, sans les relever, des erreurs qui peuvent ainsi se propager et nuire à la science. Cette considération m'a déterminé à ajouter ce postscriptum. Il est, je crois, inutile de dire que je n'ai voulu, en aucune façon, prendre la défense de M. Héron de Villefosse qui n'en a pas besoin, et qui, s'il en avait besoin, serait « de taille à se défendre hardiment. » H. THÉDENAT.

Collège de Juilly, novembre 1880.

133. — **Chartes de Terre Sainte provenant de l'abbaye de Notre-Dame de Josaphat**, publiées par H.-François DELABORDE, ancien élève de l'École des chartes, ancien membre de l'école française de Rome (*Bibliothèque des écoles françaises d'Athènes et de Rome*, fascic. XIX). — Paris, Thorin, 1880, in-8º de IV-153 p., avec deux fac-simile en héliogravure. Prix : 5 francs.

« Les récits des plus anciens voyageurs en Terre Sainte nous prouvent l'existence d'une église construite dans la vallée de Josaphat sur l'emplacement du tombeau de la Vierge (1); mais ce n'est qu'à une époque relativement récente que l'on place l'origine du monastère qui y fut adjoint » (p. 1). Rocco PIRRO (et non Pirri) n'est point « le seul qui ait traité cette question avec quelques développements (2) ». Antonin AMICO est l'auteur d'un ouvrage intitulé : *Trium orientalium latinorum ordinum post captam à duce Gothefredo Hierusalem, videlicet sacræ domus Hospitalis sive militum S. Joannis Hierosolymitani, sacræ domus Templi sive militum Templariorum ante ipsorum extintionem, et Sanctæ Mariæ de Valle Josaphat ordinis S. Benedicti, notitiæ et tabularia*; Panormi, 1636, in-folio; il ne renferme que la deuxième partie en espagnol. MONGITORE, qui l'indique (3), possédait du même auteur en manuscrit : *Brevis et exacta notitia originis monasterii Sanctæ Mariæ de Valle Josaphat, ord. Sancti Benedicti, in urbe Hierusalem fundati*, in-folio; elle a paru dans les *Memorie per servire alla storia letteraria di Sicilia* (Palermo, 1756), t. II, p. 118-27 (4). Un curieux document, *Commemoratorium de casis Dei vel monasteriis*, mis au jour en 1865 par le chevalier de Rossi (5), témoigne que vers 808 il y avait près du sépulcre de Marie des moines et des religieuses. M. D. ne croit pas qu'une abbaye bénédictine ait été constituée dans la vallée de Josaphat avant la prise de Jérusalem. En 1112, on s'occupait de la reconstruction de l'église; un diplôme de 1115 mentionne Hugues comme le premier abbé. Dès 1113 le pape Pascal II prenait sous la protection de Saint-Pierre les moines de Josaphat et confirmait leurs possessions. Les rois de Jérusalem, les patriarches et les barons enrichirent l'abbaye de leurs libéralités. Les Sarrasins la détruisirent de fond en comble en 1187, lorsqu'ils reprirent Jérusalem, mais respectèrent la chapelle de la Sainte-Vierge. La chute de Tripoli (1289) força les derniers moines de cher-

---

(1) La plus ancienne mention s'en trouve dans le *De terra sancta* de l'archidiacre THÉODOSE, écrit vers l'an 530 (TOBLER et MOLINIER, *Itinera Hierosolymitana*, Genevæ, 1877, t. I, p. 66); saint Eucher, qui visita la Palestine vers 440, n'indique aucune église dans la vallée de Josaphat. — Le présent Cartulaire établit authentiquement la tradition touchant la présence du tombeau (sepulcrum, mausoleum) de la sainte Vierge dans l'abbaye de Josaphat.

(2) « *Sicilia sacra*, II, p. 1130 ». M. D. aurait dû indiquer de laquelle des trois éditions de cet ouvrage il s'est servi.

(3) *Bibliotheca Sicula*, Panormi, 1708, t. I, p. 42 b.

(4) NARBONE, *Bibliografia Sicola*, Palermo, 1850, t. I, p. 251.

(5) *Bulletino di archeologia cristiana*, 1re série, t. III, p. 85; reproduit dans les *Itinera Hierosolymitana* cités plus haut, t. I, p. 302.

cher un refuge dans leurs possessions de Sicile ; dès 1292 Sainte-Madeleine de Messine était le siége officiel de l'abbé de Josaphat.

C'est là que les épaves des archives du monastère, échappées aux désastres successifs, s'étaient conservées jusqu'à ces derniers temps ; elles ont été transférées, il y a peu de mois, aux archives d'État de Palerme, où M. D. en a dû communication à l'obligeance de M. le chanoine Carini. Ce sont, en général, des diplômes originaux, pour la plupart bien conservés ; les trois pièces qui font exception ont été conservées dans une transcription du commencement du treizième siècle. Les sceaux ont malheureusement tous disparu. Deux fac-simile héliographiques donnent une idée avantageuse de la chancellerie des rois de Jérusalem ; ils permettent en outre d'apprécier la fidélité des reproductions de M. D., qui n'est point absolument celle qu'on était en droit d'attendre d'un élève de l'École des chartes.

Dès le n° II je constate, et le reste du volume m'a confirmé dans cette impression, que l'auteur n'a pas connu ou du moins n'a fait aucun usage des *Regesta pontificum Romanorum* de JAFFÉ (1), non plus que de ceux de son continuateur M. POTTHAST (2) : ces deux ouvrages sont cependant d'un intérêt capital et d'un usage nécessaire pour les documents émanés de la chancellerie des papes jusqu'au quatorzième siècle. L'itinéraire seul de Pascal II prouve que la bulle III est de l'année 1113, car l'indiction VIII (pour VI) est certainement fautive.

Le diplôme (IV) de Roger, prince d'Antioche, qu'accompagne un fac-simile en demi-grandeur, donne lieu à plusieurs observations : l. 7, le mot « [virorum] » a été inutilement ajouté à « sanctorum », ce dernier mot étant pris ici (comme plus loin) dans le sens absolu que lui donne saint Paul dans ses Epîtres ; l. 11, au lieu de « Fulcon[is] » il y a incontestablement « Fulcoii » ; l. 14, au lieu de « libras » deux fois, lire « litras, littras » et voir ce mot dans le *Glossarium* de DU CANGE ; l. 15, « mecuchia » n'a nul besoin d'un (?) ; l. 22, lire « sanctorum » au lieu de « monachorum » ; l. 23, il fallait T[ancredi] ; l. 28, il y a « inditione » et non « indictione » ; je n'ai pas relevé l'omission du mot « Arest » (l. 13), parce qu'elle a été indiquée dans l'errata (p. 153).

Dans le diplôme suivant (V) de Baudouin Ier, roi de Jérusalem, également reproduit par l'héliogravure, « Willelmi » (l. 3 et 8) et « Willelmus » (l. 4 et 9) pour « Wilelmi » et « Wilelmus » n'ont pas grande importance, non plus que « hospitali » (l. 10 et 15) pour « ospitali » ; mais il en est autrement de l'omission de « indictione VIII » (l. 14) entre « n. I. X. MiC. VX » et « epecta », et de celle de « gloriosi » (m. l.) entre « quoque » et « regis » ; l. 15, lire « monaco » au lieu de « jamdictum » ; l. 18, « Galterus » et non « Galterius » ; l. 20, « Cirisi, » et « Telbaldus » au lieu de « Cirisy » et « Tetbaldus ».

Pour les chartes suivantes je suis réduit, en l'absence des originaux, à

---

(1) Berolini, 1851, in-4°.
(2) Berolini, 1874-5, 2 vol. in-4°.

présenter quelques rectifications sur la chronologie et les notes. — VI. Les notes (4) des pages 30 et 31 font évidemment double emploi; après avoir remarqué que l'indiction de 1115 est 8 et non 7, il fallait ajouter que l'épacte est 23 et non 22. — VII. « VIX kalendas Marcii regnante Balduino rege Jherusalem secundo Warmundo patriarcha existente » offre un exemple de la ponctuation souvent insuffisante de M. D., mais ne sert pas à prouver que 1121 fut la troisième année de Baudouin II : il faut certainement lire « place » et non « placent » dans la n. 4 ; l'auteur identifie sans hésiter (p. 16 et 33) « Rorgo Fretellus, Galilee cancellarius » avec le géographe Fretellus, archidiacre d'Antioche, sur lequel il y a de meilleures sources à consulter que Fabricius (1). — XII. Cette charte offrant la signature d'un « Hugo de Peans » à l'avant-dernière place, à la suite de laïques, M. D. se demande si Hugues de Payns était bien déjà (en 1123) le premier grand-maître des Templiers (n. 3) : ou il faut renoncer à identifier ces deux personnages, ou Hugues n'était pas même alors templier. — XVI. Je corrigerais plus volontiers (n. 3) « epacta VIII » en « indictione VIII » qu'en « epacta XXVIII », les chartes de cette époque donnant presque exclusivement l'indiction avec l'année de l'Incarnation. — XVII. M. D. relève avec soin les améliorations que son cartulaire fournit aux listes épiscopales insérées dans *Les Familles d'outre-mer* de Du Cange; une comparaison semblable avec la *Series episcoporum ecclesiæ catholicæ* du P. Gams aurait eu l'avantage de préparer à cet auteur (qui a résumé sur ce point en le complétant parfois l'*Oriens christianus* de Lequien) de nombreux suppléments à son beau travail (2) : que M. D. ne le connaisse pas, je l'infère d'Anselme, évêque de Bethléem, mentionné par le P. Gams (p. 516 a) dès 1130 environ et non dès 1136 seulement comme dans les *Familles d'outre-mer* (n. 3). — XXII. Les *Regesta* de Jaffé (p. 559) me font conjecturer avec toute probabilité que dans les souscriptions cardinalices, au lieu de « Ego Martinus presbyter cardinalis tituli Sancte Cecilie subscripsi », il faut lire « † Ego Goizo, p. c. t. S. C., s.; † Ego Martinus, presbyter cardinalis tituli Sancti Stephani in Celio Monte, subscripsi ». La note 2 n'a aucune raison d'être : il n'y a pas lieu de corriger « anno XIII » en « anno V », car Innocent II était bien dans la treizième année de son pontificat le 5 avril 1142 ; la correction n'aurait d'explication que s'il s'agissait de l'indiction. — XXIII. Aucun motif de proposer « germina [discordie] » au lieu de « genimina ». — XXIV. Quoi qu'en dise l'auteur (p. 6-7 et 56), cette requête n'a pas été destinée au Souverain pontife; s'il en avait été ainsi, on aurait mis « m. predecessoris vestri felicis memorie pape Innocentii » au lieu de « m. f. m. p. I. »; les mots « Vestre Dignitati, Vestram Majestatem, Vestram Serenitatem » (au lieu de « Vestre Sanctitati, Vestram Sanctitatem ») indiquaient, à ne s'y point méprendre, qu'il s'agit du roi de Jérusalem Baudouin III. Les additions entre crochets sont généralement peu heureuses et

---

(1) *Répertoire des sources histor. du moyen âge*, I, 786.
(2) La principale addition sera fournie par la ch. LVII, qui révèle l'existence d'un patriarche latin d'Antioche, Opizon en 1264.

pour le moins inutiles ; aux exemples cités j'ajouterai le suivant (p. 58) plus caractéristique : « Quid michi et romanis privilegiis [opus est]? » M. D. n'a pas compris cette réminiscence du style biblique « Quid mihi et tibi...? » — La bulle xxv est du 5 (et non du 4) mai (iii non.) 1145 ; la suivante est du 19 (et non du 20 février (xi kal.). — La bulle xxvii copiant servilement (mutatis mutandis) le n° xxi, il y avait lieu de n'en reproduire que les passages différents et les variantes ; cette observation s'applique à plusieurs autres bulles. — xxvii. Dans les souscriptions, il faut lire : « † Ego Rolandus, presbyter cardinalis tituli Sancti Marci (et non « Sancte Marie »), subscripsi » ; il n'existe pas de titre cardinalice « Sancte Marie » sans addition, et Roland était certainement alors cardinal de Saint-Marc (Jaffé, p. 616). — xxix. Le mot qui manque (fin) avant « Neapolitanus » ne serait-il pas « Rohardus »? — xxx. Il était facile de compléter la finale « pontificatus [vero domni Adriani pape IIII anno primo] », d'après la bulle suivante. — L' « Ernesius cancellarius » du n° xli du *Cartul. du Saint-Sépulcre* et l' « Ernesius patriarche [Jerosolimitani] cancellarius » du n° xxvi du présent cartulaire ne seraient-ils pas le même personnage que l' « Ervesius Cesariensis archiepiscopus » de la pièce xxvx, appelé Ernest par Gams (p. 452 c)? — xxxvi. Je ne vois pas pourquoi M. D. veut corriger l'indiction qui accompagne l'année 1168 en xi : cette remarque ne serait vraie que pour 1163. La finale doit être complétée ainsi : « Bethle[emite episcopi regis]que ». — xlii. Pour 1183 l'épacte était 25 et non 21, et l'auteur a eu raison de dire que les « indications d'indictions et d'épactes sont souvent fausses » dans ce cartulaire (p. 9). — xliv. La note (1) ne paraît nullement nécessaire : le passage en question est parfaitement intelligible pour quiconque est au fait des associations picuses pour les morts au moyen âge. — xlix. Au Datum il faut lire « mag. scol. Parmensium » et non « Parmensis » (Potthast, *R. p. R.*, p. 1473). — La bulle l est du 6 (et non du 4) mars (ii non.) — li. Le bref d'Alexandre IV, que renferme ce vidimé du 27 avril 1260, est de 1259 et non de 1258 ; en effet, le 9 janvier de cette dernière année ce pape était à Viterbe (Potthast, p. 1401) et non à Anagni, où cette bulle a été expédiée, l'an 5 par conséquent et non l'an 4 du pontificat d'Alexandre IV. La correction de « quarto » en « quinto » était d'ailleurs indiquée par l'acte suivant (lii) qui, sous la même date, renferme le vidimé d'un autre bref donné le 8 janvier 1259, c'est-à-dire le jour précédent, « anno quinto ». — La plus grande partie de la bulle lvi aurait pu être restituée par conjecture ; sans rendre un grand service à l'histoire, cet effort d'interprétation eût permis d'éviter les erreurs de la note (1). A cette époque (13 nov. 1263), le siège abbatial était vacant, puisque la bulle est adressée « priori et conventui » ; l'abbé Pierre défunt (quondam Petrum abbatem monasterii) ne saurait être « celui qui vivait en 1170 et 1176 », puisqu'il avait soutenu la cause de son monastère devant Thomas de Lentino, évêque de Bethléem et légat du Saint-Siège (coram ven^{li} fratre nostro episcopo Bethleemitano, tunc in illis partibus aposto[lice sedis legato]), qui figure précisément pour cette affaire dans la charte lv et devint évêque de Cosenza en 1267, puis patriarche de Jérusalem en 1272. Cet abbé Pierre II, qui doit être intercalé (p. 19) entre le 11° (Henri) et le 12ᵉ (Jacques), est sans doute celui qui, conformément à l'usage de la chancellerie papale à cette époque, figure innommé depuis 1254 (n° XLVIII et suivants); la note (1) de la page 112 est conséquemment erronée : l'abbé Jacques ne paraît pas avant l'année 1264 (n° LVII). — Le bref (LVIII) de Clément IV est de 1266 et non de 1267 (9 juin de la 2ᵉ année).

D'accord avec le titre de son volume, M. D. n'a publié des archives de l'abbaye de Josaphat que les chartes de Terre Sainte; il signale (p. 18-9) dans le même fonds des documents d'un haut intérêt, entre autres deux diplômes inédits des empereurs Henri VI (1) et Frédéric II (2). On trouve par contre en appendice (p. 123-5) une lettre très-curieuse des évêques et abbés de Terre Sainte à Philippe-Auguste, pour exciter sa commisération en faveur des chrétiens d'Orient; M. D. a établi avec certitude qu'elle est du 1ᵉʳ oct. 1220.

L'index alphabétique ne renferme que les noms de personnes et de lieux; les personnages ont été l'objet de notes érudites dans le corps du volume; les désignations actuelles d'une quinzaine de localités sont indiquées dans la table. L'absence d'un index onomastique paraîtra regrettable.

Dans l'introduction, dont il me reste à parler, l'auteur a bien résumé les péripéties de l'abbaye. En rapprochant les douze diplômes royaux que conservent les archives de Josaphat de ceux que renferme le *Cartulaire du Saint-Sépulcre* publié par M. Eug. de ROZIÈRE (3), M. D. fait d'intéressantes remarques sur la diplomatique des rois de Jérusalem (invocation, préambule, suscription, dispositif, imprécation, bénédiction, annonce du sceau, date (4) et témoins). Pour donner une idée des ressources que présentent sur l'histoire les soixante pièces de son Cartulaire, il indique les corrections et additions que, jointes à celles du Saint-Sépulcre, elles fournissent à quelques listes des *Familles d'outre-mer* de DU CANGE, éditées en 1869 par M. G. REY; il se borne aux grands officiers du royaume de Jérusalem (sénéchaux, connétables, maréchaux, chambellans, bouteillers, chanceliers), aux vicomtes de Jérusalem et d'Arc, aux grands officiers de Galilée, à la maison des patriarches, aux abbés de Josaphat et de la Latine, et aux prieurs du Saint-Sépulcre.

En somme, malgré les critiques de détail que l'intérêt même offert par ces chartes m'a engagé à relever, ce volume est une excellente contribution à l'histoire de l'Orient latin; puisse-t-il engager les élèves de l'école française de Rome a puiser aux mines encore inexplorées, dont M. Delaborde a révélé un filon important!

Ulysse CHEVALIER.

(1) Trompé par l'indiction, M. D. le date du 20 déc. 1195; M. STUMPF l'a placé (d'après l'analyse de Pirro) plus exactement au 13 déc. 1194, parce qu'alors l'empereur était à Palerme, tandis que l'année suivante il était à Worms (*Die Reichskanzler*, Innsbruck, 1868, B. II, S. 446, 455).

(2) M. HUILLARD-BRÉHOLLES s'est borné à le mentionner (également d'après Pirro) sous la date du 30 (au lieu du 11) juin 1221 (*Historia diplomi Fridirici II*, Parisiis, 1855, t. II, part. 1, p. 195).

(3) Paris, 1849, in-4°; il n'est peut-être pas inutile de noter que l'abbé Migne a mis ce précieux recueil à la disposition de tous les érudits en le reproduisant intégralement dans le tome CLV de sa *Patrologie latine* (c. 1105-262).

(4) Il établit que le style employé est celui de Noël ou du 1ᵉʳ janvier.

134. — **Bibliographie générale des Gaules.** Répertoire systématique et alphabétique des ouvrages, mémoires et notices concernant l'histoire, la topographie, la religion, les antiquités et le langage de la Gaule, jusqu'à la fin du cinquième siècle, par Ch.-Emile RUELLE, bibliothécaire à la bibliothèque Sainte-Geneviève. Paris. 1880. Première livraison. Feuilles 1-13. Librairie de la Société bibliographique.

135. — **Notice sur les dépôts littéraires et la révolution bibliographique de la fin du dernier siècle,** d'après les manuscrits de la bibliothèque de l'Arsenal, par J.-B. LABICHE, conservateur à la bibliothèque de l'Arsenal. Paris, typogr. Parent, 1880. In-8° de 120 pages.

136. — **Essai de bibliographie oratorienne,** par le P. INGOLD, bibliothécaire de l'Oratoire. Paris, Sauton, 1880. In-8°. 2 livraisons, A.-L., 1 à 72 pages, ont paru ; tiré à 100 exemplaires.

137. — **Essai de bibliographie viroise,** ouvrage posthume de F. M. MORIN-LAVALLÉE. Caen, Le Blanc-Hardel, 1879. In-8° de VI-146 pages.

138. — **Provins lettré, notes biographiques et bibliographiques,** deuxième édition, par A. FOURTIER. Provins, Lebeau, 1880. In-8 de 132 pages.

139. — **Dictionnaire universel des contemporains,** par G. VAPEREAU, 5ᵉ édition, Livr. 3-10. Paris, Hachette, 1880, gr. in-8°, pp. 385-1892, LXVIII.

Le P. Lelong, de l'Oratoire, publiait, en 1719, sa *Bibliothèque historique*. Sous le patronage de Fevret de Fontette, une société de savants en donnait, cinquante ans plus tard, une édition véritablement nouvelle et augmentée dans une large mesure. Ce catalogue comprend près de cinquante mille articles. Fontette y inséra le dépouillement détaillé des trois ou quatre recueils littéraires, en vogue à cette époque : le *Journal des Savants*, le *Mercure*, les *Mémoires de Trévoux*. Puissamment aidé par le gouvernement royal, il avait fait appel à toutes les compagnies scientifiques de France et à tous les érudits.

La *Bibliographie générale des Gaules*, quoique circonscrite dans les périodes préhistorique, gauloise ou celtique, et gallo-romaine, se rattache aux publications du P. Lelong et de Fontette, son continuateur.

M. Ch.-Emile Ruelle a dépouillé les principales bibliographies antérieures à la sienne, presque toutes nos collections académiques, conservées à la Bibliothèque des Sociétés savantes et d'innombrables catalogues français ou étrangers. Il a pu réunir, à force de patience et de courageuse persévérance, plus de dix mille titres d'ouvrage, lesquels, tous, par divers points, se rattachent à l'histoire des Gaules. (*Avertissement.*) Que si ce résultat, quelque considérable qu'il soit, est loin de paraître définitif au laborieux bibliothécaire, il se console en se disant qu'au surplus, « l'essentiel n'est pas de tout indiquer, mais plutôt de mettre sur la voie des sources ».

La première livraison de ce vaste répertoire ayant seule paru, nous ne voulons ni ne pouvons encore porter un jugement sur ce précieux recueil. A n'en pas douter, certaines obscurités disparaîtront dans l'ensemble; quelques anomalies, apparentes plutôt que réelles, s'expliqueront dans la suite et seront justifiées, quand la publication sera complète. Cette fois, contentons-nous de faire connaître le plan de l'ouvrage. Par là même et du premier coup, nos lecteurs en verront la nouveauté, la simplicité et les avantages.

La *Bibliographie des Gaules* se compose de deux parties : 1° Catalogue méthodique, où les matières, *indiquées sommairement*, sont disposées de façon à former, suivant le cas, des groupes systématiques ou topographiques; 2° Catalogue alphabétique, donnant sous le nom de chaque auteur, le détail des travaux qui se rapportent à nos origines.

La première partie se subdivise en cinq séries : 1re série, *Généralités*; 2e série, *Questions topographiques*; 3e série, *Départements*; 4e série, *Régions*; 5e série, *Étranger*. Dans cette première partie, les articles ont été classés d'après les indications de matière ou de lieu, contenues dans leurs titres.

La 1re série (*Généralités*) se décompose en vingt sections : 1° *Introduction*; 2° *Bibliographie*; 3° *Histoire de la Gaule*; 4° *Guerre des Gaules* (59-51 av. J.-C.); 5° *Religion et philosophie* : A. Paganisme, B. Druides, C. Ascia, D. Christianisme; 6° *Institutions et mœurs* : A. Institutions, B. Mœurs et usages; 7° *Topographie*; 8° *Itinéraires. Voies romaines*; 9° *Archéologie générale et variée*; 10° *Antiquités préhistoriques* : A. Études diverses, B. Antiquités lacustres; 11° *Art gaulois et gallo-romain*; 12° *Monuments dits celtiques*; 13° *Monuments divers*; 14° *Sépultures*; 15° *Sciences et industrie* : A. Science, B. Industrie, C. Céramique, D. Météorologie. Lieue gauloise; 16° *Archéologie militaire* : A. Questions diverses, B. Camps et forts, C. Armes; 17° *Numismatique* : A. Numismatique générale, B. Numismatique gallo-romaine, C. Numismatique gallo-grecque, romaine et gallo-romaine, D. Sphragistique; 18° *Épigraphie* : A. Inscriptions diverses, B. Inscriptions gauloises, C. Inscriptions latines, D. Table de Claude; 19° *Linguistique* : A. Langue gauloise, B. Questions diverses, C. Langue celtique d'Outre-Manche; 20° *Histoire littéraire* : A. Questions diverses; B. Écrivains nés ou ayant résidé dans les Gaules.

L'ouvrage paraîtra en 4 livraisons de 200 pages chacune. Il formera un volume in-8° raisin à 2 colonnes, disposé typographiquement pour faire suite au *Manuel du libraire*. La *Bibliographie générale* est éditée sous les auspices de la commission de topographie des Gaules. Déjà elle a été honorée d'une médaille de l'Académie des Inscriptions et Belles-Lettres. C'est un premier suffrage dont le savant bibliothécaire de Sainte-Geneviève a le droit d'être fier.

J. VAUDON.

— Après avoir fait main basse sur les biens et, avec les biens, sur les riches bibliothèques des divers corps religieux et des émigrés, la Révolution institua, pour réunir tous ces livres confisqués, de grands établissements temporaires auxquels fut donné le nom de *dépôts littéraires*. C'est l'histoire de cette institution, des successives installations de ces dépôts, des distributions qui furent faites des collections qui y étaient réunies, que nous raconte M. L., dans une intéressante brochure, écrite d'après les documents manuscrits de l'*Arsenal*.

Cette monographie est divisée en trois parties : la première rapporte *l'origine et le but des dépôts littéraires*, — la *première organisation et statistique provisoire de ces dépôts* (les bibliographes distingués, Mercier de Saint-Léger, Ameilhon, de Bure.., qui en furent chargés, eurent la conception grandiose de faire une bibliographie-catalogue général de la France, qui, malheureusement, ne fut pas exécutée), — *les nouvelles acquisitions des dépôts; leur installation définitive*, — et leur *statistique* (en tout, 1,800,000 volumes).

La seconde partie du travail de M. L. raconte la *deuxième organisation des dépôts littéraires, le personnel, le budget* (outre leur traitement, le ministre de l'intérieur accorde aux fonctionnaires des dépôts, le 11 février 1796, une livre de pain par jour pour eux, et une demi-livre pour leur femme et chacun de leurs enfants), *le règlement*, — *l'administration et les travaux des dépôts*, — *le triage des livres et la réunion des cinq dépôts primitifs en deux, puis en un seul*.

Enfin la troisième partie fait connaître la *destination des livres des dépôts littéraires*, et les diverses bibliothèques *publiques* et *spéciales* auxquels ils furent distribués.

Après la lecture de ce travail, on ne peut s'empêcher d'adopter les conclusions de l'auteur. Tout en contestant avec moins d'hésitation la légitimité de cette confiscation de bibliothèques privées, et en regrettant avec lui, « la destruction barbare des livres vendus au poids... entre autres 15,000 in-folios de grands formats donnés... pour faire des cartouches; et 161,650 livres pesant d'ouvrages pour faire des cylindres... », il faut reconnaître que « la science et les lettres, l'intérêt supérieur de la civilisation, ont gagné à cet immense et radical déplacement des richesses bibliographiques de l'ancienne France ».

A. I. DE S.-A.

— Presque toutes les congrégations religieuses, qui ont rendu de si grands services aux lettres, possèdent leur bibliographie. Quétif et Echard pour les Dominicains, Dom Tassin pour les Bénédictins de Saint-Maur, de Backer et Sommervogel pour les Jésuites, ont réuni les titres de gloire littéraire de ces congrégations. L'Oratoire de France, qui a compté tant d'illustres écrivains et tant d'érudits, n'avait été jusqu'ici le sujet d'aucune étude biographique. Notre savant collaborateur, le P. Ingold, commence aujourd'hui à combler cette lacune. Il ne donne encore, il est vrai, qu'un essai. Mais l'accueil qui est fait à cet essai par le public érudit, le décidera sans doute à dresser une bibliographie complète des auteurs de sa compagnie. Les notices qu'il consacre aux PP. Bourgoing, de Condren, Lamy, etc., montrent avec quelle compétence il s'acquitte de sa tâche (1). Peut-être aurions-nous choisi parmi les auteurs négligés actuellement par le P. I., quelques noms assez célèbres, tels que ceux de Bence, Camerarius (dont la bibliographie est assez difficile à établir), Fabre, etc. Mais nous ne devons pas oublier que le P. I. s'exprime ainsi dans son avant-propos : « Notre but, en rassemblant ces quelques pages, est de préparer les matériaux d'une bibliographie définitive de l'Oratoire, en demandant à tous ceux sous les yeux desquel tomberont ces notes, de vouloir bien nous envoyer toutes les indications propres à compléter un travail encore très imparfait. »

C. Trochon.

— L'ouvrage de M. Morin-Lavallée n'est qu'un essai : la mort étant venue interrompre l'auteur au milieu de ses recherches. Mais plût à Dieu que nous eussions nombre d'essais de ce genre. De quel trésor la science bibliographique serait enrichi !

L'auteur a suivi l'ordre alphabétique, qui pour une monographie de peu d'étendue, comme celle-ci, est en effet le meilleur. Chaque article comprend une courte, mais suffisante note biographique; sont ensuite énumérés soigneusement les ouvrages avec les indications habituelles; et enfin, ce qui nous paraît une heureuse idée, la mention des bibliothèques où se trouvent les ouvrages cités : indication précieuse, en ce qui concerne les livres rares et les manuscrits. Assez souvent l'article se termine par la nomenclature des caractéristiques. Les manuscrits font naturellement l'objet de mentions plus importantes. Voir pages 5, 74, 134... A la fin du volume, quelques appendices sur les journaux, les cartes, le collège, etc., de Vire, complètent l'ouvrage d'une façon intéressante.

Comme l'éditeur espère donner « une seconde édition plus complète que celle-ci » (p. II), nous lui ferons quelques observations dont il pourra tirer profit.

Les notices sur Le Tellier et sur Huet sont fort insuffisantes. Pour Le Tellier, il y a un mot de trop, cependant : « Il passe, dit M. Morin, p. 83, pour être l'auteur de la bulle *Unigenitus*. »

Il nous semble que pour les auteurs contemporains (Mabire (p. 85), Maupas (90), Maurey (90)... etc...), il eût été facile à l'éditeur de donner les dates qui manquent.

A la liste des ouvrages sur saint Ortaire (p. 131), il y aura à ajouter une nouvelle vie de l'apôtre de la basse Normandie, qui vient de paraître. (*Saint Ortaire, abbé de Landelles*... par F. L. B. Paris, 1880, in-18 de 64 pages, avec 3 gravures sur bois.)

Enfin pour les auteurs Virois, qui ont été oratoriens (Duhamel, Mauduit, Ruelle... etc...), nous renvoyons l'éditeur à la *Bibliographie oratorienne* dont

(1) L'introduction dans le Catalogue oratorien de Faydit et de Goujet, l'annonce d'une bibliographie de Duguet, nous font espérer un article intéressant et enfin complet sur R. Simon.

l'article précède. Il y trouvera pour Duhamel, notamment, de très importantes rectifications.

A. I. de S.-A.

— Feu M. Fourtier, dont on trouve l'éloge dans la *préface* de *Provins lettré*, écrite par un ami qui signe A. L. (l'imprimeur-libraire, Lebeau?), a voulu « montrer le rôle qu'a joué Provins dans le mouvement intellectuel des âges ». Il a réuni les noms des Provinois « qui se sont adonnés aux travaux de l'esprit » et a établi, en suivant l'ordre chronologique, « le catalogue, aussi complet que possible, de leurs œuvres ». L'intention était excellente, mais les renseignements fournis par M. Fourtier n'ont généralement pas la parfaite précision exigée par la critique actuelle. Ainsi, pour prendre un exemple dans la première des notices, qui est consacrée à l'abbé Arnoul (onzième siècle), nous voyons (p. 10) qu'il est auteur « d'une vie de saint Cursy, premier abbé de Lagny, publiée par Bollandus ». L'indication est trop vague. Il fallait signaler le volume de l'immense recueil des Bollandistes, qui renferme la vie de saint Cursy et les pages entre lesquelles est comprise cette vie. A mesure que le nombre des livres augmente, c'est un devoir pour les bibliographes d'être de plus en plus minutieusement complets. L'océan littéraire devenant toujours plus vaste, plus effrayant, il faut y marquer toutes choses avec une exactitude toujours plus rigoureuse. — A la page 11, on a imprimé le président *Faucher* pour *Fauchet*. — A la page 12, on a omis, parmi les éditions de Villehardouin, le nom de M. N. de Wailly, c'est-à-dire précisément le nom du meilleur de tous les éditeurs d'un chroniqueur qui, du reste, n'appartient pas à Provins. — A cette ville n'appartient pas davantage (quoi qu'en dise M. Grillon, cité à la page 18) ce Jean de Troyes, auquel on attribue la *Chronique scandaleuse*, et qui est un personnage dont on ne sait absolument rien. L'article Durand de Villegagnon (p. 20-22), aurait été facilement complété à l'aide des excellentes *Notes bibliographiques* réunies par M. H. D. de Grammont, à la suite de la *Relation de l'expédition de Charles-Quint contre Alger*. (Paris, Champion, 1874, grand in-8º, page 139-148.) — A la page 28, il est question de N. de Halay (lisez Harlay) sieur de Sancy, mais on ne parle pas de son fils Achille, entré à l'Oratoire en 1619, évêque de Saint-Malo en 1621, mort en 1646, auteur d'une ode de cinquante vers mise en tête du Commentaire latin de Clarus Silvius (Paris, Orry, 1603, in-4º). — A l'article *Beauvais-Nangis* (p. 29), on a oublié de citer l'édition donnée en 1862 par MM. Monmerqué et Taillandier, pour la Société de l'histoire de France. Relevons enfin une phrase (page 70), qui manque beaucoup trop de simplicité : « Dupont (Pierre), le poète renommé dont les chants resteront comme une des *émanations* les plus originales de *la muse* de notre temps. » Les meilleures notices du volume sont celles qui concernent nos contemporains : Mgr Allou, MM. Félix Bourquelot, le comte et le vicomte de Haussonville, André Lefèvre, Lenient, Hégésippe Moreau.

T. de Larroque.

— Nous ne reviendrons pas sur les observations générales que nous avons faites à propos des deux premières livraisons du *Dictionnaire des contemporains* (*Bulletin critique*, n° 1, p. 9). L'auteur a profité, dans son appendice, de quelques-unes de nos critiques. Il y aurait encore bien des omissions à signaler dans les livraisons que nous analysons aujourd'hui. Contentons-nous des suivantes.

Parmi les noms qui manquent, citons *Delafosse*, député du Calvados; *Doudan*: le général de la Commune, *Eude*: *Fouqué*, professeur au Collège de France; *Leroy*, député de la Côte-d'Or, *Levé*, directeur du *Monde*; *Viollet*, etc.

Dans les articles, un assez grand nombre d'erreurs ou d'omissions. Mgr *Coullié* n'a jamais été vicaire général de Paris. M. *Danglard* est professeur à Paris et non à Lyon. M. *Delouche* est né à S. Senier de Beuvron et non de Revron. M. *Clermont-Ganneau* n'a pas retrouvé une pierre du temple de Salomon, mais une pierre du temple d'Hérode. La bibliographie de *Dœllinger* est bien incomplète. Les opinions politiques de l'auteur lui font passer sous silence l'appréciation émise en 1870-1871 par M. *Grévy* sur M. Gambetta. La bibliographie de dom *Guéranger* est insuffisante. On ne met pas à l'article *Guyho* un curieux livre de droit canon dû à la plume d'un prélat romain bien connu, qui avait tenu à garder l'anonyme, et auquel le député dont nous parlons, a mis une préface. Les Pères apostoliques de *Hefelé* ne sont pas cités. La grande Bible française de M. *Reuss*, l'ouvrage capital de ce théologien rationaliste, n'est pas connue de M. Vapereau.

Pourquoi citer M. le chanoine *Ricard*, et ne rien dire du P. *Pététot*, par exemple, qui a dans le monde religieux une toute autre notoriété, ou du P. *Delaporte*, supérieur général des prêtres de la Miséricorde? Du reste, M. V. n'est guère au courant de ce qui concerne le clergé, et le P. *Didon* ne figure que dans l'appendice du Dictionnaire.

Pourquoi aussi, puisqu'on traduit le titre des ouvrages allemands et anglais, ne pas adopter la même mesure pour les ouvrages danois et scandinaves, avec lesquels nous sommes encore moins familiers?

Félicitons, cependant M. V. d'avoir mis, à la fin de son Dictionnaire, une liste des personnes dont les notices ont figuré dans les quatre premières éditions et ne se trouvent pas dans celle-ci. Cette liste, qui occupe soixante-huit pages, est d'une grande utilité. Elle donne le nom, la qualité et les dates de naissance et de mort. Ce memento sera apprécié des travailleurs.

En résumé, malgré les défauts que nous avons signalés, ce livre est d'une grande utilité.

C. T. Millet.

---

110. — **Les Graveurs du dix-huitième siècle**, par MM. le baron R. Portalis et H. Beraldi. Paris, Morgand et Fatout, 1880. Tome premier. In-8° de 759 pages.

« Etudier l'histoire de la gravure pendant le dix-huitième siècle, tel est le but que nous nous sommes proposé. » Si ambitieuse que puisse sembler la visée des auteurs, et pour me servir encore de leurs expressions, si vaste que soit leur programme, personne assurément ne parcourera le gros volume de 759 pages que nous annonçons — et qui ne forme que le tiers de l'ouvrage complet (1), — sans reconnaître que MM. P. et B. ont parfaitement rempli ce programme. Il n'existait point de manuel de graveurs du dernier siècle, et jusqu'ici les amateurs de ces admirables portraits, — « l'honneur en tout temps de l'École française » (p. I) — de ces délicieuses vignettes d'illustrations de livres, si recherchées aujourd'hui, étaient réduits à glaner des renseignements dans d'excellents ouvrages, il est vrai, mais qui n'étaient que des monographies particulières. Il fallait, pour chaque graveur, ouvrir un volume différent. L'utilité de ce nouveau guide est donc incontestable.

Ce manuel est fait avec un soin et une science qu'il est superflu de louer : les auteurs n'en sont plus, en cette matière, à faire leurs preuves de compétence. Ce qui nous paraît le plus intéressant à signaler dans l'ouvrage, sont les courtes mais substantielles notices où M. Portalis, — car c'est à lui spécialement que nous les devons, — ne se bornant pas à présenter chronologiquement les principaux travaux de chaque artiste, comme on s'était en général contenté de le faire dans les travaux de ce genre, a renfermé une foule de détails sur leur vie. Ces renseignements curieux, pour la plupart inconnus, M. P. les a puisés aux sources les plus sûres, telles que les *Procès-verbaux* inédits *de l'ancienne Académie*, la *Correspondance des directeurs des bâtiments du roi...* etc. Certaines de ces notices biographiques peuvent être citées comme des modèles du genre. (Voir, par exemple, celle de Cars, de Mme Cernel, de Cochin...)

Nous regrettons que les auteurs aient pris le parti de faire connaître « non pas tant ce qu'un graveur a produit que ce qu'il a produit de bon ». L'énumération complète, jusqu'aux moindres pièces, des œuvres de chaque artiste aurait sans doute allongé l'ouvrage. Mais on aurait pu adopter une disposition typographique particulière qui eut permis de resserrer en quelques pages les œuvres médiocres, et le manuel aurait eu l'immense avantage d'être absolument complet.

MM. Morgand et Fatout méritent tout éloge : cet ouvrage continuera dignement la réputation des éditeurs de *l'Oraison funèbre du Grand Condé*, de la *Reliure française*, des *Gravures du dix-huitième siècle*.

A. I. de Saint-Antoine.

(1) Ce premier volume comprend les lettres A à D et contient 139 notices.

LIVRES D'ÉTRENNES

141. — **V. Duruy, Histoire des Romains**, nouvelle édition, revue, augmentée et illustrée, tome III. Paris, Hachette, 1881 ; grand in-8° de 804 pages, contenant 602 gravures, 8 cartes et plans et 6 chromolithographies.

Troisième volume d'une publication connue et appréciée, malgré certaines critiques qui ne sont pas sans fondement. L'édition illustrée parait devoir comprendre un plus grand nombre de volumes que l'édition ordinaire, dont le tome III va jusqu'à Néron, tandis que celui-ci s'arrête au milieu du règne d'Auguste. Il comprend la période des guerres civiles, depuis les débuts de César jusqu'à l'an 27 avant Jésus-Christ, c'est-à-dire jusqu'au moment où Octave devint Auguste.

L'illustration est splendide, presque trop abondante. Pour la guerre des Gaules, tout le musée de Saint-Germain y a passé, notamment le beau légionnaire romain sous les armes, le catapulte, les travaux du siège de César, etc. Signalons aussi les peintures relatives à la légende de Turnus, récemment découvertes sur l'Esquilin (p. 512), et reproduites ici en chromolithographie ; la patère émaillée de Lampsaque, provenant du musée de Sainte-Irène à Constantinople (p. 600) ; le beau camée d'Octavie (p. 505) ; le buste d'Octave jeune, du musée du Vatican (p. 431) ; le César du Capitole (frontispice). Il y a beaucoup de numismatique et de la plus belle : par exemple, la splendide médaille d'Eucratidas, roi de Bactriane (p. 250). Un peu d'épigraphie n'eût pas été de luxe : les tables d'Héraclée ou celles d'Osuna auraient utilement illustré le passage sur les réformes municipales de César ; les belles inscriptions romaines sont, à leur manière, des œuvres artistiques ; elles frappent toujours quand on les rencontre dans les ruines ou dans les musées. Espérons que le prochain volume nous donnera, à tout le moins, l'inscription monumentale d'Ancyre.

Il faudrait aussi se montrer plus sévère dans le choix des monuments à reproduire. Un livre comme celui-ci est censé pouvoir être mis entre les mains des enfants et des jeunes personnes ; certaines gravures, par exemple (p. 9 et 345), me paraissent dépasser les bornes du permis, même pour qui ne se montrerait pas d'une exigence féroce. Les éditeurs devraient considérer que les artistes ont une pudeur assez difficile à alarmer ; ils feraient bien, avant de lancer dans le public des volumes comme celui-ci, de les faire passer sous des yeux un peu plus regardants.

Les paysages sont nombreux ; il y a quelques beaux plans, celui de Marseille, par exemple, et beaucoup de cartes partielles. Malheureusement, les cartes d'ensemble sont trop petites pour être satisfaisantes ; il y aurait lieu de songer à un atlas. Dans les volumes qui suivront, l'étude des provinces prendra un grand développement. Il serait bien utile qu'on eût une carte un peu soignée de chaque province et un plan des principales villes.

Quelles que soient les critiques et les réserves que l'on peut faire sur le texte et sur certains détails de l'illustration, il faut reconnaître que cette belle publication de la maison Hachette est un grand service rendu à l'histoire de l'art antique et à cette science de Rome qui est le centre de l'étude du développement humain et pour nous, Français, le point de départ dans la connaissance de nos origines nationales.

L. Duchesne.

142. — **Saint Martin**, par A. Lecoy de la Marche. Tours, Mame, 1881. Grand in-8° illustré, de xv-735 pages.

L'ouvrage se divise en deux parties, consacrées l'une à la vie, l'autre au culte de saint Martin. Dans la première, l'auteur expose la situation morale et religieuse de la société gallo-romaine au quatrième siècle, et caractérise les nécessités auxquelles correspondit la mission du saint évêque de Tours. Puis, venant à saint Martin lui-même, il le suit dans les différentes étapes de sa carrière de soldat et de sa vie de moine jusqu'à son élévation à l'épiscopat. A partir de ce moment, l'ordre chronologique est abandonné; l'auteur présente comme une série de tableaux, où l'on voit saint Martin sous les aspects divers de sa vie d'évêque et de missionnaire. Sulpice Sévère est la source principale et même, dans la plupart des cas, la source unique. Les légendes postérieures n'en imposent pas à M. L.; cependant il ne s'est pas cru interdit de leur faire çà et là quelques emprunts que désavouerait une critique sévère. Mais, dans la vie des grands saints populaires, comment négliger la vive impression qu'ils ont faite sur les imaginations? Les bons portraits sont toujours idéalisés.

Sur certains points qui sont du domaine de la critique la plus prosaïque, je ferai quelques chicanes à l'auteur. D'abord il ne m'a pas convaincu du tout que la ville de Sabaria où est né saint Martin ait été située sur le Martinsberg; Stein-am-Anger a des titres qui ne laissent guère place au doute. Ce n'est pas avec des diplômes du temps de Charlemagne qu'on décide une question topographique comme celle-ci. Sulpice Sévère fait naître saint Martin *in civitate Sabaria*; or la *civitas Sabaria*, c'est Stein-am-Anger. M. L. qui veut trouver une localité romaine à Martinsberg, et même une localité du nom de Sabarie, affirme que Martinsberg est aussi favorisée que Stein-am-Anger, du côté des antiquités romaines. Cette assertion m'a étonné. Dans le *Corpus inscriptionum latinarum* (t. III, p. 525 et suiv.), il y a soixante-treize inscriptions provenant de Stein-am-Anger; l'*Ephemeris epigraphica* (t. II, p. 419 et suiv.) en fournit huit autres; cela fait quatre-vingt-un. Or, Martinsberg n'en a fourni que deux (C. I, L, t. III, n°s 4380 et 4390); encore n'est-il pas certain qu'elles aient été trouvées dans cette localité. — P. 103, il est dit que Constantin mourut, « d'après les dernières découvertes de la science, au mois de mai 338 ». M. L. a ici en vue la chronique syriaque des lettres festales de saint Athanase; mais dans cette chronique, un grand nombre d'événements sont déplacés d'une année; il n'y a donc pas lieu de s'en servir contre la chronologie établie, laquelle ne prête ici à aucun doute. — A propos de chronologie, M. L. consacre un appendice important à fixer les principales dates de la vie de saint Martin; ses conclusions m'ont paru très acceptables. D'après des données empruntées à Sulpice Sévère, il place la carrière militaire du saint sous les règnes de Constantin, de Constantin II et de Constant. Cependant, le même Sulpice Sévère (*Vita S. M.*, c. II), dit qu'il servit *sub Constantio rege et Juliano Caesare*; M. L. pense qu'il y a ici des fautes de copiste. *Constantio* pour *Constantino* et *Juliano* pour *Julio*, ce dernier nom désignant l'empereur Constant, qui se serait appelé *Julius Constans*. Ceci est peu naturel. Je crois plutôt que Sulpice Sévère a eu ici une distraction ou que sa mémoire l'a mal servi. Ce n'est pas la seule fois; dans sa chronique (II, 36), il fait convoquer le concile de Sardique par le grand Constantin et commet quelques confusions du même genre.

L'exposition est claire, abondante, chaleureuse. Comme le dit très bien l'auteur (*Préf.*, p. 14), un pareil sujet lui interdisait l'indifférence et la sécheresse. M. L. sent vivement et non pas seulement les choses du temps de saint Martin; certaines allusions à des événements contemporains sont de nature à faire vieillir un peu rapidement son œuvre. Mais un livre comme celui-ci est, à sa façon, un livre de circonstance; il n'est pas mauvais qu'il se sente des événements au milieu desquels il se produit.

Dans la seconde partie, M. L. étudie le tombeau et la célèbre basilique de Saint-Martin, avec le pèlerinage dont elle fut le centre. Il énumère ensuite les églises consacrées à notre apôtre national dans les diverses parties de la France et à l'étranger; les fêtes, les pièces liturgiques, les œuvres historiques, poétiques, légendaires, consacrées à honorer son souvenir. Un travail de ce genre n'est jamais complet; toutefois, j'ai regretté qu'on n'ait pas signalé les belles prières de la liturgie gallicane au jour de la fête de saint Martin. Il n'est pas tout à fait exact de dire que l'office romain contint son nom au canon de la messe. Il y figure, sans doute, dans de très anciens sacramentaires romains; mais ces livres étaient à l'usage d'églises françaises ou dérivaient d'exemplaires français; ils ne représentaient pas l'usage romain proprement dit.

Je ne saurais terminer sans dire un mot de l'illustration de ce beau volume. Dirigée par un connaisseur émérite et un ardent ami de l'imagerie du moyen âge, elle réunit sous nos yeux des produits artistiques de tous les siècles chrétiens; les peintures des catacombes ont fourni les motifs des lettres ornées. Le moyen âge depuis Charlemagne, la renaissance, les temps modernes sont représentés par les culs-de-lampe, les gravures de monuments insérées dans le texte, et surtout par une série de 35 planches hors texte dont plusieurs sont chromolithographiées. Il est à regretter que, parmi les compositions originales, plusieurs aient été complètement manquées : je citerai le frontispice et le saint Martin détruisant les idoles ; ces deux planches déparent le volume ; elles devraient disparaître à la prochaine édition.

L. Duchesne.

---

143. — **Les Chroniques de J. Froissart**, édition abrégée avec texte rapproché du français moderne, par Mme de Witt, née Guizot, ouvrage contenant onze planches en chromolithographie, douze lettres et titres imprimés en couleur, deux cartes, trente-trois grandes compositions tirées en noir et deux cent cinquante-deux gravures d'après les monuments et les manuscrits de l'époque. Paris, Hachette, 1881, un vol. gr. in-8º de vii-840 pages.

Il ne faut chercher ici d'érudition que dans le choix des gravures, et Froissart n'a été sans doute pour les éditeurs qu'un prétexte à illustrations. L'auteur l'indique du reste fort clairement dans la préface. Acceptons le plan que Mme de Witt s'est tracé et qu'elle a suivi avec succès. Le Froissart qu'elle nous présente est lisible et plein d'attrait. De jeunes lecteurs y prendront goût pour une lecture plus difficile sans doute, mais aussi plus profitable de l'original lui-même, dans la belle et savante édition de M. Siméon Luce. Ici ils trouveront, pour commencer, tout l'essentiel, et c'est beaucoup. Nulle époque plus pittoresque ne fut mieux peinte que celle où vivait le chanoine de Lille. Un intérêt plus puissant encore poussera à lire ses chroniques : « Il est bon et utile, dit très bien Mme de Witt, de pouvoir mettre dans toutes les mains et de rappeler à tous les esprits le souvenir des maux extrêmes que notre pays a pu endurer naguère, sans succomber dans la lutte et sans jamais perdre la force et l'espoir du relèvement (p. vi). » Il y a cependant un oubli grave dans ce beau volume : une notice sur Froissart et un portrait, car il existe (1), manquent au lecteur. Ce *désideratum* constaté, il reste à louer sans autre restriction la partie artistique du volume. Les chromolithographies sont empruntées aux plus beaux manuscrits de nos bibliothèques ; et, sauf les trente-trois grandes compositions, les deux cent cinquante-deux gravures insérées dans le texte reproduisent fidèlement les dessins et les peintures qui existent. La vérification d'ailleurs est facile, car les sources sont toujours indiquées avec soin. On a utilisé fructueusement la collection sphragistique des Archives : la reproduction des sceaux est en effet une des plus sûres garanties d'exactitude. En somme, ce volume est un des meilleurs qui aient été publiés cet hiver.

C. T.

---

(1) Il eût fallu en tous cas le remplacer par une reproduction de la statue de Lemaire, érigée à Valenciennes en 1856.

144. — **Mémoires de Philippe de Commynes,** par R. Chantelauze. Édition illustrée d'après les monuments originaux de quatre chromolithographies et de nombreuses gravures sur bois. Grand in-8° de xiii-789 pages. Prix : 20 francs.

La maison Didot continue d'illustres traditions, en faisant de ses livres d'étrennes, non seulement de beaux, mais de bons, d'excellents livres. Cette année se place en première ligne l'édition des *Mémoires de Commynes*, par M. Chantelauze.

M. Ch., que ses curieuses et fines études sur le cardinal de Retz et bien d'autres travaux historiques de grande valeur, ont mis en si bon rang d'écrivain distingué, nous donne aujourd'hui la preuve d'une érudition du meilleur aloi par la publication d'un nouveau texte du célèbre chroniqueur de Louis XI. Ce texte nouveau lui est fourni par un manuscrit, jusqu'ici complètement inédit, mis obligeamment à sa disposition par les descendants de la famille Montmorency-Luxembourg, MM. de Durfort et d'Hunolstein, manuscrit qui a appartenu à Diane de Poitiers. M. Delille, dont la compétence en ces matières est sans rivale, écrivait de ce manuscrit : « Si jamais « on donnait une nouvelle édition de Commynes, je ne doute pas que ce « manuscrit ne fût consulté avec profit par le savant qui voudrait encore « améliorer le texte des Mémoires sur le règne de Louis XI. » Il est superflu après ce témoignage, d'insister sur l'importance scientifique du manuscrit que publie M. Ch., en le collationnant sur l'édition qu'avait donnée Mlle Dupont, en 1840-47, dans la grande collection des Documents sur l'histoire de France. M. Ch., avec un soin et une patience de bénédictin, a relevé toutes les variantes que présente ce nouveau manuscrit et rétabli, d'après ces variantes, un texte qui est incontestablement supérieur à celui de Mlle Dupont, si supérieur lui-même aux nombreuses éditions qui l'avaient précédé. Car il est intéressant de le faire remarquer, le seigneur d'Argenton a eu la bonne fortune d'un fort grand nombre d'éditions. Les causes de ce succès sont multiples. Outre qu'il est le premier de nos anciens chroniqueurs qu'on lise avec facilité et qui est véritablement un écrivain moderne, c'est Commynes, comme l'a également remarqué Sainte-Beuve dans ce « beau portrait en pied » qu'il nous a laissé de lui, qui est le premier historien français vraiment politique ; c'est que « cet écrivain est un observateur, un moraliste d'une finesse et d'une justesse d'esprit qui n'ont jamais été surpassées, un penseur de premier ordre, un inventeur d'aphorismes politiques qui peuvent servir de modèle et de leçons dans tous les temps et dans tous les lieux (1) ». C'est enfin que « ce conseiller et causeur, bon à écouter après

---

(1) *Ph. de Commynes, d'après des documents inédits et des publications récentes*, par M. Chantelauze, dans le *Correspondant* du 10, 25 octobre, 10 et 25 novembre, 10 décembre. Nous avons déjà signalé aux lecteurs du *Bulletin critique* ces intéressantes études, qui, nous l'espérons, seront bientôt réunies en volume et feront le complément indispensable de la belle édition dont nous parlons aujourd'hui.

trois ou quatre siècles comme au premier jour (1) », mérite, comme le dit M. Ch., avec une légère pointe d'exagération cependant, une des premières place à côté de son maitre, de Henri IV, de Richelieu, de Mazarin, de Louis XIV, parmi les fondateurs de notre unité nationale. On a donc toujours lu avec profit ce « bréviaire des hommes d'État (2) ». Ajoutons qu'on le lira désormais avec plus de profit encore et surtout avec plus de charme, dans la belle édition que nous donne M. Ch. Comme le fait remarquer le savant historien du cardinal de Retz, « c'est la première fois que les Mémoires de Commynes sont illustrés et que l'on peut contempler, tout en le relisant, les portraits authentiques des principaux acteurs qu'il met en scène et quelques-uns des faits et gestes les plus importants de leur histoire ». Il y a non seulement très grande jouissance à lire un texte ainsi *commenté*, mais très grande utilité. On commence à le comprendre en France, et il faut s'en féliciter.

Enfin signalons à nos lecteurs les importants appendices qui terminent ce beau volume : un travail sur la syntaxe de Commynes, où M. Ch. a fort bien résumé et même complété les savantes recherches d'un professeur d'Upsal et d'un professeur de Berlin ; un glossaire fort considérable et deux tables des noms de personnes et des noms de lieux.

A. M. P. INGOLD.

145. — **De Paris à Samarkand**, le Ferghanah, le Kouldja et la Sibérie occidentale, impressions de voyage d'une Parisienne, par Mme de UJFALVY-BOURDON ; ouvrage contenant 273 gravures sur bois et 5 cartes. Paris, Hachette, 1880, 1 vol. grand in-4° de 487 pages.

En août 1876, M. de Ujfalvy, connu par plusieurs ouvrages sur l'histoire et les langues des peuples finnois, fut chargé par le gouvernement français d'une mission scientifique dans l'Asie russe. Sa femme se résolut à le suivre. Elle accompagna son mari dans ce long et pénible voyage dont elle nous donne aujourd'hui le récit. Laissons de côté les deux premiers chapitres, Varsovie, Saint-Pétersbourg et la Finlande. Le récit prend de l'intérêt surtout à partir du troisième chapitre, où Mme de U. nous fait entrer dans des pays jusqu'à présent peu décrits. Son style est vif et souvent pittoresque, quoique parfois un peu banal et lâché (3) ; mais elle voit bien et retrace clairement ce qu'elle a vu. Son livre renferme de curieux détails sur les intérieurs musulmans où elle a pu pénétrer librement. La description d'Orembourg est curieuse, et la visite chez les Mollahs offre un

---

(1) Sainte-Beuve.
(2) *Id.*
(3) Qu'est-ce que la *perpétuation* de la famille ? (p. 121.) — Les mots *mensurer* et *mensuration* reviennent trop souvent à propos des recherches anthropologiques de M. de U. — « J'étais tellement pâle... qu'aucun son n'avait pu sortir de mon gosier » (p. 441.)

petit tableau de genre très finement exécuté. La tourmente de neige dans la steppe est aussi bien rendue.

M™ᵉ de U. décrit successivement Turkestan et sa merveilleuse mosquée de Hazret, Tchemkend, Tachkend, le passage pittoresque appelé Porte de Tamerlan, puis Samarkand, avec ses belles mosquées et ses écoles. Depuis les révélations de Vambéry, dans le voyage d'un faux derviche (Paris, 1865), rien d'aussi attachant n'avait été publié sur ces pays. Mais M™ᵉ de U. aurait dû insister un peu plus sur les changements apportés dans le régime de ces peuples par la conquête russe. Sans doute elle indique en passant quelques améliorations, mais plutôt au moyen d'anecdotes que d'une comparaison sérieuse. Là peut-être est le défaut qu'il faudrait relever dans sa relation. Il est vrai que M™ᵉ de U. s'adresse surtout au grand public et qu'elle pourrait nous renvoyer aux ouvrages spéciaux de son mari; si bonne que soit cette réponse, quelques détails techniques n'auraient pas été inutiles.

Le voyage dans le Ferghanah contient de bonnes descriptions de Khokand, du lac Fedchenko et des monuments que renferme ce pays. La description ethnographique des Usbegs donne un intérêt plus scientifique à ces chapitres.

De là M™ᵉ de U. passe dans les provinces chinoises que la Russie s'est récemment annexées. La province des Sept-Voies, avec sa capitale Kouldja, est décrite avec esprit et, autant qu'on peut en juger, avec exactitude. On y lira avec plaisir (p. 408 et suivantes) une description de la chapelle catholique de Kouldja et quelques mots sur les Chinois de cette ville, restés fidèles à notre religion depuis 1864, époque où leur dernier prêtre a été massacré durant l'insurrection.

Le vingtième et dernier chapitre, consacré à la Sibérie occidentale et aux Bachkirs, est, soit dit sans aucune ironie, le plus intéressant de l'ouvrage. M™ᵉ de U. dépeint ce peuple avec un intérêt plus vif que d'habitude. Elle montre les Bachkirs plus intéressants, plus libres, plus honnêtes que toutes les autres races qu'elle a rencontrées dans son long voyage. Peut-être cette sympathie tient-elle à ce qu'ils sont « les cousins germains des Magyars » (p. 460).

Les gravures sur bois qui illustrent ce beau volume sont très remarquables. Les vues des monuments et les types divers des Asiatiques sont reproduites d'après des photographies et sont, par suite, d'une grande exactitude. Quelquefois cependant l'imagination de l'artiste s'est un peu exercée aux dépens d'une sévère réalité. On voit, page 99, une gravure qui représente un cheval dévoré par un tigre; mais rien dans le texte ne justifie cette fantaisie, et même M™ᵉ de U. semble peu croire aux ravages des tigres kirghises.

L'inspiration du livre est bonne; quelques plaisanteries sur les mahométans pourraient être supprimées sans nuire au volume; mais nous devons dire que pas un mot n'est dirigé contre la religion, et qu'à certains moments au contraire, M™ᵉ de U. nous entretient sans aucune honte, des prières qu'elle adresse à Dieu dans les circonstances difficiles de son expédition.

On peut donc recommander volontiers ce beau volume, bien digne de figurer à côté des autres publications illustrées de la maison Hachette.

C.-T. Millet.

---

146. — **Les Fêtes chrétiennes**, par M. l'abbé Drioux. Paris, Jouvet et Cⁱᵉ, 1880, gr. in-8º de xvi-355 pages, avec quatre chromolithographies et trente et une gravures sur acier. Prix : 30 francs.

Ce beau volume, très bien imprimé par Motteroz et illustré avec goût, fournira une édifiante lecture aux familles chrétiennes. L'auteur des *Fêtes* est connu pour ses nombreuses publications classiques et théologiques. Il faisait paraître, il y a peu de temps encore, une Bible avec commentaires et une Introduction à l'Ecriture sainte. Aujourd'hui son talent se dirige du côté des fêtes de l'Eglise. Dans trente-six chapitres, il développe des considérations pieuses, entremêlées de faits historiques. Mais les notes et les références manquent complètement, sans doute à cause du caractère spécial du volume. Il n'aurait pourtant pas été sans intérêt de savoir où M. D. a pris quelques-unes de ses assertions. Bornons-nous à l'Introduction, consacrée aux fêtes en général. Il y a là tout d'abord une étymologie de *foyer* qui étonnera bien des lecteurs. Dans quel endroit la loi mosaïque prescrit-elle la cessation de toute espèce de travail les jours de fête (p. v)? Cela n'est vrai absolument que du jour du Sabbat. Il y aurait aussi bien des réserves à indiquer sur la date de l'établissement des fêtes de la sainte Vierge, en particulier par rapport à la Purification et à l'Annonciation; une rapide lecture du *Dictionnaire des antiquités chrétiennes* de Martigny suffit pour s'en convaincre. La partie artistique du livre est traitée avec soin, des chromolithographies très réussies et de nombreuses gravures sur acier tirées en bistre donnent aux *Fêtes chrétiennes* une véritable valeur, et en font un de ces livres qu'on aime à conserver.

C. Trochon.

---

147. — **Raphaël**, sa vie, son œuvre et son temps par Eugène Muntz, bibliothécaire de l'Ecole des Beaux-Arts. Grand in-8º. Paris, Hachette, 25 francs.

Aucun ouvrage ne peut, comme l'histoire d'un peintre, donner prétexte à un livre d'illustrations, et aucune vie de peintre mieux que celle du divin Raphaël. M. M. avait donc une besogne facile pour faire de son travail un des plus beaux livres d'étrennes de cette année. *Raphaël, sa vie, son œuvre et son temps*, contient 155 gravures ou fac-similés et 41 planches hors texte. Tout ce que le génie merveilleux de l'admirable Urbinate a produit de plus remarquable s'y trouve : les plus belles œuvres ont l'honneur d'une superbe reproduction par l'héliogravure. Nous louerons moins les gravures sur bois, dont quelques-unes sont même fort médiocres, le portrait de Raphaël, par exemple, p. 225; celui de Jules II, p. 271. Mais, en somme, l'illustration du livre est aussi bien exécutée qu'elle a été bien conçue. A elle seule, elle témoigne de la part de l'auteur de patientes recherches et de minutieuses investigations.

Nous ne ferons pas un moindre éloge du texte. M. M. complète les biographies précédentes de l'inimitable peintre des chambres du Vatican. Non seulement Vasari, tant de fois réédité et copié par tant d'auteurs de Vies de Raphaël; Rehberg, Kugler et surtout le superficiel ouvrage de Quatremère de Quincy, mais encore Passavant, Ch. Blanc, Gruyer, Compari, ont complétés et redressés en bien des points. C'est dire que l'ouvrage de M. M. n'emprunte pas toute sa valeur à ses magnifiques illustrations. Regrettons cependant que M. M. n'ait pas cru devoir donner en appendice un catalogue *complet* de l'œuvre de Raphaël. Bien des lecteurs remarqueront aussi avec déplaisir l'absence d'une bibliographie du grand artiste. Ajoutons, pour ne pas finir par une critique, que le livre est écrit agréablement, malgré quelques négligences de style. Il est rempli de renseignements curieux et piquants, de citations bien choisies. Les descriptions sont particulièrement heureuses : on devine que l'auteur a lu et observé lui-même.

H. R.

148. — **Nouvelle galerie des grands écrivains français**, tirée des Causeries du Lundi et des Portraits littéraires, par SAINTE-BEUVE, illustrée de portraits gravés au burin. Paris, Garnier frères, 1880, grand in-8º de 649 pages. 20 francs.

149. — **Andersen. Les souliers rouges et autres contes**, traduits par MM. E. GRÉGOIRE et L. MOLAND, illustrations de Yan Dargent. Paris, Garnier frères, s. d. in-8º de 344 pages, 10 francs.

150. — **P. Féval. Les merveilles du Mont Saint-Michel**. Paris, Palmé, s. d. in-8º de XII 356 pages.

151. — **Journal de la jeunesse.** Paris, Hachette, 1880, 2 volume grand in-8º, de 418-418 pages.

La nouvelle galerie des grands écrivains français, comprend seize notices : Villehardoin, Joinville, Froissart, saint François de Sales, Régnier, le cardinal de Retz, Ch. Perrault, Bourdaloue, Massillon, J.-B. Rousseau, Saint-Simon, Le Sage, Montesquieu, Buffon, Vauvenargues, Diderot, l'abbé Prévost, Beaumarchais, Bernardin de Saint-Pierre, Alfred de Musset. Voilà des noms qui ne sont pas les moins glorieux ou les moins retentissants de notre littérature nationale. Il est bon d'apprendre à les connaître avec un guide tel que Sainte-Beuve. Car notez bien que nous n'avons pas affaire ici au critique des nouveaux Lundis, au fondateur du diocèse de la libre-pensée. Tous ces morceaux sont de l'époque où Sainte-Beuve, sans être chrétien, ne s'était pas encore déclaré l'ennemi du christianisme, et où il savait rendre justice, même au point de vue religieux, à nos grandes illustrations catholiques. Les pages qu'il consacrait alors à saint François de Sales, à Bourdaloue (1), à Massillon, et qui sont reproduites dans ce volume, sont des plus belles qu'il ait écrites. On n'a rien dit de mieux sur ces grands hommes. Et pour bien des jeunes gens, quelle meilleure occasion d'entrer dans leur familiarité. Peut-être aurait-il fallu ne pas admettre dans cette galerie un seul auteur de notre siècle; quoi qu'il en soit, les pages consacrées à Musset sont excellentes et peuvent être lues sans crainte. Les gravures sont bonnes et reproduisent fidèlement les types connus. J'excepte cependant le portrait de Régnier, qui n'a jamais été vêtu comme M. Staal nous le représente; et aussi, à cause d'un détail (les manchettes), celui de Bourdaloue.

Les *Contes d'Andersen* ont acquis une telle renommée, qu'il est inutile de les recommander aujourd'hui. D'ailleurs, quelques-uns de ceux que renferme ce volume sont très remarquables et pourront être considérés comme de véritables chef-d'œuvre : l'*Histoire de l'année, le Briquet, la Pierre Philosophale, le Papillon*, etc., seront lus avec plaisir par d'autres que des enfants. On y appréciera, comme dans les contes déjà précédemment publiés, la fécondité d'imagination et l'originalité d'esprit de l'auteur. On sait qu'Andersen est mort il y a déjà quelques années (5 août 1875). Les noms des traducteurs, MM. Grégoire et Moland, suffisent pour recommander la traduction.

Les Merveilles du Mont Saint-Michel ne sont pas un roman, comme le nom de leur auteur, M. Paul Féval, pourrait le faire croire. C'est une histoire très attachante de la célèbre abbaye. M. F. a eu pour cette œuvre un bon collaborateur, connu par d'assez nombreux travaux sur le Mont Saint-Michel. Le nom de ce collaborateur ne serait pas difficile à trouver, et M. F. le cite souvent dans ses notes. Quoi qu'il en soit, les trois livres entre lesquels se divise l'ouvrage (l'apparition et la fondation, — les moines, — les sièges) sont d'une lecture attrayante. L'illustration du volume, exécutée sous la direction de M. Eugène Mathieu, est très bien réussie. Nous signalerons toutefois, pour une prochaine édition, quelques erreurs. La gravure de la page 153 ne représente pas la salle des chevaliers, mais bien l'ancien cloître ou promenoir. A la page 159, ce n'est pas l'intérieur de l'église, mais le cloître actuel qui est figuré. Quoi qu'il en soit, ce volume est très remarquable.

Le Journal de la Jeunesse est un des recueils les plus propres à intéresser et à instruire les enfants. Sa tendance est toujours morale et religieuse et, à ce titre, on peut le recommander ouvertement. Les deux volumes de 1880

---

(1) Un mot dans la note de la **page 174** aurait dû être supprimé, car il est injuste.

contiennent, sans parler des articles d'histoire et de géographie (Assemblées françaises, à travers la France, le drapeau français, etc.), un certain nombre de romans et de nouvelles qui plairont beaucoup aux jeunes lecteurs de ce journal. Citons : *Les deux Mousses* de L. Rousselet; *Grand-Père*, par J. Girardin; *Pendragon*, par A. Assolant; *Cadette*, par Mlle Z. Fleuriot; *Feu de paille*, par Mme C. Colomb, etc. Les illustrations sont bonnes; quelques-unes auraient dû cependant être supprimées, car elles pourraient donner de fausses idées historiques. (Voir en particulier, t. II, p. 416).

C.-T. MILLET.

152 — **Sans famille,** par Hector MALOT. dessins par E. Bayard. Paris, Z. Hetzel, s. d. grand in-8º de 566 pages.

Un roman que tout le monde peut lire et qui n'intéressera pas moins les hommes sérieux que les enfants, n'est pas chose commune. Tel est pourtant le livre de M. Hector Malot. L'auteur de *Romain Kalbris* s'est souvenu de son succès passé; il a repris sous une autre forme l'histoire d'un enfant qui, livré à lui-même, jeté parfois au milieu du plus triste entourage, reste honnête malgré tout. Nulle part, on n'est plus heureux de trouver la vertu récompensée. Mais vertu est-il bien le vrai mot qui rende la pensée de l'auteur? Il y a quelque raison d'en douter, et ce sont plutôt les qualités natives de Remi qu'on admire dans ce récit. Malgré tout l'intérêt qu'on trouve à lire *Sans famille*, j'ai tenu à faire cette remarque. M. M. a trop l'air d'éviter tout ce qui est religieux. Dans les crises les plus graves, son jeune héros ne prononce jamais le nom de Dieu. Il semble l'ignorer absolument. C'est un grand tort et si Remi et Mattia restent honnêtes dans ces conditions, c'est par un vrai miracle, d'autant plus remarquable qu'ils ne s'en doutent pas plus que l'auteur. — Je préfère l'inspiration d'un autre volume. *Les quatre filles du docteur Mash* (1). L'auteur américain, M. Alcotte qui doit beaucoup, j'imagine, à son traducteur français, a su intéresser avec des faits très simples, avec les événements ordinaires de la vie de famille. L'émotion naît naturellement et elle amène souvent des larmes. C'est de la littérature honnête, et nous ne saurions trop féliciter M. Hetzel, quand il essaye de l'acclimater en France.

C.-T. MILLET.

(1) Paris, Hetzel, un vol. in-8º de 263 pages. L'illustration des deux volumes est charmante.

Le gérant : A. SAUTON.

BULLETIN CRITIQUE

DE LITTÉRATURE, D'HISTOIRE ET DE THÉOLOGIE

SOMMAIRE. — 153. Lipsius, Manuel de théologie dogmatique protestante, *J. Dauglard*. — 154. Bonnefon, l'Année pastorale, *L. Mary*. — 155. Revillout, le Concile de Nicée d'après les textes coptes, *L. Duchesne*. — 156-159. Ouvrages sur l'Économie politique, *L.-L.* — 160. Gautier, la Chanson de Roland, *E.-B.* — 161. Nadaillac, les Premiers hommes et les temps préhistoriques, *Bordes*. — Publications de la quinzaine.

153. — **Lehrbuch der Evangelisch-protestantischen Dogmatik**. Von Dr Richard Adelbert Lipsius. Brunswick, Schwetschke, 1879, in-8°, de LIV-863 pages.

Cet énorme volume résume tout l'enseignement dogmatique de la Faculté de Théologie d'Iéna et sert de texte aux développements du professeur. On pourrait donc s'attendre à y trouver la formule authentique, le symbole des *vérités de foi* admises et enseignées dans cette école de théologie qui se dit encore chrétienne. Mais dès le début on s'aperçoit que l'auteur se dérobe à cette curiosité légitime des lecteurs et qu'il ajourne sa réponse aux questions les plus intéressantes, jusqu'au moment où, pressé par la nécessité de prononcer une affirmation quelconque, il déclare qu'il croit en *un Dieu créateur*.

L'intérêt de ce livre est pourtant considérable : 1° il démontre l'insuffisance et les contradictions des doctrines de Luther et de Calvin ; 2° il offre l'attrait d'une étude psychologique extrêmement originale et piquante. M. Lipsius appartient à l'*Union évangélique* ; il occupe de hautes fonctions dans l'Église du grand-duché de Saxe-Weimar, mais il n'est ni athée, ni luthérien, ni calviniste, ni mélanchthonien, ni libre-penseur, ni indifférent ni rationaliste, ni panthéiste, ni déiste, ni socinien, ni néo-luthérien, ni partisan de *la foi nouvelle* de Strauss.

On se demande ce qu'il peut bien être, n'étant surtout pas catholique. Il semble que toutes les positions sont occupées et qu'il n'y a plus de place vacante pour un système nouveau. Détrompez-vous. Au nom de la *libre théologie critique*, M. L. se contente de professer le théisme; il croit en un Dieu personnel, créateur et providence, que l'idée religieuse lui révèle, quoique la raison ne puisse en démontrer l'existence. M. L. croit même en Jésus-Christ. Il examine toutes les graves questions de l'origine du monde et de l'homme, du péché, de la rédemption, de la justification, de la grâce, des sacrements, des fins dernières de l'homme; et il a la prétention de se maintenir sur la base fondamentale du christianisme, bien qu'il rejette absolument tous les dogmes chrétiens, la Trinité, l'Incarnation, la divinité de Jésus-Christ et sa résurrection, etc., etc. Sa préoccupation constante est de montrer la supériorité de sa doctrine sur celle de l'Église romaine, mais il n'entame pas de discussions là-dessus, car il est sûr de l'assentiment de ses disciples; il porte ses attaques sur les divers symboles dressés successivement par les réformateurs. Il n'a point de peine à en démontrer les contradictions. A ce point de vue, le livre de M. L. peut fournir aux théologiens catholiques d'excellents arguments contre le protestantisme.

Ne croyez pas d'ailleurs que ces contradictions embarrassent l'auteur, car, pour lui, les croyances importent peu pourvu que l'*essence du Christianisme* demeure intacte. Or, l'essence du Christianisme n'est pas, comme nous le croyons, la foi en la divinité de Jésus-Christ sauveur et médiateur. Ecoutez cette définition et comprenez, si pouvez : « L'essence spirituelle du « christianisme ou son principe religieux, — c'est le rapport religieux, — « révélé comme expression de l'ordre divin de la grâce ou comme règle « divine pour la piété parfaite conforme à l'idée du Royaume de Dieu, — « rapport se manifestant au sein de la société chrétienne comme l'objet d'une « expérience commune et individuelle, — et en même temps comme une « force spirituelle qui engendre la piété individuelle et collective, — rapport « gravé dans les idées chrétiennes, fondamentales de la conscience per- « sonnelle, chrétienne, — lequel rapport, en cette qualité, détermine dans la « société chrétienne des idées religieuses-morales particulières sur la façon « d'envisager le monde, et une conduite religieuse particulière et spéciale. » (p. 542, § 626).

M. L. a la prétention de parler clairement et sans équivoque. Il tient parole quelquefois et dit nettement que si les idées religieuses se transforment par la critique, le fond religieux n'en est que plus pur. On ferait des efforts inutiles pour distinguer la substance essentielle du dogme de ses formes périssables, mais les formules du dogme vont en approchant de plus en plus de la vérité. Il ne peut y avoir qu'une religion vraie, mais de toutes les confessions chrétiennes aucune n'est ni absolument vraie, ni absolument fausse. Le vrai christianisme est dans un perpétuel *devenir*; le vrai protestantisme n'est réalisé dans aucune de ses formes historiques. Il faut le chercher dans son ensemble et non dans ses détails. Il ne peut pas même être défini. Sa mission principale est de combattre le *paganisme* et le *judaïsme* de l'Église romaine qui divinise les créatures et substitue à la loi d'amour, la loi des bonnes œuvres. N'est-ce pas le catholicisme qui a pris à la lettre les paroles de l'Evangile sur la Trinité, sur l'Incarnation du Verbe, sur la divinité de Jésus-Christ? — La *libre théologie critique*, armée de la lime et même du rabot, retranche toutes ces superfétations du *pur Évangile* que les premiers réformateurs avaient eu l'imprudence d'accepter comme règle de foi. Ainsi en est-il de l'existence des anges et des démons, simples personnifications de l'imagination pieuse. Il est bon cependant de parler au peuple des bons et des mauvais anges, car il faut éviter le purisme et aussi le *radicalisme sauvage* qui détruit de fond en comble tout l'édifice de la réforme.

Sur beaucoup d'autres questions fondamentales, M. L. n'est pas moins hardi. Dieu est créateur du monde, mais simplement comme ordonnateur, car la matière est éternelle; le récit de la Genèse n'est qu'une légende populaire des Hébreux. Le péché originel est une invention de l'imagination; la confession auriculaire est une torture de la conscience; les bonnes œuvres satisfactoires, des enfantillages inutiles : la prière n'est pas nécessaire. Pourvu que la parole de Dieu soit annoncée, l'Église est organisée comme Église, quelques constitutions qu'elle se donne d'ailleurs.

En somme, la foi de M. L. ne va pas au delà de la croyance en Dieu qu'un instinct impérieux lui révèle et en la spiritualité de l'âme. Il se dit chrétien, parce qu'il croit à l'existence historique de Jésus, homme parfait, messie promis, Christ fondateur du royaume de Dieu, mais nullement Dieu. Il honore en Jésus l'homme béni qui, par sa sainteté, ses vertus, sa mort, a rétabli entre Dieu et les hommes l'alliance primitive, et fondé la religion d'amour.

M. L. ne se dissimule pas les dangers que court sa doctrine et son christianisme. Il constate avec douleur (p. 803) que tous ceux qui appartiennent à l'Église extérieurement sont loin d'être animés de son esprit. Il craint les hypocrites et les orgueilleux disciples de Strauss, mais surtout les indifférents et les ignorants, que l'on excuse avec tant d'indulgence. « Si « l'Église nationale, dit-il, persiste à se montrer désarmée contre ces maux, « il n'y a qu'à la dissoudre et à fonder des Eglises libres qui sauront user de « leur pouvoir disciplinaire. »

Cette menace est très significative : elle trahit ouvertement le degré d'acuité de la crise religieuse chez les protestants. Un pasteur luthérien, Nicolas Harms, disait, il y a déjà trente ans : « J'écrirais sur l'ongle de mon pouce tout ce qu'il reste de dogme dans l'Église protestante. » — Un autre protestant, Daniel, ajoute : « On préfère avaler un éléphant athée plutôt qu'une mouche catholique. » Cette situation des esprits est un phénomène bien digne de fixer l'attention : le livre de M. L. ne peut manquer, à cet égard, d'intéresser les théologiens français. Ils y verront clairement de quelle façon certains théologiens d'Iéna pratiquent « la manipulation scientifique du Dogme ».

J. DANGLARD.

154. — **L'Année pastorale.** Recueil d'analyses et de plans de sermons et d'homélies, par S. Bonnefon, pasteur de l'Eglise réformée d'Alais. — Paris, Sandoz et Fischbacher. 1880, in-12.

Cet ouvrage comprend deux parties : la première, de beaucoup la plus étendue, contient quatre-vingt-huit analyses et plans de sermons. La plupart sont extraits de deux publications homilétiques anglaises et protestantes : *The Homilitic Quaterly et the Study and Homilitic Monthly*. (Londres, Dickinson); quelques plans sont extraits des œuvres du pasteur C. Bois.

Beaucoup de sages esprits mettent en doute l'utilité des recueils de ce genre. Remplira-t-on jamais bien un plan que l'on n'a pas conçu soi-même ? Est-ce le plan qui inspire les développements, ou ne sont-ce pas plutôt les recherches, les réflexions personnelles et la préparation qui inspirent l'ordre et la division du discours ?... L'espace ni le temps ne nous permettent d'approfondir cette question fort discutable et si souvent discutée.

Quoi qu'il en soit, l'utilité de ces publications admise, on ne peut refuser quelque valeur à celle dont nous nous occupons.

Un grand nombre des plans de l'*Année pastorale* sont aussi heureusement conçus que substantiels. — Les 35ᵉ, 36ᵉ et suivants, extraits du journal *La Croix*, rédigé par le professeur C. Bois, sont remarquables. On en peut dire autant de la plupart de ceux que l'auteur a puisés dans les revues citées plus haut... Les autres analyses, — et elles sont assez nombreuses, — ne sont pas signées. L'auteur, qui nous dit dans la préface avoir inséré dans son recueil « quelques plans de sermons plus ou moins personnels, » s'est-il caché sous l'anonyme de ces *** ?... Il eût pu alors pousser la modestie jusqu'à laisser dans ses cartons ces plans fort inférieurs au reste de l'ouvrage.

Quoique le recueil soit l'œuvre d'un protestant, les prédicateurs catholiques trouveraient assurément à y puiser avec profit.

Il est un détail sur lequel nous attirons leur attention : chaque fois qu'un développement peut s'appuyer sur l'Ecriture sainte, les passages du texte sacré sont indiqués, dans l'*Année pastorale*, par des renvois aussi précis que nombreux, avec citations des chapitres et des versets.

A ce sujet, remarquons dans ces plans et analyses la trace d'une étude approfondie et fort étendue de la sainte Ecriture. C'est encore un exemple bon à suivre. Trop souvent nos prédicateurs se bornent à commenter les passages des Epîtres ou des Evangiles que la liturgie met sous les yeux des fidèles. Il en résulte qu'une foule de textes fort instructifs de l'Ancien et du Nouveau Testament ne sont presque jamais étudiés par les prédicateurs, et demeurent inconnus aux fidèles.

Si le nom de l'auteur ne nous apprenait dès la première page que nous avons sous les yeux un recueil de prédications protestantes, la plupart des lecteurs auraient pu parcourir l'ouvrage presque entier sans le remarquer. Pour un œil attentif, toutefois, ce caractère se révèle bientôt. On ne retrouve pas dans la plupart des analyses cet ordre auquel la prédication catholique s'est accoutumée à l'école des maîtres du dix-septième siècle. Assurément, la division, même dans une analyse, ne doit pas nécessairement être toujours apparente, mais il faut qu'on puisse par une étude rapide la saisir. L'ordre fait défaut dans la plupart de ces homélies, et les divisions sont toutes de fantaisie.

Les titres sont parfois, souvent même trop recherchés ; ainsi (page 1) pourquoi nous parler de l'*activité laïque*, à propos de l'*apostolat* de Priscille et d'Aquilas ; (page 45), que peut bien dire à l'esprit ce titre : le *critérium d'un caractère* ; (page 51). *L'extraordinaire* ; (page 61) l'*Echarde dans la chair* ; (page 65) *Les Leçons morales de Mara* ; (page 89). *La plus belle robe*, etc., etc... Je doute que M. le Pasteur fût très flatté qu'un *reporter*, au sortir de ses prêches donnât à ses homélies des titres de ce genre ; un titre ingénieux n'est pas à dédaigner, surtout à notre époque, mais il y a pourtant une mesure à garder.

Autre caractère, qui peut-être convient à l'universalité des sermons protestants : on n'y enseigne qu'un demi-christianisme ; les dogmes demeurent à demi transparents ; la morale s'en tient aux grandes lignes de la loi naturelle. Souvent les conclusions pratiques font défaut ; point de sanction, nul point d'appui ; surtout on sent que l'âme, le cœur font défaut sous ces dehors : on y parle du Christ, mais ce Christ n'est pas vivant. Après ces lectures l'esprit parfois est satisfait, le cœur ne l'est pas ; on se trouve plus instruit, on ne se sent ni plus fort, ni en voie de devenir meilleur.

Une seconde partie, comprenant environ le quart de l'ouvrage, nous donne l'analyse de quinze discours de M. Vinet. Ces résumés sont l'œuvre de M. Tallichet, ancien pasteur. La célébrité dont M. Vinet jouit dans le protestantisme moderne eût donné un intérêt majeur à cette partie de l'*Année pastorale*. Malheureusement ces résumés ne sont pas de nature à mettre en lumière la pensée même de cet homme éminent.

M. Tallichet, dans sa préface, avoue ne donner que « du Vinet de seconde main et non du M. Vinet véritable ». Il n'a que trop scrupuleusement tenu parole. Ces pages ne sont qu'une indigeste compilation de notes prises à la faculté de Lausanne par les élèves du savant professeur. Il y a trop et trop peu ; le style est la plupart du temps fort défectueux. Le discours s'attarde en des répétitions de la même pensée. M. Vinet ne peut que perdre à se voir ainsi habillé, et nous ne pouvons rien gagner à le lire en ce style. Puisque M. B. ne nous donne en ce volume que la « première année » d'une publication qu'il se propose de continuer, nous faisons le vœu que, dans les années prochaines, il nous offre encore quelques discours de M. Vinet, mais pour cette fois du Vinet pur, ou du moins analysé avec intelligence.

Léo MARY.

155. — **Le Concile de Nicée, d'après les textes coptes et les diverses collections**, par M. Eugène REVILLOUT, conservateur adjoint au musée égyptien du Louvre. Paris, Maisonneuve, 1881; in-8° de 72-216 pages.

Sous une couverture qui porte le millésime de 1881, M. R. présente au public un tirage à part de deux articles insérés en 1875 dans le *Journal Asiatique* (1). Ils forment la première partie d'un travail qui, espérons-le, sera terminé quelque jour. Pour quelle raison l'auteur l'a-t-il laissé interrompu depuis bientôt six ans? C'est son secret; respectons-le.

Zoéga avait publié, avant 1809, dans son *Catalogus codicum copticorum mss. musaei Borgiani*, quelques fragments coptes, relatifs au concile de Nicée, accompagnés d'une version latine; texte et traduction parurent une seconde fois, en 1852, par les soins de M. Ch. Lenormant, dans le tome Ier du *Spicilegium Solesmense* de dom Pitra. M. R. a eu le bonheur de découvrir d'autres fragments du même manuscrit qui avait servi à Zoéga. En les joignant aux autres, et en rapprochant un papyrus de Turin, qui a certaines parties communes avec le manuscrit de Zoéga, il est parvenu à reconstituer l'ensemble du document copte, lequel est évidemment une traduction du grec.

Dix-huit pages manquent au commencement du ms. Borgia; sur la dix-neuvième, on trouve la fin du symbole de Nicée, à la suite duquel sont placées deux remarques ou gloses, auxquelles M. R. attache une très grande importance. L'une d'elles était déjà connue par les versions latines; on en a même le texte original dans Gélase de Cyzique (*Hist. Conc. Nic.*, II, 26; Hardouin, *Concil.* t. I, p. 421). Vient ensuite le catalogue des signatures épiscopales, également conservé en latin, et dont l'original a été connu de divers écrivains grecs, comme Socrate et Gélase déjà cité. Enfin se présentent les canons disciplinaires, dont le texte s'interrompt au bord d'une lacune. De l'autre côté de cette lacune, on se retrouve au milieu d'un second symbole de Nicée. Jusqu'ici le ms. Borgia avait été le seul témoin du texte; à partir de ce moment, on a de plus le papyrus de Turin, qui présente à peu près la même rédaction que le ms. Borgia, et parfois en comble très utilement les lacunes. C'est ainsi qu'il nous a conservé le commencement du second symbole avec ce titre : « Concile de Nicée. Symbole exact qui a été établi par le saint concile. — Nous croyons en un seul Dieu, Père tout-puissant, etc. » Ce symbole n'est pas, autant qu'il est annoncé, une exacte reproduction de celui de Nicée; il y a quelques petites modifications, notamment en ce qui regarde le Saint-Esprit. Après le symbole, le manuscrit Borgia et le papyrus de Turin présentent une profession de foi plus longue et plus précise, où l'on anathématise nommément Sabellius et Photin; la doctrine de l'Incarnation

---

(1) *Journal Asiatique*, septième série, t. V, p. 5-77, et t. VI, p. 473-560. Toutefois, les huit dernières pages du volume actuel, composées à l'imprimerie nationale pour le *Journal Asiatique*, n'ont pas paru dans cette revue.

y est développée en quelques lignes, et cette partie du document se termine par la condamnation de l'anthropomorphisme. Suit une longue série d'exhortations morales, en style direct, comme le Décalogue ; puis trois lettres, une de Paulin d'Antioche, une de saint Épiphane, la troisième d'un certain Rufin, archevêque, enfin une glose, où l'on raconte que les Pères de Nicée étaient au nombre de 318 quand ils étaient assis, et de 319 quand ils étaient debout, le Saint-Esprit formant le 319ᵉ membre de l'assemblée.

Ici s'arrêtent les pièces relatives au concile de Nicée ; dans les deux manuscrits elles sont suivies d'un recueil de sentences morales sous le titre de « Sentences du saint concile », mais bien évidemment sans rapport avec lui (1).

De cette description, il résulte que la collection copte comprend trois parties dans le manuscrit Borgia, les deux dernières figurant aussi dans le papyrus de Turin : 1º un recueil contenant le symbole avec les deux gloses, les signatures et les canons ; 2º un second recueil contenant le symbole retouché, la confession de foi en forme d'anathèmes, le premier groupe de sentences, les trois lettres et la glose sur les trois cent dix-neuf Pères ; 3º un recueil exclusivement gnomique. D'après M. R. lui-même, cette dernière partie n'a rien à voir avec ce qui précède ; on devrait aussi, selon lui, détacher de la collection principale la glose qui suit les trois lettres ; cette séparation, qui ne paraît fondée que sur l'aspect légendaire de la glose, n'est pas, à mon avis, suffisamment justifiée.

Défalcation faite de cet appendice final, nous avons ici, d'après M. R., les actes du concile tenu à Alexandrie, en 362, par saint Athanase et quelques confesseurs de la foi, en vue de réconcilier les faillis de la persécution arienne et de reconstituer les actes de Nicée. Ce jugement est plus affirmé que prouvé (2). Le document lui-même ne dit rien d'une telle origine ; on n'y trouve pas la fameuse épître synodale du concile d'Alexandrie aux fidèles d'Antioche (*Athan.*, éd. Montfaucon, t. I, p. 615), ni les noms d'aucun des membres de l'assemblée, pas même celui de saint Athanase. Sans doute, la lettre de Paulin d'Antioche est la même qui figure dans les manuscrits de saint Athanase, à la fin de l'épître synodale ; mais on la trouve aussi ailleurs, par exemple dans saint Épiphane, *hær.* 77. — La confession de foi de la seconde partie contient, à propos de la Trinité, la formule

(1) Ce recueil n'est publié ici que d'après le manuscrit Borgia. M. R. a édité le texte du papyrus de Turin, avec une traduction, dans le *Journal asiatique* de 1873, 7ᵉ série, t. I, p. 234 et suiv.

(2) M. R. se réfère à Socrate, qui cite le *Synodique d'Athanase* comme contenant les noms des Pères de Nicée. Il faudrait démontrer : 1º que le *Synodique d'Athanase* est identique aux actes du concile d'Alexandrie ; 2º que la collection copte est identique au *Synodique d'Athanase*. Il invoque aussi un passage de saint Grégoire de Nazianze (Ep. 101 *ad Cledonium*, Migne, P. G., t. XXXVII, p. 177), où il est dit que les apollinaristes sont tenus de prouver, par le *tome synodique*, « l'adhésion que les légats d'Apollinaire donnèrent aux délibérations d'Alexandrie » (p. 11). En relisant le texte de saint Grégoire, M. R. verra qu'il ne s'agit pas là du concile d'Alexandrie, mais du concile occidental, c'est-à-dire du concile romain.

des trois hypostases, étrangère au langage courant d'Alexandrie (1). — Enfin, la glose qui suit le symbole de Nicée, dans la première partie du recueil, est conçue en de tels termes, qu'elle n'a pu être rédigée ni à Nicée, ni à Alexandrie. Citons ici M. R. : « Le symbole est suivi d'une clause officielle qui paraît également appartenir au concile de Nicée : Ainsi il a plu aux évêques assemblés en saint concile pour la foi. » Au commencement de son traité *de Synodis* (c. 3-5), écrit en 359, saint Athanase reproche vivement aux évêques antinicéens d'avoir mis une formule semblable en tête d'un de leurs symboles. Il ajoute que le concile de Nicée a sans doute employé l'expression « il a plu, ἔδοξε » à propos de son décret sur la Pâque, mais que, lorsqu'il en vint à la rédaction de la confession de foi, il se borna aux mots : « Ainsi croit l'Église catholique. » Il est difficile d'admettre qu'il se soit trompé sur un fait si important dans sa discussion, ou bien qu'après avoir répudié en 359 une telle formule, il l'ait introduite ou laissé introduire en 362 dans un recueil officiel de documents nicéens.

M. R. s'étend beaucoup sur la nécessité où se trouvait saint Athanase de reconstituer les actes de Nicée perdus pendant la persécution arienne. Ceci est bien extraordinaire. Quoi! à Rome, à Carthage, en Orient, on n'avait pu sauver ni le symbole, ni les canons de Nicée? Mais comment se fait-il qu'il s'en soit conservé tant de versions en Occident, notamment celle de Carthage, rapportée par l'évêque Cécilien, l'un des membres du concile? Comment se fait-il que le concile d'Antioche, en 341, ait non seulement connu, mais copié ou développé plusieurs de ces canons soi-disant disparus? Or le concile d'Antioche, que M. R. appelle un concile arien, n'avait aucune raison de veiller avec une sollicitude spéciale sur l'œuvre des Pères de Nicée. Quant au symbole, il a été si souvent cité, proclamé, transcrit entre 325 et 362, qu'il est, je crois, inutile d'insister. Saint Athanase, après la mort de Constance, n'avait pas à sauver de l'oubli un document qui, depuis près de quarante ans, était sous les yeux de tout le monde, amis et ennemis. Ainsi, l'attribution de ces textes au concile d'Alexandrie n'est qu'une hypothèse sans fondement. Mais d'où proviennent-ils? Ceci est une autre question, dont je me propose de m'occuper ailleurs. M. P. Viollet m'a obligeamment signalé un texte grec dont la parenté avec la collection copte est de toute évidence. Je crois que celle-ci se retrouvera tout entière dans les manuscrits grecs et qu'il sera facile de prouver, par les rapports entre le texte et la version, que cette dernière ne peut remonter au delà du cinquième siècle. M. R. aurait bien fait, soit dit par parenthèse, d'indiquer l'âge du manuscrit Borgia et du papyrus de Turin; cette appréciation rentre tout à fait dans sa compétence; elle serait très utile pour fixer la limite inférieure des hypothèses que l'on peut faire sur l'âge de ses documents.

(1) Au concile d'Alexandrie, saint Athanase reconnut que les Orientaux pouvaient donner un sens orthodoxe à cette formule; mais il ne s'en est jamais servi pour son propre compte; ceux de ses écrits où on la trouve ont été démontrés apocryphes. Même au temps de saint Cyrille, cette expression n'était pas familière aux alexandrins. On sait que saint Jérôme la répudiait énergiquement.

Mais, quoi qu'on doive penser de leur âge, on peut se demander ce qu'ils nous apprennent de nouveau sur le concile de Nicée. Je réponds sans hésiter : Rien du tout. En effet, nous connaissons le symbole et les canons, dont il nous reste le texte original et des versions en diverses langues, surtout en latin. Il en est de même, sauf pour l'original grec, de la liste des signatures (1). C'est tout autant qu'il y en a dans la première partie de la collection copte, la seule qui ait directement rapport à Nicée. Quant aux deux gloses dont M. R. fait grand état, l'une d'elles était déjà connue par des textes grecs et latins; la seconde n'est que la répétition de la première. Elles contiennent l'une et l'autre la condamnation de Sabellius et de Photin ; le nom de celui-ci est remplacé dans la seconde par celui de Paul de Samosate.

La seconde partie, où le symbole de Nicée se présente sous une forme retouchée, où le catalogue des anathèmes s'étend jusqu'aux anthropomorphites, où l'on rencontre des lettres de saint Epiphane et de Paulin d'Antioche, où la légende brode déjà sur le chiffre traditionnel des membres du concile, n'a rien non plus à voir avec les textes originaux de la célèbre assemblée. Il en est de même des sentences morales qui figurent dans cette partie, et qui sont tout aussi peu attribuables au concile de Nicée que les gnomes de la troisième. Ce n'est pas en ce style que les conciles légifèrent.

Les observations que j'ai faites jusqu'à présent n'ont trait qu'à la première partie de l'ouvrage de M. R., à celle qui comprend la publication du texte copte et la détermination de son origine. La seconde est consacrée à une longue étude de toutes les collections canoniques où figurent les canons de Nicée, accompagnés ou non du symbole, des gloses et des signatures. Ce n'est pas une petite affaire que la classification des collections canoniques. J'admire le courage du savant égyptologue qui n'a pas eu peur de s'aventurer dans ces broussailles, dédaignant même de suivre les sentiers déjà frayés. Dès le début, il fait « table rase des systèmes d'interprétation critique antérieurs », c'est-à-dire que, tout en accordant un mot d'éloge aux Ballerini, à M. Maassen, au cardinal Pitra, il laisse de côté le plus clair de leurs savants travaux pour y substituer une classification nouvelle. Nouvelle est-il le mot? Il me semble que celle de M. R. a déjà été présentée par le fameux P. Quesnel. D'après le P. Quesnel et M. R. il y aurait eu, dans l'Église romaine, avant Denys le Petit, un *Codex canonum* officiel, constitué et promulgué par le pape Gélase. Aux yeux de M. R., la publication du recueil de Denys est une machination dirigée contre le droit canonique officiel et les prérogatives de l'Église romaine. Ce système extraordinaire a été tellement réfuté par dom Coustant et les frères Ballerini, il est si universellement abandonné, que M. Maassen a cru pouvoir se dispenser de lui faire une dernière fois son procès. Voici ce qu'il en dit : « De ce qu'un système est produit avec prétention dans un débat, il n'en résulte pas qu'il ait des titres à

(1) Je fais abstraction de l'épître synodale et de la lettre de Constantin, qui ne se trouvent pas dans les textes de Zoëga-Révillout. Je ne sais si le texte syriaque des signatures a été publié, mais il existe certainement dans les manuscrits.

trainer indéfiniment dans la littérature et à fournir le thème de réfutations sans cesse répétées (1). »

Je me garderai bien d'appliquer toutes ces expressions à la classification proposée par M. R. Son exposition, d'ailleurs, est instructive à bien des égards. Avec sa grande connaissance des langues orientales, il a pu grouper autour des collections latines divers renseignements intéressants sur des collections syriaques, arabes et arméniennes. On peut regretter que ces détails jetés dans les notes et sans qu'on se soit donné la peine de traduire les textes orientaux, n'aient pas été traités dans le texte même, avec tout le développement qu'ils méritaient. De même, je loue très volontiers le zèle apologétique de l'auteur ; mais on peut craindre que parfois il ne l'entraîne au delà des bornes d'une sage critique. Il est bien de montrer la sagesse des pontifes romains dans leur activité législatrice et de signaler les empiétements des patriarches d'Orient contre leurs droits et leur autorité. Mais il ne faut rien exagérer. L'abbé Darras a cru servir la cause du Pape en défendant l'authenticité des fausses décrétales et de bien d'autres apocryphes. Les procédés critiques de M. R. rappellent trop souvent la manière de cet apologiste zélé, mais maladroit. Il a, comme lui, l'hypothèse facile, l'invective prompte et l'érudition peu précise. Ainsi, à la page 25 du second mémoire, on trouve, dans un alinéa de 17 lignes : 1° *quatre* hypothèses gratuites : *a)* que l'Église d'Antioche eût en 363 une collection canonique comprenant les conciles d'Ancyre, de Néocésarée et de Gangres ; *b)* que le concile de Laodicée ait été « probablement arien » ; *c)* que Sabinus d'Héraclée ait commenté une collection canonique comprenant les conciles d'Ancyre, Néocésarée, Gangres, Antioche, Laodicée ; *d)* que le *Synodique* de Sabinus ait été écrit en réponse à celui d'Athanase ; — 2° *quatre* inexactitudes assez fortes : *a)* que le « patriarche » d'Antioche ait présidé le concile de Gangres ; *b)* que le concile d'Antioche, dit de la dédicace, en 341, ait reçu à sa communion « les Eusébiens et les Ariomanes » ; le concile était composé d'Eusébiens ; quant aux « Ariomanes », ils avaient été admis à la communion dès le temps du concile de Tyr, en 335 ; *c)* que le même concile d'Antioche n'ait accepté de Nicée que le décret sur la Pâque ; il accepta aussi les canons, cela résulte de la comparaison des canons des deux assemblées ; *d)* que Laodicée en Phrygie ait fait partie du « patriarcat » d'Antioche (2). C'est souvent comme cela : aussi n'est-il pas étonnant qu'en faisant tellement abstraction des faits, M. R. arrive à donner à son récit une certaine apparence de roman. On peut même dire que la hardiesse et la multiplicité des hypothèses sont poussées à un tel point que la discussion devient très difficile.

Je regrette vivement qu'il en soit ainsi, car M. R. n'est pas le premier venu. C'est un savant hautement et universellement estimé pour sa science

(1) Maassen, *Geschichte der Quellen und der Literatur des canonischen Rechts in Abendlande*, t. I, p 494.

(2) Peut-être M. R. transporte-t-il cette ville en Syrie, comme il le fait (p. 67), pour Ancyre, Gangres et Néocésarée. Comp. Lucien, *De la manière d'écrire l'histoire*, ch. XXIV.

égyptologique. Il figure au nombre des rares mortels qui déchiffrent l'écriture démotique. On lui doit, dans cet ordre d'études, des publications très importantes, qui contiennent de véritables révélations sur les mœurs et les lois de l'Egypte ancienne. Il y a lieu d'espérer qu'il continuera aussi à nous donner, à côté des textes contemporains des Pharaons et des Ptolémées, les documents intéressants de la littérature chrétienne que recèlent les manuscrits coptes. On lui en saura gré, surtout s'il a l'attention de les traduire, ce qu'il ne fait pas toujours (1), et s'il s'abstient de leur joindre des commentaires que ses grandes occupations ne lui laisseraient pas le temps de mûrir assez.

L. Duchesne.

---

156. — **Les Doctrines économiques depuis un siècle**, par M. Ch. Périn, professeur de droit public et d'économie politique à l'Université catholique de Louvain, correspondant de l'Institut de France. Paris, Lecoffre, 1 vol. in-12.

157. — **Traité élémentaire d'Économie politique**, contenant les principes généraux, l'étude de la législation économique et les statistiques officielles, par F. Hervé-Bazin, docteur en droit, professeur d'économie politique à l'Université catholique d'Angers. Paris-Lyon, Lecoffre, 1 vol. in-12.

158. — **Précis élémentaire d'Économie politique**, à l'usage des facultés de Droit et des Ecoles, par Prosper Rambaud, docteur en droit, répétiteur de droit. Paris, Ernest Thorin, 1 vol. in-12.

159. — **Du Divorce**, par Paul Lefebvre, docteur en droit, docteur en sciences politiques et administratives, avocat près la cour d'appel de Bruxelles. Paris, 1 vol. in-12; Palmé.

Le savant professeur de Louvain nous fait connaître en ces termes le but qu'il s'est proposé, en publiant ce nouvel ouvrage. « Le but que j'ai voulu atteindre, en exposant la suite des doctrines enseignées par les économistes depuis un siècle, est de faire mieux comprendre les théories et les pratiques contre lesquelles nous avons chaque jour à lutter. » Ces tendances funestes ne sont pas seulement représentées par les écoles socialistes ; elles se retrouvent également dans l'économie politique dite classique, et elles ont partout un fond commun : l'affirmation de l'absolue souveraineté de l'homme sur lui-même et la substitution, dans l'ordre social, de l'autorité de la raison à l'autorité de Dieu.

---

(1) M. R. promet (1er mémoire, p. 14) de traduire les textes coptes au fur et à mesure de son commentaire. Mais le commentaire n'étant pas terminé, il n'y a que les premières pages de traduites. Pour le reste, quand le secours du *Spicilegium Solesmense* m'a fait défaut, je me suis servi d'une traduction mise obligeamment à ma disposition par un jeune égyptologue, M. l'abbé Amelineau, élève de l'École des Hautes-Études.

M. P. fait partout ressortir cette erreur fondamentale dans l'exposition très intéressante qu'il présente des systèmes des principaux économistes, depuis les physiocrates et Adam Smith, jusqu'à Stuart Mill et Proudhon, en passant par Malthus et Ricardo, J.-B. Say, Sismondi, Senior et Rossi, Dunoyer et Bastiat.

Le savant économiste consacre la seconde partie de son livre à montrer comment le christianisme, et le christianisme seul, peut empêcher l'économie politique d'aboutir au socialisme et résoudre la question sociale ; comment en particulier le problème du travail trouve sa solution, non pas dans le laisser-faire et le laisser-passer de la libre concurrence, mais, ce qui est tout différent, dans l'application sérieuse de la liberté chrétienne. Or cette liberté elle-même, pour subsister, a besoin de trouver chez les patrons, comme chez les ouvriers, les vertus dont la religion est la source. « Prétendre retenir les avantages de la liberté en s'affranchissant des obligations de la charité, c'est se mettre en rébellion contre l'ordre providentiel et tenter l'impossible » (p. 212). Les catholiques ont pour mission aujourd'hui et, grâce à Dieu, beaucoup le comprennent, de faire rentrer dans l'ordre des faits l'application des lois naturelles, lesquelles veulent dans le régime du travail non l'individualisme, mais une solidarité qui rapproche les intérêts du maître et de l'ouvrier, sans en compromettre aucun et en les appuyant l'un sur l'autre. « Le grand problème de ce temps-ci, dit M. P., pour l'ordre économique est de rendre à la société, *sous la loi de la liberté du travail*, cette solidarité de la vie industrielle que nos pères avaient établie, *sous la loi de la réglementation et de la restriction.* » A cette entreprise, l'organisme de la corporation est indispensable, parce que seul il fonde sur des bases solides ces relations intimes, constantes, durables, sans lesquelles il n'y a qu'une trompeuse apparence de solidarité (p. 241).

Nous ne suivrons pas M. P. dans les détails très instructifs qu'il donne sur l'organisation des sociétés corporatives, telle qu'il l'entend. Tous ceux qu'intéressent les questions économiques (et le nombre grandit tous les jours) liront son livre, ils y trouveront beaucoup à apprendre. Ils y trouveront aussi les réponses, plus ou moins directes, opposées par M. P. aux objections qui lui sont venues de la part d'économistes non moins zélés que lui-même pour la restauration de la société chrétienne. Le savant professeur de Louvain n'accorde-t-il pas trop à la liberté moderne ? Ne tombe-t-il pas lui-même quelquefois dans le piège du libéralisme économique qu'il combat cependant avec tant de force? Ne fait-il pas trop bon marché de certaines garanties restrictives que la société aurait le droit et même le devoir d'imposer au travail? C'est là le point en litige, et nous ne voulons pas le trancher.

— M. Hervé-Bazin est un élève de M. Périn, à qui il dédie son livre. On peut dire tout de suite que c'est un élève qui fait grand honneur à son maître. Le *Traité élémentaire d'économie politique*, dont l'esprit est suffisamment connu par tous ceux qui ont lu M. Périn, nous paraît dans la forme très heureusement conçu. Il présente la clarté et la brièveté qu'on est en droit de demander à tout livre élémentaire, sans cependant rien omettre d'essentiel.

Suivant la méthode classique, il traite en quatre livres distincts, après un préambule consacré aux définitions et aux divisions générales, de la production, de l'échange, de la répartition et de la consommation.

Nous avons remarqué avec plaisir, dans ce traité, la place importante qu'y occupent les recherches et les conclusions de M. Le Play. M. H. B. donne un résumé exact et intéressant de ses théories sur l'organisation de la famille : théories qui ont cet avantage de n'être pas des conceptions *a priori*, mais tout simplement des pratiques séculaires encore en vigueur dans toutes les nations prospères, et qui ont autrefois contribué à la grandeur de la France.

— Tel n'est point l'avis de M. Prosper Rambaud, dans son *Précis d'économie politique*. Selon lui, pour réaliser sa conception de la Famille-souche, « l'auteur de la *Réforme sociale* voue, sans hésiter, plusieurs des membres de la famille au célibat, conclusions contraire, au droit naturel, parce qu'elles reposent sur une injustice, sur la méconnaissance de l'affection égale des parents pour leurs enfants » (p. 18). Ce système n'a pas même pour lui les avantages économiques qu'on lui suppose; « il a pu séduire quelques esprits honnêtes, parce qu'il semble plus favorable à l'autorité du père de famille, mais il est empreint d'une exagération manifeste, sans parler des conséquences funestes et parfois immorales qui pourraient résulter de la liberté absolue de tester » (p. 19).

Ces amères critiques, empruntées par M. Rambaud à M. Cauwès, sont réfutées brièvement par M. Hervé-Bazin. Il n'est nullement vrai que la liberté de tester soit une condamnation au célibat d'un certain nombre d'enfants, ni surtout une méconnaissance de l'affection égale que doit le père à tous ses enfants. « Il serait, en revanche, très facile, dit M. H. B. de prouver que, dans une foule de cas, la prétendue égalité du code civil est une choquante inégalité. M. Le Play ne demande pas le retour au droit d'aînesse, ni l'établissement de tel ou tel système préciputaire, ni la liberté absolue de tester. » (p. 107).

Quoi qu'il en soit de cette dissidence de nos deux auteurs, et malgré la préférence que nous croyons devoir accorder au système de M. Le Play, nous ne pouvons méconnaître, dans l'ouvrage de M. Rambaud, des qualités vraiment précieuses pour les étudiants, à qui ce résumé est destiné; il est difficile d'être plus simple, plus clair et, ordinairement du moins, mieux inspiré. Pourquoi faut-il que le livre se termine par une citation de M. About?

— Ce n'est pas une question économique que celle du divorce. Mais c'est une question sociale au premier chef. M. Paul Lefebvre la traite avec beaucoup de netteté, de sobriété et d'orthodoxie dans son court volume écrit à Bruxelles, mais beaucoup plus en vue de Paris que de Bruxelles. Cet opuscule substantiel sera bon à feuilleter, quand M. Naquet et son projet de divorce auront enfin abordé la tribune. M. Lefebvre, après une courte introduction de circonstance, consacre les trois chapitres de son livre à des considérations sur le divorce, d'abord au point de vue religieux, puis au point de vue historique, et enfin au point de vue moral et social. Il a eu la bonne idée d'annexer à son volume, en forme d'appendice, un extrait de la législation révolutionnaire de 1792 à 1803 ; le texte actuel de la loi Belge, qui n'est autre que la partie de notre code civil sur le divorce, supprimée par la loi de 1816 ; un résumé des législations étrangères ; et enfin le projet de loi de M. Naquet. La doctrine soutenue par M. Lefebvre est de tous points irréprochable.

L. L.

160. — **La Chanson de Roland**, texte critique, traduction et commentaire, grammaire et glossaire, par Léon GAUTIER, professeur à l'Ecole des Chartes. Ouvrage couronné par l'Académie française et l'Académie des Inscriptions et Belles-Lettres, 7ᵉ édition, revue et augmentée. Tours, Alfred Mame, 1880, XLVIII-650 pages.

L'apparition du nouveau programme des auteurs classiques français, pour la classe de seconde, a dû réjouir le cœur de M. Léon Gautier. Enfin, après vingt années de travail persévérant, l'apôtre de la *Chanson de Roland*, car il mérite ce nom, a vu l'étude de « son cher vieux poème » introduite dans l'enseignement classique. Depuis quelques années déjà, la *Chanson de Roland* figurait aux programmes des deux agrégations des lettres et de grammaire ; la conséquence naturelle devait être son apparition dans le programme des classes.

L'édition classique renferme, en outre du texte et de la traduction, une introduction historique, des éclaircissement sur les légendes de Charlemagne et de Ganelon, sur le costume de guerre, et la géographie de la *Chanson de Roland*.

A la suite d'un tableau généalogique des manuscrits, M. G., dans une série de notes, pour l'établissement du texte, donne les principales variantes ; viennent enfin un traité de Phonétique, de Grammaire et de Rythmique, et un glossaire spécial.

En appendice, M. L. G. donne, par la traduction interlinéaire des cent premiers vers, un modèle des exercices à faire sur le texte du poème.

Si M. G. aime la *Chanson de Roland*, ce n'est point à dire pour cela qu'il veuille lui sacrifier les œuvres plus achevées des Grecs et des Romains ; il ne réclame, pour le poème national, que sa juste place. Dans une feuille jointe à la 7ᵉ édition, M. L. G. donne un plan de leçons conçu dans cet esprit : donner aux élèves une idée juste de notre vieille poésie nationale ; par des comparaisons, la rapprocher de l'épopée grecque ; enfin, montrer la grandeur des sentiments qui y sont exprimés.

Ces quatre pages sont le meilleur guide que puissent avoir les professeurs à qui est confié un enseignement nouveau pour eux, et la 7ᵉ édition classi- de M. L. Gautier leur fournira tous les éléments nécessaires pour remplir le cadre tracé.

E.-B.

161. — Les Premiers hommes et les temps préhistoriques, par le marquis de Nadaillac, avec douze planches et deux cent quarante quatre figures dans le texte. Paris, Masson, 1880. 2 vol. grand in-8° de ij-444-528 pages.

L'étude de l'homme a toujours eu un attrait spécial pour les naturalistes et pour les philosophes. Il était cependant réservé à la génération scientifique actuelle de se passionner outre mesure pour les problèmes si complexes de nos origines et des temps préhistoriques. Mais, et ce n'est pas là un des symptômes les moins curieux des tendances scientifiques de notre temps, les sciences naturelles, en France comme en Allemagne, sont devenues matérialistes, pendant qu'en philosophie et en politique on professait les doctrines les plus radicales.

Après avoir lu l'immense travail de M. de Nadaillac, nous sommes heureux de reconnaître qu'il a pu écrire avec beaucoup de raison à la première page de son livre : « Ceci est un livre de bonne foi. » Il a cherché « consciencieusement à connaître ce que l'homme pouvait apprendre par ses seules lumières sur le redoutable problème de nos origines et ce que la science moderne pouvait prouver ».

L'amour de la science va chez l'auteur jusqu'à l'enthousiasme, ce qui ne l'empêche pas, arrivé au terme de sa tâche, de faire cette énergique profession de foi : « Je suis chrétien, je le proclame hautement, mais ma foi ne s'effraye d'aucune des découvertes vraies de la science ; chaque progrès intellectuel de l'humanité, chaque pas que nous faisons vers la vérité, nous rapprochent de la vérité suprême. Soulever un coin du voile qui nous dérobe la grandeur des œuvres du Créateur, entrer en quelque sorte dans le secret de ses desseins, n'est-ce pas devenir plus capable de l'admirer et de le comprendre, n'est-ce pas remplir une des fins pour lesquelles l'intelligence nous a été donnée (t. II, p. 502)? »

La partie historique des découvertes relatives aux silex taillés et aux fossiles abonde en renseignements curieux et peu connus ; nous y avons appris, par exemple, que l'empereur Auguste, au rapport de Suétone, avait réuni dans son palais du mont Palatin une belle collection d'ossements de grands animaux disparus et de nombreux silex polis provenant pour la plupart de l'île de Capri ; et encore que, au milieu du seizième siècle, Mercati, médecin du pape Clément VIII, affirmait que les silex conservés au Vatican étaient les armes des antédiluviens qui ignoraient encore l'usage des métaux. Mais, hélas ! si de tout temps la science a eu des prévisions heureuses, l'erreur populaire l'emporte souvent, et, dans tous les pays, ces pierres ont toujours été l'objet d'un respect superstitieux. Ce sentiment subsiste encore et dans notre propre pays beaucoup d'hommes se croient invulnérables et leurs bestiaux à l'abri des maléfices, s'ils sont assez heureux pour posséder une hache polie.

La division aujourd'hui classique des temps préhistoriques en trois âges (Pierre, Bronze, Fer) n'est conservée par l'auteur que sous bénéfice d'inventaire, car cette classification, que nous devons aux archéologues du Nord, n'est ni précise, ni rigoureuse; les découvertes les plus récentes tendent même à l'ébranler. « Les trois âges, en effet, ne se sont pas uniformément succédé. S'ils marquent bien trois étapes distinctes dans la civilisation, il ne saurait s'ensuivre, ni que tous les peuples sans exception les aient parcourues ni surtout qu'ils les aient parcourues aux mêmes époques (t. I, p. 16) ». M. A. Bertrand avait déjà dit : « Il n'existe pas de loi générale applicable aux agglomérations humaines, à la succession des couches de la civilisation. Croire que toutes les races humaines ont nécessairement passé par les mêmes phases de développement et parcouru toute la série des états sociaux que la théorie veut leur imposer serait une très grave erreur. (*Arch. celtique et gauloise*, p. 16). »

L'âge de pierre est pour les archéologues ce qu'est le terrain quaternaire pour les géologues, c'est-à-dire une énigme indéchiffrable; c'est peut-être pour ce motif que les classifications abondent. Nous avons une classification géologique due à M. Hébert, mais elle a le grand tort, et c'est à nos yeux le moindre, de laisser de côté les cavernes et les abris sous roches, d'une importance capitale cependant pour les archéologues. La classification zoologique due à Lartet (âge de l'ours, du mammouth, du renne et de l'aurochs) est démentie par les faits, et de nombreuses découvertes permettent d'affirmer aujourd'hui que les animaux qui caractérisent la faune quaternaire ont vécu simultanément, qu'ils ont été constamment associés. La classification de M. de Mortillet, greffée sur celle de J. Lubbock, mais développée par lui, et présentée à son cours d'anthropologie préhistorique sous la forme séduisante d'un tableau, paraît simple et complète au premier abord. La période paléolithique est divisée en quatre époques : Acheuléenne, Mousterienne, Solutréenne, et Magdalénienne. Mais on lui objecte avec raison qu'elle a le grave inconvénient de généraliser, alors que toute généralisation est impossible; de n'embrasser que la Gaule, alors que l'âge de pierre s'est étendu partout. Si les types sont différents, c'est parce que chaque tribu, chaque peuple avait des silex de provenance différente, mais partout ces types ont un tel air de famille qu'il devient absolument impossible de les classer. Ajoutons que fort souvent, dans les stations de la pierre polie, on rencontre des instruments d'un travail achevé, associés à d'autres à peine ébauchés.

Ces misérables petits cailloux sont cependant les témoins irrécusables de l'existence de l'homme aux temps paléolithiques, c'est-à-dire à l'époque quaternaire, mais ils ne sont pas les seuls; et « aujourd'hui le nombre d'ossements humains remontant incontestablement à l'époque quaternaire est assez considérable pour nous permettre d'affirmer que l'homme a vécu en Europe, alors que les grands ours et les grands félidés représentaient les carnassiers; les mammouths, les proboscidiens; les rhinocéros, les pachydermes; alors que les conditions physiques et climatologiques étaient absolument différentes des conditions actuelles (t. I, p. 209) ».

M. de N. nous fait connaître tout ce qu'on a pu savoir sur cet ancêtre de la pierre taillée, ses mœurs, ses coutumes, son industrie, ses progrès, sa conformation physique. Les hypothèses sont ici fort nombreuses, l'auteur les discute avec une prudence remarquable et un jugement très sûr.

Passant ensuite aux temps néolithiques, sans admettre cette prétendue lacune, cet hiatus que tant de savants disent exister entre les deux époques, et que rien dans le type humain, rien dans la faune, rien dans l'industrie n'autorise à supposer, l'auteur nous montre deux grands faits dominant la nouvelle phase où vient d'entrer l'humanité, la culture et la domestication des animaux; un autre trait caractérisque, c'est le polissage des outils, des armes et des instruments de toute sorte. Il nous parle avec détails des cités lacustes que l'on retrouve dans tous les pays, et qu'il n'attribue pas, comme le légendaire docteur Hœffer, à d'habiles et industrieux castors.

Le chapitre VI traitant des monuments mégalithiques est des plus intéressants; on a constaté que ces monuments sont innombrables, on les trouve partout; mais s'ils se présentent partout avec la même forme caractérisristique, leur mobilier est des plus variés. Il est aujourd'hui démontré que presque tous ces monuments sont des tombeaux. Mais quelle est leur antiquité? Sont-ils l'œuvre d'une même race? Cette race venait-elle de l'Orient, ou est-elle descendue du Nord? « Scire ignorare magna scientia. » Et l'auteur adopte sans peine les conclusions d'un vieil archéologue provençal : « Je crois qu'il en est de certains monuments anciens comme des phénomènes physiques; il faut les décrire exactement, recueillir les faits les plus avérés, et ne point se hâter de prononcer sur les questions qu'ils soulèvent. »

Expliquer le peuplement de l'Amérique n'est pas chose facile, et parce que les théories sont abondantes sur ce point, et pourquoi ne pas le dire, fort souvent contradictoires, il faut savoir gré à M. de N. d'avoir effleuré les principaux points du débat. Il arrive à cette conclusion : « Le peuplement de l'Amérique, malgré les découvertes récentes, reste toujours un des points les plus obscurs de l'histoire de l'humanité. Toutes les recherches, toutes les suppositions aboutissent à des théories plus ou moins fondées, plus ou moins plausibles, mais qui ne peuvent à aucun degré amener la conviction. »

M. de N. va-t-il nous apprendre quelque chose de nouveau sur la période glacière? Aurons-nous enfin trouvé ce chronomètre qui pourrait nous renseigner d'une manière précise sur l'âge de l'homme et la date de son apparition en ce monde? M. de N. ne le pense pas lui-même et il se contente d'exposer d'une manière vraiment remarquable l'état de cette grave question : l'homme a été le témoin des phénomènes glaciaires; les preuves de l'action des glaciers, de leur extension sont fort nombreuses; mais doit-on admettre plusieurs périodes glaciaires? Ces phénomènes dépendent-ils de faits généraux, comme seraient, par exemple, les variations de l'excentricité de l'orbite terrestre? Quelles causes ont amené le retour à une température plus élevée? Quelle a été la durée de ces grands froids? Comment l'homme a-t-il pu les traverser impunément? La complexité des phénomènes autorise toutes les hypothèses, et la solution de toutes ces questions semble reculer à mesure que les documents abondent.

Il y a peu d'années, on croyait pouvoir affirmer que toutes les populations actuelles de notre continent étaient sorties du mélange de deux types : les Brachycéphales et les Dolichocéphales. Le type Dolichocéphale nous avait été apporté par une race conquérante venue de l'Asie, et à laquelle nous étions redevables de l'usage des métaux et des langues à flexion. Cette théorie d'une simplicité séduisante ne repose malheureusement que sur des présomptions, et l'on prétend savoir aujourd'hui que la Brachycéphalie et la Dolicocéphalie existaient en Europe avant les immigrations.

L'auteur examine ensuite les preuves scientifiques et historiques de l'antiquité de l'homme; il les demande à la géologie, à la paléontologie, à la géographie, à l'histoire, et il conclut : « Si l'on veut affirmer plus que le fait général de l'ancienneté de la race humaine, si l'on prétend fixer les dates ou supputer les siècles, l'inconnu ne peut être dégagé, toute certitude fait défaut, et il ne reste que les plus vagues conjectures. » Si l'on objecte à M. de N. qu'affirmer l'ancienneté de la race humaine, et reculer son origine au delà des limites admises jusqu'à nous, c'est attaquer la chronologie biblique, il répond que la Bible est un livre sur lequel reposent toutes ses espérances et devant lequel sa foi s'incline; et, pour montrer qu'en interprétant sa chronologie il n'attaque pas le livre divin, il répète avec l'abbé Le Hir : « La chronologie biblique flotte indécise; c'est aux sciences humaines qu'il appartient de trouver la date de la création de notre espèce. »

Oui ou non, l'homme a-t-il vécu à l'époque tertiaire? Il est certain nous dit-on que rien *a priori* ne s'oppose à ce qu'un homme, notre semblable, ait pu vivre dans des conditions qui ne s'éloignaient pas de nos conditions actuelles, sous un climat moins dur que celui de nos pays septentrionaux, au milieu d'animaux et de végétaux parfaitement adaptés à ses besoins, et se rapprochant des espèces qui existaient à l'époque quaternaire, de celles même que nous voyons autour de nous. Mais, si l'homme pouvait vivre, est-il certain qu'il a vécu? M. de N. énumère toutes les découvertes, il recueille les observations, il étudie les faits et les discute avec la plus grande bonne foi; il demande leur témoignage aux ossements des animaux, aux silex, aux débris humains et termine en disant : « L'existence de l'homme n'est pas actuellement prouvée; c'est la seule conclusion raisonnable à laquelle on puisse arriver, si l'on ne veut pas sortir du domaine des faits et se lancer dans des conjectures plus ou moins hasardeuses. »

Quant à cet heureux singe baptisé par M. de Mortillet du nom de « précurseur de l'homme, probablement un Dryopithecus pour M. Gaudry », et dont M. Hovelacque réclame l'existence au nom de la linguistique, il est inutile de dire qu'il n'existe encore qu'en rêve, et qu'il n'a jamais travaillé à Thenai. On sera certainement surpris de trouver parmi les partisans de cette théorie des hommes considérables comme le P. de Valroger et le P. Monsabré, mais toutes ces autorités ne modifient pas l'opinion de l'auteur qui pense avec Franklin que « l'homme est celui qui se façonne des outils », et que, pour prouver l'existence à l'époque tertiaire, soit d'un homme, notre semblable, soit d'un être encore inconnu, d'où l'homme serait sorti, il faut des faits clairs, précis, concluants. Or ces faits manquent encore absolument.

Dans son remarquable ouvrage sur *l'Unité de l'espèce humaine*, M. de Quatrefages, après avoir exposé et rejeté les systèmes transformistes, fait cet aveu : « A ceux qui m'interrogent sur le problème de nos origines, je n'hésite pas à répondre au nom de la science : « je ne sais pas. » Ce fameux mot de Mairan ne suffit pas à notre auteur : « Pour moi, dit-il, il est autre chose dans la nature que des forces, il est autre chose que des molécules; on ne saurait tout expliquer par la combinaison de mouvements mécaniques, physiques ou chimiques dont la résultante serait le phénomène complexe de la vie. Un abîme sépare la matière organique de la matière inorganique; un abîme sépare la vie intellectuelle, pensante et raisonnante de la vie animale, et jusqu'à présent aucun fait, aucune théorie n'a pu fournir même un grain de sable pour combler ces abîmes (t. II, p. 470). »

Toutes ces théories, tous ces faits que nous ne pouvons que signaler, M. de N. les a très savamment groupés et admirablement discutés. Son livre est assurément la monographie la plus complète que nous possédions sur le préhistorique; à ce titre, il mérite d'occuper une place d'honneur dans la bibliothèque de tous ceux qui veulent aider par leurs efforts aux plus nobles succès auxquels l'homme puisse aspirer ici-bas : le progrès de la science et le triomphe de la vérité.

J. M. BORDES.

Collège de Juilly, décembre 1880.

PUBLICATIONS DE LA QUINZAINE

326. — BARTHÉLEMY (E. de). *Sapho; le Mage de Sidon; Zénocrate.* Étude sur la société précieuse, d'après des lettres inédites de Mlle de Scudéry, de Godeau et d'Isarn. In-18 jésus, III-230 pages. Paris, Didier et Ce.

*327. — BERTI (J. L.). *Ecclesiasticæ historiæ breviarium*; auctore Joanne Laurentio Berti, Florentino, fratre eremita augustiniano. Continutum usque ad annum 1879 a P. Lect. Fr. Thirso Lapez. Editio novissima, recognita, emendata et præter isagogem ad sacram geographiam VIII indicibus chronologicis ad calcem oppositis locupletata. Pars prima, quæ complectitur chronologiæ rudimento et quatuordecim priorum sæculorum synopsim. Pars secunda, quæ complectitur isagogem ad sacram geographiam et progreditur usque ad annum vulgaris æræ millesimum octingentesimum septuagesimum nonum. 2 vol. In-8°, XVI-833 pages. Paris, lib. Vivès.

328. — BACKER (Louis de.) *Le droit de la femme dans l'antiquité,* son devoir au moyen âge, d'après des manuscrits de la Bibliothèque nationale. Paris, Claudin, 1880, in-12 de 173 pages.

« Le titre de ce joli volume, imprimé avec soin et tiré sur beau papier à petit nombre, est un peu ambigu; l'auteur n'a pas voulu dire, je pense, que sa première partie est tirée des manuscrits; cette recommandation ne s'applique qu'à la seconde partie. Celle-ci est d'ailleurs la meilleure. Dans les huit chapitres de la première partie, rien de nouveau ni d'intéressant; ce qui concerne la législation matrimoniale chez les Hébreux est insuffisant. Le livre des Proverbes était bien connu du peuple juif avant la prédication des apôtres, et c'est une singulière idée que de sembler attribuer cet ouvrage au temps de Notre Seigneur (p. 64).

« La seconde partie du livre se compose d'extraits de Jean Petit d'Arras, du Miroir des dames, du Régime des Princes de Gilles de Romme, de l'Art d'amour, et enfin du livre des trois vertus de Christine de Pisan. Plusieurs de ces morceaux sont inédits, et cette particularité donne au travail de M. de B. une certaine valeur. Un glossaire intéressant (pp. 147-169) termine le volume. On y trouve quelques mots qui ne paraissent pas dans le *Dictionnaire* de l'ancienne langue française de M. Godefroy; ainsi : *abekié, accointes*, etc. Seulement l'auteur aurait dû renvoyer à la page et à la ligne pour les mots qu'il cite. »

C.-T. M.

329. — CARLES. Mémoire sur le *Proprium sanctorum* de la Sainte Église de Toulouse, avec la vraie légende des saints et plusieurs anciens offices. In-8°, 176 pages. Toulouse, impr. Hébrail et Delpueh.

330. — CURIE-SEIMBRES (A.). Essai sur les villes fondées dans le sud-ouest de la France, aux XIIIe et XIVe siècles, sous le nom générique de Bastides. Grand in-8°, 424 pages. Toulouse, Privat.

331. — CRAVEN. *Une année de méditations religieuses*. 1 vol. in-8°. 7 fr. 50. Paris, Didier.

332. — DUMÉRIL. Aperçus pour servir à une nouvelle histoire de l'empereur Julien (extrait des mémoires de l'Académie de Toulouse).

« Examens des opinions de Gibbon, de la Bletterie, du duc de Broglie et de M. Lamé, sur le caractère et les chances de la restauration païenne, tentée par Julien. — Julien n'est pas un théologien sérieux; sa tâche se borne, dans son opinion, à faire observer les cérémonies du culte, à donner une direction morale à la société religieuse et à constituer le sacerdoce. — Il a été tolérant au commencement, non par conviction, mais par politique; la tolérance fut pour lui un moyen de succès; son illusion sur ce point tomba bientôt; la résistance et les railleries des chrétiens l'aigrirent. S'il fût revenu vainqueur de son expédition contre les Perses, on aurait revu les jours de Galère et de Maximin. — La lutte eût été sérieuse et sanglante; le paganisme avait encore bien des ressources; mais le christianisme eût triomphé, grâce à la vitalité que lui donnait la foi très vive au dogme de l'Homme-Dieu. »

L. D.

333. — DUPUY-PÉYOU (L.). *Léoïsiades* ou *Mon journal de poète*, renfermant le portrait de l'auteur et une préface de M. Antonin Martin, président de l'Académie poétique de France. 1re édition. In-8°, 188 pages. Toulouse, Privat. 4 fr. 50.

*334. — Doxarche, *Étude historique sur la banqueroute du P. Lavalette et la destruction des Jésuites au dix-huitième siècle.* Un volume grand in-8°. Paris, Pedone-Lauriel. Prix : 2 fr. 50.

335. — Geofroy (Lérida.). *Les Contes des Anges*, par le P. Faber, traduits de l'anglais. Paris, Palmé. In-16 de 120 pages.

« Nous ne referons pas, à propos de cet humble volume, l'étincelant chapitre de Nodier : *Du fantastique en littérature.*

« Né dans l'Inde, au pays du soleil, des parfums et des rêves, le fantastique a fleuri en Grèce, du temps d'Orphée, de Linus et d'Hésiode. Au moyen âge, il était partout : feu follet capricieux sur les eaux dormantes ; lutin inoffensif au coin du feu, dans la cabane du bûcheron ; dragon terrible sous les créneaux des murailles démantelées... C'est à lui que nous devons, du moins en grande partie, non pas seulement les romans de chevalerie, les fabliaux de nos trouvères, mais encore, sous les brumes mélancoliques de la Grande-Bretagne, les danses d'Obéron et de Titania, le nid de Puck dans un bouton de rose, l'orchestre d'Ariel aux branches émues de l'arbre en fleur, tout le *Songe d'une nuit d'été*; en Allemagne, l'œuvre étrange de Musœus, de Tieck et d'Hoffmann, — surtout, et ceci nous touche de plus près, ce livre charmant, inimitable, immortel, qui plaisait à la Fontaine, à Molière, à Racine, au grand siècle, aux enfants, les *Contes* de Perrault.

« Il n'est question dans le P. Faber ni de rubis aux feux ondoyants, ni de saphirs plus bleus que l'azur céleste; la mer n'y roule sur aucun rivage les perles, l'ambre ou le corail. Ce sont les anges que l'angélique Oratorien se plaît à évoquer : l'ange des saintes larmes, l'ange de minuit, l'innocence qui souffre, Stella l'orpheline ou la Bonté de Dieu. De chauds paysages, d'harmonieux cantiques, des sentiments purs et doux, des effusions touchantes de tendresse, d'onction et de piété, l'amour des enfants, l'amour des âmes, traversent tour à tour ces pages délicieuses qui seront, pendant les saintes et poétiques veillées de Noël, une agréable et profitable lecture. »

J. V.

336. — Bourjot (D^r.). *Géogénie du double massif du Sahel d'Alger et des promontoires qui limitent ses rivages.* 1 vol. avec cartes et plans. Alger, chez Jourdan. In-8° de 178 pages.

« *L'Association française pour l'avancement des sciences* devant se réunir prochainement à Alger, nous croyons utile d'appeler l'attention des géologues sur ce singulier travail. Après avoir, dès 1861, affirmé, dans un mémoire présenté à la Société géologique de France, la nature ignée et éruptive du calcaire bleu si abondamment répandu aux environs d'Alger, le Dr B. demanda au Congrès international de géologie réuni à Paris en 1878 de rendre son verdict sur cette question qui, depuis vingt ans, faisait l'objet de ses études. Une commission de dix membres fut nommée et chargée de faire un rapport que nous attendons encore. Si le Dr B. a été obligé de faire appel à une sorte de jury international, c'est parce qu'il n'a trouvé, chez ses contradicteurs, comme il le dit lui-même, que des marques d'une *incrédulité sardonique*. Pour le Dr B., ce calcaire bleu, ou lave calcique, n'est pas une roche des terrains primordiaux; il a traversé toutes les formations; il est azoïque, magnésien, nullement métamorphique, fort jeune et contemporain de la catastrophe qui a creusé définitivement la Méditerranée à l'époque dernière, actuelle même.

« Qu'adviendra-t-il des théories du Dr B. ? nous l'ignorons ; mais il est à craindre qu'on arrive un jour à se convaincre que son calcaire est pétri d'encrines et n'est nullement éruptif. Le bon docteur s'en console en nous disant « qu'après sa mort il achèvera ses études, et sans erreur possible ». P. 12. (En note.) Si par malheur il n'assiste pas au congrès, car il a déjà plus de quatre-vingts ans, c'est, qu'on se le dise, « parce qu'il sera employé comme géologue ou chimiste, au dosage et au pesage des éléments d'une nébuleuse qui entrera en voie de condensation ou sur chantier ; car que ferions-nous toute la longue éternité, si nous n'étions pas les ministres du Créateur, et occupés à confectionner ses œuvres futures selon nos aptitudes acquises ici-bas, et développées pendant des temps infinis ! »

J. M. B.

337. — FAVIER (J.). *Nouvelle étude sur l'université de Pont-à-Mousson.* Comment on y devenait maître ès arts ; programme des études ; cérémonial de la collation des grades ; avec 25 dessins de reliures (aux armes) des prix décernés aux écoliers. In-8°, 68 pages. Nancy, Sidot frères.

*338. — FLICHE (Mgr P.). *Sainte Catherine de Gênes*, sa vie et son esprit, d'après les premiers biographes de la sainte et les manuscrits italiens originaux. In-18 jésus. Paris, librairie Sauton. 3 fr. 50 ; 4 francs avec portrait.

*339. — GILLY (A.). *De locis theologicis seu theologia fundamentalis, secundum definitiones a Romanis pontificibus et œcumenicis potissimum conciliis editas.* In-12, VII-193 pages. Lyon, Briday.

340. — HANNO (Georges.). *Les villes retrouvées.* Paris, Hachette, 1881, in-12 de 367 pages.

« Bon livre de vulgarisation. Laissons de côté l'introduction, trop succincte. On lira avec plus d'intérêt et de profit les cinq parties auxquelles l'auteur s'est spécialement appliqué : Thèbes d'Égypte, Ninive et Babylone, Troie, Carthage, Pompéi et Herculanum. Les chapitres relatifs à Troie et à Carthage sont les meilleurs. La discussion soulevée par M. H. contre M. Schliemann indique un homme très au courant des questions scientifiques. Il donne des arguments très sérieux et très bien déduits. Nous ne dirons rien des gravures (il y en a soixante-quinze, qui sont des reproductions sans grande valeur. »

T.M.

341. — HÉMENT (F.). *De l'instinct et de l'intelligence.* In-8°, VI-233 pages avec vign. Paris, Delagrave.

*342. — HERGENROETER. *Histoire de l'Église.* T. II. Un vol. gr. in-8° Palmé.

*343 — LAURAS (M.). *Bourdaloue*, sa vie et ses œuvres. 2 vol. in-8°, XXXVI-1222 pages et portrait. Paris, lib. Palmé.

Le gérant : A. SAUTON.

BULLETIN CRITIQUE

DE LITTÉRATURE, D'HISTOIRE ET DE THÉOLOGIE

SOMMAIRE. — 162. MENU, le Droit canon au xie siècle, *P. Viollet.* — 163. HOVELACQUE, l'Avesta, Zoroastre et le Mazdéisme, *J. de Frouville.* — 164. BELLET, un Evêque au moyen âge, *P. Fournier.* — 165-168. Ouvrages sur la Basse-Normandie, *C.-T. Millet.* — 169. THOMAS, Essai sur Servius, *St. Morteveille.* — 170. La presse contemporaine, *G. Gillet.* — 171. REUSS, Discours aux étudiants en théologie, *G. G.* — Variétés, une Satire du xive ìsècle, *L. Duchesne.* — Publications de la quinzaine.

162. — **Le droit canon au onzième siècle**, recherches et nouvelle étude critique sur les Recueils du droit canon attribués à Yves de Chartres. Thèse pour le doctorat en théologie, présentée à la Faculté de Paris, en Sorbonne par M. l'abbé MENU. Paris, Berche et Tralin, 1880. 1 vol. in-8 de xvii-110 p.

M. l'abbé Menu s'est proposé d'établir qu'Yves de Chartres à qui nous devons la *Panormie* est probablement aussi l'auteur de la *Tripartita*, collection canonique mise à contribution pour la *Panormie*. Il pense, avec Theiner, que le *Décret* n'est pas d'Yves.

Cette étude manque de simplicité et de sobriété : l'auteur paraît tout surpris et comme émerveillé d'aborder des études aussi profondes : « Le « premier mot de notre titre, dit-il, ne manquera pas, sans doute, d'étonner « le lecteur : présenter, au temps où nous vivons, une thèse sur le droit « canon et surtout sur le droit canon au moyen-âge, cela ne s'explique « guère, du moins au premier abord, etc. » Cependant, l'auteur nous familiarise par un exorde insinuant avec cette entreprise étourdissante et nous apprend, chemin faisant, qu' « il se publie en Allemagne une (?) Revue spéciale qui ne traite que du droit canon. » (Quelle merveille!) — Elle est intitulée : *Archiv für das Kirchenrecht.* » — M. l'abbé Menu oublie ou néglige et nos *Analecta juris Pontificii*, et la *Zeitschrift für Kirchenrecht* de Dove et Friedberg. — Poursuivons. — L'*Archiv* « s'occupe surtout des « collections inédites qui se trouvent dans les bibliothèques de Paris, de « Vienne, de Berlin et principalement dans celle du Vatican. » — J'ignorais ce rôle spécial de l'*Archiv*, dont les quarante-quatre volumes ne renferment qu'un nombre tout à fait minime de travaux de cette nature. L'un de ces très rares essais est consacré précisément à un manuscrit de la *Tripartita* conservé au couvent de Lambach. Par une fatalité singulière, M. l'abbé Menu ne connaît ni cet article (1), ni ce manuscrit. — Si M. l'abbé Menu apprécie et estime la savante Allemagne, il sait être juste pour son pays ; notre puissante rivale n'a point le monopole des études canoniques, non ! Et M. l'abbé Menu proclame qu'à plusieurs reprises des écrivains français « s'en sont sérieusement occupés et ont fait preuve d'une grande érudition (p. VIII) »; en effet la *Revue des Questions historiques* a publié « un excellent travail sur les fausses Décrétales (p. VIII, n. 2). » — Je me rappelle avoir lu, il y a treize ou quatorze ans, un essai sur les fausses Décrétales qui était suranné au temps où il parut. Je n'ai pas le loisir de vérifier si c'est bien *l'excellent* travail que vise M. Menu. Ce serait jouer de malheur. L'étude dont je parle dépare une collection où on peut lire, d'ailleurs, des travaux forts remarquables.

Les vues générales, les aperçus pris de haut, les *considérations* abondent dans ces 110 pages. Pourquoi M. l'abbé Menu ne nous a-t-il pas donné, à la place de toute cette *littérature*, une étude des manuscrits plus sévère, plus complète et plus personnelle ?

Que l'auteur de ces *Recherches* ne se décourage pas toutefois ! Son travail n'est pas sans mérite, tant s'en faut. Il est même beaucoup plus neuf que ne le suppose M. l'abbé Menu. En effet, alors que M. Menu croit probablement répéter sur le *Décret* d'Yves de Chartres une thèse incontestée depuis Theiner et y ajouter seulement quelques arguments, il s'attaque, sans le savoir, à un adversaire de Theiner, Wasserschleben (2) dont il ne soupçonne pas l'existence, car il ne cite pas et ne vise pas son argumentation. Je m'explique : M. l'abbé Menu affirme que le *Décret* contient les canons d'un concile de Nantes de 1127. Si ce point avait été mis absolument hors de contestation par la comparaison du manuscrit du *Décret*, la question si importante de l'attribution du *Décret* à Yves serait résolue négativement et les observations de Wasserschleben contre Theiner tomberaient tout à fait. Elles sont en tous cas ébranlées.

Voilà donc une entrée en matière dont nous devons, tout compte fait, féliciter dans une certaine mesure M. l'abbé Menu. On peut être inexpérimenté, peu familiarisé avec les sujets qu'on aborde, tout en faisant preuve de travail, de perspicacité et d'intelligence. C'est ici le cas : nous voudrions que la petite armée des canonistes trouvât en M. l'abbé Menu non pas un volontaire de quelques mois, mais une recrue définitive.

Paul VIOLLET.

(1) Le manuscrit est signalé dans *Archiv*, t. XII, p. 474 et décrit dans *Archiv*, t. XIII, p. 473-475.

(2) Wasserschleben, *Beitraege zur geschichte der vorgratianischen Kirchenrechtsquellen*. Leipzig, 1839, p. 60-77.

163. — **L'Avesta Zoroastre et le mazdéisme**, par Abel Hovelacque. In-8° de 520 p. Paris, Maisonneuve, 1880.

Grande est l'activité qui se déploie dans le champ des études éraniennes bien que le nombre des travailleurs soit très petit. Un de nos collaborateurs a dernièrement entretenu les lecteurs du *Bulletin* de deux ouvrages considérables tout récemment édités ; en voici un troisième sur lequel nous devons, à notre tour, appeler également leur attention. M. Hovelacque a cherché à réunir en un seul ouvrage les notions et les renseignements nécessaires pour acquérir une connaissance suffisante de la religion avestique. Une introduction publiée d'abord séparément rappelle l'historique des écrits relatifs aux doctrines zoroastriennes dans les temps anciens et modernes, de la découverte de l'Avesta, des premiers travaux d'élucidation et des nombreuses publications de la philologie éranienne qui se sont succédées jusqu'à nos jours.

Le corps principal de l'ouvrage, divisé en cinq livres, traite du contenu de l'Avesta primitif et actuel, du personnage de Zoroastre, des génies bons et mauvais mentionnés dans l'Avesta, de la conception du monde et de l'eschatologie selon l'Avesta et la loi mazdéenne, du culte et des cérémonies, enfin de la morale avestique. C'est un travail qui n'est pas dépourvu de mérite. Le lecteur y trouvera sur tous les points cité des renseignements qui ne sont pas sans valeur. C'est tout ce qu'on pouvait attendre d'un auteur qui nous a dit, entre autres choses, que les Gâthâs, la partie fondamentale de l'Avesta, sont pour lui un livre fermé. M. H. ne connaît d'ailleurs que l'Avesta lui-même dans la partie qui lui est intelligible. Il n'aborde point les livres pehlvis, persans et sanscrits. En ces diverses matières M. H. aurait dû pousser plus loin ses études et consulter certains ouvrages récents qui ne semblent pas avoir été mis à profit, et qui eussent préservé son œuvre du reproche d'être incomplète et arriérée en plus d'un endroit, bien qu'en somme elle témoigne d'une étude assez considérable.

Le travail de M. H. se ressent de l'influence d'une opinion fausse, qui étend à tous ses effets et qui consiste à regarder l'Avesta comme le code religieux de la Perse, et la religion zoroastrienne comme celle des rois Achéménides. Disons-le tout de suite, à la décharge de notre auteur, cette erreur règne encore généralement ; M. de Harlez a été le premier à la combattre. Aujourd'hui cette opinion est fortement ébranlée et M. Renan, dans son rapport du mois de juillet, n'hésitait pas à proclamer que le zoroastrisme, tel que le décrit M. H., n'a jamais pu être la religion de la Perse des Darius. L'appréciation erronée que nous signalons produit en maints passages une confusion fâcheuse et une interprétation inexacte des témoignages des auteurs anciens.

Il est plus faux encore que Mithra soit considéré dans l'Avesta comme médiateur. Ce que les Perses en pensaient est indifférent en cette question ; et de plus ceux-ci n'ont jamais considéré ce Dieu comme tel. Le terme de μεσίτης qu'emploie Théopompe signifie non « médiateur » mais « intermédiaire », intermédiaire physique entre la lumière et les ténèbres, comme le prouve le texte même de l'auteur grec. Les Persans et les Zoroastriens n'ont point conçu l'idée d'un médiateur spécial entre Dieu et les hommes.

Nous ne nous arrêterons point à ces discussions non plus qu'à celles d'interprétations du texte et d'appréciations que les zendistes critiquent justement ou non. Toutes ces matières et bien d'autres encore sont traitées dans l'*Introduction* de la deuxième édition de l'*Avesta* traduit par M. de Harlez. Elle vient de paraître ; nous y renvoyons nos lecteurs qui pourront comparer les deux livres. Nous parlerons du reste prochainement du second. M. H. ne tient pas compte des divergences de doctrines qui se manifestent évidemment dans l'Avesta. Il en résulte naturellement quelque chose d'incomplet et parfois d'inexact. Il en est ainsi, par exemple, de la nature du dualisme avestique dont l'explication n'est demandée qu'à un passage des Gâthâs. M. H. fait, en général, preuve d'une grande impartialité. Notons toutefois qu'il semble un peu s'en dessaisir quand l'auteur dont il parle porte une robe qu'il n'aime pas. En outre M. H. à la moindre manifestation d'un sentiment religieux chez un homme de science, témoigne d'une mauvaise humeur qui fait sourire et il s'obstine à appliquer au culte avestique les termes de la liturgie chrétienne. C'est là un enfantillage peu digne d'un savant.

Qu'il me pardonne ces réserves, qui s'imposent à nous nécessairement : nous ne voulons en rien diminuer la valeur réelle de son livre.

J. DE FROUVILLE.

---

164. — **Essai sur Servius et son commentaire sur Virgile, d'après les manuscrits de Paris**, et les publications les plus récentes, par Emile THOMAS. In-8, Paris, Thorin.

L'auteur, faisant allusion au travail de M. Boissier sur Virgile au Moyen âge, d'après M. Comparetti, déclare qu'il serait plus intéressant encore, de suivre à Rome la renommée et le sort des poèmes de l'auteur latin. M. Th. trouve que ce ne serait pas une règle mauvaise de juger les Romains d'après leur manière d'admirer et d'aimer Virgile, et qu'on trouverait là un cadre excellent pour une histoire du goût et de la littérature romaine à Rome. M. Th. émet l'espoir qu'il pourra un jour étudier, au point de vue littéraire, les scolies virgiliennes, et montrer comment les Romains sont arrivés à ne plus comprendre Virgile. Un rapprochement avec certains commentaires des deux derniers siècles pourrait montrer que les Romains ne furent pas les seuls à avoir ce privilège.

Une histoire des diverses phases de l'admiration excitée par Virgile, a, en effet, de quoi tenter un érudit comme M. Th., et, à vrai dire, nous eussions préféré qu'il eût commencé par là. Mais nous sommes encore à la période de discussion, d'analyse et de constitution du texte de Servius.

Servius fut un grammairien illustre, qui florissait dans la seconde moitié du quatrième siècle, et qui fut contemporain de Macrobe. Son commentaire s'est porté d'abord sur l'*Énéide* : les remarques sur les premiers livres sont très développées. Celui des *Géorgiques* et des *Bucoliques* est sec, aride et incomplet.

C'est dans la Vulgate, dont les types sont le Parisinus 7959, B. N., et le Bernensis 172, qu'il faut chercher le texte d'ailleurs altéré et tronqué de Servius.

Le commentaire de Servius était destiné aux écoles, et résumait l'enseignement de l'auteur à ses élèves les plus avancés. Ses notes sur le droit sont nulles ; ses notes étymologiques et mythologiques, douteuses ; les anecdotes relatives à la vie et aux œuvres de Virgile, peu nombreuses ; ses remarques historiques et géographiques, peu sûres. Mais le grammairien est plein de bon sens ; les notes relatives à la religion, aux antiquités, sont des plus précieuses. Le style de Servius, incolore, a de l'analogie avec celui de Macrobe ; mais si Servius n'a pu échapper à tous les défauts de la décadence, du moins il a contribué à maintenir le bon goût. Il nous a conservé le trésor des commentaires antérieurs.

L'ambition de M. Th. est de débarrasser Servius des commentaires postérieurs qui sont venus se mêler au vrai Servius, — qui résumait déjà les scoliastes antérieurs, — et de rendre à chacun son bien propre et, il démontre que deux commentateurs au moins, ont ajouté des notes importantes à celles de son auteur. Une édition critique des scoliastes et des commentateurs de Virgile formerait l'esquisse du monument littéraire que M. Th. rêve d'élever à Virgile. Mais si déjà Servius ne peut revendiquer pour lui seul les notes que l'on met sous son nom, comment débrouiller le chaos des remarques anonymes et postérieures ? Rassurons-nous ; M. Th. est un travailleur, il a le courage et la méthode. Il saura se retrouver dans ce dédale, et attribuer à chacun ce qui lui appartient. Nous attendons avec impatience cette édition critique des scoliastes sur Virgile ; M. Th. leur doit cette justice, ainsi qu'au grand poète. Nous devons des félicitations à M. Th. pour le courage qu'il a mis à déblayer cette masse du Servius, et nos sympathies le suivront dans la voie qu'il a si bien inaugurée.

St. Morteveille.

---

165. — **Histoire ecclésiastique du diocèse de Coutances**, par René Toustain de Billy, curé du Mesnil-Opac, publiée pour la première fois par François Dolbet, tome II. Rouen, Métérie, 1880, gr. in-8° de 397 pages.

166. **Les Sociétés populaires**, et en particulier celles de Coutances pendant la première révolution, étude historique, par M. E. Sarot, Coutances, Salettes, 1880, in-8° de 139 pages.

167. **Chroniques du vieux Granville et ses environs**, depuis

les temps les plus reculés jusqu'à nos jours, par Jacques MÉNIGER, Paris, Guérin (1880), in-12 de 530 pages.

168. **Mémoires de la Société académique du Cotentin,** Daireaux, puis Salettes, 1875, 1877, 1880, 3 vol. in-8° de XXXII-231, XXXVI-452, XV-569 pages.

Toustain de Billy (1643-1709) est un de ces modestes travailleurs qui ont pris à tâche de recueillir tout ce qui concerne leur pays. L'histoire du diocèse de Coutances l'occupa toute sa vie. On n'a publié, jusqu'à présent, qu'une partie de ses volumineux manuscrits. En 1864, on avait commencé à imprimer son Histoire des villes du Cotentin, Saint-Lô, in-8° de 193 pp. ; mais l'histoire de Saint-Lô et celle de Carentan ont seules paru, et encore sans les notes érudites qui devaient rectifier ou compléter l'ouvrage. L'*Histoire des évêques de Coutances*, éditée par un savant élève de l'École des chartes, aujourd'hui archiviste de la Manche, M. F. Dolbet, doit sa publication à la générosité de feu Mgr Bravard, évêque de Coutances, mort en 1876, et à la sollicitude de la société de l'histoire de Normandie. Mais on laisse écouler trop de temps entre chaque volume (le premier a paru en 1874, grand in-8° de 400 pp). Espérons que le troisième se fera moins attendre.

Les deux premiers volumes vont de la création de l'évêché jusqu'à la mort de Geoffroy Herbert (1510). L'éditeur a mis beaucoup de soin à sa publication. Il rectifie souvent les lectures un peu hâtives de T. de Billy, au moyen des originaux qui existent encore et des copies faites par M. de Gerville. Il donne ainsi une grande valeur à sa publication. Les histoires des évêques de Coutances, de Rouault (1712, in-12), et de M. Lecanu (1839, in-8°, et 1877-1878, 2 vol. gr. in-8° (1), ne seront plus désormais consultées que par curiosité. L'ouvrage lui-même de T. de Billy perdra de sa valeur lorsque les cartulaires du département de la Manche auront été publiés. Mais nous en sommes loin. Aussi cette publication sera-t-elle appréciée des érudits. Une notice sur l'auteur et, nous y comptons bien, des notes nécessaires, compléteront l'ouvrage.

Le travail de M. Sarot complète utilement ses précédentes études sur la révolution dans la Manche. Les clubs de Coutances ont eu un rôle local très important, que l'auteur sait mettre en pleine lumière. Les six Sociétés dont il fait l'histoire méritent d'être connues. A peu de choses près, sans doute, nous trouvons dans leurs délibérations et leurs actes, un tableau analogue à celui qu'offrent les autres villes de province pendant cette période. Niaiserie et violence, prétentions à l'éloquence, dénonciations ridicules, suivies souvent d'effets sanglants, tels sont les principaux caractères que nous y rencontrerons. M. Sarot décrit tout sans ménagement et sans niaise prudence ; il sait où reposent les responsabilités, et il le dit hautement. Il rend ainsi un véritable service à l'histoire. Pourquoi faut-il qu'il s'obstine à écrire dans un style qui rend si pénible la lecture de ses curieuses et utiles recher-

(1) V. sur ce dernier ouvrage l'*Echo bibliographique*, 5 juillet 1878, p. 262.

ches. Mais nous craignons bien que ce ne soit un système très enraciné chez l'auteur ; aussi croyons-nous inutile d'insister (1).

Les *Chroniques du vieux Granville* sont l'œuvre d'un admirateur enthousiaste du pays natal. Elles sont pleines de choses curieuses et intéressantes, et elles renferment l'histoire la plus complète que l'on ait encore donnée de Granville et de ses environs. Malheureusement la forme que M. Méniger a donnée à son livre nous empêche de le louer sans réserves. Son récit est trop fantaisiste et tient parfois plus du roman que de l'histoire. Peut-être, il faut l'avouer, était-ce le meilleur, sinon le seul moyen de faire lire le livre par ceux à qui il est destiné. Critique plus sérieuse : le rôle de Lecarpentier est peint sous de fausses couleurs (pp. 381 et suivantes), et le portrait de ce fameux conventionnel (p. 489) est absolument faux. L'auteur n'en prend pas, du reste, la responsabilité, et s'abrite derrière des autorités historiques de la force de Clémence Robert et de Fulgence Girard ! Dans une autre et prochaine édition, l'auteur donnera sans doute une teinte moins accentuée à ces chapitres et à quelques autres. Il a été mieux inspiré dans ses beaux portraits de Pléville-Le-pelley, d'Epron, de l'amiral Hugon.

La Société académique du Cotentin, fondée en 1872, a déjà publié trois volumes de Mémoires. Nous avons rendu compte de trois publications extraites de ces Mémoires (2). Parmi les autres travaux intéressants qui y sont contenus, nous citerons, dans le premier volume, l'Étude sur le marquisat de Marigny, par M. Fierville (pp. 81-184); les Origines de la cité gallo-romaine de Coutances, par M. l'abbé Pigeon (pp. 1-44); — dans le deuxième, un certain nombre de travaux relatifs à Coutances, de M. Quenault; des rôles intéressants pour l'histoire de la noblesse du Cotentin, publiés par M. Deschamps-Vadeville ; — dans le troisième, le Mémoire sur Tinchebray, de M. Lefaverais ; la notice de M. Pigeon sur un curieux musée formé par un amateur du pays, et qui contenait beaucoup de pièces précieuses, etc. Ces travaux sont fort utiles et méritent plus de publicité qu'ils n'en ont obtenu. Mais à côté, que d'*inutiles* choses et qui font du tort à une Société savante : une dissertation sur le stoïcisme, des comptes-rendus de livres, une note incroyable sur un manuscrit des archives diocésaines (t. II, p. 212), etc. La méthode est, on le voit, absolument inconnue à quelques-uns de ces auteurs. Et il faudrait être impitoyable pour ces productions sans valeur, qui tiennent une place que l'on pourrait plus utilement remplir. Hâtons-nous d'ajouter que ces productions sont en grande minorité (3). Mais dans quel recueil de Sociétés académiques ne trouve-t-on pas, hélas ! les mêmes défauts ?

C.-T. MILLET.

(1) V. *Bulletin critique* du 15 mai 1880, p. 9.

(2) *La Chouannerie devant la juridiction militaire de la Manche*, de M. Sarot, *Echo bibliographique*, 5 juillet 1877, p. 57; les *Sociétés populaires de Coutances*, dans ce présent numéro; le *Grand bailliage de Mortain en* 1789, de M. Pigeon, *Echo* du 1er mai 1880, p. 5.

(3) Nous ne parlons pas d'un excellent travail sur la botanique du département de la Manche, le cadre de notre Bulletin nous en empêche. Ajoutons qu'il y a dans les 2e et 3e vol. quelques bonnes gravures et lithographies, et des cartes soigneusement dressées.

169. — **Die Publicistik dir Gegenwart**. Eine Rundschau über die gesammte Presse der Welt. Wurtzbourg, Leo Woerl, 1879. En livraisons in-16.

Cette publication est destinée à combler une lacune considérable par rapport aux publications périodiques des divers pays du monde, de quelque nuance politique ou religieuse qu'elles soient. L'ouvrage paraît en livraisons détachées.

Quatre sont déjà publiées. La première s'occupe de la presse dans les grands-duchés de Hesse et de Bade. Dans le Hesse, l'éditeur énumère dix-huit périodiques catholiques; il en fait ressortir les tendances, la valeur, la faveur dont elles jouissent. Puis il passe en revue les publications non catholiques du même grand-duché, qui sont au nombre de quatre-vingt-dix-sept. Sa critique est raisonnée, impartiale, mais toujours faite au point de vue catholique. Dans le grand-duché de Bade, il examine dix publications catholiques, ainsi que cent vingt-six publications non catholiques qui s'y impriment.

La seconde livraison étudie la situation de la presse dans le royaume de Wurtemberg, où nous trouvons seize périodiques catholiques, cent quinze non catholiques et cent vingt-sept journaux et brochures hebdomadaires ou mensuels qui n'ont aucun caractère religieux.

La troisième livraison fait le compte rendu de la situation de la presse suisse, une des plus fécondes du monde. La Suisse, avec 2,670,345 habitants, publie deux cent cinquante journaux, les uns en allemand, d'autres en français, d'autres enfin en italien.

La dernière livraison qui a paru traite des publications de la Bavière, et elle donne une appréciation sur cinq cent cinquante-quatre journaux et revues qui paraissent périodiquement dans ce royaume.

On peut prédire un légitime succès à cette entreprise, par laquelle l'éditeur a su se créer, dans tous les pays du monde, des correspondants et des collaborateurs compétents.

Il est à regretter qu'il faille faire à cette publication les reproches que l'on adresse si fréquemment aux brochures qui nous arrivent d'outre-Rhin : le format, in-16, est assez incommode; le brochage est absolument défectueux, les feuillets une fois coupés s'envolent au vent.

G. Gillet.

---

170. — **Un évêque au moyen âge**. — Notice historique sur Aimon Ier de Chissé, évêque de Grenoble (1388-1427), d'après des documents inédits, par l'abbé Charles Bellet, membre de la Société d'archéologie de la Drôme, etc. Paris et Lyon, in-8° de xiii-117 pages, avec la reproduction photographique d'un sceau.

Le lecteur qui, sur la foi du titre de cet ouvrage, s'attendrait à y trouver le tableau complet de la vie et du rôle d'un évêque à la fin du quatorzième siècle, éprouverait une désillusion profonde. L'auteur prend soin d'avertir, au début de la préface, qu'il ne s'agit que d'une modeste biographie. Encore s'est-il dispensé de tout effort de composition ; la biographie est limitée à trente pages, dans lesquelles M. l'abbé B. analyse des documents, dont plusieurs sont publiés comme pièces justificatives. Il se garde bien de se livrer à aucune étude approfondie sur l'état et le gouvernement du diocèse au temps d'Aimon de Chissé.

Le reste du volume est consacré aux pièces justificatives. Plusieurs sont très importantes : ainsi les historiens de la charité liront avec un vif intérêt le règlement fait pour l'hôpital fondé par Aimon, et confié par lui à l'administration des Consuls de Grenoble. — D'autres documents méritent l'attention du lecteur. Je citerai seulement les statuts capitulaires, les statuts synodaux, et le testament d'Aimon de Chissé. Ce dernier acte n'est malheureusement pas publié *in extenso*, l'auteur se borne à le résumer. De même, il donne que des fragments des statuts synodaux. Quant aux statuts capitulaires, la ponctuation en a été absolument négligée ; le texte, tel qu'il est offert au public, exige, pour être compris, un travail que tout éditeur a le devoir d'épargner au lecteur.

L'auteur semble (p. 25) considérer comme contemporaines deux lettres émanées, l'une de Benoit XIII, l'autre de Martin V ; or la première est datée de l'année 1403, l'autre de l'année 1425.

P. FOURNIER.

---

171. — **Reden an Theologie studirende im akademischen Kreise gehalten** von Eduard REUSS. Brunswick, C. A. Schwetschke, 1879 ; in-8º de VII-173 pages.

Il s'était formé à Strasbourg, il y a un demi-siècle, une *Société théologique*, dont firent partie presque tous les étudiants en théologie protestante de l'Alsace. C'est dans les réunions de cette *Société théologique* que le professeur Reuss prononça les treize discours dont il vient de publier la seconde édition. Le Dr R., si connu par ses opinions rationalistes sur la Bible, nous donne dans cette brochure un travail fort intéressant et très applaudi, aussi bien par ses adversaires que par ses amis. Tous ne peuvent que se rallier à cette haute philosophie chrétienne que l'orateur expose avec une grande netteté de vue et souvent avec beaucoup d'éloquence. Le texte du premier discours a été emprunté à une pierre commémorative qui existe dans la cathédrale de Bâle ; il a pour texte : *La devise*. Les autres discours sont intitulés : *L'Esprit académique, le Travail et le Repos, la Liberté, la Guerre et la Paix, Tout n'est pas vanité, Vouloir et Faire, le Regard rétrospectif, le Cloître, les Hommes et les Institutions, la Vocation, la Perspective, Cinquante ans après*. Le lecteur catholique regrettera cependant, en lisant la brochure du Dr R., d'y rencontrer sur Dieu, la Providence, l'amour divin, etc., ces idées trop nuageuses et ces termes trop vagues qui sont particuliers à l'enseignement protestant. L'auteur a peut-être aussi donné trop fréquemment à ses pensées une tendance mystique dont il abuse parfois. Quoi qu'il en soit, les *Discours du professeur R.*, sont un fort bon livre que le *Bulletin critique* est heureux de pouvoir recommander.

G.-G.

VARIÉTÉS

UNE SATIRE DU XIVᵉ SIÈCLE.

J'ai copié la satire suivante dans le manuscrit n° 598 du fonds de la reine Christine, au Vatican. L'auteur, Pierre de Brac, auditeur du Sacré-Palais sous Innocent VI (1352-1362), ne s'est pas adonné exclusivement à la littérature légère. On connaît de lui un *Repertorium juris canonici*, conservé en deux volumes manuscrits dans la bibliothèque de Vendôme, sous le n° 83. Ce dernier ouvrage a quelques chances d'attendre encore longtemps un éditeur. Quant à l'opuscule que j'ai l'honneur de présenter au public, je m'en voudrais mortellement si quelqu'un se mettait en tête d'y voir une allusion si faible que ce soit à des situations contemporaines. Il y a sans doute encore, aux environs de la cour pontificale, des solliciteurs patients du type que décrit Pierre de Brac; mais leurs prétentions, fort platoniques, ne visent en général qu'un ruban de Saint-Grégoire ou le droit de montrer des bas violets Le canoniste, pressé d'arriver fréquente maintenant les bureaux des ministères; il porte de la copie au *Soir*, à la *République française*, au *Télégraphe*. Quant aux cardinaux, le langage qu'ils tiennent à leurs familiers ambitieux, s'ils en ont, doit ressembler un peu à celui d'un rare préfet du 4 septembre (1) dont la proclamation contenait cette phrase, digne de l'histoire : « Mes amis politiques vont venir me demander des places; j'en ai beaucoup « à leur offrir... devant l'ennemi. » C'est donc uniquement en vue de conserver à la littérature une petite pièce assez spirituellement écrite que j'offre au *Bulletin critique* le *Libellus repudii* du bon Pierre de Brac.

Le texte est divisé en quatrains, à chacun desquels fait suite un aphorisme canonique, généralement retouché pour l'approprier à la circonstance. Suivant l'usage du temps, l'auteur indique toujours la référence aux textes de loi. Vérifier ces citations compliquées eût été le fait d'un éditeur patient et scrupuleux. Comme je n'ai pas le temps de chercher ici la perfection, je me borne à reproduire le manuscrit avec toutes ses abréviations, laissant aux personnes consciencieuses le soin de s'assurer, par exemple, que l'adage *et sic inter scamma duo labitur anus humo* se trouve bien dans l'*Extravagante* indiquée.

L. Duchesne.

(1) M. Viet-Dubourg, alors préfet des Côtes-du-Nord, maintenant maire de Saint-Brieuc. Je cite de mémoire.

REPUDIUM AMBITIONIS CONTRA MISEROS CARDINALIUM SERVITORES

Quid michi et tibi ambitio? cur me tam dire saucias?
Cur me tradis exilio et vetas edes proprias,
Nec horam das de spatio quin me semper afficias,
Sine quoquo remedio me rodas et percutias?

quoniam vermis infernalis es qui non moreris neque dormis (XIX, q. III, *quoniam*).

Tu es odoris balsamus quando arridens incipis,
Et sicut sponsum thalamus gratanter quemque recipis;
Sed post hæc ut jusquiamus sensum ejus intercipis;
Sicut pisces latens hamus eum latenter decipis :

quia de te dictum est : quasi hamo capiet eum et in sudibus perforabit nares ejus (*de peni. di.* v, *consideret*).

Tu es quietis emula, nutrix vexationis,
Cunctis fallax decipula, fomes proditionis,
Pedica et tendicula, princeps et deceptionis,
Mortis emittens jacula sub spe proditionis :

abscondita est enim in terra et in curia pedica tua et decipula tua super semitam gradientium ad eam. (Job. XVIII.)

Fedum fedus conjugii tunc errans tecum pepigi
Quando miser appetii sub servitute redigi,
Tui flammis incendii incessanter affligi,
Et cordi meo petii tot puncturas infigi :

quoniam ignis infernalis es qui semper exuris et nunquam mundas (*de pe. di.* III. *inter hec*, I.)

Ut equus herbis affluens et non contentus habitis
Sed herbas clausas intuens optavit uti vetitis,
Et in eas transiliens interemptus est sudibus; (1)
Sic ediam non patiens justis premor doloribus :

edia cum fugitur succedit inedia : quippe jure malis premitur qui bona non patitur nam mens avida abstinere nescit a vetitis nec gaudere concessis (XLVII, *di. virum*).

Duxisti me ad curiam ut sim sine quiete.
Et ut captivus serviam nec unquam vivam lete;
Heu! miser; ubi fugiam? jam sum clausus in rethe,
Nec scandalum effugiam si excutior de te :

quia parasti pedibus meis laqueum tortuosum facientem scandalum (XXIV, q. III, *transferunt. de. pe. di.* I, *periculose.*)

---

(1) Ms. *subdibus*.

Domi solebant prospere cuncta mihi succedere;
Oblata multa libere consuevi recipere;
Reverebantur milites impendentes honores;
Et nunc blasphemant pedites etiam viliores :

et sic secundum multitudinem glorie mee multiplicata est ignominia mea et sublimitas mea conversa est in luctum. (1 *Mach.* 1.)

Quam infelix angustia! Domi opes habundant;
Deficiunt in curia hec que foris redundant;
Et quando sum in patria majores obsecundant.
Paupertas et convicia semper hic me circumdant :

et merito, quia initium bone vite et mentis bene constitute est ut sciat quis habitare secum (*secundum Senecam, et recitat Gui. de. pe. di.* v, *in fine*).

Non solum infelicior sum sub tua tutela;
Nec solus ego crucior in hac tua sequela;
Multis quidem associor de tua parentela;
Sed non in hoc allevior nec est mihi medela :

quia non minus ardebunt qui cum multis ardebunt (II, q. I, *multi, in fine*).

Deducis ad curiam senes non ut peccata defleant,
Provectos simul et juvenes ut statum suum augeant;
Nec est illis difficile quicquid mali sustineant;
Unde pereunt facile, nec sunt qui eos lugeant :

quia periit memoria eorum cum sonitu campanarum. (*Ps.* IX.)

Venit dives consumens Christi patrimonium;
Venit pauper assumens mendicantis obprobrium;
Et improbe se ingerunt alienis obsequiis;
Excusationem proferunt (1) ex divinis eloquiis :

panem nostrum comedemus, vestibus nostris operiemur: invocetur tantummodo, super nos nomen tuum. (*Ys.* IIII.)

Ecce ferox et impia tu plures facis miseros
Quos in finem fallacia spondes factura prosperos,
Et eorum cum gloria manutenere posteros;
Sed hos cum indigentia tandem ducis ad inferos :

quia ferox (2) es et finem nocendi non habes (*secundum Senecam et recitat Gui.* XLVII, *di. bonorum*).

Ad alterius sompnum dormio juxta communem ritum;
Cibum continue accipio ad alterius appetitum;

---

(1) Ms. *perferunt.*
(2) Ms. *feros.*
(3) Glose : *ego qui servio in curia.*

Musam ad fores (1) facio, ferens imbres et ventum;
Sed hec mea afflictio domino (2) est delectamentum :

o quam perversa caritas de aliorum fletu ridere (xiii, q. ii, *questa. extra. de privile petistis*).

Domini bonis affluunt magno fruentes ere (3)
Que in se scire renuunt in aliis (4) videre
Gratulantur et annuunt sic fieri debere ;
Sibique in hoc arguunt sacra scripta facere :

jumento nostro debemus adhibere saccum, paleas et flagellum (*ut recitat Jo. de pe. di. ii, caritas est ut mihi*).

Saccus (4) quem dorso gerimus est labor inequalis ;
Palea quam comedimus cibus conventualis ;
Flagellum increpatio velox, frequens et dura ;
Nec est hec obligatio tempore finitura :

sicut jumentum factus sum apud te et ego semper tecum (*devoto. c. magne. §. pneult. per ostiensem*.

Si diu sic serviero, ero pauper et anxius ;
Et si perseveravero, asinus molendinarius ;
Certe nec ab hoc differo qui mortuus excoriatur ;
Nam si ibi decessero, meum peculium confiscatur :

homo cum in honore esset non intellexit, comparatus est jumentis insipientibus et similis factus est illis. (*Ps.* xlviii.)

Si labores omnes subeo, non est qui cognoscat ;
Si semel seorsum abeo, non est qui ignoscat ;
Si diu bene servio, parum aut nihil mereor ;
Sed si semel deficio, nichil fecisse videor :

defleat igitur peccator quia unius rei factus est omnium reus (*de. pe. di. ii, si enim et di. v, consideret*).

Sicut demon hominibus illudens cum fefellit,
Signorum conjectoribus et ministris impellit ;
Sic domini pro viribus cum res male succedunt
Imputant servitoribus et excusari credunt :

probantur hec xxvi, q. iv, *sciend. circa fi. v. sed ne*.

Si servio decennio, ad nichilum ascribitur ;
Et tamen si quinquennio qui ab hoste redimitur :

---

(1) Glose : *palatii vel hospitiorum cardinalium*.
(2) Glose : *domino cardinali cui servio*.
(3) Glose : *i. e. de divitiis*.
(4) Ms., *alii*.
(5) Gl. *hic exponit clausulam precedentem*.

Servierit, pro premio libertatem nanciscitur; (1)
Pejor ergo condicio ejus qui sic (2) obsequitur :

sed ecce consolatio domini : Amice, sufficiat tibi gratia mea. (I^a *ad chorint.* xii°).

Dominum meum intueor multum mihi severum;
Eum longe plus vereor quam Hester Assuerum;
Cui virgam ille porrigit cum videt eam retrorsum;
Hic cum videt me negligit et vertit mihi dorsum :

posteriora mea videbis, faciem meam videre non poteris (xxiv, q. 1, *quia cum glo*

Loquitur mihi dominus arroganter ut corvus;
Ac si fecissem facinus aspicit in me torvus;
Cum vocor, ipsum adeo et loquens genuflecto,
Ad pedes ejus sedeo oculo non erecto :

sic enim decet eos (3) suo ingenio suam dignitatem augere (LXXXVI, *di. quando. cum glo. ff. de offi. presidis observandum,* XLV, *di. disciplina per Gui.*)

Si quicquam postulavero, impingitur ambitio;
Et si semper siluero, subinfertur oblivio;
Si servire desiero, notatur variatio;
Et dicetur de cetero cum jugi improperio :

varius et mutabilis est ut femina homo ille (*extra de v. sig. forus nisi vel sicut puer de despero. impii,* c. II, Z. c. *continebatur.*)

Si canoniam postulem, « Non decet te », dicetur;
« Faciemus te presulem, nec cor tuum turbetur;
« Satis cito percipies quid tibi tribuetur. »
Sed, ecce pernicies! cito vita tolletur (4)

et sic inter scamna duo, labitur anus humo (VII, q. 1, *si quis episc. extra. l: transla quanto in fine*).

Si promovetur socius, dicam eum inmeritum;
Ex hoc arguam fortius me fuisse preteritum
Qui credebam propensius acquisivisse meritum;
Ecce peccatum (5) gravius me ducens ad interitum :

et hic est Jebuseus sine quo non possum esse in curia sicut nec filii Juda in Jeru salem (XI, q. III, *nolite*).

Promittitur mihi promotio, cum offert se facultas;
Dicitur ore proprio vias adesse multas;

----

(1) Scholie : *c. de cap. et post.* LI. *re. diversarum,* XXXVI, q. 1, *de raptorum per*
(2) Gl. *per decennium.*
(3) Gl. *s. dominus meus.*
(4) Gl. *s. cardinales.*
(5) Gl. *michi vel domino cui servio.*
(6) Gl. *invidie.*

> Sed in hoc ut prospicio personas fallunt stultas;
> Prefertur nepos socio et ecce difficultas :

nec inmerito, quia nemo carnem suam odio habuit (XIII, q. II, *non estimemus*).

> Si tibi dicat presidens in magna potestate,
> Aut asseveret residens in sua majestate,
> Quod amet te veraciter et ex corde sincero;
> Non credas hoc faciliter sed habeto pro vero

quod non bene conveniunt nec in una sede morantur majestas et amor, pietas et magna potestas. (*de cleri. conjug. Johannes presb. ostiensem.*)

> Quidam (1) deludunt fatuos quamdiu sunt in vita,
> Quos pontificant mortuos et obloquuntur ita :
> « O mors, cur ponis obicem? cur tam cito venisti?
> « Faceremus pontificem hunc quem interemisti. »

Quoniam a mortuo vel ab eo qui non est periit promotio. (*de. pe. di.* I. §. *hoc idem.* v. *item a mortuo.*)

> De quodam (2) rumor pertulit quod vitam finivisset :
> Dominus ejus retulit : « Cras pontifex fuisset. »
> Sed hic (3) statim erubuit cum eum vivum novit;
> Nam nil viventi tribuit quem mortuum promovit.

Utinam mors depascat eos qui sic mortuos pontificare noverunt. (XI, q. 3, *per Gui.* III. *c. precipue.*)

> Sed ecce, si promoveor non magis inde satior;
> Multis servire teneor unde fio pauperior,
> Quo transferar intueor et sic ex hoc cupidior
> Quam prius dici mereor, nam longe magis crucior :

et sic est novissimus error pejor priore (*de. pe. di.* III, *inter hec hircum,* 1,), et posteriora pejora prioribus. (*de. pe. di.* III, *si refugientes.*)

> Quid plura? si sum translatus et divitiis habundo,
> Non ideo satiatus, plus appetens me confundo;
> Sed cum fuero sublatus, ut moris est, de hoc mundo,
> Non ero plus reputatus quam parvula fit yrundo :

nam nudus egressus sum de utero matris mee et nudus revertar illuc. (*de scrut. in or. fac. c.* 1, *presb. ostien.*)

> Opes quas congregavi cum labore et sollicitudine
> Et quas vivens conservavi non sine furum formidine
> Occupabit superior vel predones vastabunt;
> Pro te, anima miserior, panem unum non dabunt :

diviserunt alienis divitias suas et sepulcra eorum domus illorum in eternum.

(1) Gl. *cardinales.*
(2) Gl. *de petro de braco qui hunc librum composuit.*
(3) Gl. *dominus.*

O ambitio ! subii tecum crudele bellum ;
Sed ecce nunc repudii mittam tibi libellum,
Quem lege mosayca et canonica fundabo,
Nec non evangelica et civili firmabo :

ut sic quadruplex funiculus difficile rumpatur. (*Extra. de treuga et pace*, c. I.)

Moyses individuitatem que est matrimonium (1)
Permisit ob feditatem dissolvi per repudium ;
Sed et propter feritatem, si sit antiquum odium,
Eamdem severitatem laxavit ad divortium :

et hoc propter duritiam gentis illius ne eas interficerent. (xxv, *di. c. ab exordio. cum glossa Gui.*)

Tu feda quidem (2) existis, fetore detestabilis,
Plusquam leprosa consistis amplexibus orribilis,
Et incessanter persistis sane menti odibilis ;
Et sic per Moysen tristis ad repudium es habilis :

detestor enim fetorem tuum et nares claudo et odi et projeci festivitates tuas. (I, q. 1, *odit.*, xxIIII, q. 1, *odi.*)

Cernens canon obprobrium servilis conditionis
Atque grave dispendium imparis prestationis
Obsequii mutui que tam est inequalis,
Permittit enim respui qui ignorabatur talis,

ne tam gravi dampno quis errans afficiatur et ne contractus claudicet. (*Extra. de conjugio servorum c. proposuit. per innocen. et ostien.*)

Tua quoniam conditio vilis est et abjecta,
Sine quodam mendatio servilis et despecta,
Que tam gravi servitio semper es subjecta :
Sic canonis judicio eris juste rejecta,

quoniam errans tecum contraxi. (*Extra. de conjugio servorum per totum.*)

Lex sancta evangelii ob conjugis fornicationem
Dedit causam repudii quoad thori separationem ;
Fortiorem distigii dedit nobis perceptionem
Deus ob adulterii spiritualis occasionem :

si uxor tua que dormit in sinu tuo depravare voluerit veritatem, sit manus tua super eam. (xxIII. q. 8, *legi.* xxIIII, q. 3, *notandum.*)

Nidus fornicationis est tua natura ;
Ut filia Babilonis denudas tua crura ;

(1) Ms. *quam matrimonium.*
(2) Gl. *o ambitio.*

> Plurium deceptionis jugis est tibi cura;
> Magistro perditionis tua servit cultura :

tu enim es Jezabel que stupro proprii corporis homines ad ydolatriam provocas. (XXIII, q. 4, *c. sed obicitur.*)

> Lex civilis conjugibus condonavit repudium
> Ex multis rationibus, inter quas est flagitium
> Quo unus ex consortibus machinatur in alium,
> Procurans factionibus venenosis divorsium :

et merito quia periculosus est talis hospes sicut ignis in sinu vel serpens in gremio. (XIII, q. 1, §. *ad hec. extra. de judeis. et si judeos.*)

> Ut latens sub dulcedine venenum solet dari,
> Sic sub boni velamine nosti prevaricari (1);
> Quos dignitatis culmine promittis exaltari
> Mortis amaritudine facis preoccupari :

crudelis enim es et nulli misereris. (*ut recitat Gui.* III, p. 1, *nulli.*)

> Repudium multiplici lege firmum teneto,
> Per quod a me te reici justis ex causis video;
> Unde irrevocabiliter res tuas tibi teneto,
> Et nunc vivam alacriter sine te et in quieto :

quia nil laborosius quam terrenis estuare desideriis, nil quietius quam nichil appetere in hoc mundo. (*ut recitat Gui.* XLVII, *di. omnes.*)

> Jhesus qui cum resticulis cupidos flagellavit,
> Qui Petrum solvit vinculis, et qui ter liberavit
> Paulum amaris fluctibus, pellat cupiditatem;
> Suis me solvat nexibus infundens caritatem,

in cujus amplitudine non in graduum sublimitate queritur regnum Dei. (*Extra. de tempo. or. ad aures.*)

Explicit compendiosum repudium ambitionis contra miseros dominorum cardinalium servitores, compositum per dominum Petrum de Braco, sacri palatii auditorem et domni (2) pape (3) capellanum.

PUBLICATIONS DE LA QUINZAINE

*344. — CAGNAT. *De Municipalibus et provincialibus militis* in imperio Romano, Thesis. In-8°. Thorin. 3 fr. 50.

*345. — CARTAULT. *La trière athénienne*, étude d'archéologie navale. Grand in-8°, avec 99 figures intercalées dans le texte et 5 planches. Thorin. 12 fr.

---

(1) Ms. *prevari.*
(2) Ms. *domno.*
(3) Schol. *Innocent. ppe. VI.*

*346. — Cartault. *De Causa Harpalica*, Thesis. Gr. in-8°. Thorin, 4 francs.

*347. — Collilieux. *La couleur locale dans l'Enéide*, un volume in-8° de 228 pages. 3 francs. Paris, Delagrave.

348. — Constans (L.), professeur à la Faculté de Poitiers. *La légende d'Œdipe*, étudiée dans l'antiquité, au moyen âge et dans les temps modernes, en particulier dans le *roman de Thèbes*. Texte français du douzième siècle. Paris, 1881, un volume in-8°, de x-390 et xci pages, plus une planche représentant deux sujets gravés d'après l'antique, 10 francs. Maisonneuve.

349. — Deschamps de Pas (L.). *Histoire de la ville de Saint-Omer, depuis son origine jusqu'en* 1870. Gr. in-8°, 506 pages. Arras, Sueur-Charruey. 15 fr. 57.

*350. — Desdouits. *La métaphysique et ses rapports avec les autres sciences*. Paris, Thorin, in-12.

*351. — Ferrières. *Mémoires sur la Constituante*, p. p. de Lescure. Didot, in-12. 3 fr. 50.

*352. — Forbin d'Oppède (Marquise de). *Règlement donné par la duchesse de Liancourt à la princesse de Marsillac*. Plon, in-16.

*353. — Graux (C.). *Essai sur les origines du fonds grec de l'Escurial*; épisode de l'histoire de la renaissance des lettres en Espagne. In-8°, xxxi-529 pages. Paris, Vieweg.

354. — Lauwereyns de Roosendaele (L. de). *Le Procès des jésuites au dix-huitième siècle, à Saint-Omer* (1761-1773). In-12, 132 pages. Saint-Omer, imp. Fleury-Lemaire.

355. — Lecesne (E.). *Histoire d'Arras depuis les temps les plus reculés jusqu'en* 1789. T. II. Grand in-8°, 694 pages. Arras, imp. Rohard-Courtin.

356. — Lemaitre. *Les Médaillons*. Un vol. in-12. Paris, Lemerre. 1880. 190 p.

« L'auteur dans sa préface, annonce au public que sentant ses forces impuissantes à achever le grand poème qu'il rêve, il se contente de « limer des sonnets ingénieux et froids. » Le recueil comprend deux parties distinctes, l'une, qui a pour titre *Paellae*, contient des pièces gracieuses, d'autres très légères. La seconde partie, de beaucoup la meilleure, a pour titre *Lares*. Elle contient une série de sonnets sur les auteurs français, du goût le plus fin, et dans le style le plus attique. E. B. »

357. — Lévy-Bing (L.). *La Linguistique dévoilée*. Grand in-8°, 112 pages. Paris, Vieweg.

*358. — Loiseau. *Histoire de la langue française*, ses origines et son développement jusqu'à la fin du seizième siècle. Un volume in-8°. 7 fr. 50. Thorin.

*359. — Marc. *Questionnaire de Grammaire grecque*, suivi d'une liste complète des verbes irréguliers ou difficiles expliqués d'après la méthode la plus rationnelle, à l'usage de toutes les classes et particulièrement de celle de rhétorique. In-12, 76 pages. Paris, Palmé.

360. — Mielot (J.). *Vie de sainte Catherine d'Alexandrie*; l'un des secrétaires de Philippe le Bon, duc de Bourgogne. Texte revu et rapproché du français moderne, par Marius Sepet, de la bibliothèque nationale. Grand in-8°, 342 pages et 12 chromolithographies, 14 grandes gravures hors texte,

24 gravures dans le texte et encadrements en couleur, formant plus de 400 dessins. Paris, Hurtrel. 30 francs.

361. — Morin. *L'Auvergne chrétienne du premier siècle à 1880*, contenant : État primitif de cette province; preuves diverses de son évangélisation au premier siècle; biographie des quatre-vingt-quinze évêques de Clermont, etc.; par un Auvergnat (Morin). In-18, 503 p. Artonne, par Aigueperse (Puy-de-Dôme), l'auteur.

*361. — Oehlenschlæher et Holberg. *Théâtre danois*, traduction de MM. Marmier et Soldi. Un volume in-8°. Prix : 6 francs. Nouveau volume de la *Collection des Chefs-d'œuvre des Théâtres étrangers*. Didier.

362. — Oudot (F. X.). *De Incarnatione*. (Faculté de théologie de Paris.) In-8°, 136 p. Paris, De Soye et fils.

*363. — Protois (F.). *Pierre Lombard*, évêque de Paris, dit le Maître des sentences; son époque, sa vie, ses écrits, son influence. In-8°, 202 p. Paris. Palmé.

364. — Raillard. *Chants de l'Eglise rétablis dans leur forme primitive*. Paris, Pillet et Dumoulin, 1880. In-8° de 20-64 pages.

« M. R. nous donne enfin dans cet ouvrage, dont le premier fascicule seul a paru, le résultat de ses savantes recherches sur le chant grégorien. Nous reviendrons sur ce travail quand il sera terminé. Rappelons seulement que l'Académie des inscriptions a, par deux reprises, couronné les persévérants efforts de M. R. en faveur de la restauration de l'ancien plain-chant, qui est si beau, si mélodieux, si expressif. Ce dont l'on ne se douterait vraiment pas, en entendant les monotones mélopées que l'on nous sert aujourd'hui dans les églises, et que l'on ose même appeler *chant grégorien*; comme qui dirait : du Raphaël en voulant faire admirer une croûte d'un impressionniste quelconque; du Michel-Ange devant la façade du nouvel Opéra.

A. I. de St-A. »

365. — Rawlinson (G.). *Illustrations historiques de l'Ancien Testament*. Traduit de l'anglais, avec autorisation, par Clément de Faye. In-18 jésus, xx-248 p. Paris, Schmidt.

366. — Raynaud. *La Morale du Christ*. Paris. Palmé, in-12 de 224 pages.

« L'ouvrage qu'a récemment publié le R. P. Raynaud, a particulièrement de nos jours sa raison d'être. A ceux qui prétendent édifier une morale dépourvue de tout support chrétien, et même destituée de tout fondement dogmatique, il faut rappeler ce qu'est la morale sans le Christ, ce qu'elle devient par sa lumière et par sa grâce. Le P. R. n'est pas en vain le disciple de saint Thomas : à une telle école, on acquiert des idées précises, une doctrine nette et vigoureuse. L'étude de la *Somme* ne lui a pas d'ailleurs fait négliger celle d'auteurs et de systèmes plus modernes; le P. R. n'approuve ou ne rejette qu'à bon escient. Ajoutons que la chaleur du style a doté d'un nouveau mérite son livre à la fois court et substantiel. A. L. »

367. — Ring. *Goldene ketten, eine Hofgeschichte*, Breslau und Leipzig, Verlag von S. Schottlaender. In-16.

« C'est un roman *psychologique*, c'est-à-dire où le principal intérêt consiste dans la description des états successifs de l'âme des personnages, et dans la peinture fidèle des diverses passions qui y naissent et s'y développent, soit d'elles-mêmes, soit excitées par les circonstances extérieures. Cette école de romanciers, qui est très nombreuse à présent, a peut-être atteint en Angleterre son plus haut degré de perfection, comme on peut s'en convaincre en lisant quelques-unes des pages délicieuses de lady Fullerton. Mais les Allemands, particulièrement M. Max Ring, prouvent qu'*on peut avec honneur tenir le second rang*. Nous nous permettrons cependant de faire quelques petites critiques à ce livre qui n'est pas sans mérite : d'abord sa morale ne vient peut-être pas d'une source assez haute ; et ensuite l'auteur fait un trop grand usage de mots français. La langue allemande, qui est fort belle par elle-même, est assez maladroite pour acclimater chez elle les mots étrangers, ou tout au moins les mots français, qui se plient malaisément à la prononciation germanique. A. R. »

368. — Saulcy (F. de). *Histoire des Machabées ou princes de la dynastie asmonéenne*. In-8º, 325 pages. Paris, Leroux.

369. — Schopenhauer. *Pensées et fragments*, traduits par J. Bourdeau. Vie de Schopenhauer. — Sa correspondance. — Les douleurs du monde. — L'amour. — La mort. — L'art et la morale. Un vol. in-18. 2 fr. 50. Germer-Baillière.

370. — Seinguerlet. *Strasbourg pendant la révolution*. Un in-8º de 364 p. Prix : 6 francs. Berger-Levrault.

371. — Tamizey de Larroque. *Les correspondants de Peiresc*. II. Cesar Nostradamus. Marseille. Olive, 1880. In-8º de 60 pages.

« Curieux et intéressant travail, comme tout ce qui sort de la plume si heureusement féconde de notre savant collaborateur. — Depuis plusieurs années, M. T. de L. prépare la publication des lettres du « roi des bibliophiles du dix-septième siècle ». Il nous donne en attendant une série de brochures sur les correspondants de Peiresc. Celle-ci, consacrée à Cesar Nostradamus, est la deuxième. On y trouvera 21 lettres inédites du fils du célèbre auteur des *Centuries*, et un sonnet à Rubens, également inédit. Sans être d'un intérêt historique ou littéraire bien considérable (signalons cependant l'assez forte contribution apportée au recueil des vieux mots de la langue française), ces lettres renferment maints détails curieux ; le style en est original (voir, par exemple, le commencement de la 4ᵉ lettre) ; enfin relevons avec M. T. de L. « les passages où s'épanouit dans toute sa splendeur la vanité du correspondant de Peiresc, vanité qui paraîtrait intolérable si elle n'était rachetée par une naïveté, une bonhomie qui, après avoir fait sourire Pieresc, charmeront les spirituels lecteurs de notre temps. A. I. de St-A. »

*372. Valson. *Les savants illustres du seizième et du dix-septième siècle*. Paris, Palmé. 2 in-12. 6 francs.

Le gérant : A. Sauton.

BULLETIN CRITIQUE

DE LITTÉRATURE, D'HISTOIRE ET DE THÉOLOGIE

SOMMAIRE. — 172. COLSENET, la Vie inconsciente de l'esprit, *M. Hébert.* — 172. PIRON, Cours de littérature, *J. V.* — 174. GIESEBRECHT, Frédéric Barberousse et son siècle, *V. Muller.* — 175. RECLUS, Nouvelle géographie universelle, *A. Lepître.* — 176. PETIT, Vie de la M. Antoinette d'Orléans, *T. de Larroque.* — Variétés, L'eau de Jouvence de M. Renan, *A. Largent.* — Publications de la quinzaine.

172. — **La vie inconsciente de l'esprit**, par Edmond COLSENET, 1 vol. in-8° de 300 pages. Bibliothèque de philosophie contemporaine, Germer-Baillère, 1880, 5 fr.

L'existence d'actes psychiques échappant partiellement ou totalement à la conscience, avait été entrevue par le génie pénétrant de Leibnitz mais il y avait loin de ce simple aperçu à une théorie véritablement scientifique. Hartmann éleva à cette hauteur l'étude de l'inconscient, tout en mêlant à ses observations des considérations métaphysiques, qui les discréditèrent. Le mérite de M. C. est d'avoir dégagé de ces spéculations hasardées, et vulgarisé par une exposition nette, vivante, l'ensemble des faits d'où peut sortir la solution de tant de difficultés psychologiques.

L'auteur analyse d'abord les faits de connaissance (cfr. expériences de Helmholtz, Delbœuf, p. 40... — et les curieuses images de Hering, Zollner, Wundt... p. 77 et suiv.), et prouve que « *l'apparence intuitive de la sensation* cache un travail complexe de l'esprit sur des données élémentaires que la conscience ne saisit pas. » C'est plus frappant encore dans les phénomènes d'*imagination*. Lorsque la volonté dirige le courant imaginatif, la conscience ne connaît guère que les résultats ; il y a toute une préparation : destruction des matériaux fournis par l'expérience et leur construction en mille et mille synthèses nouvelles, qui lui échappe à peu près complètement. Mais ce travail est absolument inconscient dans une foule de cas ; de là ces tableaux qui font de soudaines apparitions dans notre esprit, de là encore les solutions inattendues du savant, les *inspirations* des artistes et des poètes. (cfr. p. 105 et suiv.) Nous ne faisons qu'indiquer ces questions si intéressantes, un vrai résumé nous entraînerait trop loin.

Y a-t-il également des *déterminations* inconscientes ? Les expériences de Flourens, Pflüger, Goltz, etc (p. 137 et suiv.) autorisent à l'affirmer pour les animaux ; l'étude de certains états, états morbides surtout (épilepsie, somnambulisme, dédoublement de personnalité, p. 149 à 165), permettent de tirer pour l'homme des conclusions analogues. Cette étude, celle aussi des *penchants* et du *caractère* (p. 259...), sont de nature à jeter une lumière bien utile sur une foule de problèmes moraux.

Indiquons encore la « Théorie de la détermination » (p. 119...) et la « Théorie de la tendance » (p. 181...) ; M. C. en déduit l'explication de l'habitude, de l'instinct, de la mémoire, des inclinations, et même des fonctions de la vie végétative. Son hypothèse ne supprime certes pas toute difficulté, mais, ce n'est pas un mince résultat que de réduire la multiplicité des facultés spéciales et de ramener à un même type, à une même loi générale, des phénomènes dont on n'avait guère étudié jusqu'alors que les différences.

Qu'est-ce donc au juste que la *vie inconsciente de l'esprit* ? Un état représentatif, affectif ou volitif de l'*âme* absolument inconscient serait, d'après l'auteur lui-même, quelque chose de totalement inintelligible. Mais l'âme n'est pas tout l'homme ; à l'âme est indistinctement lié un corps, véritable petit monde, présentant comme le grand univers un double caractère d'unité et de complexité. Les éléments dont l'admirable disposition, l'harmonieuse hiérarchie produit l'unité de l'organisme, appelez-les monades avec Leibnitz, cellules, centres nerveux avec les physiologistes comtemporains, toujours est-il qu'ils ont une individualité distincte et qu'on ne peut leur refuser, pas plus qu'aux animaux, une vie psychique propre, des consciences particulières, absolument fermées à la conscience centrale du Moi. Voilà la sphère de l'inconscient : l'âme, le Moi, n'y pénètre pas directement, mais l'action des causes excitatrices ne lui parvenant qu'après avoir traversé ces centres secondaires, et s'y être transformée, modifiée au moins, sous l'influence de leur activité propre, il lui est permis, dans une certaine mesure, de juger de cette activité par ses effets. Une théorie d'une telle importance, ainsi résumée en dix lignes, paraîtra paradoxale ; que le lecteur veuille bien, avant de se prononcer, recourir à l'ouvrage lui-même. Nous rappellerons seulement que S. Thomas d'Aquin, frappé de quelques observations pourtant bien rudimentaires, n'hésitait point à élargir sa doctrine et à affirmer qu'on peut considérer plusieurs de nos organes « *quasi quoddam animal separatum.* » (1ᵃ 2ᵐ, q. XVII, a. IX, ad 3.)

La préoccupation de se maintenir sur le terrain des faits n'empêche pas M. C. de glisser de temps à autre dans une métaphysique *négative*, dont il nous est impossible de ne pas dire un mot. C'est à bon droit, croyons-nous, lorsqu'il s'agit des phénomènes physiques, chimiques, qu'on tient à distance la substance comme une « inconnue ». Mais en est-il de même dans l'observation intérieure ? L'auteur l'affirme, et en donne, p. 272, une de ces preuves tout *a priori* contre lesquelles on a si grand raison aujourd'hui de réagir. « Si une substance, dit-il aussi, a plusieurs reprises (p. 120, 185), pouvait être l'objet d'une connaissance intuitive, par cela seul qu'elle *apparaîtrait*, elle deviendrait *phénomène* et cesserait d'être substance. » C'est le cas d'employer l'argument *ab actu ad posse* : Si la conscience n'atteignait *que* des phénomènes, lesdits phénomènes étant distincts, comment arriverait-elle à un Moi *un* et *identique* ? Elle atteint donc, *de fait*, autre chose, et le dilemme de l'auteur ne vaut que pour les substances extérieures dont il ne nous est pas possible, en effet, d'avoir *conscience*. Fera-t-on du *Moi* une pure catégorie, comme le temps ou l'espace ? Mais il n'y a pas parité ; est-ce qu'une forme abstraite peut agir, juger, vouloir ? La catégorie ne se comprend que s'il y a un esprit, un quelque chose ou plutôt un quelqu'un de réel pour l'appliquer. Quant à dire que le Moi « résulte peut-être de l'ensemble des phénomènes passés, *fondus* en une unité *réelle* par un travail dont la nature ne nous offre aucun autre exemple » (p. 272), ce n'est plus de la métaphysique, ni de la science, c'est de la métaphore. Sans doute je ne comprends pas le *comment* de la relation entre la substance et les phénomènes, mais M. C. n'indiquera pas davantage le *comment* de la détermination des mouvements par les idées.

Ces critiques ne s'adressent d'ailleurs qu'à certains passages d'un ouvrage éminemment intéressant, *suggestif* ; elles ne nous empêcheront pas d'applaudir à ce nouvel effort pour rapprocher la psychologie de la physiologie et la ramener ainsi dans la région de la vie, de la réalité.

M. Hébert.

---

173. — **Cours complet de Littérature à l'usage des Séminaires et des Collèges**, rédigé d'après les meilleurs critiques anciens et modernes par M. l'abbé Piron. — Poétique, un vol. in-12. Paris, Lecoffre, sans date.

Nous ne blâmons pas l'auteur d'avoir adopté le système des *demandes* dans le texte et des *réponses*. Ce genre, commode et avantageux pour le plus grand nombre des élèves, est peut-être trop abandonné aujourd'hui. En général, les définitions nous ont semblé justes et claires, quelquefois un peu longues. M. P. a compris le côté moral de la littérature et il a fait de son mieux pour le mettre en relief. C'est une place bien légitime qu'il a donnée dans son volume aux poètes bibliques. Nous l'en félicitons. « L'enthousiasme habite aux rives du Jourdain, » disait Fontanes, il y a longtemps. Je ne vois, en effet, dans aucune langue, de poésie lyrique supérieure aux deux cantiques de Moïse, au *Pereat dies* de Job, aux *Plaintes* d'Ézéchias, au *Qui sponte obtulistis* de Débora après sa victoire, à l'*In exitu*, au *Benedic anima mea*... Il ne nous déplaît pas non plus de voir M. P. accueillir dans sa *Poétique* les hymnes liturgiques. Saint Hilaire et saint Ambroise, saint Bernard et saint Thomas d'Aquin étaient autre chose que des versificateurs : alors même qu'ils ne chatouillent pas l'oreille, « ces hymnes prient toujours. »

A notre avis, c'est un progrès, surtout dans un ouvrage élémentaire, de comparer entre elles les différentes littératures, la grecque et la romaine, l'allemande et la française, l'anglaise et l'espagnole. Ce n'est pas hier que Chateaubriand ouvrait cette large voie, et cependant, combien peu d'esprits, j'entends dans le clergé, hésitent à suivre ce grand initiateur ! M. P. lui-même n'a fait que citer des noms; c'est peu sans doute, c'est pourtant quelque chose.

L'*arriéré*, le *suranné*, le *démodé*, la *routine*, voilà le défaut capital. L'auteur est un de ceux qui disent un « monarque », un « coursier », et qui s'extasient du tour « très noble et très harmonieux (!) » dont Boileau s'est servi pour dire qu'il avait cinquante-huit ans (page 27) Savez-vous quels auteurs a consultés M. P. ? Le Batteux, Marmontel, La Harpe, Lemercier, Domairon (!), Perennès, Constant !... Il les appelle « les princes de la critique » (Préface, IV), et les cite pêle-mêle avec Chateaubriand, Schlegel et Villemain. Étonnez-vous après cela de voir M. P. « cueillir » à pleines mains ses citations dans Noël et Chapsal ! Soyons justes cependant : il cite Lamartine deux ou trois fois, mais aussitôt, tout à côté, comme pour se faire pardonner son crime, Constant Dubos ? Connaissez-vous Constant Dubos ? Ayant besoin de ce qu'il appelle un modèle d'*ode gracieuse*, il se hasarde une fois au moins à citer V. Hugo; mais le malheur, c'est qu'il tourne mal la feuille, sans doute, et qu'il « cueille » une ballade, fort belle d'ailleurs et touchante : la *Grand'mère* (p. 140.) Les *modèles d'élégie* sont entre autres, Mollevant et Tréneuil. Vous connaissez Tréneuil (Joseph) ? Sa verve émue lui inspira jadis tout un poëme sur *les tombeaux de Saint-Denis ou les autels expiatoires*. Plus tard, en vers dithyrambiques, il chanta *le berceau du roi de Rome*, — enfin, sous la Restauration, *l'Orpheline du Temple* et *la Captivité de Louis XVI*. Il est vrai qu'en 1814 et

1815 il avait besoin de consolider son fauteuil de bibliothécaire à l'Arsenal.

La poésie descriptive est représentée par Saint-Lambert, Delille, Roucher, Michaud ; et c'est tout. Inconnu Joseph Autran, le poète de la mer, le peintre de la *Vie rurale*. Inconnu Leconte de Lisle, un maître consommé dans la science des vers, quand il renonce au démesuré, à l'archaïsme, à l'étrange, au barbare ; un génie, s'il eut cru à l'âme immortelle, à l'espérance, à l'amour, à Dieu. Inconnu André Lemoyne qui comprend la nature « comme La Fontaine, et la peint comme Daubigny ». Inconnu André Theuriet, dont la langue saine sent bon les champs, les bois et les rivières, et tant d'autres qu'il était si facile de connaître, ne fût-ce que par les *Extraits* de Merlet et les *Morceaux choisis* de Frédéric Godefroy, de bons livres, en fin de compte, et qui ne sont dangereux ni pour la foi ni pour les mœurs.

N'insistons pas davantage, pour ne point paraître désobligeant. Toutefois, nous prenons la liberté de renvoyer M. l'abbé Piron au tome quatrième de l'Histoire de la Littérature française par D. Nisard. Il y verra qu'au dix-neuvième siècle il y a eu développement du fonds poétique et enrichissement de la langue, par l'invention ou par des reprises intelligentes du passé. L'art d'écrire en vers s'est renouvelé ; la rime s'est enrichie par la richesse du sens ; la phrase a repris son ancienne liberté ; le mot propre a remplacé la périphrase, et le poète est allé le prendre hors de cette élite jalouse de mots auxquels un goût de cour, timide et circonspect comme l'étiquette, avait reconnu exclusivement la qualité de noble. La poésie elle-même s'est renouvelée. Les plus belles pièces ne sont plus des peintures de personnages imaginaires dans des cadres appelés genres. Il n'y a qu'un genre, sous divers titres particuliers ; c'est le genre lyrique...

Si M. l'abbé P. veut prendre la peine de lire les jugements de M. Nisard sur nos contemporains, il verra que cet admirateur intelligent de Racine et de Boileau n'estime pas médiocrement son temps. Ce pur classique ferme la dernière édition de son livre par ces graves paroles : « Si l'on inventait pour le dix-septième siècle un titre supérieur à celui de grand, je dirais que les soixante premières années du dix-neuvième siècle sont plus de la moitié d'un grand siècle. »

J. V.

---

174. — **Die Zeit Kaiser Friedrichs des Rothbarts**, par W. Giesebrecht. 1re partie ; Brunswick, Schwetschke, in-8º de VII-445 pages.

L'histoire de Frédéric Barberousse ne forme pas un ouvrage isolé. Elle continue la grande Histoire des empereurs d'Allemagne, que M. G. a commencé à publier en 1873 et qui est l'œuvre la plus importante de sa carrière scientifique.

Le volume qui vient de paraître ne contient que la première période du règne de Frédéric. Il nous décrit les principaux événements qui s'accomplissent avant la formation de la ligue de Vérone, nous retrace les débuts pénibles de Frédéric, ses relations avec l'empire Grec, les royaumes de Danemarck, d'Hongrie, de Pologne, ses lettres avec les papes Eugène III et Adrien IV, ses efforts pour maintenir et faire reconnaître par tout l'Occident les antipapes Victor et Pascal. Le volume se termine par un chapitre consacré à des considérations générales, à une sorte d'étude philosophique sur l'histoire de ce règne.

Pour la composition de son livre, M. G. n'a pas seulement soumis à une révision sévère les textes déjà étudiés par Brunau et J. Prutz : il a su puiser à de nouvelles sources historiques. La plus importante de ces sources est un poème latin sur la ruine de Milan trouvé récemment par M. Monaci dans un manuscrit de la bibliothèque du Vatican. Œuvre d'un Bergamasque contemporain de Frédéric et grand admirateur de ce prince, ce poème ne renferme pas seulement des détails curieux et souvent nouveaux sur la destruction de Crême et de Milan, sur la mort mystérieuse d'Arnold de Brescia, que l'auteur a probablement connu personnellement ; il éclaire d'une lumière plus vive un des aspects de la politique de Frédéric, je veux dire ses relations avec l'Université naissante de Bologne et ses efforts pour introduire, avec le concours des légistes, les prescriptions du droit écrit au sein de la société du Moyen-âge. M. G. nous montre, d'après ce document, Frédéric accordant, dès sa première expédition en Italie, aux élèves et aux professeurs de Bologne des libertés et des privilèges, comme en obtiendront plus tard les universités allemandes Ces privilèges étendus et confirmés à la diète de Roncaglia leur assurent une juridiction spéciale, la sécurité pendant leur séjour à Bologne et dans leurs voyages, le droit de n'être pas inquiétés pour dettes contractées par leurs voisins ou leurs compatriotes...

Cette première rencontre de l'empereur et de l'Université de Bologne est décisive. Dès lors Frédéric ne nous apparaît plus en Italie qu'entouré de juristes et de légistes remettant en vigueur d'anciennes prescriptions du Code Romain, en créant de nouvelles qui vont prendre place dans ce même Code à côté des anciennes, faisant proclamer sa toute-puissance législative au sens où l'entendent les lois Justiniennes. Ce sont encore des légistes de Bologne qui, sous l'ordre de Frédéric, dressent l'état de tous les droits régaliens que l'empereur possède en Italie. Toutes ces un ovations sont indiquées avec tact et mesure par M. G. Il signale l'influence romaine, mais en même temps il rectifie les historiens qui l'exagèrent. C'est ainsi qu'il montre que ces droits régaliens, que beaucoup d'auteurs font dériver directement des lois romaines, étaient déjà en vigueur sous les rois Lombards et sous les Carolingiens.

Sur d'autres points encore. M. G. rectifie des affirmations fausses ou du moins hasardées de ses prédécesseurs. L'on avait cru à l'existence d'une grande coalition qui, en 1164, aurait été formée contre Frédéric par Alexandre III, la République de Venise, la Ligue de Vérone, les rois de France, de Hongrie, de Sicile. M. G. donne des détails curieux sur les démarches qui ont été faites dans ce dessein ; mais il montre en même temps que rien n'autorise à affirmer l'existence d'une union que la diversité des intérêts engagés rendait impossible.

Un des grands défauts de ce livre est le manque de composition. Au lieu d'unir et de mêler ensemble les évènements qu'il raconte et les réflexions générales qui les éclairent, M. G. les sépare et les isole.

A travers plus de 400 pages nous lisons une suite de récits qui retracent les différentes phases de la lutte entre Frédéric et le pape, uni aux villes lombardes. Mais la cause elle-même de ces luttes, cet antagonisme naturel entre les deux puissances rivales, antagonisme qui explique tout et sans lequel rien ne s'explique, ce n'est qu'à la fin du volume que M. G. nous le révèle. La contradiction qui existe entre les réflexions générales et le récit qui les précède, aggrave encore ce défaut. Voici, par ex., ce qu'il écrit p. 418. « Dès le commencement de son règne, Frédéric montra qu'il entendait revendiquer les droits que lui conférait le Concordat de Worms dans les promotions épiscopales ; il montra qu'il saurait briser les difficultés que lui susciterait injustement la papauté. » C'est une allusion évidente à l'élection de Wichman au siège de Magdebourg, élection qui s'était faite sous la pression de Frédéric et dont M. G. dit : « Elle était doublement irrégulière ; elle n'était pas suffisamment libre (ce qui était contraire au Concordat de Worms) et de plus elle impliquait le transfert d'un évêché à un autre ; ce qui ne pouvait se faire sans l'assentiment du pape. »

P. 419. M. G. reproche avec amertume à Adrien IV de s'être uni au roi de Sicile, et d'avoir ainsi provoqué la lutte. Or le récit de M. G. nous apprend que le pape abandonné par Frédéric et isolé entre Rome en révolte et le roi de Sicile en armes, n'avait pas d'autre parti à prendre : « Il fut obligé, dit M. G., de s'incliner devant les succès militaires des Siciliens. »

P. 422 « Les deux élections (celle d'Alexandre et celle de Victor) étaient accompagnées de vices de forme qui mettaient en question la régularité de chacune d'elles. » Il ressort au contraire du récit que l'élection d'Alexandre était parfaitement régulière. — Plus loin M.G. nous déclare que Frédéric désirait sincèrement la paix de l'Église et la fin du schisme. Et nul historien peut-être n'a montré avec une plus grande richesse de détails, que Frédéric a seul provoqué ce schisme, qu'il fit tout pour l'étendre et qu'il se refusa obstinément à tout accommodement.

De telles contradictions étonnent dans un historien aussi sérieux que M. G. Elles ne s'expliquent que par l'esprit général dont est inspiré son livre. Assurément l'histoire de Frédéric n'est pas ce que les Allemands appellent un ouvrage de tendance. M. G. a voulu faire une œuvre d'érudit et non de sectaire. On sent qu'il fait effort pour être impartial et pour raconter fidèlement les faits. Mais cette puissante personnalité de Frédéric le captive. D'ailleurs M. G. est protestant décidé et anticatholique militant. Chose étrange, sa conscience d'historien qui reste calme et sévère quand il raconte, semble parfois faiblir quand il apprécie et s'incliner devant les rancunes du Gibelin. A différentes reprises, M. G. nous explique de quelle manière il comprend les relations de l'Eglise et de l'Etat. Après avoir déclaré que la mission de l'empire Allemand était d'être le défenseur de la chrétienté, il ajoute : « Si cette mission ne put se réaliser, c'est surtout parce que la papauté profita du moment favorable pour briser les liens de dépendance qui la rattachaient à l'empire. » L'évêque qui personnifie le mieux ses idées, c'est le chancelier Rainald « qui ne voyait que danger dans la liberté du pape. » Ainsi donc, dépendance de l'Eglise, absorption de l'Eglise dans l'Etat, voilà l'idéal pour M. G.. Et il admire Frédéric qui poursuit cet idéal, comme il hait le pape qui en conçoit un autre.

V. MULLER.

175. — **Nouvelle géographie universelle**, par Élisée RECLUS, Tom. VI. L'*Asie russe* 1 v. grand in-8° de 920 pp. 1880. — Paris, Hachette et Cie. Prix : 30 francs.

Après avoir étudié l'Europe, M. Élisée Reclus a dirigé ses travaux du côté de l'Asie. Le nouveau volume qu'il vient de donner au public s'occupe exclusivement de l'Asie russe, c'est-à-dire de la Caucasie, du Turkestan et de la Sibérie. On pourrait croire tout d'abord que l'étude de ces pays est aride et très peu attrayante ; le livre de M. E. R. est de nature à détromper les esprits les plus prévenus.

L'auteur débute par des considérations générales sur le continent asiatique. Quelques-unes de ces considérations nous ont déplu. Le point de vue, en particulier, où l'auteur se place pour considérer le christianisme et son influence sur le monde entier, est absolument faux. Mais M. R. n'a pas voulu aller à d'autre école qu'à celle de M.

Havet et de M. Renan, en ce qui concerne l'histoire religieuse de l'humanité : il ne faut donc pas s'étonner qu'il ait émis sur ce sujet les plus lourdes erreurs. Ces restrictions faites, nous ne pouvons que féliciter l'auteur des idées générales qu'il nous donne sur l'Asie et sur son histoire. L'Asie est par excellence la région des plateaux : si la terre s'immergeait uniformément dans les profondeurs de l'Océan, les autres parties du monde auraient toutes disparu depuis longtemps, à l'exception de quelques sommets devenus des îles, que les hauts plateaux de l'Asie se dresseraient encore au-dessus des flots. Comme l'Europe, elle est orientée de l'ouest à l'est, c'est-à-dire que ses montagnes se prolongent dans cette direction; c'est un fait géographique dont l'influence a été capitale dans l'histoire du continent asiatique. En effet, les races humaines, comme les espèces animales ou végétales, peuvent se propager facilement d'une extrémité à l'autre de ce continent en suivant les degrés de latitude, ou bien en ne s'écartant que par de légères déviations ; tandis que l'Amérique, orientée du nord au sud n'a vu ses populations s'unir et se mêler que dans d'étroites limites, à cause des difficultés provenant de la différence des latitudes. Cependant l'Asie n'offre pas, comme l'Europe, l'avantage de l'unité géographique, si propre aux développements de la civilisation : c'est qu'elle n'a pas la richesse des formes péninsulaires que présente cette dernière, c'est qu'elle est divisée par de hauts plateaux et d'anciens fonds de mer en des régions absolument distinctes et d'ailleurs peu habitables, en raison de la sécheresse de l'air et de la rareté des pluies.

M. E. R. continue ces considérations en expliquant la formation géologique de l'Asie : il insiste particulièrement sur ce fait que, depuis quatre mille ans, une grande partie de l'Asie centrale s'est desséchée. Des territoires jadis peuplés, que Marco-Polo traversa au sud du Lob-Nor, sont maintenant tout à fait inabordables. Une carte intercalée dans le texte nous fait saisir d'un seul coup d'œil ce phénomène, en développant devant nos regards les bassins fermés de l'Asie. L'hydrographie donne lieu à plusieurs autres remarques importantes : elle est suivie de l'hyétométrie et d'une étude des côtes. Vient ensuite l'histoire succincte des races qui ont peuplé l'Asie, ou qui sont venues disputer les contrées de ce pays leurs premiers possesseurs M. E. R. n'a pas oublié de nous parler des explorateurs européens qui les premiers parcoururent le continent asiatique, depuis les traitants grecs établis dans la haute vallée de l'Oxus jusqu'au P. Armand David; sans oublier ni Roubrouck, ni Marco-Polo, ni Pegoletti. Il faut dire cependant que cette partie historique nous paraît trop écourtée. Nous pensions être dédommagés dans l'étude détaillée de chaque pays de l'Asie : mais en lisant ce qui concerne la Caucasie et le Turkestan, nous avons dû constater que l'auteur n'avait pas essayé de combler cette lacune. Car M. E. R. parle bien des itinéraires suivis par les marchands Génois du moyen âge, mais il ne nous donne aucun détail à ce sujet.

Nous venons de parler de la Caucasie : c'est par ce pays que l'auteur commence l'étude particulière de chaque contrée. On peut dire que ces études ont pour nous tout l'attrait de la nouveauté. A la rigueur, les considérations générales qui ont trait à l'Asie, pouvaient se rencontrer dans des ouvrages que nous avons journellement sous la main. Il n'en est pas de même pour la géographie détaillée de l'Asie russe : à moins de tomber dans des redites et des inexactitudes, il fallait demander aux savants russes ce qu'ils peuvent nous apprendre sur les possessions de leur patrie. L'auteur n'a pas manqué de le faire. Les noms de MM. Kropotkin, Semionov, Potanin, Rovinsky, Voyeïkov, et de tant d'autres qu'il serait trop long de nommer, sont une recommandation puissante pour un ouvrage auquel ils ont contribué soit par leurs volumes, leurs cartes et leurs brochures, soit même par leurs manuscrits. Les savants allemands et anglais ont été aussi mis à contribution : plusieurs études tirées des *Mittheilungen* de Peterman ont trouvé place dans cette rédaction si complète. Il n'est pas jusqu'aux dernières observations de Nordenskjold et de Palander qui n'aient servi à rectifier d'anciennes erreurs de la géographie asiatique.

L'étude de la Caucasie nous intéresse surtout par l'industrie et le commerce auxquels ses habitants se livrent avec succès et par la variété des races qu'elle renferme. Le Turkestan et les pays du versant ouralo-caspien méritent notre attention, car ils seront peut-être, dans des temps plus ou moins rapprochés, le théâtre d'un conflit entre l'Angleterre et la Russie. Mais notre intérêt s'est surtout porté sur la Sibérie si peu connue jusqu'à présent — puisque, avant le dernier voyage de M. Nordenskjold, on ignorait le contour exact de ses côtes — et où l'ethnographie a des types si divers à étudier. Il faut qu'elle se hâte : car certaines peuplades, telles que les Toungouses, les Yakoutes, les Ostiaks et les Kamasses deviennent de moins en moins nombreuses, et auront bientôt complètement disparu.

Ce volume, comme les précédents est illustré de beaucoup de gravures et de cartes. Nous ne dirons rien des gravures, dues à des artistes de mérite. Mais la cartographie renferme des lacunes. Nous avons bien rencontré dans ce volume des cartes ethnographiques et géologiques, imprimées en couleur, qui présentent le plus vif intérêt. Nous avons pu apprécier aussi la carte de la Caucasie, dessinée par MM. Dujardin et Erhard, d'après MM. Vivien de Saint-Martin et Cl. Perron. Mais nous avons vainement cherché des cartes du Turkestan et de la Sibérie. Or, pour étudier avec fruit la géographie, nous avons besoin de cartes exactes et détaillées, et malheureusement les atlas français n'en renferment pas, ou en présentent très peu. En attendant que M. Vivien de Saint-Martin ait terminé son bel atlas, nous sommes obligés de recourir à l'étranger. Nous prions donc M. E. R. de vouloir bien à l'avenir, nous donner des cartes générales, qui dispenseront le lecteur d'acheter un Stieler ou un Berghaus, et de recourir à l'étranger pour l'étude de la géographie.

A. LEPITRE.

---

176 — **Vie de la mère Antoinette d'Orléans**, *fondatrice de la congrégation de Notre-Dame du Calvaire par un* RELIGIEUX FEUILLANT *publiée avec une introduction et des notes par M. l'abbé* PETIT, aumônier du Calvaire de Vendôme, Paris. R. Haton, 1880, grand in-8° de XVIII-576 p.

Le cardinal Pie, de glorieuse mémoire, a si bien apprécié en quelques lignes, dans son approbation datée de Poitiers, le 15 novembre 1879, le volume dont nous avons à nous occuper, que nous voulons tout d'abord lui emprunter sa magistrale appréciation : « Vous rendez un véritable service en mettant à la portée non seulement des âmes pieuses, mais de toutes les personnes appliquées aux études historiques, un document de la plus grande importance pour l'étude de la rénovation religieuse qui fut l'honneur de la France au XVII° siècle. Plus d'un lecteur vous saura gré de vous être borné au modeste rôle d'éditeur et d'avoir réimprimé l'ancienne biographie de la véritable fondatrice, telle que ses filles l'ont religieusement conservée depuis plus de deux siècles. L'introduction et les notes dont vous l'avez accompagnée témoignent de votre érudition, et ajoutent un intérêt nouveau à ce livre. »

Nous allons examiner en détail la publication dont le cardinal Pie a signalé avec tant d'autorité le mérite général.

Dans sa *Préface*, M. l'abbé P. nous apprend que la *Vie d'Antoinette d'Orléans*, composée depuis plus de deux siècles, paraît pour la première fois ; qu'elle est conservée manuscrite dans les monastères de la congrégation du Calvaire ; qu'il lui a semblé bon de faire sortir du silence des cloîtres cette vie à la fois édifiante et intéressante, édifiante parce qu'elle offre en spectacle d'éminentes vertus ; intéressante, parce qu'elle contient le récit d'une fondation où l'on voit figurer certains personnages notables. De plus, le livre se rattache aux annales de la grande abbaye de Fontevrault, dont il forme une page importante. A un plus large point de vue, ce livre contribue à faire connaître les monastères de femmes en France, au XVII° siècle. On ignore s'il existe un manuscrit original, mais on possède des copies qui doivent être contemporaines, puisque ce livre relate des faits arrivés en 1635 et que plusieurs copies portent la date de 1636. La *Vie d'Antoinette d'Orléans* a dû être rédigée entre 1641 et 1656. Le nom de l'auteur ne se trouve nulle part. D'après les traditions calvairiennes, il est constant que ce fut un religieux feuillant. Le style de l'ouvrage est loin d'être irréprochable. Quelques personnes avaient engagé l'éditeur à ne pas le publier dans sa forme originelle. Il n'a pas, Dieu merci ! écouté ces mauvais conseillers, disant avec raison que si le style a des défauts, il a aussi des mérites qu'une refonte lui aurait ôtés. Louons M. l'abbé P. d'avoir reproduit avec tant de fidélité le texte du pieux biographe anonyme. Louons-le d'avoir complété l'ouvrage dans une introduction étendue et dans de très nombreuses notes.

L'Introduction se divise en deux parties : l'une regarde Madame d'Orléans, l'autre le père Joseph. Dans la première partie, le consciencieux éditeur s'attache à nous faire connaître la parenté d'Antoinette (famille paternelle, famille maternelle, famille du mari (1) ; étudiant ensuite les deux ordres par lesquels la vénérable femme passa, avant de fonder sa congrégation, il consacre un chapitre au monastère des Feuillantines de Toulouse et un autre chapitre à l'abbaye de Fontevrault. Dans la seconde partie de *l'Introduction*, nous trouvons deux morceaux intitulés : *Biographie et esprit du père Joseph ; Système de spiritualité du père Joseph*. Nous ne toucherons pas à ce dernier morceau, trop théologique pour nous (2), mais nous recommanderons la notice sur le célèbre capucin comme une des meilleures qui aient été écrites sur l'habile auxiliaire du cardinal de Richelieu. Négligeant en lui l'homme politique, dont on s'est tant occupé, il le considère surtout comme apôtre et homme de bien, ne vantant pas moins sa piété et ses autres vertus que ses prodigieux talents (3).

---

(1) Ce mari était Charles de Gondi, marquis de Belle-Ile. Voir (pp. 1, 8-9 et 14), trois tableaux généalogiques de la famille d'Orléans-Longueville, de la famille de Bourbon et de la famille de Gondi.

(2) Disons seulement que le savant aumônier du Calvaire de Vendôme y analyse les écrits religieux imprimés ou manuscrits du père Joseph, dont les plus estimables sont : *l'Introduction à la vie spirituelle* et les *Exercices spirituels*. Il nous apprend (note 1 de la page 57) la bonne nouvelle que voici : « Il existe de lui une quantité très considérable de lettres dont plusieurs recueils sont conservés soit à la Bibliothèque Mazarine soit à la Bibliothèque Nationale. Des indications précises sur tous ces points seront fournies dans les travaux qui se préparent en ce moment sur le père Joseph, et qui nous l'espérons, ne tarderont pas à voir le jour. »

(3) L'éditeur a surtout puisé ses renseignements dans les vies du père Joseph, manuscrites et imprimées, les *Annales Calvairiennes* par le père Siméon Mallevaud, récollet, et les notes de M. l'abbé de Soye, autrefois aumônier des Calvairiennes de la rue du Cherche-Midi, à Paris, qui avait entrepris de publier une *Vie de Madame d'Orléans*, mais qui mourut, il y a environ quarante ans, avant d'avoir achevé son travail.

La biographie de la sainte fille de Léonor d'Orléans, duc de Longueville, et de Marie de Bourbon, est partagée en trois livres : le premier s'étend depuis la naissance de Madame d'Orléans jusqu'à son entrée au monastère de Lencloître (1572-1611) ; le second embrasse la période comprise entre cette dernière date et celle de la mort de Madame d'Orléans (1618) ; le troisième, qui paraît à M. l'abbé P. le plus remarquable, roule sur les « vertus de la Révérende mère Antoinette d'Orléans, » et sur les « développements de sa congrégation. » Le pieux auteur est parfaitement informé de toutes choses ; on voit qu'il a été un témoin de l'admirable vie qu'il raconte avec une si minutieuse exactitude. — Les détails qu'il donne çà et là sur le père Joseph sont fort curieux.

M. L'abbé Petit a mis au bas de presque toutes les pages des notes très bien faites, qui éclaircissent et complètent le texte. Le savant commentateur ne laisse passer le nom d'aucun des personnages cités par l'écrivain anonyme, sans entourer ce nom de sûres indications biographiques. Pour donner une idée de l'abondance et de la précision des renseignements réunis par M. l'abbé Petit, nous citerons une de ses notes (p. 132) : « La date de l'entrée de Madame d'Orléans en l'abbaye de Fontevrault a été de notre part l'objet de beaucoup d'incertitudes et de recherches. Il s'agissait de savoir si ce fut Clément VIII ou Paul V qui fit sortir Antoinette de Toulouse, pour l'envoyer à Fontevrault. Si c'était Paul V, qui fut Pape au mois de mai 1605, il était nécessaire que l'entrée de Madame d'Orléans à Fontevrault n'ait eu lieu qu'en 1605, et c'était en effet cette date que nous trouvions d'abord dans notre auteur, ensuite dans Damien Lerminier (*Vie du père Joseph*, liv. IV, chap. I), dans l'abbé Richard (*Hist. de la vie du père Joseph*, tom. I, chap. VII), dans les *Eloges* de la Mère de Blémur (*Eloge de Madame Antoinette d'Orléans*), dans l'*Hist. de la fondation du monastère des Feuillantines de Toulouse*, p. 212, et dans les documents sur le père Joseph tirés des actes des chapitres provinciaux des pères capucins. — Si c'était Clément VII au contraire, l'entrée de Madame d'Orléans avait dû avoir lieu un an plus tôt, et c'est qui nous était affirmé très positivement dans le *Gallia christiana* (tom. II, *Eccles. pictav.*), dans l'*Hist. de Fontevrault*, par le père Honorat Nicquet, (liv. IV, chap. XXXII), dans le père Anselme (*Hist. généal. et chronol.* tom. I, p. 221), dans Hélyot, *Hist. des ordres monastiques* (tom. VI, chap. XIII et XLVI), dans le *Pancarta et cartularium Abbatissæ et Ordinis Fontis Ebraldi*, par Gaignières (Ms. Biblioth. Nation. Fonds latin n° 5480), ainsi que dans la *Biographie des abbesses de Fontevrault*, par Daniel de Larroque (Arch. Nat., monuments ecclésiastiques, VIII, Couvents de femmes, I, 1019). En outre, cette dernière hypothèse cadrait mieux avec certaines parties du récit de notre manuscrit. C'est pourquoi nous nous y étions arrêté, quand nous avons reçu des Archives romaines une pièce qui fixait tous nos doutes, à savoir le bref lui-même ordonnant à Madame d'Orléans de quitter Toulouse et d'aller à Fontevrault. Il est de Paul V et de l'année 1605. Par conséquent c'est bien en 1605 seulement que Madame d'Orléans est venue à Fontevrault, et ce n'est pas Clément VIII qui l'a fait sortir de son premier couvent. »

Signalons, en dehors des notes ordinaires, une note de trois pages sur les brefs obtenus de Paul V par Antoinette d'Orléans (p. 280-282), une autre note de trois pages qui contient une lettre de consolation du père Joseph à ses chères filles du Calvaire, datée du 4 février 1618 (p 314-316), deux autres notes (p. 476-478 et 492-499), où sont consignés divers extraits des *Annales Calvairiennes*, enfin une note sur la part de complicité attribuée à Madame d'Orléans dans le meurtre du sieur de Quéroland (p. 567-570).

Parmi les *Pièces justificatives* (p. 517-566), on remarque le contrat de mariage de Charles de Gondi et d'Antoinette d'Orléans (6 septembre 1587), le testament de cette dernière (27 juillet 1600), le bref de Paul V pour la translation de Fontevrault de la sainte religieuse, une lettre de Louis XIII pour l'élection d'une abbesse de Fontevrault, après la mort d'Eléonore de Bourbon (27 avril 1611), une lettre de la reine Marie de Médicis pour le même sujet etc. (même date)... etc...

T. DE LAROQUE.

VARIÉTÉS.

L'EAU DE JOUVENCE DE M. RENAN.

Les œuvres de critique et d'histoire de M. Renan appelaient un dernier chapitre ; *l'eau de Jouvence*, qu'il le sache ou non, est ce dernier chapitre. Jusqu'à présent, il avait évité de conclure ; conclure, c'est s'enfermer dans une idée et dans la formule qui l'exprime, et toute limite semblait une entrave à sa liberté jalouse. Aujourd'hui, quelles que soient les flottantes draperies qui enveloppent sa pensée, en dépit des contours fuyants où elle essaye encore de se dérober, M. Renan a conclu ; désormais, à moins qu'il ne se rétracte, il ne pourra que se répéter.

Sa conclusion, il la donne dans une fantaisie dramatique où des personnages de Shakspeare en côtoient d'autres qui sont issus du cerveau de M. Renan. Ariel d'ailleurs, Prospero, Caliban, au sortir de ce monde aérien où ils semblent glisser plus que vivre, ont subi des métamorphoses, ils expriment des idées que Shakspeare n'eût jamais placées sur leurs lèvres ; ils portent une empreinte dont ils n'avaient pas été marqués à l'origine. Après tout, ces fantômes peuvent se transformer sans peine ; fils du rêve, ils se prêtent aux libertés du rêve. On ne toucherait pas ainsi aux types où s'est fixée pour toujours une âme immortelle : *Hamlet, le Cid, Alceste, Joad*.

Nous sommes à Avignon, à l'époque où cette ville était la résidence pontificale. Si près du pape, M. Renan était tenté de le faire intervenir : il a donc imaginé un certain Clément, qui n'est ni Clément V, ni Clément VI, qui n'a jamais eu sa place dans le catalogue des souverains pontifes. Toute une cour, dont nous parlerons, s'agite autour du pape. Prospero, en dépit de ses fidèles, a renoncé au duché de Milan, les sciences naturelles l'occupent tout entier ; il se nomme désormais Arnaud. L'opinion populaire en fait un magicien, les docteurs de Paris le dénoncent au souverain pontife, et celui-ci, désireux d'utiliser pour son propre compte la puissance qu'on prête au mécréant, le mande à son tribunal. Clément, le peuple, les docteurs se trompent. Arnaud ne ressuscitera personne ; seulement, il presse le rôle futur, la future prépondérance des sciences naturelles, et il a inventé une liqueur merveilleuse, une *eau de vie* qui donne au barde breton, Léolin, des rêves doux et mélancoliques, au tudesque Siffroi, envoyé de l'empereur d'Allemagne, des rêves de sang et la mort. Les divers personnages parlent plus qu'ils n'agissent, ils exposent des théories qui semblent émaner toutes d'un même esprit ; la fantaisie s'achève par une mort, mais elle ne devient point tragédie pour cela, car c'est la mort volontaire et souriante de Prospero.

Les personnages que j'ai nommés ne sont pas les seuls ; il en est d'autres que je serai contraint d'indiquer. Le pire n'est pas Caliban. Ce grossier démagogue était naguère encore l'objet des aristocratiques dédains de M. Renan ; depuis lors, il s'est assagi, paraît-il ; « Caliban, au fond, nous dit-on, nous rend plus de services que ne le ferait Prospero restauré par les jésuites et les zouaves pontificaux. » Lecteur, — c'est à vous que M. Renan s'adresse, — comprenez vous-même, la chose est aisée.

Après tout, M. Renan, quelque nom qu'il lui plaise de prendre, et Caliban font la même œuvre ; leurs mains peuvent se rencontrer ; et comme Caliban, c'est aujourd'hui la force ; il siérait assez peu à l'Ariel celtique, mêlé de Gascon — lui-même nous l'a appris, — de tenir rigueur à un quasi compatriote. Aux jours de ses plus bruyantes attaques contre le cléricalisme, jamais Caliban n'a dépassé l'irréligion froide qui respire dans l'œuvre nouvelle de M. Renan, jamais les journaux qu'il inspire n'ont dépassé l'immoralité savante dont les personnages de *l'eau de Jouvence* tiennent école. Ces personnages force, est bien de le

dire, — ce sont tour à tour ou tout ensemble la maîtresse du pape, Brunissende, le cardinal Philippe de Cabassol, grand inquisiteur, et deux religieuses..... M. Renan les nomme ainsi par une sacrilège antiphrase, Célestine et Euphémie. Prospero parle comme eux, et je ne m'en étonne pas. « Je ne peux m'ôter de l'idée, » a écrit M. Renan dans la *Revue des Deux Mondes*, « que c'est peut-être après tout le libertin
« qui a raison et qui pratique la vraie philosophie de la vie. De là quel-
« ques surprises, quelques admirations exagérées. Sainte-Beuve, Théo-
« phile Gautier me plurent un peu trop. Leur affectation d'immoralité
« m'empêcha de voir le décousu de leur phliosophie. La peur de
« sembler un pharisien,..... la crainte de tromper si par hasard tout ce
« que disent les professeurs de philosophie n'était pas vrai, ont donné
« à ma morale un air chancelant. » M. Renan ajoute aussitôt : « En
« réalité, c'est qu'elle est à toute épreuve. Ces petites libertés sont la
« revanche que je prends de ma fidélité à observer la règle des mœurs. »
Je le veux bien, mais les mœurs de M. Renan ne sont pas en cause ; il s'agit de ses théories en matière de mœurs. Sur un tel point, les personnages de son drame peuvent m'édifier. « La moralité doit être réser-
« vée pour ceux qui ont une mission comme nous, » dit Prospero.
« Celui qui occupe un rang à part dans l'humanité doit s'imposer, en
« retour de ses privilèges, des devoirs austères, un genre de vie astreint
« à des règles difficiles. Mais les pauvres gens, les gens ordinaires,
« allez donc ! Ils sont pauvres, et vous voulez que par dessus le marché
« ils soient vertueux ! » Voilà donc de par Prospero, de par le sage et le héros du drame, les petits et les pauvres dispensés de la vertu ! Etrange présent dont la démocratie n'a que faire, et qu'elle renverra, si elle voit clair, au nouvel *opportuniste* qui entre dans ses rangs ! Mais le peuple seul n'échappe pas à la loi morale ; le savant, le philosophe aussi en est exempté. « Notre mission à nous, « dit Célestine au cin-
« quième acte, « c'est de rafraîchir les chaleurs extrêmes des cerveaux
« fatigués par la pensée, c'est de dire, comme la petite chienne, qui se
« tort aux pieds de son maître : « Moi si petite, lui si grand !...
« Pauvres hommes ! Vous brûlez votre sang et votre vie dans d'ardentes
« subtilités. Quoi d'étrange que votre imagination veuille une fontaine
« d'eau fraîche, une coupe de lait ? » Et Philippe de Cabassol glorifie la femme dans un hymne qui la ravale : « Pour moi, je la trouve adorable
« dans tous ses emplois, depuis la fille de joie des quais de Marseille,
« héritière de l'obscénité primitive, venue en droite ligne de Babylone,
« avec sa grosse lèvre et son rire libertin, jusqu'à la mère vénérable
« de la primitive tribu aryenne, à laquelle nous devons le sérieux sé-
« culaire qui nous a valu le droit de prendre maintenant quelques
« licences. »

Avais-je raison de dire, en commençant, que M. Renan conclut enfin ? Ce sont, je l'avoue, les personnages de son drame qui tiennent ces propos, mais tous s'accordent à les tenir ; seul, le naïf Gotescalc, un allemand de la vieille école, essaie une objection : « *Il faudrait pourtant songer à moraliser les masses* », qu'Arnaud repousse comme un enfantillage. Une telle conclusion qui donne le plaisir pour but à la vie humaine, est honteuse ; elle marque une fois de plus le terme où arrivent fatalement les contempteurs du Christianisme, les blasphémateurs du Christ : Henri Beyle, Mérimée, Michelet, Sainte-Beuve ; elle ressuscite sous une forme discrète les cultes effrontés qu'en des siècles de délire l'Orient avait étalés ; mais cette conclusion sort avec une inexorable logique des prémisses que vous avez posées. S'il est vrai, comme vous le dites, que la doctrine qui « suppose entre Dieu et « l'homme des rapports où Dieu agirait comme quelqu'un de détermi-« né..... est une fiction et non pas une hypothèse » ; s'il est vrai que « nous n'avons pas la preuve d'une conscience claire présidant au gou-« vernement de l'univers » ; si enfin notre raison nous trompe ou du moins nous expose à l'erreur quand elle proclame l'existence d'une cause personnelle et libre, principe, exemplaire et fin des êtres, qui osera nous assurer que notre raison ne nous trompe pas aussi quand elle affirme l'essentielle distinction, l'opposition éternelle du bien et du mal ? « S'il n'y a rien de pur ni d'impur dans la nature ; si le monde est un « cercle immense où la pourriture sort de la vie et la vie de la pourri-« ture, » à quoi bon les rudes efforts, les luttes sanglantes qu'exige l'accomplissement du devoir ? « Maintenant, dit Ariel mourant, les « atomes qui me composent réclament leur liberté : ils ont envie d'aller « jouer ailleurs leur petit air. » Caliban pourra vous assurer que *ses atomes* prétendent dès aujourd'hui, en pleine santé et en pleine force, jouer à leur guise *leur petit air*.

Prenez-y garde cependant, vous nous dites que, « vu l'incertitude où « nous sommes de la destinée humaine, ce qu'il y a encore de plus « sage, c'est de s'arranger pour que, dans toutes les hypothèses, on se « trouve n'avoir pas été trop absurde. » Vous n'êtes donc pas sûr du néant final ; êtes-vous sûr aussi qu'en traitant la vie comme « une plaisanterie douce, » vous ne vous préparez pas, pour l'inévitable instant qui suivra la mort, « une surprise trop forte » et une irréparable déception ? Êtes-vous sûr, que l'ami dont vous nous rapportiez naguère la fiction ingénieuse, n'a pas dit vrai, et que, pareille à l'oiseau qui vole avec des cris plaintifs autour de la porte et des fenêtres barricadées du sanctuaire, votre âme délaissée sans retour par la vérité qu'elle aura méconnue, ne gémira pas, durant toute l'éternité, d'un gémissement sans fin ?

C'est là pour vous la question ; c'est là aussi la question pour quiconque n'a plus ou n'a pas encore la foi. N'y pas répondre, et, dans le doute, vivre comme s'il n'y avait à cette question aucune réponse, c'est mériter les formidables reproches que Pascal, il y a deux siècles, adressait à vos devanciers. Le spectacle d'une si étrange indifférence m'enlève le loisir de goûter votre talent : je n'y vois plus, je vous cite, que « l'art « d'amener le cliquetis des mots et des idées. » Les visions que votre barde Léolin fait passer devant mes yeux, ne m'émeuvent pas ; la sœur qu'il évoque, ce n'est pas une âme, c'est une ombre, et d'ailleurs il doit à l'ivresse le songe qui pour un instant la lui a rendue, il s'est trop rappelé ce que vous avez écrit jadis : « Les Bretons cherchaient dans l'hydromel la vision du monde invisible. » Toute âme qui ne demande pas à des joies chétives et impures l'oubli de ses douleurs et de ses espérances, comprend et répète à sa manière cette parole de madame la duchesse de Broglie : «C'est quelque chose de vrai et de sérieux qu'il me faut pour vivre et mourir ;» or, ce que vous nous proposez pour vivre et pour mourir, c'est le frivole, et c'est l'abject.

A. LARGENT.

PUBLICATIONS DE LA QUINZAINE

373. — BOURELLY. *Le Maréchal de Fabert, étude historique d'après ses lettres et des pièces inédites*, deuxième et dernier volume in-8° orné d'un beau portrait, prix : 7 fr. 50. Didier.

374. — CARON (N. L.). *Michel Le Tellier, son administration comme intendant d'armée en Piémont (1640-1643)*, manuscrits inédits de la bibliothèque nationale. copies du temps ; in-18 jésus, CLXIX-328 p. Paris, libr. Pedone-Lauriel. 5 fr.

375. — CHAUMETTE (E. J. M.). *Vie de Mgr Douarre, évêque d'Amatha, missionnaire apostolique et premier apôtre de la Nouvelle-Calédonie dans l'Océanie* in-12, 71 pages. Riom, Leboyer.

376. — CHESNEAU. *L'éducation de l'artiste.* in-18 de XI-438 p. Charavay.« M. Chesneau déclare « que les arts dans toute l'Europe sont en décadence, » et il trouve la cause de ce malheur dans l'insuffisante éducation de l'artiste. Son livre est un livre de bonne foi et de courage. L'auteur dit aux peintres et aux sculpteurs toute la vérité ; à côté du mal, il indique le remède. La régénération de l'art, suivant lui, ne serait assuré, que par le développement des qualités intellectuelles et des qualités morales du futur artiste. Dans un style vif et pressant M. Ch. exprime des idées élevées, généreuses, salutaires. Son livre, inspiré par l'amour du bien non moins que par l'amour du beau, nous paraît appelé à faire sensation. »

T. de L.

377. — CUISSARD. (C.). *Documents inédits sur Abélard, tirés des manuscrits de Fleury conservés à la Bibliothèque publique d'Orléans* ; In-8°. 17 pages. Orléans, Colas.

* 378. — DOUBLE. *L'empereur Charlemagne*, Un in-18 jésus de XVIII et 291 pages. Prix, 3 fr. 50. Fischbcher.

379. — L'*Émeute*, pandémonium en cinq actes et en vers. Paris. Pillet et Dumoulin, 1881. in-8° de 139 pp.

« Cet essai, plus ou moins dramatique, n'est guère de notre compétence. Il est rempli, on peut l'affirmer sans crainte, de bonnes intentions. Mais les intentions n'ont jamais suffi, et ce n'est pas là-dessus que l'on peut juger un auteur. Pour ce motif et aussi parce que l'ouvrage est en vers nous nous abstiendrons d'en parler plus longuement. »

T. de L.

380. — J. d'Estienne. *Comment s'est formé l'Univers; suivi de Sic itur ad astra* 2ᵉ édition revue et augmentée. Paris, Palmé, s. d. (1881), in-12 de xij-330. 3 fr.

« Excellent livre, qui a été accueilli avec une faveur méritée. L'auteur poursuit le but le plus louable : il veut, dans un résumé bref, mais complet, montrer... l'accord indéniable de la science des origines du monde avec le récit sommaire que nous en a tracé... l'auteur du premier de nos livres inspirés » (p. iij). M. d'E. a atteint son but, autant qu'il est possible de l'atteindre. Nous pensions en effet qu'il faut lire son livre avec les réserves qui ont déjà été faites dans le *Bulletin*, pp. 143 et 161, et qui nous semblent plus nécessaires que jamais. — La seconde partie, *Sic itur ad astra* traite de l'hypothèse de la pluralité des mondes habités. Elle est aussi fort intéressante. Un assez grand nombre de notes, les unes utiles, les autres sans valeur (par exemple les notes, A, E, L, M qui pourraient sans difficulté être supprimées) terminent ce volume. Ajoutons que dans la préface, M. d'E. relève avec raison les emprunts nombreux que M. Pioger a faites à son travail, sans les signaler suffisamment.

C. - T. M...»

381. — Evellin. *Infini et quantité. Étude sur le concept de l'infini en philosophie et dans les sciences.* Germer-Ballière. Un volume in-8° 5 fr.

* **382.** — Flammermons (J). *Histoire des institutions municipales de Senlis.* Grand in-8° (xvi, 310 pages), avec une planche in-folio en héliogravure. Vieweg, 8 fr.

383. — Fleury (P. de). *Notes additionnelles et rectificatives au Gallia christiana*; In 4°, 76 p. Angoulême, Baillarger.

384. — Franck, *Réformateurs et publicistes de l'Europe* (dix-septième siècle) Calmann-Lévy. In-8° 7 fr. 50.

385. — Gaume. *Biographies évangéliques*, 1ʳᵉ série, 5 petits vol. in-18. 3 fr. Gaume.

« L'idée de ces biographies est excellente. Mieux faire connaître et aimer les amis de Jésus, c'est en même temps développer les vertus chrétiennes et l'imitation du Sauveur. Tel est la pensée qui a guidé le vénérable auteur. Nous ne saurions approuver au même degré la manière dont il a réalisé la pensée. Son récit est basé tout à la fois sur des faits certains, sur des traditions pieuses et sur des légendes sans valeur. Ce mélange ne peut à aucun point nous satisfaire. Autant il faut tenir aux faits historiques dans toute leur exactitude, autant il faut traiter avec respect les traditions que l'Église laisse libre d'accepter, autant faut-il rejeter les légendes. Elles nuisent à la cause sacrée de l'Évangile, bien loin de la servir. A-t-on jamais pensé à faire entrer dans une vie de N.-S. les fantaisies des Évangiles apocryphes ? Voilà pourtant ce que fait l'auteur : je crains même qu'il n'aille plus loin, car en certains endroits il se sert des récits de Catherine Emmerich.

Citons en passant quelques unes des identifications qu'il propose : Nathanael (Jean I) est S. Ursin, premier évêque de Bourges. — Zachée, époux de Sainte Véronique devient S. Amateur ou Amadou, premier apôtre du Quercy.

Sans doute la piété de Mgr G. est très vive et très ardente ; mais pourquoi la nourrir, comme il le faisait, d'aliments sans valeur, plus propres parfois à scandaliser qu'à édifier ?

C. T. M.

* 386. — GIRAUD (C.) *La maréchale de Villars et son temps.* In-18 jésus, x-290 p.) Paris, Hachette.

* 387. — GOUIN. *Essai sur une réforme des méthodes d'enseignements. Nouveau procédé pour étudier les classiques. Horace, l'art poétique.* Transcription et mise en série. — Instruction sommaire sur le procédé à suivre pour exposer et élaborer un thème littéraire. — Recueil du langage subjectif d'Horace pour une conversation en latin. — Métaphores. — Enclitiques. Précédé d'une lettre à M. Jules Ferry. Fischbacher. Brochure in-16 de VIII et 58 pages. Prix 1 fr. 50.

388. — HARDY (E). *Bayard (1495-1524)* ; in-8°, 183 pp. avec 28 fig. et portrait ; libr. Dumaine. 4 fr.

389. — HARDY (E). *Les Guerres de religion de 1562 à 1594* ; in-8° 199 pp. avec 29 fig. : libr. Dumaine. 4 fr.

390. — HARDY (E). *Les Valois d'Angoulême de 1515 à 1589* ; 466 pages avec 86 fig. ; libr. Dumaine. 8 fr.

391. — HARDY (E) *Origine de la tactique française (de Louis XI à Henri IV)* ; in-8°, 814 pp. avec 281 fig. ; lib. Dumaine. 15 fr.

* 392. — LENORMANT. *Première et deuxième livraison de l'histoire ancienne de l'Orient jusqu'aux guerres Médiques.* Neuvième édition, revue, corrigée, considérablement augmentée et illustrée de nombreuses fig. d'après les monuments antiques. — L'ouvrage formera 3 vol. in-8° jésus de 700 pages environ chacun. — Il sera publié en livraisons comprenant chacune 3 feuilles d'impression de 48 pages au prix de 1 fr. 50 chacune. — Il paraît une livraison tous les 15 jours depuis le 1er février 1881. — Les livraisons ne se vendent pas séparément. A. Lévy.

393. — NOBILLEAU (P.). *Marmoutier ; Dom Claude Chantelou ; Cartulaire tourangeau et sceaux des abbés*, publiés par Paul Nobilleau. Précédé d'une biographie de l'auteur, par dom P. Piolin, bénédictin de la Congrégation de France (1210-1512). Grand in-8°, xcv-214 pp. Tours, lib. Guilland-Verger.

394. — PÉZIEUX. *Fin de la Révolution avec un appendice sur la question d'Orient*, ouvrage accompagné de gravures emblématiques tirées d'anciens ouvrages. — Un demi-volume grand in-8° de 164 pages. 3 fr. Broussois.

395. — SERVIÈRES (L.). *Saint Fleuret, évêque de Clermont et patron d'Estaing*, in-18, 167 pp. Rodez, V° Carrère.

396. — VACANT (A.). *Notes sur les séminaires de philosophie en France*, in-8°, 46 pages. Arras, imp. Laroche.

Le gérant : A. SAUTON.

BULLETIN CRITIQUE

DE LITTÉRATURE, D'HISTOIRE ET DE THÉOLOGIE

SOMMAIRE. — 177. DE SCHMIDT, la Philosophie de la mythologie et Max Müller, *G. Sarrazin*. — 178. FLEURY, Histoire de la littérature française, *E. Beurlier*. — 179. BOYSSE, le Théâtre des Jésuites, *E.-B.* — 180. WELSCHINGER, le Théâtre de la Révolution, *E.-B.*. — 181. MERCIER, Du genre neutre, *P. Lallemand*. — 182. CHEVALIER, Herculanum et Pompéi, *H. Thédenat*. — 183. WERVEKE, Cartulaire de Bonneweg, *U. Chevalier*. — 184. LEPITRE, Adrien VI, *T. de L.* — 185. Ecrits inédits de St-Simon, pp. FAUGÈRE, *Blampignon*. — Variétés : Un billet inédit de l'abbé de Rancé, *T. de L.* — Publications de la quinzaine.

177. — **Die Philosophie der Mythologie und Max Müller,** par le Dr E. DE SCHMIDT. Berlin, Duncker, 1880, gr. in-8° de 107 pages.

M. de Schmidt n'est pas un débutant ; il s'est déjà fait connaître comme mythographe par son Traité des *Douze Dieux des Grecs*. Aujourd'hui, sa grande préoccupation est de nous exposer, sous le titre d'*Essai sur la Philosophie de la Mythologie*, un système qui se résume en ces quelques mots :

Depuis l'apparition de l'espèce humaine sur le globe, la connaissance de Dieu a perpétuellement progressé dans le passé, et progressera perpétuellement dans l'avenir. Chez tous les peuples, cette connaissance commence par l'adoration des purs phénomènes naturels pour se continuer par le culte de l'âme de ces phénomènes et pour finir par l'hommage rendu à un Être puissant, créateur et régulateur des phénomènes et de leur âme.

Telle est l'hypothèse. Si l'auteur se fût contenté d'énoncer rapidement et d'une façon lucide les preuves à l'appui, tout eût été pour le mieux dans le plus clair des traités, et nous ne nous serions pas vu condamner à absorber un indigeste amas de remarques oiseuses, de redites philosophiques et de dissertations encombrantes. Il y a de tout dans l'*Essai* de M. de S.; son livre est un étrange bazar scientifique où les analyses les mieux faites coudoient les synthèses les plus aventurées. C'est ainsi que nous trouvons des comparaisons entre l'homme et les animaux (pp. 9 et 10), une distinction subtile entre l'idée de la Divinité et le sentiment religieux chez les premiers hommes (pp. 6 à 8), bref une foule de choses qui n'ont rien à voir avec la question suivante que M. de S. a cru résoudre et que nous persistons à ne pas trouver résolue : L'idée de Dieu a-t-elle, oui ou non, d'après les faits, passé par les trois phases du système de l'auteur ?

Nous n'hésitons pas à répondre : Non. — Max Müller regarde le Mythe, du moins dans le sens religieux du mot, comme une « catastrophe inévitable dans la vie du langage. » Selon lui, l'idée abstraite de l'Immatériel et de l'Infini, quoique confuse et aussi peu définie que possible chez les premiers hommes, était pourtant innée dans l'esprit de ceux d'entre eux « qui non seulement parlaient les langues, mais encore les pensaient. » Aussi, à défaut de l'expression qui les fuyait pour exprimer le Divin, choisirent-ils le ciel sous sa forme sensible en se disant : « Le ciel est quelque chose comme ce que nous ne pouvons définir et nommer. » Mais la foule inintelligente en arriva bientôt à matérialiser la conception première, et à adorer la voûte du ciel elle-même. Et ainsi vont les religions : c'est tantôt l'esprit qui les mène, tantôt la lettre (pp. 43, 44).

M. de S. ne l'entend point de cette façon : il ne veut point admettre que l'évolution de l'idée divine ait pu commencer chez tous les esprits, quels qu'ils fussent, par autre chose que par l'adoration des phénomènes naturels. Mais c'est en vain qu'il s'ingénie à tourner les faits suivants qui lui barrent la route :

1° Chez les Hébreux, nous nous trouvons en présence de deux dénominations de l'idée divine, la dénomination de El et celle d'Iahweh. La première est à peu près incontestablement une divinisation des phénomènes naturels : la seconde est une abstraction. (Iahweh veut dire : je suis celui qui est). C'est là d'abord entre les deux dénominations une distinction que M. de S. semble totalement ignorer : il nous déclare gravement que El est « la plus pure des abstractions » (p. 56). Quoiqu'il en soit de son évidente erreur, reste la dénomination abstraite d'Iahweh. Sur quels textes va maintenant s'appuyer M. de S. pour prouver que la dénomination d'Iaweh est devenue transformation abstraite de El ? Et pourquoi les Hébreux n'auraient-ils pas tout aussi bien emprunté leur « El » aux autres sémites ?

2° Dans la religion védique, il n'existe, selon l'auteur lui-même (p. 105) aucune trace de la seconde phase évolutionnaire de son système ;

l'adoration de l'âme des phénomènes naturels est totalement absente du brahmanisme (1).

3º Dans les Védas « Dyaûs pi'tar » veut dire : « Notre Père qui est au ciel », et comme c'est la dénomination la plus ancienne de l'idée divine chez les aryens et qu'elle ne correspond nullement à l'adoration d'un phénomène naturel, M. de S. est fort embarrassé (p. 5).

4º Edw. Tylov a prouvé qu'une foule de peuples sauvages des temps modernes ne connaissent que « l'animisme », et qu'on ne trouve point chez eux des traces de l'adoration des purs phénomènes naturels. (pp. 31 et 37).

5º M. de S. se contredit complètement aux pp. 46 et 56 de son *Essai*, attendu qu'à l'une de ces pages il n'admet pas que l'idée abstraite de l'Infini ait pu exister dans l'esprit des premiers hommes, tandis qu'à l'autre, il convient que cette idée a pu naître chez eux de la contemplation des grands spectacles de la nature.

6º Le système de l'auteur est ruiné de fond en comble par l'irréfragable certitude que les deux mots *atman* (âme, souffle) et *man* (penser) existaient parallèlement dans la langue aryenne. (pp. 26 et 27) Il s'ensuit qu'un de ces premiers hommes qui, suivant l'expression de Max Müller « ne se contentaient pas de parler leur langue, mais encore la pensaient », pouvait concevoir une abstraction et par conséquent s'élever à l'idée abstraite de la Divinité, avant d'incarner cette idée dans une forme sensible.

Le système que M. de S. nous développe dans les 60 premières pages de son *Essai* est donc contrarié à chaque instant par les faits et de plus totalement dénué de preuves ; la science mythologique est trop peu avancée, « trop obscure » suivant l'aveu de l'auteur lui-même (p. 17) pour qu'on puisse se permettre de la résumer d'une façon systématique.

Dans la seconde partie de son travail (pp. 68 à 95) M. de S. procède à l'analyse des mythes d'Hermès, d'Hestia et de Pallas Athene. Cette analyse qui d'ailleurs n'est qu'une analyse de détail et ne prouve rien en faveur du système de l'auteur, est des plus remarquables. Après l'avoir lue, il nous semble acquis qu'Hermès, au lieu d'être le dieu de la pluie, comme le veut Preller, celui du vent, selon Roscher, ou bien une divinité qui préside au mouvement rotatoire du jour et de la nuit, au dire de Welcker, était au contraire, chez les Grecs, ainsi que le démontre M. de S. le dieu de la lumière, le dieu « blanc, brillant, rapide, riche en moissons, propice, » etc. (p. 70).

(1) Il semblerait que l'idée philosophique du Brahm ait rapidement dégénéré chez la masse en adoration grossière des phénomènes naturels, ce qui confirmerait l'hypothèse de M. Max Müller.

Que M. de S. fasse toujours des analyses de mythes, et sa forte érudition rendra de réels services à la science ; mais qu'il se garde jusqu'à nouvel ordre de faire des synthèses mythologiques au moins prématurées.

Gabriel Sarrazin.

---

178. — **Histoire Élémentaire de la Littérature Française**, depuis l'origine jusqu'à nos jours, par Jean Fleury, lecteur en langue française à l'Université impériale de St-Pétersbourg. Troisième édition, un vol. in-18, xi-498 pages. Paris, E. Plon et Cⁱᵉ, 1880.

179. — **Le Théâtre des Jésuites**, par Ernest Boysse, un vol. in-18, iv-370 pages. Paris, Henri Vaton, 1880.

180. — **Le Théâtre de la Révolution**, 1789-1799, avec des documents inédits par Henri Welschinger, un vol. in-18, 528 pages. Paris, Charavay frères, 1881.

Le livre de M. Jean Fleury semble avoir pour but de mettre la jeunesse Russe à même de causer pertinemment sur la littérature française, plutôt que de donner aux étudiants des notions précises et scientifiques. En effet, dans cet ouvrage, les divers écrivains n'occupent pas une place proportionnée à leur mérite ; la littérature contemporaine est beaucoup mieux partagée que celle des âges précédents. Le contraire a lieu d'ordinaire, dans les livres faits à l'usage des Français.

Le caractère du livre ainsi déterminé, le lecteur n'a qu'à louer la modération des jugements de M. F. On voit qu'il prend à tâche de n'être le disciple fanatique d'aucune école, mais de reconnaître partout le mérite, tout en critiquant les défauts. La devise de M. F. semble être le mot de Sosie : « Messieurs, ami de tout le monde... » Il nous déclare dans sa préface que « suffisamment conservateur pour la Russie », il est « assez libéral pour la France. » Le style est du reste simple et de bon goût.

Le plan suivi par M. F. ne mérite pas les mêmes éloges. Chaque période de l'histoire est caractérisée par lui d'un nom qui souvent s'applique fort mal aux écrivains groupés sous ce titre, ou ne convient qu'à quelques-uns d'entre eux. En voici quelques exemples. La première période du dix-neuvième siècle est ainsi qualifiée : Règne du sentiment. Ton général : enthousiasme, foi (p. 281). Sous ce titre nous voyons figurer : Volney, Cabanis, Béranger, Courier, à côté de Chateaubriand et de Joseph de Maistre. Tous les écrivains qui ont produit des ouvrages de 1820 à 1840, sont rangés dans l'*Ecole romantique :* tels sont Thiers, le P. de Ravignan, de Toqueville, Arago, Janet, Caro, Patin, St-Marc

Girardin, et, qui le croirait ? les classiques par excellence, G. Planche et M. Nisard. J'avoue cependant que j'ai été plus étonné encore quand j'ai vu figurer dans l'École romantique : Champollion, Burnouf et M. Oppert.

Par contre, l'esprit d'observation commence à 1840, et l'École régnante est l'*Ecole critique*. Ranger dans l'École critique, P. Dupont et G. Nadaud, Erkmann-Chatriann, Meilhac et Halévy, sans compter Théodore de Banville et François Coppée, c'est changer un peu le sens des mots.

M. F. ne s'est pas borné, nous l'avons dit, aux écrivains devenus classiques, il donne une grande part aux modernes. Il va jusqu'à donner place à des œuvres qui n'appartiennent pas à la littérature proprement dite comme celles de Burnouf, Champollion, Oppert, etc. Alors pourquoi ne dit-il pas un mot de MM. Boissier, H. Rigault, St-René Taillandier, Faugère, de Champagny, Walkenaer, etc. ? pourquoi parmi les anciens, oublie-t-il des hommes comme : l'Étoile, Guy-Patin, Tallemand des Réaux, St-François de Sales, Royer-Collard et d'autres ?

En tête de l'ouvrage, M. Fleury a dressé une liste des livres qu'on peut laisser entre les mains de la jeunesse. Ce n'est pas sans étonnement qu'on y voit figurer : *Jocelyn*, de Lamartine ; *Quatre-vingt-treize* de V. Hugo, *les Affaires de Rome* de Lamennais; tandis que l'auteur ne nomme pas *la Mort de Socrate*, du premier ; *les Feuilles d'automne*, *les Chants du crépuscule* du second. Il ne faut donc se fier que médiocrement à cette liste.

— M. Boysse s'étonne que les historiens du théâtre aient oublié celui des Jésuites, qui a duré trois siècles, et nous a laissé une bibliothèque de pièces de tous genres. Le sujet était trop vaste et M. B. s'est borné à la scène du collège Louis-le-Grand. Le choix était indiquée par l'importance même de la maison de la rue St-Jacques, « qui remplit dans la littérature dramatique des collèges, le rôle de la Comédie française dans le théâtre profane. » (pp. 22).

Le livre de M. Boysse comprend deux parties. La première est une étude proprement dite, la seconde un catalogue analytique du répertoire.

Avant l'établissement des Jésuites, les écoliers tentèrent souvent des représentations dramatiques, mais ils critiquaient le gouvernement, et les édits royaux les rappelaient à la modération. Parfois on emprisonnait les acteurs, comme on le fit, par ordre de François Ier, quand ils se permirent de jouer la propre sœur du roi, sur le théâtre du collège de Navarre. Les jésuites régularisèrent l'art dramatique, et en place des farces et mystères firent jouer des comédies, des tragédies et même, selon le goût du temps, des ballets. M. B. nous donne les détails les plus circonstanciés sur tous ces points. Il a consulté les auteurs contemporains dont il donne de longs extraits. La tragédie est presque toujours en latin ; les pères La Rue, Lejay et Porée sont les auteurs les plus remarquables. Ils ne se contentent pas de produire des pièces, ils font encore des traités sur l'art d'en composer, témoin le traité du P. Lejay sur les ballets : *De Choreis dramaticis*. Les acteurs sont divisés en trois troupes, afin qu'il n'y ait point trop de temps pris sur les études. Les Pères sont « metteurs en scène » ; les danseurs de l'Opéra donnent aux élèves des leçons de maintien et de danse. Enfin quand tout est prêt, les décors achevés, les acteurs instruits, le public est invité à la représentation. Un programme détaillé explique aux dames les textes latins qu'elles ne comprendraient pas ; elles peuvent ainsi figurer sans ennui auprès des plus grands personnages de la cour, du roi lui-même. Tout cela, on le pense bien, n'était pas sans exciter des protestations. Un théologien, qui fut reconnu plus tard pour être le Père Caffaro, théatin, dit que les élèves qui montaient sur la scène devenaient *infâmes*. Bossuet dans ses *Maximes et Réflexions sur la Comédie*, défendit les jésuites. Malgré cela le dernier mot prononcé sur leur théâtre, au moment de leur expulsion en 1762, fut un discours de Fourneau, recteur de l'Université, qui en prenant possession de leur collège déclara que « désormais on n'entendrait plus dans son sein, ni la voix des musiciens, ni les concerts des joueurs de lyre, de flûte et de trompettes. »

M. Boysse ajoute : « La vérité, c'est qu'un grand foyer d'instruction et d'éducation venait de s'éteindre » (p. 112).

La seconde partie est un catalogue analytique par ordre de date, des pièces jouées à Louis-le-Grand de 1635 à 1765. Un appendice contient les pièces non datées. Pour que le travail fût complet, nous aurions demandé de plus une table par genre, tragédies grecques et romaines, comédies, allégories, etc., avec renvois aux pages où se trouvent les diverses pièces.

L'ouvrage de M. Boysse est fait avec méthode et sera consulté avec fruit par tous ceux qu'intéressent l'histoire de l'Éducation en France.

— Tout autre est le théâtre étudié par M. Welschinger. Déjà il a été l'objet de nombreux travaux. Il suffit de citer les ouvrages d'Etienne et Martainville, d'E. Jauffret, de L. Moland, etc. M. W. connaît ces livres et les a mis à profit, mais il y ajoute des documents nouveaux puisés aux archives nationales.

Considéré au point de vue littéraire, le théâtre de la révolution est médiocre. A peine quelques pièces de valeur : *Charles IX* et *Gracchus* de Joseph Chénier, l'*Ami des lois* de Laya, *Q. Fabius* de Legouvé, l'*Agamemnon* de Lemercier etc. ; mais à côté de cela que de pièces plus que faibles..... mais patriotiques. Aussi le livre de M. W.

est-il plutôt une étude de mœurs, qu'un ouvrage de critique littéraire. Cela ne diminue en rien l'intérêt.

Voici d'abord les gens de théâtre. Les auteurs sont des gens comme ce Sextius Buffardin qui dédie sa tragédie de *Brutus* et *Cassius* à son épouse « intéressante créature que le ciel associa à mon sort ; etc. ». Collot (ci-devant d'Herbois) qui nous apprend qu'aristocrate vient d'Άρης, qui signifie fer, et de Κράτος, contrainte, et veut dire : homme de fer ; le tout dans la préface du *Procès de Socrate*. A leur suite viennent les acteurs et directeurs. Ils sont obligés par décret de la Convention de ne représenter que des pièces conformes à l'esprit de la Révolution, (p. 29) sous peine de voir leurs théâtres fermés. Aussi lit-on dans un état qui se trouve aux archives, et qui est publié ici pour la première fois, (p. 33) qu'il n'y a pas jusqu'au *Théâtre des ombres chinoises* tenu par le citoyen Séraphin, au *Théâtre des Pantagoniens*, et à celui des *marionnettes* qui n'aient leurs pièces patriotiques. Le sieur St-Edme, entrepreneur de la *Pantomine nationale* est félicité par le ministre de l'Intérieur de ne représenter que des ouvrages républicains (p. 84).

Les censeurs sont du reste de la plus grande sévérité. Un personnage vertueux ne peut s'appeler *Louis* (p. 125). *Zaïre* est interdite « à raison des sentiments religieux qu'elle renferme ». (p. 126). Dans *Le Cid*, le roi don Fernand est changé en général républicain.

Les pièces patriotiques suivent la marche des événements. Elles célèbrent d'abord la Fédération, puis Louis, restaurateur de la liberté française. Bientôt on descend au *Jugement dernier des Rois* parodie atroce, qui aujourd'hui serait sifflée. On est en 1793. Attendons quelques années et les pièces patriotiques chanteront le 18 brumaire aux cris de :

Allez-vous-en, vile cohorte,
Honni qui vous regrettera.

Au milieu de tout cela deux notes dominantes : « la sensibilité », et l'amour des Grecs et des Romains. On n'entend partout que soupirs d'âmes sensibles. « La sensibilité, disent les administrateurs de la police, est la mère de toutes les vertus républicaines. » (p. 362). Les Romains et les Grecs sont de vrais sans-culottes. Dans la pièce intitulée : *Toute la Grèce* ou *Ce que peut la liberté*, on voit défiler le contingent de Lacédémone portant sur son drapeau : La liberté ou la mort ; le contingent de Corinthe : Ordre et discipline ; le contingent de Delphes : Haine aux tyrans ! Collot d'Herbois dans son *Procès de Socrate* ou *le Régime de l'ancien temps* a, bien contre son intention, fait une peinture parfaite du tribunal révolutionnaire.

A côté des anciens, les modernes : les Jacobins, les Merveilleux ; puis les grands hommes du temps : Bara, Beaurepaire, Charlotte Corday, Robespierre, Voltaire, etc. Enfin les journées célèbres, le 14 juillet, le 10 août, le 9 thermidor, le 18 brumaire. Le sens de chacune de ces journées est différent, mais l'enthousiasme des auteurs de pièces patriotiques est toujours égal.

Voilà ce que M. W. nous fait connaître en détail. Ce livre a été remarqué dès son apparition, il le mérite. L'auteur s'est livré à de sérieuses recherches et a donné au public des documents nouveaux. On sent en lisant son livre qu'il est embarrassé pour choisir au milieu de l'abondance des matériaux, ceux qu'il emploiera. De là, plus d'attention donnée aux faits qu'aux détails du style. Mais, qui ne le lui pardonnerait facilement, en présence des renseignements si variés, souvent inédits, toujours intéressants, qui sont fournis en abondance. Désormais il sera impossible d'écrire sur le théâtre de la Révolution sans tenir compte du livre de M. W.

L'auteur me permettra, en terminant, de lui poser une question. Comment se fait-il qu'en 1793 on représenta des pièces comme *les Fausses Confidences* de Marivaux ; en 1796, *Le Jeu de l'Amour et du Hasard*? M. W. n'a rien dit de cela. Voilà cependant des pièces qui ne sont guère dans le goût du temps. Un chapitre sur les œuvres de l'ancien répertoire reprises, pendant la période révolutionnaire, n'eût pas été de trop dans le charmant volume que M. W. vient de donner au public.

E. BEURLIER.

---

181. — **De neutrali genere quid factum sit in Gallica lingua,** par AMÉDÉE MERCIER : in-8°, 80 pages ; Paris, Vieweg.

Je dois, en commençant, un hommage à la mémoire de ce vaillant travailleur, Amédée Mercier, mort il y a quelques semaines : agrégé de grammaire et des lettres, docteur-ès-lettres, il allait à un avenir rempli de promesses ; il est tombé à la peine avant que son talent eût connu la maturité.

De la nature et des vicissitudes du genre neutre ; du genre neutre dans le latin populaire ; du neutre dans les langues romanes autres que le français ; du neutre en français, y prenant la place du masculin ou du féminin ; des vestiges du neutre dans la langue française : tels sont les titres des chapitres sous lesquels M. M. a rangé ses observations. Elles sont judicieuses, neuves parfois, bien ordonnées et très concluantes.

L'origine du neutre est inconnue et ne peut guère se comprendre logiquement. On conçoit que par imitation et convention, on ait placé les êtres inanimés dans la catégorie des masculins et des féminins. Le Neutre, ne s'explique que si, comme en anglais, il caractérise uniquement ce qui n'est ni mâle ni femelle. Les Latins ont encore augmenté la difficulté en faisant le même nom masculin ou féminin à tel nombre, et neutre à tel autre. Il n'est point malaisé de prévoir qu'un jour le sens de ces nuances s'affaiblira et que le neutre ira se perdre dans le masculin ou dans le féminin.

C'est ce qui arriva. Après les invasions, le peuple ne connut plus que deux genres: le masculin et le féminin. Et, chose remarquable, le même mot neutre ne garda pas, dans les langues romanes, un genre identique: *apium*, donne en français, *ache*, qui est du féminin, et en italien, *apio*, qui est du masculin. Les noms neutres émigrèrent en grande partie dans le masculin ; moins nombreux sont ceux qui demandèrent asile au féminin. Il y en a pourtant : *hordeum, hordea, hordeœ*; *folium, folia, foliœ, feuille* ; *fraga, fragorum, fraga, fragœ, fraise* ; *gaudium, gaudia, gaudiœ, joie*. M. M. a réuni un grand nombre d'exemples qui appuient bien sa thèse. Pourtant, on pourrait y désirer quelque chose de plus original. Ça et là il ne fait que glaner après Dietz, Paul Meyer, et A. Darmesteter. Il mérite plus d'éloges quand il fait la recension des mots neutres conservés dans le français moderne. — Ce livre est écrit dans un latin correct et facile. — Je suis heureux de l'avoir signalé et recommandé aux amis de notre vieux français, qui se multiplient de jour en jour.

PAUL LALLEMAND.

---

182. — **Herculanum et Pompéi**, scènes de la civilisation romaine, par Mgr. C. CHEVALIER, camérier secret de Sa Sainteté, clerc national du Sacré-Collège pour la France. Un vol. in-8º, 216 pages, planches et figures dans le texte, deuxième édition, Tours, Alfred Mame, 1880.

Avant de visiter Herculanum et Pompéi, on est curieux de connaître le volcan qui a englouti ces villes pour nous les conserver, procédé brutal, il est vrai, et bien digne d'un volcan, mais efficace, au moins dans la circonstance. La première partie du livre est donc consacrée à une étude scientifique et historique du Vésuve. Pendant les premières années de l'empire romain, des vignes fécondes couvraient les flancs du monstre endormi depuis des siècles ; à ses pieds s'étendaient les villes opulentes et voluptueuses de « l'heureuse Campanie », tout était joie, plaisir et sécurité sur cette rive enchantée. Cependant une catastrophe soudaine, le tremblement de terre de l'an 63, aurait dû faire pressentir le réveil du Vésuve. Il n'en fut rien ; les Campaniens avaient à peu près restauré les ruines de leurs cités, leurs édifices s'élevaient plus vastes et plus somptueux, partout on avait repris la vie élégante, facile, insouciante, quand l'éruption de l'an 79 engloutit Herculanum, Pompéi, Stabia et d'autres localités moins importantes. Après avoir continué l'histoire du volcan jusqu'à nos jours, et avoir fait un récit humoristique et intéressant de son ascension au Vésuve, Mgr Chevalier revient à la description de la catastrophe de l'an 79. Le chapitre suivant est consacré à l'historique des fouilles, et nous entrons enfin dans Pompéi. Nous visitons les principales maisons ; leur architecture, la disposition des différentes pièces, leur agencement intérieur sont tour à tour étudiés en détail ; nous surprenons les Pompéiens dans les secrets de leur vie privée, nous vivons un instant dans leurs maisons, dans leurs ateliers, dans leurs boutiques. De là, Mgr Ch. nous conduit dans la rue : la vie circule de nouveau dans les artères de l'antique cité ressuscitée pour nous, la foule s'y presse, nous la suivons au forum, chez les riches patrons, dans les tavernes, dans les écoles, au marché, dans les temples, dans les basiliques, dans les bains publics, au théâtre ; chemin faisant nous nous rendons compte du service de la douane et de la voirie, nous participons aux agitations de la période électorale pendant laquelle Pompéi fut surprise et dont les affiches sont peintes encore sur les murs ; les inscriptions officielles nous font connaître les hauts personnages et les bienfaiteurs de la cité, les graffites tracés çà et là par le caprice des passants nous révèlent mille détails curieux et piquants, donnent lieu à mille rapprochements imprévus. L'histoire et la description des fouilles d'Herculanum, et une visite au musée de Naples où ont été transportés les plus beaux objets découverts dans les fouilles, terminent le volume.

Je demanderai, avant de conclure, la permission de soumettre deux observations. Mgr Ch. page 147, s'exprime ainsi : « Ici c'est le scribe Issus qui sollicite le patronage de l'édile M. Cerrinius Vattia, affirmant qu'il en est digne : *M. Cerrinium Vattiam aed. o. scr. Issus, dignus est.* Cette phrase, cent fois répétée sur les murs, semble avoir été l'équivalent de ces annonces modernes : *Sous le patronage de la famille royale* ou *fournisseur breveté de…* » Le rapprochement est ingénieux, mais ne me paraît pas exact. L'inscription citée dans ce passage est ainsi donnée par le *Corpus inscriptionum latinarum* et je crois que c'est la bonne lecture :

M. CERRINIVM
VATIAM.AED.O.F.SCR.ISSVS
DIGNVS EST (1).

Je crois qu'il faut lire : *M(arcum) Cerrinium Vatiam aed(ilem) o(ro) f(aciatis)*; *dignus est Scr(ipsit) Issus.*

C'est une affiche électorale. La candidature de M. Cerrinius Vatia avait de nombreux partisans (2). Je ne pense pas non plus que les mots SCR. ISSVS doivent être lus *Scr(iba) Issus*, mais *Scr(ipsit) Issus*; cette formule se rencontre plus d'une fois sur les murs de Pompéi; et, non loin de l'endroit où se trouve l'inscription que nous venons de citer, dans la *strada di Mercurio*, Issus lui-même a pris soin de l'écrire en toutes lettres : SCRIPSIT ISSVS (3). Le sens de l'inscription est donc : « *Je vous prie de nommer édile M. Cerrinius Vatia, il en est digne ; Issus a écrit ceci.* »

Mgr Ch. cite (p. 148) un distique commençant ainsi : *Hic ego*, etc. un mot à moitié effacé a trompé le savant prélat sur le sens de ces vers gravés sur le murs de Pompéi par un de ces polissons qui sont, hélas ! de tous les temps et de tous les pays.

Ces détails ont d'ailleurs peu d'importance ; ce livre n'a aucune prétention à l'érudition, il ne s'adresse pas aux archéologues de profession ; c'est un ouvrage de vulgarisation fait à l'usage des profanes; l'auteur a écarté à dessein tout ce que l'appareil scientifique pourrait avoir de trop austère ou de trop aride. Voulez-vous faire un voyage agréable et instructif..... au coin du feu, ce livre vous en donne le moyen. Vous désirez au contraire visiter Herculanum et Pompéi, mais vous craignez d'errer comme une âme en peine au milieu de ruines muettes et désolées, prenez pour guide le livre de Mgr Ch. et vous passerez quelques heures charmantes au milieu des hommes et des choses d'il y a 1800 ans. Je connais à Rome certains Français qui ont eu la bonne fortune de visiter le Palatin et le Colisée sous la conduite de Mgr C. Ch. ; je ne veux pas redire ici ce qu'ils m'ont écrit du savoir, de l'esprit, de l'affabilité de leur bienveillant cicerone, mais ils ne m'ont appris rien de nouveau, car déjà j'avais lu le livre dont je viens de rendre compte.

Collège de Juilly, février 1881.

H. THÉDENAT.

(1) C.I.L. t. IV, n° 234 ; l'absence de la lettre F à la troisième ligne ne modifierait pas le sens de l'inscription.

(2) C.I.L., tom. IV, N°° 221, 224, 230, 235, 239, 240, 256, 264, 266, 269, 274, 288, 296, 340, etc.

(3) C.I.L., tom. IV, n° 225.

183. — **Urkundenbuch der Abtei Bonneweg bei Luxemburg**, von D' N. van Werveke. — Luxemburg, P. Bruck, 1880, in-4° de vij-46 pages.

Le monastère des religieuses Cisterciennes (ou Bernardines, comme on disait en France) de Bonneweg (*Sancta Maria de Bonavia*) était situé à un quart d'heure de Luxembourg ; sa fondation remonte au commencement du XIII° siècle. Ce qu'en ont dit Bertholet, le *Gallia Christiana* (XIII, 646) et d'autres est tiré textuellement du récit de Pierret, notaire au commencement du XVIII° siècle, dont les volumineuses collections sur l'histoire du Luxembourg ont servi de base à l'ouvrage du jésuite Bertholet.

Ce qui a engagé M. de W. à s'attaquer, comme début, aux chartes de Bonneweg, c'est précisément leur petit nombre. Le fonds de ce monastère, aux archives d'État, à Luxembourg, est peu important : on n'y trouve ni charte de fondation, ni cartulaire, ni inventaire. Le fascicule que j'ai sous les yeux n'est lui-même qu'une première partie, renfermant 70 documents, compris entre 1234 et 1300 ; ils reproduisent, en général, des pièces originales ; l'éditeur a rarement été contraint de recourir à d'anciennes copies ou aux imprimés. Il insiste, un peu durement peut-être, sur le peu de confiance que méritent, philologiquement, les transcriptions de Bertholet (pp. iij-iv).

M. de Werveke expose longuement, dans sa Préface, les principes qu'il a suivis pour l'établissement du texte, en ce qui concerne la résolution des abréviations, la ponctuation, l'orthographe, etc. ; son édition est, à cet égard, d'une scrupuleuse exactitude. Au point de vue de la chronologie, il fait remarquer que, le Luxembourg n'appartenant à aucun diocèse particulier, le commencement de l'année y était pris soit au 25 mars, soit à Pâques, soit même à Noël. Pour les chartes de Bonneweg, il a suivi le premier système, sauf pour le n° 66 incontestablement conforme au second.

Voici quelques observations de détail sur le texte et la chronologie. — II. Le mot « *Salutem* » est sûrement inadmissible après « *in perpetuum* »; dans les signatures cardinalices, outre qu'il faut constamment lire « *tituli* » au lieu de « *titulo* », le quatrième signataire s'appelait certainement, et non pas peut-être (vielleicht), « *Sinibaldus* » (Potthast, *R. p. R.*, p. 938). — La date de VII est le 20 mars (et non avril) 1241 (13 kal. april.). — Les n°s XXI, XXIII et XXIV émanent du cardinal Hugues de Saint-Cher, dont ils prouvent la présence à Trèves du 8 au 28 juillet 1253 ; XXIV est du 28 (et non 29 ; 5 kal. augusti). — XXXV est du 24 (et non 23) décembre ; XXXIX du 27 (et non 28) juillet ; XLVIII bis du 6 (et non 7) mars ; LI du 17 (et non 19) janvier ; LII du 17 (et non 12) juillet ; LIV de 1289 (et non 1287) ; LX du 1er mai (et non 2 sept.); et LXIII du 17 (et non 18) juin.

Le nº LIII (31 août 1288) est une concession d'indulgences donnée à Rieti, où se trouvait alors la cour pontificale, par divers archevêques et évêques, dont l'indication pourra servir à compléter les listes du P. Gams (*Series episcoporum ecclesiæ catholicæ*) ; ce sont les archevêques : Théoctiste, d'Andrinople, et Joannice, de « Mukissi » (Mocesus [Justinianopolis]?), en Cappadoce, *in partibus*; les évêques : Barthélemy, de Silves (Portugal); Perrone (*al.* Pétrone), de Larino (Naples); François, de Terracine; Barthélemy, de Gaëte (qui ne figure que jusqu'en 1284); Maur, d'Amelia; Valdebrun (*al.* Valderun), d'Avellino (dont le prédécesseur Benoît n'a pu, par conséquent, mourir vers 1289); Bernard (*al.* Bérard), de Foligno. Le siège du dernier (Pierre « Itanensis ») est certainement indiqué d'une manière fautive : ne serait-ce pas Terni (*Interamnensis*) ?

La date d'une autre concession d'indulgences (nº LV) est confinée entre le 22 février et le 20 mai 1290, à Rome (1) ; elle mentionne les archevêques: Pierre, d'Oristano (Arborensis), et Bonaventure, de Raguse; les évêques : Guillaume, de Cagli ; Jacques « Treverin. » (Trevico ou Trivento); Dronne (pour Perrone), de Larino ; Jacques, de Città-di-Castello (Castellanus); Guillaume, de Digne ; Romain, de Croia (Albanie); Théobald, de Cannes ; Marcellin, de Trébigne (Tribulen.) (2); Pierre, de Tarazona (Tyasonen. 1291), et Valduym (pour Valdebrun), d'Avellino.

Les chartes de Bonneweg n'offrent pas un grand intérêt historique ; elles ne mentionnent que trois abbesses : Mechtilde, 1254-72 ; Jutte, 1277-82; et Agnès, 1298. L'autel et le cimetière furent consacrés par Henri de Montfort, évêque de Coire, en 1262 (nº XXXII). Une table des noms de personnes et de lieux complètera la dernière partie du Cartulaire.

M. de W. nous fait espérer ensuite ceux de Marienthal, de Münster et d'Echternach, puis le Codex diplomaticus des comtes de Luxembourg. Il est à souhaiter que l'accueil fait à ce premier essai l'encourage à donner suite à ses promesses.

ULYSSE CHEVALIER.

---

(1) M. POTTHAST a eu tort de mentionner cet acte dans ses *Regesta* (nº 23289), d'après la simple analyse de M. WURTH-PAQUET (*Table chronologique des chartes et diplômes relatifs à l'histoire de l'ancien pays et duché de Luxembourg*), puisque le pape ne figure pas personnellement dans l'acte intégral.

(2) Cet évêché manque, ainsi que plusieurs autres, dans la *Series* du P. GAMS.

184. — **Adrien VI**, par l'abbé A. Lepitre, docteur-ès-lettres, professeur à l'école Notre-Dame de Paris. — Paris, Berche et Tralin, 1880, in-8° de 336 pages.

C'est un bien estimable ouvrage que l'*Adrien VI* de M. l'abbé Lepitre. On doit d'autant mieux accueillir cette monographie si consciencieusement préparée, que, jusqu'à ce jour, on s'était moins occupé d'Adrien VI. Les uns, sur la foi de Guichardin, dédaignaient un pape qui avait paru médiocre à cet historien ; les autres négligeaient un règne qui avait été si court (9 janvier 1522-14 septembre 1523). M. l'abbé L. examinant toutes choses de près, a constaté que ce règne si court avait été très bien rempli ; il a constaté qu'Adrien VI avait gouverné l'Église, en des temps difficiles, avec autant de haute intelligence que de sage fermeté. Utilisant les meilleurs travaux des érudits français et étrangers, principalement des érudits d'Allemagne et de Belgique, se servant parfois des documents inédits de la Bibliothèque nationale, M. l'abbé L. a fidèlement retracé l'histoire d'un pape trop méconnu. Il nous entretient de la patrie d'Adrien, de sa naissance, de sa famille, de sa première éducation, de ses premières études ; il le montre à l'Université de Louvain tour à tour maître ès-arts, licencié, docteur en théologie, professeur de cette science, auteur des *Questiones in quartum Sententiarum librum*, qui obtinrent tant de succès, chancelier, puis recteur de l'Université ; il le retrouve à la cour de Malines précepteur de Charles d'Autriche ; il le suit dans son ambassade en Espagne ; il s'étend sur le séjour d'Adrien en ce pays où il devint évêque de Tortose, grand inquisiteur pour l'Aragon et la Navarre, cardinal, et où il apprit son élection au souverain pontificat, élection que n'amena pas, quoiqu'on ait dit et redit, la protection de Charles-Quint, car l'empereur favorisait d'autres candidats, et « l'humble prélat n'eut alors d'autre recommandation que son mérite, sa science et sa sainteté. » Le zélé biographe raconte le voyage d'Adrien, son entrée à Rome, son couronnement, ses généreux efforts pour sauver l'île de Rhodes attaquée par Soliman et pour réformer l'Église, ses relations avec les savants, (notamment avec Érasme) et avec les théologiens (notamment avec Louis Vivès), son énergique lutte contre les progrès du luthéranisme, sa résistance aux prétentions de son ancien élève Charles-Quint à l'égard duquel on l'a si légèrement accusé de n'avoir pas su conserver son indépendance, enfin sa mort et ses funérailles qui furent honorées des regrets unanimes des pauvres de la ville de Rome. M. l'abbé L. dit modestement en son *Avant-propos* (p. 5) : « Si nous n'avons pas réussi à faire un ouvrage sans lacunes et sans défauts, nous aurons du moins la consolation d'avoir mieux fait connaître un saint et savant personnage. A mesure que nous étudiions cette pieuse et douce figure, nous nous sentions pénétré pour elle d'une plus grande sympathie, et nous voyions s'accroître l'estime que nous avions conçue pour Adrien. Si nos lecteurs arrivent à partager les mêmes sentiments, tous nos désirs seront accomplis. » Que M. l'abbé L. veuille bien le croire : tous ceux qui auront lu son solide et excellent ouvrage auront pour Adrien VI une profonde vénération et ils remercieront le biographe qui leur aura si bien fait apprécier celui qu'un intime témoin de sa vie, Blaise Ortiz, l'auteur de l'*Itinerarium Adriani VI*, appelait *un modèle de toutes les vertus*.

TAMIZEY DE LARROQUE.

---

185. — **Écrits inédits de SAINT-SIMON**, publiés par M. FAUGÈRE, tome II, Hachette. in-8º, 7 fr. 50.

Ce nouveau volume est particulièrement curieux pour l'esprit critique qui aime à comparer les premières, vives et fraîches impressions d'un auteur avec sa rédaction définitive, si toutefois en parlant d'un tel écrivain, il est permis d'employer cette dernière expression. Mais, dira-t-on, que sont au fond ces écrits inédits ? Souvent pas autre chose que les esquisses des portraits et des tableaux de ce grand peintre ; et c'est beaucoup aux yeux de l'observateur. On se plaît en effet à pénétrer dans l'atelier de l'artiste, au milieu du désordre et de l'encombrement du travail, à voir ses ébauches brossées à la hâte en face des originaux qui posent sans le savoir, car autrement ils regimberaient, à considérer ces croquis faits et refaits sous le feu de la passion, ces études qu'il reprendra plus d'une fois et qu'il remettra sous son regard, lorsqu'il voudra se livrer tout à son aise à des œuvres magistrales.

Un écrivain très habile et très fin dont la plume dessine à ravir tantôt les rues des villes, tantôt les paysages des campagnes de l'intérieur de la France, M. Émile Montégut, nous disait un jour : « Pour arriver à saisir une vue, notez, marquez d'abord les principaux traits, mais ne composez que plus tard, à loisir, lorsque l'ensemble sera parvenu à se fondre harmonieusement dans votre mémoire et dans votre imagination. » L'auteur des *Mémoires*, sans doute, n'y mettait pas tant de soins ; il a pourtant laissé des essais, des crayons ; apparemment on préfère l'œuvre achevée et complète ; ils ont néanmoins leur charme, et en les apercevant, on court à la galerie pour les confronter avec le tableau dans sa perfection et son glorieux lustre. Mais, comme le musée est vaste, on aurait souvent besoin d'un guide expérimenté, afin de s'y reconnaître. Par malheur, M. Faugère, après avoir ouvert les portes, nous laisse à nous-mêmes, sans nous la moindre indication, ni le plus léger point de repère. Tant pis pour qui s'égare ! Ce n'est pas très charitable : mais c'est le seul reproche qu'on puisse adresser à cet éditeur éclairé, probe et sûr : à défaut de la charité il a toutes les autres vertus.

Ce tome II contient six pièces de nature fort diverses: les unes, qui ont le moins d'intérêt, sont des mémoires officiels, et les autres, du plus haut prix, se composent de ces sortes d'esquisses dont je viens de parler ; il renferme donc : 1° un Mémoire sur les princes légitimés où éclatent toutes les fureurs généreuses de l'homme d'État contre « les bastards du feu roi » et toutes ses préventions intéressées en faveur des duchés-pairies ; 2° un autre Mémoire sur la Succession d'Espagne qu'il trouve trop succint, sans nous faire partager son avis ; 3° des Collections, mot excellent, sur le duc de Bourgogne, pleines d'une tendre admiration envers le vertueux élève de Fénelon ; 4° des vues un peu chimériques sur l'avenir de la France prises de 1713 ; 5° un article sur les confesseurs du roi ; il y étale en plein ses haines enragées contre les jésuites ; il y épargne le seul P. de la Chaise, parce qu'il était « bien gentilhomme. » Pour tous les autres, ni pitié, ni justice ; ce n'est pas lui qui eut fait des manifestations ; et il est d'une joie endiablée, quand Fagon traite de sacre le P. Tellier qui était fils d'un paysan de Basse-Normandie. Or le sacre est un grand oiseau de proie de l'espèce des faucons qui n'a aucun rapport aux jésuites, sinon que les chasseurs tâchent de le détruire, ce qui n'est pas facile, à moins d'avoir la dextérité des sauvages de l'Amérique du Sud, car il vole très haut et se perd dans les cieux ; 6° enfin, pour la bonne bouche, une notice sur Bossuet : si l'auteur s'étend longuement quand il s'occupe des légitimés ou des ducs et pairs, ici il est très rapide et très bref ; or on préférerait précisément tout le contraire.

Puisque M. F. n'a pas voulu nous servir de cicérone à travers le Louvre du maître, je vais essayer de le remplacer, mais seulement à l'égard des portraits du duc de Bourgogne. On en connaissait déjà deux, l'un dans les *Mémoires* (t. VI, p. 236, Ed. Chéruel, in-12), et l'autre aux *Annotations* de Dangeau (t. XIV, p. 90, Ed. Didot). Dans les *Ecrits inédits* (t. II, p. 411) l'inépuisable artiste en produit un troisième, où il offre des traits nouveaux et édifiants, particulièrement sur sa mort. Comme nous allons bientôt entrer en Carême, j'en copie quelque chose, mais j'abrège : « Le mercredi au soir (17 février 1712), il voulut recevoir les sacrements, et quoi que les médecins en pussent dire, il en eut les mêmes empressements qu'a d'accoucher une femme dans les dernières douleurs d'un long et cruel travail. Il obtint à force de désirs, comme un cerf altéré court aux fontaines, qu'on dit la messe dans sa chambre qui fut commencée un moment avant minuit. Il s'y unit au divin sacrifice par celui de sa vie, il y pria pour le roi et pour le royaume, il rendit grâce à Dieu avec transport d'être appelé hors de ce monde avant que d'avoir porté le poids du diadème, d'avoir couru risque de s'en souiller, et d'en avoir les terribles comptes à rendre. Parmi ces vifs élans d'abandon, de joie, d'actions de grâces, de mouvements de la foi la plus vive, de l'espérance la plus sage, de la plus ardente charité, il reçut, dans un avant-goût sensible des biens éternels, le plus précieux gage de son salut par la participation du corps du Rédempteur du monde qui fut suivie d'une paix visible, douce, profonde qui calma jusqu'à son corps. Il passa ainsi quelques heures, se renouvelant sans cesse par les actes les plus affectueux jusqu'à ce que sa tête commençant à se brouiller, la Mort commença un cruel triomphe qu'elle acheva longuement ». Voilà certainement une admirable image de sainteté ; on pourrait la placer dans son oratoire, ce qu'on ne saurait faire de toutes les toiles du duc et pair.

E.-A. BLAMPIGNON.

VARIÉTÉS.

UN BILLET INÉDIT DE L'ABBÉ DE RANCÉ

M. l'abbé Dubois a publié, en 1866, une *Histoire de l'abbé de Rancé et de sa réforme composée avec ses écrits, ses lettres, ses règlements et un grand nombre de documents contemporains inédits ou peu connus* (Paris, A. Bray, 2 vol. grand in-8º). Dans ce très estimable ouvrage on trouve beaucoup de lettres de l'illustre réformateur de la Trappe. On n'y voit pas le billet suivant qui est entièrement autographe (1), et qui est adressé au chancellier Séguier.

T. DE L.

« Monseigneur, il y a deux ou trois ans qu'un religieus de la Trape feit un assassinat en la personne d'un pauvre paisan lequel il tua d'un coup de fuzil de sang froid. J'ai faict ce que j'ai pu en cette occasion là pour essaier de sauver l'honneur de son ordre, mais ayant sceu que despuis peu il a esté si temeraire que de retourner dans l'Abbaie qui est le lieu où il a commis son crime, et qu'il se vante d'obtenir une abolition, j'ai cru, Monseigneur, que j'estois obligé de vous donner advis de ce qui en est venu en ma cognoissance pour y faire telle reflexion que vous le jugerés a propos, et que vous n'aurés poinct desagreable que je

---

(1) Bibliothèque nationale, fonds français, vol. 17391, fº 110. Le document n'est pas daté.

prenne cette occasion là pour vous supplier de me faire l'honneur de me croire,

Monseigneur,
Votre très humble et très obéissant serviteur

DE RANCÉ. »

PUBLICATIONS DE LA QUINZAINE

397. — BATAULT. *Lettres du R. P. J. Batault* avec *Notes historiques sur le rachat des esclaves*. Châlon-sur-Saône, Dejussieu, gr. in-8º de 83 pages.

« Il faut savoir gré à M. B. de n'avoir pas gardé pour lui seul le *trésor* des lettres de Jean Batault, missionnaire apostolique à Alger, de 1676 à 1736. D'autres que les membres de la famille de cet illustre et saint disciple de Vincent de Paul s'y intéresseront à coup sûr. On y trouve en effet, maints détails historiques curieux, notamment sur le rachat des captifs à cette époque, sur les relations des pirates d'Alger avec les nations civilisées dont les vaisseaux parcouraient la Méditerranée, etc., etc. Ces lettres sont de plus fort édifiantes et rappellent les plus belles pages des *Annales de la propagation de la foi*. Ajoutons que M. B. a accompagné cette publication de nombreuses et très intéressantes notes historiques. Quelques-unes, celle par exemple sur le Concile d'Embrun (p. 63), pouraient être plus complètes. N'est-ce pas aussi par erreur que partout il est question du *Père* Batault? Les lazaristes, en effet, prennent toujours la qualification de *Monsieur*. »

A. I.

398. — COCHIN (H.). *Le manuscrit de M. Larsonnier*, Plon, in-18, 3 fr.

« M. Larsonnier est un vieux professeur qui se trouve atteint d'une étonnante monomanie : son esprit perd la notion du temps; tandis que son corps vieillit, il s'imagine retourner en arrière dans la vie. Il parcourt successivement et dans leur ordre, les années de son existence passée, et dans ce trouble singulier de ses facultés intellectuelles il arrive à l'examen de questions philosophiques du plus vif intérêt. Sur ce thème bizarre, M. H. C. a écrit un roman qui se recommande, et par l'originalité de sa conception et par de rares qualités de style. »

A. DE Q.

* 399. — COCHERIS (H.). *Origine et formation de la langue française.* — *Notions d'étymologie française.* — *Origine et formation des mots racines, préfixes et suffixes* (programme du 2 août 1880); (classes de troisième, seconde et réthorique), in-12, 394 pp. Paris, Delagrave.

400. — COMPAYRÉ. *Histoire critique des doctrines de l'éducation en France depuis le* XVIᵉ *siècle*. Hachette, 2 vol. in-12, 7 francs.

« Deuxième édition, ou plutôt réimpression en petit format, d'un livre qui a obtenu le prix Bordin à l'Académie des sciences morales et politiques et un prix Montyon à l'Académie française. Ces deux importantes distinctions font suffisamment connaître le mérite de cet ouvrage. Nous nous bornerons donc à donner le sommaire des chapitres. — 1ᵉʳ vol. : *Revue générale de l'histoire de l'éducation, dans l'antiquité et au moyen âge. — Les réformateurs de l'éducation au XVIᵉ siècle. — Les grandes corporations enseignantes. — L'éducation au XVIIᵉ siècle. — L'Université de Paris et ses réformes successives.* — 2ᵉ vol. : *Rousseau, ses précurseurs, ses disciples. — Les philosophes du* XVIIIᵉ *siècle. — Les origines de l'esprit laïque dans l'éducation. — La révolution française. — Le* XIXᵉ *siècle et l'avenir de l'éducation.*

Nous avons remarqué çà et là des lacunes et des inexactitudes dans cet ouvrage. Nous devons surtout en le louant faire des réserves sur l'esprit de l'auteur. Mais en somme, c'est un livre utile, plein de recherches et d'érudition.

A. DE S.-A.

401. — DUPUY (A.). *Histoire de la réunion de la Bretagne à la France* ; t. II, in-8°, 502 pp. Hachette, 7 fr. 50.

402. — DURAND. *Le crucifix.* Palmé, in-16, 3 fr.

« Étude sur la croix considérée aux points de vue historique et mystique. M. D. recherche d'abord la croix avant le christianisme. Il évoque jusqu'aux traditions chinoises. Dans son désir de prouver le culte de la croix avant Jésus-Christ, il se laisse entraîner parfois à certaines interprétations exagérées et qui prêtent à la critique. Ainsi, page 3, il est dit que « le sang de l'Agneau pascal teint *en forme de croix* les portes des Hébreux. » Ce que ne dit nullement l'Exode.

Dans les chapitres suivants, M. D. retrace l'histoire de la Croix après le Calvaire ; il parle, d'après les pieuses traditions, des croix portées et vénérées par la sainte Vierge, par sainte Madeleine, par les Apôtres et par les premiers chrétiens ; puis il décrit les apparitions de croix, les crucifix miraculeux et les stigmatisés des temps modernes ; enfin, il étudie le crucifix en lui-même, le culte des cinq Plaies, le Signe de la Croix, le Chemin de la Croix, la vraie Croix et les autres reliques de la Passion. Tout cela est bien écrit, et émaillé d'une foule de traits historiques. Dans les derniers chapitres, l'auteur traite de l'influence du crucifix dans la vie chrétienne, et ce qu'il dit, à ce sujet, est empreint de la plus douce piété. Il nous montre le crucifix consolant dans les tristesses, l'infirmité et la maladie, relevant le pécheur de ses humiliations, fortifiant le mourant, gardant la tombe du chrétien, le crucifix enfin : *Spes unica* ; la Croix au jugement dernier. Ce livre est réellement un bon livre, intéressant et propre à nourrir la piété du lecteur. »

G. G.

* 403. — FROBEL. *L'éducation de l'homme*, traduit par la baronne de Crombrugghe. Fischbacher, in-8°, 8 fr.

404. — GOUILLOUD (A.). *Saint Eucher, Lérins et l'église de Lyon au* Vᵉ *siècle ;* in-8°, x-564 pp. Lyon, Briday.

405. — LA BARRE DUPARCQ (E. de). *Notes sur Machiavel, Montes-*

quieu et Ferrari ; in-18 jésus, 146 pp. Évreux, imprimerie Hérissey.

406. — Legouvé. *La question des femmes.* Hetzel, in-12, 1 fr.

*407. — Lenormant (F.). *La grande Grèce, paysages et histoire.* T. 1 : *Littoral de la mer Ionienne,* in-8°, vii-477, pp. A. Lévy.

408. — Mérimée. *Lettres à Panizzi.* Lévy, in-8°, 7 fr. 50.

409. — Sacher (F.) *Bibliographie de la Bretagne.— Catalogue général des ouvrages historiques, littéraires et scientifiques parus sur la Bretagne, avec la Liste des Revues publiées en cette province, les prix approximatifs des volumes rares,* etc.; in-8°, vi-236 pp., Rennes, Plihon.

410. — *Le Tribunal criminel et révolutionnaire de la Dordogne sous la Terreur,* documents authentiques classés et mis en ordre par les commis-greffiers du tribunal civil de Périgueux. Livraisons 1 à 3, gr. in-8°, pp. 1 à 288. Périgueux, impr. et libr. Cassard.

411. — Walter Scott illustré. *Ivanhoé.* Didot, in-8° de 568 pages, 10 fr.

« Nous sommes en retard pour annoncer à nos lecteurs cette nouvelle édition d'Ivanhoé; plusieurs d'entre eux sans doute, la connaissent déjà. J'ajoute qu'ils doivent la goûter beaucoup, comme l'apprécieront tous ceux qui, sur notre conseil, voudront se la procurer. Nous n'avons pas à entreprendre ici l'éloge du grand romancier écossais : tout a été dit sur les qualités admirables qui ont fait de Walter Scott le plus populaire des romanciers. Nous ne parlerons pas non plus de la traduction, qui ne nous a pas semblé être en grand progrès sur les traductions précédentes, celle de Defauconpret notamment. (Signalons çà et là de longues et lourdes phrases qu'il eût été facile de simplifier (p. 2, fin du 2e alinéa; p. 10, ligne 20, etc.). Nous n'insistons pas sur ces vétilles, et arrivons à l'illustration que nous louerons sans réserve. Outre les nombreuses planches hors texte, dont quelques-unes sont superbes (p. 84, 148, 248, 549...). On trouve presque à chaque page les plus charmantes vignettes. D'excellents artistes, MM. Lix, Marie, Riou et Scott ont rivalisé de talent et de soin, soit pour traduire avec fidélité les types créés par Walter Scott, soit pour donner aux divers épisodes du roman une représentation à la fois exacte et artistique. Nous louerons surtout cette heureuse disposition de beaucoup de gravures que le texte encadre et entoure de dix manières différentes : pour notre part, nous goûtons fort ce genre d'illustrations, emprunté à l'Allemagne, et qui est bien celui qui convient le mieux à ce genre de livres. Sans doute, par ci par là, un archéologue trouverait à critiquer certains détails soit de costume, soit de l'armure des personnages. Mais ces petites inexactitudes sont rares, et ne peuvent empêcher de dire que, en somme, l'illustration d'Ivanhoé est très réussie. Nos lecteurs en jugeront. »   H. R.

ERRATUM

Dans le précédent numéro, p. 366, ligne 24e, lire « à l'âme est *intimement* lié un corps. »

Le gérant : A. Sauton.

BULLETIN CRITIQUE

DE LITTÉRATURE, D'HISTOIRE ET DE THÉOLOGIE

SOMMAIRE. — 186. St-Thomas, Opuscula selecta, *P. M.* — 187. Bonfils, Manuel de piété, *Le Nordez*. —188. De Forbin d'Oppède, Règlement de la duchesse de Liancourt *T. de L.* —189. Mercier, Histoire des participes français, A. A.— 190. Van den Berg, Histoire des Grecs, *E. Beurlier*. — 191. Marx, Essai sur les pouvoirs du gouverneur de province, *E. B.* — 192. Cagnat, De municipalibus et provincialibus militiis, *E. B.* — 193. Delaborde, Etude sur Guillaume Le Breton, *U. Chevalier*. — 194. Nivelet, Molière et Gui Patin, *T. de L.* — Variétés : Une lettre de l'auteur du *Florus gallicus, A. Ingold.* — Correspondance. — Publications de la quinzaine.

186. — **S. Thomae Aquinatis,** Opuscula selecta ad fidem optimarum editionum diligenter recusa, opem ferente quodam sacrae theologiae professore. Tomus primus opuscula theologica decem continens. — in-8° de iv-519 pages, 1881 : Paris, Lethielleux.

Les Opuscules de S. Thomas ne se trouvent guère que dans les grandes éditions, parfois peu commodes et toujours très coûteuses. Et cependant bien des questions brièvement traitées ou même complètement omises dans les deux *Sommes* ont, dans les Opuscules, leur solution ou leur développement. M. Lethielleux rend donc un vrai service en faisant pour S. Thomas ce qu'il a entrepris et mené à bonne fin pour Lessius : il nous donne une édition in-8°, qui enlève toute excuse à la paresse de ceux qu'épouvantent les in-folio.

L'éditeur a modifié, dans un but d'utilité pratique, l'ordre suivi par l'édition romaine de 1570. Nous ne comprenons pas très bien toutefois pourquoi l'opuscule intitulé « *Contra errores Græcorum* » est renvoyé au dixième rang. Le second volume nous rendra peut-être compte de cette disposition.

Hélas ! il faut bien, malgré le *diligenter recusa* du titre, ajouter qu'il y encore trop de fautes d'impression. S. Thomas vaut la peine qu'on corrige soigneusement les épreuves de ses opuscules.

P. Mazoyer.

187. — **Manuel de piété du jeune écolier**, à l'usage des lycées, collèges et maisons d'éducation, par M. l'abbé de Bonfils, premier aumônier du lycée de Vanves, ancien aumônier du collège Sainte-Barbe-des-Champs. Paris, Delagrave, in-18.

Le *Manuel de piété du jeune Écolier* répond au titre qu'on lui a donné, et c'est le meilleur éloge que nous en puissions faire. Parmi les hommes qui se vouent à la tâche si difficile de l'éducation dans les collèges, qui n'a maintes fois désiré un livre de piété, un *Manuel* que l'on pût mettre entre les mains des enfants, une sorte de *vade mecum* où ils trouvassent les prières de chaque jour, l'office des dimanches et fêtes, les formules préparatoires à la confession et à la communion, quelques lectures courtes, simples et claires, touchant les devoirs de la vie d'écolier, et les vertus qui conviennent à cet âge ? Mais ce Manuel où le prendre ? Ce n'est pas que l'on ne rencontre une foule d'ouvrages de ce genre. Mais ce ne sont trop souvent que des compilations peu judicieuses et composées d'extraits qui ne conviennent pas aux jeunes intelligences auxquelles on les destine.

Le *Manuel* de M. l'abbé de B. comblera-t-il absolument cette lacune ? Je ne l'oserais assurer ; mais, sans aucun doute, il est peu de publications du même genre qui méritent une plus légitime recommandation.

L'œuvre de M. l'abbé de B. est celle d'un homme compétent. L'ordre général de l'ouvrage, la nature des pensées qu'il soumet à ses jeunes lecteurs, le style, tout y révèle une connaissance profonde des enfants. Chacun des enseignements qu'il leur donne est rendu saisissable par une comparaison prise dans les incidents de leur vie journalière. S'il est vrai, comme on l'a dit, que le meilleur moyen de se faire écouter des hommes c'est de leur parler d'eux-mêmes et de ce qui les concerne, M. de B. est assuré de l'attention de son jeune et intéressant auditoire.

Pourquoi, dans les « actes avant et après la confession et la communion » l'auteur n'a-t-il donc pas suivi la même méthode et composé lui-même quelques prières pour ces enfants qu'il connait si bien ?... Je ne lis jamais sans tristesse et regret, je l'avoue, ces formules où l'on fait parler, ainsi que des pécheurs longtemps endurcis et coupables de tous les crimes, ces âmes innocentes qui sont, comme autrefois, les délices du Dieu fait homme, auxquelles il réserve ses plus tendres paroles, et qui ne comprennent pas même, dans la plupart des cas, le nom de ces crimes qu'on leur fait pleurer. C'est une bonne œuvre que je me permets de recommander au zèle et au talent de M. de B., et, s'il me permet l'expression d'un autre désir, maintenant qu'il a si bien suivi les intérêts des « jeunes écoliers », des petits, comme on dit en style de collège, qu'il n'oublie pas « les grands », et publie pour eux un ouvrage du même genre et digne des mêmes éloges.

ALBERT LE NORDEZ.

188. — **Règlement donné par la duchesse de Liancourt à la princesse de Marsillac avec une notice sur la duchesse de Liancourt**, par la MARQUISE DE FORBIN D'OPPÈDE, Paris, Plon, 1881, in-16 de 295 pages.

La notice consacrée à la duchesse de Liancourt pour madame la marquise de Forbin d'Oppède occupe près de la moitié (135 pages) du petit volume dont nous venons rendre compte. Personne ne la trouvera trop longue. Finement, agréablement écrite, elle fait bien connaître non seulement Jeanne de Schomberg, fille du premier maréchal de Schomberg, femme de Roger du Plessis, premier duc de Liancourt et de la Roche-Guyon, mais aussi sa petite-fille, Jeanne du Plessis-Liancourt, qui par son mariage avec le fils de l'auteur des *Maximes*, devint la princesse de Marsillac. Mme de Forbin d'Oppède donne, de plus, d'intéressants détails sur le père et le mari de la duchesse de Liancourt, comme sur divers amis de cette duchesse, notamment sur le P. Toussaint Desmares, de l'Oratoire, et à tous ces détails elle mêle une histoire à vol d'oiseau du jansénisme. Ce qui manque le plus à sa spirituelle notice, c'est la précision. Nous allons en donner quelques preuves. L'éditeur, annonçant dès la première page, que le *Règlement* est à peu près oublié et difficile à rencontrer même sous la poussière d'une vieille bibliothèque, ajoute : « Il a été pourtant imprimé *deux fois* ; tout d'abord en 1694, une vingtaine d'années après la mort de son auteur, et ensuite au XVIIIe siècle, presque à la veille de la Révolution. » En bibliographe qui aime à mettre les points sur les *i*, nous ferons remarquer que le *Règlement* a été publié *trois fois* ; que ce ne fut pas *tout d'abord en* 1694, mais bien en 1698 (Paris, chez Augustin Leguerrier, rue Saint-Jacques, in-12. L'achevé d'imprimer est du 15 février de cette dernière année) ; que la seconde édition est de 1699 (même librairie et même format) ; enfin que l'ouvrage fut réimprimé à Paris en 1779, in-12, avec les *Devoirs des grands* du prince de Conti. Le titre indiqué par Mme de Forbin d'Oppède (*Règlement donné par une dame de haute qualité à Madame sa petite-fille*) doit être rétabli et complété ainsi : *Règlement donné par une dame de haute qualité à Mme..... sa petite-fille, pour sa conduite et pour celle de sa maison avec un autre règlement que cette dame avait donné pour elle-même.* Les renseignements fournis sur l'abbé J.-J Boileau (note de la page 2) sont bien insuffisants. Cet écrivain méritait que Mme de Forbin d'Oppède s'occupât un peu plus de lui, car elle lui a emprunté, comme elle nous en avertit, la plus grande partie de ce qu'il a dit sur Mme de Liancourt dans l'*Avertissement* si étendu (cent pages) qui précède le *Règlement* dont il fut l'éditeur, et c'est surtout grâce aux révélations de ce consciencieux devancier, que le biographe de 1881 a pu si bien faire revivre « l'image d'une des grandes chrétiennes du xviie siècle. »

Nous ne dirons que quelques mots des pages tracées par Mme de Liancourt et auxquelles un maître de la critique, M. Paulin Paris, a donné cet éloge (*Historiettes de Tallemant des Réaux*, t. III, p. 5), qu'elles constituent un « excellent petit livre. » Ces pages, qui roulent sur *l'usage du temps et le travail*, sur *le plaisir et le repos*, sur *l'usage du bien* [c'est-à-dire de la fortune], sur les *devoirs d'une femme envers son mari*, sur *la conduite qu'une femme doit tenir dans le monde*, sur *les devoirs envers les enfants*, sur *les moyens de maintenir la paix dans la famille*, sur *la manière de vivre avec les domestiques*, sur les *rangs*, sur les *fantaisies et les affectations*, sur les *affaires*, etc., renferment parfois quelques « exagérations de doctrine rigoriste, reprochées avec raison aux Jansénistes ; » mais, cette réserve faite, nous reconnaîtrons, avec Mme de Forbin d'Oppède, que les *Règlements* composés par la duchesse de Liancourt nous transportent « dans un milieu sain et fortifiant, » et que l' « on ne pourra certainement que gagner au commerce d'une de ces âmes droites, fermes et viriles, qui ont fait au xviie siècle l'honneur et la force de la société française. »

TAMIZEY DE LARROQUE.

---

189. — **Histoire des participes français**, par M. AMÉDÉE MERCIER. Paris, Vieweg, in-8 de 160 pages.

« La syntaxe du vieux français est à faire ; elle sera œuvre de patience et de modestie. » M. M en a préparé un chapitre. Sa monographie est une étude patiente et minutieuse, une statistique de textes groupés par époques et par régions, d'où se dégagent les règles ou du moins les tendances de la syntaxe française entre le xe et le xvie siècle.

Vaugelas trouva la syntaxe des participes en désarroi. Il y eut chez les grammairiens une grande dépense d'esprit pour expliquer l'usage ou pour le réformer. On invoquait tour à tour le latin et le grec, la raison et l'euphonie, la science et le patriotisme. L'Académie y mêlait des sentences. Elle décréta le participe présent invariable (3 juin 1679), en ajoutant qu'on dit fort bien : « des femmes *jouissantes* de leurs droits, » parce que « jouissantes est adjectif verbal : » Et le grand Arnaud jugeait qu'on doit dire « j'ai *aimé* la chose, parce que « aimé » est gérondif et actif, et « la chasse que j'ai aimée « parce que « aimée » est participe et passif. Cent après, la controverse en était au même point. C'est à grand peine que Condillac, d'Olivet, de Lévizac ont fait prévaloir les règles actuelles.

De nos jours la discussion s'est rouverte sous une autre forme. On explique désormais la syntaxe par l'histoire. Et nos philologues ont tiré de l'histoire des inductions différentes. Tandis que Diez, M. Obry, M. Bonnard (Le participe passé en vieux français, Lausanne, 1877) veulent y lire la règle moderne du participe passé, M. Chabaneau (Histoire et théorie de la conjugaison fr.) et M. Tell (Histoire des participes), s'en autorisent pour combattre l'accord. Les faits décideront. C'est à les réviser que s'applique M. M.

Le premier chapitre (p. 5-38) traite du participe présent. Le participe se montre invariable à l'origine (xe siècle) puis s'assimile peu à peu aux adjectifs ; il s'accorde moins souvent en genre qu'en nombre et reste invariable après un verbe de mouvement. Il traduit deux formes latines : amans et amandus, et il se distingue du gérondif. Ce sont des conclusions connues, mais précisées, rectifiées dans le détail.

Le participe passé accompagné de l'auxiliaire avoir occupe la principale partie du travail. (p. 39-137). M. M. a utilisé les résultats de M. Bonnard, dépouillé un grand nombre de nouveaux textes et étudié la syntaxe des patois. Ses conclusions sont intéressantes. L'accord du participe avec son régime était de règle au xie siècle. Puis il se manifeste, surtout en prose, une tendance à le laisser invariable, tendance suivie jusqu'au bout par la plupart des patois, mais entravée dans la langue littéraire par un retour à la grammaire latine. De là naît un compromis ; mais ce n'est qu'au xive siècle qu'on tient nettement compte de la place du régime. Villon applique la règle de position et Marot la met en vers, ce qui n'empêche point Ronsard et Rabelais de tenter des voies différentes. Le règne des grammairiens commence.

En somme, « le développement historique de notre syntaxe réclame la suppression de l'accord. » Ainsi conclut M. M. Il semble plus intéressant de tirer de ses nombreux textes une conclusion théorique. Ils vérifient une fois de plus la loi fondamentale du langage. Les langues comme l'esprit humain, vont de l'analyse à la synthèse pour revenir à l'analyse. « J'ai aimer » comme disait encore au xive siècle le provençal, s'est agglutiné pour nous en « j'aimerai »; la même tendance synthétique s'est exercée sur « j'ai aimé » pour transformer le participe un simple thème verbal invariable. Les étapes de ces progrès sont visibles. Il atteint d'abord des participes plus usités, *eu* et *fait* (v. p. 45, 49) ; ensuite comme en se heurtant les mots s'émoussent, tout participe relié plus étroitement à la suite de la phrase tend à rester invariable, soit qu'il se trouve en tête de la proposition (syntaxe du xie siècle), soit qu'il se présente suivi du régime (xve siècle) ou du sujet ou d'un infinitif ou d'un attribut (syntaxe du xviie siècle, *Cfr.* Vaugelas, Restaut). Enfin, même quand il termine la proposition et que son régime précède, on ne l'accorde plus qu'avec les pronoms personnels (syntaxe des patois) en attendant que ce dernier vestige d'analyse disparaisse à son tour (patois de l'Est). Cette loi est peut être une meilleure raison que celle qu'énonce M. Chassang (Gram. fr. cours sup., p. 377). « Il ne peut y avoir accord avec un substantif non encore énoncé. » L'allemand pense juste le contraire.

Sur les « verbes pronominaux » l'étude de M. M. n'a plus l'ampleur des chapitres précédents. Il relève l'accord du participe avec le sujet, règle déjà reconnue. (*Cfr.* de Wailly, *Joinville*, p. 528). Il discute les opinions de Littré, Diez et Gessner sur le *se* des verbes pronominaux. Cette question si intéressante de notre vieux langage est loin d'être épuisée.

Le livre de M. M. sera utile à ceux qui écriront un jour la syntaxe du vieux français; il plaira dès à présent à ceux qu'intéresse notre histoire littéraire, et Dieu merci, nous n'en laissons plus le souci aux étrangers.

A. ACKERMANN.

---

190. — **Histoire des Grecs (petite)**, depuis les origines jusqu'à la conquête de la Grèce par les Romains, par VAN DEN BERG, ancien élève de l'école normale supérieure. Ouvrage rédigé d'après les travaux les plus récents, et avec l'indication des sources et contenant 19 cartes et plans et 85 gravures, petit in-16, 615 pages. Paris, Hachette, 1880.

Le manuel de M. Van den Berg possède une qualité rare pour un ouvrage de ce genre. Il est au courant des travaux récents. L'indication qui accompagne le titre, n'est pas ici, comme bien souvent, une tromperie. M. V. d. B. a mis surtout à contribution, cela était naturel, les grands ouvrages de Grote et de Curtius, mais il n'a pas négligé les travaux plus spéciaux de MM. Perrot, Fustel de Coulanges, O. Müller, etc. De plus, il donne dans son histoire une part importante à l'art grec, à la mythologie, et un peu à la littérature.

M. V. d. B. adopte l'opinion de Curtius qui fait venir les Grecs d'Asie Mineure en Europe, par le Bosphore et les îles de la mer Égée. Il eut dû, ce semble, indiquer en note que cette hypothèse n'était pas admise par tous les savants. Suit un excellent résumé des temps primitifs, où les découvertes de M. Schliemann servent à confirmer les données d'Homère et des anciens. L'auteur s'est attaché surtout dans les pages qui suivent à étudier les deux grandes cités grecques, Sparte et Athènes, leur lutte commune contre les Perses, et leur rivalité dans la guerre du Péloponèse. Le livre se continue par l'histoire de

Thèbes, de la Sicile pour arriver à l'hégémonie de la Macédoine. Après Alexandre, l'Empire grec se partage, mais la civilisation hellénique a conquis un terrain immense, les Lagides règnent en Egypte, les Séleucides en Syrie, Pyrrhus en Epire. Les Romains viennent enfin qui font de ces divers états des provinces romaines.

Le Manuel de M. V. d. B. nous paraît livre utile à deux points de vue, d'abord parce qu'il présente un bon résumé, ensuite parce qu'il indique les livres où sur chaque point on trouvera des renseignements complémentaires.

Quelques remarques de détail. Pourquoi dans la même page, M. V. de B. dit-il Zeus d'Olympie, et Jupiter de Némée (p. 157)? La note 3 de la p. 220 est un peu confuse. L'auteur semble croire que l'*atimie* comprenait la condamnation à mort et la confiscation des biens ; ce sont des peines distinctes. M. Caillemer le démontre dans l'article *atimia* du dictionnaire des antiquités auquel M. V. d. B. renvoie du reste. Dans l'histoire de l'art grec, M. V. de B. ne paraît s'occuper que de la sculpture; à peine, en passant, dit-il un mot de la céramique qui ne laisse pas cependant d'offrir un grand intérêt à la fois pour l'histoire de l'art, pour la mythologie, pour les mœurs, et pour l'histoire proprement dite.

La reproduction d'un certain nombre de monuments anciens aide le lecteur à mieux saisir le texte ; malheureusement quelques planches exécutées d'après des photographies laissent à désirer, ainsi Démosthènes (p. 412), la nymphe de Stymphale (p. 606). Les cartes sont au contraire toujours très nettes.

Il ne faut pas oublier une excellente introduction sur les sources de l'histoire grecque et les études grecques en Occident, suivie d'une bibliographie où sont indiqués les principaux ouvrages modernes à consulter en vue d'une préparation à l'étude sérieuse et approfondie de l'histoire grecque.

E. BEURLIER.

---

191. **Essai sur les pouvoirs du gouverneur de province** sous la République Romaine et jusqu'à Dioclétien par EDGARD MARX, docteur en droit, avocat à la cour d'appel de Bordeaux, lauréat de la faculté de droit in-8° VII-157 pp. Paris E.-Thorin. 1880.

192. **De municipalibus et provincialibus militiis in Imperio Romano.** Thesim proponebat Facultati litterarum parisiensi ad gradum doctoris promovendus R. Cagnat olim Normalis Scholæ alumnus. in-8° 98 pp. Paris, E. Thorin, 1880.

M. Edgard Marx prend pour épigraphe de son travail ce mot de Montesquieu : « Tout serait perdu si le même homme, ou le même corps des principaux ou des nobles, ou du peuple exerçaient ces trois pouvoirs: celui de faire des lois, celui d'exécuter les résolutions publiques, et celui de juger les crimes ou les différends des particuliers. ») Esprit des Lois liv. XI, ch. vi). Le principe de Montesquieu est en effet le principe fondamental des gouvernements modernes ; ils sont établis sur la base de la séparation des pouvoirs. Il faut avouer cependant que le livre de M. Edgard Marx semble démontrer que le contraire n'a pas tant d'inconvénients, car la confusion des pouvoirs était la règle dans les provinces romaines, et l'empire a donné aux peuples du bassin de la Méditerranée, ce qu'ils n'ont jamais connu depuis, des siècles de paix et de tranquilité.

Laissons de côté ce qui a bien l'air d'une contradiction, et venons au livre. M. E. M. est un de ces juristes qui ont compris que l'épigraphie était l'auxiliaire le plus utile de leur science. A côté des manuels de droit romain, à côté des Codes, il place au premier rang, parmi les sources de ses études, le *Corpus Inscriptionum*, et les travaux des Mommsen, des Marquardt, des Rénier, des Waddington. Il a raison, car le résultat prouve une fois de plus qu'il y a tout profit à les consulter. M. E. M. après une introduction où il nous fait connaître le caractère général des fonctions d'un gouverneur de province, étudie successivement : le régime des peuples qui lui sont soumis, leurs états différents (civitates fœderatæ, liberæ, coloniæ, municipia, etc.), puis les pouvoirs du gouverneur sur les troupes et la police, ses attributions financières ; les travaux publics, la justice civile et criminelle, enfin les limites du pouvoir et la responsabilité des gouverneurs.

L'auteur présente dans ces divers chapitres un résumé toujours très clair des données de la science sur chacun des points, mais il ne tente pas d'élucider un point nouveau. C'est un travail de seconde main, qui sera très utile à un grand nombre de lecteurs parce qu'il présente un ensemble bien coordonné.

Il y a lieu toutefois à un certain nombre d'observations. Page 2, note 1, et page 7, M. E. M. distingue trois espèces de gouverneurs de provinces sous l'Empire : les proconsuls, les *propréteurs*, et les *legati augusti pro prætore*. Qu'est-ce que cette catégorie de gouverneurs qu'il appelle des propréteurs et qu'il distingue des proconsuls et des legati augusti pro prætore ? Elle était inconnue jusqu'ici. — De plus, jamais le titre des gouverneurs de provinces impériales n'a été *legatus Cæsaris*, (p. 7) mais leg. Augusti. M. E. M. répète souvent à tort cette expression (p. 56, 57, etc.). On lit p. 59 : « une inscription nous montre la province de Numidie séparée de l'Égypte. » Il faut lire de l'Afrique ; sans cela il ne serait pas besoin d'inscription pour démontrer le fait. — P. 95, *conductor ferrarum* doit être lu *conductor ferrariarum*. — P. 61, *primipiles* est pour *primipili*; de même les inscriptions portent *vicesima hæreditatium* et non hæreditatum (p. 90). Enfin p. 44, M. E. M. nous semble dans l'erreur quand il fait des tribuni militum a populo des officiers de l'armée romaine. Cette opinion soutenue par MM. Giraud, Marquardt et Mommsen est combattue avec raison, croyons-nous, par MM. Duruy, L. Rénier et enfin par M. R. Cagnat dans le travail dont nous allons rendre compte. M. Edgard Marx n'admet du reste à aucun titre (p. 53) l'existence d'une garde nationale dans les villes de province. Il qualifie cette garde du titre de *véritable armée*. Le mot est bien solennel pour un corps de pompiers ou de gardiens de la paix. Au reste, malgré le savant travail de M. Giraud sur les bronzes d'Osuna, il est difficile de ne pas admettre l'existence de milices municipales et provinciales dans l'Empire.

C'est l'avis de M. René Cagnat, et le sujet de son travail est précisément l'étude de ces milices municipales et provinciales.

— M. C. étudie successivement les *præfecti vigilum et armorum*, les *præfecti oræ maritimæ*, les Irénarches, les *Tribuni militum a populo* et les autres milices moins importantes. Ce travail est de nature toute différente de celui de M. Marx. C'est une étude faite directement sur les sources. M. C. donne toutes les inscriptions sur lesquelles s'appuie son argumentation, et souvent il a revu le texte donné par Mommsen Willmanns, etc, sur un estampage mis à sa disposition par M. L. Rénier. Cela donne une valeur particulière à son travail.

Les principaux résultats sont les suivants : 1° la démonstration que les *præfecti vigilum et armorum*, et les *præfecti oræ maritimæ* sont des fonctionnaires municipaux et non des fonctionnaires de l'État; 2° une démonstration nouvelle en faveur de l'opinion qui fait des *tribuni militum a populo*, les chefs d'une garde municipale, et non des officiers légionaires. M. C. explique très bien que le *tribunus militum populi romani* du bronze d'Osuna n'est pas du tout le *tribunus militum a populo*. Reste à savoir le sens du mot a populo. Doit-on comprendre *tribuni a populo* ou *milites a populo*? M. C. est pour ce dernier sens. Mais il ne donne pas des preuves péremptoires. Son hypothèse est ingénieuse; elle n'a pas encore la force d'un fait démontré.

Ces milices municipales ne furent pas un embarras pour l'empire; bien au contraire, plus d'une fois elles vinrent au secours de l'armée romaine. M. C. rappelle plusieurs circonstances où elles aidèrent à repousser les barbares.

Nous ne dirons rien du style, sinon que M. C. paraît ne s'être pas toujours assez préoccupé de l'élégance de la phrase. On voit qu'il regardait ce point comme secondaire. Cela n'eut pourtant rien enlevé à la valeur de son livre qui est incontestable.

E. BEURLIER.

193. — **Étude sur la Chronique en prose de Guillaume le Breton**, par H.-François DELABORDE (*Bibliothèque des écoles françaises d'Athènes et de Rome* (fascic. XXII). — Paris, Thorin, 1881, in-8° de iv-48 pages.

Cette Étude est divisée en six chapitres : I. Editions de la Chronique de Guillaume le Breton ; II. Manuscrits de la C. ; III. Classement des mss., rédactions ; IV. L'auteur de la C., date des différentes rédactions, preuve de l'existence de la seconde rédaction ; V. Détermination du point où G. le B. cesse d'imiter Rigord ; VI. Emploi de la Chronique de Rigord comme source de la C. de G. le B., diffusion de cette dernière. Voici les conclusions auxquelles l'auteur semble s'être arrêté.

D'après le Dr Pannenborg (*Zur Kritik der Philippis*, Aurich, 1880), Guillaume le Breton (*Armoricus*) est né en 1166 ; il était attaché à la cour de Philippe-Auguste dès 1200 ; à la fonction de chapelain du roi il joignit, vers 1220, celle de précepteur du prince Pierre Karlot, à qui il dédia plus tard sa *Karlotide*, aujourd'hui perdue. Dès 1213 il était chanoine de Senlis et de St-Pol-de-Léon, son diocèse natal ; il ne paraît pas qu'il ait survécu à l'année 1226.

On possède de lui, sous le titre de Philippide (*Philippidos*), un long poème, qui embrasse tout le règne de Philippe-Auguste et dont il existe deux rédactions : l'une, renfermée dans le ms. 1383 Christine au Vatican, a été composée entre 1220 et 1225 ; l'autre, représentée par les mss. 21212 addit. du British Museum et 5952 lat. de notre Biblioth. nation., remonte aux premiers mois de 1226.

Sa chronique en prose (*Gesta Philippi Augusti*), qui fait l'objet spécial de cette étude, est à la fois un abrégé et une continuation de l'historien Rigord. La chronique de ce dernier ne nous est pas parvenue dans sa forme originale : le ms. 5925 lat. de la Biblioth. nation., seul connu jusqu'ici, n'est qu'une compilation ; le fragment qui se trouve dans le ms. Christine 88, au Vatican, s'arrête à l'année 1190. Les erreurs de chronologie de Guillaume le Breton ne permettent pas aisément de déterminer le point où s'était arrêté Rigord et où son successeur a cessé de l'imiter. Pour éclaircir ce point, M. D. a mis à profit une chronique du XIVe siècle (copie du XVIIe siècle dans le ms. 5949^a lat. de la B. N.) qui, pour le règne de Philippe-Auguste, reproduit le texte de Rigord et n'a recours qu'à son défaut à Guillaume de Nangis ; or toute analogie avec Rigord cesse à partir de 1207, ce qui suit est pris dans G. de N. et le premier extrait de Guillaume le Breton commence en 1209. Entre Rigord et G. le B. se place un inconnu, sans doute moine à Saint-Denys.

La Chronique de Guillaume le Breton, s'arrêtant subitement après

1219, semble au premier abord devoir être antérieure comme rédaction à la Philippide ; certains passages paraissent cependant démontrer le contraire. L'examen comparatif des divers manuscrits a amené M. D. a distinguer quatre rédactions ; — a) *Libellus Guilelmi* (nom que l'auteur donne au récit original composé par G. le B. comme continuation et avant l'abrégé de Rigord), contenant les faits relatifs aux années 1209 à 1214, pas rédigé avant 1215 et conservé dans le ms. 5925 déjà indiqué (milieu du xiiie s.), dont le ms. 1758 Christine au Vatican n'est qu'une copie de 1587 ; — b) Histoire complète de Philippe-Auguste, composée de l'abrégé de Rigord et du *Libellus Guilelmi*, rédigée entre 1216 et 1220 et représentée par un ms. perdu, qui a servi de modèle à la récension suivante et de canevas à la Philippide ; — c) Même composition, mais continuée jusqu'en 1219 : cette rédaction devait servir de thème au remaniement de la fin du poème et n'a peut-être été interrompue que par la mort de l'auteur ; elle est contenue dans le ms. 619 Christine (premier quart du xiiie s.), dont le ms. 930 du même fonds est une copie du xviie s., et dans le ms. D. IV Vespasian. de la Bibl. Cotton. au British Museum (fin du xiiie siècle) ; — d) Remaniement de la troisième après la mort de G. le B., avec adjonction de notes laissées par lui ; cette rédaction est représentée par le ms. 18401 de la biblioth. roy. de Bruxelles (deuxième tiers du xive s.), dont le ms. 10914 lat. de la B. N. à Paris est une copie du xviie s., et par le ms. 1472 Ottoboni au Vatican (xiiie s.).

Bien que Guillaume le Breton ait été le témoin oculaire de la plupart des événements qu'il relate, plusieurs faits, éloignés de lui par l'espace sinon par le temps, ont dû être puisés à d'autres sources, que M. D. avoue n'avoir su retrouver, ou recueillis du témoignage de contemporains ; dans la période précédente, s'il a retranché certains faits rapportés par Rigord, il lui en ajoute un plus grand nombre.

M. D. regrette que la réputation de la Philippide se soit établie au détriment de la légitime célébrité qui devait s'attacher à la chronique de G. le B. ; ses recherches ne lui ont permis de découvrir que trois ouvrages historiques du moyen âge qui aient mis cette dernière à profit : les *Grandes chroniques de France* en ont donné une traduction littérale ; Vincent de Beauvais en a reproduit un abrégé dans son *Speculum historiale* et des extraits dans son *Memoriale omnium temporum ;* Albéric de Trois-Fontaines lui a fait ouvertement 88 emprunts.

La peine que j'ai éprouvée à résumer les données de cette étude ne me permet pas de louer la netteté d'exposition de M. D. et me dispensera d'examiner par le menu toutes ses assertions et les preuves qu'il en donne. J'ai d'ailleurs à tenir compte d'une lettre qu'il a bien voulu m'écrire au sujet de l'article que j'ai consacré, il y a deux mois, à ses

Chartes de l'abbaye de Josaphat (p. 302-6) et dans laquelle il conteste six ou sept de mes critiques. Si l'auteur n'est pas infaillible, le reviseur ne l'est pas davantage ; il ne m'en coûte nullement de reconnaître que tous mes moyens d'information m'ont induit en erreur touchant le vrai nom de don Rocco Pirij et que certains termes insolites de la lettre n° XXIV m'ont également trompé sur son véritable destinataire, le souverain pontife. Me suis-je mépris en laissant entrevoir que M. D. n'a pas suffisamment utilisé les *Regesta* de Jaffé et de Potthast ? en dehors de la critique du n° II, mes observations sur les n°s 22, 25, 27, 49, 51 et 58 permettront au lecteur de se faire une opinion à cet égard ; une note 2 de la p. 304 produira le même résultat à l'égard de la *Series* du P. Gams, indépendamment du n° XVII. L'année de l'Incarnation 1119 du n° VII prouve bien que Baudouin II était alors vivant, mais non que cette année était la 3e de son règne. M. D. me fait en outre observer que j'ai commis une inadvertance en qualifiant (p. 305) de Brefs des Bulles du XIIIe siècle, et il a raison.

Ulysse Chevalier.

---

194. — **Molière et Gui Patin**, par le Dr F. Nivelet, Paris, Berger-Levrault, 1880, in-12 de 142 pages.

On trouve dans l'opuscule de M. le Dr Nivelet un exposé des doctrines médicales ayant cours au temps de Molière et de Gui Patin, exposé auquel se rattache l'étude du rôle des hommes les plus remarquables qui prirent part aux luttes de cette époque ; une appréciation des satires anti-médicales de Molière ; un essai de démonstration de cette thèse, que, contradictoirement à des idées généralement admises, l'animosité de l'auteur du *Malade imaginaire* contre la médecine et les médecins a été excitée par des rancunes personnelles, et qu'elle a subi certaines instigations de son entourage ; un récit du long combat que se livrèrent Théophraste Renaudot et Gui Patin ; l'examen de quelques critiques adressées au plus spirituel des médecins ; l'apologie de ce dernier. Le tout se déroule entre un avertissement et un épilogue. L'opuscule se compose surtout d'extraits de la correspondance de Gui Patin. On n'y compte pas moins de quatre-vingts extraits des lettres publiées en 1692 que « le hasard fit tomber entre ses mains. » C'est une sorte de second *Patiniana* que M. le Dr N. a eu l'aimable attention d'offrir « à ceux qui n'ont pas le loisir de lire toutes les lettres » de son confrère, et qui, dit-il (p. 2), « pourra donner une idée de la manière de penser et d'écrire de ce satirique trop peu connu. » Et nous qui pensions que le recueil des lettres de Gui Patin est, au contraire, un des recueils que l'on connaît le mieux ! Ne nous étonnons pas, après cela, d'entendre le Dʳ N. déclarer, dès la première page, qu'il a pu enrichir ses recherches « de *nouveaux* documents, puisés dans les lettres de l'ardent défenseur des doctrines et des droits de la faculté de Paris. » Ces documents, qui sont entre toutes les mains depuis la fin du xvɪɪᵉ siècle, doivent, en effet, paraître nouveaux à qui croit que personne ne lit Gui Patin. N'est-ce pas le cas de rappeler le mot si naïf du bon La Fontaine : *Connaissez-vous Baruch ?* Il y aurait eu pour le Dʳ N. un travail réellement nouveau à donner au public : il aurait pu extraire des lettres françaises inédites de Gui Patin conservées à la Bibliothèque Nationale, des lettres latines inédites du même personnage conservées à la Bibliothèque de la Faculté de médecine de Paris, un bon nombre de piquants et curieux passages que seuls de rares initiés ont eu, jusqu'à ce jour, la bonne fortune de lire. Mais il ne se doute même pas de l'existence de ces deux précieux recueils. Son opuscule tout entier démontre qu'il n'a étudié aucun des points de l'histoire de celui qu'il appelle (p. 6) « le bilieux docteur. » Il ne cite pas une seule fois les excellents travaux *patiniens* de son savant confrère, M. le Dʳ Achille Chéreau, et il ignore que Théophraste Renaudot a été l'objet d'un travail spécial d'un autre de ses confrères, le Dʳ Roubaud (1857, in-12). En somme, nous avons le regret de déclarer que, tout ce qui, dans le petit livre du Dʳ N. n'est pas contestable, est banal, inutile, et, par conséquent, que ce livre est indigne de l'attention de tout sérieux lecteur.

T. DE L.

VARIÉTÉS

UNE LETTRE DE L'AUTEUR DU *Florus gallicus*

Le *Florus gallicus* et *francicus* est, sans contredit, un des plus curieux ouvrages sur l'histoire de France qui aient jamais été faits. Peu connu aujourd'hui, il n'en était pas de même au 17ᵉ siècle, et plus de 12 éditions (1) en moins de 50 ans, attestent le mérite de cette imitation de l'*Epitome historiæ romanæ*. D'une langue très pure et très élégante, d'un style aussi concis et souvent plus clair que celui de son modèle (2), le *Florus* du P. Berthault résume tout ce que l'on sa-

(1) La 1ʳᵉ édition du *Florus francicus* est de 1630. Le *gallicus* parut pour la première fois en 1632. Voir notre *Essai de bibliographie oratorienne*, page 10.

(2) Les contemporains du P. Berthault n'hésitaient pas à le préférer au *Florus* romain, s'il faut en croire La Bizardière : « On examina les ouvrages de l'un et de l'autre. Tous les historiens donnèrent l'avantage au dernier. Le Romain allait succomber. Berthault avoua de bonne foi que Florus lui avait servi de modèle et qu'il n'était pas juste que les copistes l'emportassent sur les originaux. » (*Caractère des auteurs anciens et modernes.* p. 170).

vait de son temps sur l'histoire de notre pays. Aujourd'hui sans doute la critique du P. Berthault nous paraît bien insuffisante (1) : il n'en reste pas moins que ce livre est une petite merveille d'érudition (2). Mais notre dessein n'est pas de faire une étude sur le *Florus* oratorien.

Le P. Berthault (3) eut une vie peu accidentée. Entré à l'Oratoire en 1622, il fut successivement professeur à Marseille, à Nantes, puis à Troyes, dans les collèges oratoriens de ces diverses villes. En 1632, quand le P. Achille Harlay de Sancy (4) devint évêque de St-Malo, le P. Berthault l'y accompagna. Le successeur de l'ancien ambassadeur à Constanti-

(1) Voir par exemple ce qu'il dit sur Pharamond, sur les premiers Francs, sur la loi salique, dont il donne entr'autres étymologies la suivante : « *Nec desunt qui a sale nun cupatas* (leges) *contendant, quasi fuerit ea lex condimentum vitæ melioris apud Francos, qui ante incomposite viverent.* » (Florus franciscus, 4ᵉ éd. p. 8.) Opinion presque aussi ridicule que celle de Guebrard qui veut que la loi salique ait été d'abord appelé *Salomonique* « parce que Salomon fut le premier qui exécuta cette loi en indiquant pour son successeur son fils Roboam ». Cit. ap. LEBER, *Dissertations*, IV, p. 67, note 1.

(2) Si l'on en veut la preuve « qu'on remarque, dit Batterel, *Mémoires domest.*, 2ᵉ, I, p. 18, que le corps du livre n'est qu'un tissu de ce qu'il y a de plus ingénieux et de plus sensé dans les maximes des anciens historiens que le P. Berthault s'est rendu tellement propre, qu'on dirait qu'il en est lui-même l'auteur. » Qu'on consulte surtout les deux recueils qui se trouvent à la fin de chaque Florus (à partir de la 2ᵉ édition) et où le P. Berthault a accumulé « toutes les réflexions politiques des auteurs anciens qui peuvent avoir rapport aux faits qu'ils raconte et auxquels il a prétendu faire allusion par les siennes. » Ces deux recueils témoignent d'une connaissance étonnante de tous les auteurs classiques.

(3) Il naquit en 1600 à Rugles (Eure).

(4) Troisième fils de Nicolas, le surintendant des finances de Henri IV. Il avait été nommé à l'évêché de Lavaur quand la mort de son frère aîné lui fit quitter l'état ecclésiastique pour embrasser la carrière militaire. Après avoir guerroyé dans presque tous les pays de l'Europe, il alla passer 8 ans à Constantinople en qualité d'ambassadeur du roi. Ses violences et ses exactions lui valurent un jour cent coups de bâton par ordre du sultan. Mais il n'y songea pas seulement « à bien faire ses affaires » et employait du moins généreusement cet argent qu'il se procurait peut-être par des procédés trop sommaires. Témoins ces beaux et rares manuscrits hébreux, chaldaïques, arabes, syriaques, qu'il réunit à grands frais, et qui, après avoir fait le plus bel ornement de la Bibliothèque de l'ancien Oratoire, forment aujourd'hui le fonds principal des manuscrits orientaux de la Bibl. nationale. Témoins aussi cette multitude (plus de mille, dit Moréri) d'esclaves chrétiens et français qu'il racheta, car dit Batterel, (op. cit. III, p. 245) il avait l'âme tendre et très généreuse à l'exemple de son père qui, entré au service de ses maîtres avec 60,000 livres de rente, les y consuma pour soutenir l'État sur le penchant de sa ruine. (On se rappelle le diamant le *Sancy* engagé pour lever 12,000 Suisses). De retour en France, il tomba dangereusement malade, et à son rétablissement entra dans la congrégation de l'Oratoire. Deux mois après son entrée, le P. de Bérulle écrivait à Rome au P. Bertin : « M. de Sancy fait très bien jusqu'à présent, en sorte que s'il continue comme il a commencé, il sera capable de prêcher...., avant que ses deux années ne passent. » (Lettre inédite du 15 janvier 1620). Le mérite et la vertu du P. de Sancy lui firent occuper à l'Oratoire les charges importantes de 1ᵉʳ supérieur de Caen (1622), de Saumur (1624), d'Angers et de Troyes (1630). Il fut un des oratoriens qui accompagnèrent Henriette de France en Angleterre. Nommé en 1631 à l'évêché de St-Malo, il y mourut le 20 octobre 1646.

nople, Fernand de Neufville (1), garda auprès de lui l'Oratorien et quand il fut transféré à Chartres l'y emmena avec lui. C'est là que le P. Berthault mourut en 1681 à un âge avancé, la même année que le P. Lecointe son ami (2)

La curieuse lettre que nous publions est adressée au P. Bertin « superieur des prbres de l'Oratoire de Jesus a Paris ».

Jesus Maria

Mon Reverend Pere,

La grace de Jesus-Christ Notre-Seigneur soit avec vous pour jamais ! Je vous demande mille fois pardon de ma negligence et de ne vous avoir pas escrit jusqu'icy. Je n'avois pas chose qui meritast vous importuner. L'occasion particuliere qui me faict vous escrire, outre le tesmoignage de mon tres humble service, est telle. Un mien serviteur aagé environ de 15 ans estant un jour allé faire boire mon cheval, ayant pris un esperon pour s'esgayer dessus aprez avoir bien faict poster mon cheval, comme il le ramenoit au logis le voulant conduire par un autre chemin qu'il n'avoit accoustumé, le cheval se cabre, le jeste par terre pendu par un des pieds aux estriviers de façon que l'esperon se trouva entre les sangles et le cuir du cheval, ce qui l'incitoit a courir de la plus furieuse façon du monde traînant ce pauvre garçon et le pilant aux pieds a chaque fois. De façon que il fut tout moulu aussy noir que mon chapeau et lorsqu'on arresta le cheval, l'enfant n'avoit aucune marque de vie. On me ramene mon cheval avec la triste nouvelle qu'il avoit tué mon serviteur. Je fus bien estonné. Je commence a jetter les yeux au ciel et le recommander a notre bien heureux pere Monseigneur le Cardinal de Berulle. Tost apres j'envoye scavoir des nouvelles de ce pauvre garçon, l'on me rapporte qu'il n'estoit pas encore mort, mais qu'il ne valoit pas mieux. J'eus alors quelque esperance et promis de dire a son intention trois messes de l'Incarnation pour l'honneur que je portois a la memoire de N. B. P. qui estoit si devot a ce saint mysteres ; je crois avoir eté exaucé par ses merites et ses prieres dans le ciel, car des le lendemain

---

(1) Il était neveu du P. Harlay de Sancy.

(2) Le P. Lecointe eut un jour à défendre le P. Berthault, précisément au sujet du *Florus francicus*. « Comme Dupleix voulut inquiéter notre P. Berthauld... prétendant qu'il avait pillé son Histoire de France et l'obliger à mettre pour titre : *Abrégé de l'Histoire de Dupleix*, le P. Lecointe l'arrêta tout court, on ne lui déguisant point qu'il ne pourrait se dispenser d'écrire en faveur de son confrère, de faire voir la différence des deux ouvrages et que le P. Berthauld avait puisé dans de meilleures sources que lui. De quoi Dupleix eut peur et se tut. » Batterel, op. cit., III, 364.

le pauvre garçon commença a se porter mieux de sorte que par la grace de Dieu il se porte bien maintenant. J'ai cru estre obligé de vous mander cette histoire la. Je vous l'envoye descrite en vers en cette sorte.

> Dum dejectus equo scuticis male pendulus hæret
>   Acuta saxis per loca raptatur puer
> Heu ! teneros artus crebro quatit ungula pulsu
>   Animamque de corpusculo pene excludit.
> Exanimi similis lecto componitur, et me
>   Penitus acerbi rumor (1) examinat mali.
> Quid facerem, tantos inter, Berulle, timores?
>   Voveo, tuumque nomen ac numen voco
> Nec mora, spes vitæ puero redit integra et inter
>   Vitæque mortisque ancipites positus vias
> Vivit adhuc, Berulle, tuo sed munere vivit.
>   Sic me voventem sepe de cœlo audias.
> Quanta tuis olim fient miracula templis
>   Si sic vocatus supplicum votis ades. (2)

Tandis que nous sommes sur les vers je veux aussi vous faire part d'un travail que j'ai fait a la memoire eternelle de N.-B.-P. Je passe quelque fois mon temps a ces petites choses la pour me desennuyer dans l'exil ou j'ay esté jetté en ces pays.

> Æternæ memoriæ Petri Berulli
>   Cardinalis congr. Orat. Dni Jesu
>   Fundatoris Ara.
> Hanc Berulle tuis struimus virtutibus aram
> Grex tuus, ingenii partus et umbra tui.
> Quo tu patentes solis admodum terras
>   Illuminasti : regis imperia seu te
> Pacis ministrum, sive relligio ad suas
>   Fortiter partes peteret tuendas
>   Pax utrobique : hinc populos Iberi
>   Inde dirremptam
>   Æquore terram
> Augusto penetras : pianique Romam
> Et cum pontifice arduas gravesque
> Mundi res agitas : purpurei patres
> Mirati eximia mentis acumina
> Te dignum Augusto designavere senatu
> Urbunusque pater, totius et arbiter orbis
> Lodoicus princeps, sed te revocavit amati
> Cura gregis, illic gratiæ acceptum et datum

(1) L'imprimé met *timor*.
(2) Ces vers ont été déjà publiés par HABERT DE CERISY, dans sa *Vie du Cardinal de Bérulle*, Paris, 1646, in-4°, Page 903. Habert a dû avoir communication de la lettre que nous publions.

Reddis vicissim spiritum ; aris hostia
Oblatus hoc quo melius haud velles modo
Berullus moritur peragit dum sacra sacerdos
Credibile est illum sic voluisse mori (1).

Je suis en J.-C N.-S. et sa Sainte Mere,

  Mon Reverend Pere,

   Votre tres humble et tres affectionné serviteur,

    P. BERTHAULT,

     prestre de l'Oratoire de Jesus.

A Saint-Malo, ce 22 octobre 1633 (2).

       A. M. P. INGOLD.

CORRESPONDANCE

1º Une découverte importante vient d'être faite dans un passionnaire grec de la Bibliothèque nationale. M. Usener, le savant directeur du séminaire philologique de Bonn y a trouvé une rédaction grecque des actes des martyrs scillitains, le plus ancien document connu de l'histoire des églises d'Afrique. Je dis le plus ancien : jusqu'à ces derniers temps, la date de ce texte, dont il y a jusqu'à trois recensions latines dans Ruinart, était fixée à l'an 200, grâce à une fausse lecture de la note consulaire qu'il porte en tête. On y trouvait le nom d'un consul Claudius de l'an 200. M. Renier, dans une note sur un passage de Borghesi (Borghesi, t. VIII, p. 614), avait déjà reconnu qu'il faut lire *Praesente II et Condiano consulibus*. Cette leçon est confirmée par le texte grec récemment découvert ; il est d'ailleurs beaucoup plus clair et plus correct que les deux premières rédactions latines de Ruinart et parait étroitement apparenté à la troisième rédaction dont malheureusement on ne connaît que quelques lignes.

Le proconsul Saturninus dont il est question dans ces actes, le même dont Tertullien (*ad Scap.* 3) dit : *Vigellius Saturninus qui primus hic*

(1) On trouvera aussi ces vers imprimés à la page 415 de l'ouvrage du P. Berthault sur les autels : *De ara, liber singularis*, Nantes, 1636, in-8°, curieux traité plein de recherches et d'érudition, que ce Père composa à la prière du P. de Condren. A la suite de l'*ara* consacré à la mémoire du P. de Bérulle, en figure un autre dédié au Cardinal de Richelieu, qui vivait encore, ce qui est assez original, remarque M. Houssaye (*Vie du P. de Bérulle*, III, p, 375, note 3).

(2) Cette lettre est conservée aux Archives nationales, M. 234. Le même carton renferme une copie de cette pièce.

gladium in nos egit lumina amisit, a pu être identifié avec un légat de Mésie inférieure dont le nom se lit dans une inscription de Trœsmis, actuellement conservée à la Bibliothèque nationale (*Corp. inscr. lat.*t. III, n° 6183).

2° M. C. Visconti a présenté à l'Académie pontificale d'archéologie, dans sa séance du 20 janvier dernier, un rapport sur une statue de marbre du dieu sabin Semo Sancus, trouvée récemment à Rome. Le lieu de la découverte n'a pu être fixé avec précision. La statue est unique. Elle représente un homme entièrement nu ; il y manque les avant-bras et les mains qui tenaient sans doute les attributs. Le type est empreint d'un archaïsme d'imitation. Quant à la base, on en connaissait déjà deux autres. (*Corp. inscr. lat.* n° 567, 568), la première surtout, trouvée dans l'île du Tibre est célèbre comme ayant été identifiée avec celle sur laquelle saint Justin crut, dit-on, avoir déchiffré le nom de Simon le Magicien. Voici le texte de l'inscription nouvelle :

SEMONI SANCO
SANCTO DEO FIDIO
SACRVM
DECVRIA SACERDOT
BIDENTALIVM

Les deux autres inscriptions donnent les noms du dieu dans l'ordre *Semoni Sanco Deo Fidio* et *Sanco Sancto Semoni Deo Fidio*. S'il est vrai, ce qui paraît au moins très-probable, que saint Justin a emprunté à une inscription mal lue ce qu'il a raconté d'une statue érigée à Rome en l'honneur de Simon, les noms du dieu devaient s'y présenter dans un ordre un peu différent, puisque l'apologiste y trouvait *Simoni Deo Sancto*.

L. DUCHESNE.

PUBLICATIONS DE LA QUINZAINE

412. — BONNAFFÉ. *Physiologie du Curieux*, tableaux, curiosités, livres. Un joli volume petit in-8° sur papier vergé, titre rouge et noir, ornements typographiques, tirés à 600 ex. Martin. 3 fr.

413. — BOURELLY (J.). *Le Maréchal de Fabert* (1599-1662), étude historique d'après ses lettres et des pièces inédites tirées de la Bibliothèque et des archives nationales, des archives des affaires étrangères, du dépôt de la guerre, etc. Deuxième partie (1653-1662). In-8°, 442 pp. et portrait. Paris. Didier.

414. — CAILLEMER (E.) *Les Manuscrits* de Bouhier, Nicaise et Peiresc de la bibliothèque du Palais-des-Arts de Lyon. In-8°, VIII-48 pp. Lyon, Georges. Collection des opuscules lyonnais. N° 1.

* 415. — DEVIC (C.) et J. VAISSETTE. *Histoire générale du Languedoc*, avec des

notes et les pièces justificatives, par dom Cl. Devic et dom J. Vaissette, religieux de la congrégation de Saint-Maur. *Edition* accompagnée de dissertations et notes nouvelles, contenant le recueil des inscriptions antiques de la province, des planches de médailles, de sceaux, des cartes géographiques, etc. Annotée par M. C. Robert, de l'Institut ; M. P. Meyer, professeur au Collège de France ; M. A. de Barthélemy, du Comité des travaux historiques ; M. A. Molinier, ancien élève de l'Ecole des Chartes ; M. Germer-Durand, bibliothécaire de la ville de Nimes ; M. Zotenberg, bibliothécaire aux manuscrits de la bibliothèque nationale. Publiée par M. Edouard Dulaurier, de l'Institut ; continuée jusqu'en 1790, par M. Ernest Roschach, correspondant du ministère de l'instruction publique pour les travaux historiques. 3 vol. in-4° à 2 col. T. 6, LI-1040 pages ; T. 7, XVI-1064 pp. ; T. 8, XVIII-1205 pp. Toulouse, Privat.

416. — Dupont-Sevrez (E.). *Renée d'Amboise*, poème historique (1595) ; in-18, Jouault ; 108 pp. 2 fr. 50.

417. — Féret. *Un curé de Charenton au XVII° siècle* par un de ses successeurs. Gervais, 1881, un vol. in-12 de 157 pages. Prix. 1 fr. 50.

François Véron fut assurément l'une des figures les plus originales du clergé français dans la première moitié du XVII° siècle. Ses duels oratoires contre les plus rudes jouteurs du protestantisme ont rempli trente années de sa vie. Nous nous estimons heureux qu'une similitude de situation, doublée peut-être d'une similitude d'humeur, ait attaché à lui un érudit comme l'abbé F., et nous vaille l'intéressante étude que voici. Mais le curé actuel de Charenton ne pousse-t-il pas un peu loin l'enthousiasme pour son prédécesseur et n'a-t-il pas une tendance trop accusée à lui octroyer toujours la victoire ? Que Véron triomphât aisément du commun des ministres protestants, nous le croyons sans peine, mais qu'un Daillé se reconnût dans l'impossibilité de lui répondre, c'est ce que l'abbé F. nous paraît admettre un peu trop aisément. L'auteur du *Traité de l'emploi des saints Pères* ferma sa porte à Véron, qui s'était introduit une première fois chez lui sous un déguisement et qui voulait y revenir pour disputer contre lui ; cela paraît certain. Mais quand on se rappelle que Véron, qui donnait dans sa *Méthode* une si haute importance à la civilité, n'en qualifiait pas moins ses adversaires de « cannibales », d' « anthropophages », et leurs redites de « vieux choux recuits » on soupçonne que Daillé put avoir, en dehors de la puissance des arguments quelques raisons de lui refuser l'entrée de sa maison. Au surplus, à défaut des paroles envolées depuis longtemps, il reste les écrits des deux adversaires. Or le *Traité de l'emploi des saints Pères* est très fort. *Le schisme et hérésie damnable des ministres de Charenton* dû à la plume de Véron, se place comme réponse à ce Traité bien au-dessous de *The Apologie of the Fathers*, de William Reeves (Londres, 1709). Un autre reproche sera peut-être aussi fait à M. l'abbé F., c'est que son étude est loin d'être complète. Il ne compte, par exemple, à l'actif de Véron que trois livres dans le sens vrai et stric du mot (p. 156 qui sont : la *Règle générale de la foi catholique*, le *Petit Epitome de toutes les controverses*, et la *Méthode nouvelle, facile et solide de convaincre de nullité la Religion prétendue réformée*. Le *Traité de la puissance du Pape*. Paris, 1626, in-8°, auquel il est fait une seule allusion dans la note de la p. 42, est pourtant bien un livre ; celui de la *Primauté de l'Église ou de la hiérarchie en icelle*, 1641, in-8°, en est un autre. Enfin une mention tout au moins n'eût pas été de trop pour la *Traduction du Nouveau Testament par les docteurs de Louvain, retouchée pour le style et accompagnée de courtes notes en français*. Paris, 1643, in-4°.

A. de M.

418. — Frary, Le *Péril National*, Didier, in-12, 3 fr. 50.

419. — Félix Hément. *De l'instinct et de l'intelligence*, ouvrage couronné par l'Académie française. Delagrave, 1880, in-8° de vi-231 pp.

Livre intéressant, d'une lecture attrayante et utile. La logique et la suite des idées ne sont peut-être pas toujours aussi rigoureuses qu'on pourrait le désirer, mais l'esprit est bon, il est élevé et il donnera bien des aperçus utiles aux jeunes esprits pour lesquels il semble surtout écrit. Aujourd'hui où les *leçons de choses* sont à la mode, il ne sera pas inutile à un professeur d'avoir cet ouvrage sous les yeux. Il y trouvera beaucoup de détails propres à frapper l'imagination et l'intelligence des enfants. Parmi les meilleurs chapitres, citons l'instinct de construction, p. 50 ; l'instinct maternel, p. 68 ; l'intelligence, p. 156. D'assez bonnes gravures illustrent le texte qui est imprimé avec soin.   C. T.

420. — Riess. *Le pays de la Sainte Écriture*. Atlas historique et géographique de la Bible, mis à la hauteur des découvertes faites de nos jours en Palestine, dans la péninsule sinaïtique et parmi les ruines de l'Assyrie et de Babylone, Fribourg. Herder, in-f°, 3 francs.

« Dans la lecture de chacun des livres de la Bible, dit le savant auteur du Manuel biblique, M. Vigouroux, *il faut avoir sous les yeux un atlas biblique*. Il est *impossible* de bien comprendre les livres historiques de l'Ancien et du Nouveau Testament, les Prophètes, un certain nombre de Psaumes, sans une connaissance exacte de la géographie de la Palestine. Il n'est pas donné à tous de contempler de ses yeux la terre bénie que N. S. J. C. et la T. S. Vierge ont foulée de leurs pieds, mais tous du moins peuvent la connaître par les livres et par les cartes géographiques. » Et il indique en note « le Bibel-Atlas de M. Riess, qui est complet et se recommande par son bon marché. » Nous n'avons rien à ajouter à cette recommandation si précieuse ; nous voulons seulement avertir nos lecteurs que l'éditeur vient d'introduire dans cet atlas une *légère* amélioration : il donne en français le titre de chaque planche et dans un petit lexique, la traduction des mots allemands employés dans l'ouvrage. On eût pu espérer mieux et nous avouons qu'on est tant soit peu déçu quand on se retrouve en face des mêmes noms allemands dont il est toujours désagréable d'aller chercher le sens, même dans le nouveau Lexique. Espérons que M. Herder ne s'arrêtera pas à mi-chemin. Cette observation n'enlève rien d'ailleurs à la valeur intrinsèque des cartes du docteur Riess ; en voici les titres :

Planche I. Carte de la péninsule de l'Arabie Pétrée et du pays de Chanaan à l'époque de la sortie d'Égypte. — Carte des environs du Sinaï. — Profil des montagnes depuis le Sinaï jusqu'à la mer Morte. — *Planche II.* La Palestine à l'époque des Juges et des Rois. — Étendue des royaumes de David et de Salomon. — *Planche III.* Carte de l'Assyrie, de la Babylonie et de la Perse. — Les champs de ruines d'Assyrie. — Plan des ruines de Ninive et de Nimroud. — Champ de ruines de Babylone. — *Planche IV.* La Palestine depuis la fin de la captivité babylonienne jusqu'à la destruction de Jérusalem par Titus. — Carte des environs de Jérusalem et de Bethléem. — *Planche V.* Carte pour l'histoire des temps apostoliques et des voyages de l'apôtre saint-Paul. — *Planche VI.* Carte de la Jérusalem moderne et de ses environs les plus rapprochés. — Plan de Jérusalem à l'époque de Jésus-Christ jusqu'au moment de sa destruction par Titus. — *Planche VII.* Carte de la Palestine d'après son état actuel. — Profils pour figurer les accidents de terrain.   T.

421. — SPENCER. *De l'éducation*, édition populaire, Germer-Baillière 0. 50 c., in-32.

Nous ne saurions trop nous féliciter d'avoir une édition populaire de l'éducation, par M. Herbert Spencer. Le livre est excellent, plein d'aperçus nouveaux et de conseils utiles. L'auteur se plaint d'abord, dans une sorte d'introduction, de l'ignorance absolue d'une foule de parents en matière d'éducation, puis il entre dans le cœur de son sujet et le divise en quatre longs chapitres dans lesquels il traite successivement : 1° de la valeur relative des connaissances à donner à l'enfant ; 2° de l'éducation intellectuelle ; 3° de l'éducation morale ; 4° de l'éducation physique. Dans le premier chapitre il s'étend longuement sur la nécessité d'un bon enseignement des sciences. Il tient également à ce que les sciences tiennent le premier rang dans l'éducation intellectuelle (pages 5 à 35). Enfin il est partisan des *leçons de choses* (p. 61-64), et voudrait qu'on enseignât l'histoire d'une façon plus pratique (p. 35 à 41).

En fait d'éducation morale, il faut, dit-il, ne pas « *trop gouverner* » suivant l'expression de Jean-Paul (p. 158) et ne pas exagérer le travail de tête aux dépens des exercices du corps. C'est en somme un livre digne d'une lecture attentive et sérieuse.

G. S.

* 422. — SYLVAIN. *Vie du P. Hermann*, carme déchaussé. Oudin, in-8°, 5 francs.

423. — TAMIZEY DE LARROQUE. *Vie inédite de la duchesse de Luynes*, par l'abbé J.-J. Boileau. Gr. in-8° de 69 pages. Paris, Vic., tiré à 200 exemplaires.

On se rappelle les curieuses et intéressantes *Notes sur la vie et les ouvrages de l'abbé Boileau* (Paris, Champion, 1877) de notre collaborateur, M. Tamizey de Larroque. Parmi les ouvrages inédits du conseiller du cardinal de Noailles, M. T. de L. regardait comme perdue la *Vie de la duchesse de Luynes*. Il n'en était rien, et c'est M. T. de L. lui-même qui a la bonne fortune de la publier aujourd'hui, d'après le manuscrit qui lui a été communiqué par un savant critique, M. A. Gazier. Ce petit écrit est d'une lecture édifiante ; de plus, de rares qualités littéraires donnent le droit à l'éditeur de remarquer (p. 40, note) « que la littérature française compte un nouvel écrivain féminin et des plus distingués. » Ajoutons que M. T. de L. qui ne laisse échapper aucune occasion d'enrichir le trésor historique ou littéraire des temps passés — et Dieu sait combien fréquemment il sait trouver ces occasions ! — M. T. de L. signale en de curieuses notes la contribution que ce manuscrit apporte à l'histoire de notre langue. Une autre note (p. 38, 2) nous a semblé un peu sévère pour les jansénistes, qui certes n'étaient pas tous des sectaires. Citons en terminant un passage de la belle épitaphe qui fut gravée sur le tombeau de la duchesse : « La grandeur malgré son esprit naturellement fier, ne fit que rehausser son humilité. Les richesses ne lui inspirèrent d'autre attache que de les ménager pour les pauvres. Tendre et pieuse envers Dieu, compatissante et charitable à l'égard du prochain, dure et sévère à soy-même, elle avait regret au bien et au temps qu'elle ne pouvait pas uniquement consacrer au service de Dieu et du prochain... »

A.-I. de St-A.

424. — TILLETTE DE CLERMONT-TONNERRE. *Documents inédits sur Abbeville et le Ponthieu* (XVIIe et XVIIIe siècles.) In-8°, II-322 pp. Abbeville, Prévost.

Le gérant : A. SAUTON.

Suite de la Revue des Revues

1881. 1er *Janvier*. — Hettinger. Le « système des médiocrités » (A propos d'un livre paru en 1873, le professeur Hettinger critique sévèrement le système d'enseignement suivi dans les grands séminaires de France). — Compte rendu : Thalhofer, les Psaumes (*Schafer*). — Jungmann, Dissertationes selectæ in Historiam eccl. (*Pastor*). — Pünjer, Histoire de la philosophie religieuse chrétienne depuis la Réforme. (*Renninger*). — Pfahler, Saint Boniface et son temps ; Buss, Winfrid Bonifacius (*Stamminger*). — Schultze. Études d'archéologie chrétienne. (*Kraus*) (Important article continué dans le n° suivant ; Sch. n'y est pas moins sévèrement traité que dans le *Bulletin critique* n° 4.) — Rambouillet. L'orthodoxie du Pasteur : Un dernier mot etc. (*Funk*). Ereintement.

15 janvier. — Funk. La question des Philosophumènes. (M. F. se range à l'opinion commune qui, depuis Dollinger jusqu'au P. de Smedt attribue ce livre à saint Hippolyte. — Compte rendus : Guerber, Bruno Liebermann (*Haffner*).

1er février. — Bellesheim. La littérature catholique en Italie pendant l'année 1880. — Compte-rendus : Wüstenfeld, Synaxaire copte (*Thalhofer*). — Lenormant, Les Origines de l'histoire (*Better*). Article favorable. — Egger, Propædeutica philosophica (*Kirschkamp*).

15 février. — Bellesheim. La littérature catholique en Italie (fin). — Compte rendus : Cholmondeley. Le passage des quatre γάρ. Rom. II 11-16 (*Schanz*). — Duchesne. L'Église d'Orient de Dioclétien à Mahomet (*Funk*). — Roskoff. La religion des sauvages (*W. Schneider*).

BULLETIN D'ARCHÉOLOGIE CHRÉTIENNE DE M. J.-B. DE ROSSI

Édition française par M. l'abbé Duchesne. — Paris, 41, rue du Bac. — Prix 10 fr.

Le *Bullettino* de M. de Rossi est assez connu pour que nous n'ayons pas à le présenter à nos lecteurs. Notre collaborateur, M. l'abbé Duchesne, continue l'édition française dont s'occupait le regretté Mgr. Martigny. Cette édition s'imprime actuellement à Rome, avec les beaux caractères qui servent au texte italien. — Il paraît quatre livraisons par an avec des planches très soignées.

1880. Livraisons 1-2. — Fouilles et découvertes dans le cimetière de Priscille. (Étude synthétique de l'un des plus anciens cimetières romains). — Conférences de la société romaine d'Archéologie chrétienne. — Commentaire archéologique sur un passage des actes des saints Lucius et Montanus. — Nouvelles archéologiques.

Tours. — Imp. Rouillé-Ladevèze, rue Chaude, 6.

BULLETIN CRITIQUE

DE LITTÉRATURE, D'HISTOIRE ET DE THÉOLOGIE

SOMMAIRE. — 196. Walsch, Des actes humains, *Lamoureux*. — 197. Dupanloup, Conférences aux femmes chrétiennes, *A. Largent*. — 198. Fouillée, La science sociale contemporaine, *L. Lescœur*. — 199. Morlais, Étude sur Vauvenargues, *Ph. Mazoyer*. — 200. Berti et Lopez, Abrégé d'histoire de l'Église, *L. Duchesne*. — 201. Fontane, Histoire universelle, *Lepître*. — 202. Valson, Les savants illustres du xvi⁰ et du xvii⁰ siècle. *T. de L.* — Publications de la quinzaine.

196. — **Tractatus de actibus humanis**. Auctore Gulielmo J. Walsh S. T. D. Eccles. metropol. Dublin. canonico ; Theologiæ Dogmaticæ et moralis in collegio Magnutiano S. Patritii olim professore ; ejusdem collegii præside.

Le nom du collège de Maynooth est une marque d'origine qui indique une œuvre de science profonde. On connaît les savants travaux d'un autre professeur de ce même collége, Mʳ Patrice Murray sur l'Église et sur la Grâce.

Comme les ouvrages de Mʳ Murray, le traité *des actes humains* de Mʳ Walsh est le fruit des labeurs du professorat. Le professeur avait pour thème de ses cours, pour *auteur*, ce livre universellement connu, universellement classique et dont le mérite justifie la fortune, le *Compendium theologiae moralis* du P. Gury. Il nous offre donc son livre comme le commentaire ou plutôt comme le développement du célèbre *Compendium*. C'est le même ordre, ce sont les mêmes divisions en chapitres, articles, principes, solutions.

L'auteur et le professeur sont deux forces qui concourent au même but mais qu'il est parfois difficile d'harmoniser. Pourtant l'accord est possible et donne d'excellents résultats. A qui voudrait en douter je montrerais le livre de Mʳ W. Des deux cents pages qu'il contient, il n'en est aucune où l'on ne sente la présence du Père Gury, mais il n'en est aucune qui ne soit l'œuvre éminemment personnelle du savant professeur.

Mettant à profit tous les travaux dont cette partie de la Théologie morale à été l'objet dans ces derniers temps et surtout les trésors de science que le docte P. Ballerini a déposés dans des notes devenues célèbres, ajoutant à toutes ces richesses le fruit d'une vaste érudition théologique qu'il a puisée lui-même dans une bibliothèque fort bien composée, Mr W. développe d'une manière magistrale tous les points de doctrine dont le P. Gury ne nous offre qu'un exposé sommaire, et et sur toutes les questions nous fait entendre la voix des grands théologiens. Le plus souvent, c'est leur parole qu'il substitue à sa parole : l'un des buts qu'il se propose, c'est de familiariser ceux qui le prendront pour guide avec les maîtres de la science sacrée et de leur donner la clef des grands auteurs.

Du reste, il a lui-même au service d'une grande vigueur de logique un langage théologique d'une précision remarquable. Parfois c'est avec un rare bonheur qu'il donne à des doctrines antiques une expression nouvelle. Ainsi dans la question du volontaire indirect, divisant en deux classes distinctes les effets mauvais qui résultent d'une cause d'où émane en même temps un effet bon, il arrive à formuler une règle générale au moyen de laquelle le principe de l'Ange de l'école devient applicable à tous les cas. « Licet ponere causam ex qua duo praevidentur
» effectus secuturi quorum alter bonus est alter vero malus, dummodo 1°
» ipsa causa sit in se bona aut saltem indifferens, 2° adsit ratio agendi
» proportionate gravis, et 3° ne inhonesta sit agentis intentio. Atque
» insuper in iis casibus in quibus malus effectus adeo inhonestus est ut
» nulli unquam liceat in eum consentire neque ut finem agendi neque ut
» medium assequendi alius finis quantumvis boni, requiritur, 4° ut duo
» effectus ita ex causa profluant ut bonus effectus non obtineatur me-
» diante effectu malo ac 5° denique ut agens effectum malum nullomodo
» intendat sed permissive tantum se habeat erga eum. »

On ne pouvait trouver une formule plus claire, plus précise, plus complète.

Nous voudrions pouvoir citer bon nombre d'autres exemples où l'on remarque une grande finesse d'analyse jointe à une grande force de synthèse. Nous appelons spécialement l'attention sur certains paragraphes du dernier chapitre *de moralitate*. Quand M. W., après avoir exposé les différents points de vue auxquels on doit juger de la moralité de l'acte humain, énumère les vingt-sept combinaisons que peuvent former les trois éléments bons, mauvais ou indifférents qui sont l'objet, les circonstances et la fin, on pense involontairement à la manière dont les philosophes ont distingué les divers modes du raisonnement au point de vue de la rectitude logique, et l'on admire comment les théologiens moralistes ont pu porter dans le domaine de la volonté, tout autant de lumière et de précision, que les logiciens dans le domaine de l'intelligence.

On demandera peut-être si cette manière de traiter les questions ne perd pas en clarté ce qu'elle gagne en profondeur, si le fini des détails n'amènera pas un peu de confusion. Nous ne croyons pas cette crainte fondée. Du reste, M. W. vient au secours des commençants en plaçant à la fin de son volume un résumé qui, en quelques pages, reproduit le livre tout entier. Toutes les distinctions, toutes les propositions, toutes les preuves s'y trouvent rappelées par le mot lumineux et précis qui doit les fixer à jamais dans la mémoire. Ce résumé, ce *compendium in usum examinandorum*, comme la *synopsis brevissima* que M. Jungman ajoute à ses traités, comme la *medulla* dans laquelle le P. Hurter exprime toute la substance de son grand ouvrage, est une œuvre éminemment utile et c'est tout simplement un petit chef-d'œuvre.

Mais il est un point sur lequel nous nous séparons de M. W. Nous ne pouvons souscrire à un reproche immérité qu'il fait à saint Alphonse et au P. Gury.

Après avoir distingué deux sortes d'ignorance invincible, l'une qui ne laisse subsister ni advertance ni volontaire, l'autre qui n'est que le doute invincible sur l'existence de la loi et qui laisse subsister le volontaire tout en l'affaiblissant, il reproche non-seulement à quelques probabilistes, mais au P. Gury et à saint Alphonse, de confondre ces deux ignorances et de faire de cette confusion l'un des principes de leur système sur la probabilité. Nous ne croyons pas que M. W. ait saisi la pensée de ces deux éminents théologiens. Certes, ce n'est pas en détruisant le volontaire que le doute invincible sur l'existence de la loi nous excuse du péché. Il ne produit cet effet qu'à la condition de nous rendre non pas d'une manière douteuse mais d'une manière certaine notre liberté. Or, nous prenons conscience de cette liberté au moyen du principe réflexe que tout le monde connaît. Lorsqu'il n'y a d'autre part aucune obligation de prendre le parti le plus sûr, lorsqu'il s'agit simplement de ce qui est licite ou non, — *de licito vel illicito* —, on peut dire que la loi, si elle est incertaine, si elle a contre elle une opinion appuyée sur de graves autorités et de solides raisons, ne saurait plus nous obliger. La bonté de Dieu nous autorise à croire qu'il aurait éclairé davantage le devoir s'il avait voulu l'imposer ; et lorsqu'il s'agit d'une autorité purement humaine nous sommes en droit de la récuser si elle parle d'une manière équivoque. *Lex dubia non obligat*. Une fois ce principe posé, on peut dire avec saint Alphonse et le P. Gury, que si néanmoins la loi existe, il n'y a pas plus transgression formelle de cette loi que dans le cas de l'ignorance invincible proprement dite. — Tel est manifestement le sens de Saint Alphonse et du P. Gury. Nous soumettons cette observation à M. W. tout en lui exprimant notre désir de voir bientôt paraître son traité *de la Conscience* dans lequel il expliquera *ex professo* son sentiment sur le probabilisme.

En attendant, nous résumons notre appréciation sur le traité *des actes humains*, dans ces deux mots par lesquels saint Bonaventure caractérise l'œuvre du vrai théologien : *fabricans speculum, erigens scalam*. Oui ! maîtres et élèves seront heureux de trouver dans ce livre toute la doctrine de l'acte humain mise en pleine lumière, et de voir en même temps apparaître tour à tour avec leur physionomie particulière les principaux théologiens qui ont traité cet important sujet. Oui ! les disciples qui suivront un tel guide, après avoir terminé leur cours élémentaire, pourront facilement monter vers les hauteurs et pénétrer dans le sanctuaire de la vraie et profonde science théologique.

L'abbé LAMOUREUX S. T. D.

---

197. — **Conférences aux femmes chrétiennes** par Mgr DUPANLOUP, évêque d'Orléans, publiées par M. l'abbé F. LAGRANGE, chanoine de Notre-Dame, Paris, Gervais, 1881, in-8 de VIII-570 pp.

Ces conférences, recueillies par le fidèle souvenir des dames qui les avaient entendues, publiées par un écrivain distingué, fils spirituel de Mgr Dupanloup, nous rendent en partie le grand évêque qui les a prononcées. En partie, ai-je dit, car rien ne nous rendra ce geste, rien ne nous rendra cet accent qui sortait d'une âme prompte à toutes les émotions généreuses, qui s'enfonçait comme une flèche dans l'âme des auditeurs. Dans ce livre on retrouve du moins la doctrine de l'évêque d'Orléans, ses principes de direction, ces grandes lignes de la vie chrétienne qu'il traçait d'une main si ferme, et ces menus détails où il savait entrer sans s'abaisser. Des traits heureux, expression spontanée d'une grande âme, éclatent parfois dans ces pages. « Une nation qui se couche à minuit et qui se lève à dix heures du matin, » dit l'évêque d'Orléans, est une nation en décadence. Et savez-vous pourquoi? C'est que les hommes qui se lèvent à cinq heures du matin et travaillent deviennent les maîtres. » Et encore : « Il y a dans la parole même de Dieu, malgré toute son énergie, une douceur, une suavité, qu'on ne trouve que là, et des accents qui retentissent au fond du cœur, avec je ne sais quoi de connu à l'avance, comme s'il existait une harmonie préétablie entre la parole de Dieu et l'âme de l'homme. »

J'ai parlé de la grande âme de Mgr Dupanloup ; à vrai dire, la grandeur d'âme était sa caractéristique. Sur d'autres points, en notre siècle, il a eu quelques supérieurs ; sur celui-ci, il n'a eu tout au plus que des égaux, et pas en très grand nombre. Écoutons-le qui révèle lui-même cette noblesse innée, ce patriciat moral d'une âme à qui la grâce avait apporté une grandeur nouvelle. « J'ai toujours eu, » dit-il, « une certaine inclination d'esprit et de cœur à rechercher dans les âmes avec qui je traite ce qu'elles ont de digne et de noble, pour l'élever encore, le protéger, le conserver, l'améliorer et le grandir. »

« En ce monde on aime les dignités, les honneurs ; mais il y a quelque chose de plus grand que les honneurs, c'est l'honneur ; et de plus grand que les dignités, c'est la dignité. »

Quelques inexactitudes se rencontrent, çà et là, dans cet ouvrage. Le nom du grand prêtre Héli a été transformé en celui d'*Elie*. — Je suis l'orthographe courante. — Ce n'est pas dans le *Génie du Christianisme*, que Chateaubriand a écrit sur la fille de Louis XVI la célèbre et magnifique phrase qui est citée dans les *Conférences*. Enfin, quels sont donc les théologiens qui font un péché mortel de la perte de deux heures ou au moins de quatre, dans une journée ? J'avoue ne les connaître pas, et peut-être même aurait-on quelque peine à les nommer. Il n'importe ; le livre est beau, il élève, il soutient, il charme, il console. Les mains pieuses auxquelles nous en sommes redevables ont bien servi une glorieuse mémoire, et ce qui vaut mieux encore, la cause sacrée des âmes.

A. LARGENT.

---

198. — **La Science sociale contemporaine**, par ALFRED FOUILLÉE, in-12, XIII-424 pp., Paris, Hachette, 1880

Les amis de la science sociale qui, attirés par le titre de cet ouvrage et par le nom bien connu de son auteur, viendront y chercher quelques lumières, éprouveront une grande surprise et une cruelle déception.

M. Fouillée, en intitulant son livre : la *Science comtemporaine* fait espérer à son lecteur une étude sérieuse et complète sur l'ensemble des systèmes contemporains. Soit qu'il les approuve, soit qu'il les blâme, en tout ou en partie, il est tenu, ce semble, de n'en passer aucun sous silence. Or, n'est-il pas étrange que le nom de M. Le Play ne soit pas prononcé une seule fois et qu'il ne soit pas même fait la plus légère allusion à ces travaux de toute une vie, que tout le monde connaît ? C'est la première surprise désagréable que nous a causée ce volume ; mais ce n'est pas la seule.

Toute science sociale suppose un dogme religieux ou philosophique, ou plutôt l'un et l'autre, et elle ne saurait être autre chose que cette religion et cette philosophie appliquées. Jusqu'à présent on n'a jamais vu, nulle part, une société vivant sans autres ressources intellectuelles et morales que l'ensemble de procédés et de découvertes expérimentales qu'on est convenu aujourd'hui, dans le monde positiviste, d'appeler « la science ». C'est cependant la prétention de ceux qui marchent sous la bannière d'Auguste Comte, et qui se croient les maîtres de l'avenir comme ils sont les maîtres du moment présent. M. F. est de ce nombre. C'est dire tout de suite que son livre n'a rien à faire avec l'histoire ni avec la nature humaine telle qu'elle est, et qu'avec lui, malgré l'allure pesante de ses déductions toujours subtiles et trop souvent obscures, nous sommes en pleine utopie.

Quels sont les principes sur lesquels il s'appuie pour établir les fondements de sa société perfectionnée ? Avant tout ce sont de pures négations, jetées brutalement dans tout le cours de ses chapitres, sans ombre de preuves, comme autant de vérités démontrées ou plutôt axiomatiques, que seuls peuvent contester des esprits arriérés et incapables de « science. » Et premièrement toute notion de vérité révélée, de religion proprement dite, de Providence, même « d'idée directrice » comme parle Claude Bernard, doit être écartée à priori comme un vain « reste de mythologie religieuse ou métaphysique. » (1).

Comme on le voit, la métaphysique n'est pas mieux traitée que la religion révélée par ce commentateur, deux fois couronné, de Platon et de Socrate. S'agit-il du Dieu vivant, de l'âme immortelle ? M. F. trouve moyen, dans une seule phrase, de les sacrifier du même coup. « Il ne faut point, nous dit-il, multiplier les êtres sans nécessité. Si on entend par finalité que chaque partie de l'être vivant est appropriée au tout par *une intelligence résidant soit en dehors d'elle, soit en elle*, la science moderne n'a pas besoin de cette hypothèse, et toute hypothèse inutile doit être rejetée comme une complication gratuite. » (2).

Ainsi donc point de religion, même naturelle ; point de Dieu, même philosophique ; point d'âme intelligente, point d'immortalité autre que celle de l'espèce, voilà le terrain déblayé pour l'établissement du monde futur, selon M. F. Voyons maintenant quels seront les liens de cette société comme on n'en a jamais vue.

A la base, nous trouvons admise, comme indiscutable, l'hypothèse Darwinienne. M. F., un philosophe, devrait, ce semble, laisser tout au moins entendre à ses lecteurs, avec bonne foi, que le système de l'évolution n'est jusqu'aujourd'hui qu'un pur système, qui a contre lui, dans l'ordre des faits eux-mêmes, des objections innombrables et, selon nous et bien d'autres, absolument décisives ; qu'il présente des difficultés autrement insolubles que les théories de Descartes, de Malebranche et de Fénelon sur l'infini. S'il voulait pousser la sincérité jusqu'au bout, il ajouterait que puisque les créateurs de la science moderne, à commencer par Descartes, Leibniz et Newton ont tous cru au Dieu vivant, à la création, au miracle même, dans le sens le plus strict du mot, on peut, sans manquer à la science et à la raison, croire à ces vieux dogmes qui portent

---

(1) P. 88.
(2) P. 116.

encore aujourd'hui toutes les sociétés civilisées. Mais non ! Ecoutez M. F. sur l'origine première de la vie et de la société sur la terre : « Il fut un temps où tout le système solaire était en conflagration : ce n'était qu'une masse gazeuse et en apparence toute minérale, et pourtant il y avait déjà dans ce brasier matériel, la flamme de la vie, *vitaï lampada*, puisqu'il a suffi du refroidissement de la masse pour la faire apparaître à son heure. Pour quiconque n'admet pas le miracle, *c'est-à-dire pour quiconque admet la science* (Mânes d'Ampère, de Cuvier, de Cauchy, pardonnez-lui!) la vie ne peut donc être métaphysiquement différente de ce qu'on appelle, avec plus ou moins de propriété, la matière, qui elle-même n'est sans doute qu'un ensemble de forces ou de volontés : tout est vivant, tout est organisé, tout est à la fois individu et société dans l'univers. Biologie, sociologie et cosmologie nous paraissent au fond, une seule et même science. » (1).

M. F. aurait pu ajouter que, selon lui, la zoologie elle-même est une partie essentielle de la science sociale, car il ne craint point d'aller jusque-là. Il parle sérieusement de la « moralité, » de « l'abnégation » dont on voit des traces sensibles dans la société.... des singes. Il faut citer, on ne nous croirait pas : « A l'attraction spontanée du semblable pour son semblable, résultat de la sympathie instinctive, succède, parmi les animaux, la délégation des fonctions qui est le second caractère psychologique des sociétés... Avec quelle dignité le vieux singe, par exemple, exerce son emploi d'intelligence directrice ou d'organe directeur ! L'estime qu'il a su conquérir, exaltant son amour propre lui donne une certaine assurance qui manque à ses sujets..... Soit dans la famille, soit dans la peuplade (des singes) la sympathie s'exalte jusqu'à une abnégation qui constitue à nos yeux une véritable moralité » (2).

Quand le paradoxe est poussé jusqu'à ce point dans un livre qui a pour prétention avouée de « constituer la science morale sur des bases positives » et de contribuer ainsi à » la principale tâche de notre siècle » (3) il ne faut pas s'étonner de rencontrer le faux à toutes les pages. M. F. reprend la thèse de J-Jacques Rousseau sur le contrat social, et il la défend contre les objections de M. Bluntschli, de M. Taine et de M. Renan. Quand on prononce le nom de M. F., il est impossible que la pensée du déterminisme ne se présente à l'esprit. Cette manière à lui qu'a M. F. d'entendre la liberté amène cette conséquence nécessaire : que pour lui la distinction absolue du bien et du mal n'existant pas, le libre arbitre ne pouvant engendrer aucune responsabilité

---

(1) P. 127
(2) P. 104-106.
(3) Introduction, p. V.

véritable, le droit de punir, nécessaire à l'existence des sociétés, change complétement de nature. En réalité tout criminel n'est qu'un fou qu'on doit écarter, enchaîner si c'est nécessaire, mais qu'on n'a pas le droit de punir. Cela est évident, puisque selon M. F., « si nos actions sont déterminées par notre caractère, à son tour, notre caractère, n'est pas moins déterminé par notre organisation, qui elle-même vient de la nature du germe et de la nature des circonstances où il s'est développé, de l'hérédité et du milieu ; en un mot, c'est le monde entier qui nous a faits tels que nous sommes, qui a pétri, moulé selon les circonstances notre caractère et nos instincts, comme le sculpteur façonne sa statue, sculpteur aveugle qui ne sait ce qu'il fait, et fabrique un chef-d'œuvre pour des millions d'ébauches » (1). On conçoit après cela que M. F. arrive à des formules à la fois absurdes et blasphématoires comme celle-ci : « S'il y a un Dieu, répétons-le, ce Dieu lui-même n'a pas le droit de punir » (2) et voilà pourquoi il faut remplacer « le droit mystique de punir par le droit scientifique de défense sociale » (3).

M. F. partout ailleurs disciple aveugle de M. Comte, naturaliste et biologue déterminé, expliquant volontiers toute chose par l'organisation, le système nerveux, les muscles, les ganglions etc., M. F. n'admet pas moins la nécessité d'un *idéal*, « d'un certain système d'idées directrices pour l'humanité, d'une certaine fin humaine et sociale, sinon universelle, idéal plus ou moins précis de moralité, de justice, et de fraternité. (4) Le sentiment de ce besoin d'idéal fait honneur à la perspicacité et à l'élévation d'esprit de notre auteur, mais non pas à sa logique. Autant la notion d'un idéal à réaliser comme fin à poursuivre, sinon à atteindre, est juste et facile à comprendre, quand on croit, avec toute l'ancienne métaphysique, qu'il y a un absolu réel et vivant dont tout ce qui existe n'est qu'une émanation, une création ou un reflet, autant il est absurde d'invoquer comme principe d'action une idée, c'est-à-dire la représentation d'un être, d'un mode d'existence quelconque en dehors de ce que l'on a déjà vu et touché, c'est-à-dire en dehors de la nature, quand on est parti du principe préalable, — lequel est tout le système positiviste, — que rien n'existe pour le savant en dehors de ce que l'expérience a révélé et de ce que la science a découvert.

Nous n'en finirions pas si nous voulions nous attaquer à toutes les assertions anti-philosophiques, anti-sociales, paradoxales jusqu'à l'inintelligible que renferme un ouvrage destiné dans la pensée de son auteur à

(1) p. 278.
(2) p. 296.
(3) p. 307.
(4) p. 385.

réaliser, pour une part, » la principale tâche de notre siècle ». Mais il y a un point sur lequel nous voulons insister, parce qu'il est toujours utile de bien faire voir de quelle science du dogme chrétien partent ceux qui le considérant, comme une vieille hypothèse désormais inoffensive à force d'être usée, veulent asseoir sur ses ruines les bases de la société de l'avenir.

M. F. consacre tout un chapitre à la « critique de la fraternité chrétienne. » Pour lui la fraternité humaine est une nécessité d'organisation, indépendante des problèmes d'origine et de destinée. « Quand même du sein de la matière, en apparence fatale, pourraient sortir la pensée et la volonté (*il faut bien qu'il en ait été ainsi puis que la science moderne rejette tout miracle*) les êtres pensants ne devraient-ils pas encore se respecter et s'aimer ? » (1) Et voilà la première critique de M. F. contre la fraternité chrétienne : c'est que, selon l'Évangile, les hommes ne sont frères que parce qu'ils descendent du même père : cela semble pourtant assez naturel ! Mais passons.

Selon M. F., le précepte chrétien « ne faites pas à autrui ce que vous ne voudriez pas qu'on vous fît » a le tort d'être purement empirique. « C'est une des raisons pour lesquelles, dans le Christianisme, l'idée du droit est restée si obscure et l'idée de la bienfaisance si longtemps stérile au point de vue social et politique. » (2) Voilà une réflexion bien capable d'abasourdir quelque peu les lecteurs de saint Augustin, de saint Thomas, de Suarez et de tant d'autres, en ce qui touche l'idée droit ; en ce qui touche la bienfaisance, tous les lecteurs de l'histoire ecclésiastique ou plutôt de l'histoire universelle.

M. F. a une manière à lui de rajeunir, par des raisonnements abstraits et surtout obscurs, les vieux griefs qui traînent dans toutes les ornières du rationalisme contre la doctrine catholique. Selon lui le catholicisme est essentiellement intolérant, non pas seulement en droit, mais en fait, « le croyant élève au-dessus des autres hommes ses propres idées et traite ses semblables comme des instruments en vue du grand œuvre qu'il se propose : la fin justifie les moyens » (3). « Il est vrai que saint Paul disait déjà précisément le contraire : *non faciamus mala ut veniant bona* : (Rom. III. 8) et déjà il se plaignait des calomniateurs qui imputaient aux chrétiens cette doctrine : *sicut blasphemamur et sicut aiunt quidam nos dicere,* » mais M. F. n'y regarde pas de si près.

A la suite de Jean-Jacques Rousseau et de bien d'autres, M. F. donne, du renoncement chrétien, une idée grotesque et par là même anti-

(1) P. 330.
(2) P. 338.
(3) P. 340.

sociale : « Il est certain que le renoncement absolu prêché par le Christianisme, s'il était mis en pratique, pourrait entraîner la dissolution de l'organisme social. En fait comme il n'est jamais complet, il aboutit toujours au partage de la société en deux classes, l'une qui donne et l'autre qui reçoit, l'une maîtresse et l'autre esclave, l'une tendant à l'usurpation et l'autre à l'avilissement » (1). Je renonce à comprendre. On voit seulement que M. F. a étudié l'Évangile non pas dans saint Thomas, mais dans M. Spencer, ce qui est bien différent.

Quel théologien pourtant, quel chrétien sachant son catéchisme, pourra comprendre ce que veut dire M. F., quand pour montrer la supériorité de la notion de fraternité dans la « société moderne » par rapport au Christianisme, il écrit : « Le Christianisme a sans doute puissamment contribué à rendre ainsi universel l'amour des hommes ; pourtant dans le Christianisme même, il y a nécessairement des exceptions à l'amour; car si Dieu ne peut aimer ceux qu'il damne éternellement, comment l'homme les aimerait-il ? » (2) Le premier venu parmi les chrétiens dit, au contraire : Si un Dieu a pu aimer tous les pécheurs, sans exception, jusqu'à vouloir mourir pour les sauver tous, quel chrétien pourra excepter un seul homme de son amour ?

« La charité chrétienne, dit M. F., quand on n'y introduit pas la notion philosophique du droit et de la justice, n'est plus qu'un sentiment sujet à toutes les erreurs et à toutes les interprétations abusives, sans aucune rigueur scientifique ni juridique. » (1) La pensée, très suffisamment explicite de l'auteur est que jusqu'à lui, jusqu'à la science moderne, la charité chrétienne n'a été, dans le monde, qu'un pur sentiment du cœur isolé de la notion du droit et de la justice. C'est une thèse déjà soutenue autrefois par M. Vacherot dans un livre qui fut l'occasion du bel ouvrage du P. Gratry intitulé : *Lettres sur la Religion*. « La morale évangélique, disait M. Vacherot, ne parle que le langage du sentiment et de l'amour, tandis que la morale moderne parle le langage plus sévère des principes, du devoir, et du droit. En fait de loi morale, rien n'est supérieur, rien n'est égal à la justice. Voilà pourquoi nous plaçons la morale moderne encore au-dessus de celle de l'Évangile. »

A ces assertions étonnantes que répondait le P. Gratry ? Exactement ce que nous répondrons à M. F. quand il essaie de trouver une sorte d'antinomie entre la fraternité chrétienne et la notion du droit (3). « Avant de parler de la morale évangélique il fallait, ce me semble, lire les chapitres où la morale de l'Évangile est exposée » (4). Une autre

(1) P. 346.
(2) P. 353.
(3) P. 341.
(4) *Lettres sur la Religion* p. 73, toute cette lettre est à lire.

réflexion bien simple, c'est que, dans la doctrine chrétienne telle que l'Église l'enseigne d'après l'Évangile, la notion de fraternité, loin de pouvoir être jamais isolée de celle de justice, la présuppose toujours, et fait de celle-ci la condition préalable de celle-là : selon la doctrine chrétienne, le devoir de justice passe avant le devoir de charité. La fraternité chrétienne c'est la justice, plus quelque chose qui est la charité ; une fraternité qui serait isolée de la justice et du droit sera tout ce qu'on voudra, une passion, un caprice, un amour quelconque, ce ne sera jamais la fraternité chrétienne.

En résumé, quelle est la valeur du livre de M. F. ? Si on se place au point de vue de la science sociale, elle est nulle : jamais aucune société dans aucun temps, dans aucun pays, n'a subsisté ni ne subsistera en prenant pour base de tels principes. Les vérités éparses çà et là, dans ce tissu serré de paradoxes laborieusement enchaînés, on peut les trouver partout ailleurs. Heureusement ces paradoxes mêmes, dans la pratique, ne seront pas dangereux, tant il est difficile d'en suivre jusqu'au bout le pénible développement.

A un autre point de vue la publication du livre de M. F. a une haute et triste signification : elle montre l'impétuosité du courant qui entraîne, de notre temps, les esprits les plus distingués, les plus instruits, les plus laborieux (M. F. est de ce nombre), vers les erreurs les plus monstrueuses, les plus incompatibles avec toute civilisation capable de vivre. Voilà un homme de grande valeur qui, de très bonne foi, parle de science sociale, et par conséquent de droit, de justice, de liberté, de charité ; qui doit tout au moins connaître l'homme pour qui la société est faite : or pour lui l'homme n'est qu'une variété supérieure de l'espèce animale, dont le singe est déjà une ébauche très réussie. Du christianisme, qui a fait toute la civilisation moderne, il ignore tout, sauf les vulgaires propos qui ont cours dans le monde incrédule ; la liberté, il en prononce le nom mais en supprimant la chose ; l'âme n'est qu'un mot, Dieu n'existe pas davantage, et la justice et le droit sont le résultat d'un contrat passé entre des êtres éphémères qui ne sont pas responsables de leurs actes. Le symptôme fâcheux pour notre temps c'est que tout cela puisse s'écrire couramment, que l'auteur, un ancien maître de conférences à l'école normale, soit en voie d'arriver à l'institut, tandis que les doctrines qui soutiennent les vrais principes sont devenues presque impopulaires parmi les lettrés. Que peut-on augurer de bon de l'avenir d'une société où l'auteur d'un livre sur la science sociale peut résumer ainsi, lui-même, les principes qui sont la base de son système ? C'est notre dernière citation :

« Il nous semble qu'on pourrait concevoir l'univers entier comme une vaste société d'êtres dont tous les membres coopèrent d'abord spontanément, puis avec réflexion à la vie du tout ; chacun, en ne suivant d'abord que son intérêt, finit par suivre l'intérêt des autres en vertu de ses liens avec eux ; par là se produit l'ordre universel... Ce n'est donc pas une parole divine, surnaturelle et unique qui a créé le monde, c'est la parole spontanée de tous les êtres, c'est leur aspiration, leur désir. L'être est éternellement partout et partout il veut, il se sent et sent les autres, aspire à penser, à jouir de soi et d'autrui, à prendre conscience de soi et d'autrui, à communiquer pour cela avec lui-même, et avec tous ses membres. Le monde est le langage universel, c'est une idée obscure qui se réalise en se pensant elle-même et en s'exprimant elle-même, par les mille voix et les mille tressaillements de tous les êtres unis dans l'être. Telles sont, en quelques mots, les conjectures métaphysiques qui nous paraissent le plus en harmonie avec les vérités de la sociologie » (1).

Et voilà comment la science sociale, constituée sur des bases positives, réalise « la principale tâche de notre siècle » ! Nous n'avons aucun doute sur le jugement que le siècle prochain portera sur la « principale tâche » de son devancier.

L. LESCŒUR.

---

199. — **Étude sur le traité du libre arbitre de Vauvenargues**, par l'abbé M. Morlais, ancien élève de l'école des Carmes, docteur ès-lettres. — in-8° de v-187 pp. : Paris, E. Thorin. — Prix : 4 fr.

Il s'agissait de réfuter certaines erreurs de Vauvenargues à propos du libre arbitre ; de démontrer, par exemple, la fausseté de cette assertion qui est la clef de tout le système : « L'homme est libre, mais ses actes sont nécessaires » ; — d'établir comment les motifs, la passion, la réflexion peuvent intervenir dans une détermination de la volonté ; d'examiner si le scélérat doit être traité comme un malade, puisque, dans l'hypothèse, le bien et le mal ne dépendent pas de la volonté, etc... Questions fort intéressantes ! Une grande délicatesse d'analyse, une logique rigoureuse, un style clair et pressant : voilà ce qu'il fallait pour toucher à ces problèmes.

M. Morlais ne sera pas étonné, croyons-nous, si nous lui disons qu'il est plus littérateur que philosophe et théologien. Comme son travail est une thèse pour le doctorat ès-lettres, la chose est concevable ; mais il n'en demeure pas moins qu'une réfutation incomplète a souvent plus d'inconvénients que l'objection même. On se dit : S'il n'y a pas d'autre réponse à faire, la difficulté n'est pas tranchée. — M. M. répond quelquefois juste, assez souvent par à peu près, et, généralement, en délayant

(1) P. 417.

sa pensée de telle sorte qu'aucun de ses arguments ne porte un coup décisif. — Vauvenargues est plus clair, plus pénétrant.

M. M. parle (p. 74) de philosophes et de théologiens du moyen âge qui « ont passé une partie de leur vie dans ces régions qui sont au-delà de la terre habitable. » Le premier venu de ces pauvres philosophes et de ces théologiens aurait dit en vingt pages ce que M. M. développe en v-187 pages. Il est vrai qu'au lieu d'une thèse de doctorat ès-lettres, nous aurions eu une *Disputatio*. Il n'est pas mauvais de sacrifier aux Muses, mais il n'est pas nécessaire de leur immoler la théologie et la philosophie, même la philosophie et la théologie du moyen âge.

M. M. est-il bien sûr d'avoir compris ce qu'on appelle liberté d'indifférence? Plusieurs de ses phrases semblent indiquer qu'il est à côté du vrai sens : peut-être le mot a-t-il quitté sa signification théologique pour s'habiller d'un vêtement littéraire! — M. M. est-il convaincu de la parfaite rigueur de son analyse de l'acte de volonté? C'est un point délicat : d'autres que M. M. n'y ont rien vu; nous ne prétendons pas y voir beaucoup plus, mais, pour nous éclairer, nous osons recourir aux philosophes et aux théologiens... du moyen âge. — Pourquoi M. M., dans le chapitre intitulé : « Déterminisme théologique ou janséniste. Prédestinatianisme », ne va-t-il pas jusqu'à la seule vraie réponse? — Enfin pourquoi, en expliquant le rôle des motifs dans la détermination de la volonté, M. M. n'a-t-il pas recouru à Jouffroy (Cours de droit naturel)? Jouffroy est du xixe siècle.

P. MAZOYER.

---

200. — **Ecclesiasticæ historiæ breviarium**, auctore J. L. Berti. continuatum usque ad annum 1879 à P. Lopez. — Paris, Vivès, 1879, 2 vol. in. 8.

Manuel d'histoire ecclésiastique, dû à la collaboration de deux ermites de l'ordre de Saint-Augustin. Le premier, J. Berti, écrivait en 1760, à Florence ; le second est contemporain ; après avoir été missionnaire aux Philippines, il professe la théologie dans un collège de son ordre en Espagne.

Le plan, renouvelé des centuries de Magdebourg, est un peu suranné. L'histoire est divisée par siècles, pour chacun desquels on traite successivement : 1º des papes ; 2º des conciles ; 3º des hérétiques ; 4º des écrivains ecclésiastiques ; 5º des empereurs ; 6º des dogmes, de la discipline et des ordres religieux ; 7º des principaux faits de l'histoire profane. Cette division se reproduit dix-neuf fois avec une régularité qui peut être agréable aux personnes amies de la symétrie, mais ne satisfera qu'imparfaitement celles que préoccupe la recherche et l'expression de la vérité historique. Imaginez que dans un tableau de Raphaël vous découpiez toutes les têtes, puis toutes les jambes, etc., puis que vous classiez par groupes ces membres disjoints. C'est ainsi que procède notre *Breviarium*.

Au point de vue de l'esprit critique, le principal auteur écrivait en un siècle plus sévère que le nôtre ; aussi ne se permet-il pas les excentricités qui abondent maintenant dans la plupart de nos manuels. Le continuateur, tout espagnol qu'il est, n'a pas profité de l'occasion pour compromettre Berti dans les légendes relatives à saint Jacques ni dans les fameuses supercheries de la Higueira. Sans doute, bien des opinions et conclusions ont vieilli ; on aurait pu aller plus avant dans la voie du rajeunissement. Mais ce que je reproche surtout au P. Lopez c'est d'avoir laissé subsister dans le texte et dans les notes une foule d'anecdotes sur les papes, anecdotes curieuses, je l'accorde, mais pas toujours édifiantes. Le P. Berti les rapporte, comme il le dit lui-même, pour montrer aux protestants que l'Église n'a pas peur de la vérité. Peut-être avait-il raison en 1760 : aujourd'hui, je doute qu'il soit nécessaire, même au point de vue apologétique, de raconter qu'Alexandre V aimait le bon vin, qu'Eugène IV était un bâtard de Grégoire XII, que Jules II fut marchand d'oignons, que Jules III conféra la pourpre à un montreur de singes, que Sixte IV.... Sans doute, l'auteur ne répète le plus souvent ces médisances que par les démentir ; mais il en cite une telle quantité qu'on voit bien qu'il s'y complaît. Ce n'est pas de l'histoire, ce sont des historiettes, et pas toutes du meilleur goût ; par exemple l'autopsie d'Innocent X, dans le corps duquel on trouva *septem aquæ œnophora*, et le récit de la mort d'Alexandre V : *hausisse in clystere venenum tradit S. Antoninus in chronicis*. C'est possible, puisque saint Antonin le raconte ; mais ce détail n'est pas tellement mémorable qu'on n'eût pu s'en passer dans un manuel de séminaire. On doit en dire autant des pasquinades et autres épigrammes en vers latins qui encombrent souvent le bas des pages. Citons, par exemple, le distique de Sannazar sur la mort de Léon X.

> Sacra sub extrema si forte requiritis hora
> Cur Leo non potuit sumere : — vendiderat.

ou encore le dialogue entre un passant et le prétendu fils de Paul V, soi-disant pendu en place de Grève :

> .....Nothus ergo es ?
> Imo legitima conjuge Papa carot.

Encore une fois, je constate que le P. Berti proteste de son entière incrédulité à l'endroit de ces cancans ; mais alors pourquoi s'amuse-t-il à les collectionner ?

Du reste cette passion de l'anecdote paraît tourmenter aussi son continuateur. Ainsi (t. II, p. 240) il nous raconte que les conventionnels, non contents d'abuser du *supplicium guillotinæ*, faisaient vendre au marché la chair de leurs victimes et se revêtaient de leurs peaux ; ces peaux leur servaient aussi de parchemin pour écrire la Constitution ; l'abbé Gaume, ajoute-t-on, avait vu de ses yeux un volume ainsi fait. Voilà des détails bien intéressants ; mais peut-être ne sont-ils pas entièrement exacts. L'auteur m'inspire des doutes en confondant, quelques lignes lignes plus bas, le Consulat avec le Directoire, en parlant (p. 318) d'un second consulat, celui de Louis Bonaparte (1848), lequel est présenté comme le fils du roi Jérôme. Ailleurs, (p. 299) il fait du cardinal Pitra un ancien abbé de Solesmes et de Rohrbacher un Belge. Ces dernières inexactitudes, très vénielles, je l'accorde, pour un auteur espagnol, figurent dans une revue de la littérature contemporaine où l'on peut cueillir des choses singulières. Dans le catalogue des travaux sur l'histoire ecclésiastique, on ne mentionne pas l'*Histoire des conciles* d'Hefele ; Mgr. Dupanloup est appelé *Vaticani concilii parens* (p. 300) ; *parens* a ici un sens excessif : l'auteur veut dire que Mgr Dupanloup a été l'un des pères et non pas le père du concile, titre qui conviendrait tout au plus au Pape. Pour dissiper les doutes qu'une latinité aussi extraordinaire pouvait soulever, on n'a qu'à se reporter au récit du concile du Vatican, où l'auteur démontre que c'est aux évêques espagnols qu'on doit la définition de l'infaillibilité. Ils étaient, dit-il, *Papae regalis custodia*. Cette apparition de la bannière castillane n'est pas isolée. Dans le même récit du concile je vois qu'un prélat espagnol, Mgr *Michael Paja*, *Cochensis episcopus* était appelé, et avec raison, *jure*, le Chrysostome du concile : c'est même sur un discours de lui que la minorité se décida à abandonner la discussion. En bien d'autres endroits, les faits sont racontés au même point de vue patriotique ; de plus, comme l'auteur est un moine augustin, il n'a garde d'oublier son ordre. Ce sont deux augustins espagnols qui défendirent l'île de Manille contre les Anglais en 1763 ; l'un d'eux, Facundo Acosta, transforma les cloches en canons avec une merveilleuse dextérité, *mira dexteritate* ; on ne s'attendait guère à rencontrer ce talent dans un ermite. Les grands succès d'O'Connell ont été préparés par un évêque augustin ; partout où il se fait quelque chose de remarquable on est sûr de trouver un augustin.

Ces sentiments n'empêchent pas l'auteur de rendre justice aux talents étrangers ; voir par exemple, p. 297, l'éloge lyrique de l'abbé Moigno : *Quid de Francisco Maria Moigno et Antonio Jovio de Auxano ?* (Ce dernier auteur m'est inconnu. C'est un augustin, il est vrai, mais Italien. Les augustins abondent tellement dans ce volume qu'il est difficile de trouver une phrase où il n'y en ait pas au moins un). *Primus, Gallus, canonicus S. Dionysii, communi luci* (1) *1804 donatus... Alter vero italus, ordini S. P. Augustini addectus.... cujus meritum prædicant et summopere extollunt repetitæ quotidie editiones.* Ces éditions quotidiennes, je les souhaite au *Breviarium*, à condition toutefois qu'on les écoule aux îles Philippines (2). Pour la prochaine, parmi bien d'autres modifications, il en est une que je lui recommande particulièrement : qu'il établisse une juste proportion entre les biographies des papes contemporains. La préface est datée du 28 août 1879, dix-huit mois après l'avènement de Léon XIII. Pourquoi la vie du pape actuellement régnant occupe-t-elle le même nombre de pages que celle de Pie IX ? C'est une disposition un peu prophétique : Dieu veuille que cette prophétie s'accomplisse et que Léon XIII démente, comme son prédécesseur, le proverbe sur les années de Pierre. Mais attendons en 1900, si nous vivons, à raconter son histoire avec ce détail.

Une dernière observation sur la langue. Le latin est la langue de l'Église, je l'accorde, mais ce n'est pas une raison pour le maltraiter comme on fait en ce livre : une teinture d'espagnol ne serait pas de trop pour le comprendre. En vain l'auteur exciperait-il de son titre de théologien ; il y a des théologiens qui écrivent correctement en latin, et l'exemple leur vient de haut, de très haut. C'est presque un dogme que l'on peut estimer saint Thomas sans mépriser Cicéron.

En terminant ce compte-rendu, je ne puis dissimuler une impression de tristesse. Ce livre étrange est un manuel d'enseignement. On l'a imprimé avec l'intention de le répandre dans certaines écoles qui, pour être situées au delà des Pyrénées, n'en sont pas moins composées de jeunes clercs intelligents, sur lesquels des églises ou des ordres religieux fondent quelques espérances. Voilà pourtant l'aliment qu'on leur donne ; voilà le sérieux avec lequel on traite devant eux une science aussi grave que l'histoire de l'Église !

L. DUCHESNE.

---

201. — **Histoire universelle**, par Marius FONTANE, 1re partie. L'*Inde Védique* (de 1800 à 800 av. Jésus-Christ) 1 vol. in-8° de VII-430 pages, Paris, Alphonse Lemerre, 1881. — Prix : 7 fr. 50.

L'éditeur Alphonse Lemerre commence par ce volume la publication d'une histoire universelle qui devait être, selon lui :

(1) Je crois qu'il faut expliquer comme s'il y avait *communi luce* ; dans le latin spécial de l'auteur, le datif prend souvent la place de l'ablatif.

(2) On pourrait ajouter : dans les provinces basques ; l'histoire contemporaine d'Espagne est traitée au point de vue du carlisme le plus accentué.

« Écrite simplement et clairement, afin que tout lecteur quelconque (sic) la pût lire ;

« Dégagée de tous termes techniques et obscurs, un tel récit devant être surtout instructif ;

« Conçue de telle sorte, qu'elle fût assurée de conserver toujours sa place dans une bibliothèque. Combien de récits historiques ne se sont-ils pas trouvés, au moment même de leur publication, comme frappés de caducité par l'inévitable effet de découvertes récentes?... Il y avait à craindre qu'une Histoire universelle ne fût fatalement condamnée à un perpétuel recommencement ;

« Appuyée enfin sur des autorités que ne pussent atteindre, dans l'avenir, ni les arrêts de la critique, ni les conquêtes de l'érudition... »

Ce plan est-il réalisable ? A-t-il été réalisé par M. Marius Fontane dans ce volume ? Il est permis d'en douter. Les jugements de l'histoire ne sont jamais définitifs. Pour cette science, il est aussi un progrès, et ce progrès consiste à faire mieux connaître les faits, à rectifier les premières assertions, à réformer les jugements, sinon dans leur ensemble, du moins dans leurs détails.

En ce qui concerne l'Inde védique, nous ferons remarquer que le dernier mot de la science est loin d'être dit. Le progrès de l'idée religieuse dans ces temps reculés, la détermination des noms géographiques, la discussion des rapports des races entre elles, voilà autant de problèmes qui ont été abordés par des savants consciencieux, sans avoir été pour cela complètement résolus. Qu'étaient les Aryâs? Qu'étaient les Dasyous? Et avec quels peuples faut-il identifier les différentes tribus qui formaient cette dernière race? L'histoire n'a pas encore pu le déterminer d'une manière certaine.

Ce désir de produire une histoire définitive, qui ne pût pas être en contradiction avec les découvertes futures de la science, a eu un grave inconvénient. M. M. F. a évité tout ce qui pouvait prêter à la discussion, et est resté dans le vague. Il n'a pas même osé parler de l'origine des Aryâs, bien que tout porte à croire qu'ils venaient de la Bactriane, où ils avaient habité un certain temps avec les autres membres de la race japhétique. Il s'est bien gardé d'indiquer les dates approximatives qui se rattachent aux diverses phases de l'histoire des Aryâs à l'époque védique, il a évité avec trop de soin les noms propres que présente cette histoire. Enfin, il n'a pas renvoyé aux sources : ces indications auraient été nécessaires pour les lecteurs qui veulent contrôler le travail de M. F. L'index alphabétique qui termine le volume est loin de compenser un oubli aussi regrettable : car cet index lui-même est insuffisant.

Telles sont les observations que nous croyons devoir adresser à l'auteur en nous plaçant avec lui sur un terrain commun. Dans les questions qui touchent à la théologie, nos réserves seraient encore plus grandes. C'est pourquoi nous ne pouvons pas conclure avec l'éditeur : « Une histoire ainsi faite ne peut vieillir, puisqu'elle n'est faite qu'avec du définitif : elle sera donc complète et définitive. » Nous croyons, au contraire, que M. M. F. fera bien de revoir son sujet, de le compléter et de lui donner la forme scientifique qui lui manque.

A. LEPITRE.

202. — **Les savants illustres du XVIᵉ et du XVIIᵉ siècle** par C. A. VALSON, doyen de la faculté catholique des sciences de Lyon. Paris, Victor PALMÉ, 1880, 2 vol. in-12 de LXXXIII-342 et 378 pp. — Prix : 3 fr. le vol.

M. Valson, en retraçant la vie et les travaux des savants les plus illustres du XVIᵉ et du XVIIᵉ siècle, s'est surtout proposé de faire ressortir l'influence décisive qu'ils ont eu sur le mouvement scientifique et intellectuel de leur époque, une des plus importantes de toute l'histoire. Il constate que si, de nos jours, les résultats scientifiques sont généralement connus, il en est autrement des savants eux-mêmes. « Le plus souvent » dit-il, (p. 2), on se borne à étudier la partie purement technique de leurs œuvres ; on néglige les enseignements et les grands exemples de leur vie ; on s'inquiète peu des principes et des méthodes qui les guidaient ; on s'intéresse à peine à tout ce qui concerne le travail philosophique de leur pensée, c'est-à-dire à ce qui constitue, en définitive, la meilleure partie d'eux-mêmes. » M. Valson, après avoir exposé, dans un remarquable discours préliminaire, ses idées sur le rôle de la philosophie dans les sciences, sur l'expérience et la métaphysique, sur le système de Locke et sur celui de Kant, sur la véritable méthode scientifique, sur le matérialisme, sur le sentiment religieux dans les sciences, sur les principaux ouvrages relatifs à l'histoire des sciences, s'occupe successivement (t. I) de Copernic (pp. 1-44), de Tycho-Brahé (pp. 45-98), de Képler (pp. 99-197), de Galilée (pp. 198-332), et (tom. II) de Pascal (pp. 1-82), de Descartes (pp. 83-186), de Newton (pp. 187-271) de Leibnitz (1) (pp. 273-360.) Toutes ces notices sont faites de main de maître. C'est avec un style clair, nerveux, excellent, et qui parfois s'élève jusqu'à l'éloquence, que le savant auteur raconte la vie de tous ces grands hommes et apprécie leurs magnifiques travaux. Familier avec leurs œuvres, avec leurs découvertes, il nous les fait admirablement connaître. Rajeunissant des sujets souvent traités, il nous apprend bien des choses nouvelles et, pour Galilée notamment, il

---

(1) Le philosophe signait toujours *Leibniz*, pourquoi donc ajouter à son nom un lettre qu'il n'y mettait pas lui-même ?

a pu déclarer avec toute vérité que la *question n'est pas épuisée,* malgré les études nombreuses et approfondies dont elle a été l'objet.

Nous ne pouvons suivre M. V. dans les huit notices qui remplissent ses deux volumes : qu'il nous suffise de dire que l'on y trouvera les plus ingénieux rapprochements, les plus lumineuses discussions, les plus curieuses particularités, et que, soit comme biographe, soit comme critique, il s'exprime partout avec autant de charme que d'autorité. On doit une mention particulière aux bons et beaux sentiments, aux idées élevées, qui animent l'auteur et qui lui ont inspiré de chaleureuses et admirables pages. Ces sentiments, ces idées font de son livre, déjà si instructif et si précieux, un livre éminemment moralisateur.

Nous ne mêlerons à nos éloges qu'une seule observation : nous regrettons que M. V. n'ait pas indiqué, en des notes mises au bas des pages, les sources où il a puisé ses diverses assertions. Sans doute, il est de ceux que l'on croit sur parole, mais rien, à nos yeux, ne dispense un érudit, même le plus renommé pour la conscience et l'exactitude qu'il a apporté en ses recherches, rien, disons-nous, ne dispense un érudit de l'obligation de fournir au lecteur le moyen de tout vérifier. Que, dans une nouvelle édition, qui ne peut manquer d'être bientôt donnée, M. V. tienne compte de ces *desiderata*, et rien ne manquera désormais à un recueil digne, à tous les points de vue, des savants illustres auxquels il est consacré.

Tamizey de Larroque.

PUBLICATIONS DE LA QUINZAINE

425. — Azaïs (G.). — Dictionnaire des idiomes romans du midi de la France, comprenant les dialectes du haut et du bas Languedoc, de la Provence, de la Gascogne, du Béarn, du Quercy, du Rouergue, du Limousin, du Dauphiné, etc.; T. 3. 3ᵉ livraison. In-8°, p. 528 à 827. Paris, Maisonneuve et Cie. 5 fr. 60.

426. — Ducamp. *Les convulsions de Paris*, 5ᵉ édit. Paris, Hachette, 1881, 5 vol. in-18 jésus.

L'ouvrage de M. Ducamp n'a plus besoin de recommandation. Il a atteint sa cinquième édition, et nous espérons bien qu'il n'en restera pas là. C'est une histoire sans doute, mais qui a plus d'intérêt que beaucoup de romans. L'auteur a su dépeindre ces terribles et ridicules jours de la Commune de manière à en montrer tout à la fois le côté odieux et le côté grotesque. Sans prétendre à être complet, il n'omet rien d'essentiel : les prisons si remplies pendant ce temps de licence, l'hôtel de ville deshonoré par des bandits en uniformes galonnés, la reprise de Paris à la fin de mai, rien n'est oublié. Mais malheureusement ceux à qui ce beau livre ferait du bien ne le liront pas. Il faudrait une édition populaire qui pût pénétrer chez tous ces ignorants ou ces égarés que la *Commune* séduit encore. L'auteur et l'éditeur s'y décideront peut-être; nous le leur demandons instamment. Il ne s'agit pas seulement de faire des *Convulsions de Paris* la lecture des oisifs ou des riches; il faut que l'ouvrier apprenne tout ce qu'on a voulu tirer de lui, par quelles mains malpropres il a été exploité, et qu'il juge par ce qu'on a voulu lui imposer du but auquel on veut le conduire. Mais, hélas ! comprendra-t-il ? En tous cas M. M. D. a fait un beau livre et une bonne œuvre.

C.-T. M.

427. — Fresquet. *Précis d'Histoire des sources du droit Français depuis les Gaulois jusqu'à nos jours.*. Larose. Un vol. in-12, 3 fr. 50.

428. — Genlis (de). *Mademoiselle de Clermont, avec une notice par* M. de Lescure. Paris, Jouaust, 1880. in-18, de x-86 p. — Prix : 3 fr. 50.

Tous les bibliophiles savent que M. Jouaust a formé, sous le titre de *Petits chefs d'œuvre*, une collection qui, en octobre 1880, se composait déjà d'une trentaine de délicieux volumes. La célèbre nouvelle de Mme de Genlis méritait à tous égards d'entrer dans cette collection, Joseph Chénier a donné à cette nouvelle les plus justes éloges en disant dans son *Tableau de la Littérature* (1808) qu'il y a là « action simple, style naturel, narration animée, intérêt toujours croissant, » et que l' « on croit lire un ouvrage posthume de Mme de Lafayette. » M. de Lescure, dans une notice fort bien faite, a indiqué, d'après le *Journal* de l'avocat Barbier, d'après celui de l'avocat Matthieu Marais, enfin d'après l'*Histoire de la Régence* de Lemontey, les éléments historiques de l'exquis roman qui fera vivre le nom de Mme de Genlis bien longtemps après que l'on aura oublié ses deux cents autres volumes.

T. de L.

429. — Germain (A.). *L'école de médecine de Montpellier*, ses origines, sa constitution, son enseignement ; étude historique d'après les documents originaux : In-4^0 152 p. Montpellier, Martel.

430. — *Grandes* (les) *Scènes historiques du* XVIe *siècle* ; reproduction fac-simile des gravures exécutées au cours des événements par Tortorel et Perrissin, publiées sous la direction de M. Alfred Franklin, administrateur adjoint de la bibliothèque Mazarine, et accompagnée de notices historiques par MM. Baudry, Bordier, Delaborde, Lalanne, Lenient, de Longpérier, Maspéro, Rambaud, Waddington, etc. Livraison 1. In-folio à 2 col., 4 p. et 1 planche. Paris, Fischbacher.

L'ouvrage sera publié en 44 livraisons, contenant chacune une planche en héliogravure, accompagnée, sauf pour trois ou quatre d'entre elles, de la notice historique correspondante. Il parait une ou deux livraisons chaque mois, du prix de 3 fr.

431. — Goncourt (de). *La maison d'un artiste*. Charpentier. 2 vol. in-18. : 7 fr.

432. — Havet (J.). — *L'Hérésie et le Bras séculier au moyen âge jusqu'au* XIIIe *siècle* ; In-8°, 71 p. Paris, Champion.

433. — Ingold. — *Les miracles du Cardinal P. de Bérulle*, instituteur des Carmélites de France, fondateur de l'Oratoire, d'après des documents inédits. Paris, Sauton, 1881, petit in-12 de 89 pp. 2 francs.

Très bon petit livre, rempli de documents curieux et qu'on lira avec plaisir et profit. La mémoire du Cardinal de Bérulle, homme d'État peut-être insuffisant, mais homme de Dieu dans toute l'acception que le mot comporte, n'a pas obtenu les honneurs qu'elle mérite. Richelieu a moqué son pieux collègue, quelques adversaires religieux l'ont dénigré. Malgré ces circonstances fâcheuses, la faveur populaire, surtout depuis la grande œuvre de M. Houssaye, revient au fondateur de l'Oratoire et du Carmel en France. Le P. I. vient efficacement en aide à ce légitime mouvement de l'opinion. On y lira surtout avec intérêt la lettre du P. Hervé, en date de Besançon, 23 janvier 1679. Peut-être à la place de l'éditeur aurais-je supprimé une phrase de la p. 12, si finement tournée qu'elle paraisse. Mais après tout je ne puis pas trop la lui reprocher, parce que je suis pleinement de son avis.

C. T.

Le gérant : A. Sauton.

BULLETIN CRITIQUE

DE LITTÉRATURE, D'HISTOIRE ET DE THÉOLOGIE

SOMMAIRE. — 203. DESDOUITS, La métaphysique et ses rapports avec les autres sciences, *Hébert*. — 204. LECANU, Conférences de dogme et de morale, *Jehenne*. — 205. GEBHARDT et HARNACK, Evangeliorum codex rossanensis, *Duchesne*. — 206. SCHULTE, Die Geschichte der Quellen des canonischen Rechts. *P. Viollet*. — 207. PARROT, Mémorial des abbesses de Fontevrault. *T. de Larroque*. — 208. RÉVEILLÉ-PARISE, Physiologie des hommes livrés aux travaux de l'esprit. *A.-I. de St.-A.* — 209. COHEN, Description des monnaies impériales. — 210. Catalogue d'une collection de médailles romaines, *Thédenat*. — Correspondance. — Publications de la quinzaine.

---

203. — **La métaphysique et ses rapports avec les autres sciences**, par Th. DESDOUITS, docteur ès-lettres, professeur agrégé de philosophie au lycée de Versailles, 1 vol. de 232 pp. Paris, Ernest Thorin, 1880.

Faut-il considérer la métaphysique comme une science, ou seulement comme une belle et consolante poésie? Doit-on se contenter de vraisemblances, d'hypothèses, en dehors de la sphère des phénomènes ou des abstractions mathématiques?

La métaphysique, répond M. D., est véritablement une science. Outre qu'elle est éminemment synthétique et générale, elle possède comme les mathématiques, des *notions* (celle de l'infini, par exemple), on ne peut dire adéquates, mais parfaitement suffisantes pour nous faire distinguer leur objet de tout autre; elle s'appuie aussi sur des *axiomes* (ceux de contradiction, de causalité, etc.), principes a priori que l'expérience ne donne pas, mais dont elle permet à la raison de prendre conscience; dès lors le métaphysicien peut, aussi légitimement que le mathématicien, aller du connu à l'inconnu, et atteindre, de conséquences en conséquences les plus sublimes vérités. Sans doute, ses conclusions ne pourront être soumises à une *vérification* expérimentale, comme dans les sciences naturelles; mais est-il étonnant que les réalités immatérielles ne tombent pas sous les sens? D'ailleurs, la vérification s'ajoute à la certitude déjà acquise, la confirme, ne la constitue pas, par suite n'est jamais exigible. M. D. admet cependant la possibilité d'une vérification *indirecte*; ainsi, la célèbre expérience de M. Plateau, confirmerait la doctrine de la nécessité d'un premier moteur.

La seconde partie est consacrée à discuter les objections des positivistes et des sceptiques : 1° les notions et les principes premiers ne sont-ils pas de simples généralisations de l'expérience ? 2° ont-ils une valeur objective? Enfin, dans une dernière partie, l'auteur expose les progrès définitivement acquis en métaphysique : l'hypothèse du hasard, l'hypothèse dualiste abandonnées; le matérialisme forcé de se spiritualiser, ou de se transformer en positivisme, c'est à dire de substituer le simple doute à la négation dogmatique ; la lutte circonscrite désormais entre le spiritualisme et les adversaires de toute métaphysique ; le spiritualisme enfin, abandonnant son ancien point de vue étroit, exclusif, et devenant une école de conciliation « véritablement éclectique et par conséquent équitable. »

Écrit dans un excellent esprit, avec une netteté d'expression et d'exposition assez rare en pareille matière, l'ouvrage de M. D. méritait bien la haute distinction dont l'a honoré l'Académie des sciences morales. Est-ce à dire que toutes les pages de cet intéressant plaidoyer aient une égale valeur? M. D. nous permettra, selon sa parole si judicieuse, d'être « éclectique et par conséquent équitable. » Kant regarde le moi, substance et cause, comme un sujet hypothétique, un x, à l'aide duquel la multitude des phénomènes internes se ramène à l'unité. Cette doctrine, remarque très justement M. D. (p. 73 à 77) est en contradiction avec le fait même de conscience qu'elle prétend expliquer; mais l'idée de Kant n'aurait-elle pas toute sa valeur si on en restreignait l'application à la perception extérieure? M. D. le nie, car, dit-il ; (p. 72), le phénomène n'est pas l'objet direct de la connaissance ; c'est la substance que l'âme perçoit immédiatement, et en la percevant, elle produit un acte qui est précisément le phénomène : id *quo*, non id *quod* cognoscimus, disait déjà l'école. Mais cette théorie peut-elle vraiment se concilier avec les nombreuses expériences, faites de nos jours, où nous voyons le système nerveux jouer, dans la sensation un tout autre rôle que celui de *medium quo?* D'ailleurs, faisons abstraction de tout élément phénoménal, de toute impression subjective dans l'acte de perception, que reste-t-il? Parlons franc : absolument rien comme *connaissance*, et seulement une *croyance* à un quelque chose, raison d'être des phénomènes : or, Kant n'a jamais nié que nous *croyions* aux réalités substantielles, il en a seulement rejeté la prétendue *intuition*.

M. D. soutient aussi (p. 125) que mettre en doute l'objectivité des raisonnements métaphysiques, c'est ébranler l'édifice entier de la science. N'est-ce pas un peu forcé? Dans les mathématiques, dans les sciences naturelles, le savant s'occupe d'abstractions, de phénomènes et ne s'élève pas au delà ; le métaphysicien, au contraire, de ces abstractions, de ces phénomènes, passe à des existences, à des réalités ; Kant n'est-il pas fondé à demander : de quel droit? Si nous n'avions à notre service que des axiomes à priori, essentiellement abstraits, comment l'engrenage syllogistique en ferait-il sortir le concret? Il est vrai que M. D. admet, parmi les *axiomes* de la raison l'*affirmation de l'infini* (p. 31); voilà bien une transition de l'abstrait au réel, mais c'est un élément d'un genre tout nouveau, introduit subrepticement, et tout esprit rigoureux répondrait avec saint Thomas d'Aquin : « *Non est datum a ponentibus Deum non esse.* » (1ᵉ; q. II; a. I, ad. 2.). Enfin, dans ses réfutations, M. D. ne prend-il pas trop exclusivement à partie le philosophe allemand? Tient-il assez compte de l'École critique française dont les importants travaux ont singulièrement modifié ce que la doctrine du maître avait d'obscur, d'artificiel ou de dangereux (1)? Nous nous permettrons d'indiquer à nos lecteurs un ouvrage (2) également couronné par l'Académie des sciences morales, où sont traitées, suivant les théories critiques, les questions étudiées par M. D. au point de vue dogmatiste ; ils y trouveront, croyons-nous, matière à d'intéressants et fructueux rapprochements.

M. Hébert.

---

204. — **Conférences de dogme et de morale**, par M. l'abbé Lecanu, ancien missionaire, curé de Beslon (Manche). Paris, Bloud et Barral, 1879, 3 vol. in-8° de 508-498-496 pp. Prix : 14 fr.

Il est inutile de vouloir prouver que l'Église de France compte à l'heure qu'il est, dans ses rangs, un grand nombre de prédicateurs remarquables, non seulement parmi les ordres religieux qui ont pour mission spéciale la prédication, mais aussi parmi le clergé séculier. Dussions-nous étonner quelques-uns de nos lecteurs, nous dirons bien haut que le clergé paroissial donne souvent les instructions les plus solides et les plus pratiques. Le prêtre séculier n'a pas toujours le brillant dans la forme ni le feu dans l'action que possèdent généralement les religieux, mais il s'usera moins vite que ces derniers. — Si je loue sans réserve les prédicateurs catholiques de notre temps, je ne puis louer de mêmes les nombreux *Sermonaires* qui ont vu le jour dans ces dernières années. Le clergé semble atteint de ce mal moderne et étrange que l'on remarque partout « la manie de faire imprimer ses œuvres ». En vain fait-on remarquer à de vénérables ecclésiastiques que les sermons qu'ils veulent livrer au public ont été cent fois traités par des hommes qui leur sont su-

---

(1) Voir, par exemple, sur cette question de la valeur de nos connaissances, la très remarquable thèse de M. Victor Brochard : « *l'Erreur* » 1 vol. in-8° de 210 p. Germer-Baillière.

(2) « *La science positive et la métaphysique* » par M. Louis Liard, in-8° de 484 p. même librairie.

périeurs! n'importe!!! Parmi eux, est M. l'abbé Lecanu. Son éditeur, qui se charge de rédiger l'avis au lecteur, débute par une tirade contre ces prédicateurs qui sont entrés, selon lui, dans une voie regrettable en prenant parfois des allures profanes et en citant des auteurs païens. Peut-être a-t-il raison; mais comment oser exprimer ces regrets en annonçant l'ouvrage de M. L. qui précisément abuse d'une façon intolérable des noms et des citations profanes? Les noms de tous les hommes célèbres anciens et modernes, les noms de tous les pays connus dans les cinq parties du monde se trouvent dans son livre : avec les matériaux que j'y trouve, je m'engage à faire un petit résumé d'histoire et de géographie, soit pour les temps anciens, soit pour les temps modernes. Ainsi dans le sermon qui a pour titre : *Pénitence, Jeûne. Abstinence*, on voit en quelques lignes défiler les Hébreux, les Assyriens, les Égyptiens, les Indiens, les Grecs, les Chinois; ensuite Brahma, Mahomet, Platon, Pythagore, Épicure, Tite-Live, Caton, Virgile, Horace, Vespasien, Auguste, Marc-Aurèle, Sévère, Porphyre. Il faut beaucoup de bonne volonté pour croire sur simple affirmation que tous ces peuples et ces hommes ont proclamé le jeûne et l'abstinence comme moyen de civilisation et d'adoucissement des mœurs. — Toutes ces conférences sans exception sont remplies de noms propres; ainsi, tome 1ᵉʳ p. 125, nouveau défilé, Phidias : Apelles, Raphaël, Michel-Ange, Rubens, Tertullien, Basile, Ambroise, Augustin, Chrysostome, Alcuin, Gerbert, Lanfranc, Bacon, saint Thomas, etc., puis les universités de Montpellier, Toulouse, Orléans, Bordeaux, Bourges, Poitiers, Reims, et cela en vingt lignes. Où M. L. parle pour le peuple des campagnes, ou pour un auditoire plus instruit; dans le premier cas, il dit trop, dans le second trop peu. Un homme instruit, entendant qu'un philosophe ancien est appelé en témoignage, veut une citation textuelle. Quand au peuple, il dira comme ce brave homme de la Manche entendant cette tirade : « Mon Dieu! où va-t-il chercher tous ces noms là?? » Puis M. L. nous permettra de dire qu'il y a dans son livre des choses peu compréhensibles, par exemple, t. 1, page 8 : « Au milieu d'une belle nuit voyez ces astres répandus dans la voûte du firmament, ils ne nous paraissent qu'un petit point, cependant ces globes par leur immensité surpassent de beaucoup la terre; de même, les vérités de la Religion quand elles sont éloignées ne nous paraissent que des points imperceptibles, il faut donc assister avec zèle aux instructions de l'Église. Cette ignorance est elle excusable dans ces hommes qui n'assistent jamais à la grand'messe ou qui, pendant que le prêtre annonce la parole divine, vont se plonger dans les lieux de débauche. » *Desinit in piscem;* nous tombons, on ne sait trop comment, des astres dans les lieux de débauche; on s'imagine difficilement un brave homme quittant l'église pour aller se plonger, etc.

— M. L. a beaucoup lu, beaucoup compilé, mais tout est mal digéré.

Dans sa préface l'éditeur nous dit que l'auteur s'est peu préoccupé de savoir si les divisions de ses discours étaient toujours en rapport avec les règles de l'art. On s'en aperçoit vite, mais c'est un grand tort ; sans doute un orateur chrétien peut faire une excellente instruction sans se préoccuper des divisions; mais du moment qu'il les fait imprimer, par le fait même il les propose pour modèle; le lecteur a droit d'exiger des divisions ou au moins un certain ordre dans les idées, ce que je ne vois pas dans M. L. Enfin, que l'auteur nous permette de lui dire en terminant que les lettres de NN. SS. de Coutances et de Nantes louent vivement son zèle, et c'est justice, mais ne louent d'aucune façon la valeur intrinsèque de son ouvrage.

Jéhenne, *miss. apost.*

---

205. — **Evangeliorum codex purpureus Rossanensis (Σ) litteris argenteis sexto ut videtur sæculo scriptus picturisque ornatus, seine Entdeckung, sein wissenschaftlicher und künstlerischer Werth**, dargestellt von Oscar v. Gebhardt und Adolf Harnack, Leipzig, Giesecke und Devrient, 1880, 1 vol. in-4 de 50 p. avec 19 planches.

Les manuscrits grecs écrits en lettres d'or ou d'argent sur du parchemin couleur pourpre passaient pour *albo corvo rariores*, au dire de l'éditeur d'un de ces précieux monuments (p. v. note 2). On n'en connaissait pas d'autres que la Genèse illustrée de Vienne, le Psautier de Zurich et l'Évangile de Patmos dont la partie actuellement conservée dans cette île a été publiée par l'auteur de ce compte-rendu (*Archives des Missions*, 3ᵉ série, t. III, p. 386 et suiv). MM. von Gebhardt et A. Harnack viennent d'en découvrir un quatrième dans les archives capitulaires de la petite ville de Rossano, en Calabre. Il contient en 200 feuillets les deux évangiles de saint Matthieu et de saint Marc, accompagnés de miniatures aussi anciennes que le texte. Le présent volume est destiné, comme son titre l'indique, à faire connaître au public les circonstances de la découverte et à en signaler l'intérêt. M. v. Gebhardt s'est plus particulièrement occupé du texte, M. Harnack des miniatures.

L'écriture est disposée en deux colonnes et divisée suivant le système d'Ammonius : les chapitres, annoncés par une initiale plus grande que les autres lettres et placée en vedette, portent la numérotation ammonienne et les chiffres des canons d'Eusèbe; les titres sont écrits dans la marge supérieure ; tous ces détails rapprochent le manuscrit de Rossano de celui de Patmos avec lequel il avait déjà en commun la couleur pourpre du parchemin et l'encre d'argent. Mais la conformité est aussi frappante au point de vue du texte : un choix de variantes réuni par M. v. G. met le lecteur à même d'en juger. On avait déjà reconnu que le ms. de Patmos, bien qu'il ne représente pas un texte aussi pur que le *Vaticanus* et le *Sinaïticus*, est cependant exempt de bien des retouches postérieures. Il est inutile de dire que le premier soin des voyageurs a été de prendre une collation minutieuse; mais ils ne l'ont pas publiée dans ce volume (1). En revanche, deux belles planches coloriées donnent des spécimens de l'écriture et en particulier des abréviations et des liaisons de lettres. Je regrette que l'une de ces planches n'ait pas été consacrée à la reproduction intégrale d'une page entière du manuscrit.

La seconde partie du livre traite des miniatures, dont les planches III-XIX reproduisent le dessin. Elles se trouvent au commencement du manuscrit, sur les feuillets 1, 2, 3, 4, 7, 8; l'ordre de ces feuillets n'est pas primitif; il a dû s'en perdre quelques-uns. Ce qui reste fournit dix-huit scènes, en général relatives à la vie de N.-S., depuis la résurrection de Lazare jusqu'à la pendaison de Judas; en dehors de ce cycle on trouve l'histoire des vierges folles et des vierges sages, la guérison de l'aveugle-né et la parabole du bon Samaritain. Les peintures occupent le haut des pages : quelquefois il y en a deux, l'une au-dessus de l'autre; au bas, sauf sur le feuillet n° 8, on voit toujours quatre prophètes, représentés à mi-corps au-dessus de petits cadres dans lesquels sont écrits des textes de l'Ancien Testament correspondant aux scènes évangéliques.

Ces peintures, du plus haut intérêt pour l'histoire de l'art chrétien, peuvent être rapprochés des miniatures de la Genèse de Vienne, mais plus particulièrement des célèbres mosaïques de Sant'Apollinare Nuovo à Ravenne, exécutées sous Justinien. La ressemblance est ici frappante. Quelques-unes des scènes du manuscrit de Rossano sont uniques dans l'ancien art chrétien, ou tout au moins ne se rencontrent sur aucun monument plus antique : ainsi, les vendeurs chassés du temple, le lavement des pieds, la distribution du pain et du vin eucharistiques aux apôtres, l'histoire du bon Samaritain, les juifs accusant le Christ devant Pilate, le Christ et Barabbas. D'autres fois, le sujet est traité dans le manuscrit d'une tout autre manière que dans les exemples jusqu'ici connus : je citerai, en particulier, la scène du Christ devant Pilate, où le gouverneur et tous les officiers et autres fonctionnaires romains portent les costumes byzantins du sixième siècle, comme Justinien et sa cour dans les mosaïques de St-Vital de Ravenne. Les seuls personnages nimbés de ces miniatures sont le Christ (nimbe crucifère), les anges, les prophètes. Dans une bordure historiée, les quatre évangélistes ont

---

(1) MM. V. Gebhart et Harnack ont donné à leur manuscrit le sigle Σ, qui désormais le désignera dans le langage de la critique biblique.

aussi cet attribut ; mais sur le frontispice de l'évangile de saint Marc, où ce personnage est représenté assis et écrivant, on ne lui a pas donné de nimbe ; devant lui se tient une figure de femme qui paraît lui dicter : elle est nimbée. S'il s'agissait de l'évangile de saint Luc, on pourrait croire que c'est la sainte Vierge. M. Harnack conjecture que ce peut être l'Église personnifiée, dont le rôle inspirateur serait conçu comme dans le Pasteur d'Hermas.

Il y a lieu de féliciter les auteurs de cette découverte (1) et de les remercier de l'empressement qu'ils ont mis à la communiquer au monde savant. Leur volume est d'une exécution splendide, il fait le plus grand honneur à la maison qui l'a édité.

L. DUCHESNE.

---

206. — **Die Geschichte der Quellen und Literatur des Canonischen Rechts von Gratian bis auf die Gegenwart,** von Dr Joh. Friedrich von SCHULTE. Stuttgart, Entre, 1875-1880. 3 vol. gr. in-8º (t. 3 en 2 parties).

Le Dr Schulte à qui l'histoire du droit ecclésiastique doit des travaux considérables vient de terminer le vaste répertoire des sources de la littérature canonique qu'il a si courageusement entrepris. Cette compilation d'une extrême utilité commence à Gratien et finit... à Ch. Sauvestre. — Je doute que l'auteur des *Congrégations religieuses dévoilées* ait jamais songé à l'honneur de passer à la postérité à côté de Jean d'André, de Guillaume Durant, d'Antoine Augustin, des frères Ballerini. La savante Allemagne lui réservait cette surprise !

J'ai déjà eu l'occasion (2) d'apprécier les premiers volumes du Dr Schulte. L'œuvre est achevée aujourd'hui : et on peut en juger l'ensemble. C'est le monument scientifique qui m'attire. Je ne m'arrête pas, je ne veux point m'arrêter aux polémiques de circonstance qui se font jour dans les préfaces et dans les appendices : le mérite et l'intérêt du livre sont ailleurs.

La littérature du droit ecclésiastique depuis Gratien forme une masse

---

(1) Le signataire de ce compte-rendu a le plaisir de pouvoir annoncer qu'il existe un cinquième spécimen de manuscrit grec en parchemin couleur pourpre, écrit en lettres d'argent. Le manuscrit en question contient, comme celui de Rossano, le texte des évangiles de saint Matthieu et de saint Marc.

(2) Voir *Revue critique*, 1875 ; — *Revue historique*, 1878. Je renouvelle ici la plupart des observations déjà faites sur les T. 1 et 2 : j'en ajoute un certain nombre. Le t. 3 n'avait pas paru lorsque ces deux art. furent publiés.

énorme. M. Sch. en donne plutôt une assez bonne table qu'une véritable histoire : cette seconde entreprise eût excédé les forces d'un seul homme. M. Sch. s'est donc contenté le plus souvent d'indiquer le nom de l'auteur, le titre et la date de l'ouvrage. Concision nécessaire : elle a permis au Dr Sch. de donner aux ouvrages les plus importants les développements exceptionnels que comportait la matière.

Si nous essayons d'appliquer à cet ensemble considérable de textes une division empruntée à nos habitudes de langage, nous pourrons dire à peu près exactement que cette vaste littérature comprend deux grands départements : la législation, d'une part, et, d'autre part, les commentaires et les œuvres privées. M. Sch. a eu soin de diviser, en effet, la matière suivant cette idée générale : son premier volume qui commence à Gratien et se continue jusqu'en 1234, comprend, pour la législation, le célèbre décret de Gratien et les compilations de sources postérieures qui ne sont pas entrées dans le *Corpus juris* ; une autre partie du volume est consacrée aux décrétistes ou commentateurs du Décret, aux glossateurs, aux décrétalistes, etc. Dans le second volume qui s'étend jusqu'au Concile de Trente, M. Sch. passe en revue les Décrétales de Grégoire IX, le Sexte, les Clémentines et les Extravagantes qui forment, avec le Décret, notre *Corpus juris* actuel, enfin les autres recueils législatifs. Après quoi il arrive aux œuvres privées et consacre à cette luxuriante littérature les sept huitièmes du tome II. Le t. III est divisé en deux parties ; la première partie consacrée aux sources catholiques passe en revue le concile de Trente, les conciles provinciaux, le *Liber septimus* de Clément VIII, les décisions des congrégations romaines, les actes des pouvoirs civils relatifs à l'Église : vient ensuite l'exposé de la littérature privée classée par pays. La seconde partie du tome III est consacrée aux sources et à la littérature canonique des pays protestants.

Si on veut bien se rappeler qu'une partie des œuvres canoniques du moyen âge analysées par M. Sch. dans les t. I et II sont encore inédites ; et si, de plus, on observe que plusieurs de ces compilations manuscrites ont été étudiées par M. Sch. d'après un nombre considérable d'exemplaires, on mesurera facilement l'importance de l'ouvrage dont je viens de donner une idée sommaire.

Je regrette que l'auteur n'ait pas toujours indiqué les mss. qu'il a utilisés. Il se contente, dès que ce renvoi est possible, de viser ses travaux antérieurs, tandis que, sur d'autres recueils, il fournit d'assez amples indications. Le lecteur eût été heureux de trouver, sous chaque paragraphe, la liste des mss. étudiés par M. Sch. et même la cote de ceux dont ce dernier connaît l'existence mais qu'il n'a pu aborder. Ces renseignements ajouteraient au livre une grande valeur pratique ; mais il règne, au contraire, à ce point de vue, dans tout l'ouvrage une certaine inégalité :

ainsi, M. Sch. cite deux mss. d'Huguccio de la bibliothèque nationale et ne mentionne pas les mss. d'Étienne de Tournai que possède la même bibliothèque.

Avant de soumettre à M. Sch. quelques-unes des observations de détail qu'a fait naître en mon esprit la lecture de son livre et de lui signaler quelques lacunes, je crois devoir appeler l'attention sur une idée d'une portée générale émise par l'auteur et qui intéresse à un haut degré la critique des textes : il s'agit des bases que l'éditeur moderne d'une œuvre du moyen âge doit donner à son travail. M. Sch., examinant cette question à l'occasion des Décrétales de Grégoire IX s'exprime ainsi : « Nous ne pouvons désigner aucun ms. des Décrétales comme le manuscrit original : il s'en suit que les manuscrits qui les contiennent sont pour nous d'autant plus importants qu'il se rapprochent davantage, par la date de leur exécution, de l'époque de la publication des Décrétales. » Voilà une observation qui paraîtra à bien des lecteurs aussi simple qu'inattaquable, et pourtant elle n'est pas fondée, ou du moins, elle a besoin d'un correctif. Il peut arriver que le meilleur manuscrit soit le plus récent : ce sont les caractères intrinsèques, c'est la comparaison des variantes qui détermine la valeur relative des mss., non pas l'âge de ces mss. Supposons, par exemple, que le ms. princeps des Décrétables ait existé jusqu'au XVIᵉ siècle, qu'à cette époque il ait été transcrit avec soin et que cette transcription soit arrivée jusqu'à nous, tandis que le ms. original s'est perdu ou a été détruit : n'est-il pas de toute évidence que cette copie du XVIᵉ siècle l'emportera sur tous les mss. du XIIIᵉ siècle, s'ils ne procèdent qu'indirectement du ms. original. Cette position relative des mss. ou, du moins, une position analogue à celle que je viens d'indiquer est plus fréquente qu'on ne pense. Il faut donc se garder d'attacher une importance exagérée à l'âge des mss.

Après cette remarque générale, j'arrive au détail et je relève çà et là non-seulement quelques inexactitudes ou lacunes vénielles, inévitables dans un pareil ouvrage, mais aussi un certain nombre d'omissions ou d'erreurs vraiment graves :

— T. I. p. 82, Bernard de Pavie. Un ms. de la Bibliothèque du Vatican dont M. Sch. ne parle pas contient, relativement à la date de la *Compilatio prima*, la même note que le *Codex* 1105 de Giessen. Je puise ce renseignement dans un travail de la porte du Theil (1) que M. Sch. paraît avoir négligé : le mémoire en question lui aurait, de plus, fourni quelques indications précises sur la date de l'épiscopat du même Bernard de Pavie.

— T. II, p. 67 et suiv. M. Sch. consacre plusieurs pages à l'é-

---

(1) *Notices et extraits des manuscrits*, VI, 52.

tude des recueils émanés de la cour de Rome et destinés à régler le fonctionnement et les tarifs des divers officiers chargés des affaires si variées et si nombreuses qui aboutissent en cour de Rome. Il s'occupe des Décisions de la Rote, des Règles de la Chancellerie et il ajoute : « Die Grundsaetze für den Pœnitentiarius, den *Datarius* u. s.w., soweit sie nicht in den Regulae Cancellariæ enthalten sind, haben inneiner besonderen sammlung Platz gefunden. » (p. 68, n. 3). — C'est passer bien facilement sous silence ces célèbres taxes de la Pénitencerie qui, pour être rédigées au point de vue fiscal plutôt qu'au point de vue juridique, n'en sont pas moins des documents du plus haut intérêt pour l'histoire du droit canon et pour l'histoire de l'Église.

— T. II. p. 107. Johannes Hispanus, auteur d'une *Flos Decreti*, professor juris canonici et civilis, personnage que M. Sch. ne paraît guère connaître que de nom, était, je ne puis en douter, professeur à l'École de Paris (1).

— T. II, pp. 162, 163. A propos d'un ouvrage ms. d'un certain Henricus, *doctor Decretorum*, M. Schulte se demande s'il s'agit d'Henri de Crémone qui a laissé un écrit : *De potestate papæ*, ou de quelque autre jurisconsulte. Un détail qui a échappé à l'attention de M. Sch. vient à l'appui de l'attribution à Henri de Crémone. Henri, docteur de Crémone, fut précisément lecteur extraordinaire du décret (en 1299, à Bologne). (2) Il est donc naturel d'admettre que *Henricus doctor decretorum* est Henri de Crémone.

— T. II, p. 179. L'article consacré à Pierre du Bois est vraiment trop court. Les travaux de MM. de Wailly et Boutaric ne sont pas visés. Parmi les œuvres de Pierre du Bois, les suivantes ne sont pas mentionnées : 1º *Summaria brevis et compendiosa doctrina felicis expeditionis et abbreviationis guerrarum ac litium regni Francorum* ; 2º *Deliberatio super agendis a Philippo IV Francorum rege contra epistolam Bonifacii papæ VIII, inter cetera continentem hæc verba : scire te volumus* Je me hâte toutefois d'ajouter que par un renvoi à l'*Histoire littéraire*, M. Sch. a mis le lecteur en mesure de compléter lui-même tout ce qui manque à cette notice.

— *Omissions pour le* XIIIᵉ *et le* XIVᵉ *siècle.* — Un des hommes les plus considérables du XIIIᵉ s., Guillaume de Saint Amour, si célèbre par la lutte qu'il soutint contre les Frères mendiants, n'est pas mentionné. Le sujet que traita Guillaume de Saint Amour, rentre, par bien des côtés, dans

---

(1) *Invent. anal. et chron. des archives de la chambre des Comptes à Lille*, t. 1ᵉʳ. p. 215, nᵒˢ 527, 528, 529.

(2) Mazzetti, *Repertorio di tutti i professori della famosa università di Bologna*, p. 48.

le domaine des études canoniques : je lui aurais volontiers accordé une place.

— Jean de Bologne, *notarius*, à qui nous devons une *summa notarie de hiis quæ in foro ecclesiastico quibuscumque judicibus occurrunt notariis conscribenda* (1), n'est pas cité.

— Un auteur rémois du XIIIᵉ s., a composé un traité de droit ecclésiastique qui, à peine publié par M. Varin (2), fut justement remarqué en France et en Allemagne, je veux parler du *Liber practicus de consuetudine Remensi*. M. Sch. ne cite pas le *Liber practicus*.

— Au XIVᵉ s., je ne rencontre aucune mention de Durand de Saint Pourçain, évêque du Puy, et de son livre : *De jurisdictione ecclesiasticâ* (publié vers 1320). Cet ouvrage est plus important que quantité d'autres relevés par M. Sch.

— Thomas de Maalaa professeur à la faculté de Décret de Paris, originaire du diocèse de Lisieux a écrit un ouvrage intitulé *Suffragium super decreto* (3). Il n'est pas mentionné.

— T. II, pp. 371, 372. Pourquoi G. Occam, auteur du XIVᵉ s., et G. de Samuco, du XIIIᵉ s., sont-ils placés entre deux écrivains du XVᵉ siècle ?.

— T. II, p. 372. Six lignes sont consacrées, dans une note, au *Songe du Verger*. Le nom de Raoul de Presles n'est pas prononcé. M. Sch. aurait pu, tout au moins, nous rappeler que le petit traité attribué a Pierre du Bois et commençant par les mots *Rex pacificus (Quæstio de potestate Papæ)* fut traduit en français par Raoul de Presles, qui y fit d'importantes additions. — Le *tractatus de pot. pontif. et imperial seu regiâ* (Pseudo-Gilles de Rome) a été aussi traduit par Raoul de Presles.

T. II, p. 402. Dietrich de Niem est cité en note comme auteur de deux traités attribués à tort à Pierre d'Ailly. M. Schulte aurait pu ajouter qu'un troisième écrit attribué par Schwab à André de Randuph et autrefois par Hardt à Gerson est également dû à Dietrich (4) : je veux parler du *De modis uniendi*.

— T. II, p. 304. Dans l'article consacré à Antonius de Rosellis, M. Sch. omet de dire que ce personnage enseigna les Décrétales à Bologne, en 1437 (5).

— T. II, p. 350. Aucune notice n'est consacrée à Georgius Natta ; son nom n'est prononcé qu'en passant et ses travaux ne sont pas cités : ils ont

---

(1) Rockinger, *Ueber Formelbücher*, München, 1855, p. 131.
(2) Varin, *Archives législatives de la ville de Reims*, 1ʳᵉ part., *Coutumes*, p. 35 et suiv.
(3) Garnier, *Catalogue des manuscrits de la Bibliothèque d'Amiens*, pp. 296, 297.
(4) Lenz, *Drei tractate aus dem Schriftencyclus des Constanzer Concils*, Marburg 1876.
(5) Mazzetti, Alcune aggiunte, e correzioni alle opere dell' Alidosi, etc. Bologna, p. 6.

été imprimés longtemps après la mort de Georgius Natta, en 1587 (1).

Arrivons au xvi⁰ s.

— T. II, p. 357. Dans l'article consacré à Tommaso Campeggi, le docteur Sch. prend pour guide Fantuzzi. De là, une erreur de date : Campeggi n'a pas quitté l'Université de Bologne d'aussi bonne heure que l'avait cru Fantuzzi. Dans le cours des années 1512, 1513, 1514, il n'avait pas encore abandonné cette école célèbre. Son nom figure à cette époque sur les rôles de l'Université (2).

— T. II, p. 370. Les travaux de Franciscus Coscius sont visés en termes vagues : « Soll nach Panzirolus III, c. 48, luculentos commentarios zum canonischen Rechte geschrieben haben ». Si, au lieu de Panzirole, M. Sch. avait interrogé, sur ce point, l'histoire de l'Académie de Pise, il y aurait trouvé des titres exacts, des indications précises (3).

— Mathaeus Neruccius écrivit, en faveur de Jules II, contre le concile de Pise. Ce mémoire est perdu ; mais d'autres travaux canoniques du même auteur nous ont été conservés et sont depuis longtemps imprimés. (4). Le nom de Mathaeus Neruccius n'apparaît pas dans l'ouvrage de M. Sch., ou, du moins, n'est pas relevé à la table (que je recommande comme très exacte et très complète).

(*A suivre.*)

Paul Viollet.

---

207. — Mémorial des abbesses de Fontevrault issues de la maison royale de France accompagné de notes historiques et archéologiques, par M. Armand Parrot, officier d'Académie, correspondant du ministère de l'Instruction publique et des Beaux-Arts, président de la société des Antiquaires de Normandie, de l'Académie des Sciences, Arts et Belles-lettres de Caen, etc. Paris. Alph. Picard, 1880, grand in-8°, de 189 pp.

Le *Mémorial* publié par M. A. Parrot est extrait du cartulaire de Fontevrault conservé à la Bibliothèque Nationale. C'est une sorte de Journal rédigé par quelques moines de l'abbaye, où les événements sont consignés au fur et à mesure de leur apparition. On y trouve le naïf et minutieux récit de tout ce qui se passa dans Fontevrault pendant la plus belle période de l'histoire de ce monastère, car, comme le rappelle l'éditeur (p. 3), « jamais cet institut ne fut plus resplendissant que sous le gou-

---

(1) Fabronius, *Hist. acad. Pisanæ*, vol. 1. 1791, p. 156.
(2) Mazzetti, *Repertorio*. p. 56.
(3) Fabronius, *Hist. Acad. Pisanæ*, vol. II, p. 135.
(4) Fabronius, t. 1ᵉʳ, pp. 158, 159.

vernement des abbesses issues des maisons royales de France (1491-1670) ; car à l'éclat de la naissance elles unirent toujours le charme de la vertu. » La première des abbesses que nous rencontrons est Renée de Bourbon, fille de Jean de Bourbon, IIe de nom, comte de Vendôme, et d'Isabelle de Beauveau ; la dernière est Jeanne-Baptiste de Bourbon, fille naturelle du roi de France Henri IV, et de Charlotte des Essarts, comtesse de Romorantin. Parmi les autres abbesses, on remarque surtout Marie de Bretagne et Anne d'Orléans, non moins illustres par leur sainteté que par leur origine et qui réformèrent l'Ordre avec autant de sagesse que de fermeté. Non seulement le *Mémorial* renferme tous les renseignements désirables sur l'administration des abbesses qui se succédèrent à Fontevrault pendant plus de deux siècles, et particulièrement sur la réforme dont nous venons de parler, mais encore, pour me servir des expressions de M. P. (p. 5), « de nombreux renseignements archéologiques sur les travaux d'art exécutés dans le célèbre moutier, et sur les objets précieux offerts à l'église abbatiale, à l'occasion de la vêture et de la profession des religieuses issues des maisons de Vendôme, d'Alençon, de Montpensier, de Soissons, de Lorraine, etc.

M. P. a mis d'excellentes notes au bas de presque toutes les pages du *Mémorial* ; il en a réuni, dans l'*Appendice* (pp. 97-140) de plus considérables qui roulent sur les *Monastères doubles*, sur la *Réforme de l'Ordre de Fontevrault*, sur les *Témoins de la mort de Renée de Bourbon*, sur les *Peintures de la salle capitulaire*, enfin sur le *Cimetière des rois*, c'est-à-dire sur la partie de la nef où étaient les sépultures royales. Nous devons signaler l'importance de cette dernière note, ou plutôt de cette dissertation (pp. 118-140), que voudront lire tous les archéologues (1).

N'oublions pas d'indiquer, parmi les notes de l'Appendice, la reproduction (pp. 105-112) d'une touchante lettre sur la mort de Renée de Bourbon, publiée pour la première fois en tête d'un rarissime ouvrage qui fut imprimé à Poitiers en 1535, in-4°, en caractères gothiques et sans pagination (2). Plusieurs des notes de la première partie de l'ouvrage

---

(1) Aucun de ces archéologues ne refusera de s'associer au double vœu ainsi formulé par M. Parrot (p. 140) : « Il serait vivement à désirer que les monuments funéraires des Plantagenets reprissent dans l'intertransept de la splendide basilique de Fontevrault, la place qu'ils occupaient autrefois, et que l'église abbatiale, elle aussi, cette merveille architecturale de l'ouest de la France, fût restaurée et rendue en son entier au culte. »

(2) Ce volume est intitulé : *Épistres, Élégies, Épigrammes et Épitaphes, composez sur et pour raison du deces de feu tres-illustre et tres-religieuse dame, Madame Renée de Bourbon, en son vivant Abbesse du Royal monastère et ordre de Fontevrault*, etc. Les auteurs de ce recueil furent Me Conrad de Lommeau, licencié-ès-droits seigneur de Dampierre, procureur général de l'ordre de Fontevrault et Jehan Bouchet le « Traverseur des voyes perilleuses ».

sont empruntées à des manuscrits des archives départementales de Maine-et-Loire; par exemple, le récit de l'établissement de la réforme de 1503, tiré de l'ouvrage du Père Jean Lardier (*Trésor de l'Abbaye de Fontevrault*), et à des manuscrits de la Bibliothèque nationale, par exemple, le récit de la visite faite, en juillet 1589, par le futur Henri VI à sa tante Éléonore de Bourbon, abbesse de Fontevrault, récit tiré du volume CXL du fonds Colbert (1).

Le jour où l'on écrira l'histoire complète de l'Institut de Robert d'Arbrissel il sera juste de placer le savant éditeur et commentateur du *Mémorial* au nombre de ceux qui auront le plus contribué à rendre facile une aussi grande entreprise. Ajoutons que M. P. a rédigé avec le zèle le plus louable deux tables très développées et très commodes : une *Table des noms des personnes* et une *Table analytique*. Ajoutons encore que son volume est orné d'une *vue de l'abbaye et du bourg de Fontevrault*, gravée par M. Pierre Vidal d'après un dessin de la collection Gaignières, d'un *plan de l'abbaye royale de Fontevrault*, de la reproduction de la statue couchée sur le tombeau de Robert d'Arbrissel, du portrait fait en 1698 de Jeanne-Baptiste de Bourbon, qui la première prit le titre de : *Abbesse, chef et générale de l'abbaye et ordre de Fontevrault*. Ajoutons enfin que le volume, imprimé sur très beau papier et d'une façon vraiment luxueuse, n'a été tiré qu'à cent cinquante exemplaires, ce qui permettra certainement aux bibliographes de bientôt déclarer que l'ouvrage n'est pas moins rare qu'excellent.

T. de LARROQUE.

---

208. — **Physiologie et hygiène des hommes livrés aux travaux de l'esprit**, ou recherche sur le physique et le moral, les habitudes, les maladies et le régime des gens de lettres, artistes, savants, hommes d'État... par M. RÉVEILLÉ-PARISE; édition entièrement refondue et mise au courant des progrès de la science par le docteur CARRIÈRE. Paris, J.-B. Baillière, 1881, n-12 de 435 pp. — Prix : 4 fr.

Le *Bulletin critique* s'interdit les compte-rendus d'ouvrages de pure science. A plus forte raison, la consigne redouble-t-elle de sévérité devant ceux de médecine qui encombrent la librairie, — ce dont nous nous

---

(1) Aucune mention n'est faite de la nuit passée par le roi de Navarre à Fontevrault dans les *Séjours et itinéraires de Henri IV, avant son avènement au trône de France* (à la fin du tome II des *Lettres missives* publiées dans la *Collection des documents inédits* par M. Berger de Xivrey). En revanche, M. Parrot n'a pas indiqué une lettre écrite par le roi de Navarre à *Madame de Fontevrault* (Éléonore de Bourbon) le 15 mars 1587 (*Lettres missives* t. II. p. 276).

gardons bien de nous plaindre, mais qui hélas, n'empêche pas les hommes de souffrir et de mourir. Aujourd'hui cependant, nous bravons la consigne pour signaler l'ouvrage dont on vient de lire le titre. Notre excuse auprès de nos lecteurs, est que ce livre s'adresse spécialement à eux. Trop souvent malheureusement, les hommes d'étude sont mal servis par leur santé ; trop souvent aussi ils la compromettent par l'excès de leur travail. « Leur coutume, dit l'auteur (p. 19) n'est pas la modération ; la « règle du travail de la pensée, ils la bravent sans souci de l'avenir, « comme si leur organisme était doué d'une force de résistance inalté- « rable . » Ils trouveront dans ce livre, comme le dit l'éditeur, « de sa- « ges préceptes qui les aideront à conserver leur santé: le premier de « tous les biens, qui seul peut leur donner le temps et la force néces- « saires pour accomplir les grands travaux qui doivent immortaliser « leurs noms (p. vii). »

L'ouvrage est divisé en trois parties. La première est consacrée à la *physiologie,* ou aux phénomènes de la vie à l'état de santé. L'auteur étudie successivement la vie et ses principales manifestations, les divers modes de l'activité vitale et les tempéraments. Il s'étend sur le tempérament nerveux, naturel ou acquis (1), qui est le plus fréquent parmi les hommes livrés aux travaux de l'esprit. Nous avons remarqué avec bonheur que l'auteur donne franchement son adhésion aux doctrines spiritualistes.

Dans la deuxième partie, *pathologie,* M. R. P. examine les phénomènes de la vie pendant l'état de maladie. Il établit d'abord les diverses causes de maladies spéciales aux gens de lettres (vie sédentaire, veilles prolongées, solitude...). Il étudie ensuite les organes affectés de préférence par les travaux excessifs de l'esprit; les maladies elles-mêmes ; leur marche ; les principes généraux de tempérament, et termine par un chapitre curieux sur le rapport des médecins avec les hommes livrés aux travaux de l'esprit.

Dans le cinquième chapitre de cette deuxième partie, l'auteur avait établi que dans le traitement des maladies des hommes de lettres, les moyens simplement hygiéniques sont parfois les plus efficaces. Aussi consacre-t-il toute la troisième partie de son intéressant travail à l'*hygiène*. Il y étudie entr'autres choses, les principaux obstacles qui s'opposent à la mise en pratique des lois de l'hygiène; les moyens de maintenir la santé ; les effets d'une bonne méthode hygiénique ; la physiologie des passions ; l'ordre à établir dans le travail mental sous le rapport hygiénique; les moyens propres à rétablir une constitution épuisée, etc.

---

(1) Voir page 22, le curieux chapitre sur l'influence des événements sociaux sur le développement du tempérament nerveux.

Cette rapide analyse de l'ouvrage suffit à en montrer l'intérêt. Il est écrit du reste d'un style clair et imagé. On y trouve des remarques fines et profondes qui dénotent non seulement un observateur attentif, mais un penseur, un philosophe. Nous engageons tous nos lecteurs à lire ce livre, dont le mérite est du reste attesté par quatre éditions et un prix Montyon ; nous les engageons surtout à en pratiquer les conseils, et le *Bulletin* se félicitera de longues années encore de les compter parmi ses amis et... ses abonnés.

A.-I. DE SAINT-ANTOINE.

209. — **Description historique des monnaies frappées sous l'empire romain, communément appelées médailles impériales**, par HENRY COHEN, 2ᵐᵉ édition, t. I, in-8°, Paris, Rollin et Feuardent, 1880, xxviii, 544 pages, prix 20 fr.

210. — **Catalogue d'une collection de médailles romaines**, avec les prix fixés à chaque numéro, troisième partie, depuis Gordien jusqu'à Maximilien Hercule, petit in-12, Paris, ROLLIN et FEUARDENT, 1880, prix 2 fr.

Nous n'avons à apprendre à personne de quel crédit jouit, auprès des savants, étrangers aussi bien que français, la *Description historique des monnaies frappées sous l'empire romain*. Cependant la première édition, publiée il y a plus de vingt ans, est devenue insuffisante par suite des découvertes et des études récentes ; aussi le public a-t-il accueilli avec faveur et reconnaissance la publication du premier volume d'une édition renouvelée (1). Nous n'aurons qu'à extraire de la préface les promesses faites par l'auteur et à ajouter qu'elles ont été tenues pour faire connaître les mérites de l'ouvrage et les améliorations apportées à cette seconde édition. « J'ai la satisfaction de pouvoir offrir un recueil contenant plus de 30,000 pièces, sans compter les petites variétés, décrites avec encore plus d'exactitude et présentées dans un ordre plus logique et plus serré (p. IV). » M. C. n'a pas cru devoir adopter la classification par ordre chronologique, qui l'avait séduit un instant, et il en donne d'excellents motifs. « Restait celle par ordre alphabétique des revers ; mais, afin de conserver, autant que possible, dans cette méthode ingrate, l'intérêt historique qui ne doit jamais se départir de l'étude de la numismatique, j'ai ajouté, à la suite de chaque pièce, sa date en année de la fondation de Rome et en celle de l'ère chrétienne. Par ce moyen, les amateurs qui voudront classer leurs cabinets chronologi-

---

(1) Ce volume commence à Pompée pour se terminer avec le règne de Domitien.

quement, n'auront qu'à consulter cette description, et ils sauront que toute médaille qui n'en porte point peut se ranger parmi les *nummi vagi* (p. vii-viii). » La description des médailles de chaque règne est précédée d'une courte notice historique qui en résume les dates et les faits principaux ; les dessins ne sont plus rejetés sur des planches placées à la fin du volume, mais distribués dans le texte ; chaque règne est suivi de la liste des villes grecques qui ont frappé monnaie à l'effigie de l'empereur, des impératrices ou des Césars ; les coins faux de Becker et du Padouan sont signalés à mesure qu'ils se présentent ; les prix indiqués sont ceux qui ont cours à Paris et à Londres quand les pièces sont de belle conservation, mais pas dans des conditions de beauté exceptionnelles. Une introduction est consacrée à l'étude des monnaies de bronze, d'argent et d'or, et de ces pièces qu'Eckhel nommait *Pseudo-monetæ*. Le choix des caractères et l'exécution typographique rendent les recherches faciles et agréables. On sait que la mort a arrêté M. C. au début de sa tâche ; l'œuvre ne sera pas interrompue cependant ; MM. Rollin et Feuardent se sont chargés de la continuer, c'est dire qu'elle répondra pleinement à l'attente des savants.

Le *Catalogue d'une collection de médailles romaines*, dont MM. Rollin et Feuardent viennent de donner la troisième partie, est avant tout un livre utile. Les deux premières parties, épuisées depuis longtemps, et presque introuvables, comprennent la description des monnaies romaines depuis l'*aes rude* jusqu'au règne de Gordien III ; la troisième partie commence à Gordien III, pour se terminer avec Maximien Hercule ; la quatrième partie qui est en préparation, finira avec Romulus Augustule. Les monnaies romaines, depuis l'origine, seront donc classées et décrites dans ce catalogue ; il est, à cause de son petit format, facile à transporter ; la modicité de son prix en fait une précieuse ressource pour les travailleurs qu'effraie le prix relativement élevé du Cohen, enfin il est rédigé avec une science sûre et bien informée ; c'est un guide en qui l'on peut se fier.

H. THÉDENAT.

CORRESPONDANCE

Il y a quelques mois, on s'en souvient, une dépêche d'Athènes annonçait la découverte d'une statue de la Victoire. L'enthousiasme était indescriptible (style de dépêche); tous les Grecs, sans exception, étaient sous l'influence du vent qui souffle à travers la montagne... des Thermopyles. A coup sûr l'Olympe se prononçait contre le peuple qui porte le turban ; les dieux de l'Iliade allaient, de nouveau, épouser les querelles des mortels et descendre dans la mêlée. Quand les archéologues, race peu poétique, intervinrent dans la question, il fallut en rabattre ; des photographies de la statue exhumée du sol de l'Attique furent communiquées à l'Académie des Inscriptions et Belles-Lettres et à la Société nationale des Antiquaires de France. C'était une Athéné, statue du plus haut intérêt archéologique, car on y reconnut, grâce à la description que nous en a laissée Pausanias, l'Athéné Parthenos, une réduction, en marbre blanc, de la célèbre statue chryséléphantine dont Phidias fut l'auteur. Les lecteurs du *Bulletin critique* qui désireront être plus complètement édifiés sur cette question pourront lire, dans le dernier numéro paru de la *Revue archéologique* (1), le mémoire de M. Am. Hauvette-Besnault intitulé : *Statue d'Athéné trouvée à Athènes près du Varvakeion*. Le prochain numéro de la même Revue (2) contiendra une réduction phototypique de ce monument.

On sait qu'il s'est formé un comité dont le but est de réunir les fonds nécessaires pour une exploration des ruines de l'ancienne Utique. La mission est partie en février, et déjà, M. Irisson, directeur des fouilles, télégraphie qu'on vient de mettre au jour les débris d'un temple et la statue du dieu qu'on y honorait.

M. Florian-Vallentin vient de faire paraître le premier numéro du *Bulletin épigraphique de la Gaule* (3). Ce recueil était depuis longtemps désiré, son utilité est la garantie de son succès ; ajoutons que M. Florian Vallentin s'est assuré la collaboration des épigraphistes les plus autorisés, tels que MM. L. Renier, Ed. Le Blant, E. Desjardins, Ch. Robert, Héron de Villefosse, R. Mowat. Nous donnerons le sommaire du premier numéro : Monument élevé à Grenoble en l'honneur de Claude II le Gothique, par Léon Renier. Note sur un fragment d'inscription récemment découvert près de Clermont-Ferrand, par Edmond Le Blant. Inscriptions africaines, par Ant. Héron de Villefosse. Le testament d'un Lingon, vers le fin du premier siècle de notre ère, par E. Caillemer. Remarques sur les inscriptions antiques de Paris, par Robert Mowat. Monument funéraire découvert à l'hermitage de Tain, par Ludovic Vallentin. Note sur l'inscription de Gordien conservée au musée de Bordeaux, par H. Thédenat. Monuments épigraphiques de la Creuse, par Florian Vallentin. Boucle en bronze

---

(1) Janvier, 1881, p. 41.

(2) N° de février. Ce numéro vient de paraître avec la planche promise.

(3) Le Bulletin épigraphique de la Gaule paraît tous les deux mois (février, avril, juin août, octobre et décembre) par cahiers grand in-8°. Le prix d'abonnement est fixé pour la France et l'Europe (Union postale) à 15 francs, pour les autres pays, le port en sus. Les numéros ne se vendent pas séparément. On souscrit aux bureaux de l'imprimeur gérant, M. Savigné, à Vienne (Isère), et à la librairie Honoré Champion, à Paris, quai Malaquais, 15.

trouvée à Vichy, par Dissard. Patère en bronze de Ste-Catherine-sous-Briançon, par Florian Vallentin. Bas-relief funéraire attique conservé au musée de Grenoble, par Florian Vallentin.

Monsieur Florian Vallentin, fondateur et directeur de la nouvelle Revue, est actif, intelligent, honorablement connu par des travaux épigraphiques ; M. Léon Renier, en signant le premier article du nouveau recueil, lui a prêté l'autorité de son nom, c'est un précieux encouragement,

Nil desperandum Teucro duce et auspice Teucro.

Collège de Juilly, mars 1881.

H. Thédenat.

PUBLICATIONS DE LA QUINZAINE

* 434. — Lair. *Louise de La Vallière et la jeunesse de Louis XIV*, d'après des documents inédits, avec le texte authentique des lettres de la duchesse de Bellefonds. 1 vol. in-8°, enrichi de deux portraits. Plon. Prix : 8 fr.

435. — Lorm. *Wanderers Ruhebanck*, Leipzig, Schlicke, 1881, in-16 de 334 pp.

Ce volume renferme plusieurs nouvelles. L'auteur a su présenter avec harmonie l'ensemble des faits, donner à certains caractères une originalité difficile à maintenir jusqu'au bout, et assurer à son œuvre un perpétuel intérêt. La mise en scène n'est pas toujours assez naturelle. Le style est correct, mais parfois nuageux ; de nombreuses phrases incidentes rendent les périodes trop longues et fatiguent l'esprit. Peut-être y rencontre-t-on trop de mots français germanisés.

Une idée religieuse n'a point guidé l'auteur dans son ouvrage. Il laisse parler la nature et ses passions tandis qu'il lui serait facile de les maintenir par cette loi divine qui doit dominer et diriger le cœur humain.

L. Wintz.

436. — Marrast (A.). *La vie byzantine au VIe siècle*. Préface et commentaires par Adrien Planté, ancien magistrat, in-8°, xxxv-461 pp., Paris, Thorin.

437. — Metternich. *Mémoires et documents divers* laissés par le prince de Metternich ; chancelier de cour et d'État ; publiés par son fils, le prince Richard de Metternich, classés et réunis par M. A. de Klinkowstrœn. Deuxième partie : L'ère de paix (1816-1848). T. 3 et 4, 2 vol. in-8°, T. 3 xvi-631 pp. ; T. 4, viii-610 pp. Plon, 18 fr.

438. — Monin (H.). *Monuments des anciens idiomes gaulois*, textes, languistiques ; par H. Monin, ancien professeur à la faculté des lettres de Besançon. In-8°, x-310 pp. Toulouse, imprim. Chauvin et fils ; Paris, Thorin (Ouvrage ancien).

439. — Ramon (G.). *La révolution à Péronne*, 4e série (1792-1793) ; in-8°, 255 pp. Péronne, Quentin.

440. — Roisel. *La Substance*, essai de philosophie rationnelle. Un volume in-18 de la *Bibliothèque de philosophie contemporaine*. Germer-Baillière. 2 fr. 50.

441. — Ruble (de). *Antoine de Bourbon et Jeanne d'Albret*, tome premier. Un beau volume in-8° de 450 pages. Labitte. 8 fr.

442. — STERN. *Die letzen Humanisten*, Leipzig, C. Schlicke, 1881, in-16 de 314.

Si ce volume avait été écrit dans un esprit catholique, nous pourrions le recommander complétement. L'auteur y présente, sous une forme intéressante, les discussions entre les différents partis de la Réforme sur des questions théologiques. Partout, on trouve du naturel, soit dans les descriptions, soit dans les portraits ; mais les caractères, bien que variés, présentent tous un seul type, celui de la race allemande. Le seul reproche que nous adresserons à M. St. c'est que, parmi ses personnages se trouve un pasteur dont la manière d'agir n'est pas toujours digne d'un ministre de paix et de réconciliation. Sa conduite pourrait blesser même ses coreligionnaires. Le style de cet ouvrage a un mérite réel : il est clair, naturel, poétique, plein de sentiments. Aussi nous n'hésitons pas à le recommander à celui qui voudrait se former dans l'étude de la langue allemande.

L. WINTZ.

443. — PINGAULT. *Expulsion des Congrégations dans l'Ouest*, Lachèse et Dolbeau Angers, in-8°, 356 p. 1880.

L'émotion causée par l'exécution des décrets bien que moins apparente aujourd'hui, persiste toujours au fond des âmes. De là vient l'intérêt particulier qui s'attache aux publications destinées à perpétuer ce souvenir.

Un angevin, M. Emile Pingault a eu la bonne pensée de réunir en un volume, les procès-verbaux rédigés lors de l'invasion à main armée des communautés de l'Ouest et d'ajouter à ces documents les principaux articles publiés par la Presse départementale.

Nous souhaitons qu'un pareil travail ait été entrepris dans toutes les parties de la France, afin qu'il existe une trace authentique des tristes événements dont nous parlons. Il importe en effet, à l'histoire que ces sombres journées soient connues dans les moindres détails.

Dans la publication que nous recommandons, l'événement est pris sur le vif et transmis au lecteur pour ainsi dire, sans être commenté. De cette façon, chacun reste libre de méditer et de conclure.

L'expulsion des jésuites d'Angers ouvre tout naturellement la marche ; les coups de force de novembre viennent ensuite ; et nous parcourons dans la même journée la voie douloureuse avec les Capucins, les Pères du Saint-Sacrement, les Dominicains et les Oblats. Puis nous assistons successivement aux expulsions des religieux dans dix départements : Maine-et-Loire, Loire-Inférieure, Ille-et-Vilaine, Mayenne, Sarthe, Indre-et-Loire, Vienne, Vendée, Morbihan, Orne. Les scènes de l'abbaye de Solesmes, sont admirablement racontées. Rien n'est plus émouvant que de voir les Pères *emportés* un à un hors de leur pieuse retraite, et déposés sur la pierre du chemin au milieu d'un attendrissement inexprimable ; rien n'est plus émouvant que de suivre le Saint-Sacrement transporté avec les honneurs militaires de l'église abbatiale de Saint-Pierre à l'église du village, pendant que le vénérable curé de la paroisse, bénédictin lui-même, agonisait non loin de là !

Ce simple exposé suffit à montrer, selon nous, que le livre de M. Emile Pingault contient un ensemble de documents précieux ; c'est une page d'histoire que nous nous faisons un devoir de signaler au public.

E. AFFICHARD.

Le gérant : A. SAUTON.

BULLETIN CRITIQUE

DE LITTÉRATURE, D'HISTOIRE ET DE THÉOLOGIE

SOMMAIRE. — 211. Schulte, Dei geschichte der quellen des can. Rechts. *Viollet*. — 212. Jungmann, Dissertationes selectæ in historiam ecclesiasticam, *Duchesne*. — 213. Robert, monnaies gauloises, *Thédenat*. — Publications de la quinzaine.

211. — **Die Geschichte der Quellen und Literatur des Canonischen Rechts von Gratian bis auf die Gegenwart**, von Dr Joh. Friedrich von Schulte. Stuttgart, Entre, 1875-1880. 3 vol. gr. in-8º (t. 3 en 2 parties). (2º article.)

Le t. III, du grand ouvrage de M. Schulte consacré à la période moderne, de 1550 environ jusqu'à nos jours, est peut-être plus défectueux que les précédents. Occupons-nous d'abord des sources proprement dites.

Il manque à l'indication des collections générales des conciles (t. III, 1re part., p. 97) un renseignement très important : l'ouvrage rarissime de Mansi qui résume la collection Coleti, le supplément de Mansi et l'édition de Mansi lui-même n'a pas été connu de Schulte. En voici le titre : Mansi(Dom.) *Collectionis conciliorum synopsis amplissima ea indicans quæ in præcedentibus Labbei editionibus ac in supplementis P. Jo. Dom. Mansi continebantur et integra referens ea qua in novissimâ venetâ collectione ab eodem P. Mansi adjecta sunt.*, Venet., 1768-1798 4 t. en 2 vol. in-fol. L'édition de Coleti avec les six volumes publiés par Mansi à titre de supplément et les deux précieux volumes que je viens de signaler constituent(1), dans leur ensemble, la meilleure et la plus complète édition des conciles. Il est piquant d'ajouter que le Dr Hefele, le meilleur historien des conciles, n'est pas sur ce point, mieux au courant que Schulte.

Parmi les recueils de conciles locaux (t. III, 1re part., p. 100) une collection importante est omise, celle de la province de Reims par Mgr. Gousset : *Les actes de la province ecclésiastique de Reims..*, Reims, 1842, in-4º.

—Omission bien plus grave : dans le chapitre consacré aux sources du

(1) Ces circonstances biographiques ont été comme retrouvées par M. Aug. Pécoul, qui les a souvent signalées aux érudits.

droit protestant (t. III. 2e part., p. 12) et où sont énumérées les diverses *Confessions* de foi protestantes, M. Sch. oublie la confession de la Rochelle. Le texte définitif de cette *Confession* fut arrêté à la Rochelle dans le synode des églises d'avril 1571 : trois copies authentiques furent dressées ; l'une fut gardée à la Rochelle, la deuxième en Béarn, la troisième fut envoyée à Genève. Cette troisième copie a été photographiée par les soins de M. Delemert dans l'opuscule intitulé : *La confession de foi des églises réformées de France,* Paris, 1859, pet. in-8°.

Je laisse les sources proprement dites et j'arrive à la littérature canonique passée en revue par M. Sch. dans le t. III. Je suis l'ordre même de l'ouvrage.

— T. III, p. 558. *Duaren.* A propos de Duaren, je donnerai ici un texte inédit qui ne me paraît pas sans intérêt non-seulement pour l'histoire d'un ouvrage de Duaren, mais plus généralement pour l'histoire de la littérature canonique au xvie s. : il résulte de ce petit document que les facultés furent un moment investies d'un droit de contrôle sur tous les ouvrages qui rentraient dans le ressort de leurs études : la faculté de Décret de Paris à qui incombait cette mission pour les ouvrages canoniques ne paraît pas l'avoir exercée avec beaucoup d'ardeur, ainsi qu'il résulte du document suivant.

Duaren (1551) sollicite l'approbation de la Faculté de Décret de Paris qui refuse d'intervenir, alléguant que l'ouvrage en question a déjà reçu une autre approbation :

« ..... Duarenus, professor et doctor regens apud Biturigos postulavit supplici libello ut cum arresto parlamenti Parisiensi cautum esset ne quis liber imposterum cuderetur nisi inspectus probatusque esset a Facultate universitatis ad quam materia libri pertineret, ut librum suum cui titulus est : *De sacris ecclesiis ministeriis et beneficiis libri octo* inspiceretur si quid canonibus contrarium contineret ut a collegio probatus cudendus daretur ab Fr. Duaren.

Collegium nil de ea re decernere voluit cum jam probatus esset arresto ; nam alligarat libello quem collegio obtulit arrestum 19 novembris 1551 quo is liber post affirmationem nonnullorum consiliariorum qui prelegerant probatus fuerat. »

Assurément on ne saurait faire le moindre reproche à M. Sch. de ne pas avoir connu ce petit fragment ; mais je n'ai su résister à la tentation de le signaler à propos de Duaren. Il pourra ainsi être utilisé dans une seconde édition du grand ouvrage que j'analyse.

— T. III, 1re part., p. 578. M. Sch. confond ici Janus a Costa, canoniste auquel nous devons un commentaire des Décrétales de Grégoire IX avec Jérôme a Costa, pseudonyme de Richard Simon. *L'histoire de l'origine et du progrès des revenus ecclésiastiques,* Francfort, 1684, in-12, est une œuvre fort distinguée de Richard Simon : Janus a Costa était mort depuis longtemps quand parut cet ouvrage. M. Sch. qui l'indique à tort sous le nom de Janus a Costa le mentionne plus loin à sa vraie place à l'art. Richard Simon (p. 626), mais ne l'apprécie pas à sa valeur.

— T. III, 1re part. p. 613. (cf. 2e et 3e partie, pp. 252, 253). Jean Solier. Cet auteur a écrit, si je ne me trompe, des notes sur le *Tractatus de officiis et beneficiis... ecclesiasticis* de Jean de Coras. Elles ne sont pas mentionnées.

— T. III. 1re part. p. 615. La dernière édition de *l'Ancienne et nouvelle discipline de l'Église*, par Thomassin (Bar-le-duc, 1864-1867 7 v. in-8°) n'est pas citée. — *Ibid.*, p. 654. Omission du même genre pour l'ouvrage de Pey, *De l'autorité des deux puissances* : la dernière édition (Avignon, 1821, 4 vol. in-8°) est oubliée.

— *Ibid.*, p. 631. Erreur et omission graves dans l'art. *Fénelon*. L'ouvrage si important de Fénelon sur l'*autorité du souverain Pontife* est omis : le *Mémoire concernant la Cour de Rome*, publié il y a peu d'années par M. Gazier (*Revue politique et littéraire*, 23 janvier 1875) devait aussi être mentionné : on sait quel en est l'intérêt. Enfin comment le fameux discours de Fleury *sur les libertés de l'Eglise gallicane* est-il attribué à Fénelon sur la foi d'une plaquette de 1792 qui jusqu'ici n'a trompé personne ? Le même ouvrage n'a pas été enlevé à Fleury dans la notice consacrée à cet auteur (p. 629) ; mais de l'abbé Émery, édition si importante (1807) n'a pas été citée.

— J'arrive aux modernes. Ici les omissions sont déplorables et l'on peut affirmer que l'auteur ne connaît pas du tout le mouvement des études canoniques en France. Je cite au hasard les ouvrages passés sous silence :

Chapt de Rastignac, *Accord de la révélation et de la raison contre le divorce : coutumes et lois de plusieurs anciens peuples sur le divorce.* Paris, 1790, 1 v. in-8°.

André (l'abbé Jean François). *Les lois de l'Eglise sur la nomination la mutation et la révocation des curés.* Bar-le-duc, 1865, 1 v. in-8°. — *Comment le Gallicano-Jansénisme interprète les documents venus de Rome.* Avignon, 1866, in-8°. — *Exposition de quelques principes fondamentaux de droit canonique, méconnus dans l'Eglise de France.* Avignon, 1866, 1 v. in-8°. — *Somme théorique et pratique de tout le droit canonique.* Bar-le-Duc, 1868, 2 v. in-12.

Les travaux de Mgr. Michel André, protonotaire apostolique sont seuls parvenus jusqu'au Dr Sch. (t. 3, 1re p., pp. 672, 673). Son homonyme lui est totalement inconnu.

Et combien d'autres lacunes ! Robert de la Mennais (1), les frères

---

(1) *Tradition de l'Église sur l'institution des évêques*, Liège et Paris, 1814, 3 vol. in-8°.

Alignol (1), Mgr. Chaillot (2), Mgr. Maret (3), tous inconnus ou oubliés, etc., etc. L'œuvre de M. Maurice de Bonald, *Deux questions sur le concordat* de 1801, Paris, Pulmé, opuscule d'un intérêt capital à cause des adhésions étonnantes recueillies par l'auteur, n'est pas relevé.

Je ne finirais pas si je voulais noter ici toutes les omissions : des ouvrages essentiels sont, comme on le voit, passés sous silence et des noms tels que celui de Charles Sauvestre sont accueillis.

L'Italie est presque aussi maltraitée : Rosmini-Serbati et son fameux livre (4) *Delle cinque piaghe della santa Chiesa*; l'ouvrage du p. Liberatore récemment traduit en français, *La Chiesa et lo stato* n'obtiennent pas même une mention.

Même observation pour l'ouvrage de Marchetti contre l'abbé Fleury; pour les lettres du cardinal Litta sur les quatre articles du clergé de France.

Je ne prolongerai pas davantage cette récension un peu longue, mais proportionnée toutefois à l'importance de l'ouvrage qui est, à tout prendre, le plus commode et le moins imparfait des répertoires canoniques Les erreurs et les omissions y excèdent la mesure permise ; mais, si je songe à l'immensité du sujet, la reconnaissance l'emporte chez moi sur toute autre impression fâcheuse.

Afin que le lecteur s'associe de meilleur gré à ce sentiment, je ne lui parlerai ni des préfaces ni des postfaces de l'auteur ; ou plutôt je me contenterai de signaler à son attention les vues élevées du Dr Sch. sur les nouvelles universités catholiques de France. Elles dénotent un penseur.

PAUL VIOLLET.

---

212. — **Dissertationes selectæ in historiam ecclesiasticam** auctore Bernardo JUNGMANN; tome I, Ratisbonne, Pustet, 1880, in-8 de 460 pages.

M. le docteur Jungmann, professeur ordinaire d'histoire ecclésiastique et de patrologie à l'université de Louvain, donne au public le premier volume d'une série de dissertations sur l'histoire de l'Église. L'au-

---

(1) *De l'état actuel du clergé en France, et, en particulier, des curés ruraux appelés desservants*, Paris, 1839, 1 v. in-8.

(2) *Du commerce des messes et des livres*, Paris, 1866, 1 v. in-12. — *Privilèges du clergé*, Paris 1866, 1 v. in-12. — Nombreux articles dans les *Analecta juris pontificii* dont il est directeur.

(3) *Du concile général et de la paix religieuse*, Paris, Plon, 1869, 2 vol. in-8°.

(4) Mis à l'Index le 6 juin 1849. Theiner y répondit : *Lettres historico-critiques au sujet du livre des cinq plaies de l'Église*, traduction française, Avignon, 1851.

teur est connu comme théologien : ses travaux en ce genre sont indiqués sur la couverture du nouveau volume ; ils présentent une ordonnance imposante. De l'enseignement théologique il a passé à celui de l'histoire ; la publication qu'il entreprend est destinée à fournir un texte de discussion pour les conférences pratiques (*concertationes*) de ses élèves. On peut se demander si cette publication était absolument indispensable, le P. de Smedt en ayant commencé une sur le même plan. Enfin, *quod abundat non vitiat* ; les étudiants belges auront deux recueils de dissertations ; ils pourront choisir.

C'est qu'en effet, il y a lieu de choisir ; ces deux livres, de même sujet et de même ordonnance, sortis du même pays, tous deux de main catholique et même sacerdotale, sont très différents d'esprit et de méthode. Je dirai tout de suite que je préfère de beaucoup celui du P. de Smedt ; et si je cherche à démêler une raison générale dans l'ensemble d'impressions qui me dicte cette préférence, voici celle qui m'apparaît : le P. de Smedt est critique avant tout, tandis que M. Jungmann est théologien avant tout. Le premier cherche à voir comment les choses se sont passées, le second à démontrer qu'elles se sont bien passées. Et encore, bien passées veut dire quelquefois : passées conformément aux vues théologiques de l'auteur, lequel, étant un disciple convaincu du cardinal Franzelin, ne peut être soupçonné d'avoir la manche trop large.

Ce volume contient cinq dissertations : 1º sur la venue de saint Pierre à Rome ; 2º sur les papes des deux premiers siècles ; 3º sur les *Philosophumena* ; 4º sur saint Cyprien ; 5º sur l'arianisme et le concile de Nicée.

La première partie est traitée avec des développements un peu diffus ; l'auteur aurait pu s'épargner d'assez longs préliminaires théologiques ; mais comment oublier ses premières amours ? Il aurait pu supprimer aussi tout un amas de textes du ivᵉ et du vᵉ siècle ; tout le monde reconnaît maintenant que le fait de la venue de saint Pierre à Rome était universellement admis au troisième siècle et même vers la fin du second. M. J. a cru nécessaire de réfuter encore des controversistes protestants littérairement morts et enterrés depuis un temps notable. Ceci est encore de style théologique. Peut-être aurait-il mieux fait d'aborder la discussion des derniers livres de Lipsius sur « la légende de Pierre ». En général il connaît incomplètement la *littérature* contemporaine des sujets qu'il traite, et surtout les travaux des adversaires actuels de la tradition catholique. Cependant il aurait pu en tirer quelque profit ; par exemple dans sa discussion sur les années de Pierre ; M. Lipsius et M. Harnack ont démontré que les chiffres d'années des papes du premier et du second siècle, y compris saint Pierre, sont attestés par des documents voisins de l'année 190. — M. J. a eu l'heureuse idée de joindre à cette première dissertation un appendice relatif à la chronologie des temps apostoliques. Il est pourtant regrettable qu'il ait cru devoir reproduire ici le système du P. Patrizzi, qui s'appuie sur la date de l'an 55 comme celle de l'arrivée de Festus en Palestine. Le principal argument tiré de *Act. XXIII*, 2 n'a de force que si l'on prend le terme ἀρχιερεύς comme servant à désigner *exclusivement* le grand-prêtre en exercice. Saint Jean dans son Évangile, appelle ἀρχιερεύς l'ancien grand-prêtre Anne ; du reste, même dans le récit *Act. XXIII*, il est plus naturel de croire que saint Luc n'entend pas le grand-prêtre en exercice. S'il en avait été ainsi, ce personnage aurait été certainement le président du sanhédrin. Dès lors comment saint Paul aurait-il pu dire qu'il ne savait pas que ce fut le grand-prêtre ? Enfin, ce même Ananias est appelé ἀρχιερεύς par Josèphe et cela dans un récit relatif à l'année 62 (Ant. XX. ix. 2.). Il n'est donc pas nécessaire de rapporter l'arrestation de saint Paul au pontificat d'Ananias.

La dissertation suivante, jointe à certaines parties des trois autres, donne une sorte d'abrégé de l'histoire ecclésiastique des trois premiers siècles, distribuée par pontificats. On y trouve mêlés des éléments fort hétéroclites : le *Liber Pontificalis*, toujours reproduit textuellement, comme dans l'histoire de Darras ; des *Gesta martyrum* sans autorité ; enfin des récits authentiques.

La dissertation consacrée aux *Philosophumena* comprend d'abord la réfutation des calomnies contre les papes Zéphyrin et Calliste, puis la discussion du problème relatif à l'auteur du livre. — Sur le premier point, M. J. s'est beaucoup aidé de l'important mémoire de M. de Rossi, publié dans son *Bullettino* de 1866 ; cependant en ce qui regarde les accusations doctrinales, il a préféré suivre le cardinal Franzelin (*de Deo Trino*, 2ᵉ éd. p. 149 et suiv.). On peut le regretter, car l'éminent théologien romain n'a pas traité cette question à fond et avec détail. S'il trouve moyen de justifier l'enseignement prêté à Calliste par son adversaire, c'est en pratiquant dans le texte des suppressions presque aussi énergiques que les remaniements grâce auxquels M. Le Hir était parvenu au même résultat. Mais en prenant les mots dans leur sens naturel et en tenant compte des circonstances, il est difficile de se ranger à leurs conclusions. — Quand à l'auteur des *Philosophumena*, M. J. ne veut pas que ce soit saint Hippolyte ; il admet comme probable que c'est Tertullien. Je ne suis de son avis que sur le premier point ; malgré l'autorité de tant de savants auxquels se sont récemment joints le P. de Smedt et M. Funk, la solution Hippolyte ne parvient pas à m'entrer dans la tête ; mais la solution Tertullien me semble tout à fait inadmissible. Pour écarter saint Hippolyte, M. J. a cru devoir mettre en doute l'antiquité ou même l'authenticité de sa célèbre statue maintenant conservée au Latran et nier l'identification de saint Hippolyte avec l'*Hippolytus presbyter* qui fut exilé en 235 en compagnie du pape Pontien. Je crois qu'il aurait pu défendre sa thèse sans abandonner ces points assez bien établis. Je regrette aussi qu'en parlant du traité (ou des traités) de saint Hippolyte contre les hérésies, il ne dise pas un mot des importants travaux de M. Lipsius : il y aurait trouvé des arguments. En général, toute cette discussion est conduite d'une autre manière qu'il ne faudrait. Si je n'avais pas été convaincu que saint Hippolyte n'est pas l'auteur des *Philosophumena*, M. J. n'aurait certes pas produit en moi cette conviction.

Passons rapidement sur la question de saint Cyprien, traitée avec grand détail et beaucoup d'érudition théologique. M. J. traduit le *nil innovetur* de saint Étienne par « pas d'innovations ; » ; il y aurait beaucoup à dire là-dessus. Il fait une justice sommaire de l'hypothèse Molkenbuhr-Tizzani sur la non-authenticité des documents de la controverse baptismale. C'est presque peine perdue : de telles excentricités échappent même à la discussion.

La dissertation sur l'arianisme comprend cent pages, dont la moitié, d'après une disposition à laquelle j'ai fait allusion plus haut, est consacrée à l'histoire du troisième siècle par pontificats, à la persécution de Dioclétien et au schisme donatiste. A propos de l'arianisme, l'auteur s'étend longuement sur les Pères anté-nicéens et développe les thèses analogues du cardinal Franzelin. Il cherche même à disculper Lucien d'Antioche de toute accointance avec l'hérésie d'Arius. Les questions de la convocation, de la présidence, de la confirmation du concile de Nicée sont traitées dans le même esprit plus sévèrement conservateur que strictement critique.

Une remarque générale, c'est que sur aucune des questions traitées dans cet ouvrage, l'auteur ne se préoccupe d'indiquer, de grouper, de classifier les sources. Il pose des thèses et les démontre avec les textes favorables, puis résout les objections tirées des autres. C'est encore la méthode théologique transportée dans l'histoire. Je reconnais qu'il n'a pas, comme feu Darras, le culte de l'apocryphe, bien qu'il accorde trop d'autorité au *Liber Pontificalis* et aux *Gesta martyrum* et qu'il cite à plusieurs reprises comme authentique le canon pascal d'Anatolius(1). Son appareil critique est en général de bon aloi. *Materialiter*, comme disent les scolastiques, cela peut passer ; mais *formaliter*, cela fait regretter que la mauvaise santé du P. de Smedt l'empêche de continuer son recueil.

Le livre est bien imprimé, mais criblé de fautes ; j'espère que l'infinitif grec διαδέχειν (p. 69) est à mettre au compte des compositeurs. Cependant l'habitude de citer en latin les textes grecs et l'extrême incorrection

(1) P. 71, Apollonius d'Éphèse, auteur anti-montaniste cité par Eusèbe (H. E. V, 18) est confondu avec le martyr romain du même nom.

des citations grecques, lorsque, par exception, l'auteur croit devoir s'en imposer, sont propres à donner de mauvaises pensées.

L. Duchesne.

---

213. — **Monnaies gauloises**. Description raisonnée de la collection de M. P. Ch. Robert, 1 vol. grand in-8°, figures dans le texte, planche. Paris, imp. Pillet et Dumoulin, 1880.

La numismatique occupa une place d'honneur à l'exposition rétrospective du Trocadéro : la Grèce y était représentée par les collections de MM. Paravey, Dutuit et Hirsch, la monnaie primitive de Rome et de l'Italie centrale, jusqu'à la guerre civile, par la collection de M. Lemaître, l'empire par les 650 *aurei* de M. le vicomte de Ponton d'Amécourt, — trop célèbres pour qu'il soit utile d'en parler plus au long, — par la collection de M. Dutuit et par la belle série des *médaillons contorniates* de M. Ch Robert; les monnaies gauloises par les collections de MM. Ch. Robert et Changarnier-Moissenet. M. A. Héron de Villefosse a donné une vue d'ensemble exacte des séries que nous venons d'énumérer et de celles des époques postérieures qui figurèrent au Trocadéro (1); il y a déterminé, avec une science très sûre, les caractères et les mérites spéciaux de chacune de ces collections : il faut lire cet excellent mémoire pour se faire une idée générale des trésors qui furent réunis dans cette partie de l'exposition universelle de 1878. Après avoir été exposées pennant quelques mois à l'admiration du public, ces richesses sont retournées chez leurs heureux possesseurs. Quel sort leur réserve l'avenir ? Ce que l'on a dit des livres s'applique plus encore aux collections : *habent sua fata;* parfois elles vont enrichir les musées de l'étranger ou sont dispersées au hasard d'une vente publique. M Ch. R. rend à la science un service dont on ne saurait trop le remercier en dressant lui-même, avec la compétence qu'on lui connaît, les catalogues de ses collections et en les livrant au public. Après le catalogue de ses *médaillons contorniates* (2), il nous donne celui de ses *monnaies gauloises*.

Pendant longtemps on a voulu voir dans tous les monuments figurés des sujets religieux; toutes les scènes représentées sur les bas-reliefs étaient des mythes, toutes les statuettes de Tanagre étaient des divinités; les types des monnaies nous enseignaient toujours et partout la religion des peuples qui les avaient frappées. Plus que tout autre branche de l'archéologie, la numismatique gauloise a souffert de cette idée fausse dans la

---

(1) *Les collections de monnaies anciennes au Trocadéro*, dans l'*Art, revue hebdomadaire illustrée*, 19 janvier 1879, et dans l'*Annuaire de la société française de numismatique*, 1879.

(2) *Annuaire de la société française de numismatique*, 1879.

quelle Duchalais lui-même a plus d'une fois immobilisé sa science; M. Ch. R. rompt complètement avec cette tradition déjà vigoureusement attaquée par M. E. Hucher. Si les Gaulois reproduisirent sur leurs monnaies l'Apollon des statères de Philippe de Macédoine, la Diane ou la Cérès des drachmes émises par les colonies grecques de la côte d'Espagne, le Mercure des bronzes circulant en Sicile, ou les Dioscures des deniers de la république romaine, faudra-t-il pour cela introduire dans leur panthéon Apollon, Diane, Cérès, Mercure et les Diocures ? M. Ch. R. n'en croit rien; les Gaulois se préoccupaient uniquement de faire circuler leurs monnaies sous des étiquettes connues et ayant cours; ils copiaient, en n'y attachant qu'une valeur commerciale, les types, religieux ou non, des monnaies qui leur inspiraient confiance. En dehors des périodes d'imitation pure, les Gaulois ont bien, il est vrai, nationalisé leurs monnaies par des types de leur création, religieux quelquefois, mais ce dont les anciens numismates avaient fait la règle n'est que l'exception. « Je serai donc, conclut sagement M. Ch. R., très sobre sous le rapport de l'explication directe des types, et me bornerai, la plupart du temps, à en donner la description. » M. Ch. R. sera non moins prudent dans l'attribution des monnaies par peuples et par chefs ; le numéraire gaulois avait une circulation très étendue, et on trouve les mêmes monnaies dans bien des régions différentes; le nombre des peuples, dont on peut, grâce aux travaux de M. de Saulcy, déterminer les monnaies avec certitude, est bien limité. On voit que M. Ch. R. a rencontré dans son travail toutes les dificultés et toutes les incertitudes inséparables d'une science encore en formation : parfaitement au courant, il sait jusqu'où il peut s'avancer; tout en mettant à profit les derniers résultats de la science, il s'arrête là où la saine critique ferait place à l'imagination.

Le catalogue de M. Ch. R. est divisé en six parties : 1° MASSALIÉTIDE, pays grec, il est vrai, mais qu'il fallait étudier à cause des nombreuses imitations gauloises de ses monnaies. Depuis le savant travail de M. de la Saussaye (1) la science a marché et les découvertes postérieures ont rendu nécessaire une nouvelle étude. 2° RÉGION MÉRIDIONALE, comprenant non seulement le sud proprement dit, mais Lyon et quelques peuples de la rive droite de la Garonne; à ce groupe se rattachent, en raison de leur type, des monnaies appartenant, selon toute vraisemblance, à la Cisalpine. Cette série comprend surtout les imitations des monnaies de Marseille et des colonies grecques de l'Ibérie, des deniers de la republique, les monnaies cisaillées au type du sanglier, les monnaies coloniales de Nîmes, de Cabello, de Lyon. 3° CENTRE DE LA GAULE moins les cités maritimes, c'est-à-dire à peu près la Celtique de

(1) *Numismatique de la Gaule Narbonnaise*, Paris, 1842.

César. La monnaie d'or apparaît dans cette région, où l'on reproduisit les statères de Philippe II de Macédoine à la tête d'Apollon et au bige; ce qui ferait supposer que les Gaulois ont eu, par la vallée du Danube, des rapports suivis avec les contrées helléniques. M. Ch. R. ne croit pas que le monnayage du centre soit de beaucoup antérieur à l'époque où les Romains établirent une colonie à Narbonne (125 à 118 av. J.-C.). Là, plus encore que dans les autres régions, les attributions sont incertaines. 4° OUEST DE LA CELTIQUE, comprenant quelques-uns des peuples que César range parmi les Celtes maritimes ; la monnaie de ces peuples, en or et en argent de mauvais aloi, est plus caractéristique, et s'éloigne davantage des imitations grecques et romaines. 5° NORD DE LA GAULE, c'est-à-dire la Belgique de César, monnaie surtout en or, dérivant du statère, mais où l'on reconnaît à peine quelques traces fugitives des prototypes grecs. A cette région M. Ch. R. rattache l'île de Bretagne, avec le type du cheval à membres disloqués qui se distingue des types semblables exécutés sur le continent, par un faire spécial. 6° RÉGIONS TRANSRHÉNANES ET DANUBIENNES ; les séries auxquelles appartiennent ces monnaies sont peu connues ; beaucoup d'entre elles proviennent sans doute de barbares qui n'étaient pas Gaulois. Pour les classer dans l'ordre géographique et chronologique, il faudrait avoir à sa disposition les collections formées à l'étranger, surtout à Vienne, et les renseignements qu'on y possède sur les provenances; M. Ch. R. les divise en huit types auxquels s'ajoutent des imitations de deniers romains.

Une table très bien faite termine le volume et facilite les recherches.

Ce catalogue forme, autant que le permet l'état actuel de la science, le cadre complet d'une collection de monnaies gauloises ; il sera d'un grand secours aux travailleurs ; ils y trouveront non seulement un classement tout préparé, mais, dans chaque partie, les résultats acquis, l'indication des points qui semblent mûrs pour une étude plus avancée, et, à défaut de solutions et de dissertations qui seraient déplacées dans un catalogue, des renvois exacts et complets aux auteurs qu'on peut étudier avec profit sur chaque question ; je ne crois pas exagérer en disant que le catalogue de M. Ch. R. peut tenir lieu d'un manuel abrégé de la numismatique gauloise.

Collège de Juilly, mars 1881.

H. THÉDENAT.

PUBLICATIONS DE LA QUINZAINE

444. — BONHOMME, *Le combat spirituel* suivi du *Sentier du paradis* et de la *Méthode pour assister les malades*, traduction nouvelle. Paris. Librairie Lecoffre, 1881

Traduction recommandable par l'élégance et la fidélité; le dernier opuscule, *Méthode pour assister les malades* n'avait pas encore été traduit; les prêtres qui se consacrent au ministère et toutes les personnes appelées à visiter ou à soigner les malades y trouveront des conseils pratiques et de pieuses pensées.   H. T.

445. — GUILBERT (Mgr), *Sur le recrutement du clergé de France*. A MM. les Sénateurs, les Députés et les Électeurs. Paris. Plon, 1881, in-8° de 21 pp.

La question importante traitée d'une manière si digne et si convaincante par l'éminent évêque d'Amiens, nous appartient par un côté, celui qui fait l'objet de cette lettre : le recrutement du clergé. Nous laissons en dehors les considérations politiques que notre Recueil n'a pas le droit de toucher. Mais les réflexions si sages, si modérées, si pleines de justesse de Mgr Guilbert nous paraissent de nature, comme tous les écrits précédents du vénérable auteur, à attirer l'attention. Nul problème n'est plus important à l'heure actuelle. Personne ne pouvait le traiter mieux. On se souvient des pages consacrées, il y a quelque temps, à ce sujet par M. l'abbé Bougaud. De récentes discussions politiques ont donné une actualité sérieuse à cette question. Nulle part on ne la trouvera traitée avec plus de sincérité et de bon sens élevé que dans ces quelques pages.   C. T.

446. — GUIOT, *Œuvres poétiques* de l'abbé Guiot, doyen de Chécy, ancien professeur au petit séminaire de la Chapelle-St-Mesmin, tome 1er. Orléans. Herluison, 1881.

Voici un joli petit livre, sorti des presses de M. Jacob, d'Orléans, et qui rivaliserait pour le luxe et le bon goût de l'impression avec les meilleures éditions de Jouaust. C'est le 1er vol. des œuvres poétiques de M. G. que publient ses amis et ses anciens élèves, et qui nous donne une idée de l'esprit et du goût avec lesquels on cultivait les « bonnes lettres » dans le séminaire de Mgr Dupanloup. Ce volume referme la traduction des odes et des épodes d'Horace. C'est mieux que de l'esprit à propos d'Horace : le texte a été serré de près et le mouvement bien rendu. La muse de M. G., *dulce ridens*, si elle s'embarrasse un peu dans le grand vers, est, par contre, d'une grâce simple, alerte, enjouée, très française et très païenne dans le petit vers (Voyez liv. I, ode 17; — apod. II, etc.). Sans pruderie, elle sait dire un mot aimable, *dulce loquens*, à Leuconoë, à Lydé, à Lalagé et autres, et elle vide sa coupe de vieux massique avec une prestesse tout épicurienne : *sensa vergogna*. — Nous recommandons ce volume aux amateurs du genre Renaissance, et aussi aux infortunés chargés de faire goûter Horace à des écoliers : il ne leur sera pas peut-être inutile. On nous promet d'autres poésies, si elles sont aussi joliment rimées que l'ode à Bacchus ou l'ode à Phyllis, quel beau bouquet cela fera pour le maître autel de Chécy !   Ω.

KERLOVAREC (Perrin de).

447. — *Ma politique. Gerbe de sonnets*. Paris. V. Palmé. 1881, in-18, non paginé.

Les seize sonnets dont se compose la *gerbe* de M. Perrin de Kerlovarec sont tous remarquables par leur fière allure et par leur mâle accent. Il y a dans ces vers de combat quelque chose du son vibrant des clairons. Homme de grand cœur, le poète s'élève avec une éloquente indignation contre les scandales de notre temps. Sa muse, qui a recours tantôt à l'ardente apostrophe, tantôt à la poignante ironie, jette de vengeresses protestations à la face de l'iniquité triomphante. Le noble petit recueil, que tout le monde voudra lire, est dédié à un homme dont le caractère est aussi beau que le talent, à M. Victor de Laprade, et, tant pour les sentiments que pour le langage — nous ne saurions lui donner un éloge plus flatteur — il est entièrement digne de ce « maître aimé. »   T. DE L.

448. — Lantenay (A. de), *L'abbé Maudoux confesseur de Louis XV.* Bordeaux et Paris. J. Vic, in-8° de 35 pages.

M. de Lantenay nous donne dans cette intéressante brochure des détails curieux et inédits sur le dernier confesseur de Louis XV, l'abbé Maudoux. Après de longues années, laborieusement employées dans les travaux du ministère et de la prédication, ce pieux prêtre fut appelé en 1763 à remplacer dans sa charge difficile, le P. Desmarets, lors de la dissolution de la compagnie de Jésus. Il assista à la mort de Louis XV, et nous a laissé de cet événement un tableau aussi simple qu'émouvant, que M. de L. publie pour la première fois. Le travail de M. de L. contient encore bien d'autres renseignements curieux sur l'époque où Maudoux fut à la cour. Nous ajouterons un mot de critique aux éloges que mérite cette brochure : l'appréciation de la page 33 sur *Paul et Virginie* nous a semblé bien sévère. Malgré l'avis de Joubert, ordinairement mieux inspiré, nous préférons nous ranger à l'avis de *tout le monde* et redire avec Bergier : « M. de Pierre... me fit pleurer comme un veau. Le fond en [du roman] est touchant, le style d'une naïveté et d'une force singulière; des principes de religion et de vertu rendent la narration bien intéressante. »   A de St.-A.

449. — Ludolphe le Chartreux. *Vie de N.-S. Jésus-Christ*, traduite nouvellement sur le texte latin; 6ᵉ édit. Paris. Ernest Thorin, 2 in-12, 5 fr.

Cette vie composée en latin au xivᵉ siècle par Ludolphe le Chartreux, prieur de la Chartreuse de Strasbourg, a été traduite nouvellement sur le texte original avec des suppressions, des changements et des retouches. L'ordre des chapitres et la traduction de l'Évangile ont été empruntés au P. de Ligny.

Ce n'est donc pas un nouvel ouvrage, ce n'est pas non plus un ouvrage de science tel que l'exigerait l'érudition contemporaine. On y chercherait en vain des explications sur le temps dans lequel a vécu N.-S., les lieux qu'il a parcourus, les personnes avec qui il a eu le plus de rapports ; il y aurait bien des critiques à faire, par exemple pour la chronologie.

Sur tous ces points la vie de N.-S. par L. le Ch. est bien inférieure à la plupart des vies récentes, en particulier à celle de M. Fouard (Lecoffre, 1880) que nous avons recommandée à nos lecteurs. Mais tel qu'il est l'ouvrage a ses mérites. C'est une bonne concordance du texte sacré, commenté et développé par des citations des saints Pères, bien choisies et harmonisées par un pieux auteur. C'est une vie de N.-S. surtout pieuse et recommandable à cet égard. Durant des siècles elle a eu un légitime succès. Saint François de Sales la recommandait à sainte Chantal et son successeur, Mgr Mermillod, dit encore aux prêtres dans la préface de cette édition, qu' « après la chaîne d'or de saint Thomas, c'est le plus habile et le plus pieux commentaire du texte sacré de l'Évangile. » Nous le recommandons à notre tour : l'ouvrage est, du reste, bien écrit, solidement pensé : il fait connaître et aimer Notre-Seigneur.   L.

450. — Merz, *Thesaurus biblicus*, hoc est dicta, sententiæ et exempla ex SS. Bibliis collecta et per locos commune distributa... Editio nova longe castigatior et ornatior, Paris. Lethielleux, 1880, in-8° de ij-676 pp.

Livre très utile. Ce n'est pas une concordance, mais, comme l'indique le titre, un choix de textes bibliques classés par sujets suivant l'ordre alphabétique. L'ouvrage est depuis longtemps connu. La nouvelle édition, imprimée dans le format de la grande

Bible latine-française de M. Lethielleux, peut servir d'appendice à cette savante entreprise. Le prédicateur pris à la hâte y trouvera les éléments d'une féconde et fertile improvisation. Le théologien, s'il n'était pas familier avec la Bible, ce que nous osons à peine indiquer, de peur de paraître par trop paradoxal, y trouverait d'utiles secours. En tous cas c'est un bon livre et que nous recommandons volontiers. Il ne remplacera pas l'étude des livres sacrés, ce n'est point sa prétention ; mais il aidera la mémoire et facilitera les recherches. C. T.

451. — NAVERY (Raoul de), *Les crimes de la plume*. Paris. Dillet. in-12, 3 fr.

Ce roman est un bon livre et une bonne action. L'auteur n'y groupe pas les divers crimes de la plume et leurs affreuses conséquences. Mais il nous raconte d'une façon dramatique et palpitante d'intérêt, la vie d'un littérateur célèbre par ses mauvais écrits. Victor Nanteuil, c'est son nom, crût trop tard au mal qu'avait fait sa plume, quand il s'aperçut qu'elle avait corrompu même sa fille. Fou de douleur, il brisa alors tous ses livres et voulut les réparer ; mais son intelligence autrefois si féconde, fut impuissante pour le bien. Ce fut son châtiment. L. C.

452. — TAMIZEY DE LARROQUE, *Le Père Cortade, notes et extraits,...* suivis d'une *Biographie tamizeyenne*, Sauveterre de Guyenne. Chollet, in-8°, 43 pages.

Plaquette aussi élégamment imprimée que spirituellement écrite. M. T. de L. examine successivement l'historien, l'orateur et le poète. L'historien ne vaut pas grand'chose ; l'orateur ne pourrait faire une bonne figure que dans une nouvelle édition des *Prédicatoriana* ; enfin les *Madrigaux* du bon Père en l'honneur des saints ne portent guère à la dévotion, comme on s'en assurera en lisant le choix que nous en donne M. T. de L.

La seconde partie de la brochure intéressera davantage. M. T. de L., à la demande de la *Revue des bibliophiles* nous donne la liste complète de ses publications. Cette liste compte pour 18 ans (1862 à 1880) 75 numéros. La fécondité si heureuse et si extraordinaire de M. T. de L. augmente tous les ans. Nous souhaitons que notre érudit collaborateur atteigne un chiffre d'années si élevé, qu'un jour il ne lui soit même plus possible de nous donner une *bibliographie tamizeyenne* complète. A. de St.-A.

453. — VALLENTIN, *La voie d'Agrippa de Lugdunum au rivage Massaliote*. Paris. Champion.

Étude de la voie d'Agrippa entre Lyon et Arles, à l'aide des *itinéraires* et des *bornes milliaires* ; travail consciencieux, bien fait et fort utile, il le serait plus encore si une carte nous indiquait le parcours de la voie, les différentes stations, et les bornes milliaires dont la place a pu être déterminée. H. T.

TABLE ALPHABÉTIQUE

A

	ART.	PAG.
Armellini, Le cimetière de Ste-Agnès (DUCHESNE)	107	223

B

Barbier de Montault, Traité de la construction (A. DE MEISSAS)	44	104
Baret, Œuvres de Sidoine Appollinaire (DUCHESNE)	93	188
Baudat, Denis d'Halycarnasse (D. L.)	95	192
Belet, Dissertations sur la mission de St-Crescent (A. DE MEISSAS)	25	63
Bellet, Notes critiques sur Syagrius II (U. CHEVALIER)	85	172
Bellet, Un évêque au moyen âge (FOURNIER)	170	352
Bersot, Questions d'enseignement (BEURLIER)	91	186
Berti, Ecclesiasticæ historiæ breviarium (DUCHESNE)	200	437
Beurlier, Histoire de la littérature latine (P. LALLEMAND)	28	71
Bibliothèque oratorienne p. p. le P. Ingold (C. TROCHON)	4	8
Blanc, Épigraphie du département des Alpes-maritimes (THÉDENAT)	132	296
Blanchemain, Anatole Feugère (MILLET)	29	72
Boissier, Promenades archéologiques (L. DUCHESNE)	17	42
Bonfils, Manuel de piété (LE NORDEZ)	187	406
Bonnefon, L'année pastorale (MARY)	154	328
Bourgain, La chaire française au XIIe siècle (BEURLIER)	36	89
Boysse, Le théâtre des Jésuites (BEURLIER)	179	388
Brunetière, Études sur la littérature française (R. DE PRESLE)	27	69
B. J. L'abbaye de la Benisson-Dieu (CONDAMIN)	117	256

C

Cagnat, De Municipalibus et Provincialibus Militiis (BEURLIER)	192	411
Cantu, Les trente dernières années (MILLET)	105	214
Caro, La philosophie de Goëthe (BEURLIER)	108	225
Caspari, Sources de l'histoire des symboles (L. DUCHESNE)	83	168
Chantelauze, Mémoires de Ph. de Commynes (INGOLD)	144	318
Charaux, L'ombre de Socrate (A. LARGENT)	45	105
Chassang, Nouvelle grammaire latine (LALLEMAND)	109	227
Chevalier, Herculanum et Pompéi (THEDENAT)	182	393
Clairin, Du génitif latin et de la préposition de (LALLEMAND)	103	210
Colsenet, La vie inconsciente de l'Esprit (HÉBERT)	172	365
Conder, Handbook to the bible (WÈSTE)	97	201
Couture, Pétrarque et Colonna (T. DE LARROQUE)	86	173

D

Darmesteter, Le Zend-Avesta, traduit (C. DE HARLEZ)	87	173
Daumas, Manuel de religion, d'histoire et de géographie sacrées (TROCHON)	43	103
Delaborde, Chartes de Terre-sainte (CHEVALIER)	133	302
Delaborde, Étude sur Guillaume Le Breton (CHEVALIER)	193	414
Delaborderie, Correspondance historique des bénédictins bretons (T. DE LARROQUE)	122	271
Demogeot, Histoire des littératures étrangères (LEPITRE)	120	266
Desdouits, La métaphysique et ses rapports avec les autres sciences (HÉBERT)	203	445
Doudan, Pensées (E. BEURLIER)	38	92
Drioux, Les fêtes chrétiennes (TROCHON)	146	321
Duboys, Catherine d'Arragon (TAMIZEY DE LARROQUE)	76	151
Dupanloup, Conférences aux femmes chrétiennes (A. LARGENT)	197	428
Duruy, Histoire des Romains (DUCHESNE)	141	314

F

Fallex, Anthologie latine (R. REGNIER)	37	91
Fernique, Étude sur Préneste (P. LALLEMAND)	64	106
Fleury, Histoire élémentaire de la littérature française (E. BEURLIER)	178	388
Fontane, L'Inde védique (LEPITRE)	201	440
Forbin d'Oppède, Règlement de la duchesse de Liancourt (T. DE LARROQUE)	188	407
Fouard, Vie de N. S. Jésus-Christ (TROCHON)	125	281
Fouillée, La science sociale contemporaine (LESCŒUR)	198	429
Fournier, Les officialités au moyen âge (VIOLLET)	128	287
Fourtier, Provins lettré (T. DE LARROQUE)	138	307
Fremy, Un ambassadeur libéral sous Charles IX et Henri III (MILLET)	70	134
Freppel, Œuvres (MAZOYER)	118	262
Friedrich, Les origines historiques du primat dans l'église (L. DUCHESNE)	1	2

G

Gallet, Recherches sur Sarcelles (A. L. DE ST-ANTOINE)	30	72
Gasquet, De l'autorité impériale en matière religieuse à Byzance (L. DUCHESNE)	74	145
Gauthier, La chanson de Roland (E. B.)	160	338
Gebhardt, Evangeliorum codex rossanensis (DUCHESNE)	205	449

TABLE ALPHABÉTIQUE

Giesebrecht, Frédéric Barberousse et son siècle (MULLER)	174	369
Gietmann, Metrica Hebræorum (WESTE)	66	126
Guardia, L'éducation dans l'école libre (BEURLIER)	129	289
Guardia, Commentaires de Jules César (BEURLIER)	109	227
Gueranger, Institutions liturgiques (C. T.)	100	207
Guérin, L'île de Rhodes (BEURLIER)	84	171
Guilbert, Monde et Dieu (A. DE MEISSAS)	88	181
Godefroy, Histoire de la littérature franç. (P. LALLEMAND)	13 20 131	27 48 294
Godefroy, Dictionnaire de l'ancienne langue française (J. VAUDON)	96	194

H

Hallberg, Histoire des littératures étrangères (H. NADALET)	3	6
Hamard, Etudes critiques d'archéologie préhistorique (TROCHON)	98	202
Hervé-Bazin, Traité d'économie politique (L. L.)	157	335
Hespitallier, De Viris (LALLEMAND)	109	226
Hirschfeld, Contribution à l'histoire du droit latin (P. L.)	101	208
Hovelacque, L'Avesta Zoroastre et le Mazdeisme (DE FROUVILLE)	163	347
Hue, Géographie militaire de l'Europe (NADALET)	7	10
Hulst (d'), Que vont devenir les facultés libres (L. D.)	79	154

I

Ingerslev, Observations sur les exercices de traduction (LALLEMAND)	109	226
Ingold, Découverte et réinhumation du corps du P. de Ste-Marthe (RIVOIRE)	102	209
Ingold, Essai de bibliographie oratorienne (C. TROCHON)	136	307

J

Jadart, Dom Mabillon (TROCHON)	77	152
Janet, Traité élémentaire de philosophie (MAZOYER)	119	263
Jourdan de la Passardière, L'Oratoire de St-Philippe de Néri (H. RICHARD)	12	24
Jungmann, Dissertationes selectæ in historiam (DUCHESNE)	468	212

K

Krauss, Encyclopédie des antiquités chrétiennes (L. DUCHESNE)	26	66
Krusch, Etudes sur la chronologie chrétienne (DUCHESNE)	114	243

L

Labiche, Notice sur les dépôts littéraires (A. DE ST-ANTOINE)	135	307
Laforgue, Commentaires de la Constitution Apostolicæ sedis (GILLET)	67	128
Lecanu, Conférences (JEHENNE)	204	447
Lecoy de la Marche, St-Martin (DUCHESNE)	142	315
Lefebvre, Du divorce (L. L.)	159	335
Lenoir, Esquisse d'une théologie du cœur (G. N.)	24	62
Lenormant, Les origines de l'histoire (C. TROCHON)	21	50
Lepage-Renouf, Conférences sur les origines de la religion égyptienne (DE BROGLIE)	82	194
Lepitre, Adrien VI (T. DE LARROQUE)	184	398
Lescœur, Jésus-Christ (GILLET)	113	241
Lescure (de), Œuvres choisies de Rivarol (MILLET)	111	231
Lessius, Opuscules (P. M.)	33	84
Lipsius, Manuel de Théologie protestante (DANGLARD)	153	325

M

Malais, Essai sur les patrons (C.T.)	78	153
Malebranche, De la recherche de la vérité (TROCHON)	71	135
Martha, Catalogue des figurines en terre cuite (THÉDENAT)	121	268
Marx, Essais sur les Pouvoirs du Gouverneur de Province (BEURLIER)	191	411
Maunoury, Commentaires sur l'épître aux Romains (WESTE)	73	144
Mémoires de la Société académique du Cotentin (MILLET)	168	350
Méniger, Chroniques du vieux Grandville (MILLET)	167	349
Menu, Le droit canon au XIe siècle (VIOLLET)	162	345
Mercier, Du genre neutre (LALLEMAND)	181	392
Mercier, Histoire des participes français (ACKERMANN)	189	408
Méric, L'autre vie (L. L.)	10	22
Méric, La morale et l'athéisme contemporain (PH. MAZOYER)	16	41
Michel, La reliure française (TAMIZEY DE LARROQUE)	94	190
Minochcherji, Dictionnaire anglais pihlevi (DE HARLEZ)	130	292
Monsabré, Conférences de 1880 (PH. MAZOYER)	31	81
Morel-Fatio, Etude de marine (GIRARD-SIMON)	41	97
Morin-Lavallée, Bibliographie viroise (A. DE S. A.)	137	307
Morlais, Etude sur Vauvenargues (MAZOYER)	199	436
Mossé, Des psaumes de David (WESTE)	65	126
Muller et West, Les livres sacrés de l'Orient (C. DE HARLEZ)	90	184
Müntz, Raphaël (H. R.)	147	321

N

Nadaillac (de), Les premiers hommes et les temps préhistoriques (BORDES)	161	339
Nilles, Calendriers d'Orient et d'Occident (DUCHESNE)	106	221
Nivelet, Molière et Gui-Patin (T. DE LARROQUE)	194	416

O

Ollé-Laprune, De la certitude morale (M. DE BROGLIE)	34	85

P

Parrot, Mémorial des abbesses de Fontevrault (T. DE LARROQUE).. 207 456
Pécaut, Deux mois de mission en Italie (C. T.)...................... 124 275
Périn, Les doctrines économiques depuis un siècle (L. L.).......... 156 335
Pesch, Philosophie naturelle (HÉBERT)............................ 89 182
Petit, Vie de la mère Antoinette d'Orléans (T. DE LARROQUE)....... 176 375
Picot, Nouveau recueil des farces françaises (T. DE LARROQUE)..... 110 230
Pioger, L'œuvre des 6 jours (NEUVILLE)........................... 81 161
Piron, Cours de littérature (J. V.) 173 367
Portalis et Beraldi, Les graveurs du XVIIIe siècle (A. DE ST-ANTOINE)........................ 140 312
Pottier, La mission de Saint Julien (A. DE MEISSAS)............ 126 284
La Presse contemporaine (GILLET)............................... 169 352
Prières pour le mois de Marie (A. DE ST-ANTOINE).............. 11 24

R

Radic, Des églises particulières orthodoxes en Autriche-Hongrie (DUCHESNE)........................ 117 261
Rambaud, Précis d'économie politique (L. L.).................... 158 335
Rambouillet, L'orthodoxie du Pasteur d'Hermas (L. DUCHESNE).. 23 61
Reclus, Nouvelle géographie universelle (LEPITRE).............. 175 372
Reinach, Manuel de philologie classique (E. BEURLIER).......... 18 44
Reinhard de Liechty, Albert le Grand (L. DUCHESNE)............ 9 21
Renan, Conférences d'Angleterre (L. DUCHESNE).................. 42 101
Reuss, Discours aux étudiants en Théologie (G. G.)............ 171 353
Reveillé-Parise, Physiologie des hommes livrés aux travaux de l'esprit (A. I. DE ST-A.)...... 208 458
Revillout, Le concile de Nicée (DUCHESNE)....................... 155 330
Rittier, Epitome (LALLEMAND).... 109 226
Rittier, Questions de grammaire latine (LALLEMAND)............ 109 226
Robert, Monnaies gauloises (THÉDENAT)........................... 35 89
Rosny (de), Le positivisme spiritualiste (A. DE MEISSAS)......
Roux, Le Pape St Gélase (L. DUCHESNE)............................ 127 285
Ruelle, Bibliographie générale des Gaules (J. VAUDON).......... 134 307

S

Sacaze, Epigraphie de Luchon (H. THÉDENAT)..................... 39 94
Sahagun (de), Histoire générale de la Nouvelle Espagne (GAILLARD) 123 273
St Simon, Ecrits inédits p. p. Fougère (L. BLAMPIGNON)......... 40 95
                                                                    185 399

P. de St Victor, Les 2 masques (P. LALLEMAND).................. 69 131
Sauvert, Note sur la poésie religieuse de Lamartine (J. V.).... 80 155
Sarot, De l'organisation des pouvoirs publics dans la Manche (C. TROCHON)...................... 6 9
Sarot, Les sociétés populaires (MILLET)........................ 166 349
Schmidt (de), La philosophie de la mythologie (SARRAZIN)...... 177 385
Schmidt, Paris pendant la révolution (MILLET)................. 92 188
Schmidt, Dictionnaire d'antiquités chrétiennes (L. DUCHESNE).. 26 66
Schouppe, Evangiles des dimanches et fêtes (SOUQUES)......... 32 83
Schulte, Die geschichte der quellen des canon. Rechts (VIOLLET).. 206 451
Schultze, Archéologie chrétienne (DUCHESNE).................... 211 465
Sestier, La piraterie dans l'antiquité (E. BEURLIER).......... 68 128

T

Teste, Léon XIII et le Vatican (MILLET)........................ 104 213
St Thomas, Opuscules (MAZOYER) 186 405
Thomas, Essai sur Servius (MORTEVEILLE)........................ 164 348
Tiele, Manuel de l'histoire des religions (M. DE BROGLIE)...... 115 246
Toustain de Billy, Histoire ecclésiastique du diocèse de Coutances (MILLET)................... 165 349

U

Ubald de Chanday, Les trois Frances (L. L.).................. 75 149
Usfalvy, De Paris à Samarcrand (MILLET)........................ 145 319

V

Valois, Guillaume d'Auvergne (FOURNIER)........................ 112 232
Valson, Les savants illustres (T. DE LARROQUE)................. 202 442
Van der Berg, Histoire des Grecs (BEURLIER).................... 190 410
Vapereau, Dictionnaire universel des contemporains (C. MILLET)..... 5 9
                                                                     139 307
Vernulz, Jeanne d'Arc, traduit par de Latour, (M. J.)........ 19 47
Vigouroux et Bacuès, Manuel biblique (TROCHON)................ 72 141

W

Walsch, Des actes humains (LAMOUREUX).......................... 196 425
Welschinger, Le théâtre de la Révolution (BEURLIER)............ 180 388
Werveke, Cartulaire de Bonneweg (CHEVALIER).................... 183 396
Willems, Le droit public romain (E. BEURLIER).................. 2 3
Witt (de), Chroniques de Froissart (C. T.)..................... 143 317

VARIÉTÉS

	Pages
Avis aux lecteurs	1
Biographies et Hagiographies (TROCHON)	29
Cachets inédits des médecins oculistes Magillius et Sextus (THÉDENAT)	108, 136
Cachet inédit du médecin oculiste Férox (THÉDENAT)	258
Correspondances	179, 421
Le cardinal Pie (A. LARGENT)	54
L'eau de Jouvence de M. Renan (A. LARGENT)	378
Le P. Gallipaud janséniste (A. INGOLD)	235
Lettre au Directeur du Bulletin (DUCHESNE)	121
Lettres inédites du P. de Condren (A. INGOLD)	18, 38, 74
Lettre inédite du P. Bourgoing (A. INGOLD)	215
Marivaux (GIOVANNI)	135, 176, 195
Un billet inédit de Rancé (T. de L.)	401
Une lettre de l'auteur du *Florus Gallicus* (A. INGOLD)	417
Une lettre inédite du P. de Villars (T. de L.)	276
Une satire du xive siècle (DUCHESNE)	354
Revue des principales publications de l'Allemagne (GILLET)	11, 33, 53

TABLE MÉTHODIQUE

THÉOLOGIE

	ART.	PAG.
Bonfils, Manuel de Piété (LE NORDEZ)	187	406
Bonnefon, L'année Pastorale (MARIE)	154	328
Daumas, Manuel de religion, d'histoire et de géographie sacrées (TROCHON)	43	103
Drioux, Les fêtes chrétiennes (TROCHON)	146	321
Dupanloup, Conférences aux femmes chrétiennes (A. LARGENT)	197	428
Freppel, Œuvres (MAZOYER)	118	262
Gueranger, Institutions Liturgiques (C. T.)	100	207
Guilbert, Monde et Dieu (A. de MEISSAS)	88	181
Laforgue, Commentaires de la Constitution Apostolicæ Sedis (CAILLET)	67	128
Lecanu, Conférences (JEHENNE)	204	447
Lenoir, Esquisse d'une théologie du cœur (G. N.)	24	62
Lescœur, Jésus-Christ (GILLET)	113	241
Lessius, Opuscules (J. M.)	33	84
Lipsius, Manuel de Théologie protestante (DANGLARD)	153	325
Méric, L'autre vie (L. L.)	10	22
Monsabré, Conférences de 1880 (JH. MAZOYER)	31	81
Renan, Conférences d'Angleterre (L. DUCHESNE)	42	101
Reuss, Discours aux étudiants en théologie (G. G.)	171	353
St-Thomas, Opuscules (MAZOYER)	186	405
Schouppe, Evangile des dimanches et fêtes (SOUQUES)	32	83
Walsch, Des actes humains (LAMOUREUX)	196	425
Prières pour le mois de Marie (A. de ST-ANTOINE)	11	24

EXÉGÈSE ET DROIT CANONIQUE

	ART.	PAG.
Couder, Handboock to the bible (WESTE)	97	201
Fouard, Vie de N. S. Jésus-Christ (TRAHON)	125	281
Gebhardt, Evangelorium codex rossanencis (DUCHESNE)		205
Maunoury, Commentaires sur l'epître aux Romains (WESTE)	73	144
Menu, Le droit canon au XI° siècle (VIOLLET)	162	345
Mossé, Les psaumes de David (NEUVILLE)	81	16
(WESTE)	65	126
Pioger, L'œuvre des 6 jours		
Schulte, Die geschichte der quellen des canon. Rechts (VIOLLET)	206	451
Vigouroux et **Bacuès**, Manuel biblique (TROCHON)	72	141

PHILOSOPHIE ET SCIENCES SOCIALES

	ART.	PAG.
Caro, La philosophie de Gœthe (BEURLIER)	108	225
Charaux, L'ombre de Socrate (A. LARGENT)	45	105
Colsenet, La vie inconsciente de l'esprit (HEBERT)	172	365
Desdouits, La métaphysique et ses rapports avec les autres sciences (HÉBERT)	203	445
Doudan, Pensées (E. BEURLIER)	38	92
Fouillée, La science sociale contemporaine (LESCŒUR)	198	429
Hervé-Bazin, Traitement d'Economie Politique (L. L.)	157	335
Janet, Traité élémentaire de philosophie (MAZOYER)	119	263
Lefebvre, Du divorce (L. L.)	159	335
Malebranche, De la recherche de la vérité (TROCHON)	71	135
Méric, La morale et l'athéisme contemporain (P. MAZOYER)	16	41
Morlais, Etude sur Vauvenargues (MAZOYER)	199	436
Ollé-Laprune, De la certitude morale (CH. DE BROGLIE)	34	85
Périn, Les doctrines économiques depuis un siècle (L. L.)	156	335
Pesch, Philosophie naturelle (HEBERT)	89	182
Rambaud, Précis d'économie politique (L. L.)	158	335
Rosny (de), Le positivisme spiritualiste (A. de MEISSAS)	35	89
Schmidt (de), La Philosophie de la Mythologie (SARRASIN)	177	385

LITTÉRATURE GRECQUE ET LATINE

	ART.	PAG.
Baudat, Denys d'Halycarnasse (D L)	95	192
Beurlier, Histoire de la littérature latine (P. LALLEMAND)	28	71
Chassang, Nouvelle grammaire latine (LALLEMAND)	109	227
Clairin, Du génitif latin et de la préposition de (LALLEMAND)	103	210
Fallex, Anthologie latine (R. REGNIER)	37	91
Guardia, Commentaires de Jules César (BEURLIER)	109	227
Hespitalier, De Viris (LALLEMAND)	109	226
Ingerslev, Observations sur les exercices de traduction (LALLEMAND)	109	226
Mercier, Du genre neutre (LALLEMAND)	181	392
Reinach, Manuel de philologie classique (E. BEURLIER)	18	44
Rittier, Questions de grammaire latine (LALLEMAND)	109	229
Rittier, Epitome (LALLEMAND)	109	226
Thomas, Essai sur Servius (MORVEILLE)	164	348

LITTÉRATURE FRANÇAISE

	ART.	PAG.
Blanchemain, Anatole Feugère (MILLET)	29	72

Brunetière, Études sur la littérature française (R. DE FRESLE).	27	69
Boysse, Le Théâtre des Jésuites (BEURLIER).	179	388
Fleury, Histoire élémentaire de la littérature française (BEURLIER)	178	388
Gauthier, La chanson de Roland (E. B.).	160	338
Godefroy, Histoire de la littérature française (P. LALLEMAND)	13 20 131	27 48 294
Godefroy, Dictionnaire de l'ancienne langue française (J. VAUDON).	96	194
Lescure (de), Œuvres choisies de Rivarol (MILLET).	111	231
Mercier, Histoire des participes français (ACHKERMANN).	189	408
Nivelet, Molière et Gui-Patin (T. DE LARROQUE).	194	416
Picot, Nouveau recueil de farces françaises (T. DE LARROQUE).	110	230
Piron, Cours de littérature (G. V.)	173	367
S.-Simon, Ecrits inédits p.p. Faugère (L. BLAMPIGNON).	40 185	95 399
Sauvert, Note sur la poésie religieuse de Lamartine (J. V.).	80	155

LITTERATURE ÉTRANGÈRE

Darmesteter, Le Zend-Avesta, traduit (C. DE HARLEY).	37	173
Demogeot, Histoire des littératures étrangères (LEPITRE).	120	266
Giètmann, De re metrica Hebræorum (WESTE).	66	126
Hallberg, Histoire des littératures étrangères (H. NADALET).	3	62
Hovelacque, L'Avesta Zoroastre et Madeisme (DE FROUVILLE).	163	347
Minochcherji, Dictionnaire anglais pehlvi (DE HARLEY).	130	39
Muller et West, Les livres sacrés de l'Orient (DE HARLEY).	90	184

HISTOIRE DE L'EGLISE

Armellini, Le cimetière de Ste-Agnès (DUCHESNE).	107	223
Baret, Œuvres de Sidoine Apollinaire (DUCHESNE).	93	188
Bellet, Dissertations sur la mission de St-Crescent (A. DE MEISSAS)	25	63
Bellet, Notes critiques sur Syagrius (CHEVALIER).	83	172
Berti, Ecclesiasticæ historiæ brevarium (DUCHESNE).	200	437
Caspari, Sources de l'histoire des Symboles (L. DUCHESNE).	83	186
Friedrich, Les origines historiques du primat dans l'Église (L. DUCHESNE).	1	2
Jungmann, Dissertationes selectæ in historiam (DUCHESNE)	468	212
Krusch, Études sur la chronologie chrétienne (DUCHESNE).	114	243
Nilles, Calendriers d'Orient et d'Occident (DUCHESNE).	106	221
Pottier, La mission de St-Julien (A. DE MEISSAS).	126	284
Radic, Des églises particulières orthodoxes en Autriche-Hongrie (DUCHESNE).	117	264
Rambouillet, L'orthodoxie du Pasteur d'Hermas (L. DUCHESNE)	23	61
Reinhard de Liechty, Albert le Grand (L. DUCHESNE).	9	21
Revillout, Le concile de Nicée (DUCHESNE).	155	330
Roux, Le Pape St-Gélase (L. DUCHESNE).	127	285
Schmitt, Dictionnaire d'antiquités chrétiennes (L. DUCHESNE).	26	66
Tiele, Manuel de l'histoire des religions (N. DE BROGLIE).	115	246
Toustain de Billy, Histoire Ecclésiastique du diocèse de Coutance (MILLET).	165	349

HISTOIRE ANCIENNE

Cagnat, De municipalibus et provincialibus Militiis (BEURLIER).	192	411
Duruy, Histoire des Romains (DUCHESNE).	141	314
Fernique, Étude sur Préneste P. LALLEMAND	64	106
Fontane, L'inde védique (LEPITRE)	201	440
Gasquet, De l'autorité impériale en matière religieuse à Bysance (L DUCHESNE).	74	145
Hirschfeld, Contribution à l'histoire du droit latin (J. V.).	101	208
Lenormant, Les origines de l'histoire (C. TROCHON)	21	50
Lepage-Renouf, Conférence sur les origines de la religion égyptienne (DE BROGLIE)	82	164
Marx, Essais sur les pouvoirs du gouverneur de province (BEURLIER).	191	411
P. de St-Victor, Les deux masques (P. LALLEMAND)	69	131
Sestier, La piraterie dans l'antiquité (E. BEURLIER).	68	128
Van den Berg, Histoire des Grecs (BEURLIFR)	192	410
Willems, Le droit public romain (E. BEURLIER).	2	3

HISTOIRE DU MOYEN AGE

J. B., L'abbaye de la Benisson-Dieu (CONDAMIN).	117	256
Bellet, Un Évêque au moyen âge (FOURNIER)	170	352
Bourgain, La chaire française au XIIe (BEURLIER)	36	89
Chantelauze, Mémoires de Ph. de Commynes (INGOLD).	144	318
Couture, Pétrarque et Colonna (T. DE LARROQUE).	86	173
Delaborde, Chartes de Terre-Sainte (CHEVALIER).	133	302
Delaborde, Étude sur Guillaume Le Breton (CHEVALIER).	193	414
Fremy, Un ambassadeur libéral sous Charles IX et Henri III (MILLET).	70	134
Fournier, Les officialités au moyen âge (VIOLET).	128	287
Giesebrecht, Frédéric Barberousse et son siècle (MÜLLER).	174	369
Lecoy de la Marche, St-Martin	142	315
Lepitre, Adrien VI (T. DE LARROQUE)	184	398
Parrot, Mémorial des abbesses de Fontevrault (T. DE LARROQUE).	207	456

Valois, Guillaume d'Auvergne (FOURNIER) 112 232
Vernulz, Jeanne d'Arc traduit par de **Latour**, (M. J.) 19 47
Werveke, Cartulaire de Bonneweg (CHEVALIER) 183 396
Witt, Chroniques de Froissart (C. T.) 143 317

HISTOIRE MODERNE

Cantu, Les trente dernières années (MILLET) 105 214
Delaborderie, Correspondance historique des bénédictins bretons (T. DE LARROQUE) .. 122 271
Duboys, Catherine d'Arragon (TAMISEY DE LARROQUE) ... 76 151
Forbin d'Oppède, Reglement de la Duchesse de Liancourt (T. DE LARROQUE) 188 407
Gallet, Recherches sur Sarcelles (A. J. DE ST-ANTOINE) 30 72
Ingold, Découverte et réinhumation du corps du P. de Ste-Marthe (RIVOIRE) 102 209
Sadart, Dom Mabillon (TROCHON). 77 152
Jourdan de la Passardière, L'oratoire de St-Philippe de Néri (H. RICHARD) 12 24
Mémoires de la Société académique du Cotentin (MILLET) 168 350
Méniger, Chroniques du vieux Grandville (MILLET) 167 349
Petit, Vie de la mère Antoinette d'Orléans (T. DE LARROQUE) .. 176 375
Sahagun (de), Histoire générale de la Nlle-Espagne (GAILLARD). 123 273
Sarot, De l'organisation des pouvoirs publics dans la Manche (C. TROCHON) 6 9
Sarot, Les Sociétés populaires (MILLET) 166 349
Schmidt, Paris pendant la Révolution (MILLET) 92 188
Teste, Léon XII et le Vatican (MILLET) 104 213
Ubald de Chanday, Les trois Frances (L. L.) 75 149
Valson, Les savants illustres (T. DE LARROQUE) 202 442
Vapereau, Dictionnaire universel de contemporains (C. MILLET). 5 139
9 307
Welschinger, Le théâtre de la Révolution (BEURLIER) 180 388

GÉOGRAPHIE

Guérin, L'île de Rhodes (BEURLIER) 84 191
Huc, Géographie de l'Europe (NADALET) 7 10
Pécaut, Deux mois de mission en Italie (C. T.) 124 275
Reclus, Nouvelle géographie universelle (LEPITRE) 175 372

Ufalvy, De Paris à Samarkand (MILLET) 145 319

ARCHÉOLOGIE ET BEAUX-ARTS

Barbier de Montault, Traité de la construction (A. DE MEISSAS) 44 104
Blanc, Épigraphie du département des Alpes-Maritimes (THÉDENAT) 132 296
Boissier, Promenades archéologiques (L. DUCHESNE) 17 42
Chevalier, Herculanum et Pompéï (THÉDENAT) 182 393
Krauss, Encyclopédie des antiquités chrétiennes (L. DUCHESNE). 26 66
Malais, Essais sur les patrons (C. T.) 78 153
Martha, Catalogue des figurines en terre cuite (THÉDENAT) .. 121 268
Michel, La reliure française (TAMIZEY DE LARROQUE) .. 94 190
Morel-Fatio, Etudes de marine (GIRARD-SIMON) 41 97
Müntz, Raphaël (H. R.) 147 321
Portalis et Beraldi, Les graveurs du XVIII siècle (A. DE ST-ANTOINE). 140 322
Robert, Monnaies gauloises (THÉDENAT) 213 472
Sacaze, Épigraphie de Luchon (H. THÉDENAT) 39 94
Schultze, Archéologie chrétienne (DUCHESNE) 99 203

BIBLIOGRAPHIE

Bibliothèque oratorienne, p. p. le P. Ingold (TROCHON) 4 8
Fourtier, Provins lettré (T. DE LARROQUE) 138 307
Ingold, Essai de bibliographie oratorienne (TROCHON) 136 307
Labiche, Notice sur les dépôts littéraires (A. DE ST-ANTOINE). 135 307
Morin Levallée, Bibliographie viroise (A. DE ST-A.) 137 307
La presse contemporaine (GILLET). 169 352
Ruelle, Bibliographie générale des Gaules. (J VAUDON) 134 307

VARIA

Bersot, Questions d'enseignement (BEURLIER) 91 186
Guardia, L'éducation dans l'école libre (BEURLIER) 129 289
Hamard, Etudes critiques d'archéologie préhistorique (TROCHON) 98 202
Hulst (d'), Que vont devenir les facultés libres (L. D.) 79 154
Nadaillac (de), Les premiers hommes et les temps préhistoriques (BORDES) 161 339
Réveillé-Parise, Physiologie des hommes livrés aux travaux de l'esprit (A. J. DE ST-A.) 208 453

Le gérant : A. SAUTON.

BULLETIN CRITIQUE

DE LITTÉRATURE, D'HISTOIRE ET DE THÉOLOGIE

DEUXIÈME ANNÉE

(15 MAI 1881 — 1ᵉʳ MAI 1882)

TOME II

www.ingramcontent.com/pod-product-compliance
Lightning Source LLC
Chambersburg PA
CBHW080233170426
43192CB00014BA/2452